R 语言统计分析与应用

亖海波　罗　莉　汪海玲◎编著

人民邮电出版社

北　京

图书在版编目（CIP）数据

R语言统计分析与应用 / 汪海波，罗莉，汪海玲编著
. — 北京 ：人民邮电出版社，2018.4（**2022.8重印**）
ISBN 978-7-115-46982-3

Ⅰ．①R… Ⅱ．①汪… ②罗… ③汪… Ⅲ．①统计分
析—统计程序 Ⅳ．①C819

中国版本图书馆CIP数据核字(2017)第322700号

内 容 提 要

　　R 统计软件是目前应用最广泛的统计软件之一，已广泛应用于医学、财经和社会科学等领域中进行数据管理和数据分析处理。本书以 Windows 操作系统下的 R 软件为基础，以实践中常用的统计分析方法为基本内容，介绍了 R 语言的编写以及结果解释。本书重点介绍了各种多元统计分析方法的基本原理及其应用，包括方差分析、多元线性回归、Logistic 回归分析、生存分析、主成分分析、因子分析、聚类分析、判别分析以及典型相关分析等。每一章详细讨论了统计分析方法的基本原理和分析过程，介绍了 R 语言的使用方法及应用实例说明、结果解释及结论分析等。

　　本书可以作为数据分析和数据管理人员的参考用书，也可以作为高等院校相关专业的教材。

◆ 编　　著　汪海波　罗　莉　汪海玲
　　责任编辑　张　涛
　　执行编辑　张　爽
　　责任印制　焦志炜

◆ 人民邮电出版社出版发行　　北京市丰台区成寿寺路 11 号
　　邮编　100164　　电子邮件　315@ptpress.com.cn
　　网址　http://www.ptpress.com.cn

　　北京七彩京通数码快印有限公司印刷

◆ 开本：787×1092　1/16
　　印张：28.5　　　　　　　　　　　　2018 年 4 月第 1 版
　　字数：751 千字　　　　　　　　　2022 年 8 月北京第 19 次印刷

定价：89.90 元

读者服务热线：**(010)81055410**　印装质量热线：**(010)81055316**
反盗版热线：**(010)81055315**
广告经营许可证：京东市监广登字20170147号

前　言

　　R 是世界领先的信息系统，是一个大型规模化的集成应用软件，具有完备的数据存取、管理、分析和显示的功能。R 统计分析软件使用灵活方便、功能齐全，R 语言编程能力强且简单易学，其将数据处理和统计分析功能融为一体，已被广泛应用于医学、财经和社会科学等领域。R 是一个开源项目，在很多操作系统上都可以免费使用，包括 Windows、Mac OS X 和 Linux。R 还在持续发展中，每天都在纳入新的功能。R 已经成了统计、预测分析和数据可视化的全球通用语言。它提供各种用于分析和理解数据的方法，从最基础的到最前沿的，无所不包。R 以能创建漂亮优雅的图形而闻名，但实际上它可以处理各种统计问题。基本的安装版本就提供了数以百计的数据管理、统计和图形函数。

　　本书是一本 R 指南，高度概括了该软件和它的强大功能。本书介绍了基本安装中最重要的函数，以及重要扩展包中的函数。整本书都是围绕实际应用展开的，你将学会理解数据，并能够与他人交流对数据的理解。通读本书，你会对 R 的原理和功能有基本的了解，并知道可以从什么地方学习更多的相关知识。你将能用各种技术实现数据可视化，还能解决各种难度的数据分析问题。

　　本书内容充实、重点突出、实用性强，不仅介绍了常用的统计分析方法，也详细阐述了多元统计分析方法及其应用，例如方差分析、生存分析等，是较完整地覆盖多元统计分析方法的一本参考书，适合不同层次的人员使用。本书对每一种多元统计分析方法的基本原理、分析过程进行了详细的阐述，并介绍了 R 函数的使用方法、应用实例说明、结果解释、结论分析等，使读者可以将统计分析方法与 R 软件应用结合起来学习，全面掌握统计分析方法。统计基础知识比较薄弱者可以忽略计算公式等理论部分，把重点放在对基本原理的理解和利用计算机解决实际问题上。统计基础知识较好者可以精读每一部分内容，使自己的统计分析能力达到更高的一个层次，并为今后进一步学习和研究打下扎实的实践基础。本书适合医学、经济学、农业等多个领域的人员参考。

　　本书在编写方法上有所创新。目前，许多统计分析教程存在理论和实践操作脱节，或者说计算例题和解决实际问题脱节的现象，使得多元统计在研究上的应用价值不能真正体现出来。本书从讲求实效的原则出发，将统计分析原理和 R 软件的输出结果有机地结合在一起，将理论学习与实际操作融为一体，使得读者有机会把各种统计分析方法的理论知识同解决实际问题的能力结合起来。

本书内容

　　本书第 1 章介绍了 R 的特点以及结构组成，R 的获取、安装和启动，如何用网上的扩展包增强 R 基本安装的功能，R 菜单操作，用户界面，如何以交互方式和批处理方式运行程序，R 系统的文件管理。第 2 章介绍了 R 编程入门，包括数据集的建立以及各种操作方法等，同时讲解了向 R 中导入数据的诸多方法。这一章的前半部分介绍了如何用 R 来存储数据的数据结构，以及如何用键盘输入数据；后半部分介绍了怎样从文本文件、网页、电子表格、统计软件和数据库向 R 导入数据，涵盖了数据管理中函数（数学函数、统计函数、字符函数）以及常用运算符。第 3 章探讨了基本的数据管理，包括数据集的排序、合并、取子集，以及变量的转换、重编码和删除。第 4 章介绍了样本量和检验效能估计。第 5 章在第 3 章的基础上介绍了高级数据管理方法，涵盖了控制结构（循环、条件执行）的用法，然后介绍如何编写自己的 R

函数，以及如何用不同的方法整合数据。第 6 章概括地总结了定量资料基本统计分析方法的主要内容。从第 7 章开始逐个介绍了工作实践中常用的一些多元统计分析方法，内容包括各种多元统计分析方法的基本原理、计算方法、分析步骤、实例应用、R 函数和使用方法，以及结果解释和结论分析等；介绍了针对一个数值型结果变量与一系列数值型预测变量间的关系进行建模的回归方法，并详细给出了拟合模型的方法、适用性评价和含义解释，包括 t 检验、方差分析、直线回归和相关、多元线性回归与相关、Logistic 回归分析。第 12 章介绍了相对数的概念、率假设检验方法和 R 程序。第 13 章介绍了行×列表分析和交叉表。第 14 章探讨了非参数分析方法，包括配对及单样本秩和检验、两组样本比较的秩和检验、多组样本比较的秩和检验及两两比较、等级分组资料和随机区组设计资料比较的秩和检验及两两比较。第 15 章介绍了生存分析，主要涉及生存率的两种估计方法，乘积极限法和寿命表法，以及 Cox 模型。多元数据分析的一个难点是简化数据。后续章节介绍了如何将大量的相关变量转换成较少的不相关变量（主成分分析），以及如何发现一系列变量中的潜在结构（因子分析）。这些方法涉及许多步骤，每一步都有详细的介绍。第 16～20 章分别阐述了主成分分析、因子分析、聚类分析、判别分析和典型相关分析。从第 21 章开始探讨了 R 软件的拓展应用，包括 ROC 分析和统计图，所涉及的统计图包括条形图、饼图、散点图、折线图、箱线图、直方图、核密度图和点图。另外，本书每一章都给出了使用 R 软件进行数据分析的实例，以帮助读者理解和掌握各章的内容。

本书特色

- 由 R 资深专家执笔。作者深入理解了 R 的内涵和精髓，结合自己丰富的培训经验，以及大量的一线工程实践经验，潜心编写而成。
- 软件版本采用当前最新的 R 版本，在知识点讲解过程中穿插了新功能的讲述与应用。
- 知识全面、系统，科学安排内容的层次架构，由浅入深，循序渐进，适合读者的学习规律。
- 理论与实践应用紧密结合。基础理论知识穿插在知识点的讲述中，言简意赅、目标明确，其目的是使读者知其然，亦知其所以然，达到学以致用的目的。
- 知识点+针对每个知识点的小实例+综合实例的讲述方式，可以使读者快速地学习并掌握 R 软件操作及应用该知识点解决实践中的问题。综合实例部分，深入细致地剖析数据统计分析应用的流程、细节、难点、技巧，起到融会贯通的作用。
- 为了让本书内容尽可能接近各个领域的实际情况，作者从心理学、社会学、医学、生物、商业和工程等诸多领域选取了一些例子。所有的这些例子都不需要读者具备这些领域的专业知识。

本书附带所有实例操作的数据和 R 程序。

本书由汪海波、罗莉、汪海玲编著，参与编写的还有郝旭宁、李建鹏、赵伟茗、刘钦、于志伟、张永岗、周世宾、姚志伟、曹文平、张应迁、张洪才、邱洪钢、张青莲、陆绍强、李成。

读者对象

本书可以作为从事数据分析和数据管理工作人员的参考用书，以及有关科研人员和科研管理者进一步提高统计分析水平的参考书，也可以作为高等院校师生的统计教材。

因编者水平有限，不妥之处敬请读者提出宝贵意见，联系邮箱为 zhangtao@ptpress.com.cn。

编 者

目　录

第一篇　R 基础与入门篇

第二篇 统计方法与 R 分析实例

第一篇　R基础与入门篇

第1章 R 入 门

学习目标

- 了解 R 系统的特点以及结构组成。
- 熟悉 R 的安装和启动。
- 掌握 R 菜单操作。
- 掌握 R 系统的文件管理。

内容概要

R 是允许用户编辑算法并使用其他可编程工具的一种计算机语言，具有完备的数据存取、管理、分析和显示等功能，是现今最受欢迎的数据分析和可视化平台之一，是一种针对统计分析和数据科学的功能全面的开源统计语言。它是自由的开源软件，并同时提供 Windows、Mac OS X 和 Linux 系统的各种版本。它在商业、工业、政府部门、医药和科研等涉及数据分析的领域都有广泛的应用。

本章对 R 软件和 R 系统的特点进行了较详细的介绍，描述了 R 软件的要求和环境支持。希望大家对 R 系统能够有较全面的了解。首先简要介绍了 R，以及它作为数据分析平台的诸多特性。本章主要介绍了 R 的获取，以及如何用网上的扩展包增强 R 基本安装的功能。另外，本章还介绍了用户界面，以及如何以交互方式和批处理方式运行程序。同时简要地介绍了 R 的安装和启动，对 R 菜单操作也进行了详细的讲解，尤其是那些 R 操作中经常应用的菜单。R 虽然是编程软件，但是菜单操作仍有非常重要的作用。

1.1 R 简介

R 语言是从 S 统计绘图语言演变而来的，S 语言在 20 世纪 70 年代诞生于贝尔实验室，由 Rick Becker、John Chambers 和 Allan Wilks 开发。基于 S 语言开发的商业软件 Splus，可以方便地编写函数、建立模型，具有良好的扩展性，在国外学术界应用很广。1995 年，新西兰奥克兰大学统计系的 Robert Gentleman 和 Ross Ihaka 基于 S 语言的源代码，编写了一个能执行 S 语言的软件，并将该软件的源代码全部公开，这就是 R 软件，其命令统称为 R 语言。

1.1.1 R 特点

与起源于贝尔实验室的 S 语言类似，R 也是一种为统计计算和绘图而生的语言和环境，它是一套开源的数据分析解决方案，由一个庞大且活跃的全球性研究型社区维护。R 的特点如图 1-1 所示。

具体来说，R 有以下 7 个方面的特点。

（1）完全免费，软件本身及程序包的源代码公开。多数商业统计软件价格不菲，投入成千上万美元都是有可能的。

（2）丰富的资源，涵盖了多种行业数据分析中几乎所有的方法。R 是一个全面的统计研究平台，提供了各式各样的数据分析技术，几乎任何类型的数据分析工作皆可在 R 中完成。

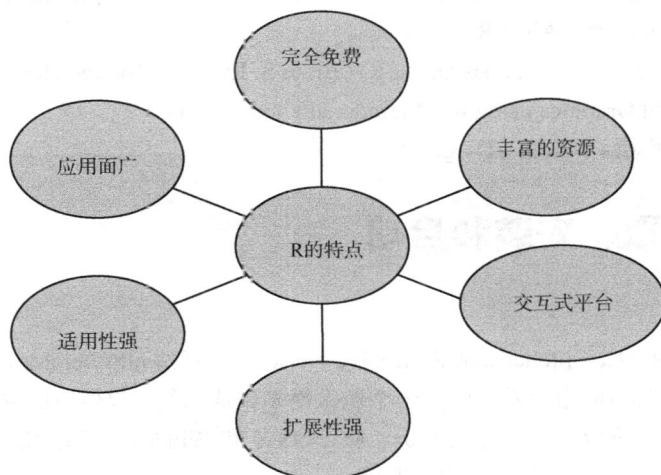

▲图 1-1　R 的特点

（3）交互式平台。R 是一个可进行交互式数据分析和探索的强大平台，任意一个分析步骤的结果均可被轻松保存、操作，并作为进一步分析的输入。有各式各样的图形用户界面工具通过菜单和对话框提供了与 R 语言同等的功能。

（4）扩展性强。编写函数和程序包十分方便，跨平台，可以胜任复杂的数据分析、绘制精美的图形。R 拥有顶尖水准的制图功能。如果希望复杂数据可视化，那么 R 拥有最全面且最强大的一系列可用功能。

（5）适用性强。R 可运行于多种平台之上，包括 Windows、UNIX 和 Mac OS X。这基本上意味着它可以运行于你所能拥有的任何计算机上。R 可以轻松地从各种类型的数据源导入数据，包括文本文件、数据库管理系统、统计软件，乃至专门的数据仓库。它同样可以将数据输出并写入这些系统中。

（6）应用面广。R 适用于几乎任何应用的需要。目前在 R 网站上约有 2400 个程序包，涵盖了基础统计学、社会学、经济学、生态学、空间分析、系统发育分析、生物信息学等诸多方面。R 可用来解决自然科学和社会科学领域中的各种问题，如统计学、社会学、经济学、生物、医疗卫生等，其功能包括图形显示、数据分析、数据输入、数据检查、数据管理、报表生成、统计计算、市场研究、销售管理、供应管理、调查分析和建立预测模型等。

（7）完备的帮助系统。每个函数都有统一格式的帮助，运行实例。

1.1.2　R 支持资料

R 的官方网页拥有大量英文学习资源，还可以参考 http://cran.r-project.org/other-docs.html 上的中文翻译文档。统计之都 BBS 是一个不错的学习 R 的中文网站，你可以在这个论坛中找到大量学习资料或直接提出问题同大家探讨。

R 的帮助系统非常强大，可以直接使用\?topic 或 help(topic)来获取 topic 的帮助信息，也可使用 help.search("topic")来搜索帮助系统。如果你只知道函数的部分名称，那么可以使用 apropos("tab")来搜索得到载入内存所有包含 tab 字段的函数。如果还没有得到需要的资料，还有 R Site Search：http://finzi.psych.upenn.edu/search.html，等价于在 R 平台上使用 RSiteSearch()函数。

正如大家应用 R 的过程中看到的，大部分经典的 R 书籍都为英文版的，例如：

Modern Applied Statistics with S（Venables and Ripley）

The New S Language: A Programming Environment for Data Analysis and Graphics（Richard A. Becker，John M. Chambers，Allan R.Wilks）

A Handbook of Statistical Analysis Using R（Brian S. Everitt，Torsten Hothorn）

Data Analysis and Graphics using R（Maindonald and Braun）

Introductory Statistics with R（Dalgaard）

1.2　R 的获取、安装和启动

1.2.1　R 的获取

R 可以在 CRAN（Comprehensive R Archive Network）网站 http://cran.r-project.org 中免费下载，如图 1-2 所示。CRAN 由世界上的几十个镜像网站组成网络，提供下载安装程序和相应软件包，各镜像更新频率一般为 1～2 天。Linux、Mac OS X 和 Windows 都有相应编译好的二进制版本。根据所选择平台的安装说明进行安装即可。

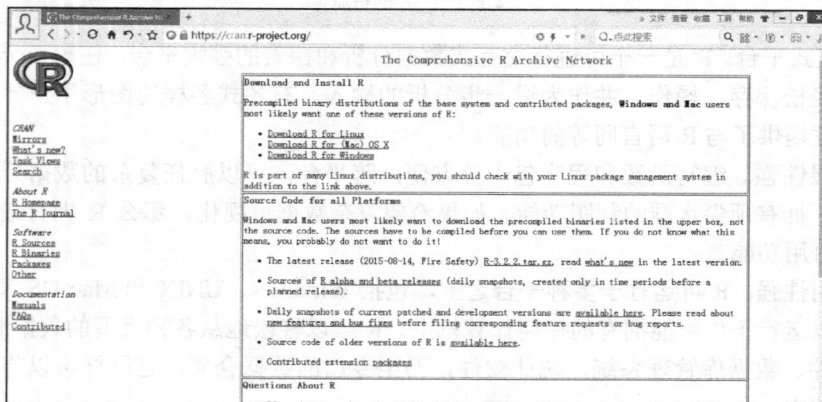

▲图 1-2　R 的下载界面（1）

推荐镜像如下：

中国的镜像——数学所，http://ftp.ctex.org/mirrors/CRAN。

即时更新的 CRAN 源，http://cran.r-project.org。

由于大部分人都是用 Windows 系统，以 "R for Windows" 为例说明如何下载和安装 R。单击 "Download R for Windows" 进入下载界面，如图 1-3 所示。

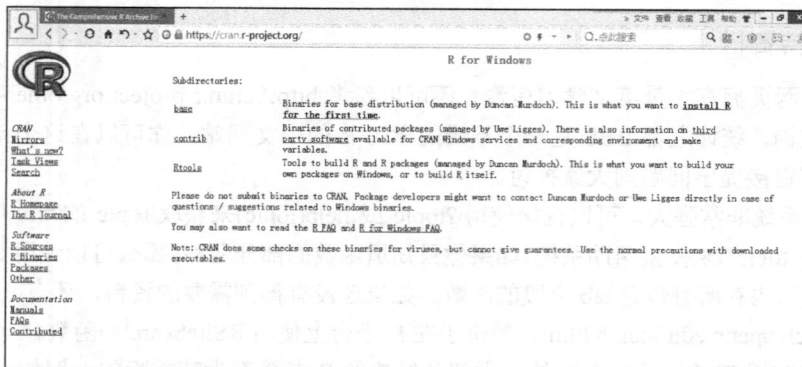

▲图 1-3　R 的下载界面（2）

继续选择"install R for the first time"。

选择"Download R 3.2.2 for Windows (62 megabytes, 32/64 bit)",即可下载所需要的 R 软件了,如图 1-4 所示。

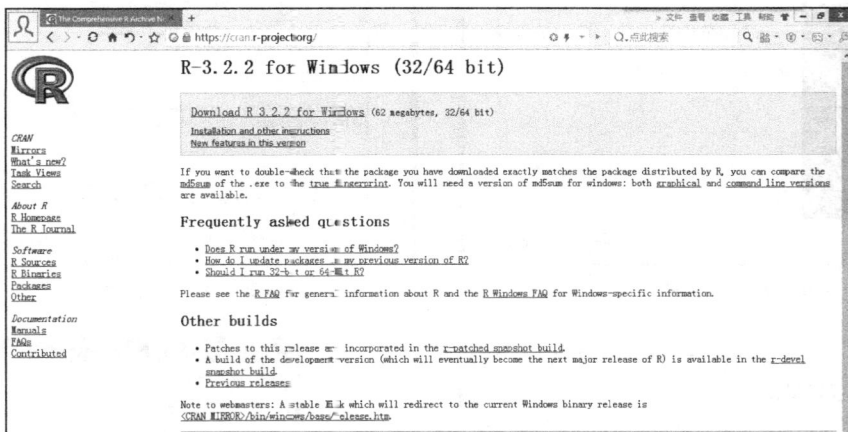

▲图 1-4 R 的下载界面(3)

1.2.2 R 的安装

安装方法与其他 Windows 下的软件安装一样。下面介绍 R 的安装方法。

(1)双击下载的 R 程序,启动安装程序,如图 1-5 所示。

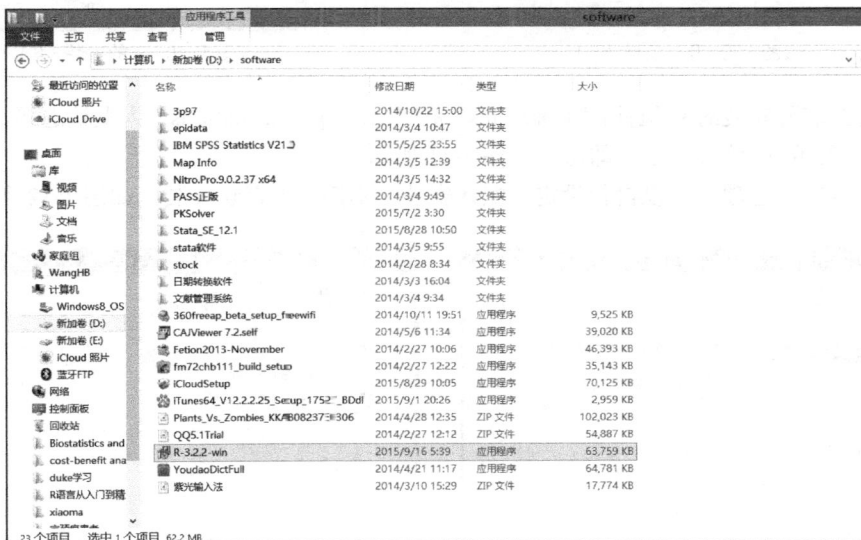

▲图 1-5 R 的安装(1)

(2)选择安装时使用的语言。为了保持较好的运行效果,最好选择英文,如图 1-6 所示。

(3)R 的安装界面如图 1-7 和图 1-8 所示。

(4)按照对话框的提示选择安装目录,如图 1-9 所示。

(5)如有必要,可单击"Browse"更改安装目录,如图 1-10 所示。

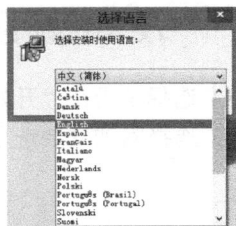

▲图 1-6 R 的安装(2)

▲图 1-7　R 的安装（3）

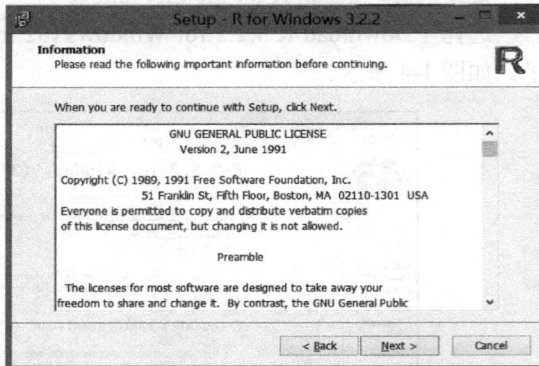

▲图 1-8　R 的安装（4）

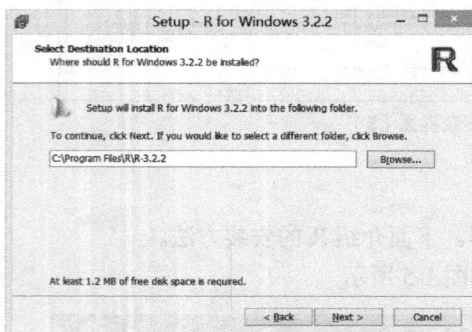

▲图 1-9　R 的安装（5）

▲图 1-10　R 的安装（6）

（6）选择需要安装的 R 组件，"Core files" 和 "Message translations" 为默认选择，根据操作系统选择 32 位或 64 位文件之一即可，如图 1-11 所示。

（7）指定安装选项，可以自行设定或默认安装，本例选择默认安装，如图 1-12 所示。

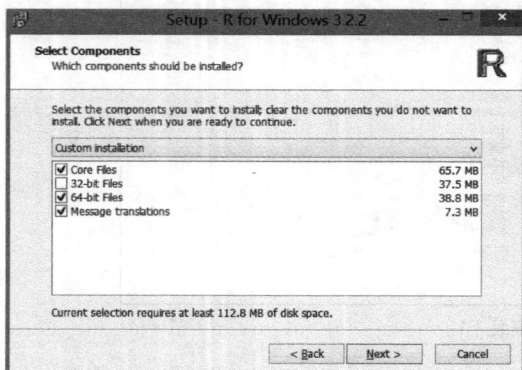

▲图 1-11　R 的安装（7）

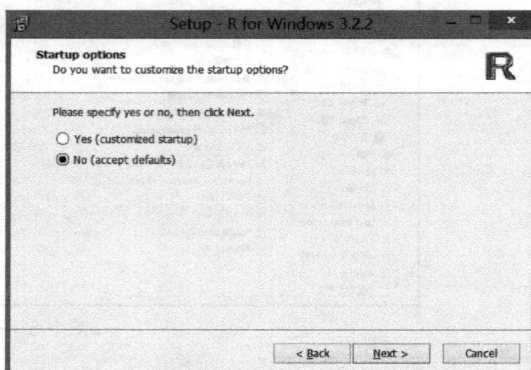

▲图 1-12　R 的安装（8）

（8）选择是否在"开始"菜单创建快捷方式，如图 1-13 所示。

（9）选择附加安装选项，如图 1-14 所示。

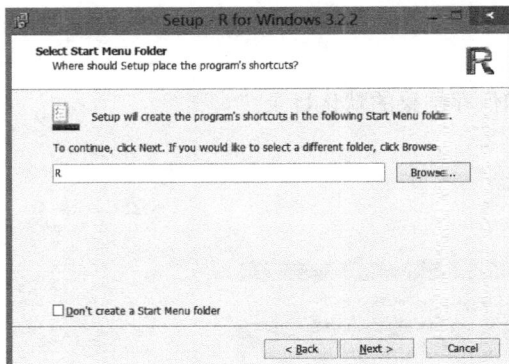

▲图 1-13　R 的安装（9）　　　　　　　　▲图 1-14　R 的安装（10）

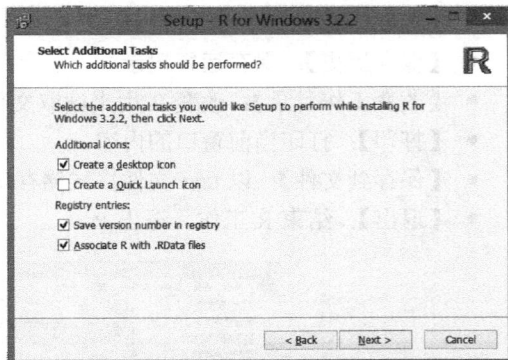

1.2.3　R 的启动

R 的启动的常用方法有两种：一是快捷方式，即按创建 Windows 系统中应用程序的快捷方式的步骤，把 R 目录中的 R.EXE 拖放至桌面，形成快捷方式，用鼠标双击快捷方式即可启动 R；二是菜单方式，从"开始"菜单的程序文件夹中找到 R 系统文件夹，启动 R 系统。启动后会出现如图 1-15 所示的 R 的运行界面。

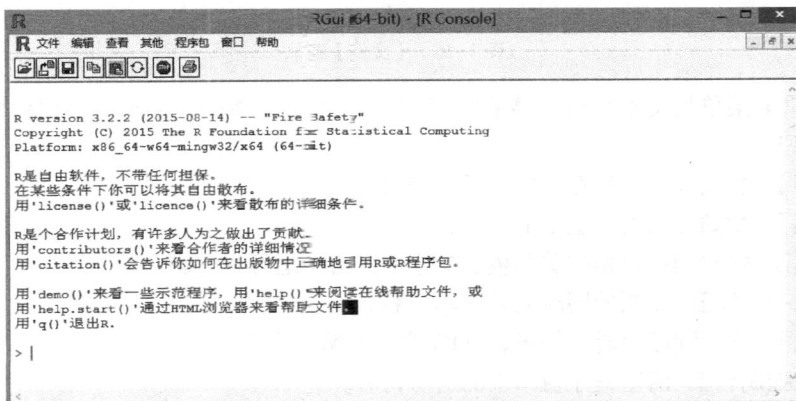

▲图 1-15　R 的运行界面

1.3　R 菜单操作

R 主窗口标题栏下是主菜单。

（1）【文件】菜单主要是有关 R 文件调入、保存、转换及打印等功能命令，如图 1-16 所示。

- 【运行 R 脚本文件】：调入已保存的 R 程序并输出结果。
- 【新建程序脚本】：建立新的 R 程序。
- 【打开程序脚本】：打开已保存的 R 程序。
- 【显示文件内容】：显示前次保存文件路径下的文件内容。
- 【加载工作空间】：调入已保存的工作空间，包括所有用户定义的对象（向量、矩阵、函数、数据框、列表）。
- 【保存工作空间】：保存运行中的工作空间，包括所有用户定义的对象（向量、矩阵、函数、数据框、列表）。

- 【加载历史】：调入运行记录。
- 【保存历史】：保存运行记录。
- 【改变工作目录】：改变 R 用来读取文件和保存结果的默认目录。
- 【打印】：打印当前窗口的内容。
- 【保存到文件】：以 text 文件格式储存记录。
- 【退出】：结束 R 工作，退出 R。

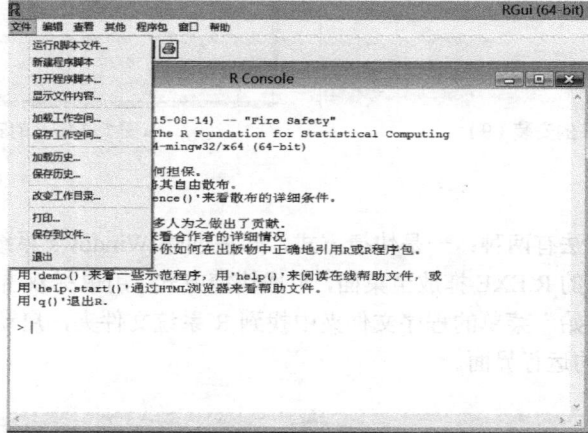

▲图 1-16　【文件】菜单

（2）【编辑】菜单为文本编辑"菜单"，可以对文本进行清空、复制、粘贴和数据编辑等操作，如图 1-17 所示。

- 【复制】：复制被标记后存在剪贴板上的文本。
- 【粘贴】：粘贴存在剪贴板上的文本。
- 【仅粘贴命令行】：仅粘贴剪贴板上文本中的命令运行内容。
- 【复制并粘贴】：复制的同时粘贴文本内容。
- 【全选】：选择程序编辑、输出、LOG 窗口的所有内容。
- 【清空控制台】：清空程序窗口中的所有内容。
- 【数据编辑器】：可以对当前工作空间的数据对象进行编辑。
- 【GUI 选项】：对图形用户界面进行设置。

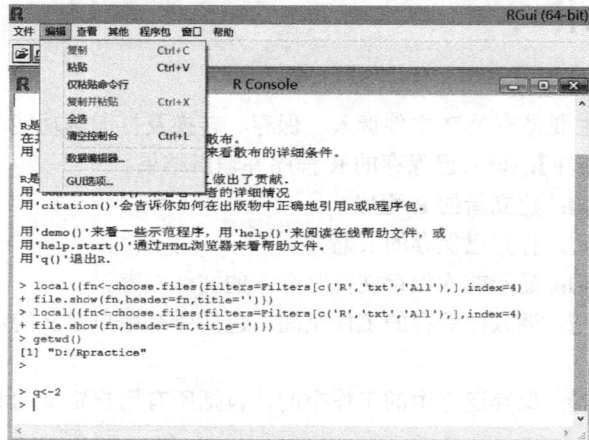

▲图 1-17　【编辑】菜单

（3）【查看】菜单用于指定是否显示工具栏和状态栏。

（4）【程序包】菜单用于加载、安装和更新程序包的窗口，如图 1-18 所示。

- 【加载程序包】：加载已经安装的程序包。
- 【设定 CRAN 镜像】：设定用于下载程序包的默认镜像网站。
- 【选择软件库】：选择镜像中具体的软件库。
- 【安装程序包】：安装需要运行的程序包。
- 【更新程序包】：对已安装的程序包进行更新。
- 【从本地 zip 文件安装程序包】：从已下载的程序包选择进行安装。

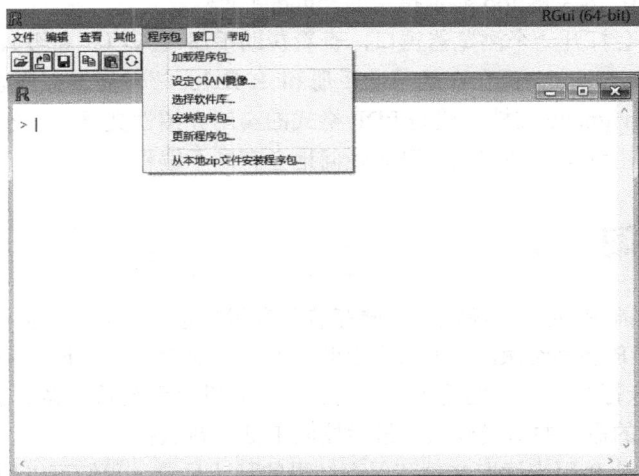

▲图 1-13　【程序包】菜单

（5）【帮助】菜单：R 的帮助系统非常强大，可以通过多种途径寻求帮助。【帮助】菜单中有手册、网站链接、搜索等多种帮助形式，如图 1-19 所示。

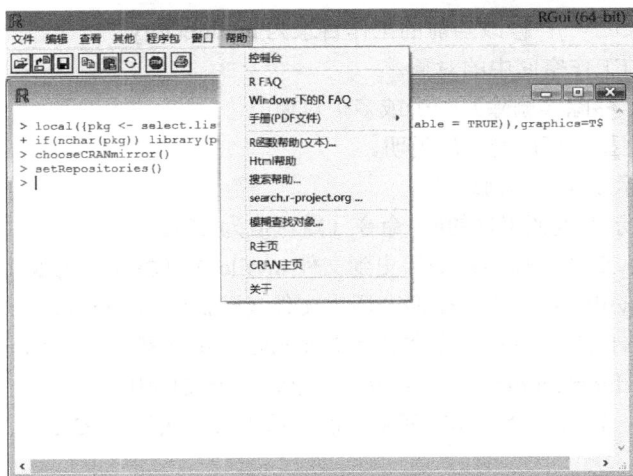

▲图 1-19　【帮助】菜单

R 提供了大量的帮助功能，学会如何使用这些帮助文档有助于将来的编程工作。R 的内置帮助系统提供了当前已安装包中所有函数的细节、参考文献以及使用示例。帮助文档可以通过以下函数进行查看。

- help.start()：打开帮助文档首页。
- help("foo")或?foo：查看函数 foo()的帮助（引号可以省略）。
- help.search("foo")或??foo：以 foo 为关键词搜索本地帮助文档。
- example("foo")：函数 foo()的使用示例（引号可以省略）。
- RSiteSearch("foo")：以 foo 为关键词搜索在线文档和邮件列表存档。
- apropos("foo", mode="function")：列出名称中含有 foo 的所有可用函数。
- data()：列出当前已加载包中所含的所有可用示例数据集。
- vignette()：列出当前已安装包中所有可用的 vignette 文档。
- vignette("foo")：为主题 foo 显示指定的 vignette 文档。

函数 help.start()会打开一个浏览器窗口，查看帮助手册（入门和高级）、常见问题集，以及参考材料。函数 RSiteSearch()可在在线帮助手册和 R-Help 邮件列表中搜索指定主题。由函数 vignette()函数返回的 vignette 文档一般是 PDF 格式的实用介绍性文章。总之，R 提供了大量的帮助功能，学会如何使用这些帮助文档，毫无疑问地会有助于编程。

1.4 工作空间

工作空间就是当前 R 的工作环境，它储存着所有用户定义的对象（向量、矩阵、函数、数据框、列表）。在一个 R 会话结束时，可以将当前工作空间保存，并在下次启动 R 时自动载入它。各种命令可在 R 命令行中交互式地输入。使用上下方向键查看已输入命令的历史记录，就可以选择一个之前输入过的命令并适当修改，最后按回车键重新执行它。

当前的工作目录是 R 用来读取文件和保存结果的默认目录。我们可以使用函数 getwd()来查看当前的工作目录，或使用函数 setwd()设定当前的工作目录。如果需要读取一个不在当前工作目录下的文件，则需在调用语句中写明完整的路径。记得使用引号闭合这些目录名和文件名。

用于管理工作空间的部分标准命令如下。

- getwd()：显示当前的工作目录。
- setwd("mydirectory")：修改当前的工作目录为 mydirectory。
- ls()：列出当前工作空间中的对象。
- rm(objectlist)：移除（删除）一个或多个对象。
- help(options)：显示可用选项的说明。
- options()：显示或设置当前选项。
- history(#)：显示最近使用过的#个命令（默认值为 25）。
- savehistory("myfile")：保存命令历史到文件 myfile 中（默认值为.Rhistory）。
- loadhistory("myfile")：载入一个命令历史文件（默认值为.Rhistory）。
- save.image("myfile")：保存工作空间到文件 myfile 中（默认值为.RData）。
- save(objectlist, file="myfile")：保存指定对象到一个文件中。
- load("myfile")：读取一个工作空间到当前会话中（默认值为.RData）。
- q()：退出 R。

> **重点提示**：setwd()命令的路径中使用了正斜杠（ / ）。R 将反斜杠（ \ ）作为一个转义符。即使在 Windows 平台上运行 R，在路径中也要使用正斜杠。

1.5 程序包

R 提供了大量备用功能，通过可选模块的下载和安装来实现。目前有 2500 多个称为包的用户贡献模块可从 http://cran.r-project.org/web/packages 下载。这些包提供了横跨各种领域、数量庞大的新功能，包括分析地理数据、处理蛋白质质谱，甚至是心理测验分析的功能。

1.5.1 什么是程序包

R 程序包是多个函数的集合，具有详细的说明和示例。Windows 下的 R 程序包是经过编译的 zip 包。每个程序包包含 R 函数、数据、预编译代码、帮助文件、描述文件等。计算机上存储包的目录称为库。函数.libPaths()能够显示库所在的位置，函数 library()则可以显示库中有哪些包。R 自带了一系列默认包（包括 base、datasets、utils、grDevices、graphics、stats 以及 methods），它们提供了种类繁多的默认函数和数据集。其他包可通过下载来进行安装。安装好以后，它们必须被载入会话中才能使用。

1.5.2 安装程序包

R 程序包是 R 功能扩展特定的分析功能，需要用相应的程序包实现。例如：系统发育分析常用到 ape 程序包、群落生态学 vegan 包等。常用的安装包有以下几种。

- ade4：利用欧几里得方法进行生态学数据分析。
- Adephylo：系统进化数据挖掘与比较方法。
- Ape：系统发育与进化分析。
- apTreeshape：进化树分析。
- boot：Bootstrap 检验。
- cluster：聚类分析。
- ecodist：生态学数据相异性分析。
- FD：功能多样性分析。
- Geiger：物种形成速率与进化分析。
- Graphics：绘图。
- Lattice：栅格图。
- Maptools：空间对象的读取和处理。
- Mefa：生态学和生物地理学多元数据处理。
- Mgcv：广义加性模型相关。
- Mvpart：多变量分解。
- Nlme：线性及非线性混合效应模型。
- Ouch：系统发育比较。
- Pgirmess：生态学数据分析。
- Phangorn：系统发育分析。
- Picante：群落系统发育多样性分析。
- Raster：栅格数据分析与处理。
- Seqinr：DNA 序列分析。
- Sp：空间数据处理。
- Spatstat：空间点格局分析，模型拟合与检验。

- Splancs：空间与时空点格局分析。
- Stats：R 统计学包。
- SDMTools：物种分布模型工具。
- Vegan：植物与植物群落的排序，生物多样性计算。

CRAN 提供了每个包的源代码和编译好的程序包，有许多 R 函数可以用来管理包。第一次安装一个包，使用命令 install.packages() 即可。不加参数执行 install.packages() 将显示一个 CRAN 镜像站点的列表，选择其中一个镜像站点之后，将看到所有可用包的列表，选择其中的一个包即可进行下载和安装。如果知道自己想安装的包的名称并已经连接到互联网，可以直接将包名作为参数提供给这个函数。在括号中输入要安装的程序包名称，选择镜像后，程序将自动下载并安装程序包。一个包仅需安装一次。但和其他软件类似，包经常被其作者更新。使用命令 update.packages() 可以更新已安装的包。要查看已安装包的描述，可以使用 installed.packages() 命令，这将列出安装的包，以及它们的版本号、依赖关系等信息。

Windows 下的程序包为 zip 文件，安装时不要解压缩。路径为 "Packages>install packages from local files"，选择本地磁盘上存储 zip 包的文件夹。

包的安装是从某个 CRAN 镜像站点下载包，并将其放入库中的过程。程序包中的函数，都要先导入再使用，因此导入程序包是第一步。需要使用 library() 命令载入这个包，程序包内的函数的用法与 R 内置的基本函数用法一样。在载入一个包之前必须已经安装了这个包。在一次应用中，包只需载入一次。如果需要，你可以自定义启动环境以自动载入会频繁使用的那些包。

载入一个包之后，就可以使用一系列新的函数和数据集了。包中往往提供了演示性的小型数据集和示例代码，能够让我们尝试这些新功能。帮助系统包含了每个函数的一个描述（同时带有示例），每个数据集的信息也被包括其中。查询程序包内容最常用的方法包括菜单和查看 PDF 帮助文档。

1.6　R 使用以及图形界面

R 是一种区分大小写的解释型语言。你可以在命令提示符（>）后每次输入并执行一条命令，或者一次性执行写在脚本文件中的一组命令。R 中有多种数据类型，包括向量、矩阵、数据框（与数据集类似）以及列表（各种对象的集合）。我们将在第 2 章中讨论这些数据类型。

R 中的多数功能是由程序内置函数和用户自编函数提供的，一次交互式会话期间的所有数据对象都被保存在内存中。一些基本函数是默认直接可用的，而其他高级函数则包含于按需加载的程序包中。R 语句由函数和赋值构成。R 使用 "<-"，而不是传统的 "=" 作为赋值符号。

> **重点提示**：R 允许使用 "=" 为对象赋值。但是这样写的 R 程序并不多，因为它不是标准语法，某些情况下会出现问题。

R commander 是 R 的图形界面之一，由 John Fox 教授编写。随着用户的操作，其窗口还可以显示出相应操作的 R 程序，对于初学者可能会有帮助。

安装 R commander 的程序如下：

```
install.packages("Rcmdr")
```

R 将自动下载并安装 Rcmdr 所需的所有程序包。R commander 图形界面如图 1-20 所示。

上面第一个窗口为 "界面操作代码" 显示窗口，第二个窗口为结果输出窗口。界面操作直观易学，但也存在一些不足：操作的过程难以保存，数据处理不够灵活，在进行步骤繁多的数据处理工作时十分费时费力，在建立模型或自己编写函数时也会遇到困难，而这些困难可以通过编程解决。要学习 R 编程，首先要了解 R 的函数、对象及其操作。

▲图 1-20 R commander 图形界面

1.7 本章小结

　　R 是一个开源项目，在很多操作系统上都可以免费得到，包括 Windows、Mac OS X 和 Linux。R 还在持续发展中，每天都在纳入新的功能。R 具有完备的数据存取、管理、分析和显示等功能，在世界范围内被广泛应用于政府、科研、教育和生产等不同的领域，发挥着积极的作用。R 具有使用灵活方便、功能齐全、编程能力强且简单易学、数据处理和统计分析融为一体、扩展性强、适用性强、应用面广等特点。

　　在本章中，我们了解了 R 的一些优点和局限性，以及它作为数据分析平台的诸多特性。本章主要介绍了 R 的获取，以及如何用网上的扩展包增强 R 基本安装的功能。我们从程序的安装出发，讨论了如何通过下载附加包来增强 R 的功能。探索了 R 的基本界面，以交互和批处理两种方式运行了 R 程序，还学习了如何将工作保存到文本和图形文件中。由于 R 的复杂性，我们花了一些篇幅来了解如何访问大量现成可用的帮助文档，希望读者了解到这个免费软件的强大之处。

第2章 R 编程入门

学习目标

- 掌握 R 程序构成，学会运用 R 语言进行编程。
- 掌握建立数据集的方法。
- 熟悉各种 R 函数，并逐渐学会其在 R 程序中的应用。
- 掌握数据集的各种编辑操作方法（包括建立与保存、导入等）。
- 掌握一些常用的 R 运算符和函数，并在 R 程序中熟练运用。

内容概要

R 提供了一种完善的编程语言。R 语言类似计算机的高级语言，用户只需要熟悉其命令、语句及简单的语法规则，就可以做数据管理和分析处理工作。因此，掌握 R 编程技术是学习 R 的关键环节。同其他的计算机语言一样，R 语言也有它自己的语言和句法、函数与其他辅助信息的规则，用户可使用 R 语言来定义数据和规定对数据做统计分析。

在利用 R 进行数据整理和分析之前，首先必须将数据直接输入 R 数据集中，或者把其他格式的数据文件转换为 R 数据集。一旦创建了 R 数据集，我们就可以对 R 数据集进行各种分析处理并打印计算结果的计算机程序。

2.1 R 语言

R 提供了一种完善的编程语言。类似计算机的高级语言，R 用户只需要熟悉其命令、语句及简单的语法规则，就可以做数据管理和分析处理工作。因此，掌握 R 编程技术是学习 R 的关键环节。在 R 中，把大部分常用的复杂数据计算的算法作为标准函数调用，用户仅需要指出函数名及其必要的参数即可。这一特点使得 R 编程十分简单。

R 是一种解释性语言，输入后可直接给出结果。R 功能靠函数实现。函数形式如下：

函数(输入数据，参数=)

如果没有指定，则参数以默认值为准。

例如：平均值 mean(x, trim = 0, na.rm = FALSE, ...)，线性模型 lm(y~x, data=test)。

每一个函数执行特定的功能，后面紧跟括号，例如：平均值 mean()、求和 sum()、绘图 plot()、排序 sort()。

除了基本的运算之外，R 的函数又分为"高级"和"低级"函数，高级函数可调用低级函数，这里的"高级"函数习惯上称为泛型函数。如 plot()就是泛型函数，可以根据数据的类型，调用底层的函数，应用相应的方法绘制相应的图形。这就是面向对象编程的思想。

2.1.1 数据集的概念

创建含有研究信息的数据集，这是任何数据分析的第一步。在 R 中，这个任务包括以下两步。

- 选择一种数据结构来存储数据。
- 将数据输入或导入这个数据结构中。

数据集通常是由数据构成的一个矩彩数组，行表示观测，列表示变量。不同的行业对于数据集的行和列叫法不同，包括观测和变量、记录和字段、示例和属性。

R 可以处理的数据类型包括数值型、字符型、逻辑型（TRUE/FALSE）、复数型（虚数）和因子型，实例如下。

- 数值型：如 100，0，−4.335。
- 字符型：如"China"。
- 逻辑型：如 TRUE，FALSE。
- 复数型：如 2 + 3i。
- 因子型：表示不同类别。因子是名义型变量或有序型变量，它们在 R 中被特殊地存储和处理。

R 中有许多用于存储数据的结构，包括标量、向量、数组、数据框和列表。多样化的数据结构赋予了 R 极其灵活的数据处理能力，各种类型的数据是由各元素组成的。

> **注意**：标量是只含一个元素的向量，例如 f <−3、g <−"US"和 h <−TRUE。它们用于保存常量。

> **重点提示**：与其他标准统计软件中的数据集类似，数据框是 R 中用于存储数据集的一种主要数据结构：列表示变量，行表示观测。在同一个数据框中可以存储不同类型（如数值型、字符型）的变量。

（1）向量。

向量为一系列元素的组合，用于存储数值型、字符型或逻辑型数据的一维数组。执行组合功能的函数 c()可用来创建向量，各类向量如下所示：

```
a <- c(1, 2, 3, 4, 10, -9, 20)
b <- c("one", "two", "three")
c <- c(TURE, FALSE, TRUE, TRUE, FALSE, FALSE)
d <- c("a", "a", "b", "b", "c")
```

其中，a 是数值型向量，b 和 d 是字符型向量，而 c 是逻辑型向量。

> **重点提示**：单个向量中的数据必须拥有相同的类型或模式（数值型、字符型或逻辑型），同一向量中无法混杂不同模式的数据。

通过在方括号中给定元素所处位置的数值访问向量中的元素。例如，a[c(1, 4)]用于访问向量 a 中的第 1 个和第 4 个元素。更多示例如下：

```
> d <- c(1, 3, 5, 9,7, 10, 23, 21, 17)
> d[2]
[1] 3
> d[2:5]
[1] 3 5 9 7
> d[c(1,2,6,7)]
[1] 1 3 10 23
```

第 2 个语句中使用的冒号用于生成一个数值序列，d[2:5]相当于 d[c(2, 3, 4, 5)]。

（2）矩阵。

矩阵是一个二维数组，只是每个元素都拥有相同的模式（数值型、字符型或逻辑型），可通过函数 matrix 创建矩阵。一般使用格式如下：

```
mymatrix <- matrix (vector, nrow=, ncol=, byrow=, dimnames=list() )
```

其中，vector 包含了矩阵的元素，nrow 和 ncol 用以指定行和列的维数，dimnames 包含了可选的、以字符型向量表示的行名和列名。选项 byrow 则表明矩阵应当按行填充（byrow=TRUE）还是按列填充（byrow=FALSE），默认情况下按列填充。

```
> x <- matrix(21:40, nrow=4, ncol=5, byrow=FALSE)
> x
     [,1]  [,2]  [,3]  [,4]  [,5]
[1,]  21    25    29    33    37
[2,]  22    26    30    34    38
[3,]  23    27    31    35    39
[4,]  24    28    32    36    40
> fourcell <- c(1,2,3,10,20,30)
> rnames <- c("R1", "R2")
> cnames <- c("C1", "C2", "C3")
> mymatrix <- matrix (fourcell, nrow=2, ncol=3, byrow=TRUE, dimnames=list(rnames, cnames))
> mymatrix
   C1 C2 C3
R1  1  2  3
R2 10 20 30
> mymatrix1 <- matrix (fourcell, nrow=2, ncol=3, byrow=FALSE, dimnames=list(rnames, cnames))
> mymatrix1
   C1 C2 C3
R1  1  3 20
R2  2 10 30
```

我们首先创建了一个 4×5 的矩阵，接着创建了一个 2×3 的含列名标签的矩阵并按行进行填充，最后创建了一个 2×3 的矩阵并按列进行了填充。

我们可以使用下标和方括号来选择矩阵中的行、列或元素。$X[i,]$ 指矩阵 X 中的第 i 行，$X[,j]$ 指第 j 列，$X[i,j]$ 指第 i 行第 j 个元素。选择多行或多列时，下标 i 和 j 可为数值型向量。

```
> aa <-matrix(1:20, nrow=5)
> aa
     [,1]  [,2]  [,3]  [,4]
[1,]   1    6    11    16
[2,]   2    7    12    17
[3,]   3    8    13    18
[4,]   4    9    14    19
[5,]   5   10    15    20
> aa[3,]
[1]  3  8 13 18
> aa[,3]
[1] 11 12 13 14 15
> aa[3,3]
[1] 13
> aa[3,c(3,4)]
[1] 13 18
> aa[,c(3,4)]
     [,1]  [,2]
[1,]   11   16
[2,]   12   17
[3,]   13   18
[4,]   14   19
[5,]   15   20
```

首先，我们创建了一个内容为数字 1～20 的 5×4 矩阵。默认情况下，矩阵按列填充。然后分别选择了第 3 行和第 3 列的元素。接着，又选择了第 3 行第 3 列的元素。之后选择了位于第 3 行第 3、第 4 列的元素。最后选择了第 3 列和第 4 列的元素。

矩阵都是二维的，与向量类似，矩阵中也仅能包含一种数据类型。当维度超过 2 时，需要使用数组；当有多种模式的数据时，需要使用数据框。

（3）数组。

数组与矩阵类似，但其维度可大于 2。数组可通过 array 函数创建，形式如下：

```
setarray  <- array (vector, dimensions, dimnames)
```

其中，vector 包含了数组中的数据；dimensions 是一个数值型向量，给出了各个维度下标的最大值；而 dimnames 是可选的、各维度名称标签的列表。

```
> dim1 <- c("X1", "X2")
> dim2 <- c("Y1", "Y2", "Y3")
> dim3 <- c("Z1", "Z2", "Z3", "Z4")
> xyz <- array(1:24, c(4,3,2), dimnames=list(dim3, dim2, dim1))
> xyz
, , X1
   Y1 Y2 Y3
Z1  1  5  9
Z2  2  6 10
Z3  3  7 11
Z4  4  8 12

, , X2
   Y1 Y2 Y3
Z1 13 17 21
Z2 14 18 22
Z3 15 19 23
Z4 16 20 24
```

数组是矩阵的一个自然推广，它们在编写新的统计方法时可能很有用。像矩阵一样，数组中的数据也只能拥有一种模式。

从数组中选取元素的方式与矩阵相同。

```
> xyz[1,2,]
X1 X2
 5 17
> xyz[1,3,]
X1 X2
 9 21
> xyz[,2,2]
Z1 Z2 Z3 Z4
17 18 19 20
> xyz[3,2,1]
[1] 7
```

（4）数据框。

与通常在 SAS、SPSS 和 STATA 中看到的数据集类似，不同的列可以包含不同模式（数值型、字符型等）的数据，也将是 R 中最常处理的数据结构。如果数据有多种模式，无法将此数据集放入一个矩阵，在这种情况下，使用数据框是最佳选择。数据框可通过函数 data.frame()创建：

```
mydata  <- data.frame(col1, col2, col3, …)
```

其中，列向量 col1, col2, col3,…可为任何类型（如字符型、数值型或逻辑型）。

```
> IDnumber  <- c(101, 102, 103. 104)
> age <- c(24, 78, 56, 45)
> hypertention  <- c("yes", "no", "no","yes")
> severity <- c("high", "middle", "low", "middle")
> patientdata <- data.frame(IDnumber, age, hypertention, severity)
> patientdata
  IDnumber age hypertention severity
1      101  24          yes     high
2      102  78           no   middle
3      103  56           no      low
4      104  45          yes   middle
```

选取数据框中元素的方式有若干种，既可以使用前述下标记号，也可以直接指定列名。

```
> patientdata[1]
  IDnumber
1      101
2      102
3      103
4      104
> patientdata[1:2]
  IDnumber age
1      101  24
2      102  78
3      103  56
4      104  45
> patientdata["age"]
  age
1  24
2  78
3  56
4  45
> patientdata[c("age", "severity")]
  age severity
1  24     high
2  78   middle
3  56      low
4  45   middle
> patientdata$age
[1] 24 78 56 45
```

记号 $ 是新出现的使用方法，它被用来选取一个给定数据框中的某个特定变量。在每个变量名前都输入一次数据框名可能会让人生厌，所以不妨走一些捷径，可以联合使用函数 attach() 和 detach()，或单独使用函数 with() 来简化代码。

函数 attach() 可将数据框添加到 R 的搜索路径中。R 在遇到一个变量名以后，将检查搜索路径中的数据框，以定位到这个变量。使用以下代码获取年龄（age）变量的描述性统计量，并分别绘制此变量与收缩压（hypertension）的散点图。

```
> systolic <- c(120, 130, 140, 150, 160)
> age <- c(20, 30, 40, 50, 55)
> hypertension  <- data.frame(systolic, age)
>  hypertension
    systolic age
1        120  20
2        130  30
3        140  40
4        150  50
5        160  55

> summary(hypertension$age)
> summary(hypertension$systolic)
> plot(hypertension$systolic, hypertension$age)
```

上述代码也可以改写成：

```
> attach(hypertension)
> summary(age)
> summary(systolic)
> plot(systolic, age)
> detach(hypertension)
```

函数 detach() 将数据框从搜索路径中移除。detach() 并不会对数据框本身做任何处理，这句是可以省略的。

当名称相同的对象不止一个时，这种方法的局限性就很明显了，原始对象将进行优先运算。函数 attach() 和 detach() 最好在分析一个单独的数据框，并且不太可能有多个同名对象时使用。

除此之外，另一种方式是使用函数 with()。可以这样重写上例：

```
> with(hypertension,{
summary(age)
 summary(systolic)
plot(systolic, age)
})
```

大括号{}之间的语句都针对数据框 hypertension 执行，这样就不用担心名称冲突了。如果仅有一条语句，那么大括号{}可以省略。函数 with()的局限性在于赋值仅在此函数的括号内生效。如下代码所示：

```
> with (hypertension, {stat <-summary(age)
+ stat})
     Min. 1st Qu.  Median     Mean 3rd Qu.    Max.
       20      30      40       39      50      55
> stat
错误: 找不到对象'stat'
```

> **重点提示**：如果你需要创建在 with()结构以外存在的对象，使用特殊赋值符 "<<-" 替代标准赋值符 "<-" 即可，它可将对象保存到 with()之外的全局环境中。

以下代码较好地阐述了这个原因：

```
> with (hypertension, {ncnstat <-summary(systolic)
   stat <<-summary(systolic)
})
> nonstat
错误: 找不到对象'nonstat'
> stat
     Min. 1st Qu.  Median     Mean 3rd Qu.    Max.
      120     130     140      140     150     160
```

（5）因子。

变量可分为名义型、有序型或连续型变量。名义型变量是没有顺序之分的类别变量；有序型变量表示一种顺序关系，而非数量关系；连续型变量可以呈现为某个范围内的任意值并同时表示了顺序和数量。年龄就是一个连续型变量。类别（名义型）变量和有序类别（有序型）变量在 R 中称为因子。因子在 R 中非常重要，因为它决定了数据的分析方式以及如何进行结果展示。因子在 R 语言中具有许多强大运算的基础，包括许多针对表格数据的运算。因子的设计思想来源于统计学中的名义变量或分类变量，这些变量本质上不是数字，而是对应分类。例如血型，尽管可以用数字对它们进行编码。

函数 factor()以一个整数向量的形式存储类别值，将一个由字符串（原始值）组成的内部向量映射到这些整数上。

```
> hypertention  <- c("yes", "no", "no","yes")
> hypertention <- factor(hypertention )
> hypertention
 [1] yes no  no  yes
Levels: no yes
> str(hypertention)
 Factor w/ 2 levels "no","yes": 2 1 1 2
```

语句 hypertention <-factor(hypertention)将此向量存储为（2, 1, 1, 2），并在内部将其关联为 1=no 和 2=yes（具体赋值根据字母顺序而定）。针对向量 hypertention 进行的任何分析都会将其作为名义型变量对待并自动选择合适的统计方法。

在 R 中，因子可以简单地看作一个附加更多信息的向量（尽管它们内部机理是不同的）。这额外的信息包括向量中不同值的记录，称为"水平"。

```
> x <-c(5,12,13,12)
> x <-factor(x)
> x
[1] 5  12 13 12
Levels: 5 12 13
> str(x)
 Factor w/ 3 levels "5","12","13": 1 2 3 2
> length(x)
[1] 4
```

x 中的不同数值（5, 12, 13）就是水平。x 的核心是（1,2,3,2），意味着我们的数据是由水平 1、水平 2 和水平 3 的值构成的。因此数据已经重新编码为水平，当然水平本身也被记录。因子的长度定义为数据的长度，而不是水平的个数。

要表示有序型变量，需要为函数 factor()指定参数 ordered=TRUE。

```
> severity  <-  c("high", "middle", "low", "middle")
> severity <-  factor(severity, order=TRUE)
> severity
[1] high   middle low    middle
Levels: high < low < middle
> str(severity)
 Ord.factor w/ 3 levels "high"<"low"<"middle": 1 3 2 3
```

语句 severity <- factor(severity, order=TRUE)将向量编码为（1, 3, 2, 3），并在内部将这些值关联为 1= high、2= low 以及 3= middle。另外，针对此向量进行的任何分析都会将其作为有序型变量对待，并自动选择合适的统计分析方法。

对于字符型向量，因子的水平默认依字母顺序创建。这对于因子 severity 是没有意义的，因为"high""low""middle"的排序方式与逻辑顺序不一致。按默认的字母顺序排序的因子很少能够让人满意。

可以通过指定 levels 选项来覆盖默认排序。

```
> severity <-  factor(severity, order=TRUE, levels=c("low", "middle", "high"))
```

以下代码展现了因子如何影响数据分析结果。

```
> IDnumber  <- c(101, 102, 103, 104)
> age <- c(24, 78, 56, 45)
> hypertention <- c("yes", "no", "no","yes")
>  severity  <- c("high", "middle", "low", "middle")
> hypertention <- factor(hypertention)
> severity  <- factor(severity, order=TRUE)
> patientdata <- data.frame(IDnumber, age, hypertention, severity)
> str(patientdata)
'data.frame':   4 obs. of  4 variables:
 $ IDnumber    : num  101 102 103 104
 $ age         : num  24 78 56 45
 $ hypertention: Factor w/ 2 levels "no","yes": 2 1 1 2
 $ severity    : Ord.factor w/ 3 levels "high"<"low"<"middle": 1 3 2 3
> summary(patientdata)
    IDnumber          age        hypertention   severity
 Min.   :101.0   Min.   :24.00   no :2       high  :1
 1st Qu.:101.8   1st Qu.:39.75   yes:2       low   :1
 Median :102.5   Median :50.50               middle:2
 Mean   :102.5   Mean   :50.75
 3rd Qu.:103.2   3rd Qu.:61.50
 Max.   :104.0   Max.   :78.00
```

（6）列表。

列表就是一些对象（或成分）的有序集合，是 R 数据类型中最为复杂的一种。列表允许整合若干（可能无关的）对象到单个对象名下。例如，某个列表中可能是若干向量、矩阵、数据框，甚至其他列表的组合。用户可以使用函数 list()创建列表：

```
Mylist <- list(object1, object2, …)
```

以下为创建列表的一个示例：

```
> a    <-  "list example"
> x    <-  c(1,2,3,4,5)
> matrix   <- matrix(1:20, nrow=5, byrow=FALSE)
> k <- c("one", "two", "four")
> mylist   <- list(a, x, matrix, k)
> mylist
[[1]]
[1] "list example"

[[2]]
[1] 1 2 3 4 5

[[3]]
     [,1] [,2] [,3] [,4]
[1,]    1    6   11   16
[2,]    2    7   12   17
[3,]    3    8   13   18
[4,]    4    9   14   19
[5,]    5   10   15   20

[[4]]
[1] "one"   "two"   "four"
```

本例创建了一个列表，其中有 4 个成分：1 个字符串、1 个数值型向量、1 个矩阵以及 1 个字符型向量。用户可以组合任意多的对象，并将它们保存为一个列表。

用户也可以通过在双重方括号中指明代表某个成分的数字或名称来访问列表中的元素。

```
> mylist[[3]]
     [,1] [,2] [,3] [,4]
[1,]    1    6   11   16
[2,]    2    7   12   17
[3,]    3    8   13   18
[4,]    4    9   14   19
[5,]    5   10   15   20
```

在此例中，mylist[[3]]指矩阵。由于两个原因，列表成为了 R 中的重要数据结构。首先，列表允许以一种简单的方式组织和重新调用不相干的信息。其次，许多 R 函数的运行结果都是以列表的形式返回的，由分析人员决定需要取出其中哪些成分。

2.1.2　R 运算符

R 运算符是一些符号，它们要求作比较，进行算术运算、比较运算或逻辑运算等。

1. 算术算符

指数学运算中常用的 5 种运算符号。算术算符的表示方法及其含义如表 2-1 所示。

表 2-1　　　　　　　　　　　　　　　　算术算符

算 术 算 符	算 符 含 义
^	乘幂
*	乘
/	除
+	加
−	减
%%	模运算
%/%	整数除法

2. 比较算符

建立两个量之间的一种关系，并要求 R 确定这种关系是否成立。如果成立，输出的运算结果是 1；如果不成立，运算结果为 0。比较算符的表示方法及其含义如表 2-2 所示。

表 2-2　　　　　　　　　　　　　　　　　比较算符

比 较 算 符	算 符 含 义
==	等于
! =	不等于
>	大于
<	小于
>=	大于等于
<=	小于等于

如表达式 X<Y。如果 X 为 5，Y 为 2，那么表达式 X<Y 的值为 0（不成立）。如果 X 为 5，Y 为 9，那么 X<Y 的值为 1（成立）。

3. 逻辑算符

通常用来连接一系列比较式。逻辑算符包括：& AND（与）、|OR（或）和！NOT（非）。逻辑算符的表示方法及其含义如表 2-3 所示。

表 2-3　　　　　　　　　　　　　　　　　逻辑算符

逻 辑 算 符	算 符 含 义
&&	标量的逻辑"与"运算
||	标量的逻辑"或"运算
&	向量的逻辑"与"运算
|	向量的逻辑"或"运算
!	逻辑非

如果"&"左右两个量都为真，那么 AND 运算产生的结果为 1，否则为 0。例如表达式：X<Y and C>0 为真，仅当 X<Y 为真且 C>0 为真时，也就是当 X<Y 且 C>0 为真时，结果为 1。

如果"|"两边的量至少有一个为真，那么"|"运算的结果是 1，否则是 0。例如，表达式 X<Y | C>0 为真，仅当 X<Y 为真而不必管 C 的值，或者 C>0 为真而不管 X<Y 是否为真，也就是说，这两个关系式中有一个或两个都成立时，这个表达式为真。

"!"也是一个逻辑算符。在一个值为 0 的量前面放上"!"的结果是 1。也就是否定一个假的结果为真。例如，如果 A=B 为假，那么！（A=B）为真。在一个缺失值的量前面放上"!"结果也为真。相反，否定一个真的结果就是假的。

R 语言表面上没有标量的类型，因为标量可以看作是含有一个元素的向量，但如表 2-3 所示，逻辑运算符对标量和向量有着不同的形式。下面以一个简单的例子阐述这种区别的必要性。

```
> x <- c(TRUE, FALSE, TRUE)
> y <-c (TRUE,TRUE,FALSE)
> x & y
[1]  TRUE FALSE FALSE
> x[1 ]&& y[1]
[1] TRUE
> x && y
```

```
[1] TRUE
> if ( x[1 ]&& y[1])
+ print("both TURE")
[1] "both TURE"
> if ( x & y)
+  print("both TURE")
[1] "both TURE"
Warning message:
```

if (x & y) print("both TURE")：条件的长度大于一，因此只能用其第一元素。

if 结构条件判断语句的取值，只能是一个逻辑值，而不是逻辑值的向量，这也是为什么会出现警告提示。因此，"&"和"&&"这两种运算符的存在是必要的。

> **重点提示：** 逻辑值 TRUE 和 FALSE 可以缩写为 T 和 F（必须大写），而在算术表达式中它们会转换为 1 和 0。

```
> 1<2
[1] TRUE
> (1<2) * (3<4)
[1] 1
> (1<2) * (3<4) * (5<1)
[1] 0
> (1<2) * (3<4) * (5<1)  * (5<1)
[1] 0
> (3<4)==TRUE
[1] TRUE
> (3<4)==1
[1] TRUE
```

4. 运算次序

下面给出复杂表达式运算次序的准则。

（1）括号里的表达式先计算。

（2）较高优先级的运算先被执行。优先级的顺序如表 2-4 所示。

（3）对于相同优先级的算符，先做左边的运算。

表 2-4　　　　　　　　　　　R 中各种算符的优先顺序

算 符 级 别	运 算 算 符	算 符 含 义
第 1 级 （最高级）	^	乘幂
	+	仅作为前缀时（取正）
	−	仅作为前缀时（取负）
	!	非
第 2 级	*	乘
	/	除
第 3 级	+	仅作为中缀时（加）
	−	仅作为中缀时（减）
第 4 级	<, <=, >, >=, ==,! =	—
第 5 级	&，&&, |, |	—

2.2　R 常用函数及其应用

R 函数是一个子程序，它由 0 个或几个自变量返回一个结果值。每个 R 函数都有一个关键名字。为了引用函数，要写出它的名字，然后写出一个自变量或几个自变量，并用括号括起来，这个函数对这些自变量进行某种运算。R 函数的形式为：

```
Functionname （variable1, variable2 ……）
```

例如 SUM（math，English，Chinese），SUM 函数计算变量 math、English 和 Chinese 的和。又如 MIN（X，Y），MIN 函数比较两个自变量的值并返回这两个值的最小值。

本节我们将综述 R 中作为数据处理基石的函数，它们可分为数值（数学、统计、概率）函数和字符处理函数。

2.2.1　数学函数

以下为常用的数学函数和简短的用例。

- abs(x)：绝对值。

```
> abs(-4)
[1] 4
```

- sqrt(x)：平方根。

```
> sqrt(25)
[1] 5
> 25^(0.5)
[1] 5
```

- ceiling(x)：不小于 x 的最小整数。

```
> ceiling(3.475)
[1] 4
```

- floor(x)：不大于 x 的最大整数。

```
> floor(3.475)
[1] 3
```

- trunc(x)：向 0 的方向截取 x 中的整数部分。

```
> trunc(5.99)
[1] 5
```

- round(x, digits=n)：将 x 舍入为指定位的小数。

```
> round(3.475, digits=2)
[1] 3.48
```

- signif(x, digits=n)：将 x 舍入为指定的有效数字位数。

```
> signif(3.475, digits=2)
[1] 3.5
```

- cos(x)：余弦。

```
> cos(2)
[1] -0.4161468
```

- sin(x) ：正弦。

```
> sin(2)
[1] 0.9092974
```

- tan(x)：正切。

```
> tan(2)
[1] -2.18504
```

- acos(x)：反余弦。

```
> acos(-0.416)
[1] 1.999839
```

- asin(x)：反正弦。

```
> asin(-0.416)
[1] -0.4290422
```

- atan(x)：反正切。

```
> atan(-0.416)
[1] -0.3942229
```

- cosh(x)：双曲余弦。

```
> cosh(2)
[1] 3.762196
```

- sinh(x)：双曲正弦。

```
> sinh(2)
[1] 3.62686
```

- tanh(x)：双曲正切。

```
> tanh(2)
[1] 0.9640276
```

- acosh(x)：反双曲余弦。

```
> acosh(2.0)
[1] 1.316958
```

- asinh(x)：反双曲正弦。

```
> asinh(3.627)
[1] 2.000037
```

- atanh(x)：反双曲正切。

```
> atanh(0.22)
[1] 0.2236561
```

- log(x,base=n)：对 x 取以 n 为底的对数。

```
> log(8,2)
[1] 3
```

- log(x)：自然对数。

```
> log(10)
[1] 2.302585
```

- log10(x)：常用对数。

```
> log10(40)
[1] 1.60206
> log(40,10)
[1] 1.60206
```

- exp(x)：指数函数。

```
> exp(2)
[1] 7.389056
```

对数据做变换是这些函数的一个主要用途。数学函数也被用作公式中的一部分，用于绘图函数和在输出结果之前对数值做格式化。

2.2.2　样本统计函数

以下为常用的样本函数和简短的用例。

- mean(x)：平均数。

```
> mean(c(1,2,3,4))
[1] 2.5
```

- median(x)：中位数。

```
> median(c(1,2,3,4,5))
[1] 3
```

- sd(x)：标准差。

```
> sd(c(1,2,3,4,5,6,7))
[1] 2.160247
```

- var(x)：方差。

```
> var(c(1,2,3,4,5,6,7))
[1] 4.666667
```

- mad(x)：绝对中位差。

```
> mad(c(1,2,3,4,5,6,7))
[1] 2.9652
```

- quantile(x,probs)：求分位数。其中 x 为待求分位数的数值型向量，probs 为一个由[0,1]之间的概率值组成的数值向量。

求向量 x 的第 25 和第 75 百分位数：

```
> quantile(c(1,2,3,4,5,6,7),c(.25,.75))
25% 75%
2.5 5.5
```

- range(x)：求值域。

```
> range(c(1,2,3,4,5,6,7))
[1] 1 7
> diff(range(c(1,2,3,4,5,6,7)))
[1] 6
```

- sum(x)：求和。

```
> sum(c(1,2,3,4,5,6,7))
[1] 28
```

- diff(x, lag=n)：滞后差分，lag 用以指定滞后几项。默认的 lag 值为 1。

```
> x<- c(1, 5, 23, 29)
> diff(x)
[1]  4 18  6
```

- min(x)：最小值。

```
> min(c(1,2,3,4,5,6,7))
[1] 1
```

- max(x)：最大值。

```
> max(c(1,2,3,4,5,6,7))
[1] 7
```

- scale(x,center=TRUE, scale=TRUE)：为数据对象 x 按列进行中心化（center=TRUE）或标

准化（center=TRUE, scale=TRUE）。

默认情况下，函数 scale() 对矩阵或数据框的指定列进行均值为 0、标准差为 1 的标准化：

```
mydata  <- scale (mydata)
```

要对每一列进行任意均值和标准差的标准化，可以使用如下代码：

```
mydata  <- scale (mydata)*SD + M
```

其中，M 是想要的均值，SD 为想要的标准差。

以下代码演示了计算某个数值向量的均值和标准差的两种方式，有助于理解统计函数。

```
> x <- c(1,2,3,4,5,6,7,8,9,15,12)
> mean(x)
[1] 6.545455
> sd(x)
[1] 4.274661
> n<- length(x)
> meanx <- sum(x)/n
> css <- sum((x-meanx)^2)
> sdx <- sqrt(css/(n-1))
> meanx
[1] 6.545455
> sdx
[1] 4.274661
```

2.2.3 概率函数

概率函数通常用来生成特征已知的模拟数据，以及在用户编写的统计函数中计算概率值。

在 R 中，概率函数形如：

```
[dpqr]distribution_abbreviation()
```

其中第一个字母表示其所指分布的某一方面。

- d = 密度函数（density）。
- p = 分布函数（distribution function）。
- q = 分位数函数（quantile function）。
- r = 生成随机数（随机偏差）。

常用的概率函数和缩写如下。

- Beta 分布：beta。
- Logistic 分布：logis。
- 二项分布：binom。
- 多项分布：multinom。
- 柯西分布：cauchy。
- 负二项分布：nbinom。
- （非中心）卡方分布：chisq。
- 正态分布：norm。
- 指数分布：exp。
- 泊松分布：pois。
- F 分布：f。
- Wilcoxon 符号秩分布：signrank。
- Gamma 分布：gamma。
- t 分布：t。

- 几何分布：geom。
- 均匀分布：unif。
- 超几何分布：hyper。
- Weibull 分布：weibull。
- 对数正态分布：lnorm。
- Wilcoxon 秩和分布：wilcox。

我们以正态分布函数为例，了解这些函数的使用方法。如果不指定一个均值和标准差，则函数将假定其为标准正态分布（均值为 0，标准差为 1）。标准正态分布概率密度函数如图 2-1 所示。

```
>  x <- pretty(c(-3,3), 30)
>  y <-dnorm(x)
plot(x, y,
type="l",
xlab="NormalDeviate",
ylab="Density",
yaxs="i"
)
```

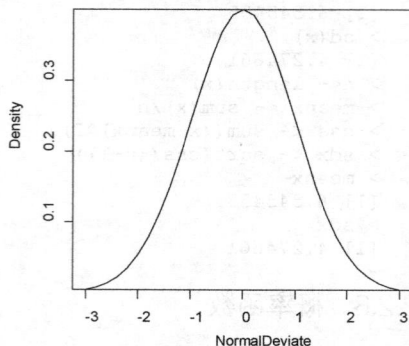

▲图 2-1　标准正态分布概率密度函数

位于 z=1.96 左侧的标准正态曲线下方面积是多少？

```
> pnorm(1.96)
[1] 0.9750021
```

标准正态分布的 0.975 分位点值为多少？

```
> qnorm(.975)
[1] 1.959964
```

均值为 500，标准差为 100 的正态分布的 0.9 分位点值为多少？

```
> qnorm(.9, mean=500, sd=100)
[1] 628.1552
```

生成 50 个均值为 50，标准差为 10 的正态随机数。

```
> rnorm(50, mean=50, sd=10)
 [1] 57.86568 65.15495 47.67627 57.58522 51.54444 59.29841 60.00383 67.83573
 [9] 51.72464 60.84461 30.48510 30.39757 46.26959 51.60296 45.61807 49.22042
[17] 60.76764 40.72064 53.75776 58.18664 56.91128 40.66373 45.59667 49.54243
[25] 54.24555 45.09342 42.04018 49.76482 52.20662 29.72038 50.26902 34.14525
[33] 47.51494 37.97045 42.22522 46.45015 56.12777 45.11604 53.29744 53.34638
[41] 51.84571 68.33274 38.24069 47.35651 56.88580 43.39235 47.03165 55.79904
[49] 51.18197 40.79011
```

2.2.4　字符处理函数

数学和统计函数是用来处理数值型数据的，而字符处理函数可以从文本型数据中抽取信息，或者为打印输出和生成报告重设文本的格式。一些常用的字符处理函数如下所示。

- nchar(x)：返回字符串 x 中的字符数量。

```
> x <- c("ab", "cde", "dsdesd")
> length(x)
[1] 3
> nchar(x[3])
[1] 6
```

- substr(x, start, stop)：函数返回给定字符串 x 中指定位置范围 start：stop 上的子字符串。

```
> x <- "abcdefghij"
> substr(x, 2, 4)
```

```
[1] "bcd"
> substr(x, 2, 4) <- "22222"
> x
[1] "a222efghij"
```

● grep(pattern, x, ignore. case=FALSE, fixed=FALSE)：在字符串向量 x 中搜索给定的子字符串 pattern。如果 x 有 n 个元素，即包括 n 个字符串，则 grep(pattern, x)会返回一个长度不超过 n 的向量。若 fixed=FALSE，则 pattern 为一个正则表达式；若 fixed=TRUE，则 pattern 为一个文本字符串，返回值为匹配的下标。

```
> grep("A",c("b","A","c"),fixed=TRUE)
[1] 2
> grep("A",c("b","A","c"),fixed=FALSE)
[1] 2
```

● sub(pattern, replacement, x, ignore.case=FALSE, fixed=FALSE)：在 x 中搜索 pattern，并以文本 replacement 将其替换。若 fixed=FALSE，则 pattern 为一个正则表达式；若 fixed=TRUE，则 pattern 为一个文本字符串。

```
> sub("\\s",".","Hello There")
[1] "Hello.There"
```

注意，"\s" 是一个用来查找空白的正则表达式，使用 "\\s" 而不用 "\" 的原因在于后者是 R 中的转义字符。

● strsplit(x, split, fixed=FALSE)：在 split 处分割字符向量 x 中的元素拆分成若干个子字符串，返回这些子字符串组成的 R 列表。若 fixed=FALSE，则 pattern 为一个正则表达式；若 fixed=TRUE，则 pattern 为一个文本字符串。

```
> y <- strsplit("abc", "")
> y
[[1]]
[1] "a" "b" "c"
> unlist(y)[2]
[1] "b"
unlist(y)[2]
> sapply(y, "[", 2)
[1] "b"
> strsplit("6-16-2011", split="-")
[[1]]
[1] "6"    "16"    "2011"
```

● paste(…, sep="")：把若干个字符串拼接起来，返回一个长字符串，分隔符为 sep。

```
> paste("x", 1:3,sep="")
[1] "x1" "x2" "x3"
> paste("x",1:3,sep="M")
[1] "xM1" "xM2" "xM3"
> paste("Today is", date())
[1] "Today is Thu Oct 22 04:58:54 2015"
> paste ("North", "Pole")
[1] "North Pole"
> paste ("North", "Pole", sep="")
[1] "NorthPole"
> paste ("North", "Pole", sep=".")
[1] "North.Pole"
> paste ("North", "and", "Pole", "South")
[1] "North and Pole South"
```

● toupper(x)：大写转换。

```
> toupper("abc")
[1] "ABC"
```

● tolower(x)：小写转换。

```
> tolower("DEF")
[1] "def"
```

• regexpr(pattern, text)：在字符串 text 中寻找 pattern，返回与 pattern 匹配的第一个子字符串的起始字符位置。

```
> regexpr("uat","Equator")
[1] 3
```

• gregexpr(pattern, text)：功能与 regexpr() 函数一样，不过它会寻找与 pattern 匹配的全部子字符串的起始位置。

```
> gregexpr("iss","Missppiissist")
[[1]]
[1] 2 8
```

2.2.5　其他实用函数

以下函数对于数据管理和处理同样非常实用。

• length(x)：对象 x 的长度。

```
> x <- c(1,2,3,4,5,6)
> length(x)
[1] 6
```

• seq(from, to, by)：生成一个序列。

```
> mysequ <- seq(1, 20, 3)
> mysequ
[1]  1  4  7 10 13 16 19
```

• rep(x, n)：将 x 重复 n 次。

```
> rep("ABC",3)
[1] "ABC" "ABC" "ABC"
> rep(1:3,3)
[1] 1 2 3 1 2 3 1 2 3
```

• cut(x, n)：将连续型变量 x 分割为有着 n 个水平的因子。

```
> x   <- c(1:100)
> cut(x, 5)
  [1] (0.901,20.8] (0.901,20.8] (0.901,20.8] (0.901,20.8] (0.901,20.8]
  [6] (0.901,20.8] (0.901,20.8] (0.901,20.8] (0.901,20.8] (0.901,20.8]
 [11] (0.901,20.8] (0.901,20.8] (0.901,20.8] (0.901,20.8] (0.901,20.8]
 [16] (0.901,20.8] (0.901,20.8] (0.901,20.8] (0.901,20.8] (0.901,20.8]
 [21] (20.8,40.6]  (20.8,40.6]  (20.8,40.6]  (20.8,40.6]  (20.8,40.6]
 [26] (20.8,40.6]  (20.8,40.6]  (20.8,40.6]  (20.8,40.6]  (20.8,40.6]
 [31] (20.8,40.6]  (20.8,40.6]  (20.8,40.6]  (20.8,40.6]  (20.8,40.6]
 [36] (20.8,40.6]  (20.8,40.6]  (20.8,40.6]  (20.8,40.6]  (20.8,40.6]
 [41] (40.6,60.4]  (40.6,60.4]  (40.6,60.4]  (40.6,60.4]  (40.6,60.4]
 [46] (40.6,60.4]  (40.6,60.4]  (40.6,60.4]  (40.6,60.4]  (40.6,60.4]
 [51] (40.6,60.4]  (40.6,60.4]  (40.6,60.4]  (40.6,60.4]  (40.6,60.4]
 [56] (40.6,60.4]  (40.6,60.4]  (40.6,60.4]  (40.6,60.4]  (40.6,60.4]
 [61] (60.4,80.2]  (60.4,80.2]  (60.4,80.2]  (60.4,80.2]  (60.4,80.2]
 [66] (60.4,80.2]  (60.4,80.2]  (60.4,80.2]  (60.4,80.2]  (60.4,80.2]
 [71] (60.4,80.2]  (60.4,80.2]  (60.4,80.2]  (60.4,80.2]  (60.4,80.2]
 [76] (60.4,80.2]  (60.4,80.2]  (60.4,80.2]  (60.4,80.2]  (60.4,80.2]
 [81] (80.2,100]   (80.2,100]   (80.2,100]   (80.2,100]   (80.2,100]
 [86] (80.2,100]   (80.2,100]   (80.2,100]   (80.2,100]   (80.2,100]
 [91] (80.2,100]   (80.2,100]   (80.2,100]   (80.2,100]   (80.2,100]
 [96] (80.2,100]   (80.2,100]   (80.2,100]   (80.2,100]   (80.2,100]
Levels: (0.901,20.8] (20.8,40.6] (40.6,60.4] (60.4,80.2] (80.2,100]
```

• pretty(x, n) 创建美观的分割点。通过选取 n+1 个等间距的取整值，将一个连续型变量 x 分割为 n 个区间。

> **重点提示：** R 函数在许多数值计算及字符和数值数据处理方面，为简化程序编写过程尤其有用。我们应了解各种函数的功用，掌握一些常见函数的应用，并在 R 语句中应用这些函数。

2.3　数据的输入

在数据分析过程中通常会面对来自多种数据源和数据格式的数据，需要将这些数据导入而进行数据分析，并汇报分析结果。R 提供了适用范围广泛的数据导入工具。R 可从键盘、文本文件、Microsoft Excel 和 Access、流行的统计软件、特殊格式的文件，以及多种关系型数据库中导入数据。本节将介绍各种数据源的导入方法。

2.3.1　使用键盘输入数据

输入数据最直接的方式就是使用键盘输入。R 中的函数 edit() 会自动调用一个允许手动输入数据的文本编辑器，具体步骤如下。

（1）创建一个空数据框（或矩阵），其中变量名和变量类型需与预期中的最终数据集一致。

（2）针对这个数据对象调用文本编辑器，输入数据，并将结果保存回此数据对象中。

如下例所示：

```
> newdata  <-data.frame(age=numeric(0), sex=character(0), weight=numeric(0))
> newdata <-edit(newdata)
```

创建一个名为 newdata 的数据框，它含有 3 个变量：age（数值型）、sex（字符型）和 weight（数值型）。然后调用文本编辑器，键入数据，最后保存结果。

在 Windows 上调用函数 edit() 的结果如图 2-2 所示。

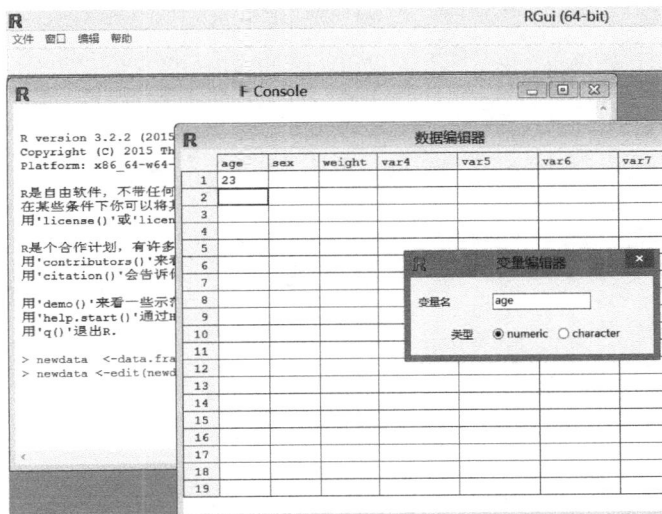

▲图 2-2　通过编辑器输入数据

> **重点提示：** 编辑的结果需要赋值回对象本身。函数 edit() 事实上是在对象的一个副本上进行操作的。如果不将其赋值到一个目标，所有修改将会全部丢失。

单击列的标题，就可以用编辑器修改变量名和变量类型（数值型、字符型）。你还可以通过单击未使用列的标题来添加新的变量。编辑器关闭后，结果会保存到之前赋值的对象中。再次调用 newdata <-edit(newdata)，就能够编辑已经输入的数据并添加新的数据。语句 newdata <- edit(newdata)的一种简洁的等价写法是 fix(newdata)。

这种输入数据的方式对于小数据集很有效。对于较大的数据集，这种方式的局限性就很明显了，可以考虑从现有的文本文件、Excel 电子表格、统计软件或数据库中导入数据。

2.3.2　数据集的导入

1. 从带分隔符的文本文件导入数据

可以使用 read.table()从带分隔符的文本文件中导入数据。此函数可读入一个表格格式的文件并将其保存为一个数据框。其语法如下：

```
mydata  <- read.table (file, header=TRUE, sep="delimiter", row.names="name")
```

其中，file 是一个带分隔符的 ASCII 文本文件；header 是一个表明首行是否包含了变量名的逻辑值（TRUE 或 FALSE）；sep 用来指定分隔数据的分隔符；row.names 是一个可选参数，用以指定一个或多个表示行标识符的变量。

如下所示：

```
> Example2_1  <- read.table ("example2_1.csv", header=TRUE, sep=",")
> Example2_1
   group    atp
1      1   7.76
2      2  11.14
3      3  10.85
4      1   7.71
5      2  11.60
6      3   8.58
7      1   8.43
8      2  11.42
9      3   7.19
10     1   8.47
11     2  13.85
12     3   9.36
13     1  10.30
14     2  13.53
15     3   9.59
16     1   6.67
17     2  14.16
18     3   8.81
19     1  11.73
20     2   6.94
21     3   8.22
22     1   5.78
23     2  13.01
24     3   9.95
25     1   6.61
26     2  14.18
27     3  11.26
28     1   6.97
29     2  17.72
30     3   8.68
```

从当前工作目录中读入了一个名为 example2_1.csv 的逗号分隔文件，从文件的第一行取得了各变量名称，最后将结果保存到了名为 Example2_1 的数据框中。

> **注意**：参数 sep 允许导入那些使用逗号以外的符号来分隔行内数据的文件。可以使用 sep="\t"读取以制表符分隔的文件。此参数的默认值为 sep=""，即表示分隔符可为一个或多个空格、制表符、换行符或回车符。

默认情况下，字符型变量将转换为因子。但是有许多方法可以禁止这种转换行为，其中包括设置选项 stringsAsFactors=FALSE，这将停止对所有字符型变量的此种转换。还有一种方法是使用选项 colClasses 为每一列指定一个类，例如 logical（逻辑型）、numeric（数值型）、character（字符型）、factor（因子）。

2. 导入 Excel 数据

读取一个 Excel 文件的最好方式就是在 Excel 中将其导出为一个逗号分隔文件（csv），并使用前文描述的方式将其导入 R 中。在 Windows 系统中，也可以使用 RODBC 包来访问 Excel 文件。电子表格的第一行应当包含变量/列的名称。

首先，下载并安装 RODBC 包：

```
> install.packages("RODBC")
```

然后使用以下代码导入数据：

```
> library(RODBC)
> Example2_2  <- odbcConnectExcel("example2_2.xls")
> mydata <- sqlFetch(Example2_2, "sheet1")
> odbcClose (Example2_2)
```

这里的 example2_2.xls 是一个 Excel 文件，sheet1 是要从这个工作簿中读取工作表的名称，channel 是一个由 odbcConnectExcel()返回的 RODBC 连接对象，mydata 是返回的数据框。

3. 导入 SPSS 数据

SPSS 数据集既可以通过 foreign 包中的函数 read.spss()导入 R 中，也可以使用 Hmisc 包中的 spss.get()函数。函数 spss.get()是对函数 read.spss()的一个封装，它可以自动设置后者的许多参数，让整个转换过程更加简单一致，最后得到数据分析人员所期望的结果。

首先，下载并安装 Hmisc 包（foreign 包已被默认安装）：

```
> install.packages("Hmisc")
```

然后使用以下代码导入数据：

```
> library(Hmisc)
> mydata  <- spss.get("mydata.sav", use.value.labels=TRUE)
```

在以上代码中，mydata.sav 是要导入的 SPSS 数据文件，use.value.labels=TRUE 让函数将带有值标签的变量导入为 R 中水平对应相同的因子，mydata 是导入后的数据框。

4. 导入 SAS 数据

R 中有几个用来导入 SAS 数据集的函数，包括 foreign 包中的函数 read.ssd()和 Hmisc 包中的函数 sas.get()。但是，对于较新版本 SAS（SAS 9.1 或更高版本），这些函数并不能正常工作，因为 R 尚未跟进 SAS 对文件结构的改动。用户可以在 SAS 中使用 PROC EXPORT 将 SAS 数据集保存为一个逗号分隔的文本文件，然后将带分隔符的文本文件导入 R 中。

另外，Stat/Transfer 软件可以完好地将 SAS 数据集（包括任何已知的变量格式）保存为 R 数据框。

5. 导入 Stata 数据

要将 Stata 数据导入 R 中非常简单直接，所需代码如下：

```
Library(foreign)
Mydata  <- read.dta("mydata.dta")
```

其中，mydata.dta 是 Stata 数据集，mydata 是返回的 R 数据框。

重点提示：进行分析之前，必须首先建立 R 数据集。应学会用多种方法创建 R 数据集，并进行浏览和编辑。通过本节的学习，应熟练掌握数据集的建立、保存、导入方法等。在计算机上反复操作本节的实例，可以达到熟练使用 R 数据集的各种编辑方法的效果。精通 R 数据集，对于读者学习 R 可以起到事半功倍的效果。

2.4　本章小结

掌握数据集基本概念和操作方法是学习 R 的关键环节。在 R 中，把大部分常用的复杂数据计算的算法作为函数调用，用户仅需要指出函数名及其必要的参数即可。这一特点使得 R 编程十分简单。R 语言也有它自己的语言和句法，关键词和连接关键词与其他辅助信息的规则，用户可使用 R 语言来定义数据和规定对数据怎样做统计分析。我们需要掌握 R 语言的构成部分，并会编写简单的 R 程序。本章介绍了 R 函数的含义、各种运算算符的用法以及运算次序。

第3章　基本数据管理

学习目标

- 掌握创建新变量并重编码现有变量。
- 掌握向量运算规则。
- 熟悉缺失值和日期值的存储方式。
- 掌握横向合并（添加变量）和纵向合并（添加观测）。

内容概要

数据管理是数据分析的基础和前提。本章我们将介绍 R 中基本的数据集处理方法，包括操纵日期和缺失值、数据类型的转换、变量的创建和重编码、数据集的排序、合并与取子集、选入和丢弃变量等。本章讲解了 R 存储缺失值和日期值的方式，并探索了它们的多种处理方法。

在向量运算中，介绍了添加或删除向量元素、向量运算和逻辑运算，用运算符创建向量以及使用 seq()函数创建向量。本章讲解了处理数据对象的实用函数，包括 length(object)、dim(object)、str(object)、class(object)、mode(object)、names(object)、c(object, object,…)、cbind(object, object, …)、rbind(object, object, …)、Object、head(object)、tail(object)、ls()、rm(object, object, …)、newobject <- edit(object)、fix(object)等函数。本章学习了如何确定一个对象的数据类型，以及如何将它转换为其他类型。

在第 2 章我们讨论了数据键盘输入以及多种将数据导入 R 中的方法。但是，这仅仅是数据准备的第一步。在数据分析工作中，多达 60%的数据分析时间花费在实际分析前数据的准备上。我们以一个实例说明所面临的各种问题，某研究想确定男性和女性在领导各自企业方式上的不同，主要的问题如下。

- 处于管理岗位的男性和女性在听从上级的程度上是否有所不同？
- 这种情况是否依国家的不同而有所不同，或者说这些由性别导致的不同是否普遍存在？

解答这些问题的一种方法是让多个国家的经理人的上司对其服从程度打分，使用的问题类似于：

这名经理在做出人事决策之前会询问我的意见。

1	2	3	4	5
非常不同意	不同意	既不同意也不反对	同意	非常同意

在这里，每位经理人的上司根据与服从权威相关的 5 项陈述（q1～q5）对经理人进行评分。可以使用以下代码创建一个数据框。

```
> manager <-c(1,2,3,4,5)
> date <- c("10/20/08", "10/21/08", "10/10/08", "10/19/08", "6/1/09")
> country <- c("US", "Uk", "US","UK","US")
> gender <- c("M", "F", "M", "F", "M")
> age  <-  c(32,43, 26, 38,99)
```

```
> q1 <- c(5,3,3,3,2)
> q2 <- c(4,5,5,3,2)
> q3 <- c(5, 2, 5, 4, 1)
> q4 <- c(5, 5, 5, NA ,1)
> q5 <-c(5, 5, 2, NA, 1)
> leader <-data.frame(manager, date, country, gender, age, q1, q2, q3, q4, q5, str
ingasFactors=FALSE)
> leader
  manager     date country gender age q1 q2 q3 q4 q5 stringasFactors
1       1 10/20/08      US      M  32  5  4  5  5  5           FALSE
2       2 10/21/08      Uk      F  43  3  5  2  5  5           FALSE
3       3 10/10/08      US      M  26  3  5  5  5  2           FALSE
4       4 10/19/08      UK      F  38  3  3  4 NA NA           FALSE
```

为了解决感兴趣的问题，首先我们必须解决一些数据管理方面的问题，这里列出其中一部分。

- 5 个评分（q1～q5）需要组合起来，即为每位经理人生成一个平均服从程度得分。
- 在问卷调查中，被调查者经常会跳过某些问题。例如，为 4 号经理人打分的上司跳过了问题 4 和问题 5。我们需要一种处理不完整数据的方法，同时也需要将 99 岁这样的年龄值重编码为缺失值。
- 一个数据集中也许会有数百个变量，但我们可能仅对其中的一些感兴趣。为了简化问题，我们往往希望创建一个只包含那些感兴趣变量的数据集。
- 既往研究表明，领导行为可能随经理人的年龄而改变，二者存在函数关系。要检验这种观点，我们希望将当前的年龄值重编码为类别型的年龄组（例如年轻、中年、年长）。
- 领导行为可能随时间推移而发生改变。我们可能想重点研究最近全球金融危机期间的服从行为。为了做到这一点，我们希望将研究范围限定在某一个特定时间段收集的数据上（比如，2009 年 1 月 1 日～2009 年 12 月 31 日）。

我们将在本章中逐个解决这些问题，同时完成如数据集的组合与排序这样的基本数据管理任务。

3.1 创建新变量

在数据分析过程中，可能需要创建新变量或者对现有的变量进行变换。在 R 中可以通过以下形式的语句来完成：

```
variable <- formula
```

以上语句中的 formula 部分可以包含多种运算符和函数。算术运算符可用于构造公式，如第 2 章所示。

假设有一个名为 newdata 的数据框，其中的变量为 y1 和 y2，现在想创建一个新变量 sumy 存储以上两个变量的和，并创建一个名为 meany 的新变量存储这两个变量的均值。如果使用以下代码：

```
sumy <- y1+y2
meany <- (y1+y2)/2
```

将出现一个错误，因为 R 并不知道 y1 和 y2 来自数据框 newdata。正确的代码如下：

```
sumy <- newdata$y1+ newdata$y2
meany <- (newdata$y1+ newdata$y2)/2
```

语句运行没有错误且可执行，但是只能得到一个数据框"newdata"，以及两个独立的向量"sumy"和"meany"，实际上需要将两个新变量整合到原始的数据框中。以下代码提供了 3 种不同的方式来实现这个目标，具体选择哪一个可自行决定，所得结果都是相同的。

```
> y1  <- c(1, 2, 3, 4, 5)
> y2 <- c(12, 13, 15, 16, 17)
> newdata  <- data.frame(y1, y2)
> sumy <- newdata$y1+ newdata$y2
> meany  <- (newdata$y1+ newdata$y2)/2
> sumy
[1] 13 15 18 20 22
> meany
[1]  6.5  7.5  9.0 10.0 11.0

>  attach(newdata)
>  newdata$sumy <-   y1+y2
>  newdata$meany  <-(y1+y2)/2
>  detach(newdata)

newdata <- transform (newdata,
sumy= y1+y2,
meany= (y1+y2)/2)
```

3.2 向量运算

3.2.1 添加或删除向量元素

R 中向量是连续存储的，因此不能插入或删除元素。在 R 中，向量的大小在创建时已经确定，因此如果想添加或删除元素，需要重新给向量赋值。

例如，把一个元素添加到一个五元向量的中间，代码如下所示：

```
> qwe  <- c(12, 13, 14, 23, 78)
> qwe  <-c(qwe[1:3],56,qwe[4:5])
> qwe
[1] 12 13 14 56 23 78
```

在这里，创建了一个六元向量，赋值给 qwe。为了在其第 3 元素和第 4 元素之间插入一个新的元素 56，我们把 qwe 的前 3 个元素、56 和 qwe 的后两个元素按顺序连接起来，这样就创建出新的六元向量，而此时 qwe 并没发生变化。接下来再把这个新的变量赋值给 qwe。

这一结果看似只改变了 qwe 中存储的向量，但实际上创建了新的向量并把它存储到 qwe。这样的区别看上去可能不大，但它是有影响的。

3.2.2 向量运算和逻辑运算

R 是一种函数式语言，它的每一个运算符实际上也是函数。

```
> 2+3
[1] 5
```

标量实际上是一元向量，因此向量也可以相加，按元素逐一进行运算。

```
> x <-c(2,3,4)
> y <-c(2,5,7)
> x+y
[1]  4  8 11
```

如果熟悉线性代数，当将两个向量相乘时，结果如下：

```
> x*y
[1]  4 15 28
```

由于*函数的使用方式，实际上是元素和元素相乘。

3.2.3 用：运算符创建向量

R 中一些运算符在创建向量时十分有用。其中，:运算符生成指定范围内数值构成的向量。

如下例所示：

```
> 5:8
[1] 5 6 7 8
> 5:1
[1] 5 4 3 2 1
```

要注意运算符优先级的问题。

```
> i  <-2
> 1:i-1
[1] 0 1
> 1:(i-1)
[1] 1
```

在表达式 1:i-1 中，冒号运算符的优先级高于减号，因此先计算 1:i，得到 1:2，然后再减 1。这意味着二元向量减去一元向量。这就要用到循环补齐，一元向量(1)将扩展为(1, 1)，与二元向量 1:2 的长度匹配。按元素逐一相减，得到结果(0, 1)。

另一方面，在表达式 1:(i-1)中，括号的优先级高于减号。也就是说，先计算出 i-1，表达式最终结果为 1:1，也就是上例所看到的结果。

3.2.4 使用 seq()函数创建向量

比:运算符更为一般的函数是 seq()，用来生成等差序列。例如，鉴于 3:8 生成向量(3,4,5,6,7,8)，其元素间隔为 1，用 seq()函数可以生成间隔为 3 的向量，如下所示：

```
> seq(from=10, to=30, by=3)
[1] 10 13 16 19 22 25 28
```

rep()函数可以方便地把同一常数放在向量中。调用的格式为：

```
rep(x, times)
```

即创建 times*length(x)个元素的向量，这个向量是由 x 重复 times 次构成。例如：

```
> x <-rep(7,5)
> x
[1] 7 7 7 7 7
> y<- rep(c(1,2,3),3)
> y
[1] 1 2 3 1 2 3 1 2 3
> rep(1:3,2)
[1] 1 2 3 1 2 3
```

rep()函数还有一个参数 each，与 times 参数不同的是，它指定 x 交替重复的次数。

```
> rep(c(2,6,12), each=3)
[1]  2  2  2  6  6  6 12 12 12
```

3.3 处理数据对象的实用函数

常用的数据对象处理函数如下。

- length(object)：显示对象中元素/成分的数量。
- dim(object)：显示某个对象的维度。
- str(object)：显示某个对象的结构。
- class(object)：显示某个对象的类或类型。
- mode(object)：显示某个对象的模式。
- names(object)：显示某对象中各成分的名称。
- c(object, object,…)：将对象合并入一个向量。

- cbind(object, object, …)：按列合并对象。
- rbind(object, object, …)：按行合并对象。
- object：输出某个对象。
- head(object)：列出某个对象的开始部分。
- tail(object)：列出某个对象的最后部分。
- ls()：显示当前的对象列表。
- rm(object, object, …)：删除一个或更多对象。语句 rm(list = ls())将删除当前工作环境中的几乎所有对象。
- newobject <- edit(object)：编辑对象并另存为 newobject。
- fix(object)：直接编辑对象。

本节我们已经讨论过其中的大部分函数。函数 head()和 tail()对于快速浏览大数据集的结构非常有用。例如，head(patientdata)将列出数据框的前 6 行，而 tail(patientdata)将列出最后 6 行。

3.4 变量的重编码

重编码涉及根据同一个变量和/或其他变量的现有值创建新值的过程，主要包括以下几种类型。

- 将一个连续型变量修改为一组类别值。
- 将误编码的值替换为正确值。
- 基于一组分数线创建一个表示及格/不及格的变量。

要重编码数据，可以使用 R 中的一个或多个逻辑运算符。逻辑运算符表达式可返回 TRUE 或 FALSE。

将 leader 数据集中经理人的连续型年龄变量 age 重编码为类别型变量。

agecat（Young、 Middle Aged、 Elder）。首先，必须将 99 岁的年龄值重编码为缺失值，语句 variable[condition] <- expression 将仅满足 condition 的值为 TRUE 时执行赋值。使用的代码为：

```
> leader$age[leader$age ==99] <-NA
```

接着使用以下代码创建 agecat 变量：

```
> leader$agecat[leader$age >=75] <-"Elder"
> leader$agecat[leader$age <75 & leader$age >=55] <-"Middle Aged"
> leader$agecat[leader$age <55] <-"Young"
> leader
  manager    date country gender age q1 q2 q3 q4 q5 stringasFactors agecat
1       1 10/20/08      US      M  32  5  4  5  5  5           FALSE  Young
2       2 10/21/08      Uk      F  43  3  5  2  5  5           FALSE  Young
3       3 10/10/08      US      M  26  3  5  5  5  2           FALSE  Young
4       4 10/19/08      UK      F  38  3  3  4 NA NA           FALSE  Young
5       5  6/1/09      US      M  NA  2  2  1  1  1           FALSE   <NA>
```

在 leader$agecat 中写上了数据框的名称，以确保新变量能够保存到数据框中。但是如果一开始没把 99 重编码为 age 的缺失值，那么经理人 5 就将在变量 agecat 中被错误地赋值为"Elder"。

为了避免每次输入数据框的名称，以下代码提供了不同的方式来实现这个目标，具体选择哪一个可自行决定，所得结果都是相同的。

```
> attach(leader)
> leader$agecat[age >=75] <-'Elder'
> leader$agecat[age <75 & age >=55] <-"Middle Aged"
> leader$agecat[age <55] <-"Young"
> detach(leader)
> leader
  manager    date country gender age q1 q2  q3 q4 q5 stringasFactors agecat
```

```
1          1 10/20/08    US      M  32  5  4  5  5  5        FALSE   Young
2          2 10/21/08    Uk      F  43  3  5  2  5  5        FALSE   Young
3          3 10/10/08    US      M  26  3  5  5  5  2        FALSE   Young
4          4 10/19/08    UK      F  38  3  3  4 NA NA        FALSE   Young
5          5  6/1/09     US      M  NA  2  2  1  1  1        FALSE    <NA>
> leader <-within (leader, {
agecat <- NA
agecat[age >=75] <-"Elder"
agecat[age <75 & age >=55] <-"Middle Aged"
agecat[age <55] <-"Young"})
> leader
 manager      date  country gender age  q1 q2  q3 q4 q5 stringasFactors agecat
1          1 10/20/08    US      M  32  5  4  5  5  5        FALSE   Young
2          2 10/21/08    Uk      F  43  3  5  2  5  5        FALSE   Young
3          3 10/10/08    US      M  26  3  5  5  5  2        FALSE   Young
4          4 10/19/08    UK      F  38  3  3  4 NA NA        FALSE   Young
5          5  6/1/09     US      M  NA  2  2  1  1  1        FALSE    <NA>
```

首先创建了 agecat 变量，并将每一行都设为缺失值，接下来依次执行括号中剩下的语句。agecat 现在只是一个字符型变量，可以把它转换成一个有序型因子。

3.5 变量的重命名

如果对现有的变量名称不满意，可以交互方式或编程方式对它们进行修改。假设希望将变量名 manager 修改为 managerID，并将 date 修改为 testDate，那么可以使用语句：

```
fix(leader)
> leader  <- edit(leader)
```

调用一个交互式的编辑器，单击变量名，然后在弹出的对话框中将其重命名，如图 3-1 所示。

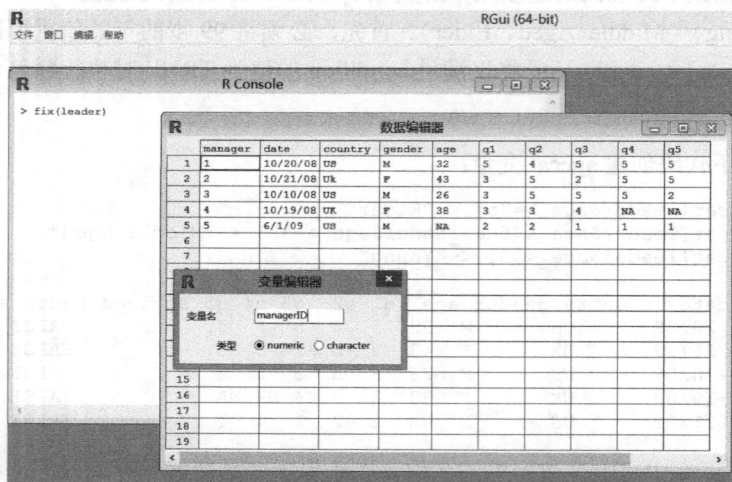

▲图 3-1 R 中交互式进行变量重命名

若以编程方式，reshape 包中有一个 rename()函数，可用于修改变量名。rename()函数的使用格式为：

```
rename (dataframe, c(oldname="newname", oldname="newname", …))
```

因此，以上交互式修改变量名也可以采用以下代码：

```
library(reshape)
leader <- rename (leader, c(manager=managerID, date="testDate"))
```

由于 reshape 包未被默认安装,在首次使用它之前需要先使用 install.packages("reshape")命令安装它。reshape 包拥有一系列强大的数据集结构修改函数。

最后,可以通过 names()函数来重命名变量。例如将重命名 q1~q5 为 item1~item5,如下:

```
> names(leader)[6:10] <- c("item1","item2","item3","item4","item5")
> leader
  managerID testDate country gender age item1 item2 item3 item4 item5 stringasFactors agecat
1         1 10/20/08      US      M  32     5     4     5     5     5           FALSE  Young
2         2 10/21/08      Uk      F  43     3     5     2     5     5           FALSE  Young
3         3 10/10/08      US      M  26     3     5     5     5     2           FALSE  Young
4         4 10/19/08      UK      F  38     3     3     4    NA    NA           FALSE  Young
5         5  6/1/09       US      M  NA     2     2     1     1     1           FALSE   <NA>
```

3.6 缺失值

在任何研究项目中,缺失值永远是一个无法避免的问题。

在 R 中,缺失值以符号 NA 表示。不可能出现的值(例如,被 0 除的结果)通过符号 NaN 来表示。与 SAS 等程序不同,R 中字符型和数值型数据使用的缺失值符号是相同的。

R 提供了一些函数,用于识别包含缺失值的观测。函数 is.na()允许检测缺失值是否存在。

```
> isna  <- c(1,2,NA,3,4)
> is.na(isna)
[1] FALSE FALSE  TRUE FALSE FALSE
```

使用函数检测向量 isna 中的每个元素是否有缺失值存在。

> **注意**:is.na()函数是作用于一个对象上的。它将返回一个相同大小的对象,如果某个元素是缺失值,相应的位置将被改写为 TRUE,不是缺失值的位置则为 FALSE。

将此函数应用到了 leader 数据框上,结果如下:

```
is.na(leader[6:10])
  item1 item2 item3 item4 item5
1 FALSE FALSE FALSE FALSE FALSE
2 FALSE FALSE FALSE FALSE FALSE
3 FALSE FALSE FALSE FALSE FALSE
4 FALSE FALSE FALSE  TRUE  TRUE
5 FALSE FALSE FALSE FALSE FALSE
```

其中,leader[6:10] 将数据框限定到第 6~10 列,接下来函数 is.na()识别出了缺失值。

> **注意**:缺失值被认为是不可比较的,这意味着无法使用比较运算符来检测缺失值是否存在。例如,逻辑测试 myvar == NA 的结果永远不会为 TRUE。作为替代,只能使用处理缺失值的函数来识别出 R 数据对象中的缺失值。

可以使用赋值语句将某些值重编码为缺失值。在 leader 示例中,缺失的年龄值被编码为 99。在分析这一数据集之前,我们必须让 R 明白本例中的 99 表示缺失值。可以通过重编码这个变量完成这项工作:

```
> leader$age[leader$age ==99] <-  NA
```

任何等于 99 的年龄值都将被修改为 NA。需要确保所有的缺失数据已在分析之前被妥善地编码为缺失值,否则分析结果将失去意义。

确定了缺失值的位置以后,则需要在进一步分析数据之前以某种方式删除这些缺失值。这是因为含有缺失值的算术表达式和函数的计算结果也是缺失值。如下例所示：

```
> a <- c(1,NA,2,3,4)
> b<- c(10,20,NA,30,40)
> z <-a +b
> z
[1] 11 NA NA 33 44
> d <- a[1]+ a[2] + a[3] +a[4]+a[5]
> d
[1] NA
> e<- sum(a)
> e
[1] NA
```

由于 a 中的第 2 个元素和 b 中的第 3 个元素是缺失值，所以 z 的第 2 个和第 3 个元素都是 NA（缺失值），同样的，d 和 e 也都是 NA（缺失值）。

好在多数的数值函数都拥有一个 na.rm=TRUE 选项，可以在计算之前移除缺失值并使用剩余值进行计算：

```
> e<- sum(a, na.rm=TRUE)
> e
[1] 10
```

在使用函数处理不完整的数据时，请务必查阅它们的帮助文档，检查这些函数是如何处理缺失数据的。

可以通过函数 na.omit() 移除所有含有缺失值的观测，函数 na.omit() 可以删除所有含有缺失数据的行。以 leadership 数据集为例阐述此函数的应用。

```
> leader
  managerID testDate country gender age item1 item2 item3 item4 item5 stringasFactors agecat
1         1 10/20/08      US      M  32     5     4     5     5     5           FALSE  Young
2         2 10/21/08      Uk      F  43     3     5     2     5     5           FALSE  Young
3         3 10/10/08      US      M  26     3     5     5     5     2           FALSE  Young
4         4 10/19/08      UK      F  38     3     3     4    NA    NA           FALSE  Young
5         5  6/1/09       US      M  NA     2     2     1     1     1           FALSE   <NA>
> newdata  <-na.omit(leader)
> newdata
  managerID testDate country gender age item1 item2 item3 item4 item5 stringasFactors agecat
1         1 10/20/08      US      M  32     5     4     5     5     5           FALSE  Young
2         2 10/21/08      Uk      F  43     3     5     2     5     5           FALSE  Young
3         3 10/10/08      US      M  26     3     5     5     5     2           FALSE  Young
```

在结果被保存到 newdata 之前，所有包含缺失数据的行均已从 leader 中删除。

3.7 日期值

日期值通常以字符串的形式输入到 R 中，然后转化为以数值形式存储的日期变量。函数 as.Date() 用于执行这种转化。其语法为 as.Date(x, "input_format")，其中，x 是字符型数据，input_format 则给出了用于读入日期的适当格式如表 3-1 所示。

表 3-1　　　　　　　　　　　　　　　　　日期格式

符　　号	含　　义	示　　例
%d	数字表示的日期（0~31）	01~31
%a	缩写的星期名	Mon
%A	非缩写星期名	Monday
%m	月份（00~12）	00~12

续表

符　号	含　义	示　例
%b	缩写的月份	Jan
%B	非缩写月份	January
%y	两位数的年份	07
%Y	四位数的年份	2007

日期值的默认输入格式为 yyyy-mm-dd。语句如下：

```
> mydate <- c("2010-12-01", "2009-01-23")
> newdate <- as.Date(mydate)
> newdate
[1] "2010-12-01" "2009-01-23"
```

或者

```
> mydate <- as.Date(c("2010-12-01", "2009-01-23"))
> mydate
[1] "2010-12-01" "2009-01-23"
```

将默认格式的字符型数据转换为了对应日期。下例则使用 mm/dd/yyyy 的格式读取数据：

```
> trydate <- c("02/05/1994", "08/23/2008")
> newtrydate <- as.Date(trydate,"%m/%d/%Y")
> newtrydate
[1] "1994-02-05" "2008-08-23"
```

在我们的 leader 数据集里，日期是以 mm/dd/yy 的格式编码为字符型变量的，因此其语句如下：

```
> leader$testDate <- as.Date(leader$testDate, "%m/%d/%y")
> leader
  managerID testDate country gender age item1 item2 item3 item4 item5 stringasFactors agecat
1         1 10/20/08      US      M  32     5     4     5     5     5           FALSE  Young
2         2 10/21/08      Uk      F  43     3     5     2     5     5           FALSE  Young
3         3 10/10/08      US      M  26     3     5     5     5     2           FALSE  Young
4         4 10/19/08      UK      F  38     3     3     4    NA    NA           FALSE  Young
5         5   6/1/09      US      M  NA     2     2     1     1     1           FALSE   <NA>
```

使用指定格式读取字符型变量，并将其作为一个日期变量替换到数据框中。这种转换一旦完成，就可以使用后续各章中讲到的诸多分析方法对这些日期进行分析和绘图。

有两个函数对于处理时间数据特别实用：函数 Sys.Date() 可以返回当天的日期，而函数 date() 则返回当前的日期和时间。我写下这段文字的时间是 2015 年 10 月 24 日晚上 11:12。所以执行这些函数的结果如下：

```
> Sys.Date()
[1] "2015-10-24"
> date()
[1] "Sat Oct 24 11:12:35 2015"
```

你可以使用函数 format(x, format="output_format") 来输出指定格式的日期值，并且可以提取日期值中的某些部分：

```
> today <- Sys.Date()
> format(today, format="%m/%d/%y")
[1] "10/24/15"
> format(today, format="%d/%B/%Y")
[1] "24/十月/2015"
```

format() 函数可以接受一个参数并按某种格式输出结果。

R 的内部在存储日期时，是使用自 1970 年 1 月 1 日以来的天数表示的，更早的日期则表示为负数。这意味着可以在日期值上执行算术运算，例如：

```
> startdate  <- as.Date("2009-01-23")
> enddate <-as.Date("2010-12-01")
> days <- enddate- startdate
> days
Time difference of 677 days
```

显示了 2009 年 1 月 23 日和 2010 年 12 月 1 日之间间隔的天数。

也可以使用函数 difftime() 来计算时间间隔，并以星期、天、时、分、秒来表示。上例也可以用以下代码表示：

```
> startdate  <- as.Date("2009-01-23")
> enddate <-as.Date("2010-12-01")
> difftime(enddate, startdate, units="days")
Time difference of 677 days
```

假设出生于 1982 年 4 月 12 日，现在有多大呢？

```
> today  <- Sys.Date()
> birthday <- as.Date("1982-04-26")
> difftime(today, birthday, units="years")
> difftime(today, birthday, units="weeks")
Time difference of 1747.714 weeks
```

3.8 类型转换

R 中提供了一系列用来判断某个对象的数据类型和将其转换为另一种数据类型的函数。

R 与其他统计编程语言有着类似的数据类型转换方式。可以使用如表 3-2 所示列出的函数来判断数据的类型或者将其转换为指定类型。

表 3-2　类型转换函数

判　断	转　换
is.numeric()	as.numeric()
is.character()	as.character()
is.vector()	as.vector()
is.matrix()	as.matrix()
is.data.frame()	as.data.frame()
is.factor()	as.factor()
is.logical()	as.logical()

名为 is.datatype() 这样的函数返回 TRUE 或 FALSE，而 as.datatype() 这样的函数则将其参数转换为对应的类型。如下例所示：

```
> xyz <- c(2,4,6,8)
> is.numeric(xyz)
[1] TRUE
> is.vector(xyz)
[1] TRUE

> xyz <- as.character(xyz)
> xyz
[1] "2" "4" "6" "8"
> is.numeric(xyz)
[1] FALSE
> is.vector(xyz)
[1] TRUE
> is.character(xyz)
[1] TRUE
```

is.datatype()函数是一类强大的工具，即允许根据数据的具体类型以不同的方式处理数据。另外，某些 R 函数需要接受某个特定类型（字符型或数值型，矩阵或数据框）的数据，as.datatype()这类函数可以让你在分析之前先行将数据转换为要求的格式。

3.9 数据排序

在一些情况下，查看排序后的数据集可以获得相当多的信息。在 R 中，可以使用 order()函数对一个数据框进行排序。默认的排序顺序是升序。在排序变量的前边加一个减号，即可得到降序的排序结果。使用 leader 演示数据框的排序，代码如下：

```
> newdata <- leader[order(leader$age),]
> newdata
manager        date country gender age q1 q2 q3 q4 q5 stringasFactors
3        3 10/10/08      US      M  26  3  5  5  5  2          FALSE
1        1 10/20/08      US      M  32  5  4  5  5  5          FALSE
4        4 10/19/08      UK      F  38  3  3  4 NA NA          FALSE
2        2 10/21/08      Uk      F  43  3  5  2  5  5          FALSE
5        5  6/1/09       US      M  99  2  2  1  1  1          FALSE
```

创建了一个新的数据集，其中各行按照经理人的年龄升序排序，代码如下：

```
> attach(leader)
> newdata <- leader[order(gender, age),]
> newdata
 manager        date country gender age q1 q2 q3 q4 q5 stringasFactors
4        4 10/19/08      UK      F  38  3  3  4 NA NA          FALSE
2        2 10/21/08      Uk      F  43  3  5  2  5  5          FALSE
3        3 10/10/08      US      M  26  3  5  5  5  2          FALSE
1        1 10/20/08      US      M  32  5  4  5  5  5          FALSE
5        5  6/1/09       US      M  99  2  2  1  1  1          FALSE
> detach(leader)
```

则将各行按照女性到男性、同样性别中按年龄升序排序。

3.10 数据集的合并

如果数据分散在多个地方，你就需要在继续下一步之前将其合并。本节展示了向数据框中添加列（变量）和行（观测）的方法。

数据集的列合并（添加列）是指将两个或多个数据集中的观测横向合并成一个新数据集的一个观测。要横向合并两个数据框（数据集），请使用 merge()函数。在多数情况下，两个数据框是通过一个或多个共有变量进行联结的，即一种内联结（inner join）。例如：

```
total <- merge(dataframeA, dataframeB, by="ID")
```

将 dataframeA 和 dataframeB 按照 ID 进行了合并，类似地：

```
total <- merge(dataframeA, dataframeB, by=c("ID", "country"))
```

将两个数据框按照 ID 和 Country 进行了合并。如下例所示：

```
> install.packages("multilevel")
> library(multilevel)
载入需要的程序包: nlme
载入需要的程序包: MASS
> data(package="multilevel")
> data(cohesion)
> cohesion
  UNIT PLATOON COH01 COH02 COH03 COH04 COH05
1 1044B    1ST     4     5     5     5     5
2 1044B    1ST     3    NA     5     5     5
```

```
3  1044B      1ST      2     3     3     3     3
4  1044B      2ND      3     4     3     4     4
5  1044B      2ND      4     4     3     4     4
6  1044B      2ND      3     3     2     2     1
7  1044C      1ST      3     3     3     3     3
8  1044C      1ST      3     1     4     3     4
9  1044C      2ND      3     3     3     3     3
10 1044C      2ND      2     2     2     3     2
11 1044C      2ND      1     1     1     3     3
```

例如，有另外一个变量是 PLATOON 的大小（psize），我们想合并到数据框 cohesion 中，需要使用 merge() 函数。

```
> group.size<-data.frame(UNIT=c("1044B","1044B","1044C","1044C"),
+ PLATOON=c("1ST","2ND","1ST","2ND"),PSIZE=c(3,3,2,3))
> group.size
  UNIT PLATOON PSIZE
1 1044B    1ST     3
2 1044B    2ND     3
3 1044C    1ST     2
4 1044C    2ND     3
> new.cohesion<-merge(cohesion,group.size,by=c("UNIT","PLATOON"))
> new.cohesion
   UNIT PLATOON COH01 COH02 COH03 COH04 COH05 PSIZE
1  1044B    1ST      4     5     5     5     5     3
2  1044B    1ST      3    NA     5     5     5     3
3  1044B    1ST      2     3     3     3     3     3
4  1044B    2ND      3     4     3     4     4     3
5  1044B    2ND      4     4     3     4     4     3
6  1044B    2ND      3     3     2     2     1     3
7  1044C    1ST      3     3     3     3     3     2
8  1044C    1ST      3     1     4     3     4     2
9  1044C    2ND      3     3     3     3     3     3
10 1044C    2ND      2     2     2     3     2     3
11 1044C    2ND      1     1     1     3     3     3
```

> **注意**：如果要直接横向合并两个矩阵或数据框，并且不需要指定一个公共索引，那么可以直接使用 cbind() 函数：total <- cbind(A, B)。

要纵向合并两个数据框（数据集），请使用 rbind() 函数：

```
total <- rbind(dataframeA, dataframeB)
```

两个数据框必须拥有相同的变量，不过它们的顺序不必一定相同。如果 dataframeA 中拥有 dataframeB 中没有的变量，请在合并它们之前做以下两种处理。

- 删除 dataframeA 中的多余变量。
- 在 dataframeB 中创建追加的变量并将其值设为 NA（缺失）。

纵向连接通常用于向数据框中添加观测。

3.11　数据集取子集

3.11.1　选入观测

选入或剔除观测（行）通常是成功的数据准备和数据分析的一个关键方面。如以下代码所示：

```
> data(cohesion)
> cohesion
  UNIT PLATOON COH01 COH02 COH03 COH04 COH05
1 1044B    1ST      4     5     5     5     5
2 1044B    1ST      3    NA     5     5     5
3 1044B    1ST      2     3     3     3     3
4 1044B    2ND      3     4     3     4     4
5 1044B    2ND      4     4     3     4     4
```

```
6  1044B     2ND       3      3      2      2      1
7  1044C     1ST       3      3      3      3      3
8  1044C     1ST       3      1      4      3      4
9  1044C     2ND       3      3      3      3      3
10 1044C     2ND       2      2      2      3      2
11 1044C     2ND       1      1      1      3      3
> newdata  <-  cohesion[1:3,]
> newdata
   UNIT  PLATOON COH01  COH02  COH03  COH04  COH05
1 1044B    1ST       4      5      5      5      5
2 1044B    1ST       3     NA      5      5      5
3 1044B    1ST       2      3      3      3      3
```

选择了数据框 cohesion 第 1～3 行（前 3 个观测）。

```
> newdata2 <- cohesion[which(cohesion$UNIT=="1044B" &  cohesion$COH03>=4),]
> newdata2
   UNIT  PLATOON COH01  COH02  COH03  COH04  COH05
1 1044B    1ST       4      5      5      5      5
2 1044B    1ST       3     NA      5      5      5
```

在第 2 个示例中，选择了 UNIT 为 1044B 且 COH03>=4 的观测。让我们拆解这行代码以便理解它。

（1）逻辑比较 cohesion$UNIT=="1044B"生成了向量 c(TRUE, TRUE, TRUE, TRUE, TRUE, TRUE, FALSE, FALSE, FALSE, FALSE, FALSE)。

（2）逻辑比较 cohesion$COH03>=4 生成了向量 c(TRUE, TRUE, FALSE, FALSE, FALSE, FALSE, FALSE, FALSE, FALSE, FALSE, FALSE)。

（3）逻辑比较 c(TRUE, TRUE, TRUE, TRUE, TRUE, TRUE, FALSE, FALSE, FALSE, FALSE, FALSE) & c(TRUE, TRUE, FALSE, FALSE, FALSE, FALSE, FALSE, TRUE, FALSE, FALSE, FALSE)生成了向量 c(TRUE, TRUE, FALSE, FALSE, FALSE, FALSE, FALSE, FALSE, FALSE, FALSE, FALSE)。

（4）函数 which()给出了向量中值为 TRUE 元素的下标。因此，which(c(TRUE, TRUE, FALSE, FALSE, FALSE, FALSE, FALSE, FALSE, FALSE, FALSE, FALSE))生成了向量 c(1, 2)。

（5）leadership[c(1,2),]从数据框中选择了第 1 个和第 2 个观测。

```
> attach(cohesion)
> newdata3 <- cohesion[which(UNIT=="1044B" &  COH03>=4),]
> newdata3
   UNIT  PLATOON COH0 1 COH02  COH03  COH04  COH05
1 1044B    1ST       4      5      5      5      5
2 1044B    1ST       3     NA      5      5      5
> detach(cohesion)
```

3.11.2　选入变量

从一个大数据集里选择有限数量的变量来创建一个新的数据集是常有的事。例如：

```
> data(cohesion)
> cohesion
    UNIT  PLATOON COH01  COH02  COH03  COH04  COH05
1   1044B    1ST       4      5      5      5      5
2   1044B    1ST       3     NA      5      5      5
3   1044B    1ST       2      3      3      3      3
4   1044B    2ND       3      4      3      4      4
5   1044B    2ND       4      4      3      4      4
6   1044B    2ND       3      3      2      2      1
7   1044C    1ST       3      3      3      3      3
8   1044C    1ST       3      1      4      3      4
9   1044C    2ND       3      3      3      3      3
10  1044C    2ND       2      2      2      3      2
11  1044C    2ND       1      1      1      3      3
> newdata <- cohesion[1:3]
> newdata
```

```
    UNIT PLATOON COH01
1  1044B    1ST     4
2  1044B    1ST     3
3  1044B    1ST     2
4  1044B    2ND     3
5  1044B    2ND     4
6  1044B    2ND     3
7  1044C    1ST     3
8  1044C    1ST     3
9  1044C    2ND     3
10 1044C    2ND     2
11 1044C    2ND     1
```

从 cohesion 数据框中选择了变量 UNIT、PLATOON 和 COH01，并将它们保存到数据框 newdata 中。

代码如下：

```
> variable <- c("UNIT", "PLATOON", "COH01")
> newdata2 <- cohesion[variable]
> newdata2
    UNIT PLATOON COH01
1  1044B    1ST     4
2  1044B    1ST     3
3  1044B    1ST     2
4  1044B    2ND     3
5  1044B    2ND     4
6  1044B    2ND     3
7  1044C    1ST     3
8  1044C    1ST     3
9  1044C    2ND     3
10 1044C    2ND     2
11 1044C    2ND     1
```

实现了等价的变量选择。这里，引号中的变量名充当了列的下标，因此选择的列是相同的。

3.11.3 剔除变量

剔除变量的原因有很多，比如删除有缺失值的变量，下面是一些剔除变量的方法。

```
> myvariable <- names(cohesion) %in% c("COH01", "COH03", "COH05")
> newdata  <-  cohesion[!myvariable]
> newdata
    UNIT PLATOON COH02 COH04
1  1044B    1ST     5     5
2  1044B    1ST    NA     5
3  1044B    1ST     3     3
4  1044B    2ND     4     4
5  1044B    2ND     4     4
6  1044B    2ND     3     2
7  1044C    1ST     3     3
8  1044C    1ST     1     3
9  1044C    2ND     3     3
10 1044C    2ND     2     3
11 1044C    2ND     1     3
```

剔除变量 COH01、COH03 和 COH05，以上语句拆解如下。

- names(cohesion)生成了一个包含所有变量名的字符型向量：c("UNIT", "PLATOON", "COH01", "COH02", "COH03", "COH04", "COH05")。
- names(cohesion) %in% c("COH01", "COH03", "COH05")返回了一个逻辑型向量，names(cohesion)中每个匹配 COH01、COH03 或 COH05 的元素的值为 TRUE，反之为 FALSE：c(FALSE, FALSE, TRUE, FALSE, TRUE, FALSE, TRUE)。
- 运算符非（!）将逻辑值反转：c(TRUE, TRUE, FALSE, TRUE, FALSE, TRUE, FALSE)。
- cohesion[c(TRUE, TRUE, FALSE, TRUE, FALSE, TRUE, FALSE)]选了逻辑值为 TRUE 的

列，于是 COH01、COH03 和 COH05 被删除了。

COH01、COH03 和 COH05 分别是第 3 个、第 5 个和第 7 个变量，也可以使用以下语句：

```
> newdata2  <-  cohesion[c(-3, -5, -7)]
> newdata2
    UNIT PLATOON COH02 COH04
1  1044B    1ST     5     5
2  1044B    1ST    NA     5
3  1044B    1ST     3     3
4  1044B    2ND     4     4
5  1044B    2ND     4     4
6  1044B    2ND     3     2
7  1044C    1ST     3     3
8  1044C    1ST     1     3
9  1044C    2ND     3     3
10 1044C    2ND     2     3
11 1044C    2ND     1     3
```

最后，相同的变量剔除工作也可以通过以下语句：

```
cohesion$ COH01  <-  cohesion$ COH03  <-  cohesion$ COH05  <-  NULL
```

这种方式的工作原理是，在某一列的下标之前加一个减号就会剔除那一列。

丢弃变量是保留变量的逆向操作，选择哪一种方式进行变量筛选依赖于那种方式的编码难易程度。如果有许多变量需要丢弃，那么直接保留需要留下的变量可能更简单，反之亦然。

3.11.4 subset()函数

使用 subset()函数大概是选择变量和观测最简单的方法了，两个示例如下。

```
> setdata  <- subset(cohesion, COH02>=4 |COH02<=1,
select=c(COH01, COH02, COH03, COH04, COH05))
> setdata
   COH01 COH02 COH03 COH04 COH05
1    4     5     5     5     5
4    3     4     3     4     4
5    4     4     3     4     4
8    3     1     4     3     4
11   1     1     1     3     3
```

选择了所有 COH02 值大于等于 4 或 COH02 值小于等于 1 的行，保留了变量 COH01～COH05。

```
> setdata3  <- subset(cohesion, UNIT=="1044B" & COH02>=4, select=c(COH01, COH02, CO
H03, COH04, COH05))
> setdata3
   COH01 COH02 COH03 COH04 COH05
1    4     5     5     5     5
4    3     4     3     4     4
5    4     4     3     4     4
```

选择了 UNIT 取值为"1044B"和 COH02 值大于等于 4 的行，保留了变量 COH01～COH05。

3.12 本章小结

本章讲解了 R 存储缺失值和日期值的方式，并探索了它们的多种处理方法；学习了如何确定一个对象的数据类型，以及如何将它转换为其他类型；还使用简单的公式创建了新变量并重编码了现有变量。我们展示了如何对数据进行排序和对变量进行重命名，学习了如何对数据和其他数据集进行横向合并（添加变量）和纵向合并（添加观测）。最后，我们讨论了如何保留或丢弃变量，以及如何基于一系列的准则选取观测。

第4章 样本量和检验效能估计

学习目标

- 掌握单样本与已知总体检验时样本量的估计及 R 程序。
- 掌握两样本率比较样本量的估计及 R 程序。
- 掌握配对设计总体率比较样本量的估计及 R 程序。
- 掌握单样本与已知总体检验时样本量的估计及 R 程序。
- 掌握两总体均数比较样本量的估计及 R 程序。
- 掌握配对设计两样本均数比较样本量的估计及 R 程序。

内容概要

在科学研究中没有绝对的样本量标准，不同的研究方法、研究目的、研究要求和研究资料决定了样本量。一般而言，样本越大，结果的估计越精确。但样本过大或过小，均会影响研究的可行性。因此，科学地确定样本量可以增加研究的可靠性，得到可信的研究结果。

样本量的估算方法很多，不同的统计检验方法使用的计算公式也不一样。一般影响样本量的因素比较多，如研究事件的发生率、研究因素的有效率、设定检验的第 I 类错误概率 α、设定检验的第 II 类错误概率 β、了解由样本推断总体的一些信息、处理组间差别 σ 的估计等。在这些影响因素中，确定样本含量最重要的 4 个因素为第 I 类错误概率 α、第 II 类错误概率 β、推断总体的一些信息和容许误差 σ 等。

4.1 样本量估算以及 R 程序包

4.1.1 样本量影响因素

作为统计分析人员，经常会被问到这样一个问题：我的研究到底需要多少个研究对象呢？这个问题可通过检验效能分析或样本量估算来解决，它在实验设计中占有重要地位。检验效能分析可以帮助在给定置信度的情况下，判断检测到给定效应值时所需的样本量。反过来，它也可以在给定置信度水平情况下，计算在某样本量内能检测到给定效应值的概率。如果概率低得难以接受，修改或者放弃这个实验将是一个明智的选择。

在本章中，你将学习如何对多种统计检验进行功效分析，包括比例检验、t 检验、卡方检验、平衡的单因素 ANOVA、相关性分析，以及线性模型分析等。由于功效分析针对的是假设检验，我们将首先简单回顾零假设显著性检验过程，然后学习如何用 R 进行功效分析，主要关注 pwr 包。最后，我们还会学习 R 中其他可用的功效分析方法。

在统计假设检验中，首先要对总体分布参数设定一个假设（无效假设 H_0），然后从总体分布中抽样，通过样本计算所得的统计量来对总体参数进行推断。假定无效假设为真，如果计算获得观测样本的统计量的概率非常小，便可以拒绝无效假设，接受备择假设或者研究假设 H_1。

下面通过一个例子来阐述整个过程。假设某职业病防治所用两种疗法治疗矽肺患者，评估两种治疗方法一个疗程后患者血清粘蛋白下降的影响。则无效假设为 H_0：$\mu_1 - \mu_2 = 0$，μ_1 是甲疗法一个疗程后患者血清粘蛋白下降均值，μ_2 是乙疗法一个疗程后患者血清粘蛋白下降均值（此处，μ_1 和 μ_2 即感兴趣的总体参数）。假如拒绝该无效假设，备择假设或研究假设就是 H_1：$\mu_1 - \mu_2 \neq 0$。这等同于 $\mu_1 \neq \mu_2$，即两种治疗方法血清粘蛋白下降均值不相等。现挑选一个由不同个体构成的样本，将它们随机分配到任意一种治疗组中，然后评估每个个体在一个疗程后血清粘蛋白的下降水平。基于样本数据，可计算如下统计量：

$$(\overline{X}_1 - \overline{X}_2) / \left(\frac{S}{\sqrt{n}} \right)$$

其中，$\overline{X}_1$ 和 $\overline{X}_2$ 分别表示两种治疗方法血清粘蛋白下降均值。S 是样本标准差，n 是研究对象样本量。如果无效假设为真，那么可以假定血清粘蛋白下降水平呈正态分布，该样本统计量服从 $2n-2$ 自由度的 t 分布。依据此事实，能计算获得当前或更大样本统计量的概率。但如果概率比预先设定的阈值小（如 $P<0.05$），便可以拒绝无效假设接受备择假设。预先约定的阈值称为检验的显著性水平。

注意，这里是使用取自总体的样本数据来对总体做推断。无效假设是甲治疗方法血清粘蛋白下降均值与乙治疗方法血清粘蛋白下降均值相等。最后的判断有下列 4 种可能的结果。

（1）如果无效假设是错误的，统计检验也拒绝它，那么便做了一个正确的判断。可以据此下定结论不同治疗方法一个疗程后，患者血清粘蛋白下降值不同。

（2）如果无效假设是真实的，你没有拒绝它，那么再次做了一个正确的判断。说明不同治疗方法一个疗程后，患者血清粘蛋白下降值没有差异。

（3）如果无效假设是真实的，但却拒绝了它，那么你便犯了 I 型错误。你会得到不同治疗方法一个疗程后，患者血清粘蛋白下降值不同的结论，而实际上相同。

（4）如果无效假设是错误的，而没有拒绝它，那么你便犯了 II 型错误。不同治疗方法一个疗程后，患者血清粘蛋白下降值不同，但却没有判断出来。

每种结果的解释如表 4-1 所示。

表 4-1 统计假设检验的 4 种不同情形

		判　　断	
		拒绝 H_0	不拒绝 H_0
真实的	H_0 为真	I 类错误	正确
	H_0 为假	正确	II 类错误

在科学研究方法中，现在越来越强调样本量的估算。确定适当的样本含量可以节约资源，并可防止因为样本含量过少引起的检验效能偏低，出现非真实的阴性结果，这是当前医学研究中值得注意的问题。确定样本含量的主要用途是保证科研设计有适当的样本含量，而且可以考察当前的样本含量是否能够保证有足够大的检验效能。

样本量的估算方法很多，不同的统计检验方法使用的计算公式也不一样。一般影响样本量的因素有以下 7 种。

（1）研究事件的发生率：研究事件预期出现的结局（疾病或死亡）。疾病发生率越高，所需的样本量越小，反之则越大。

（2）研究因素的有效率：有效率越高，即实验组和对照组比较数值差异越大，样本量就可以越小，使用小样本就可以达到统计学的显著性，反之则越大。

（3）设定检验的第 I 类错误概率 α，即检验水准或显著性。即假设检验第 I 类错误出现的概率，为假阳性错误出现的概率。α 越小，所需的样本量越大，反之就越小。α 水平由研究者根据具体情况决定，通常 α 取 0.05 或 0.01。

（4）设定检验的第 II 类错误概率 β，或检验效能 $1-\beta$。检验效能又称把握度，为 $1-\beta$，即假设检验第 II 类错误出现的概率，为假阴性错误出现的概率。即在特定的 α 水准下，若总体参数之间确实存在着差别，此时该次实验能发现此差别的概率。检验效能即避免假阴性的能力，β 越小，检验效能越高，所需的样本量越大，反之就越小。β 水平由研究者根据情况决定，通常取 β 为 0.2、0.1 或 0.05。即 $1-\beta$=0.8、0.9 或 0.95，也就是说把握度为 80%、90% 或 95%。

（5）了解由样本推断总体的一些信息。总体标准差一般未知，可用样本标准差 s 代替。

（6）处理组间差别 σ 的估计，即确定容许误差。如果调查均数，则应先确定样本的均数和总体均数之间最大的误差为多少。容许误差越小，需要的样本量越大。一般取总体均数 $(1-\alpha)$ 可信区间的一半。

（7）采用统计学检验时，当研究结果高于和低于效应指标的界限均有意义时，应该选择双侧检验，所需样本量就大；当研究结果仅高于或低于效应指标的界限有意义时，则应该选择单侧检验，所需样本量就小。在进行双侧检验或单侧检验时，通过查标准正态分布的分位数表即可得到其 α 或 β 的 μ_a 界值。

在这些影响因素中，确定样本含量最重要的 4 个因素为第 I 类错误概率 α、第 II 类错误概率 β、推断总体的一些信息和容许误差 σ 等。

虽然研究者可以直接控制样本大小和显著性水平，但是对于功效和效应值的影响却是间接的。例如，放宽显著性水平（换句话说，使得拒绝无效假设更容易时），检验的功效便会增加。类似地，样本量增加，功效也会增加。

通常来说，研究目标是维持一个可接受的显著性水平，尽量使用较少的样本，然后最大化统计检验的功效。也就是说，最大化发现真实效应的概率，并最小化发现错误效应的概率，同时把研究成本控制在合理的范围内。

4 个基本量（样本大小、显著性水平、功效和效应值）紧密相关，给定其中任意 3 个量如图 4-1 所示，便可推算第 4 个量。接下来，本章将利用这一点进行各种各样的功效分析。下一节将学习如何用 R 中的 pwr 包实现功效分析。

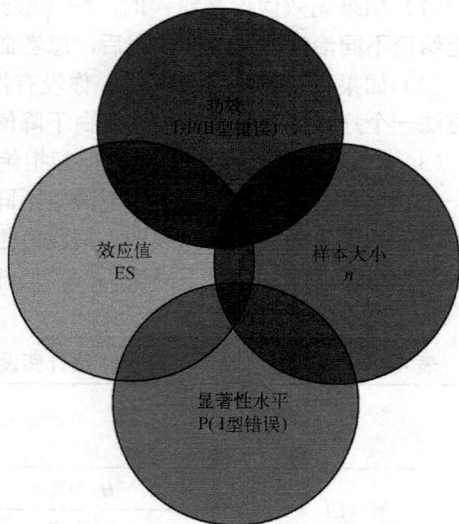

▲图 4-1　在检验效能分析中研究设计的 4 个基本量

重点提示：掌握影响样本量估计的因素：研究事件的发生率、研究因素的有效率、设定检验的第 I 类错误概率 α、设定检验的第 II 类错误概率 β、确定容许误差等。

4.1.2　检验效能分析 pwr 包

Stéphane Champely 开发的 pwr 包可以实现 Cohen（1988）描述的功效分析。表 4-2 列出了一些非常重要的函数。对于每个函数，用户可以设定 4 个基本量（样本大小、显著性水平、功效和效应值）中的 3 个量，第 4 个量将由软件计算出来。

4 个量中，效应值是最难规定的。计算效应值通常需要一些相关估计的经验和对过去研究知识的理解。本节接下来介绍 pwr 包在常见统计检验中的应用。在调用以上函数时，请确定已经安装并载入 pwr 包。

表 4-2	pwr 包中的函数
函　　　数	功效计算的对象
pwr.2p.test()	两比例（*n* 相等）
pwr.2p2n.test()	两比例（*n* 不相等）
pwr.anova.test()	平衡的单因素 ANOVA
pwr.chisq.test()	卡方检验
pwr.f2.test()	广义线性模型
pwr.p.test()	比例（单样本）
pwr.r.test()	相关系数
pwr.t.test()	*t* 检验（单样本、两样本、配对）
pwr.t2n.test()	*t* 检验（*n* 不相等的两样本）

4.2 *t* 检验

对于 *t* 检验，pwr.t.test() 函数提供了许多有用的功效分析选项，语句如下：

```
pwr.t.test (n= , d= , sig.level= , power= , type= , alternative= )
```

- n 为样本量。
- d 为效应值，即标准化的均值之差。

$$d = \frac{\mu_1 - \mu_2}{\sigma}$$

μ_1 为组 1 均值，μ_2 为组 2 均值，σ^2 为误差方差。
- sig.level 表示显著性水平（默认为 0.05）。
- power 为检验效能水平。
- type 指检验类型：双样本 *t* 检验（two.sample）、单样本 *t* 检验（one.sample）或配对样本 *t* 检验（paired）。默认为双样本 *t* 检验。
- alternative 指统计检验是双侧检验（two.sided）还是单侧检验（less 或 greater）。默认为双侧检验。

4.2.1 单样本与已知总体检验时样本量的估计及 R 程序

样本均数与总体均数的比较，估计的样本量计算公式如下：

$$N = \left[\frac{(\mu_\alpha + \mu_\beta)\sigma}{\delta} \right]^2$$

式中，N 为所需样本例数，σ 为总体标准差估计值，δ 为容许误差，μ_α 和 μ_β 由界值表查得。

例 4-1 通过以往的大规模调查，已知某地婴儿出生体重均数为 3.30kg，标准差为 0.112kg，现对难产儿出生体重进行测量，分析该地难产儿出生体重与一般婴儿出生体重是否不同，允许误差不超过 0.03kg，问应测量多少名难产儿？

α=0.05（双侧），$\beta = 0.10$，$\sigma = 0.112$，$\delta = 0.03$。

$$d = \frac{\mu_1 - \mu_2}{\sigma} = \frac{0.03}{0.112} = 0.2678571428571429$$

【R 程序】

```
> library(pwr)
> pwr.t.test(d=0.2678571428571429, sig.level=0.05, power=0.90, type="one.sample", a
lternative="two.sided" )
> pwr.t.test(n=100, d=0.2678571428571429, sig.level=0.05, type="one.sample", altern
ative="two.sided" )
```

【R 输出结果】

```
    One-sample t test power calculation

              n = 148.3841
              d = 0.2678571
      sig.level = 0.05
          power = 0.9
    alternative = two.sided

One-sample t test power calculation
              n = 100
              d = 0.2678571
      sig.level = 0.05
          power = 0.7557033
    alternative = two.sided
```

【结果解释】

需要测量 148 名难产儿，才能具有 90%检验效能发现该地难产儿出生体重与一般婴儿出生体重是否有显著性差异。

调查 100 例研究对象具有 76%检验效能发现该地难产儿出生体重与一般婴儿出生体重是否有显著性差异。

4.2.2　两总体均数比较样本量的估计及 R 程序

要进行两样本均数比较，可按下式计算：

$$N = \left[\frac{2(\mu_\alpha + \mu_\beta)\sigma}{\delta} \right]^2$$

式中，N 为所需样本例数，即两组合计的样本含量；σ 为总体标准差估计值，δ 为容许误差。

例 4-2　某职业病防治所用两种疗法治疗矽肺患者，一个疗程后，患者血清粘蛋白下降值甲疗法平均为 2.6（mg%），乙疗法平均为 2.0（mg%），两种疗法下降值之合并标准差为 1.3（mg%）。若要发现两组疗效相差显著，每组至少应观察多少名病人？

α=0.05（双侧），$\beta = 0.10$，$\sigma = 1.3$，$\delta = 2.6 - 2.0 = 0.6$。

$$d = \frac{\mu_1 - \mu_2}{\sigma} = \frac{0.6}{1.3} = 0.4615384615384615$$

【R 程序】

```
> library(pwr)
> pwr.t.test(d=0.4615384615384615, sig.level=0.05, power=0.90, type="two.sample", a
lternative="two.sided" )
```

```
> pwr.t.test(n=80, d=0.4615384615334615, sig.level=0.05,  type="two.sample", altern
ative="two.sided" )
```

【R 输出结果】

```
Two-sample t test power calculation

              n = 99.62322
              d = 0.4615385
      sig.level = 0.05
          power = 0.9
    alternative = two.sided
NOTE: n is number in *each* group

  Two-sample t test power calculation
              n = 80
              d = 0.4615385
      sig.level = 0.05
          power = 0.8267185
    alternative = two.sided

NOTE: n is number in *each* group
```

【结果解释】

各组分别需要观察 100 例研究对象才具有 90%检验效能发现两组疗效是否有显著性差异（0.6mg）。

各组分别需要观察 80 例研究对象时具有 83%检验效能发现两组疗效是否有显著性差异（0.6mg）。

4.2.3 配对设计两样本均数比较样本量的估计及 R 程序

配对设计两样本均数比较样本量的估计公式如下：

$$N = \left[\frac{\left(\mu_\alpha + \mu_\beta \right) \sigma_d}{\delta} \right]^2$$

式中，N 为观察的对子数，σ 为两样本差值标准差估计值，δ 为容许误差。

例 4-3 从以往的资料中发现，慢性支气管炎病人血中胆碱酯酶活性常常偏高。某校药理教研室将同性别同年龄的病人与健康人配对，测量血中胆碱酯酶活性值加以比较，两样本差值的标准差为 0.78，而允许误差为 0.3，问需要多少对样本量可以分析两组患者血中胆碱酯酶活性是否有显著性差异？

α=0.05（双侧），$\beta = 0.10$，$\sigma = 0.78$，$\delta = 0.3$。

$$d = \frac{\mu_1 - \mu_2}{\sigma} = \frac{0.3}{0.78} = 0.3846153846153846$$

【R 程序】

```
> library(pwr)
> pwr.t.test(d=0.3846153846153846, sig.level=0.05, power=0.90, type="paired", alter
native="two.sided" )
> pwr.t.test(n=60, d=0.3846153846153846, sig.level=0.05, type="paired", alternative
="two.sided" )
```

【R 输出结果】

```
Paired t test power calculation

              n = 72.97802
              d = 0.3846154
      sig.level = 0.05
          power = 0.9
```

```
            alternative = two.sided
NOTE: n is number of *pairs*

Paired t test power calculation

              n = 60
              d = 0.3846154
      sig.level = 0.05
          power = 0.8340846
    alternative = two.sided

NOTE: n is number of *pairs*
```

【结果解释】

需要 73 对研究对象才具有 90% 检验效能发现血中胆碱酯酶活性是否有显著性差异。

需要 60 对研究对象才具有 83% 检验效能发现血中胆碱酯酶活性是否有显著性差异。

> **重点提示**：掌握单样本与已知总体检验、两总体均数比较和配对设计两样本均数比较等的样本量估计及 R 程序。

4.3 方差分析

pwr.anova.test() 函数可以对平衡单因素方差分析进行检验效能分析。其语句为：

```
pwr.anova.test(k= , n= , f= , sig.levle= , power= )
```

- k 是分组组数。
- n 是各组中的样本大小。
- f 为效应值，对于平衡单因素方差分析，效应值计算公式如下：

$$f = \sqrt{\dfrac{\sum\limits_{i=1}^{k} p_i * (\mu_i - \mu)^2}{\sigma^2}}$$

$P_i = n_i / N$，n_i 为组 i 的观测数量；N 为总观测数量，μ_i 为组 i 的均值，μ 为总体均值，σ^2 为组内误差方差。

- sig.level 表示显著性水平（默认为 0.05）。
- power 为检验效能水平。

例 4-4　为了解烫伤后不同时期切痂对肝脏三磷酸腺苷（简写为 ATP）含量的影响，A 组为烫伤对照组，B 组为烫伤后 24 小时（休克期）切痂组，C 组为烫伤后 96 小时（非休克期）切痂组，全部动物统一在烫伤后 168 小时处死并测量其肝脏的 ATP 含量。A、B 和 C 组动物烫伤后 168 小时其肝脏的 ATP 含量均值分别为 8mg、15mg 和 9mg，总体标准差为 1.5。问需要多少样本量可以分析 3 组动物烫伤后 168 小时肝脏的 ATP 含量是否有显著性差异？

α=0.05，β = 0.10，k=3，σ = 4.5，μ_1 = 8，μ_2 = 15，μ_3 = 10，μ = 11。

$$f = \sqrt{\dfrac{\sum\limits_{i=1}^{k} p_i * (\mu_i - \mu)^2}{\sigma^2}} = \sqrt{\dfrac{(8-11)^2 + (15-11)^2 + (10-11)^2}{3 \times 4.5^2}} = 0.4279835390946502$$

【R 程序】

```
> library(pwr)
> pwr.anova.test (k=3, f=0.4279835390946502, sig.level=0.05, power=0.90)
> pwr.anova.test (k=3, n=10, f=0.4279835390946502, sig.level=0.05)
```

【R 输出结果】

```
Balanced one-way analysis of variance power calculation

              k = 3
              n = 24.05757
              f = 0.4279835
      sig.level = 0.05
          power = 0.9

NOTE: n is number in each group

Balanced one-way analysis of variance power calculation

              k = 3
              n = 10
              f = 0.4279835
      sig.level = 0.05
          power = 0.496413

NOTE: n is number in each group
```

【结果解释】

即需要 3×24=72 个研究对象才具有 90%检验效能发现 3 组动物烫伤后 168 小时肝脏的 ATP 含量是否有显著性差异。

需要 30 个（3×10=30）研究对象才具有 49.6%检验效能发现 3 组动物烫伤后 168 小时肝脏的 ATP 含量是否有显著性差异。

4.4 相关分析

pwr.r.test()函数可以对相关性分析进行检验效能分析。其语句如下。

```
pwr.r.test(n= , r= , sig.levle= power= , alternative=)
```

- n 是各组中的样本大小。
- r 是效应值（线性相关系数）。
- sig.level 表示显著性水平（默认为 0.05）。
- power 为检验效能水平。
- alternative 指统计检验是双侧检验（two.sided）还是单侧检验（less 或 greater），默认为双侧检验。

例 4-5 某医生为了探讨缺碘地区母婴 TSH 水平的关系,应用免疫放射分析测定了孕妇（15 周～17 周）及分娩时脐带血 TSH 水平（mU/L），探讨母血 TSH 水平与新生儿脐带血 TSH 水平是否存在相关关系。

无效假设和备择假设分别为：

$$H_0 : \rho = 0$$
$$H_1 : \rho = 0.70$$

其中，ρ 是母血 TSH 水平与新生儿脐带血 TSH 水平相关性大小。设定显著性水平为 0.05，

而且如果 H_0 是错误的，你想有 90%的信心拒绝 H_0，那么研究需要多少研究对象呢？

α=0.05（双侧）， $\beta = 0.10$ ， $\rho = 0.70$ 。

【R 程序】

```
> library(pwr)
> pwr.r.test( r=0.7 , sig.level=0.05 , power=0.80 , alternative="two.sided")
> pwr.r.test(n=10, r=0.7 , sig.level=0.05 , alternative="two.sided")
```

【R 输出结果】

```
approximate correlation power calculation (arctangh transformation)
                n = 12.81943
                r = 0.7
      sig.level = 0.05
          power = 0.8
    alternative = two.sided
  approximate correlation power calculation (arctangh transformation)

                n = 10
                r = 0.7
      sig.level = 0.05
          power = 0.6655392
    alternative = two.sided
```

【结果解释】

需要 3×24=72 个研究对象才具有 90%检验效能检出母血 TSH 水平与新生儿脐带血 TSH 水平的相关关系。

需要 30 个（3×10=30）研究对象才具有 66.6%检验效能检出母血 TSH 水平与新生儿脐带血 TSH 水平的相关关系。

4.5 线性模型

对于线性模型（比如多元回归），pwr.f2.test()函数可以完成相应的检验效能分析，格式为：

```
pwr.f2.test(u= , v= , f2= , sig.levle= , power=)
```

- u 和 v 分别是分子自由度和分母自由度。
- f2 是效应值。
- $f^2 = \dfrac{R^2}{1-R^2}$ ， R^2 为多重相关性的总体平方值。
- $f^2 = \dfrac{R_{AB}{}^2 - R_A{}^2}{1 - R_{AB}{}^2}$ ， $R_A{}^2$ 为集合 A 中变量对总体方差的解释比例； $R_{AB}{}^2$ 为集合 A 和 B 中

变量对总体方差的解释比例。

当要评价一组自变量对结果的影响程度时，适宜用第一个公式来计算 f2；当要评价一组自变量对结果的影响超过第二组变量（协变量）多少时，适宜用第二个公式。

例 4-6 现假设你想研究老板的领导风格对员工满意度的影响,是否超过薪水和工作小费对员工满意度的影响。领导风格可用 4 个变量来评估，薪水和小费与 3 个变量有关。过去的经验表明，薪水和小费能够解释约 30%的员工满意度的方差。而从现实出发，领导风格至少能解释35%的方差。假定显著性水平为 0.05，那么在 90%的置信度情况下，你需要多少受试者才能得到这样的方差贡献率呢？

此处，sig.level = 0.05，power = 0.90，u = 3（总自变量数减去集合 B 中的自变量数），效应值为 f2 = (0.35−0.30)/(1−0.35) = 0.0769。

【R 程序】

```
> library(pwr)
> pwr.f2.test(u=3, f2=0.0769, sig.level=0.05 , power=0.90)
```

【R 输出结果】

```
Multiple regression power calculation

              u = 3
              v = 184.2426
             f2 = 0.0769
      sig.level = 0.05
          power = 0.9
```

【结果解释】

在多元回归中，分母的自由度等于 $N-k-1$，N 是总观测数，k 是自变量数。本例中，$N-7-1 = 185$，即需要样本大小 $N = 185 + 7 + 1 = 193$。

4.6 分类资料的样本量估计

分类资料的样本量估计涉及单样本与已知总体检验、两总体率比较和配对设计总体率比较的样本量计算，现逐一进行介绍。

当比较两个比例时，可使用 pwr.2p.test()函数进行检验效能分析。格式如下：

```
pwr.2p.test(h= , n= , sig.levle= , power= , alternative=)
```

- n 是各组中的样本大小。
- h 是效应值，n 是各组相同的样本量，效应值估算公式为：

$$h = 2\arcsin(\sqrt{p_1}) - 2\arcsin(\sqrt{p_2})$$

可用 ES.h($p1$, $p2$)函数进行计算。
- sig.level 表示显著性水平（默认为 0.05）。
- power 为检验效能水平。
- alternative 指统计检验是双侧检验（two.sided）还是单侧检验（less 或 greater），默认为双侧检验。

当各组中样本例数不相同时，则使用以下格式：

```
pwr.2p2n.test(h= , n1= , n2= , sig.levle= , power=, alternative=)
```

4.6.1 单样本与已知总体检验时样本量的估计及 R 程序

单样本与已知总体检验的样本量估计公式类似。其估计公式如下：

$$N = \frac{(\mu_\alpha + u_\beta)^2 \pi(1-\pi)}{\delta^2}$$

式中，δ 为容许的误差，即允许样本率和已知总体率（π）的最大容许误差为多少。π 为已知总体率。

例 4-7 对某地 HBsAg 阳性率进行调查，而已知全国 HBsAg 阳性率为 10%，判断当地 HBsAg 阳性率与全国 HBsAg 阳性率是否有显著性差异，所得的样本率（p）和总体率（π）之差超过 2%即可认为有显著性差异，应调查多少人（规定 $\alpha=0.05$）？

已知：$\delta=0.02$，$\pi=0.10$，$P=0.12$，$\alpha=0.05$，$\beta=0.10$。

【R 程序】

```
> library(pwr)
> pwr.2p.test(h=ES.h(0.12,0.10), sig.level= 0.05,
power= 0.9, alternative="two.sided")
```

【R 输出结果】

```
Difference of proportion power calculation for binomial trans
formation)

            h = 0.0639821
            n = 5133.447
    sig.level = 0.05
        power = 0.9
  alternative = two.sided

NOTE: same sample sizes
```

【结果解释】

N 就是计算出来的样本量 5133 例，即需要 5133 例研究对象才具有 90%检验效能发现某地 HBsAg 阳性率和全国 HBsAg 阳性率差异是否具有统计学意义。

4.6.2 两样本率比较样本量的估计及 R 程序

两样本率比较，当例数相等时，其样本量估计公式如下：

$$N = \frac{(\mu_\alpha + \mu_\beta)^2 4\pi_c(1-\pi_c)}{(\pi_1 - \pi_2)^2}$$

此公式计算得到的样本量为两样本合计样本量。式中 π_1、π_2 分别代表两组的总体率，π_c 代表两组的合并率。N 为两组合计之样本含量。

例 4-8 据某院初步观察，用甲、乙两种药物治疗慢性气管炎患者，近控率甲药为 45%，乙药为 25%。现拟进一步试验，问每组需观察多少例，才可能在 $\alpha=0.05$ 的水准上发现两种疗法近控率有显著性差异。

已知：$p_1=0.45$，$p_2=0.25$，$\alpha=0.05$，$\beta=0.10$。

【R 程序】

```
> library(pwr)
> pwr.2p.test(h=ES.h(0.45,0.25), sig.level= 0.05,
power= 0.9, alternative="two.sided")
> pwr.2p.test(n=100, h=ES.h(0.45,0.25), sig.level= 0.05,
alternative="two.sided")
```

【R 输出结果】

```
Difference of proportion power calculation for binomial trans
formation)

            h = 0.4234314
            n = 117.2088
    sig.level = 0.05
        power = 0.9
  alternative = two.sided
```

```
NOTE: same sample sizes

  Difference of proportion power calculation for binomial distribution (arcsine tra
nsformation)

              h = 0.4234314
              n = 100
      sig.level = 0.05
          power = 0.8494668
    alternative = two.sided
NOTE: same sample sizes
```

【结果解释】

各组需要 117 例研究对象才具有 90%检验效能发现两种疗法近控率有显著性差异。

各组需要 100 例研究对象才具有 85%检验效能发现两种疗法近控率有显著性差异。

4.6.3 配对设计总体率比较样本量的估计及 R 程序

配对分类资料多用 χ^2 检验进行处理。资料的样本含量估计公式如下：

$$N = \left[\frac{u_\alpha \sqrt{2\pi_c} + u_\beta \sqrt{2\pi_{-+}\pi_{+-}/\pi_c}}{\pi_{-+} - \pi_{+-}} \right]^2$$

式中，$\pi_{+-} = \dfrac{b}{a+b}$，$\pi_{-+} = \dfrac{c}{a+c}$，$\pi_c = \dfrac{\pi_{+-} + \pi_{-+}}{2}$。

例 4-9 某实验室分别用乳胶凝集法和免疫荧光法对系统红斑狼疮患者血清中抗核抗体进行测定，结果如表 4-3 所示。问需要多少样本量判断两种方法的检测结果有无差别。

表 4-3 两种方法的检测结果

免疫荧光法	乳胶凝集法		合　　计
	+	−	
+	11（a）	12（b）	23
−	2（c）	33（d）	35
合计	13	45	58

$$\pi_{+-} = \frac{b}{a+b} = \frac{12}{11+12} = 0.5217 , \quad \pi_{-+} = \frac{c}{a+c} = \frac{2}{11+2} = 0.1538$$

已知：$p_1=0.5217$，$p_2=0.1538$，$\alpha=0.05$，$\beta = 0.10$。

【R 程序】

```
> library(pwr)
> pwr.2p.test(h=ES.h(0.5217, 0.1538), sig.level= 0.05,
power= 0.9, alternative="two.sided")
> pwr.2p.test(n=20, h=ES.h(0.5217, 0.1538), sig.level= 0.05,
alternative="two.sided")
```

【R 输出结果】

```
Difference of proportion power calculation for binomial distribution (arcsine trans
formation)

              h = 0.8082237
              n = 32.17088
      sig.level = 0.05
          power = 0.9
    alternative = two.sided
NOTE: same sample sizes
```

```
Difference of proportion power calculation for binomial distribution (arcsine trans
formation)

              h = 0.8082237
              n = 20
      sig.level = 0.05
          power = 0.7243701
    alternative = two.sided
NOTE: same sample sizes
```

【结果解释】

各组需要 32 例研究对象才具有 90% 检验效能发现两种方法的检测结果有显著性差异。

各组需要 20 例研究对象才具有 72% 检验效能发现两种方法的检测结果有显著性差异。

> **重点提示**：掌握单样本与已知总体检验时，两样本率比较和配对设计总体率比较等的样本量估计及 R 程序。

4.7　本章小结

本章我们主要关注研究的筹备阶段。检验效能分析不仅可以帮助判断在给定置信度和效应值的前提下所需的样本量，也能说明在给定样本量时检测到要求效应值的概率。对于限定误报效应显著性的可能性（Ⅰ型错误）和正确检测真实效应（功效）的可能性的平衡，也有了一个直观的了解。

本章介绍了单样本与已知总体检验、两样本率比较和配对设计总体率比较等的样本量估计及 R 程序；单样本与已知总体检验、两总体均数比较和配对设计两样本均数比较等的样本量估计及 R 程序。读者需要在学习的过程中掌握这些样本量估计公式以及 R 程序。本章的主要内容是 pwr 包中函数的使用方法。这些函数可以对常见的统计方法（包括 t 检验、比例检验、ANOVA 和回归）进行功效和样本量的计算。

第 5 章 　高级数据管理

学习目标

- 掌握重复和循环语句的使用方法。
- 掌握条件执行结构的使用方法。
- 结合数据处理综合实例，熟悉利用 R 处理数据的流程。
- 掌握数据转置与整合方法。

内容概要

R 是一种块状结构程序语言，"块"由大括号划分，不过当"块"只包含一条语句时大括号可以省略。程序语句由换行符或分号分隔。

在本章中，我们把 R 当作一种编程语言来看待，介绍 R 语言编程的基本结构。和许多脚本语言一样，R 语言不需要"声明"变量。

首先，我们学习了控制语句的使用方法：用循环重复执行某些语句，或用分支在满足某些特定条件时执行另外的语句，涉及 for 结构、while 结构、repeat 语句、if-else 结构、ifelse 结构和 switch 结构。

然后，我们结合实例讲解如何编写 R 语言来完成数据处理和分析任务，有助于理解 R 语言编程结构。

最后，我们将了解数据的转置和整合方法。在整合数据时，可以使用任何内建或自编函数来获取数据的概述。

5.1　控制语句

在正常情况下，R 程序中的语句是按照从上至下顺序执行的。但有时需要重复执行某些语句，仅在满足特定条件的情况下执行另外的语句，这就需要用到控制流结构了。R 拥有标准控制结构，首先看到用于条件执行的结构，接下来是用于循环执行的结构。

5.1.1　重复和循环

循环结构重复地执行一个或一系列语句，直到某个条件不为真为止。循环结构包括 for 和 while 结构。

1. for 结构

for 循环重复地执行一个语句，直到某个变量的值不再包含在序列 seq 中为止，语法为：

```
for (var in seq)  statement
```

如下例所示：

```
> for (i in 1:10) print("good")
[1] "good"
[1] "good"
[1] "good"
[1] "good"
[1] "good"
[1] "good"
[1] "good"
[1] "good"
[1] "good"
[1] "good"
```

单词 good 被输出了 10 次。

for(n in x)表示循环对于向量 x 中的每个元素都会有一次迭代，n 会取遍 x 的各个元素值，在第 1 次迭代中，n=x[1]；在第 2 次迭代中，n=x[2]；以此类推。

```
> x  <-  c(2,5,8)
> for (n in x) print(n^2)
[1] 4
[1] 25
[1] 64
```

使用这个代码结构，输出向量中各个元素的平方。

2. while 结构

while 和 repeat 在 R 中也是适用的，并且可以用 break 语句跳出循环。

while 循环重复地执行一个语句，直到条件不为真为止，语法为：

```
while (cond)  statement
```

如下例所示：

```
> i  <-1
> while (i<11) {print("second"); i<- i+1}
[1] "second"
[1] "second"
[1] "second"
[1] "second"
[1] "second"
[1] "second"
[1] "second"
[1] "second"
[1] "second"
[1] "second"
```

单词 second 被输出了 10 次。确保括号内 while 的条件语句能够改变，即让它在某个时刻不再为真，否则循环将永不停止！在上例中，语句：

```
i<- i+1
```

在每步循环中为对象 i 加上 1，这样在 10 次循环过后，它就不再小于 11 了。反之，如果在每步循环减去 1，R 将不停地输出 second。这也是 while 循环可能较其他循环结构更危险的原因。

```
> i  <-1
> while (i<=10)  i<- i+4
> i
[1] 13
```

在上例中，在循环执行过程中，变量 i 依次取值为 1、5、9 和 13。最后当 i=13 时，条件 i<=10 不成立，于是跳出循环。

```
> i  <-1
> while(TRUE) {i<- i+4
if (i>10) break}
```

```
> i
[1] 13

> i  <-1
> repeat {i <-  i+4
if (i>10) break}
> i
[1] 13
```

以上两段代码展示了完成同一操作的另外两种方式，其中 break 在第二种和第三种方法中发挥了关键的作用。

> **重点提示**：repeat 没有逻辑判断退出条件，必须利用 break 或者类似 return()语句，break 也可以用于 for 循环中。

在处理大数据集中的行和列时，R 中的循环可能比较低效费时。只要可能，最好联用 R 中的内建数值/字符处理函数和 apply 族函数。

R 并不支持直接对非向量集合的循环，但是有一些间接但简单的方式可以实现这个目的。

（1）使用函数 apply()。如果循环的每次迭代之间相互独立，就使用函数 apply()，可以允许以任意顺序执行。

（2）使用函数 get()。这个函数接受一个代表对象名字的字符串参数，然后返回该对象的内容。get()是一个非常有用的函数。

5.1.2 条件执行

在条件执行结构中，一条或一组语句仅在满足一个指定条件时执行。条件执行结构包括 if-else、ifelse 和 switch。

1. if-else 结构

控制结构 if-else 在某个给定条件为真时执行语句，也可以同时在条件为假时执行另外的语句，语法为：

```
if (cond)  statement
if (cond)  statement1  else  statement2
```

如下例所示：

```
> data(cohesion)
> if (is.numeric(cohesion$COH02)  cohesion$COH06 <- "study"
> cohesion
   UNIT PLATOON COH01 COH02 COH03 COH04 COH05 COH06
1  1044B    1ST     4     5     5     5     5 study
2  1044B    1ST     3    NA     5     5     5 study
3  1044B    1ST     2     3     3     3     3 study
4  1044B    2ND     3     4     3     4     4 study
5  1044B    2ND     4     4     3     4     4 study
6  1044B    2ND     3     3     2     2     1 study
7  1044C    1ST     3     3     3     3     3 study
8  1044C    1ST     3     1     4     3     4 study
9  1044C    2ND     3     3     3     3     3 study
10 1044C    2ND     2     2     2     3     2 study
11 1044C    2ND     1     1     1     3     3 study
```

如果 COH02 是一个数值向量，则产生一个新变量 COH06 且赋值为"study"。

```
> data(cohesion)
> if (is.character(cohesion$COH02))  cohesion$COH06 <- "study" else cohesion$COH06
<- "secondtrial"
```

```
> cohesion
    UNIT PLATOON COH01 COH02 COH03 COH04 COH05         COH06
1  1044B     1ST     4     5     5     5     5 secondtrial
2  1044B     1ST     3    NA     5     5     5 secondtrial
3  1044B     1ST     2     3     3     3     3 secondtrial
4  1044B     2ND     3     4     3     4     4 secondtrial
5  1044B     2ND     4     4     3     4     4 secondtrial
6  1044B     2ND     3     3     2     2     1 secondtrial
7  1044C     1ST     3     3     3     3     3 secondtrial
8  1044C     1ST     3     1     4     3     4 secondtrial
9  1044C     2ND     3     3     3     3     3 secondtrial
10 1044C     2ND     2     2     2     3     2 secondtrial
11 1044C     2ND     1     1     1     3     3 secondtrial
```

如果 COH02 是一个字符向量，则产生一个新变量 COH06 且赋值为"study"，否则产生一个新变量 COH06 且赋值为"secondtrial"。

```
> x <-2
> y <- if (x==2) x  else x+1
> y
[1] 2
> x<- 4
> y <- if (x==2) x  else x+1
> y
[1] 5
```

x 为 2 时，x 为 y 赋值，否则 x+1 为 y 赋值。

2. ifelse 结构

ifelse 结构是 if-else 结构比较紧凑的版本，语法为：

```
ifelse (cond, statement1, statement2)
```

若 cond 为 TRUE，则执行第 1 个语句；若 cond 为 FALSE，则执行第 2 个语句。示例如下：

```
> ifelse (cohesion$COH02>2, cohesion$COH07<-1, cohesion$COH07<-2 )
 [1]  1 NA  1  1  1  1  1  2  1  2  2
> cohesion
    UNIT PLATOON COH01 COH02 COH03 COH04 COH05         COH06 COH07
1  1044B     1ST     4     5     5     5     5 secondtrial     2
2  1044B     1ST     3    NA     5     5     5 secondtrial     2
3  1044B     1ST     2     3     3     3     3 secondtrial     2
4  1044B     2ND     3     4     3     4     4 secondtrial     2
5  1044B     2ND     4     4     3     4     4 secondtrial     2
6  1044B     2ND     3     3     2     2     1 secondtrial     2
7  1044C     1ST     3     3     3     3     3 secondtrial     2
8  1044C     1ST     3     1     4     3     4 secondtrial     2
9  1044C     2ND     3     3     3     3     3 secondtrial     2
10 1044C     2ND     2     2     2     3     2 secondtrial     2
11 1044C     2ND     1     1     1     3     3 secondtrial     2
```

注意：在程序的行为是二元时，或者希望结构的输入和输出均为向量时，需要使用 ifelse。

3. switch 结构

switch 根据一个表达式的值选择语句执行，语法为：

```
swith(expr, …)
```

其中的"…"表示与 expr 的各种可能输出值绑定的语句。通过以下示例可以轻松地理解 switch 的工作原理。

```
> feelings <-c("sad", "afraid")
> for (i in feelings)
+ print(switch (i,
happy="I am glad",
afraid="There is nothing to fear".
sad="cheer up",
angry="calm down now"))
[1] "cheer up"
[1] "There is nothing to fear"
```

5.2 数据处理综合实例

例 5-1 一组学生参加了数学、科学和英语考试。为了给所有学生确定一个综合的成绩衡量指标，需要将这些科目的成绩组合起来。另外，需要将排名在前 20%的学生评定为 A，接下来 20%的学生评定为 B，依次类推。最后，按字母顺序对学生排序。数据如表 5-1 所示。

表 5-1　　　　　　　　　　学生成绩数据

学 生 姓 名	数 学	科 学	英 语
John Davis	502	95	25
Angela Williams	600	99	22
Bullwinkle Moose	412	80	18
David Jones	358	82	15
Janice Markhammer	495	75	20
Cheryl Cushing	512	85	28
Reuven Ytzrhak	410	80	15
Greg Knox	625	95	30
Joel England	573	89	27
Mary Rayburn	522	86	18

观察此数据集，马上可以发现一些明显的挑战。首先，三科考试的成绩是无法比较的。由于它们的均值和标准差相差很大，所以对它们求平均值是没有意义的。在组合这些考试成绩之前，必须将其转换为可比较的单元。其次，为了评定等级，你需要一种方法来确定某个学生在前述得分上百分比排名。再次，表示姓名的字段只有一个，这让排序任务复杂化了。为了正确地将其排序，需要将姓和名拆开。

【R 程序】

```
> studentname <- c("John Davis". "Angela Williams", "Bullwinkle Moose", "David Jon
es", "Janice Markhammer", "Cheryl Cushing", "Reuven Ytzrhak", "Greg Knox", "Joel En
gland", "Mary Rayburn")
> math <- c(502, 600, 412, 358, 495, 512, 410, 625, 573, 522)
> science <- c(95, 99, 80, 82, 75, 85, 80, 95, 89, 86)
> English <- c(25, 22, 18, 15, 20, 28, 15, 30, 27,18)
> scoredata <- data.frame(studentname, math, science, English, stringsAsFactors=F
ALSE)
> z <- scale(scoredata[2:4])
> z
> Score <- apply(z, 1, mean)
> scoredata2 <- cbind(scoredata, Score)
> scoredata2
> y <- quantile(Score, c(0.8,0.6.0.4,0.2))
> y
> scoredata2$grade [Score >=y[1]]    <-"A"
> scoredata2$grade [Score < y[1] & Score >=y[2]]    <-"B"
```

```
> scoredata2$grade [Score < y[2] & Score >=y[3]]   <-"C"
> scoredata2$grade [Score < y[3] & Score >=y[4]]   <-"D"
> scoredata2$grade [Score < y[4]]   <-  "E"
> scoredata2
> name <- strsplit((scoredata2$studentname), " ")
> name
> lastname  <-sapply(name, "[", 2)
> firstname <-sapply(name, "[", 1)
> scoredata3 <- cbind(firstname, lastname, scoredata2[,-1])
> scoredata3
>  scoredata4 <-scoredata3 [order(lastname, firstname),]
> scoredata4
```

【R 输出结果】

①
```
studentname math science English
1         John Davis  502        95        25
2    Angela Williams  600        99        22
3   Bullwinkle Moose  412        80        18
4         David Jones 358        82        15
5   Janice Markhammer 495        75        20
6     Cheryl Cushing  512        85        28
7     Reuven Ytzrhak  410        80        15
8          Greg Knox  625        95        30
9       Joel England  573        89        27
10      Mary Rayburn  522        86        18
```

②
```
             math      science     English
 [1,]   0.01269128  1.07806562  0.58685145
 [2,]   1.14336936  1.59143020  0.03667822
 [3,]  -1.02568654 -0.84705156 -0.69688609
 [4,]  -1.64871324 -0.59036927 -1.24705932
 [5,]  -0.06807144 -1.48875728 -0.33010394
 [6,]   0.12806660 -0.20534583  1.13702468
 [7,]  -1.04876160 -0.84705156 -1.24705932
 [8,]   1.43180765  1.07806562  1.50380683
 [9,]   0.83185601  0.30801875  0.95363360
[10,]   0.24344191 -0.07700469 -0.69688609
attr(,"scaled:center")
   math science English
  500.9    86.6    21.8
attr(,"scaled:scale")
      math   science    English
 86.673654  7.791734   5.452828
```

③
```
          studentname math science English       Score
1          John Davis  502        95      25   0.5592028
2     Angela Williams  600        99      22   0.9238259
3    Bullwinkle Moose  412        80      18  -0.8565414
4         David Jones  358        82      15  -1.1620473
5   Janice Markhammer  495        75      20  -0.6289776
6      Cheryl Cushing  512        85      28   0.3532485
7      Reuven Ytzrhak  410        80      15  -1.0476242
8           Greg Knox  625        95      30   1.3378934
9        Joel England  573        89      27   0.6978361
10       Mary Rayburn  522        86      18  -0.1768163
```

④
```
       80%         60%          40%          20%
 0.7430341   0.4356302   -0.3576808   -0.8947579
```

⑤
```
          studentname math science English       Score grade
1          John Davis  502        95      25   0.5592028    B
2     Angela Williams  600        99      22   0.9238259    A
3    Bullwinkle Moose  412        80      18  -0.8565414    D
4         David Jones  358        82      15  -1.1620473    E
5   Janice Markhammer  495        75      20  -0.6289776    D
6      Cheryl Cushing  512        85      28   0.3532485    C
7      Reuven Ytzrhak  410        80      15  -1.0476242    E
```

```
8         Greg Knox  625        95      30  1.3378934       A
9       Joel England  573        89      27  0.6978361       B
10      Mary Rayburn  522        86      18 -0.1768163       C
```
⑥
```
[[1]]
[1] "John"  "Davis"

[[2]]
[1] "Angela"   "Williams"

[[3]]
[1] "Bullwinkle" "Moose"

[[4]]
[1] "David" "Jones"

[[5]]
[1] "Janice"       "Markhamner"

[[6]]
[1] "Cheryl"  "Cushing"

[[7]]
[1] "Reuven" "Ytzrhak"

[[8]]
[1] "Greg" "Knox"

[[9]]
[1] "Joel"       "England"

[[10]]
[1] "Mary"       "Rayburn"
```
⑦
```
   firstname    lastname math science English      Score grade
1       John       Davis  502      95      25  0.5592028     B
2     Angela    Williams  600      99      22  0.9238259     A
3  Bullwinkle     Moose  412      80      18 -0.8565414     D
4      David       Jones  358      82      15 -1.1620473     E
5     Janice  Markhammer  495      75      20 -0.6289776     D
6     Cheryl     Cushing  512      85      28  0.3532485     C
7     Reuven     Ytzrhak  410      80      15 -1.0476242     E
8       Greg        Knox  625      95      30  1.3378934     A
9       Joel     England  573      89      27  0.6978361     B
10      Mary     Rayburn  522      86      18 -0.1768163     C
```
⑧
```
   firstname    lastname math science English      Score grade
6     Cheryl     Cushing  512      85      28  0.3532485     C
1       John       Davis  502      95      25  0.5592028     B
9       Joel     England  573      89      27  0.6978361     B
4      David       Jones  358      82      15 -1.1620473     E
8       Greg        Knox  625      95      30  1.3378934     A
5     Janice  Markhammer  495      75      20 -0.6289776     D
3  Bullwinkle     Moose  412      80      18 -0.8565414     D
10      Mary     Rayburn  522      86      18 -0.1768163     C
2     Angela    Williams  600      99      22  0.9238259     A
7     Reuven     Ytzrhak  410      80      15 -1.0476242     E
```

【结果解释】

① 给出学生成绩的原始数据。

② 由于数学、科学和英语考试的分值不同（均值和标准差相去甚远），在组合之前需要先让它们变得可以比较。处理方法就是将变量进行标准化，这样每科考试的成绩就都是用单位标准差来表示，而不是以原始的尺度来表示了。这个过程可以使用 scale() 函数来实现，给出各科成绩标化后的结果以及各科成绩的均值和标准差。

③ 然后，可以通过 mean() 函数来计算各行的均值以获得综合得分，并使用函数 cbind() 将其

添加到学生成绩的原始数据中。

④ 函数 quantile() 给出了学生综合得分的百分位数。可以看到，成绩为 A 的分界点为 0.74，B 的分界点为 0.44 等。

⑤ 通过使用逻辑运算符，将学生的百分位数排名重编码为一个新的类别型成绩变量。下面在数据框 scoredata2 中创建了变量 grade。

⑥ 使用函数 strsplit() 以空格为界把学生姓名拆分为姓氏和名字。把函数 strsplit() 应用到一个字符串组成的向量上会返回一个列表。

⑦ 你可以使用函数 sapply() 提取列表中每个成分的第 1 个元素，放入一个储存名字的向量，并提取每个成分的第 2 个元素，放入一个储存姓氏的向量。"[" 是一个可以提取某个对象的一部分的函数——在这里它是用来提取列表 name 各成分中的第 1 个或第 2 个元素的。使用函数 cbind() 把它们添加到学生成绩的原手数据中。

⑧ 最后，可以使用函数 order() 依姓氏和名字对数据集进行排序。

5.3　转置与整合

R 中提供了许多用来整合和重塑数据的方法。在整合数据时，往往将多组观测替换为根据这些观测计算的描述性统计量。在重塑数据时，则会通过修改数据的结构（行和列）来决定数据的组织方式。本节描述了用来完成这些任务的多种方式。

本节使用已包含在 R 基本安装中的数据框 mtcars。这个数据集是从 Motor Trend 杂志（1974）中提取的，它描述了 34 种车型的设计和性能特点（汽缸数、排量、马力、每加仑汽油行驶的英里数等）。要了解此数据集的更多信息，请参阅 help(mtcars)。

5.3.1　转置

转置，即反转行和列。使用函数 t() 即可对一个矩阵或数据框进行转置。对于后者，行名将成为变量（列）名。如下代码所示：

```
> mtcars
                     mpg cyl  disp  hp drat    wt  qsec vs am gear carb
Mazda RX4           21.0   6 160.0 110 3.90 2.620 16.46  0  1    4    4
Mazda RX4 Wag       21.0   6 160.0 110 3.90 2.875 17.02  0  1    4    4
Datsun 710          22.8   4 108.0  93 3.85 2.320 18.61  1  1    4    1
Hornet 4 Drive      21.4   6 258.0 110 3.08 3.215 19.44  1  0    3    1
Hornet Sportabout   18.7   8 360.0 175 3.15 3.440 17.02  0  0    3    2
Valiant             18.1   6 225.0 105 2.76 3.460 20.22  1  0    3    1
Duster 360          14.3   8 360.0 245 3.21 3.570 15.84  0  0    3    4
Merc 240D           24.4   4 146.7  62 3.69 3.190 20.00  1  0    4    2
Merc 230            22.8   4 140.8  95 3.92 3.150 22.90  1  0    4    2
Merc 280            19.2   6 167.6 123 3.92 3.440 18.30  1  0    4    4
Merc 280C           17.8   6 167.6 123 3.92 3.440 18.90  1  0    4    4
Merc 450SE          16.4   8 275.8 180 3.07 4.070 17.40  0  0    3    3
Merc 450SL          17.3   8 275.8 180 3.07 3.730 17.60  0  0    3    3
Merc 450SLC         15.2   8 275.8 180 3.07 3.780 18.00  0  0    3    3
Cadillac Fleetwood  10.4   8 472.0 205 2.93 5.250 17.98  0  0    3    4
Lincoln Continental 10.4   8 460.0 215 3.00 5.424 17.82  0  0    3    4
Chrysler Imperial   14.7   8 440.0 230 3.23 5.345 17.42  0  0    3    4
Fiat 128            32.4   4  78.7  66 4.08 2.200 19.47  1  1    4    1
Honda Civic         30.4   4  75.7  52 4.93 1.615 18.52  1  1    4    2
Toyota Corolla      33.9   4  71.1  65 4.22 1.835 19.90  1  1    4    1
Toyota Corona       21.5   4 120.1  97 3.70 2.465 20.01  1  0    3    1
Dodge Challenger    15.5   8 318.0 150 2.76 3.520 16.87  0  0    3    2
AMC Javelin         15.2   8 304.0 150 3.15 3.435 17.30  0  0    3    2
Camaro Z28          13.3   8 350.0 245 3.73 3.840 15.41  0  0    3    4
Pontiac Firebird    19.2   8 400.0 175 3.08 3.845 17.05  0  0    3    2
```

```
Fiat X1-9          27.3   4   79.0   66 4.08 1.935 18.90  1  1    4    1
Porsche 914-2      26.0   4  120.3   91 4.43 2.140 16.70  0  1    5    2
Lotus Europa       30.4   4   95.1  113 3.77 1.513 16.90  1  1    5    2
Ford Pantera L     15.8   8  351.0  264 4.22 3.170 14.50  0  1    5    4
Ferrari Dino       19.7   6  145.0  175 3.62 2.770 15.50  0  1    5    6
Maserati Bora      15.0   8  301.0  335 3.54 3.570 14.60  0  1    5    8
Volvo 142E         21.4   4  121.0  109 4.11 2.780 18.60  1  1    4    2
> car  <-  mtcars[1:5,1:4]
> car
                   mpg cyl disp  hp
Mazda RX4          21.0   6  160 110
Mazda RX4 Wag      21.0   6  160 110
Datsun 710         22.8   4  108  93
Hornet 4 Drive     21.4   6  258 110
Hornet Sportabout  18.7   8  360 175
> t(car)
       Mazda RX4 Mazda RX4 Wag Datsun 710 Hornet 4 Drive Hornet Sportabout
mpg           21            21       22.8           21.4              18.7
cyl            6             6        4.0            6.0               8.0
disp         160           160      108.0          258.0             360.0
hp           110           110       93.0          110.0             175.0
```

5.3.2　整合数据

在 R 中使用一个或多个 by 变量和一个预先定义好的函数来折叠（collapse）数据是比较容易的。调用格式为：

```
aggregate (x, by, FUN)
```

其中，x 是待折叠的数据对象，by 是一个变量名组成的列表，这些变量将被去掉，以形成新的观测，而 FUN 则是用来计算描述性统计量的标量函数，它将被用来计算新观测中的值。

我们将根据汽缸数和挡位数整合 mtcars 数据，并返回各个数值型变量的均值。代码如下：

```
> attach(mtcars)
> aggdata <- aggregate(mtcars, by=list(cyl, gear), FUN=mean, na.rm=TRUE)
> aggdata
  Group.1 Group.2    mpg cyl     disp       hp     drat       wt    qsec  vs    am
gear     carb
1       4       3 21.500   4 120.1000  97.0000 3.700000 2.465000 20.0100 1.0 0.00
3 1.000000
2       6       3 19.750   6 241.5000 107.5000 2.920000 3.337500 19.8300 1.0 0.00
3 1.000000
3       8       3 15.050   8 357.6167 194.1667 3.120833 4.104083 17.1425 0.0 0.00
3 3.083333
4       4       4 26.925   4 102.6250  76.0000 4.110000 2.378125 19.6125 1.0 0.75
4 1.500000
5       6       4 19.750   6 163.8000 116.5000 3.910000 3.093750 17.6700 0.5 0.50
4 4.000000
6       4       5 28.200   4 107.7000 102.0000 4.100000 1.826500 16.8000 0.5 1.00
5 2.000000
7       6       5 19.700   6 145.0000 175.0000 3.620000 2.770000 15.5000 0.0 1.00
5 6.000000
8       8       5 15.400   8 326.0000 299.5000 3.880000 3.370000 14.5500 0.0 1.00
5 6.000000
```

在结果中，Group.1 表示汽缸数量（4、6 或 8），Group.2 代表挡位数（3、4 或 5）。例如，拥有 4 个汽缸和 3 个挡位车型的每加仑汽油行驶英里数（mpg）均值为 21.5。

```
> aggdata <- aggregate(mtcars, by=list(cyl), FUN=mean, na.rm=TRUE)
> aggdata
  Group.1      mpg cyl     disp        hp     drat       wt     qsec        vs
      am     gear     carb
1       4 26.66364   4 105.1364  82.63636 4.070909 2.285727 19.13727 0.9090909
0.7272727 4.090909 1.545455
2       6 19.74286   6 183.3143 122.28571 3.585714 3.117143 17.97714 0.5714286
0.4285714 3.857143 3.428571
```

```
3           8 15.10000     8 353.1000 209.21429 3.229286 3.999214 16.77214 0.0000000
0.1428571 3.285714 3.500000
```

在结果中，Group.1 表示汽缸数量（4、6 或 8），例如，拥有 4 个汽缸的每加仑汽油行驶英里数（mpg）均值为 26.66364。

```
> aggdata  <- aggregate(mtcars, by=list(gear), FUN=mean, na.rm=TRUE)
> aggdata
  Group.1       mpg      cyl     disp       hp     drat       wt     qsec       vs
    am gear     carb
1         3 16.10667 7.466667 326.3000 176.1333 3.132667 3.892600 17.692 0.2000000
0.0000000     3 2.666667
2         4 24.53333 4.666667 123.0167  89.5000 4.043333 2.616667 18.965 0.8333333
0.6666667     4 2.333333
3         5 21.38000 6.000000 202.4800 195.6000 3.916000 2.632600 15.640 0.2000000
1.0000000     5 4.400000
```

在结果中 Group.1 表示挡位数（3、4 或 5），例如，拥有挡位数 3 的每加仑汽油行驶英里数（mpg）均值为 16.10667。

在使用 aggregate()函数时，by 中的变量必须在一个列表中（即使只有一个变量）。可以在列表中为各组声明自定义的名称，例如 by=list(Group.cyl=cyl, Group.gears=gear)。指定的函数可为任意的内建或自编函数，这就为整合命令赋予了更强的灵活性。

5.4　本章小结

我们学习了控制流结构的使用方法：用循环重复执行某些语句，或用分支在满足某些特定条件时执行另外的语句，涉及 for 结构、while 结构、repeat 语句、if-else 结构、ifelse 结构和 switch 结构。

结合实例完成数据处理和分析任务，有助于理解 R 语言编程结构。

R 中提供了许多用来整合数据的方法。在整合数据时，往往将多组观测替换为根据这些观测计算的描述性统计量。在整合数据时，可以使用任何内建或自编函数来获取数据。

第二篇　统计方法与 R 分析实例

第6章 定量资料的统计描述

学习目标

- 掌握集中趋势和离散趋势描述的常用统计量。
- 掌握正态分布的特征及其作用意义。
- 掌握利用 summary()、sapply()、describe()等函数进行资料的统计描述。
- 掌握利用 aggregate()、summaryBy()、describeBy()等函数进行资料的分组统计描述。

内容概要

为了比较精确地描述一组统计资料的特征，需要使用一些统计指标。一组数据的统计特征通常包括 4 个方面：集中趋势、离散趋势、偏度和峰度。本章重点讲解了集中趋势和离散趋势的描述指标。一组数据的集中趋势通常用平均数、中位数和众数等来表示。描述一组计量资料离散趋势的常用指标有极差、四分位数间距、方差、标准差、标准误和变异系数等，其中，方差和标准差最常用。

正态分布在统计学中是最基本、最重要的一种分布，也是概率论中最重要的一种分布。一般来讲，若影响某一数量指标的随机因素很多，而每个因素所起的作用不太大，则这个指标服从正态分布。本章阐述了正态分布的定义、特征、标准正态分布、正态曲线下面积分布以及正态分布的应用。

本章讲解了 R 中描述定量资料特征最常用的几个函数，并以实例演示了如何利用这些函数进行定量资料的统计描述（summary()、sapply()、describe()等函数）以及分组统计描述（aggregate()、summaryBy()、describeBy()等函数）。最后，进一步讲解了如何编程进行对数正态分布资料的统计描述。

6.1 统计描述基础理论知识

在对一组统计数据的分布变化进行深入研究之前，我们首先来研究一组数据的特征。为了比较精确地描述一组统计资料的特征，需要使用一些统计指标。一组数据的统计特征通常包括以下4个方面。

（1）集中趋势，也称作中心位置。即表示一组数据的中心位置的数据点是在什么地方，也就是数据集中分布的位置。

（2）离散趋势。即一组数据的分散程度，也就是数据散布的离散程度。

（3）偏度。一组数据所描述的曲线既可能是左右对称的，也可能是倾斜的，即通过曲线最高点的垂线把曲线分为两半，是左右对称还是并不对称。

（4）峰度。就是一组数据所描绘的曲线顶部的峰态特征。根据一组数据所描绘的曲线顶部既可能是尖峰状的，也可能是扁平状的。即使根据两组数据所描绘的曲线具有相同的中心位置和离散程度，但它们的尖削度也可能是不一样的。

我们最感兴趣的常常是数据的集中趋势和离散趋势，本章主要介绍度量这两个特征的统计量。

6.1.1 集中趋势描述

一组数据的集中趋势通常用平均数、中位数和众数等来表示，这些统计量均称为平均指标。平均指标的特点是将一组数据中各个数据之间的差异抽象化，用一个指标来代表各个数据的一般水平，它反映了一组数据中各个数据的代表水平、中心位置或集中趋势。

描述一组同质观察值的平均水平或中心位置的常用指标有均数、几何均数、中位数等。

（1）均数：算术均数的简称。常用 $\overline{X}$ 表示样本均数，u 表示总体均数。均数用于反映一组同质观察值的平均水平，适用于正态或近似正态分布的数值变量资料。其计算方法如下。

- 直接法。用于样本含量较少时，其公式为：

$$\overline{X} = \frac{X_1 + X_2 + \cdots + X_N}{N} = \frac{\sum\limits_{i=1}^{N} x_i}{N} \tag{6-1}$$

式中，希腊字母 Σ（读作 sigma）表示求和；X_1，X_2，…，X_n 为各观察值；n 为样本含量，即观察值的个数。

- 加权法。用于频数表资料或样本中相同观察值较多时，其公式为：

$$\overline{X} = \frac{f_1 X_1 + f_2 X_2 + \cdots + f_k X_k}{f_1 + f_2 + \cdots + f_k} = \frac{\sum f X}{\sum f} \tag{6-2}$$

式中，X_1，X_2，…，X_n 与 f_1，f_2，…，f_k 分别为相同观察值与其对应的频数（或频数表资料中各组段的组中值和相应组段的频数）。

（2）几何均数：适用于对数正态分布，即数据经过对数变换后呈正态分布的资料；等比级数资料，即观察值之间呈倍数或近似倍数变化的资料，如抗体滴度、平均效价等。其计算方法如下。

- 直接法：

$$G = \sqrt[n]{X_1 X_2 \cdots X_n}$$

或

$$G = \lg^{-1}\left(\frac{\lg X_1 + \lg X_2 + \cdots + \lg X_n}{n}\right) = \lg^{-1}\left(\frac{\sum \lg X}{n}\right) \tag{6-3}$$

- 加权法：

$$G = \lg^{-1}\left(\frac{f_1 \lg X_1 + f_2 \lg X_2 + \cdots + f_k \lg X_k}{f_1 + f_2 + \cdots + f_k}\right) = \lg^{-1}\left(\frac{\sum f \lg X}{\sum f}\right) \tag{6-4}$$

> **注意**：计算几何均数时观察值不能有 0，因 0 不能取对数；一组观察值中不能同时有正值和负值。

（3）中位数：一组由小到大按顺序排列的观察值中位次居中的数值。中位数可用于描述非正态分布资料（对数正态分布除外），频数分布的一端或两端无确切数据的资料，以及总体分布不清楚的资料。在全部观察中，小于和大于中位数的观察值个数相等。其计算方法也包括直接法和频数表法。

- 直接法：将观察值由小到大排列，按式（6-5）式（6-6）计算。

n 为奇数：
$$M = X_{(n+1)/2} \tag{6-5}$$

n 为偶数：
$$M = \frac{1}{2}(X_{n/2} + X_{n/2+1}) \tag{6-6}$$

式中，下标 $\frac{n}{2}$、$\frac{n}{2}+1$、$\frac{n+1}{2}$ 为有序数列的位次。$X_{n/2}$、$X_{n+1/2}$、$X_{n/2+1}$ 为相应位次的观察值。

- 频数表法：用于频数表资料。

计算步骤是：计算 $\frac{n}{2}$ 的大小，并按所分组段由小到大计算累计频数和累计频率，如表 6-1 中的第 3、4 栏；确定中位数（M）所在组段，累计频数中大于 $\frac{n}{2}$ 的最小数值所在的组段即为中位数所在的组段，或累计频率中大于 50% 的最小频率所在的组段即为中位数所在的组段；最后，按式（6-7）求中位数。

$$M = L + \frac{i}{f_M}\left(\frac{n}{2} - \sum f_L\right) \tag{6-7}$$

式中，L、i、f_M 分别为中位数 M 所在组段的下限、组距和频数；$\sum f_L$ 为小于 L 的各组段的累计频数。

例 6-1 由表 6-1 计算中位数 M。

表 6-1 　　　　　　　　　199 名负伤寒患者潜伏期

潜伏期（小时）（1）	人数 f(2)	累计频数 $\sum f$(3)	累计频率(%)(4)=(3)/n
0～	30	30	15.1
12～	71	101	50.8
24～	49	150	75.4
36～	28	178	89.4
48～	14	192	96.5
60～	6	198	99.5
72～84	1	199	100.0
合计	199		

本例 n=199，根据表第 2 栏数据，自上而下计算累计频数及累计频率，见第 3、4 栏。$\frac{n}{2}=99.5$，由第 3 栏知，101 是累计频数中大于 99.5 的最小值，或由第 4 栏知，50.8% 是大于 50% 的最小的累计频率，故中位数 M 在 "12～" 组段内，将相应的 L、i、f_M、$\sum f_L$ 代入式（6-7），求得中位数 M。

$$M = L + \frac{i}{f_M}\left(\frac{n}{2} - \sum f_L\right) = 12 + \frac{12}{71} \times (199 \times 50\% - 30) = 23.75（小时）$$

（4）百分位数用 P_x 表示。一个百分位数 P_x 将一组观察值分为两部分，理论上有 $x\%$ 的观察值比它小，有（100−x）%的观察值比它大，是一种位置指标。中位数是一个特殊的百分位数，即 $M=P_{50}$。百分位数的计算步骤与中位数类似，首先要确定 P_x 所在的组段。先计算 $n*x\%$，累计频数中大于 $n*x\%$ 的最小值所在的组段就是 P_x 所在组段。计算见公式（6-8）。

$$P_x = L + \frac{i}{f_x}(n*x\% - \sum f_L) \tag{6-8}$$

式中，L、i、f_x 分别为 P_x 所在组段的下限、组距和频数；$\sum f_L$ 为小于 L 的各组段的累计频数。

百分位数用于描述一组数据某一百分位位置的水平，多个百分位数结合应用时，可描述一组观察值的分布特征；百分位数可用于确定非正态分布资料的医学参考值范围。应用百分位数，样本含量要足够大，否则不宜取靠近两端的百分位数。

> **重点提示**：描述定量资料的集中趋势常用指标有均数、几何均数、中位数等。在学习的过程中，应充分理解这些统计量的含义并掌握其计算方法。

6.1.2 离散趋势描述

计量资料的频数分布有集中趋势和离散趋势两个主要特征。仅仅用集中趋势来描述数据的分布特征是不够的，只有把两者结合起来，才能全面地认识事物。我们经常会碰到平均数相同的两组数据，其离散程度可以是不同的。一组数据的分布可能比较集中，差异较小，则平均数的代表性较好。另一组数据可能比较分散，差异较大，则平均数的代表性就较差。描述一组计量资料离散趋势的常用指标有极差、四分位数间距、方差、标准差、标准误和变异系数等，其中方差和标准差最常用。

1. 极差

极差又称全距，是指一组数据的观察值中的最大值和最小值之差。用公式表示为：

极差=最大观察值−最小观察值

极差的计算较简单，但是它只考虑了数据中的最大值和最小值，而忽略了全部观察值之间的差异。两组数据的最大值和最小值可能相同，于是它们的极差相等，但是离散的程度可能相当不一致。由此可见，极差往往不能反映一组数据的实际离散程度，极差所反映的仅仅是一组数据的最大的离散值。

2. 平均差

平均差是指一组数据中的各数据对平均数的离差绝对值的平均数。一组数据中的各数据对平均数的离差有正有负，其和为零，因此平均差必须用离差的绝对值来计算。平均差愈大，表示数据之间的变异程度越大，反之则变异程度越小。计算公式为：

$$\frac{\sum |x - \bar{x}|}{n} \tag{6-9}$$

3. 方差和标准差（σ^2 和 σ）

平均差用绝对值来度量，虽然避免了正负离差的相互抵消，但不便于运算。一般情况下，可用方差来度量一组数据的离散性。方差通常用字母 σ^2 来表示，其计算公式为：

$$\sigma^2 = \frac{\sum(x-\bar{x})^2}{n} \tag{6-10}$$

为了使统计量的单位同观察值的单位相一致，通常将方差开平方，即得到标准差 σ，标准差也称为均方差。其计算公式为：

$$\sigma = \sqrt{\frac{\sum(x-\bar{x})^2}{n}} \tag{6-11}$$

由定义可知，方差和标准差所反映的是一组数据对其均值为代表的中心的某种偏离程度。从定义可知，标准差（或方差）较小的分布一定是比较集中在均值附近的，反之则是比较分散的。标准差的缺点是计算起来比较麻烦。标准差也是根据全部数据来计算的，但是它也会受到极端值的影响。标准差的计算要比平均差方便，因此，标准差是描述数据离散趋势最常用的统计量。

在统计中，我们通常用 σ^2 和 σ 分别表示总体的方差和标准差。当总体中的个体数很大，希望通过抽样，用样本标准差来估计总体的标准差时，就需要计算样本的方差和标准差。仅需要对总体方差和标准差的计算公式做一些调整即可。样本的方差和标准差分别记作 S^2 和 S，其计算公式如下：

$$S^2 = \frac{\sum(x-\bar{x})^2}{n-1} \tag{6-12}$$

$$S = \sqrt{\frac{\sum(x-\bar{x})^2}{n-1}} \tag{6-13}$$

> **注意**：在计算样本的方差和标准差时分母是 $n-1$，而不是 n。

标准差的概念在统计上具有重要的作用。对于任意一个总体，在确定了标准差以后，就可以精确地确定总体中的单位落在平均数两侧某个范围内的频率大小。对于正态分布的情形，在下一节中，我们将介绍数据落在某个特定范围内概率的大小及其意义。

4. 变异系数

标准差是表示所有数据离散性大小的一个绝对值，其度量单位与原数据的度量单位相同。因此，标准差只能度量一组数据对其均值的偏离程度。但若要比较两组数据的离散程度，用两个标准差直接进行比较有时就显得不合适了。例如，一个总体的标准差是 10，均值是 100。如果另有一个总体的标准差是 20，均值是 2000。如果直接用标准差来进行比较，后一总体的标准差是前一总体标准差的 2 倍，似乎前一总体的分布集中，而后一总体的分布分散。但前一总体用标准差来衡量的各数据的差异量是其均值的 1/10；后一总体用标准差来衡量的各数据差异是其均值的 1/100，是微不足道的。可见用标准差与均值的比值大小来衡量不同总体数据的分散程度更合理，统计上把这一比例称为变异系数。变异系数是一个表示标准差相对于平均数的大小的相对量，即标准差相对于均值的百分比，其计算公式如下：

$$离散系数 = \frac{\sigma}{\mu} \times 100\% \tag{6-14}$$

其中，σ 为数据的标准差，μ 为数据的平均值。

> **注意**：一般在两种情况下需要利用变异系数来比较数据的离散程度，一种就是上述的平均值相差较大的数据，另外一种情况就是度量单位不同的数据其离散程度的比较。

> **重点提示**：描述一组计量资料离散趋势的常用指标有极差、四分位数间距、方差、标准差、标准误和变异系数等。应理解这些统计量的含义并掌握它们的计算方法，而且要比较它们之间的区别以及联系。

6.1.3　正态分布

在实际中遇到的许多随机现象都服从或近似服从正态分布。正态分布在统计学中是最基本、最重要的一种分布，也是概率论中最重要的一种分布。一般来讲，若影响某一数量指标的随机因素很多，而每个因素所起的作用不太大，则这个指标服从正态分布。例如测量的误差、人的身高体重、农作物的收获量等都近似服从正态分布。

1．正态分布

正态分布可以用函数的形式来表述。若随机变量 X 的密度函数（频率曲线）为正态函数（曲线）：

$$f(X) = \frac{1}{\sigma\sqrt{2\pi}} e^{-(X-\mu)^2/(2\sigma^2)}, \quad -\infty < X < +\infty \tag{6-15}$$

则称 X 服从正态分布，记为 $X \sim N(\mu, \sigma^2)$。其中，μ、σ 是两个不确定常数，是正态分布的参数，μ 描述正态分布的集中位置，而 σ 用来描述正态分布的离散程度，不同的 μ 和 σ 对应不同的正态分布。

> **注意**：正态曲线呈钟型，两头低，中间高，左右对称，曲线与横轴间的面积总等于1。

2．正态分布的特征

服从正态分布的变量的频数分布由 μ、σ 完全决定。

- μ 是正态分布的位置参数，描述正态分布的集中趋势位置。正态分布以 $X=\mu$ 为对称轴，左右完全对称。正态分布的均数、中位数、众数相同，均等于 μ。
- σ 描述正态分布资料数据分布的离散程度，σ 越大，数据分布越分散；σ 越小，数据分布越集中。σ 也称为正态分布的形状参数，σ 越大，曲线越扁平；反之，σ 越小，曲线越瘦高。

3．标准正态分布

标准正态分布是一种特殊的正态分布，标准正态分布的 $\mu=0$，$\sigma^2=1$，通常用 u（或 Z）表示服从标准正态分布的变量，记为 $u \sim N(0, 1^2)$。

标准化变换：$u = \dfrac{X-\mu}{\sigma}$。此变换有特性，即 X 服从正态分布 $N(\mu, \sigma^2)$，则 u 就服从标准正态分布，故该变换被称为标准化变换。

4. 正态曲线下的面积分布

在实际中，正态曲线下横轴上一定区间的面积反映了该区间的例数占总例数的百分比，或变量值落在该区间的概率（概率分布）。不同 (X_1, X_2) 范围内正态曲线下的面积可用式（6-16）计算：

$$D = \int_{X_1}^{X_2} \frac{1}{\sigma\sqrt{2\pi}} e^{-(X-\mu)^2/(2\sigma^2)} \mathrm{d}x = \Phi(u_2) - \Phi(u_1) \tag{6-16}$$

其中，$u_1 = \dfrac{X_1 - \mu}{\sigma}$，$u_2 = \dfrac{X_2 - \mu}{\sigma}$。

> **注意**：几个重要的面积比例。

X 轴与正态曲线之间的面积恒等于 1。正态曲线下，横轴区间 $\mu \pm \sigma$ 内的面积为 68.27%，横轴区间 $\mu \pm 1.64\sigma$ 内的面积为 90.00%，横轴区间 $\mu \pm 1.96\sigma$ 内的面积为 95.00%，横轴区间 $\mu \pm 2.58\sigma$ 内的面积为 99.00%。

5. 正态分布的应用

某些医学现象，如同质群体的身高、红细胞数、血红蛋白量，以及实验中的随机误差，均呈现为正态或近似正态分布；有些指标（变量）虽服从偏态分布，但经数据转换后可服从正态或近似正态分布，可按正态分布规律处理。其中，经对数转换后服从正态分布的指标被称为服从对数正态分布。正态分布的研究有着广泛的应用价值。

- 估计频数分布：一个服从正态分布的变量只要知道其均数与标准差，就可根据式(6-16)估计任意取值 (X_1, X_2) 范围内的频数比例。
- 制定参考值范围：适用于服从正态（或近似正态）分布指标以及可以通过转换后服从正态分布的指标。但是对于非正态分布（偏态分布）的指标，需要采用百分位数法制定其参考值范围。如表 6-2 所示中总结了两种方法估计参考值范围的单双侧界值，应熟练掌握。

表 6-2　　　　　　　　　　　常用参考值范围的制定

概率（%）	正态分布法			百分位数法		
	双　侧	单　侧		双　侧	单　侧	
		下　限	上　限		下　限	上　限
90	$\overline{X} \pm 1.64S$	$\overline{X} - 1.28S$	$\overline{X} + 1.28S$	$P_5 \sim P_{95}$	P_{10}	P_{90}
95	$\overline{X} \pm 1.96S$	$\overline{X} - 1.64S$	$\overline{X} + 1.64S$	$P_{2.5} \sim P_{97.5}$	P_5	P_{95}
99	$\overline{X} \pm 2.58S$	$\overline{X} - 2.33S$	$\overline{X} + 2.33S$	$P_{0.5} \sim P_{99.5}$	P_1	P_{99}

- 质量控制：为了控制实验中的测量（或实验）误差，常以 $\overline{X} \pm 2S$ 作为上、下警戒值，以 $\overline{X} \pm 3S$ 作为上、下控制值。这样设置的依据，是因为一般情况下测量（或实验）误差服从正态分布。
- 正态分布是许多统计方法的理论基础。t 检验、方差分析、相关和回归分析等多种统计方法，均要求分析的指标服从正态分布。许多统计方法虽然不要求分析指标服从正态分布，但相应的统计量在大样本时近似正态分布，因而大样本时这些统计推断方法也是以正态分布为理论

基础的。

> **重点提示：** 正态分布在统计学中是最基本、最重要的一种分布，也是概率论中最重要的一种分布。应了解正态分布的特征，掌握标准正态分布的特征，熟悉正态分布曲线下的面积。对其中几个重要的面积分布要熟记于心，掌握正态分布的应用。

6.2 统计描述分析实例

在 R 中，进行定量资料的整体性统计描述最常用的函数是 summary()、sapply() 和 describe() 函数。在比较多组个体或观测时，关注的是各组的统计描述，而不是样本整体的统计描述。同样地，在 R 中完成这个任务有多种方法，主要包括 aggregate()、summaryBy() 和 describeBy() 函数。

6.2.1　summary() 函数分析实例

summary() 函数提供了最小值、最大值、四分位数和数值型变量的均值，以及因子向量和逻辑型向量的频数统计。

例 6-2　某医科大学抽查了 100 名健康女大学生的血清总蛋白含量（g/L），利用 summary() 函数对血清蛋白作描述性分析，检查结果如下：

```
74.3 78.8 68.8 78.0 70.4 80.5 80.5 69.7 79.5 75.6 75.0 78.8 72.0 72.0 72.0 74.3 75.0
73.5 78.8 74.3 75.8 65.0 74.3 71.2 73.5 75.0 72.0 64.3 75.8 80.3 69.7 74.3 75.8 75.8
68.8 76.5 70.4 71.2 81.2 75.4 72.0 76.5 74.3 76.5 77.6 77.6 73.5 79.5 73.5
74.7 65.0 76.5 81.6 75.4 75.8 73.5 75.0 72.7 70.4 72.7 68.8 67.3 75.8 73.5 75.0 72.7
73.5 72.7 81.6 73.5 75.0 72.7 70.4 76.5 72.7 77.2 84.3 75.0 71.2 71.2 69.7 73.5 70.4
75.0 72.7 67.3 70.3 76.5 73.5 78.0 68.0 73.5 68.0 73.5 68.0 74.3 72.7 73.7
```

【R 程序】

```
> example6_2  <- read.table ("example6_2.csv", header=TRUE, sep=",")
> example6_2
> summary(example6_2["protein"])
```

【R 输出结果】

```
1     1     74.3
2     2     78.8
3     3     68.8
4     4     78.0
5     5     70.4
6     6     80.5
7     7     80.5
8     8     69.7
9     9     79.5
10    10    75.6
11    11    75.0
12    12    78.8
13    13    72.0
14    14    72.0
15    15    72.0
16    16    74.3
17    17    75.0
18    18    73.5
19    19    78.8
20    20    74.3
21    21    75.8
22    22    65.0
23    23    74.3
24    24    71.2
```

25	25	73.5
26	26	75.0
27	27	72.0
28	28	64.3
29	29	75.8
30	30	80.3
31	31	69.7
32	32	74.3
33	33	75.8
34	34	75.8
35	35	68.8
36	36	76.5
37	37	70.4
38	38	71.2
39	39	81.2
40	40	75.0
41	41	74.0
42	42	72.0
43	43	76.5
44	44	74.3
45	45	76.5
46	46	77.6
47	47	67.3
48	48	72.0
49	49	73.5
50	50	79.5
51	51	73.5
52	52	74.7
53	53	65.0
54	54	76.5
55	55	81.6
56	56	75.4
57	57	75.8
58	58	73.5
59	59	75.0
60	60	72.7
61	61	70.4
62	62	77.2
63	63	68.8
64	64	67.3
65	65	75.8
66	66	73.5
67	67	75.0
68	68	72.7
69	69	73.5
70	70	72.7
71	71	81.6
72	72	73.5
73	73	75.0
74	74	72.7
75	75	70.4
76	76	76.5
77	77	72.7
78	78	77.2
79	79	84.3
80	80	75.0
81	81	71.2
82	82	71.2
83	83	69.7
84	84	73.5
85	85	70.4
86	86	75.0
87	87	72.7
88	88	67.3
89	89	70.3
90	90	76.5
91	91	73.5
92	92	78.0
93	93	68.0
94	94	73.5

```
95   95    68.0
96   96    73.5
97   97    68.0
98   98    74.3
99   99    72.7
100  100   73.7

           protein
Min.    :64.30
1st Qu.:71.80
Median :73.60
Mean   :73.81
3rd Qu.:75.80
Max.    :84.30
```

【结果解释】

输出结果包括最小值（Minimum）、下四分位数（q1）、中位数（Median）、均数（Mean）、上四分位数（q3）和最大值（Maximum）。

6.2.2 sapply()函数分析实例

可以使用 apply()函数或 sapply()函数计算所选择的任意描述性统计量。对于 sapply()函数，其使用格式为：

```
sapply(x, FUN, options)
```

其中，x 就是数据框（或矩阵），FUN 为一个任意的函数。如果指定了 options，它们将被用来规定 FUN。可以插入的函数包括 mean、sd、var、min、max、median、length、range 和 quantile。

例 6-3 美国记录了 1970～1974 年不同年龄组（年龄分组定义：1. 14 岁及以下；2. 15～17 岁；3. 18～20 岁；4. 21～24 岁和 5. 25 岁及以上）的犯罪逮捕率（/10 万），现需分析不同年份的平均犯罪逮捕率，数据如表 6-3 所示。

表 6-3   美国 1970～1974 年不同年龄组犯罪逮捕率

年　份	犯罪逮捕率	年　龄　组
1970	1290.0818794	1
1970	11066.466554	2
1970	10285.003672	3
1970	8263.0805143	4
1970	3507.9347441	5
1971	1426.7339383	1
1971	11705.35367	2
1971	10627.595575	3
1971	8608.7333333	4
1971	3598.4854986	5
1972	1459.2348378	1
1972	11404.035772	2
1972	10271.934596	3
1972	8885.0962367	4
1972	3564.0904732	5
1973	1539.8439744	1
1973	12207.403585	2

续表

年　　份	犯罪逮捕率	年　龄　组
1973	10937.142857	3
1973	9170.9968254	4
1973	3498.8663575	5
1974	1607.6161148	1
1974	12327.563762	2
1974	11609.052013	3
1974	9174.0155018	4
1974	3227.6039256	5

【R程序】

```
> example6_3  <- read.table ("example6_3.csv", header=TRUE, sep=",")
> example6_3
> mystas <- function(x){
x <-x [!is.na(x)]
m <- mean(x)
n <- length(x)
s <-sd(x)
skew <- sum((x-m)^3/s^3)/n
kurt <- sum((x-m)^4/s^4)/n-3
return (c(n=n, mean=m,stdev=s, skew=skew, kurtosis=kurt))
}
> sapply(example6_3[2], mystas)
```

【R输出结果】

```
   year    rate agegroup
1  1970  1290.08       1
2  1970 11066.47       2
3  1970 10285.00       3
4  1970  8263.08       4
5  1970  3507.93       5
6  1971  1426.73       1
7  1971 11705.35       2
8  1971 10627.60       3
9  1971  8608.73       4
10 1971  3598.49       5
11 1972  1459.23       1
12 1972 11404.04       2
13 1972 10271.93       3
14 1972  8885.10       4
15 1972  3564.09       5
16 1973  1539.84       1
17 1973 12207.40       2
18 1973 10937.14       3
19 1973  9171.00       4
20 1973  3498.87       5
21 1974  1607.62       1
22 1974 12327.56       2
23 1974 11609.05       3
24 1974  9174.02       4
25 1974  3227.60       5

                rate
n         25.0000000
mean    7250.5580000
stdev   4162.8050843
skew      -0.2890467
kurtosis  -1.7095247
```

【结果解释】

对于样本中的不同年龄组和年份，犯罪率的平均值为 7250.5580000/10 万，标准差为

4162.8050843/10 万。分布呈现左偏（偏度-0.2890467），并且较正态分布偏平（峰度-1.7095247）。

> **注意：** 如果只希望单纯地忽略缺失值，那么应当使用 sapply(example6_3[2], mystas, na.omit=TRUE)。

6.2.3　describe()函数分析实例

若干用户贡献包提供了统计描述的函数，其中包括 Hmisc、pastecs 和 psych。但是，这些包并未包括在基础安装中，所以需要在首次使用之前进行安装。

Hmisc 包中的 describe()函数可返回变量和观测的数量、缺失值和唯一值的数目、平均值、分位数，以及 5 个最大的值和 5 个最小的值。

例 6-4　某大学校医 1995 年随机调查了该校 101 名一年级男大学生的身高（cm），对学生身高进行描述性分析，结果如下：

```
170.7  174.1  166.7  179.7  171.0  158.0  177.3  174.5  174.1  173.3
169.0  173.5  173.1  177.5  180.0  173.2  173.1  172.4  173.6  175.3
181.5  170.8  176.4  171.0  171.8  180.7  170.7  173.8  164.9  170.0
177.7  171.4  163.5  178.8  174.9  178.3  174.1  174.3  171.4  173.2
173.7  173.4  174.2  172.9  176.9  168.3  175.1  172.1  166.8  172.8
168.8  172.5  172.8  175.2  170.9  168.6  168.6  169.1  168.5  172.0
168.2  172.8  169.1  173.6  169.6  172.8  175.7  178.8  170.1  175.5
171.7  168.6  171.2  170.1  170.7  173.6  167.2  170.8  174.8  171.8
174.9  168.5  178.7  177.3  165.9  174.2  170.2  169.5  172.1  178.1
171.2  176.0  169.8  177.9  171.6  179.4  183.8  168.3  175.6  175.9
182.2
```

【R 程序】

```
> install.packages("Hmisc")
> library(Hmisc)
> example6_4  <- read.table ("example6_4.csv", header=TRUE, sep=",")
> example6_4
> describe(example6_4["height"])
```

【R 输出结果】

```
   Obs height
1     1  170.7
2     2  174.1
3     3  166.7
4     4  179.7
5     5  171.0
6     6  168.0
7     7  177.3
8     8  174.5
9     9  174.1
10   10  173.3
11   11  169.0
12   12  173.5
13   13  173.1
14   14  177.5
15   15  180.0
16   16  173.2
17   17  173.1
18   18  172.4
19   19  173.6
20   20  175.3
```

21	21	181.5
22	22	170.8
23	23	176.4
24	24	171.0
25	25	171.8
26	26	180.7
27	27	170.7
28	28	173.8
29	29	164.9
30	30	170.0
31	31	177.7
32	32	171.4
33	33	163.5
34	34	178.8
35	35	174.9
36	36	178.3
37	37	174.1
38	38	174.3
39	39	171.4
40	40	173.2
41	41	173.7
42	42	173.4
43	43	174.2
44	44	172.9
45	45	176.9
46	46	168.3
47	47	175.1
48	48	172.1
49	49	166.8
50	50	172.8
51	51	168.8
52	52	172.5
53	53	172.8
54	54	175.2
55	55	170.9
56	56	168.6
57	57	168.6
58	58	169.1
59	59	168.8
60	60	172.0
61	61	168.2
62	62	172.8
63	63	169.1
64	64	173.6
65	65	169.6
66	66	172.8
67	67	175.7
68	68	178.8
69	69	170.1
70	70	175.5
71	71	171.7
72	72	168.6
73	73	171.2
74	74	170.1
75	75	170.7
76	76	173.6
77	77	167.2
78	78	170.8
79	79	174.8
80	80	171.8
81	81	174.9
82	82	168.5
83	83	178.7
84	84	177.3
85	85	165.9
86	86	174.2
87	87	170.2
88	88	169.5
89	89	172.1
90	90	178.1
91	91	171.2

```
92    92    176.0
93    93    169.8
94    94    177.9
95    95    171.6
96    96    179.4
97    97    183.8
98    98    168.3
99    99    175.6
100  100    175.9
101  101    182.2

example6_4["height"]
 1  Variables       101  Observations
--------------------------------------------------------------------
height
       n missing   unique    Info    Mean     .05     .10     .25     .50
     101       0       74       1     173   167.2   168.5   170.2   172.8
      .75     .90      .95
    175.2   178.3   179.7

lowest : 163.5 164.9 165.9 166.7 166.8
highest: 180.0 180.7 181.5 182.2 183.8
--------------------------------------------------------------------
```

【结果解释】

输出结果包括变量个数和观测的数量（n）、缺失值的数量（missing）、唯一值的数量（unique）均数（mean）、百分位数（0.05，0.10，0.25，0.50，0.75，0.90，0.95）以及 5 个最大的值（highest）和 5 个最小的值（lowest）。

psych 包也拥有一个名为 describe() 的函数，它可以计算非缺失值的数量、均值、标准差、中位数、截尾均值、绝对中位差、最小值、最大值、值域、偏度、峰度和平均值的标准误。

例 6-5 利用 psych 包的 describe() 的函数对例 6-4 中的大学生身高进行描述性分析。

【R 程序】

```
> install.packages("psych")
> library(psych)
> example6_5  <- read.table ("example6_5.csv", header=TRUE, sep=",")
> example6_5
> describe(example6_5["height"])
```

【R 输出结果】

```
      Obs height
1       1  170.7
2       2  174.1
3       3  166.7
4       4  179.7
5       5  171.0
6       6  168.0
7       7  177.3
8       8  174.5
9       9  174.1
10     10  173.3
11     11  169.0
12     12  173.5
13     13  173.1
14     14  177.5
15     15  180.0
16     16  173.2
17     17  173.1
18     18  172.4
19     19  173.6
20     20  175.3
21     21  181.5
22     22  170.8
```

23	23	176.4
24	24	171.0
25	25	171.8
26	26	180.7
27	27	170.7
28	28	173.8
29	29	164.9
30	30	170.0
31	31	177.7
32	32	171.4
33	33	163.5
34	34	178.8
35	35	174.9
36	36	178.3
37	37	174.1
38	38	174.3
39	39	171.4
40	40	173.2
41	41	173.7
42	42	173.4
43	43	174.2
44	44	172.9
45	45	176.9
46	46	168.3
47	47	175.1
48	48	172.1
49	49	166.8
50	50	172.8
51	51	168.8
52	52	172.5
53	53	172.8
54	54	175.2
55	55	170.9
56	56	168.6
57	57	168.6
58	58	169.1
59	59	168.8
60	60	172.0
61	61	168.2
62	62	172.8
63	63	169.1
64	64	173.6
65	65	169.6
66	66	172.8
67	67	175.7
68	68	178.8
69	69	170.1
70	70	175.5
71	71	171.7
72	72	168.6
73	73	171.2
74	74	170.1
75	75	170.7
76	76	173.6
77	77	167.2
78	78	170.8
79	79	174.8
80	80	171.8
81	81	174.9
82	82	168.5
83	83	178.7
84	84	177.3
85	85	165.9
86	86	174.2
87	87	170.2
88	88	169.5
89	89	172.1
90	90	178.1
91	91	171.2
92	92	176.0

```
93   93   169.8
94   94   177.9
95   95   171.6
96   96   179.4
97   97   183.8
98   98   168.3
99   99   175.6
100 100   175.9
101 101   182.2

         vars   n   mean   sd median trimmed  mad   min   max range skew kurtosis   se
height    1  101 172.98 3.91  172.8  172.83 3.71 163.5 183.8  20.3 0.31    -0.08 0.39
```

【结果解释】

对于样本中的一年级男大学生的身高，平均值为 172.98，标准差为 3.91，分布呈现右偏（偏度 0.31）。

> **注意：** psych 包和 Hmisc 包均提供了 describe() 函数。R 自动优先选择最后载入的程序包。如果想使用 Hmisc 包的函数，可以键入 Hmisc:describe(mt)。

6.2.4 stat.desc()函数分析实例

pastecs 包中有一个名为 stat.desc() 的函数，它可以计算种类繁多的描述性统计量。其格式为：

```
stat.desc (x, basic=TRUE, desc=TRUE, norm=FALSE, p=0.95)
```

其中，x 为数据框。basic=TRUE（默认值），计算所有值、空值、缺失值的数量，以及最小值、最大值、值域和总和。desc=TRUE（默认值），计算中位数、均数、均数标准误、均数 95% 可信区间、方差、标准差以及变异系数。norm=TRUE（非默认值），计算正态分布统计量，包括偏度和峰度（以及它们的统计显著程度）和 Shapiro-Wilk 正态检验结果。

例 6-6 某超市记录了不同商标同类产品某年的销售情况，对该类产品的销售情况进行描述性分析，同时分析不同月份和不同产品的平均销售情况，数据如表 6-4 所示。

表 6-4　　　　　　　　　　　某超市某年不同产品的销售情况

产品类型	1 月	2 月	3 月	4 月	5 月	6 月	7 月	8 月	9 月	10 月	11 月	12 月
产品 1	21	23	25	28	31	34	37	41	45	50	54	60
产品 2	22	25	29	33	38	44	51	59	67	77	89	102
产品 3	23	28	33	40	48	57	69	82	99	119	142	171
产品 4	24	30	38	47	59	73	92	114	143	179	224	279
产品 5	25	33	42	55	71	93	121	157	204	265	345	448
合计	115	139	167	203	247	301	369	453	558	690	854	1061

【R 程序】

```
> install.packages("pastecs")
> library(pastecs)
> example6_6 <- read.table ("example6_6.csv", header=TRUE, sep=",")
> example6_6
> stat.desc(example6_6["sales"], basic=TRUE, desc=TRUE, norm=TRUE)
```

【R 输出结果】

```
   product month sales
1        1     1    21
2        1     2    23
```

```
3        1        3       25
4        1        4       28
5        1        5       31
6        1        6       34
7        1        7       37
8        1        8       41
9        1        9       45
10       1        10      50
11       1        11      54
12       1        12      60
13       2        1       22
14       2        2       25
15       2        3       29
16       2        4       33
17       2        5       38
18       2        6       44
19       2        7       51
20       2        8       59
21       2        9       67
22       2        10      77
23       2        11      89
24       2        12      102
25       3        1       23
26       3        2       28
27       3        3       33
28       3        4       40
29       3        5       48
30       3        6       57
31       3        7       69
32       3        8       82
33       3        9       99
34       3        10      119
35       3        11      142
36       3        12      171
37       4        1       24
38       4        2       30
39       4        3       38
40       4        4       47
41       4        5       59
42       4        6       73
43       4        7       92
44       4        8       114
45       4        9       143
46       4        10      179
47       4        11      224
48       4        12      279
49       5        1       25
50       5        2       33
51       5        3       42
52       5        4       55
53       5        5       71
54       5        6       93
55       5        7       121
56       5        8       157
57       5        9       204
58       5        10      265
59       5        11      345
60       5        12      448

                   sales
nbr.val    6.000000e+01
nbr.null   0.000000e+00
nbr.na     0.000000e+00
min        2.100000e+01
max        4.480000e+02
range      4.270000e+02
sum        5.157000e+03
median     5.450000e+01
mean       8.595000e+01
```

```
SE.mean       1.086581e+01
CI.mean.0.95  2.174243e+01
var           7.083947e+03
std.dev       8.416618e+01
coef.var      9.792459e-01
skewness      2.228813e+00
skew.2SE      3.610069e+00
kurtosis      5.332132e+00
kurt.2SE      4.381431e+00
normtest.W    7.188024e-01
normtest.p    2.080031e-09
```

【结果解释】

结果包括所有值、空值、缺失值的数量，以及最小值、最大值、值域和总和；中位数、均数、均数标准误、均数 95%可信区间、方差、标准差以及变异系数；正态分布统计量，包括偏度和峰度和 Shapiro-Wilk 正态检验结果。

正态性检验结果显示，P=2.080031e–09<0.0001，表明变量 sales 不服从正态分布。

> **重点提示：**掌握利用 summary()、sapply()、describe()、stat.desc()等函数进行资料的统计描述。

6.2.5 分组计算描述性统计量

在了解了如何为整体样本的数据计算描述性统计量，现在学习如何获取数据中各组的统计量。

在比较多组个体或观测时，关注的是各组的统计描述，而不是样本整体的统计描述。同样地，在 R 中完成这个任务有多种方法，主要包括 aggregate()、summaryBy()和 describeBy()函数。

aggregate()函数的调用格式为：

```
aggregate(x, by, FUN)
```

其中 x 是待处理的数据对象，by 是一个变量名组成的列表，这些变量将被去掉，以形成新的观测，而 FUN 是用来计算描述性统计量的函数，用于计算新观测中的值。

例 6-7　利用 aggregate()函数对例 6-6 不同产品的平均销售情况进行分组描述性分析。

【R 程序】

```
> example6_7  <- read.table ("example6_6.csv", header=TRUE, sep=",")
> attach(example6_7)
> aggregate (sales, by=list(product=product), FUN=mean)
> aggregate (sales, by=list(product), FUN=sd)
> detach(example6_7)
```

【R 输出结果】

```
① product        x
1       1  37.41667
2       2  53.00000
3       3  75.91667
4       4 108.50000
5       5 154.91667

② Group.1        x
1       1  12.74547
2       2  26.17424
3       3  47.90798
4       4  82.37332
5       5 135.86856
```

【结果解释】

① 分组显示不同产品的平均销售情况。使用 list(product=product)，则可以为各组声明自定义的名称。

② 分组显示不同产品的销售标准差。list(product)，则 product 列被标记为 Group.1 而不是 product。因此，使用 list(product=product)这个赋值指定了一个更有帮助的列标签。如果有多个分组变量，可以在 list()列表中分别赋值指定列标签。

> **注意**：aggregate()函数仅允许在每次调用中使用均数、标准差这样的单返回值函数，无法一次返回多个统计量。

by()函数可以返回若干个统计量，其格式为：

```
by (data, indices, FUN)
```

其中，**data** 为数据框或矩阵；**indices** 是一个因子或因子组成的列表，用以定义分组；**FUN** 是任意函数。

例 6-8 利用 by()函数对例 6-6 不同产品的平均销售情况进行分组描述性分析。

【R 程序】

```
> example6_8  <- read.table ("example6_6.csv", header=TRUE, sep=",")
> attach(example6_8)
> mystas <-function(x)(c(n=length(x), mean=mean(x),  sd=sd(x)))
> by(sales, product, FUN=mystas)
> detach(example6_8)
```

【R 输出结果】

```
product: 1
         n       mean        sd
12.00000 37.41667 12.74547
---------------------------------------------------------------
product: 2
         n       mean        sd
12.00000 53.00000 26.17424
---------------------------------------------------------------
product: 3
         n       mean        sd
12.00000 75.91667 47.90798
---------------------------------------------------------------
product: 4
         n        mean         sd
 12.00000 108.50000  82.37332
---------------------------------------------------------------
product: 5
         n       mean        sd
12.0000 154.9167 135.8686
```

【结果解释】

分组显示不同产品的平均销售情况。by()函数与 aggregate()函数的最大区别就在于可以一次返回多个统计量，应用起来更加方便。

psych 包中的 describeBy()函数可以计算与 describe()相同的描述性统计量，唯一的区别是可以按照一个或多个分组变量分层。

例 6-9 利用 describeBy()函数对例 6-6 不同产品的平均销售情况进行分组描述性分析。

【R 程序】

```
> example6_9  <- read.table ("example6_6.csv", header=TRUE, sep=",")
> library(psych)
> attach(example6_9)
> describeBy(sales, product)
> detach(example6_9)
```

【R 输出结果】

```
group: 1
  vars  n  mean     sd median trimmed   mad min max range skew kurtosis   se
1    1 12 37.42 12.75   35.5    35.8 14.83  21  60    39 0.33    -1.38 3.68
------------------------------------------------------------
group: 2
  vars  n mean     sd median trimmed   mad min max range skew kurtosis   se
1    1 12   53 26.17   47.5    51.2 28.17  22 102    80 0.48    -1.24 7.56
------------------------------------------------------------
group: 3
  vars  n  mean     sd median trimmed   mad min max range skew kurtosis    se
1    1 12 75.92 47.91     63    71.7 48.18  23 171   148 0.63    -1.05 13.83
------------------------------------------------------------
group: 4
  vars  n  mean     sd median trimmed   mad min max range skew kurtosis    se
1    1 12 108.5 82.37   82.5    99.9 71.91  24 279   255 0.75    -0.86 23.78
------------------------------------------------------------
group: 5
  vars  n   mean      sd median trimmed    mad min max range skew kurtosis
1    1 12 154.92 135.87    107   138.6 103.04  25 448   423 0.87    -0.64
     se
1 39.22
```

【结果解释】

分组显示不同产品的销售情况描述性统计量。分析结果包括非缺失值的数量、均值、标准差、中位数、截尾均值、绝对中位差、最小值、最大值、值域、偏度、峰度和平均值的标准误。

doBy 包也提供了分组计算描述性统计量的函数。但是，由于未随基本安装发布，必须在首次使用前进行安装。doBy 包中 summaryBy() 函数的使用格式为：

```
summaryBy(formula, data=dataframe, FUN=function)
```

其中的 formula 接受以下的格式：

```
var1 + var2 + var3 +…+ varN ~ groupvar1 + groupvar2 + groupvar3 + … + groupvarN
```

在~左侧的变量是需要分析的数值型变量，在~右侧的变量是类别型的分组变量。function 可为任意内建或用户自编的 R 函数。

例 6-10 利用 summaryBy() 函数对列 6-6 不同产品的平均销售情况进行分组描述性分析。

【R 程序】

```
> install.packages("doBy")
> library(doBy)
> example6_10  <- read.table ("example6_6.csv", header=TRUE, sep=",")
> mystas <- function(x){
x <-x [!is.na(x)]
m <- mean(x)
n <- length(x)
s <-sd(x)
skew <- sum((x-m)^3/s^3)/n
kurt <- sum((x-m)^4/s^4)/n-3
return (c(n=n, mean=m,stdev=s, skew=skew, kurtosis=kurt))
}
> summaryBy(sales~product, data=example6_10, FUN=mystas)
```

【R 输出结果】

```
  product sales.n sales.mean sales.stdev sales.skew sales.kurtosis
1       1      12   37.41667    12.74547  0.3251482     -1.3781918
2       2      12   53.00000    26.17424  0.4805726     -1.2417049
3       3      12   75.91667    47.90798  0.6277345     -1.0471852
4       4      12  108.50000    82.37332  0.7526681     -0.8555527
5       5      12  154.91667   135.86856  0.8700268     -0.6352762
```

【结果解释】

分组显示不同产品的销售情况描述性统计量。输出结果包括最小值（Minimum）、下四分位数（q1）、中位数（Median）、均数（Mean）、上四分位数（q3）和最大值（Maximum）。

> **重点提示**：掌握分组计算描述性统计量的 aggregate()、by()、describeBy() 和 summaryBy() 函数及其语法格式，学会运用这些函数进行定量资料的分组统计描述和正态性检验。

6.2.6　对数正态分布资料的统计描述

有些指标（变量）虽服从偏态分布，但经数据转换后可服从正态或近似正态分布，可按正态分布规律处理。其中，经对数转换后服从正态分布的指标被称为服从对数正态分布，服从对数正态分布的数据经对数转换后按正态分布规律来进行描述。

例 6-11　链球菌咽峡炎患者的潜伏期如表 6-5 所示，计算其均数和几何均数。

表 6-5　　　　　　　　链球菌咽峡炎患者的潜伏期及频数分布

潜伏期（x）	12～	24～	36～	48～	60～	72～	84～	96～	108～
频数（f）	1	7	11	11	7	5	4	2	2

由于无法直接得到几何均数，因此将数据集加以对数变换，求出均数后再进行反对数变换，得到几何均数。

【R 程序】

```
> example6_11  <- read.table ("example6_11.csv", header=TRUE, sep=",")
> example6_11  <- within(example6_11,{
incubation  <- incubation+6
logincubation  <-log(incubation)})
> attach(example6_11)
> gemmean <- exp(sum(logincubation*frequency)/sum(frequency))
> mean  <-sum(incubation*frequency)/sum(frequency)
> c(mean, gemmean)
> detach(example6_11)
```

【R 输出结果】

```
[1] 58.56000 54.08155
```

【结果解释】

分析结果显示，其均数为 58.56000，几何均数（g）为 54.08155。

> **重点提示**：掌握利用函数对对数正态分布资料的统计描述，尤其是编程几何均数的计算方法。

6.3 本章小结

　　本章介绍了定量资料的统计特征描述，主要包括 4 个方面：集中趋势、离散趋势、偏度和峰度。重点讲解了集中趋势和离散趋势的描述指标。一组数据的集中趋势通常用平均数、中位数和众数等来表示。描述一组计量资料离散趋势的常用指标有极差、四分位数间距、方差、标准差、标准误和变异系数等，其中方差和标准差最常用。本章分别详细介绍了各种统计量的意义以及计算方法，我们应在学习的过程中掌握这些统计量并学会计算。

　　本章重点介绍了正态分布。正态分布在统计学中是最基本、最重要的一种分布，而且它是很多统计理论的基础，在统计学领域有着广泛的应用。本章讲解了正态分布的定义、特征、正态曲线下的面积分布、标准正态分布的定义以及意义。最后介绍了正态分布的广泛应用价值，尤其是其在制定参考值方面的作用。

　　最后，阐述了 R 中进行定量资料的统计描述常用的函数（summary()、sapply()、describe()等函数）以及分组统计描述函数（aggregate()、summaryBy()、describeBy()等函数），并以实例演示了如何利用这些函数进行定量资料的统计描述。这也是我们学习的重中之重，需要通过实例掌握这些常用函数，并能灵活运用。

第 7 章 t 检 验

学习目标

- 掌握单样本 t 检验的基础理论及其 R 分析程序。
- 掌握配对设计资料 t 检验的基础理论及其 R 分析程序。
- 掌握两独立样本 t 检验的基础理论及其 R 分析程序。
- 熟悉无原始数据 t 检验的方法。

内容概要

t 检验和 u 检验就是统计量为 t、u 的假设检验，两者均是常见的假设检验方法。当样本含量 n 较大时，样本均数符合正态分布，故可用 u 检验进行分析。当样本含量 n 小时，若观察值 x 符合正态分布，则用 t 检验（因此时样本均数符合 t 分布）。

本章介绍了单样本 t 检验的基础理论，列举了单样本 t 检验分析实例介绍了配对设计资料 t 检验的基础理论，并列举了配对 t 检验分析实例。

最后，介绍了两种独立样本 t 检验的基础理论，并列举了独立样本 t 检验分析实例。

简而言之，t 检验和 u 检验就是统计量为 t、u 的假设检验，两者均是常见的假设检验方法。当样本含量 n 较大时，样本均数符合正态分布，故可用 u 检验进行分析。当样本含量 n 较小时，若观察值 x 符合正态分布，则用 t 检验（因此时样本均数符合 t 分布）。当 x 为未知分布时，则应采用秩和检验。

7.1 单样本 t 检验

7.1.1 单样本 t 检验的基础理论

单样本 t 检验实际上是推断该样本来自的总体均数 μ 与已知的某一总体均数 μ_0（常为理论值或标准值）有无差别。其检验统计量按下式计算：

$$t = \frac{\overline{X} - \mu}{S_{\overline{X}}} = \frac{\overline{X} - \mu}{S / \sqrt{n}} = \frac{\overline{X} - \mu_0}{S / \sqrt{n}}, \ v = n - 1 \tag{7-1}$$

例 7-1 根据大量调查得知，健康成年男子脉搏均数为 72 次/分。某医生在某山区随机抽查健康成年男子 25 人，其脉搏均数为 74.2 次/分，标准差为 6.5 次/分。根据这个资料，能否认为某山区健康成年男子的脉搏数与一般健康成年男子的不同？

在医学领域中有一些公认的生理常数，如本例提到的健康成人平均脉搏次数 72 次/分，一般可看作总体均数 μ。已知在总体均数 μ 和总体标准差 σ 已知的情况下可以预测样本均数分布情况，现缺总体标准差，则需用样本标准差来估计它，那么样本均数围绕总体均数散布的情况服从 t

分布（尤其当样本含量 *n* 较小时）。*t* 分布的基本公式即为式（7-1）。

下面回答本例提出的问题而进行假设检验，一般步骤如下。

（1）提出检验假设 H_0 与备择假设 H_1。

H_0：$\mu=\mu_0=72$ 次/分，即某山区成年男子的脉搏均数与一般成年男子的相等。

H_1：$\mu\neq\mu_0=72$ 次/分，即某山区成年男子的脉搏均数与一般成年男子不相等（这是双侧检验，如果事先已肯定山区人的脉搏不可能低于一般人，只检验它是否高于一般人，则应用单侧检验，H_1 为 $\mu>\mu_0$）。

（2）定显著性水准 α，并查出临界 *t* 值。现令 $\alpha=0.05$。

本例自由度 $v=n-1=25-1=24$，查附表得 $t_{0.05,24}=2.064$。若从观察资料中求出的 $|t|$ 值小于此数，我们就接受 H_0；若等于或大于此值，则在 $\alpha=0.05$ 水准处拒绝 H_0 而接受 H_1。

（3）计算检验统计量 *t*。

现已知 $n=25$，$\overline{X}=74.2$ 次/分，$S=6.5$ 次/分，$\mu_0=72$ 次/分。按公式（7-1）计算：

$$t=\frac{74.2-72}{6.5/\sqrt{25}}=1.692, v=25-1=24$$

（4）确定 *P* 值，作出推断结论。

因 $|t|<t_{0.05,24}=2.064$，所以检验假设 H_0 得以接受，尚不能得出山区健康成年人的脉搏数不同于一般人而具有显著差别的结论。

7.1.2 单样本 *t* 检验分析实例

在 R 中，利用 t.test() 函数进行 *t* 检验。其调用格式为：

```
t.test(dataset$sample1, mu=mu0, conf.level=0.99, paired=FALSE, var.equal = FALSE,
alternative = c("two.sided", "less", "greater"))
```

- dataset 为数据框。
- sample1 为所分析的变量。
- mu=mu0 用来指定样本所需要进行比较的常数。
- conf.level 指定置信度水平。
- paired 指定是否为配对 *t* 检验，paired=TRUE 表示配对 *t* 检验，paired=FALSE 表示非配对 *t* 检验。
- var.equal 指定是否方差齐性。var.equal = FALSE，方差不齐性，var.equal = TRUE 方差齐性。
- alternative 指定单侧或双侧检验，默认为 alternative="two.sided" 双侧检验，alternative= "less" 或 alternative="greater" 则为单侧检验。

例 7-2 已知某水样中含碳酸钙的真值为 20.7mg/L。现用某法重复测定该水样 12 次，碳酸钙的含量分别是 20.99、20.41、20.10、20.00、20.91、22.60、20.99、20.42、20.90、22.99、23.12 和 20.89，请问该法测定碳酸钙含量所得的均值与真值有无显著性差异？

【R 程序】

```
> example7_2 <- read.table("example7_2.csv", header=TRUE, sep=",")
> t.test(example7_2$caco3, mu=20.7, alternative="two.sided", conf.level=0.95)
```

【R 输出结果】

```
        One Sample t-test

data:  example7_2$caco3
t = 1.5665, df = 11, p-value = 0.1455
```

```
alternative hypothesis: true mean is not equal to 20.7
95 percent confidence interval:
 20.50020 21.88646
sample estimates:
mean of x
 21.19333
```

【结果解释】

结果分别为 t 检验值、自由度和 P 值（该 t 值对应的双侧尾部面积）。t 检验的结果为：$t=1.57$，$P=0.1455$。因此，在 $\alpha=0.05$ 的水平上，没有理由拒绝零假设。也就是说，用该方法测得的样本值与真值的差异无统计学意义，即可以用该法测定水中碳酸钙的含量。

另外，显示了样本均值的 95%可信区间（20.50，21.89），样本均值为 21.19333。

7.1.3　无原始数据的单样本 t 检验 R 程序

t.test()函数针对的是有原始数据的资料。如果没有原始数据，就需要根据 t 检验的计算公式和概率函数 pt()来获得单样本 t 检验的结果。

例 7-3　利用例 7-1 的数据进行分析。健康成年男子脉搏均数为 72 次/分。某医生在某山区随机抽查健康成年男子 25 人，其脉搏均数为 74.2 次/分，标准差为 6.5 次/分。根据这个资料能否认为某山区健康成年男子的脉搏数与一般健康成年男子的脉搏数不同？

【R 程序】

```
> u0<- 72
> u1<- 74.2
> s<- 6.5
> n<- 25
> t<- (u1-u0)/(s/sqrt(n))
> v<- n-1
> 2*pt(-abs(t),v)
```

【SAS 输出结果】

```
[1] 0.1035319
```

【结果解释】

看双侧 t 检验结果：$P=0.1035319>0.05$，所以检验假设 H_0 得以接受，尚不能得出山区健康成年男子的脉搏数不同于一般人而具有显著差别的结论。

> **注意**：pt(t, df)函数计算的是自由度为 df，t 值小于 t 时的概率。因此，需要全部转化为负值，计算单侧尾部概率，如果需要计算双侧概率，则乘以 2 即可。

> **重点提示**：掌握单样本 t 检验的基础理论，通过单样本 t 检验分析实例，理解单样本 t 检验方法，并掌握单样本 t 检验的 R 程序。

7.2　配对设计资料的 t 检验

7.2.1　配对设计资料 t 检验的基础理论

上面已介绍了已知总体均数时的显著性检验方法，但有时我们并不知道总体均数，且医学数据资料中更为常见的是成对资料。若一批某病人治疗前有某项测定记录，治疗后再次测定以观察疗效，这样观察 n 例就有 n 对数据，即是成对资料（也可对动物做成病理模型进行治疗实验，以收集类似的成对资料）。如果有两种处理要比较，将每一份标本分成两份各接受一种处理，这样观察到的一批数据也是成对资料。医学科研中有时无法对同一批对象进行前后或对应观察，而只得将病人（或实验动物）配成对子，尽量使同对中的两者在性别、年龄或其他可能会影响处理效果的各种条件方面相似，然后进行处理，再观察反应，这样获得的许多对不可拆散的数据同样是成对资料。由于成对资料可控制个体差异使之较小，故检验效率是较高的。

在医学研究中，常用配对设计。配对设计主要有 4 种情况：同一受试对象处理前后的数据；同一受试对象两个部位的数据；同一样品用两种方法（仪器等）检验的结果；配对的两个受试对象分别接受两种处理后的数据。

配对 t 检验的实质同于单样本 t 检验，可将此类资料看成是差值的样本均数 $\bar{d}$ 所代表的未知总体均数 μ_d 与已知总体均数 $\mu_0 = 0$ 的比较，其检验统计量可按式（7-1）构造如下：

$$t = \frac{\bar{d} - \mu_d}{S_{\bar{d}}} = \frac{\bar{d} - 0}{S_d / \sqrt{n}} = \frac{\bar{d}}{S_d / \sqrt{n}}, v = n - 1 \tag{7-2}$$

与式（7-1）不同的是，d 为每对数据的差值，$\bar{d}$ 为差值的样本均数，S_d 为差值的标准差，$S_{\bar{d}}$ 为差值样本均数的标准误，n 为对子数。

例 7-4 从以往的资料发现，慢性支气管炎病人血中胆碱酯酶活性常常偏高。某校药理教研室将同性别同年龄的病人与健康人配成 8 对，测量该值加以比较，资料如表 7-1 所示。问可否通过这一资料得出较为明确的结论？

表 7-1 　　　　　　　　　　　慢性支气管炎病人和健康人胆碱酯酶活性

配 对 号	支气管炎病人胆碱酯酶活性	健康人胆碱酯酶活性	差值 d
1	3.28	2.36	0.92
2	2.60	2.40	0.20
3	3.32	2.40	0.92
4	2.72	2.52	0.20
5	2.38	3.04	−0.66
6	3.64	2.64	1.00
7	2.98	2.56	0.42
8	4.40	2.40	2.00

- 提出检验假设 H_0 与备择假设 H_1。

H_0：$\mu_d = 0$，慢性支气管炎病人与健康人血中胆碱酯酶活性相同。

H_1：$\mu_d \neq 0$，慢性支气管炎病人与健康人血中胆碱酯酶活性不相同。

- 定显著性水准 α，并查出临界 t 值。现令 $\alpha = 0.05$。

- 计算检验统计量 t。本例 $n=8$，$\sum d = 5$，$\sum d^2 = 7.3848$，$\bar{d} = \sum d / n = 0.625$，

$$S_d = \sqrt{\frac{\sum d^2 - \frac{(\sum d)^2}{n}}{n-1}} = 0.78$$

按式（7-2）计算：

$$t = \frac{\bar{d} - 0}{S_d / \sqrt{n}} = \frac{0.625}{0.78 / \sqrt{8}} = 2.27, v = 8 - 1 = 7$$

● 确定 P 值，作出推断结论。查 t 界值表得 P=0.0578，在 α =0.05 水准处不能拒绝检验假设 H_0，尚不能认为慢性支气管炎病人与健康人血中胆碱酯酶活性不相同。

7.2.2   配对 t 检验实例

对于配对设计定量数据，在 R 中我们同样利用 t.test() 函数进行 t 检验。其调用格式为：

```
t.test(y1, y2, data=dataset, conf.level=0.99, paired=FALSE, var.equal = TRUE,
alternative = c("two.sided", "less", "greater"))
```

参数说明如下：

● y1 和 y2 为用以比较的连续性变量。

● dataset 为数据框。

● conf.level，指定置信度水平。

● paired，指定是否为配对 t 检验，paired=TRUE 表示配对 t 检验，paired=FALSE 表示非配对 t 检验。

● var.equal，指定是否方差齐性。var.equal = FALSE，方差不齐性；var.equal = TRUE 方差齐性。

● alternative ， 指定单侧或双侧检验，默认为 alternative="two.sided" 双侧检验，alternative="less"或 alternative="greater"则为单侧检验。

例 7-5   为判断简便法和常规法测定尿铅含量的差别有无统计学意义，对 12 份尿样同时用两种方法进行测定，所得结果如表 7-2 所示。请分析两种测定方法的测量结果是否不同？

表 7-2   **两种方法测定尿铅含量的结果比较**

样 品 编 号	简便法测定结果	常规法测定结果
1	2.41	2.80
2	2.90	3.04
3	2.75	1.88
4	2.23	3.43
5	3.67	3.81
6	4.49	4.00
7	5.16	4.44
8	5.45	5.41
9	2.06	1.24
10	1.64	1.83
11	1.06	1.45
12	0.77	0.92

【R 程序】

```
> example7_5 <- read.table ("example7_5.csv", header=TRUE, sep=",")
> t.test(example7_5$y1,example7_5$y2, paired=TRUE, alternative="two.sided", conf.l
evel=0.95)
```

【R 输出结果】

```
        Paired t-test
data:  example7_5$y1 and example7_5$y2
t = 0.16232, df = 11, p-value = 0.874
alternative hypothesis: true difference in means is not equal to 0
95 percent confidence interval:
 -0.3558501  0.4125167
sample estimates:
mean of the differences
          0.02833333
```

【结果解释】

给出了配对 *t* 检验的结果，$t=0.16232$，$P=0.874>0.05$，在 $\alpha=0.05$ 水准处不能拒绝检验假设 H_0，尚不能认为两种方法测定尿铅含量的结果不相同。

例 7-6　中国气象中心对各省市的空气质量进行长期监测，表 7-3 显示了 2001 年和 2002 年各省市某种颗粒在空气中的平均浓度，判断两年中该颗粒空气中平均浓度的差别有无统计学意义。

表 7-3　　　　　　　　　　2001 和 2002 年各省市某种颗粒在空气中的平均浓度

省　份	2001 年	2002 年
北京	14.52	9.81
安徽	15.37	6.28
重庆	11.95	5.2
福建	16.05	4
甘肃	10.52	7.35
广东	14.29	2.8
广西	12.43	2.47
贵州	11.81	4
海南	12.95	0.61
河北	14.23	8.94
黑龙江	17.52	13.4
河南	13.9	7.24
湖北	13.57	5.9
湖南	13.43	4.44
江苏	16.1	7.11
江西	15	4.6
吉林	17.46	11.77
辽宁	16.69	10.77
内蒙古	13.29	10.7
宁夏	11.24	8.31
青海	7.95	7.86
山东	15.26	8.24
上海	17.17	6.28
陕西	12.24	7.02
山西	13.29	8.53

续表

省　份	2001 年	2002 年
四川	9.9	5.2
台湾	17.19	3.14
天津	14.89	9.46
新疆	4.9	10.8
西藏	4.57	6.4
云南	9.48	2.87
浙江	16.47	5.36
香港	14.76	1.85
澳门	14.3	1.6

【R 程序】

```
> example7_6  <- read.table ("example7_6.csv", header=TRUE, sep=",")
> t.test(example7_6$year2001, example7_6$year2002, paired=TRUE, alternative="two.sided", conf.level=0.95)
```

【R 输出结果】

```
Paired t-test

data:  example7_6$year2001 and example7_6$year2002
t = 9.1627, df = 33, p-value = 1.38e-10
alternative hypothesis: true difference in means is not equal to 0
95 percent confidence interval:
 5.362872 8.424187
sample estimates:
mean of the differences
              6.893529
```

【结果解释】

给出了配对 *t* 检验的结果，*t*=9.16，$P<0.0001$，在 α=0.05 水准处不能拒绝检验假设 H_0，2001 年和 2002 年该颗粒在空气中平均浓度差异有统计学意义。

7.2.3　无原始数据的配对设计的 *t* 检验分析实例

如果没有原始数据，我们就需要根据配对 *t* 检验的计算公式和概率函数 pt() 来获得配对 *t* 检验的结果。

例 7-7　利用例 7-4 的数据举例说明，慢性支气管炎病人血中胆碱酯酶活性常常偏高。某校药理教研室将同性别同年龄的病人与健康人配成 8 对，测量该值加以比较，配对两组人差值的均值为 0.625，标准差为 0.78。问可否通过这一资料得出较为明确的结论？

【R 程序】

```
> d<- 0.625
> s<- 0.78
> n<- 8
> t<- d/(s/sqrt(n))
> v<- n-1
> 2*pt(-abs(t),v)
```

【R 输出结果】

```
[1] 0.05778616
```

【结果解释】

看 t 检验结果：$P=0.0577861.6>0.05$。t 检验结果与例 7-4 的计算结果完全一致。所以检验假设 H_0 得以接受，尚不能认为慢性支气管炎病人与健康人血中胆碱酯酶活性不相同。

重点提示： 掌握配对设计资料 t 检验的基础理论，通过配对设计资料 t 检验分析实例（有原始数据和无原始数据两种情况），理解配对设计资料 t 检验方法，并掌握配对设计资料 t 检验的 R 程序。

7.3　两独立样本的 t 检验

在日常工作中，我们经常要比较某两组计量资料的均数间有无显著差别，如研究不同疗法的降压效果或两种不同制剂对杀灭鼠体引钩虫的效果（条数）等。假若事先难以找到年龄、性别等条件完全一样的人（或动物）作配对比较，那么就不能求每对的差数，而只能先算出各组的均数，然后进行比较。两组例数可以相等，也可以稍有出入。检验的方法同样是先假定两组相应的总体均数相等，看两组均数实际相差与此假设是否靠近，近则把相差看成抽样误差表现，远到一定界限则认为由抽样误差造成这样大的相差的可能性实在太小，拒绝假设而接受 H_1，作出两总体不相等的结论。

7.3.1　两独立样本 t 检验的基础理论

两样本 t 检验又称成组 t 检验，适用于完全随机设计两样本均数的比较，人们所关心的是两样本均数所代表的两总体均数是否不等。两组完全随机设计，是将受试对象完全随机分配到两个不同的处理组。

当两样本含量较小，且均来自正态总体时，则要根据两总体方差是否不同而采用不同的检验方法。

（1）总体方差相等的 t 检验：当两总体方差相等时，可将两样本方差合并，求两者的共同方差——合并方差 S_c^2。

两样本 t 检验的检验统计量可按式（7-1）构造。

$$t=\frac{(\overline{X_1}-\overline{X_2})-(\mu_1-\mu_2)}{S_{\overline{X_1}-\overline{X_2}}}=\frac{\overline{X_1}-\overline{X_2}}{S_{\overline{X_1}-\overline{X_2}}},v=n_1+n_2-2 \tag{7-3}$$

即

$$
\begin{aligned}
t&=\frac{\overline{X_1}-\overline{X_2}}{\sqrt{S_c^2\left(\frac{1}{n_1}+\frac{1}{n_2}\right)}}\\
&=\frac{\overline{X_1}-\overline{X_2}}{\sqrt{\dfrac{\sum X_1^2-\left(\sum X_1\right)^2/n_1+\sum X_2^2-\left(\sum X_2\right)^2/n_2}{n_1+n_2-2}\left(\dfrac{1}{n_1}+\dfrac{1}{n_2}\right)}}\\
&=\frac{\overline{X_1}-\overline{X_2}}{\sqrt{\dfrac{(n_1-1)S_1^2+(n_2-1)S_2^2}{n_1+n_2-2}\left(\dfrac{1}{n_1}+\dfrac{1}{n_2}\right)}}
\end{aligned}
\tag{7-4}
$$

例 7-8 为了研究新药阿卡波糖胶囊的降血糖效果，某医院用 40 名 II 型糖尿病病人进行同期随机对照试验。实验者将这些病人随机等分到实验组和对照组（拜唐苹胶囊），分别测得试验开始前和 8 周后的空腹血糖，算得空腹血糖下降值均数如表 7-4 所示。能否认为新药阿卡波糖胶囊与拜唐苹胶囊对空腹血糖的降糖效果不同？

表 7-4 实验组和对照组空腹血糖下降值

实验组	X_1	−0.70	−5.60	2.00	2.80	0.70	3.50	4.00	5.80	7.10	−0.50
(n_1=20)		2.50	−1.60	1.70	3.00	0.40	4.50	4.60	2.50	6.00	−1.40
对照组	X_2	3.70	6.50	5.00	5.20	0.80	0.20	0.60	3.40	6.60	−1.10
(n_2=20)		6.00	3.80	2.00	1.60	2.00	2.20	1.20	3.10	1.70	−2.00

- 提出检验假设 H_0 与备择假设 H_1。

H_0：$\mu_1 = \mu_2$，阿卡波糖胶囊组与拜唐苹胶囊组空腹血糖下降值的总体均数相等。

H_1：$\mu_1 \neq \mu_2$，阿卡波糖胶囊组与拜唐苹胶囊组空腹血糖下降值的总体均数不相等。

- 定显著性水准 α，并查出临界 *t* 值。现令 α =0.05。
- 计算检验统计量 *t*。

实验组空腹血糖下降值均数 $\overline{X_1}$ =2.065 mmol/L，标准差 S_1=3.0601 mmol/L；对照组空腹血糖下降值均数 $\overline{X_2}$ =2.625 mmol/L，标准差 S_2=2.4205mmol/L。按式（7-4）计算：

$$t = \frac{\overline{X_1} - \overline{X_2}}{\sqrt{\frac{(n_1-1)S_1^2 + (n_2-1)S_2^2}{n_1+n_2-2}(\frac{1}{n_1} + \frac{1}{n_2})}} = \frac{\overline{X_1} - \overline{X_2}}{\sqrt{\frac{S_1^2 + S_2^2}{n}}} = \frac{2.065 - 2.625}{\sqrt{\frac{3.0601^2 + 2.4205^2}{20}}} = -0.642 \quad , \quad \nu = n_1 + n_2 - 2 = 38$$

- 确定 *P* 值，作出推断结论：查 *t* 界值表得 *P*>0.50，所以检验假设 H_0 得以接受，无统计学意义，尚不能认为阿卡波糖胶囊组与拜唐苹胶囊组空腹血糖下降效果不同。

进行两小样本均数比较，若总体方差不等，可采用数据变换（如两样本几何均数的 *t* 检验，就是将原始数据取对数后进行 *t* 检验）或下述近似 *t* 检验。

（2）Cochran & Cox 近似 *t* 检验：Cochran & Cox 的检验统计量为 *t′*，用式（7-5）计算。因 *t′* 分布较复杂，故常利用 *t* 分布计算其近似临界值。

$$t = \frac{|\overline{X_1} - \overline{X_2}|}{\sqrt{\frac{S_1^2}{n_1} + \frac{S_2^2}{n_2}}}, v_1 = n_1 - 1, v_2 = n_2 - 1 \tag{7-5}$$

例 7-9 在例 7-8 新药阿卡波糖胶囊的降血糖效果研究中，测得用拜唐苹胶囊的对照组 20 例病人，用阿卡波糖胶囊的实验组 20 例病人，其 8 周时糖化血红蛋白 HbA_1c（%）下降值均数及标准差如表 7-5 所示。问使用两种不同药物的病人其 HbA_1c 下降值均数是否不同。

表 7-5 对照组和实验组 HbA_1c 下降值（%）均数及标准差

分　　组	n	$\overline{X}$	S
对 照 组	20	1.46	1.36
实 验 组	20	1.13	0.70

- 提出检验假设 H_0 与备择假设 H_1。

H_0：$\mu_1 = \mu_2$，对照组和实验组病人 HbA_1c 下降值的总体均数相等。

H_1：$\mu_1 \neq \mu_2$，对照组和实验组病人 HbA_1c 下降值的总体均数不相等。

- 定显著性水准 α，并查出临界 t 值。现令 $\alpha = 0.05$。
- 计算检验统计量 t。按式（7-5）计算：

$$t = \frac{\left| \overline{X}_1 - \overline{X}_2 \right|}{\sqrt{\dfrac{S_1^2}{n_1}} + \sqrt{\dfrac{S_2^2}{n_2}}} = \frac{1.46 - 1.13}{\sqrt{\dfrac{1.36^2}{20} + \dfrac{0.7^2}{20}}} = 0.965$$

- 确定 P 值，作出推断结论：查 t 界值表得 $P>0.50$，按照 $\alpha = 0.05$ 水准，不拒绝 H_0，无统计学意义，尚不能认为阿卡波糖胶囊组与拜唐苹胶囊组病人 HbA_1c 下降值不相等。

7.3.2 独立样本 t 检验分析实例

成组设计资料的 t 检验与单样本 t 检验和配对 t 检验情况不同，以上两种情况最终都可将待分析的变量转化为一个，并属于同一个组（即不涉及分组变量）。而成组资料虽然分析的是同一个变量，但要涉及不同组之间变量的比较。

> **注意**：两个小样本均数比较的 t 检验有以下应用条件：两样本来自的总体均符合正态分布，两样本来自的总体方差齐。故在进行两小样本均数比较的 t 检验之前，要用方差齐性检验来推断两样本代表的总体方差是否相等，方差齐性检验的方法使用 F 检验，其原理是看较大样本方差与较小样本方差的商是否接近 "1"。若接近 "1"，则可认为两样本代表的总体方差齐。判断两样本来自的总体是否符合正态分布，可用正态性检验的方法。
>
> 若两样本来自的总体方差不齐，也不符合正态分布，对符合对数正态分布的资料可以用其几何均数进行 t 检验，对其他资料可以用 t' 检验或秩和检验进行分析。

在 R 中我们利用 var.test(x, ...)函数进行方差齐性检验（F 检验）。其调用格式为：

```
var.test(x, y, ratio = 1, alternative = c("two.sided", "less", "greater"), conf.level = 0.95, ...)
```

语句解释如下。
- x 和 y 为用以比较的连续性变量。
- ratio，两个变量（x 和 y）的方差假设比值。
- conf.level，指定置信度水平。
- alternative，指定单侧或双侧检验，默认为 alternative="two.sided"双侧检验，alternative="less"或 alternative="greater"则为单侧检验。

例 7-10 有两组雌鼠，分别饲以高蛋白和低蛋白饲料，8 周后记录各鼠体重增加量（克）如下，问两组动物增重的均数差别是否显著？

高蛋白组　134　146　104　119　124　161　107　83　113　129　97　123
低蛋白组　　70　118　101　　85　107　132　94

【R 程序】

```
> example7_10 <- read.table ("example7_10.csv", header=TRUE, sep=",")
> attach(example7_10)
> x1<-  x [group==1]
> x2<-  x[group==2]
> var.test(x1, x2, ratio =1)
> t.test(x~group, var.equal=TRUE, alternative="two.sided", conf.level=0.95)
> detach(example7_10)
```

【R 输出结果】

①

```
        F test to compare two variances

data:  x1 and x2
F = 1.0755, num df = 11, denom df = 6, p-value = 0.9788
alternative hypothesis: true ratio of variances is not equal to 1
95 percent confidence interval:
 0.198811 4.173718
sample estimates:
ratio of variances
          1.07552
```
②
```
    Two Sample t-test

data:  x by group
t = 1.8914, df = 17, p-value = 0.07573
alternative hypothesis: true difference in means is not equal to 0
95 percent confidence interval:
 -2.193679 40.193679
sample estimates:
mean in group 1 mean in group 2
        120             101
```

【结果解释】

① 给出了方差齐性的检验结果。F=1.08，P=0.9788>0.05，两组数据方差齐性。因此，t.test()函数可以添加一个参数 var.equal=TRUE 假定方差相等（默认假定方差不相等，并使用 Welsh 修正自由度）。

②由此看 *t* 检验结果：t=1.89，P=0.0757>0.05，按照 α =0.05 水准，不拒绝 H_0，无统计学意义，尚不能认为两组雌鼠体重增加量不相等。

例 7-11 将 14 只大白鼠随机分为两组，一组做成白血病模型鼠，另一组为正常鼠，两组鼠脾脏 DNA 含量（mg/g）均数如下，请分析两组鼠脾脏 DNA 平均含量是否不同？

白血病组（x1）：12.3 13.2 13.7 15.2 15.4 15.8 16.9

正常组（x2）： 10.8 11.6 12.3 12.7 13.5 13.5 14.8

【R 程序】

```
> example7_11  <- read.table ("example7_11.csv", header=TRUE, sep=",")
> attach(example7_11)
> x1<-  x [group==1]
> x2<-  x [group==2]
> var.test(x1, x2, ratio =1)
> t.test(x~group, var.equal=TRUE, alternative="two.sided", conf.level=0.95)
> detach(example7_11)
```

【R 输出结果】

①
```
F test to compare two variances

data:  x1 and x2
F = 1.4804, num df = 6, denom df = 6, p-value = 0.6458
alternative hypothesis: true ratio of variances is not equal to 1
95 percent confidence interval:
 0.2543799 8.6157361
sample estimates:
ratio of variances
          1.480429
```
②
```
    Two Sample t-test

data:  x by group
t = 2.3949, df = 12, p-value = 0.03383
alternative hypothesis: true difference in means is not equal to 0
```

```
95 percent confidence interval:
 0.1714615 3.6285385
sample estimates:
mean in group 1 mean in group 2
      14.64286        12.74286
```

【结果解释】

给出了方差齐性的检验结果。$F=1.48$，$P=0.6458>0.05$，两组数据方差齐性。

由此看 t 检验（方差齐性）结果：$t=2.39$，$P=0.0338<0.05$，按照 $\alpha=0.05$ 水准，拒绝 H_0，有统计学意义，白血病模型鼠和正常鼠脾脏 DNA 含量（mg/g）不同。

7.3.3　无原始数据的两独立样本 t 检验分析实例

以上都是针对有原始数据的资料。如果没有原始数据，我们就需要根据成组资料 t 检验的计算公式和概率函数 pt() 来获得成组资料 t 检验的结果。

例 7-12　测量某两个地区水中碳酸钙的含量，分别从两个地区随机抽取 20 份样品进行碳酸钙检测，分别得到两个地区碳酸钙含量的均数和标准差，结果如表 7-6 所示。试判断两个地区水中碳酸钙的含量是否有差异。

表 7-6　　　　　　　　　　　对照组和实验组碳酸钙含量

分　　组	n	$\overline{X}$	S
对 照 组	20	20.95	5.89
实 验 组	20	21.79	3.43

【R 程序】

```
> x1  <-20.95
> x2  <-21.79
> n1  <-20
> n2  <-20
> s1  <-5.89
> s2  <-3.43
> sc  <-sqrt((1/n1+1/n2)*((n1-1)*s1^2+(n2-1)*s2^2)/(n1+n2-2))
> t  <- (x2-x1)/sc
> v  <- n1+n2-2
>  2*pt(-abs(t), v)
```

【R 输出结果】

```
[1] 0.5847581
```

【结果解释】

看 t 检验结果：$P=0.5847581>0.05$。不能拒绝 H_0，无统计学意义，所以检验假设 H_0 得以接受，尚不能认为两个地区水中碳酸钙的含量有差异。

> **重点提示：** 掌握两独立样本 t 检验的基础理论，通过两独立样本 t 检验分析实例，理解两独立样本 t 检验方法，并掌握两独立样本 t 检验的 R 程序。在应用 t 检验时，应时刻谨记 t 检验的应用条件。

7.4　本章小结

本章重点强调了 t 检验的应用条件（正态分布和方差齐性），大家在采用 t 检验进行数据分析之前，应首先判断数据是否满足 t 检验的条件，然后再进行统计分析。

第8章 方差分析

学习目标

- 掌握方差分析基本思想、应用条件以及计算方法。
- 掌握完全随机设计资料的特征及其 R 分析程序。
- 掌握随机区组设计资料的特征及其 R 分析程序。
- 掌握拉丁方设计资料的特征及其 R 分析程序。
- 掌握析因设计资料的特征及其 R 分析程序。
- 掌握正交试验设计资料的特征及其 R 分析程序。
- 掌握重复测量资料的特征及其 R 分析程序。
- 掌握协方差分析的特征及其 R 分析程序。

内容概要

本章介绍方差分析（ANOVA）的基本思想、适用范围以及计算方法等。ANOVA 在各种实验和准实验设计的分析中都有广泛的应用。首先，回顾实验设计中的术语，随后讲解讨论 R 语言中用于常见研究设计分析的 R 函数。本章介绍完全随机设计资料、随机区组设计资料、拉丁方设计资料、析因设计资料、正交试验设计资料、重复测量资料和协方差分析的特征、变异分解以及计算方法，并以实例进行 R 编程数据分析。

8.1 方差分析及 ANOVA 模型拟合概述

8.1.1 方差分析的基本思想

前一章介绍的 t 检验和 u 检验适用于两个样本均数的比较。对于 k 个样本均数的比较，如果仍用 t 检验或 u 检验，则需比较 $\dfrac{k!}{2!(k-2)!}$ 次，例如 4 个样本均数需比较 $\dfrac{4!}{2!(4-2)!}=6$ 次。假设每次比较所确定的检验水准 $\alpha=0.05$，则每次检验拒绝 H_0 不犯第一类错误的概率为 $1-0.05=0.95$。那么 6 次检验都不犯第一类错误的概率为 $(1-0.05)^6=0.7351$，而犯第一类错误的概率为 0.2649，因而 t 检验和 u 检验不适用于多个样本均数的比较。用方差分析比较多个样本均数，可以有效地控制第一类错误。方差分析（analysis of variance，ANOVA）由英国统计学家 R.A.Fisher 首先提出，以 F 命名其统计量，故方差分析又称 F 检验。

下面结合单个处理因素的情况，介绍方差分析的基本统计思想。将 N 个受试对象随机分为 k（$k \geqslant 2$）组，分别接受不同的处理，第 i 组的样本量为 n_i，第 i 处理组的第 j 个测量值用 X_{ij} 表示。归纳整理数据的格式、符号见表 8-1 的形式。方差分析的目的就是在 $H_0: \mu_1 = \mu_2 = ... = \mu_k$ 成立的条件下，通过分析各处理组均数 $\overline{X_i}$ 之间的差别大小，推断 k 个总体均数间有无差别，从而说明处理因素的效果是否存在。

表 8-1	k 个处理组的试验结果				
	处理组（i）				
	1	2	3	...	k
x_{ij}	x_{11}	x_{21}	x_{31}	...	x_{k1}
	x_{12}	x_{22}	x_{32}	...	x_{k2}
	...	...	...	...	...
	x_{1n_1}	x_{2n_2}	x_{3n_3}	...	x_{kn_1}
合计	$\sum_{j=1}^{n_1} x_{1j}$	$\sum_{i=1}^{n_2} x_{2j}$	$\sum_{j=1}^{n_3} x_{3j}$	...	$\sum_{j=1}^{n_k} x_{kj}$
n_i	n_1	n_2	n_3	...	n_k

（1）总离均差平方和（sum of squares，SS）及自由度（freedom，v）。

总变异的离均差平方和为各变量值与总均数（$\overline{x}$）差值的平方和，离均差平方和和自由度分别如下：

$$SS_{总} = \sum_{i=1}^{k} \sum_{j=1}^{n_1} (x_{ij} - \overline{x})^2 = \sum x^2 - \frac{(\sum x)^2}{N} \tag{8-1}$$

$$v_{总} = N - 1 \tag{8-2}$$

（2）组间离均差平方和、自由度和均方。

组间离均差平方和为各组样本均数（$\overline{x}_i$）与总均数（$\overline{x}$）差值的平方和。

$$SS_{组间} = \sum_{i=1}^{k} n_i (\overline{x}_i - \overline{x})^2$$

$$SS_{组间} = \sum_{i=1}^{k} \frac{\left(\sum_{j=1}^{n_1} x_{ij}\right)^2}{n_i} - \frac{(\sum x)^2}{N} \tag{8-3}$$

$$v_{组间} = k - 1 \tag{8-4}$$

$$MS_{组间} = \frac{SS_{组间}}{v_{组间}} \tag{8-5}$$

（3）组内离均差平方和、自由度和均方。

组内离均差平方和为各处理组内部观察值与其均数（$\overline{x}_i$）差值的平方和之和。

$$SS_{组间} = \sum_{i=1}^{k} \sum_{j=1}^{n_1} (x_{ij} - \overline{x}_i)^2$$

数理统计证明，总的离均差平方和等于各部分离均差平方和之和，因此：

$$SS_{组内} = SS_{总} - SS_{组间} \tag{8-6}$$

$$v_{组内} = N - k \tag{8-7}$$

$$MS_{组内} = \frac{SS_{组内}}{v_{组内}} \tag{8-8}$$

（4）3 种变异的关系如下：

$$SS_{总} = \sum_{i=1}^{k} \sum_{j=1}^{n_1} (x_{ij} - \overline{x})^2 = \sum_{i=1}^{k} \sum_{j=1}^{n_1} [(x_{ij} - \overline{x_i}) + (\overline{x_i} - \overline{x})]^2$$

$$= \sum_{i=1}^{k} n_i (\overline{x_i} - \overline{x})^2 + \sum_{i=1}^{k} \sum_{j=1}^{n_1} (x_{ij} - \overline{x_i})^2$$

$$= SS_{组间} + SS_{组内}$$

$$\nu_{总} = N - 1 = (k-1) + (N-K) = \nu_{组间} + \nu_{组内}$$

可见，进行完全随机设计的单因素方差分析时，总的离均差平方和（$SS_{总}$）可分解为组间离均差平方和（$SS_{组间}$）与组内离均差平方和（$SS_{组内}$）两部分，相应的总自由度（$\nu_{总}$）也可分解为组间自由度（$\nu_{组间}$）和组内自由度（$\nu_{组内}$）两部分。

（5）方差分析的统计量如下：

$$F = MS_{组间} / MS_{组内} \tag{8-9}$$

方差分析的应用条件为：各样本须是相互独立的随机样本；各样本来自正态分布总体；各总体方差相等，即方差齐性。

方差分析的用途很广，包括两个或多个样本均数间的比较，分析两个或多个因素间的交互作用，回归方程的线性假设检验，多元线性回归分析中偏回归系数的假设检验，两样本的方差齐性检验等。

方差分析的基本思想是根据研究的目的和设计类型，将总变异中的离均差平方和 SS 及其自由度 ν 分别分解成相应的若干部分，然后求各相应部分的变异；再用各部分的变异与组内（或误差）变异进行比较，得出统计量 F 值；最后根据 F 值的大小确定 P 值，作出统计推断。

例如，完全随机设计的方差分析，是将总变异中的离均差平方和 SS 及其自由度 ν 分别分解成组间和组内两部分，$SS_{组间}/\nu_{组间}$ 和 $SS_{组内}/\nu_{组内}$ 分别为组间变异（$MS_{组间}$）和组内变异（$MS_{组内}$），两者之比即为统计量 F（$MS_{组间}/MS_{组内}$）。

又如，随机区组设计的方差分析，是将总变异中的离均差平方和 SS 及其自由度 ν 分别分解成处理间、区组间和误差等 3 部分，然后分别求得以上各部分的变异（$MS_{处理}$、$MS_{区组}$ 和 $MS_{误差}$），进而得出统计量 F 值（$MS_{处理}/MS_{误差}$ 和 $MS_{区组}/MS_{误差}$）。

重点提示：了解方差分析的计算方法，掌握方差分析的基本思想、应用条件，了解一些常见的设计类型。

8.1.2　方差分析基本术语

实验设计和方差分析都有自己相应的语言。我们需要对一些重要的术语进行回顾，将有助于后续内容的理解和学习。以研究某药物对某癌细胞株增殖影响的研究为例，现有两种药物：新研究药物（Treatdrug）和对照组药物（Controldrug）。我们提取培养 10 个癌细胞株作为研究对象，随机分配一半癌细胞株接受为期 96h 的 Treatdrug 治疗，另一半接受为期 96h 的 Controldrug 治疗。研究结束时，对两组细胞株的细胞抑制率进行评估。

在这个实验设计中，治疗方案（treatment）是两水平（Treatdrug 和 Controldrug）的组间因子，之所以称作组间因子是因为每个患者都仅被分配到一个组别中，没有患者同时接受 Treatdrug

和 Controldrug。细胞抑制率是因变量，治疗方案是自变量。由于在每种治疗方案下观测数相等，因此这种设计也称为均衡设计；若观测数不同，则称为非均衡设计。

因为仅有一个类别型变量，这种设计又称为单因子方差分析或进一步称为单因子组间方差分析。方差分析主要是通过 F 检验来进行效果评测，若治疗方案的 F 检验显著，则说明 96h 后两种药物的细胞抑制率均值不同。

假设只对 Treatdrug 的效果感兴趣，则需要将 10 个癌细胞株都放在 Treatdrug 组中，然后在治疗 24h 和 96h 后分别评估疗效。此时，时间是两水平（24h 和 96h）的组内因子，因为每个癌细胞株在所有水平下都进行了测量，因此这种设计称为单因子组内方差分析；又由于每个癌细胞株都不止一次被测量，也称作重复测量方差分析。若治时间的 F 检验显著，则说明细胞抑制率在 24h 和 96h 间发生了改变。

现假设对治疗方案差异和它随时间的改变都感兴趣，则可以将两个设计结合起来即可：随机分配一半癌细胞株到 Treatdrug 组，另一半到 Controldrug 组，在 24h 和 96h 分别评估它们的细胞抑制率。治疗方案和时间都作为因子时，既可以分析治疗方案的影响和时间的影响，又可以分析治疗方案和时间的交互作用。前两个为主效应，交互部分为交互效应。在这种情况下，需要进行 3 次 F 检验，治疗方案因素 1 次，时间因素 1 次，两者的交互因素 1 次。若治疗方案显著，说明 Treatdrug 和 Controldrug 对癌细胞的抑制效果不同；若时间结果显著，表明细胞抑制率在 24h 和 96h 间发生了改变；若两种交互效应显著，说明两种药物随着时间变化对癌细胞的抑制效果不同（细胞抑制率从 24h 到 96h 的改变程度在 Treatdrug 和 Controldrug 之间是不同的）。

当设计中包含两个甚至更多的因子时，便是多因子方差分析设计。比如两个因子时称作双因子方差分析，三因子时称作三因子方差分析。若因子设计包括组内因子和组间因子，又称作混合模型方差分析，本例就是典型的双因子混合模型方差分析。

在本例中，即使不同的癌细胞株被随机分配到不同的治疗方案中，但在研究开始时两组癌细胞株的增殖速度可能不同，治疗后的差异可能是最初的增殖速度不同导致的，而不是实验方案的影响。增殖速度也可以解释因变量的组间差异，因此它常称为混杂因素。如果我们在评测疗法类型的影响前，对组间的统计学差异进行统计性调整。增殖速度为协变量，该设计称为协方差分析。

当因变量不止一个时，设计被称作多元方差分析，如果协变量也存在，那么就叫多元协方差分析。

8.1.3 ANOVA 模型拟合

ANOVA 和回归方法都是广义线性模型的特例，lm() 函数和 aov() 函数都可以分析 ANOVA 模型，两个函数的结果是等同的，本章我们主要使用 aov() 函数。

aov() 函数的调用格式为：

aov(formula, data=dataframe)

表达式中可以使用的特殊符号（y 是因变量，字母 A、B、C 代表因子）主要如下。

- ~为分隔符号，左边为因变量，右边为自变量，例如用 A 和 B 预测 y，代码为 y~A+B。
- +为分隔自变量。
- : 表示变量的交互项，例如用 A、B 和 A 与 B 的交互项来预测 y，代码为 y~A + B + A: B。
- *表示所有可能的交互项。代码 y~A*B*C 可展开为 y~A+B+C+A:B+A:C+B:C+A:B:C。
- ^表示交互项达到某个次数，代码 y~(A+B+C)^2 可展开为 y~A+B+C+A:B+A:C+B:C。
- .表示包含除因变量外的所有变量，例如，若一个数据框包括变量 y、A、B 和 C，代码 y~. 可展开为 y~A+B+C。

以下为一些常用的研究设计表达式，小写字母为定量变量，大写字母为组别因子，subject 为研究对象标识变量：

- 单因素 ANOVA，y~A。
- 含单个协变量的单因素 ANCOVA，y~x + A。
- 双因素 ANOVA，y~A*B。
- 含两个协变量的双因素 ANOVA，y~x1+ x2+ A*B。
- 随机化区组，y~B + A，其中 B 为区组因素。
- 单因素组内 ANOVA，y~A+ Error(Subject/A)。
- 含单个组内因子(w)和单个组间因子（B）的重复测量 ANOVA，y~B*w + Error(Subject/w)。

在非平衡设计或存在协变量的情况下，表达式中效应的顺序将对模拟结果产生影响。例如，在双因子方差分析中，模型 y~A*B 与模型 y~B*A 的结果不同。R 默认类型 I（序贯型）方法计算 ANOVA 效应。模型 y~A+B+A:B 在 R 中的 ANOVA 表的结果将评价。

- A 对 y 的影响；
- 控制 A 时，B 对 y 的影响。
- 控制 A 和 B 的主效应时，A 与 B 的交互效应。

假如使用如下表达式对数据进行建模：

$$y \sim A + B + A:B$$

有 3 种类型的方法可以分解右边各效应对 y 所解释的方差。

1. 类型 I（序贯型）

效应根据表达式中先出现的效应做调整。A 不做调整，B 根据 A 调整，A:B 交互作用同时根据 A 和 B 调整。

2. 类型 II（分层型）

效应根据同水平或低水平的效应做调整。A 根据 B 调整，B 依据 A 调整，A:B 交互作用同时根据 A 和 B 调整。

3. 类型 III（边界型）

每个效应根据模型其他各效应做相应调整。A 根据 B 和 A:B 做调整，A:B 交互作用同时根据 A 和 B 调整。

> **注意**：R 软件默认调用类型 I 方法，其他软件默认调用类型 III 方法。样本大小越不均衡，效应项的顺序对结果影响越大。一般情况下，越基础性的效应越放在表达式前面。先协变量，然后主效应，接着是交互项。

aov()函数可以得出总体差异是否有统计学差异，但不能知晓哪组与其他组不同。多重比较可以解决这个问题。TukeyHSD()函数提供了对各组均值差异的成对检验。

8.2　完全随机设计资料的方差分析

完全随机设计是采用完全随机化的分组方法，将全部试验对象分配到 k 个处理组，各组分别接受不同的处理，试验结束后比较各组均数之间的差别有无统计学意义，推论处理因素的效应。在方差分析中，常称上述的因素为因子，用 A、B、C 等表示因素在试验中所处的不同情况或状态称为水平，例如因子 A 的 r 个不同水平表为 A_1，A_2，$\cdots$，A_r。

8.2.1 单因子方差分析介绍

单因子方差分析模型如下：

$$\begin{cases} y_{ij} = \mu_i + \varepsilon_{ij} & i = 1,2,\cdots,r; \ j = 1,2,\cdots,t \\ \varepsilon_{ij} \sim N(0,\sigma^2) \end{cases} \tag{8-10}$$

这里将 y_i 看成第 i 个水平下的试验结果，$y_i \sim N(\mu_i, \sigma^2)$，在 A_i 水平下做了 t 次试验，获得 t 个数据 y_{ij} $(i=1,\cdots,t)$。

需检验假设：$H_0: \mu_1 = \mu_2 = \cdots = \mu_r$

现把参数形式改变一下：

$$记\ \mu = \frac{1}{r}\sum_{i}^{r}\mu_i$$

$$\alpha_i = \mu_i - \mu \qquad i = 1,\cdots,r$$

我们称 μ 为一般平均，α_i 为因子 A 的第 i 个水平的效应，r 个效应满足。

关系式：$\displaystyle\sum_{i=1}^{r}\alpha_i = \sum_{i=1}^{r}\mu_i - r\mu = 0$

于是单因子方差分析模型式（8-10）可改写成：

$$\begin{cases} y_{ij} = \mu + \alpha_i + \varepsilon_{ij} \\ \varepsilon_{ij} \sim N(0,\sigma^2) \qquad i = 1,\cdots r; \ j = 1,\cdots,t \\ \displaystyle\sum_{i=1}^{r}\alpha_i = 0 \end{cases} \tag{8-11}$$

$$H_0: \alpha_1 = \alpha_2 = \cdots = \alpha_r = 0$$

上一节已经对单因子方差分析变异分解进行了详细地阐述，本节不再重述。单因子方差分析的整理结果如表 8-2 的形式，对总的离均差及其自由度按照表 8-2 进行分解。

表 8-2　　　　　　　　　　单因子方差分析资料的方差分析表

变异来源	自　由　度	SS	MS	F
总变异	$N-1$	$\displaystyle\sum_{i=1}^{g}\sum_{j=1}^{n_i}X_{ij}^2 - C$	—	—
组间	$g-1$	$\displaystyle\sum_{i=1}^{g}\frac{\left(\sum_{j=1}^{n_i}X_{ij}\right)^2}{n_i} - C$	$\dfrac{SS_{组间}}{v_{组间}}$	$\dfrac{MS_{组间}}{MS_{组内}}$
组内	$N-g$	$SS_{总} - SS_{组间}$	$\dfrac{SS_{组内}}{v_{组内}}$	—

8.2.2 单因子方差分析的 R 程序实例

方差分析解决问题的思路是：从所有观测值的总变差中分析出系统误差和随机误差，并用数量表示。在一定意义下比较系统误差和随机误差，若两者的差别不大，说明试验条件的变化

（因素水平的不同）对试验结果的影响不大；如果两者相差较大，且系统误差大的多，说明系统条件变化引出的误差不可忽视。

例 8-1 为了解烫伤后不同时期切痂对肝脏三磷酸腺苷（简写为 ATP）含量的影响，将 30 只雄性大鼠随机分 3 组，每组 10 只：A 组为烫伤对照组，B 组为烫伤后 24 小时（休克期）切痂组，C 组为烫伤后 96 小时（非休克期）切痂组，全部动物统一在烫伤后 168 小时处死并测量其肝脏的 ATP 含量，结果见表 8-3。请检验 3 组大鼠肝脏的 ATP 含量有无差别。

表 8-3　　　　　　　大鼠烫伤后肝脏 ATP 含量的测量结果　　　　　　（单位：mg）

A　组	B　组	C　组
7.76	12.14	10.85
7.71	13.60	8.58
8.43	14.42	7.19
8.47	13.85	9.36
10.30	17.53	9.59
6.67	14.16	8.81
11.73	14.94	8.22
5.78	13.01	9.95
6.61	14.18	11.26
6.97	17.72	8.68

【R 程序】

```
> install.packages("multcomp")
> library(multcomp)
> Example8_1 <- read.table ("example8_1.csv", header=TRUE, sep=",")
> attach(Example8_1)
> table(group)
> aggregate(atp,by=list(group),FUN=mean)
> aggregate(atp,by=list(group),FUN=sd)
> fit <- aov(atp~group)
> summary(fit)

> install.packages("gplots")
> library(gplots)
> plotmeans(atp~group,xlab="group", ylab="ATP", main="Mean Plot\nwith 95% CI")
> detach (Example8_1)
> TukeyHSD(fit)
```

【R 输出结果】

```
①group
 A  B  C
10 10 10

②  Group.1      x
1     A 8.043
2     B 14.555
3     C 9.249

   Group.1      x
1     A 1.808075
2     B 1.793793
3     C 1.224277

③        Df Sum Sq Mean Sq F value   Pr(>F)
group     2 240.05  120.02   45.09 2.48e-09 ***
Residuals 27  71.87    2.66
```

```
---
Signif. codes:  0 '***' 0.001 '**' 0.01 '*' 0.05 '.' 0.1 ' ' 1
```

④

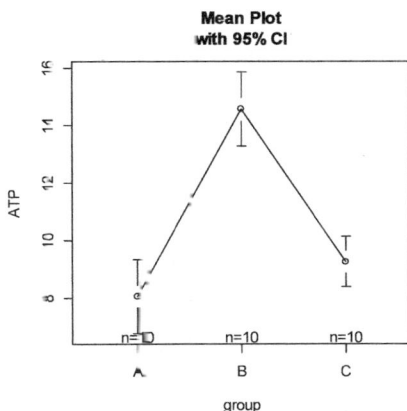

⑤ Tukey multiple comparisons of means
    95% family-wise confidence level

```
Fit: aov(formula = atp ~ group)
$group
        diff        lwr       upr       p adj
B-A   6.512   4.7029103   8.32109  0.0000000
C-A   1.206  -0.6030897   3.01509  0.2413559
C-B  -5.306  -7.1150897  -3.49691  0.0000002
```

【结果解释】

① 各组样本大小，每组有 10 只老鼠。

② 各组均值显示 B 组大鼠烫伤后肝脏 ATP 含量最高，而 A 组最低，各组的标准差相恒定。

③ 检验组间差异，ANOVA 对各组的 F 检验非常显著，说明三组大鼠烫伤后肝脏 ATP 含量差异有统计学意义。

④ gplots 包中的 plotmeans()函数可以用来绘制带有可信区间的组均值图形。图形显示了带有 95%可信区间的各组大鼠烫伤后肝脏 ATP 含量均值，可以清楚看到它们之间的差异。

⑤ 比较了效应因子 group 的 3 个水平的差异，结论是休克期切痂组大鼠肝脏的 ATP 含量显著高于其他两组。

例 8-2 调查得到健康男子各年龄组淋巴细胞转化率（%）如下，问各组淋巴细胞转化率的均数是否有显著性差异？

数据：　11～20 岁　　58　61　52　61　63　70　70　68　74　78　80　76

　　　　21～60 岁　　54　57　58　57　60　61　63　64　66　62

　　　　61～80 岁　　42　56　57　54　60　57　53　51

这个数据是非平衡数据。

【R 程序】

```
> Example8_2  <- read.table ("example8_2.csv", header=TRUE, sep=",")
> attach(Example8_2)
> table(group)
> aggregate(x, by=list(group), FUN=mean)
> aggregate(x, by=list(group), FUN=sd)
> fit <- aov(x~group)
> summary(fit)
```

```
>   library(gplots)
>   plotmeans(x~group,xlab="age group", ylab="淋巴细胞转化率（%）", main="Mean Plot\
nwith 95% CI")
>   detach (Example8_2)
>   TukeyHSD(fit)
```

【R 输出结果】

① 　　group
11-20 21-60 61-80
　 12　　 10　　 8

②
　Group.1　　　　 x
1　11-20 68.41667
2　21-60 60.20000
3　61-80 53.75000

　Group.1　　　　 x
1　11-20 7.440165
2　21-60 3.705851
3　61-80 5.496752

③
　　　　　　 Df Sum Sq Mean Sq F value　 Pr(>F)
group　　　　 2　 1069　 534.7　 15.29 3.62e-05 ***
Residuals　 27　　 944　　 35.0

Signif. codes:　0 '***' 0.001 '**' 0.01 '*' 0.05 '.' 0.1 ' ' 1

④

**Mean Plot
with 95% CI**

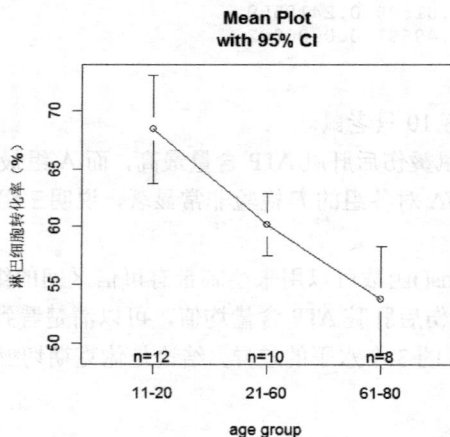

⑤
　Tukey multiple comparisons of means
　　95% family-wise confidence level
Fit: aov(formula = x ~ group)
$group
　　　　　　　　 diff　　　　 lwr　　　　 upr　　　 p adj
21-60-11-20　 -8.216667 -14.49405 -1.9392875 0.0084892
61-80-11-20 -14.666667 -21.35838 -7.9749580 0.0000276
61-80-21-60　 -6.450000 -13.40423　 0.5042276 0.0729766

【结果解释】

该实例中，效应因子变量是 group，因变量是 x。

① 各组样本大小，11～20 岁组 12 例，21～60 岁组 10 例，61～80 岁组 8 例。

② 各组均值显示 11～20 岁组健康男子淋巴细胞转化率最高，而 61～80 岁组最低，11～20
岁组的标准差也最大。

③ 检验组间差异，结果说明效应因子 group 对因变量 x 有显著性影响（$P<0.0001$）。可以得出结论：3 个年龄组淋巴细胞转化率的均数差异有统计学意义。

④ 图形显示了带有 95%可信区间的各年龄组健康男子淋巴细胞转化率均值，可以清楚看到他们之间的差异。

⑤ 比较了效应因子 group 的 3 个水平的差异，从检验结果可知，年龄越大转化率越小。3 组均值分别是 68.417、60.200 和 53.750。

例 8-3 考虑在 5 种不同品牌的人工合成胶合板材料上进行磨损时间测试,每种品牌的材料做 4 次试验,且都是采用的同一种磨损措施,所有的试验都是在完全随机的顺序下在相同的机器上完成的。

数据：　ACME　2.3 ACME　2.1 ACME　2.4 ACME　2.5
　　　　CHAMP 2.2 CHAMP 2.3 CHAMP 2.4 CHAMP 2.6
　　　　AJAX　2.2 AJAX　2.0 AJAX　1.9 AJAX　2.1
　　　　TUFFY 2.4 TUFFY 2.7 TUFFY 2.6 TUFFY 2.7
　　　　XTRA　2.3 XTRA　2.5 XTRA　2.3 XTRA　2.4

【R 程序】

```
> Example8_3  <- read.table ("example8_3.csv", header=TRUE, sep=",")
> attach(Example8_3)
> table(brand)
> aggregate(wear, by=list(brand), FUN=mean)
> aggregate(wear, by=list(brand), FUN=sd)
> fit <- aov(wear ~ brand)
> summary(fit)

> library(gplots)
> plotmeans(wear~brand,xlab="brand", ylab="磨损时间", main="Mean Plot\nwith 95% CI")
> detach (Example8_3)
> TukeyHSD(fit)
```

【R 输出结果】

①
```
ACME  AJAX CHAMP TUFFY  XTRA
   4     4     4     4     4
```
②
```
  Group.1     x
1    ACME 2.325
2    AJAX 2.050
3   CHAMP 2.375
4   TUFFY 2.600
5    XTRA 2.375


  Group.1          x
1    ACME 0.17078251
2    AJAX 0.12909944
3   CHAMP 0.17078251
4   TUFFY 0.14142136
5    XTRA 0.09574271
```
③
```
            Df Sum Sq Mean Sq F value  Pr(>F)
brand        4 0.6170 0.15425   7.404 0.00168 **
Residuals   15 0.3125 0.02083
---
Signif. codes:  0 '***' 0.001 '**' 0.01 '*' 0.05 '.' 0.1 ' ' 1
```
④

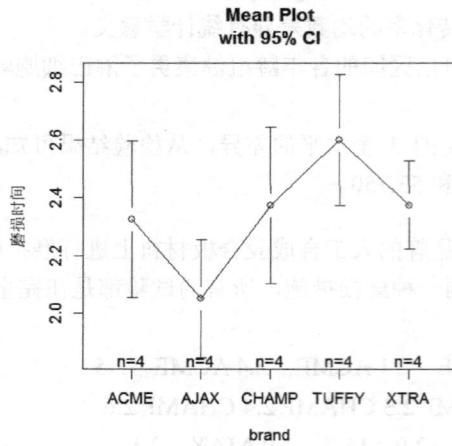

Mean Plot
with 95% CI

⑤
```
  Tukey multiple comparisons of means
    95% family-wise confidence level
Fit: aov(formula = wear ~ brand)
$brand
              diff          lwr         upr      p adj
AJAX-ACME   -0.275  -0.590159973  0.04015997  0.1021412
CHAMP-ACME   0.050  -0.265159973  0.36515997  0.9871310
TUFFY-ACME   0.275  -0.040159973  0.59015997  0.1021412
XTRA-ACME    0.050  -0.265159973  0.36515997  0.9871310
CHAMP-AJAX   0.325   0.009840027  0.64015997  0.0417456
TUFFY-AJAX   0.550   0.234840027  0.86515997  0.0006152
XTRA-AJAX    0.325   0.009840027  0.64015997  0.0417456
TUFFY-CHAMP  0.225  -0.090159973  0.54015997  0.2304525
XTRA-CHAMP   0.000  -0.315159973  0.31515997  1.0000000
XTRA-TUFFY  -0.225  -0.540159973  0.09015997  0.2304525
```

【结果解释】

该实例中，效应因子变量是 brand，因变量是 wear。

① 各组样本大小，每种品牌进行了 4 次试验。

② 各组均值显示 TUFFY 品牌磨损时间最高，而 AJAX 品牌最低。

③ 检验组间差异，结果说明效应因子 brand 对因变量 wear 有显著性影响（$P=0.002$）。可以得出结论：不同品牌的人工合成胶合板材料的磨损时间差异有统计学意义。

④ 图形显示了带有 95% 可信区间的不同品牌人工合成胶合板材料的磨损时间均值，可以清楚看到它们之间的差异。

⑤ 比较了效应因子 brand 的 5 个水平的差异，从检验结果可知，品牌 AJAX 与品牌 CHAMP、TUFFY 和 XTRA 的差异有统计学意义。

> **重点提示**：掌握完全随机设计的定义，熟悉方差分析的常用 R 函数，并注意它们之间的区别。掌握完全随机设计资料数据分析的 R 程序。

8.3　随机区组设计资料的方差分析

随机区组设计是根据"局部控制"和"随机排列"的原理进行的。例如将试验地按土壤肥力程度等不同的性质，划分为等于重复次数的区组，使区组内环境差异最小，而区组间环境允许存在差异，每个区组即为一次完整的重复，区组内的各处理都独立地随机排列。这是随机排列设计中最常用、最基本的设计。

随机区组设计的优点是：设计简单，容易掌握；富于伸缩性，单因素、复因素以及综合试验等都可应用；能提供无偏的误差估计，在大区域试验中能有效地降低非处理因素等试验条件的单向差异，降低误差；对试验地的地形要求不严，只对每个区组内的非处理因素等试验条件要求尽量一致。因此，不同区组可分散设置在不同地段上。缺点是：这种设计方法不允许处理数太多。因为处理数多，区组必然增大，局部控制的效率会降低，所以处理数一般不要超过 20 个，最好在 10 个左右。

8.3.1 随机区组方差分析介绍

随机区组设计考虑了个体差异的影响，可分析处理因素和个体差异对实验效应的影响，所以又称两因素实验设计，比完全随机设计的检验效率高。该设计是将受试对象先按配比条件配成配伍组（如动物实验时，可按同窝别、同性别、体重相近等进行配伍），每个配伍组有 3 个或 3 个以上的受试对象，再按随机化原则分别将各配伍组中的受试对象分配到各个处理组。

在进行单因素随机区组试验结果的统计分析时，可将处理看作 A 因素，区组看作 B 因素，其剩余部分则为试验误差。分析这类资料时，可应用两向分组资料的方差分析方法进行分析。设试验有 k 个处理，n 个区组（指完全区组，下同），这样，此资料共有 kn 个观测值。整理格式见表 8-4。x 表示各小区产量（或其他性状），$\bar{x}_r$ 表示区组平均数，$\bar{x}_t$ 表示处理平均数，$\bar{x}$ 表示全试验的平均数，T 表示全试验总和。其平方和与自由度分解公式如下：

$$\sum_1^k \sum_1^n (x - \bar{x}) = k\sum_1^n (\bar{x}_r - \bar{x})^2 + n\sum_1^k (\bar{x}_t - \bar{x})^2 + \sum_1^k \sum_1^n (x - \bar{x}_r - \bar{x}_t + \bar{x})^2 \tag{8-12}$$

总平方和=区组平方和+处理平方和+试验误差平方和。

$$nk - 1 = (n-1) + (k-1) + (n-1)(k-1) \tag{8-13}$$

总自由度=区组自由度+处理自由度+误差自由度。

表 8-4   单因素随机区组试验资料的整理格式和符号

处理样本	区 组						处理总和 T_t	处理平均 $\bar{x}_t$
	1	2	⋯	j	⋯	n		
1	x_{11}	x_{12}	⋯	x_{1j}	⋯	x_{1n}	T_{t1}	$\bar{x}_{t1}$
2	x_{21}	x_{22}	⋯	x_{2j}	⋯	x_{2n}	T_{t2}	$\bar{x}_{t2}$
⋮	⋮	⋮	⋯	⋮	⋯	⋮	⋮	⋮
i	x_{i1}	x_{i2}	⋯	x_{ij}	⋯	x_{in}	T_{ti}	$\bar{x}_{ti}$
⋮	⋮	⋮	⋯	⋮	⋯	⋮	⋮	⋮
k	x_{k1}	x_{k2}	⋯	x_{kj}	⋯	x_{kn}	T_{tk}	$\bar{x}_{tk}$
T_r	T_{r1}	T_{r2}	⋯	T_{rj}	⋯	T_{rn}	$T = \sum x$	$\bar{x}$

例 8-4 有一包括 A、B、C、D、E、F、G 等 7 个高蛋白大豆品种的蛋白质含量比较试验，其中 E 品种为对照，随机区组设计，3 次重复，蛋白质含量结果如图 8-1 所示，试作分析。

I	B	D	E	C	A	G	F
	43.33	44.26	43.73	43.72	45.48	41.14	43.15

II	E	A	G	B	F	D	C
	43.25	44.73	43.43	42.94	43.78	44.65	42.26

III	G	C	D	A	E	F	B
	42.21	43.25	44.1	44.25	41.22	44.0	43.1

▲图 8-1　大豆蛋白质含量情况示意图

（1）资料整理。

将图 8-1 的资料按区组与处理作两向表，见表 8-5。

表 8-5　　　　　　　　　　　　大豆蛋白质含量结果表

处　理	区　　组			T_t	$\bar{x}_t$
	I	II	III		
A	45.48	44.73	44.25	134.46	44.82
B	43.33	42.94	43.10	129.37	43.12
C	43.72	42.26	43.25	129.23	43.08
D	44.26	44.65	44.10	133.01	44.34
E	43.73	43.25	41.22	128.20	42.73
F	43.15	43.78	44.00	130.93	43.64
G	41.14	43.43	42.21	126.78	42.26
T_r	304.81	305.04	302.13	T=911.98	$\bar{x}$ =43.43

（2）平方和及自由度的分解。

根据式（8-12）和式（8-13），计算各变异来源的平方和及自由度。平方和及自由度计算如下：

矫正数 $C = \dfrac{T^2}{nk} = \dfrac{911.98^2}{3 \times 7} = 39\ 605.12$

总变异平方和 $SS_T = \sum x^2 - C = 45.48^2 + 44.73^2 + \cdots + 42.21^2 - C = 23.30$

区组间平方和 $SS_r = \dfrac{\sum T_r^2}{k} - C = \dfrac{304.81^2 + 305.04^2 + 302.13^2}{7} - C = 0.75$

品种间平方和 $SS_t = \dfrac{\sum T_r^2}{n} - C = \dfrac{134.46^2 + 129.37^2 + \cdots + 126.78^2}{3} - C = 14.62$

误差平方和 $SS_e = SS_T - SS_r - SS_t = 23.30 - 0.75 - 14.62 = 7.93$

总变异自由度 $DF_T = kn - 1 = 3 \times 7 - 1 = 20$

区组间自由度 $DF_r = k - 1 = 3 - 1 = 2$

品种间（处理间）自由度 $DF_t = n - 1 = 7 - 1 = 6$

误差（处理内）自由度 $DF_e = (k-1)(n-1) = (3-1)(7-1) = 12$

将以上结果填入表 8-6。

（3）F 测验。

表 8-6 为方差分析表，从中算得各类变异来源的 MS 值，并进行 F 测验。

表 8-6 方差分析

变异来源	SS	DF	MS	F	$F_{0.05}$	$F_{0.01}$
区组间	0.75	2	0.38	0.57	3.89	6.93
处理间	14.62	5	2.44	3.68[*]	3.00	4.82
误差	7.93	12	0.66	—	—	—
总计	23.30	20	—	—	—	—

对区组间 MS 作 F 测验，结果表明 3 个区组间的土壤肥力没有显著差异。区组间差异与否并不是试验的目的，因此一般不作 F 测验。对肥料间 s^2 作 F 测验，结果表明 7 个总体平均数间有显著的差异，需进一步作多重比较，以明了哪些处理间有显著差异，哪些处理间没有显著差异。

随机区组设计的两因素方差分析，是把总变异中的离均差平方和 SS 与自由度 ν 分别分解成处理间、区组间和误差等 3 部分。随机区组设计的结果可整理成表格形式见表 8-7，对总的离均差及其自由度按照此表进行分解。

表 8-7 随机区组设计资料的方差分析表

变异来源	离均差平方和 SS	自由度	均方差 MS	F
总变异	$\sum x^2 - C^*$	$N-1$	$\dfrac{SS_{处理}}{\nu_{处理}}$	$\dfrac{MS_{处理}}{MS_{误差}}$
处理间	$\sum\limits_{i=1}^{k}\dfrac{\left(\sum\limits_{j=1}^{b}x_{ij}\right)^2}{b^{\#}}-C$	$k-1$	$\dfrac{SS_{区组}}{\nu_{区组}}$	$\dfrac{MS_{处理}}{MS_{误差}}$
区组间	$\sum\limits_{j=1}^{b}\dfrac{\left(\sum\limits_{i=1}^{k}x_{ij}\right)^2}{k}-C$	$b-1$	$\dfrac{SS_{误差}}{\nu_{误差}}$	—
误差	$SS_{总}-SS_{处理}-SS_{区组}$	$(k-1)(b-1)$		

$C=(\sum x)^2/N$，b 为区组数。

8.3.2 随机区组方差分析的 R 程序实例

例 8-5 利用 R 编程对例 8-3 的数据进行统计分析。包括 A、B、C、D、E、F、G 等 7 个高蛋白大豆品种的蛋白质含量比较试验，其中 E 品种为对照，随机区组设计，3 次重复，试作分析。

【R 程序】

```
> Example8_5 <- read.table ("example8_5.csv", header=TRUE, sep=",")
> attach(Example8_5)
> block <-factor (block, order=FALSE)
> group <-factor (group, order=FALSE)
> table(block, group)
> aggregate(x, by=list(group), FUN=mean)
> aggregate(x, by=list(group), FUN=sd)
> aggregate(x, by=list(block), FUN=mean)
> aggregate(x, by=list(block), FUN=sd)
> fit <- aov(x ~ block + group)
```

```
> summary(fit)
> detach(Example8_5)
```

【R 输出结果】

①
```
         group
block 1 2 3 4 5 6 7
    1 1 1 1 1 1 1 1
    2 1 1 1 1 1 1 1
    3 1 1 1 1 1 1 1
```

②
```
Group.1       x
1        1 44.82000
2        2 43.12333
3        3 43.07667
4        4 44.33667
5        5 42.73333
6        6 43.64333
7        7 42.26000


Group.1         x
1        1 0.6199193
2        2 0.1960442
3        3 0.7452740
4        4 0.2829016
5        5 1.3323788
6        6 0.4411727
7        7 1.1458185


Group.1         x
1        1 43.54429
2        2 43.57714
3        3 43.16143


 Group.1         x
1        1 1.3106342
2        2 0.8935643
3        3 1.1146812
```

③
```
           Df Sum Sq Mean Sq F value Pr(>F)
block       2  0.748  0.3739   0.565  0.583
group       6 14.618  2.4364   3.685  0.026 *
Residuals  12  7.934  0.6612
---
Signif. codes:  0 '***' 0.001 '**' 0.01 '*' 0.05 '.' 0.1 ' ' 1
```

【结果解释】

① 说明各组样本大小，处理组数为 7，区组数为 3。

② 显示各区组和处理组的均值和标准差。

③ 说明效应因子 group 对因变量 x 有显著性影响（$P=0.026$），而区组因素 block 对因变量 x 没有显著性影响。所以可以认为 A、B、C、D、E、F、G 等 7 种高蛋白大豆品种的蛋白质含量差异有统计学意义。而区组因素没有显著性差异，说明 3 次重复测量没有显著性差异，结果是可信的。可以看出，本程序的统计分析结果与例 8-3 的计算结果完全一致。

例 8-6 为研究注射不同剂量雌激素对大白鼠子宫重量的影响，取 4 窝不同种系的大白鼠（$b=4$），每窝 3 只，随机地分配到 3 个组内（$k=3$）接受不同剂量雌激素的注射，然后测定其子宫重量，结果见表 8-8。问注射不同剂量的雌激素对大白鼠子宫重量是否有影响？

表 8-8	大白鼠注射不同剂量雌激素后的子宫重量		（单位：g）
大白鼠种类	雌激素剂量（μg/100g）		
	0.2	**0.4**	**0.8**
A	106	116	145
B	42	68	115
C	70	111	133
D	42	63	87

【R 程序】

```
> Example8_6  <- read.table ("example8_6.csv", header=TRUE, sep=",")
> attach(Example8_6)
> block  <-factor(block, order=FALSE)
> dose  <-factor(dose, order=FALSE)
> table(block, dose)
> aggregate(weight, by=list(block), FUN=mean)
> aggregate(weight, by=list(block), FUN=sd)
> aggregate(weight, by=list(dose), FUN=mean)
> aggregate(weight, by=list(dose), FUN=sd)
> fit <- aov(weight ~ block + dose)
> summary(fit)
> TukeyHSD(fit, "dose")
> TukeyHSD(fit, "block")
> detach(Example8_6)
```

【R 输出结果】

```
①
      dose
block 1 2 3
    1 1 1 1
    2 1 1 1
    3 1 1 1
    4 1 1 1
②
  Group.1        x
1       1 122.3333
2       2  75.0000
3       3 104.6667
4       4  64.0000


Group.1        x
1       1 20.25669
2       2 37.00000
3       3 31.97395
4       4 22.51666


Group.1        x
1       1  65.0
2       2  89.5
3       3 120.0


Group.1        x
1       1 30.35347
2       2 27.86276
3       3 25.21904
③
          Df Sum Sq Mean Sq F value  Pr(>F)
block      3   6458  2152.6   23.77 0.000992 ***
dose       2   6074  3037.0   33.54 0.000554 ***
Residuals  6    543    90.6
---
Signif. codes:  0 '***' 0.001 '**' 0.01 '*' 0.05 '.' 0.1 ' ' 1
④
```

```
      Tukey multiple comparisons of means
        95% family-wise confidence level

Fit: aov(formula = weight ~ block + dose)

$dose
     diff       lwr       upr      p adj
2-1  24.5   3.853961  45.14604  0.0251803
3-1  55.0  34.353961  75.64604  0.0004428
3-2  30.5   9.853961  51.14604  0.0094278
⑤
      Tukey multiple comparisons of means
        95% family-wise confidence level

Fit: aov(formula = weight ~ block + dose)

$block
           diff        lwr        upr       p adj
2-1  -47.33333  -74.230267  -20.436399  0.0036152
3-1  -17.66667  -44.563601    9.230267  0.2062995
4-1  -58.33333  -85.230267  -31.436399  0.0011919
3-2   29.66667    2.769733   56.563601  0.0333717
4-2  -11.00000  -37.896934   15.896934  0.5343125
4-3  -40.66667  -67.563601  -13.769733  0.0077913
```

【结果解释】

在该实例中，处理因素是 dose，区组因素是 block，因变量是 weight。

① 说明各组样本大小，处理组数为 3，区组数为 4。

② 显示各区组和处理组的均值和标准差。

③ 说明处理因素 dose（$P=0.0006$）和区组因素 block（$P=0.0010$）对因变量 x 都有显著性影响。可以得出结论：注射不同剂量雌激素的大白鼠子宫重量有显著性差异，而且不同种系的大白鼠子宫重量也有显著性差异。

④ 比较了处理因素 dose 的 3 个水平的差异，从检验结果可知，每两组之间的均值都有显著性差异。注射雌激素的剂量越大，大白鼠子宫重量越重。

⑤ 比较了区组因素 block 的 4 个水平的差异，从检验结果可知，A、C 种系的大白鼠与 B、D 种系的大白鼠之间有显著性差异。A、C 种系的大白鼠子宫重量显著高于 B、D 种系的大白鼠。

例 8-7 某食品公司对一种食品设计了 4 种包装。为了考察哪种包装最受欢迎，选了 10 个有近似相同销售量的商店做试验，其中两种包装各指定两个商店，另两种包装各指定 3 个商店销售。在试验期中各商店的货架排放位置、空间都尽量一致，营业员的促销方法也基本相同。观察在一定时期的销售量，数据见表 8-9。试比较 4 种包装的销售量是否一致。

表 8-9　　　　　　　　　　　4 种包装在 10 个商店中的销售量

包 装 类 型	商　　店			商　店　数
	1	2	3	
A1	12	18	—	2
A2	14	12	13	3
A3	19	17	21	3
A4	24	30	—	2

【R 程序】

```
> Example8_7 <- read.table ("example8_7.csv", header=TRUE, sep=",")
> attach(Example8_7)
> block <-factor(block, order=FALSE)
```

```
> treat <-factor(treat, order=FALSE)
> table(block, treat)
> aggregate(sale, by=list(block), FUN=mean)
> aggregate(sale, by=list(block), FUN=sd)
> aggregate(sale, by=list(treat), FUN=mean)
> aggregate(sale, by=list(treat), FUN=sd)
> fit <- aov(sale ~ block + treat)
> summary(fit)
> TukeyHSD(fit, "block")
> TukeyHSD(fit, "treat")
> detach(Example8_7)
```

【R 输出结果】

①
```
       treat
block A1 A2 A3 A4
    1  1  1  1  1
    2  1  1  1  1
    3  0  1  1  0
```
②
```
  Group.1      x
1       1  17.25
2       2  19.25
3       3  17.00
Group.1          x
1       1  5.377422
2       2  7.632169
3       3  5.656854

  Group.1  x
1      A1 15
2      A2 13
3      A3 19
4      A4 27

  Group.1          x
1      A1  4.242641
2      A2  1.000000
3      A3  2.000000
4      A4  4.242641
```
③
```
          Df Sum Sq Mean Sq F value Pr(>F)
block      2   10.5    5.25   0.600 0.5917
treat      3  258.5   86.17   9.848 0.0256 *
Residuals  4   35.0    8.75
---
Signif. codes:  0 '***' 0.001 '**' 0.01 '*' 0.05 '.' 0.1 ' ' 1
```
④
```
Tukey multiple comparisons of means
    95% family-wise confidence level

Fit: aov(formula = sale ~ block + treat)

$block
      diff       lwr      upr       p adj
2-1  2.00  -5.454617 9.454617 0.6385046
3-1 -0.25  -9.380004 8.880004 0.9947700
3-2 -2.25 -11.380004 6.880004 0.6804993
```
⑤
```
Tukey multiple comparisons of means
    95% family-wise confidence level

Fit: aov(formula = sale ~ block + treat)

$treat
            diff         lwr        upr       p adj
A2-A1  -1.583333 -12.57589832  9.409232 0.9312048
A3-A1   4.416667  -6.57589832 15.409232 0.4541190
A4-A1  12.000000  -0.04175162 24.041752 0.0505601
```

```
A3-A2   6.000000   -3.83204902 15.832049 0.2017965
A4-A2  13.583333    2.59076834 24.575898 0.0246898
A4-A3   7.583333   -3.40923166 18.575898 0.1485159
```

【结果解释】

在该实例中，处理因素是 treat，区组因素是 block，因变量是 sale。

① 说明各组样本大小，处理组数为 4，区组数为 3。

② 显示各区组和处理组的均值和标准差。

③ 说明处理因素 treat（$P=0.0256$）对因变量 sale 有显著性影响，但是区组因素 block（$P=0.5917$）不具有统计学意义。可以得出结论：食品在不同商店进行销售时，销售量的均值没有显著差异；4 种不同包装食品的销售量的均值差异具有统计学意义，但没有指出具体哪几种包装之间有显著差异。

④ 比较了区组因素 block 的 3 个水平的差异，从检验结果可知，3 个商店的销售量均值没有显著差异。

⑤ 比较了处理因素 treat 的 4 个水平的差异，从检验结果可知，4 种不同包装食品的销售量的均值有显著差异，并指出了 A4 包装的销售量均值最高，其他 3 种包装具有相同的效果。

> **重点提示：**掌握随机区组设计的定义以及完全随机设计资料数据分析的 R 程序，并运用 R 程序进行数据分析，学会对 R 输出结果进行解释，以得出专业结论。

8.4　拉丁方设计资料的方差分析

完全随机设计只涉及一个处理因素，随机区组设计涉及一个处理因素、一个区组因素（或称为配伍因素）。倘若实验研究涉及一个处理因素和两个控制因素，每个因素的类别数或水平数相等，此时可采用拉丁方设计来安排实验，将两个控制因素分别安排在拉丁方设计的行和列上。

8.4.1　拉丁方方法介绍

将 k 个不同符号排成 k 列，使得每一个符号在每一行、每一列都只出现一次的方阵，叫做 $k×k$ 拉丁方。拉丁方设计（latin square design），就是将处理从纵横两个方向排列为区组（或重复），使每个处理在每一列和每一行中出现的次数相等（通常为一次），即在行和列两个方向都进行局部控制。所以它是比随机区组多一个方向局部控制的随机排列的设计，因而具有较高的精确性。

拉丁方设计的特点是处理数、重复数、行数、列数都相等。图 8-2 为 5×5 拉丁方，它的每一行和每一列都是一个区组或一次重复，而每一个处理在每一行或每一列都只出现一次，因此，它的处理数、重复数、行数、列数等都等于 5。

拉丁方试验设计的步骤如下。

（1）选择标准方：标准方是指代表处理的字母，在第 1 行和第 1 列均为顺序排列的拉丁方，如图 8-3 所示。

在进行拉丁方设计时，首先要根据试验处理数 k 从标准方表中选定一个 $k×k$ 的标准方。例如处理数为 5，那么需要选定一个 5×5 的标准方。随后要对选定的标准方的行、列和处理进行随机化排列。本例的处理数为 5，因此根据随机数字表任选一页中的一行，除去 0、6 以上的数字和重复数字，满 5 个为一组，得到这样的 3 组 5 位数。假设得到的 3 个随机数字为 14325、53124、41235。

C	D	A	E	B
E	C	D	E	A
B	A	E	C	D
A	B	C	D	E
D	E	B	A	C

▲图 8-2 5×5 拉丁方

A	B	C	D	E
B	A	E	C	D
C	D	A	E	B
D	E	B	A	C
E	C	D	B	A

▲图 8-3 5×5 标准方

（2）列随机：用第 1 组 5 个数字 14325 调整列顺序，即把第 4 列调至第 2 列，第 2 列调至第 4 列，其余列不动。

（3）行随机：用第 2 组 5 个数字 53124 调整行顺序，即把第 5 行调至第 1 行，第 3 行调至第 2 行，第 1 行调至第 3 行，第 2 行调至第 4 行，第 4 行调至第 5 行。如图 8-4 所示。

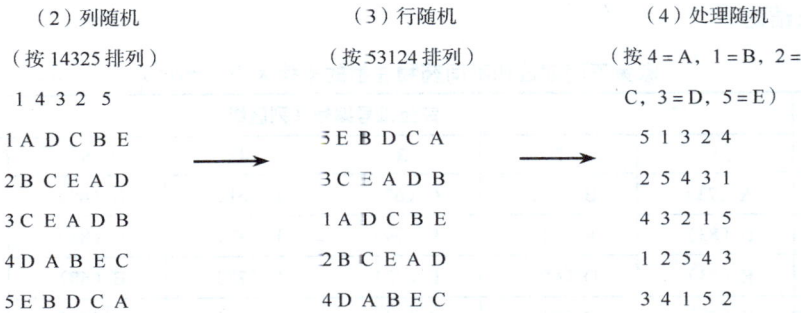

（2）列随机　　　　　　　　（3）行随机　　　　　　　　（4）处理随机

（按 14325 排列）　　　　　（按 53124 排列）　　　　　（按 4＝A，1＝B，2＝

1 4 3 2 5　　　　　　　　　　　　　　　　　　　　　　C，3＝D，5＝E）

1 A D C B E 　　→　　 5 E B D C A 　　→　　 5 1 3 2 4

2 B C E A D 　　　　　 3 C E A D B 　　　　　 2 5 4 3 1

3 C E A D B 　　　　　 1 A D C B E 　　　　　 4 3 2 1 5

4 D A B E C 　　　　　 2 B C E A D 　　　　　 1 2 5 4 3

5 E B D C A 　　　　　 4 D A B E C 　　　　　 3 4 1 5 2

▲图 8-4 拉丁方试验设计步骤图

（4）处理随机：将处理的编号按第 3 组 5 个数字 41235 的顺序进行随机排列。即 4 号＝A，1 号＝B，2 号＝C，3 号＝D，5 号＝E。因此经过随机重排的拉丁方中 A 处理用 4 号，B 处理用 1 号，C 处理用 2 号，D 处理用 3 号，E 处理用 5 号。

拉丁方设计的特点是纵横两个方向都设了区组，从而可在两个方向上对土壤等差异（指田间试验时）进行局部控制。在资料中，处理数 k＝横行区组数 r＝纵列区组数 c＝重复次数 n。这样，试验有 k 个处理，便有 $k \times k$ 个观测值。进行方差分析时，从总变异方差中除了分解出处理间方差和误差项方差外，还可以分解出纵横两个区组的方差，这样可使误差项方差进一步减小，所以拉丁方试验的精确度比随机区组试验更高。

拉丁方设计的优点是：精确度高。缺点是：由于重复数与处理数必须相等，使得两者之间相互制约，缺乏伸缩性，因此采用此类设计时试验的处理数不能太多，一般以 4～10 个为宜。

拉丁方试验设计方差分析所用公式见表 8-10。

表 8-10　　　　　　　　　　　　拉丁方试验方差分析所用公式

变因	SS	DF	s^2	F
纵列 区组间	$SS_c = \dfrac{\sum T_c^2}{k} - C$	$DF_c = k-1$	$s_c^2 = \dfrac{SS_c}{DF_c}$	$F_c = \dfrac{s_c^2}{s_e^2}$
横行 处理间	$SS_r = \dfrac{\sum T_r^2}{k} - C$	$DF_r = k-1$	$s_r^2 = \dfrac{SS_r}{DF_r}$	$F_r = \dfrac{s_r^2}{s_e^2}$
处理间	$SS_t = \dfrac{\sum T_t^2}{k} - C$	$DF_t = k-1$	$s_t^2 = \dfrac{SS_t}{DF_t}$	$F_t = \dfrac{s_t^2}{s_e^2}$

续表

变　因	SS	DF	s^2	F
误　差	$SS_e = SS_T - SS_c - SS_r - SS_t$	$DF_e = (k-1)(k-2)$ $= DF_T - DF_c - DF_r - DF_t$	$s_e^2 = \dfrac{SS_e}{DF_e}$	—
总变异	$SS_T = \displaystyle\sum x^2 - C$ $C = \dfrac{T^2}{k^2}$	$DF_T = k^2 - 1$	—	—

8.4.2　拉丁方分析的 R 程序实例

例 8-8　比较甲、乙、丙、丁、戊、己等 6 种药物给家兔注射后产生的皮肤皮疹大小（mm²）。研究者选用 6 只家兔，并在每只家兔的 6 个不同部位进行注射，实验结果见表 8-11。试用拉丁方分析法得出结论。

表 8-11　　　　　　　家兔不同部位和不同药物注射的皮疹大小（mm²）

注射部位 （行区组）	家兔编号编号（列区组）					
	1	**2**	**3**	**4**	**5**	**6**
1	A（73）	B（75）	C（67）	E（61）	D（69）	F（79）
2	B（83）	A（81）	E（99）	F（82）	C（85）	D（87）
3	E（73）	D（60）	F（73）	C（77）	B（68）	A（74）
4	F（58）	C（64）	B（64）	D（71）	A（77）	E（74）
5	C（64）	F（62）	D（64）	A（81）	E（85）	B（71）
6	D（77）	E（75）	A（73）	B（59）	F（85）	C（82）

【R 程序】

```
> Example8_8  <- read.table ("example8_8.csv", header=TRUE, sep=",")
> attach(Example8_8)
> site <-factor(c, order=FALSE)
> rabbnum <-factor(r, order=FALSE)
> table(site, rabbnum, z)
> aggregate(x, by=list(site), FUN=mean)
> aggregate(x, by=list(site), FUN=sd)
> aggregate(x, by=list(rabbnum), FUN=mean)
> aggregate(x, by=list(rabbnum), FUN=sd)
> aggregate(x, by=list(z), FUN=mean)
> aggregate(x, by=list(z), FUN=sd)
> fit <- aov(x ~ site + rabbnum + z)
> summary(fit)
> TukeyHSD(fit, "site")
> TukeyHSD(fit, "rabbnum")
> TukeyHSD(fit, "z")
> detach(Example8_8)
```

【R 输出结果】

```
①
Group.1       x
1       1 70.66667
2       2 86.16667
3       3 70.83333
4       4 68.00000
5       5 71.16667
6       6 75.16667
```

```
Group.1        x
1        1 6.377042
2        2 6.645801
3        3 6.047038
4        4 7.183314
5        5 9.745084
6        6 9.086620

Group.1        x
1        1 71.33333
2        2 69.50000
3        3 73.33333
4        4 71.83333
5        5 78.16667
6        6 77.83333

  Group.1          x
1        1  9.003703
2        2  8.596511
3        3 13.216152
4        4  9.968283
5        5  8.109665
6        6  5.980524


Group.1       x
1        A 76.50000
2        B 70.00000
3        C 73.16667
4        D 71.33333
5        E 77.83333
6        F 73.16667

Group.1       x
1        A  3.781534
2        B  8.438009
3        C  9.368387
4        D  9.647107
5        E 12.875040
6        F 11.016654
```
②
```
          Df Sum Sq Mean Sq F value  Pr(>F)
rabbnum    5  383.3   76.67   1.393 0.26909
site       5 1283.3  256.67   4.654 0.00553 **
z          5  268.7   53.73   0.976 0.45605
Residuals 20 1100.7   55.03
---
Signif. codes:  0 '***' 0.001 '**' 0.01 '*' 0.05 '.' 0.1 ' ' 1
```
③
```
   Tukey multiple comparisons of means
     95% family-wise confidence level

Fit: aov(formula = x ~ site + rabbnum + z)

$site
             diff         lwr        upr      p adj
2-1   15.5000000    2.037300  28.962700 0.0183238
3-1    0.1666667  -13.296033  13.629367 1.0000000
4-1   -2.6666667  -16.129367  10.796033 0.9879743
5-1    0.5000000  -12.962700  13.962700 0.9999964
6-1    4.5000000   -8.962700  17.962700 0.8947592
3-2  -15.3333333  -28.796033  -1.870633 0.0199314
4-2  -18.1666667  -31.629367  -4.703967 0.0046373
5-2  -15.0000000  -28.462700  -1.537300 0.0235609
6-2  -11.0000000  -24.462700   2.462700 0.1515607
4-3   -2.8333333  -16.296033  10.629367 0.9842396
5-3    0.3333333  -13.129367  13.796033 0.9999995
6-3    4.3333333   -9.129367  17.796033 0.9085797
5-4    3.1666667  -10.296033  16.629367 0.9743856
6-4    7.1666667   -6.296033  20.629367 0.5633521
```

```
6-5   4.0000000  -9.462700 17.462700 0.9328381
```

④
```
Tukey multiple comparisons of means
    95% family-wise confidence level

Fit: aov(formula = x ~ site + rabbnum + z)

$rabbnum
          diff         lwr       upr     p adj
2-1 -1.8333333 -15.296033 11.62937 0.9978836
3-1  2.0000000 -11.462700 15.46270 0.9968060
4-1  0.5000000 -12.962700 13.96270 0.9999964
5-1  6.8333333  -6.629367 20.29603 0.6105994
6-1  6.5000000  -6.962700 19.96270 0.6576194
3-2  3.8333333  -9.629367 17.29603 0.9432791
4-2  2.3333333 -11.129367 15.79603 0.9934505
5-2  8.6666667  -4.796033 22.12937 0.3643265
6-2  8.3333333  -5.129367 21.79603 0.4053341
4-3 -1.5000000 -14.962700 11.96270 0.9991915
5-3  4.8333333  -8.629367 18.29603 0.8638205
6-3  4.5000000  -8.962700 17.96270 0.8947592
5-4  6.3333333  -7.129367 19.79603 0.6808170
6-4  6.0000000  -7.462700 19.46270 0.7261185
6-5 -0.3333333 -13.796033 13.12937 0.9999995
```

⑤
```
Tukey multiple comparisons of means
    95% family-wise confidence level

Fit: aov(formula = x ~ site + rabbnum + z)

$z
          diff         lwr       upr     p adj
B-A -6.500000 -19.962700  6.962700 0.6576194
C-A -3.333333 -16.796033 10.129367 0.9681226
D-A -5.166667 -18.629367  8.296033 0.8287343
E-A  1.333333 -12.129367 14.796033 0.9995434
F-A -3.333333 -16.796033 10.129367 0.9681226
C-B  3.166667 -10.296033 16.629367 0.9743856
D-B  1.333333 -12.129367 14.796033 0.9995434
E-B  7.833333  -5.629367 21.296033 0.4708269
F-B  3.166667 -10.296033 16.629367 0.9743856
D-C -1.833333 -15.296033 11.629367 0.9978836
E-C  4.666667  -8.796033 18.129367 0.8798298
F-C  0.000000 -13.462700 13.462700 1.0000000
E-D  6.500000  -6.962700 19.962700 0.6576194
F-D  1.833333 -11.629367 15.296033 0.9978836
F-E -4.666667 -18.129367  8.796033 0.8798298
```

【结果解释】

在该实例中，行区组因素是 c，列区组因素是 r，处理因素是 z，因变量是 x。

① 显示各区组（行区组和列区组）和处理组的均值和标准差。

② 说明列区组因素 r（$P=0.26909$）和处理因素 z（$P=0.45605$）对因变量 x 都没有显著性影响，而行区组因素 c 对因变量 x 有显著性影响。

③ 比较了行区组因素 c 的 6 个水平的差异，从检验结果可知，注射部位 2 的家兔皮肤皮疹大小与其他注射部位有显著性差异。

④ 比较了列区组因素 r 的 6 个水平的差异，从检验结果可知，每两组之间的均值都没有显著性差异。

⑤ 比较了处理因素 z 的 6 个水平的差异，从检验结果可知，每两组之间的均值都没有显著性差异。

可以得出专业结论：注射家兔不同部位的皮肤皮疹大小有显著性差异，而不同的家兔或者注射不同的药物，皮肤皮疹大小差异没有统计学意义。注射部位 2 的家兔皮肤皮疹大小显著高于其他注射部位的皮疹大小。

> **重点提示**：掌握拉丁方设计的定义以及拉丁方设计资料数据分析的 R 程序，运用 R 程序进行数据分析，并学会对 R 输出结果进行解释，以得出专业结论。

8.5 析因设计资料的方差分析

前 4 节介绍的单因素方差分析只涉及一个处理因素，该因素至少有两个水平，只是根据实验对象的属性和控制实验误差的需要，采用的实验设计方法有所不同。如比较注射 4 种不同剂量的雌激素对白鼠子宫体重增加量的影响，处理因素是注射不同剂量的雌激素，有 4 个水平。完全随机设计是将 n 只白鼠随机分 4 组，随机区组设计是将 n 只白鼠按出生体重相近的原则，4 只一组配成区组后，每个区组内随机分配处理（注射 4 种不同剂量的雌激素）。拉丁方设计则是在随机区组设计的基础上增加了一个列区组，如白鼠有甲、乙、丙、丁等 4 个种系（行区组），每个种系的 4 只白鼠按体重大小分 I、II、III、IV 等 4 个级别（列区组），A、B、C、D 等 4 个拉丁字母代表处理（不同剂量的雌激素）。可以看出，完全随机设计、随机区组设计和拉丁方设计的处理因素没有变化，都是比较注射 4 种不同剂量的雌激素的差别，只是改变了设计的方法。在同样的实验条件下，通过改进实验设计方法可以大大提高实验的效率。如上述实验，白鼠按体重配成区组后再施加处理（随机区组设计），试验的误差均方通常小于完全随机分组设计。

在此之前介绍的各种试验设计方法，严格地说，它们仅适用于只有 1 个试验（或处理）因素的试验问题之中，其他因素都属于区组因数，即与试验因素无交互作用。如果试验所涉及的处理因素的个数为 2，当各因素在试验中所处的地位基本平等，而且因素之间存在 1 级（即 2 因素之间）、2 级（即 3 因素之间）乃至更复杂的交互作用时，则需选用析因设计。

8.5.1 析因设计方法介绍

在评价药物疗效时，除需知道 A 药和 B 药各剂量的疗效外（主效应），还需知道两种药同时使用的协同疗效，见表 8-12。析因设计及相应的方差分析用于分析药物的单独效应、主效应和交互效应。

表 8-12　　　　　　　　　　　　析因设计因素分析

B 因素	A 因素	
	缺乏(a1)	正常(a2)
缺乏(b1)	a1b1	a2b1
正常(b2)	a1b2	a2b2

（1）单独效应：在每个 B 水平，A 的效应；或在每个 A 水平，B 的效应。

（2）主效应：某因素各水平的平均差别。

（3）交互效应：某因素各水平的单独效应随另一因素水平变化而变化，则称两因素间存在交互效应。

例如 $(\mu_{ab} - \mu_0) \neq (\mu_a - \mu_0) + (\mu_b - \mu_0)$，存在交互效应。

如果 $(\mu_{ab} - \mu_0) > (\mu_a - \mu_c) + (\mu_b - \mu_0)$，则存在协同作用。

如果 $(\mu_{ab} - \mu_0) < (\mu_a - \mu_c) + (\mu_b - \mu_0)$，则存在拮抗作用。

协同作用和拮抗作用示意如图 8-5 所示。

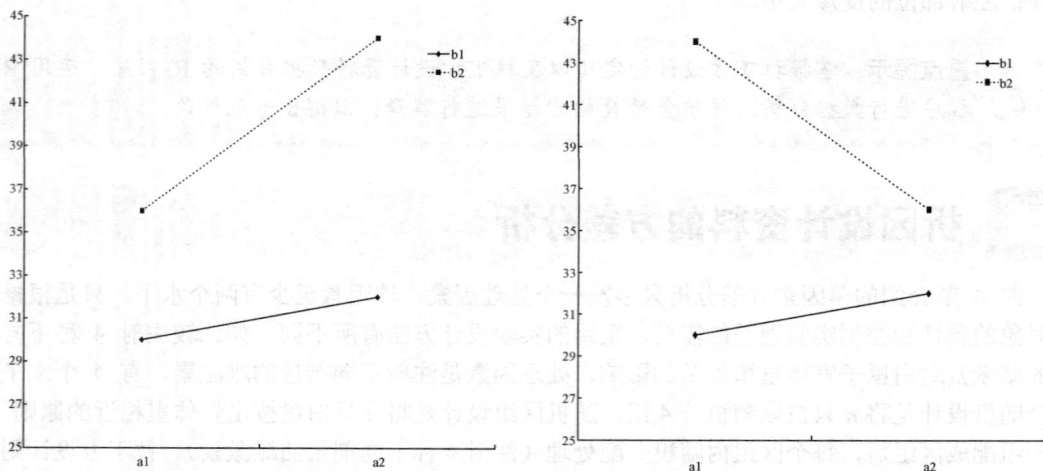

▲图 8-5　两因素交互作用（协同作用和拮抗作用）示意图

在这种情形下，因为两因子 A 与 B 存在交互效应，所以会有：

$$\mu_{ij} \neq \mu + \alpha_i + \beta_j$$

记 $\gamma_{ij} = \mu_{ij} - \mu - \alpha_i - \beta_j$，称它为因子 A 的第 i 个水平和因子 B 的第 j 个水平的交互效应，其满足关系式：

$$\sum_{i=1}^{r} \gamma_{ij} = 0 \qquad j = 1, \cdots, s$$

$$\sum_{j=1}^{s} \gamma_{ij} = 0 \qquad i = 1, \cdots, r$$

为了研究交互效应，需对两因子各个水平的组合进行若干次重复的观察，其结果如表 8-13 所示。这里视 $(y_{ij1}, \cdots, y_{ijt})$，$i = 1, \cdots, r$，$j = 1, \cdots, s$，为取自 $N(\mu_{ij}, \sigma^2)$ 母体的简单随机子样，又由各母体间相互独立的假设，故所有的 y_{ijk} 相互独立。

表 8-13　　　　　　　　　　　　　　两因子析因设计方差分析

因子 A ＼ 因子 B	B_1	B_2	……	B_S
A_1	$y_{111}, \cdots, y_{11t}$	$y_{121}, \cdots, y_{12t}$	…	$y_{1s1}, \cdots, y_{1st}$
A_2	$y_{211}, \cdots, y_{21t}$	$y_{221}, \cdots, y_{22t}$	…	$y_{2s1}, \cdots, y_{2st}$
$\vdots$	$\vdots$	$\vdots$	…	…
A_r	$y_{r11}, \cdots y_{r1t}$	$y_{r21}, \cdots y_{r2t}$	…	$y_{rs1}, \cdots, y_{rst}$

综上所述，可得有交互作用的二因子方差分析模型为：

$$\begin{cases} y_{ijk} = \mu + \alpha_i + \beta_i + \gamma_{ij} + \varepsilon_{ijk} \\ \sum_{i=1}^{r} \alpha_i = 0, \sum_{j=1}^{s} \beta_j = 0, \sum_{i=1}^{r} \gamma_{ij} = 0, \sum_{j=1}^{s} \gamma_{ij} = 0 \quad, \quad i = 1, \cdots, r \quad j = 1, \cdots, s \quad k = 1, \cdots, t \\ \varepsilon_{ijk} \sim N(0, \sigma^2) 且相互独立 \end{cases} \tag{8-14}$$

对此模型，除需检验因子 A、B 对试验结果有无显著影响，即检验

$$H_{01}: \alpha_1 = \cdots = \alpha_r = 0$$

$$H_{02}: \beta_1 = \cdots = \beta_s = 0$$

还需检验 A、B 的交互作用是否对试验结果有显著影响，即：

$$H_{03}: v_{ij} = 0 \quad \text{对一切 } i = 1, \cdots, r, \quad j = 1, \cdots, s$$

为此，需找出以上这些显著性检验的检验统计量。与前面的讨论类似，我们需分解平方和：

$$y_{ij.} = \sum_{k=1}^{t} y_{ijk}, \quad \overline{y}_{ij.} = \frac{1}{t} y_{ij.} \qquad i = 1, \cdots, r; \quad j = 1, \cdots, s$$

$$y_{i..} = \sum_{j=1}^{s} \sum_{k=1}^{t} y_{ijk}, \quad \overline{y}_{i..} = \frac{1}{t} y_{i..} \qquad i = 1, \cdots, r$$

$$\overline{y} = \frac{1}{n} \sum_{i=1}^{r} \sum_{j=1}^{s} \sum_{k=1}^{t} y_{ijk} = \frac{1}{r} \sum_{i=1}^{r} \overline{y}_{i..} = \frac{1}{s} \sum_{j=1}^{s} \overline{y}_{.j.}$$

由式（8-14）可知：

$$\begin{aligned}
\overline{y} &= \mu + \overline{\varepsilon} \\
\overline{y}_{ij.} &= \mu + \alpha_i + \beta_j + \gamma_{ij} + \overline{\varepsilon}_{ij.} \\
\overline{y}_{i..} &= \mu + \alpha_i + \overline{\varepsilon}_{i..} \\
\overline{y}_{.j.} &= \mu + \beta_j + \overline{\varepsilon}_{.j.}
\end{aligned} \tag{8-15}$$

将总偏差平方和作如下分解：

$$\begin{aligned}
S_T &= \sum_{i=1}^{r} \sum_{j=1}^{s} \sum_{k=1}^{t} (y_{ijk} - \overline{y})^2 \\
&= \sum_{i=1}^{r} \sum_{j=1}^{s} \sum_{k=1}^{t} [(y_{ijk} - \overline{y}_{ij.}) + (\overline{y}_{i..} - \overline{y}) + (\overline{y}_{.j.} - \overline{y}) + (\overline{y}_{ij.} - \overline{y}_{i..} - \overline{y}_{.j.} + \overline{y})]^2 \\
&= \sum_{i=1}^{r} \sum_{j=1}^{s} \sum_{k=1}^{t} (y_{ijk} - \overline{y}_{ij.})^2 + st \sum_{i=1}^{r} (\overline{y}_{i..} - \overline{y})^2 + rt \sum_{j=1}^{s} (\overline{y}_{.j.} - \overline{y})^2 \\
&\quad + t \sum_{i=1}^{r} \sum_{j=1}^{s} (\overline{y}_{ij.} - \overline{y}_{i..} - \overline{y}_{.j.} + \overline{y})^2 \overset{\Delta}{=} S_e + S_A + S_B + S_{A \times B}
\end{aligned}$$

其中，

$$S_e = \sum_{i=1}^{r} \sum_{j=1}^{s} \sum_{k=1}^{t} (y_{ijk} - \overline{y}_{ij.})^2 \overset{(8.21)}{=} \sum_{i=1}^{r} \sum_{j=1}^{s} \sum_{k=1}^{t} (\varepsilon_{ijk} - \overline{\varepsilon}_{ij.})^2$$

称为误差偏差平方和（反映了随机误差对试验结果的影响）。

$$S_A = st \sum_{i=1}^{r} (\overline{y}_{i..} - \overline{y})^2 = st \sum_{i=1}^{r} (\alpha_i + \overline{\varepsilon}_{i..} - \overline{\varepsilon})^2$$

为因子 A 引起的偏差平方和（除含有误差波动外，反映了因子 A 对试验结果的影响）。

$$S_B = rt \sum_{j=1}^{s} (\overline{y}_{.j.} - \overline{y})^2 = rt \sum_{j=1}^{s} (\beta_j + \overline{\varepsilon}_{.j.} - \overline{\varepsilon})^2$$

称为因子 B 的偏差平方和。

$$S_{A \times B} = t \sum_{i=1}^{r} \sum_{j=1}^{s} (\bar{y}_{ij\cdot} - \bar{y}_{i\cdot\cdot} - \bar{y}_{\cdot j\cdot} + \bar{y})^2 = t \sum_{i=1}^{r} \sum_{j=1}^{s} (\gamma_{ij} + \bar{\varepsilon}_{ij\cdot} - \bar{\varepsilon}_{i\cdot\cdot} - \bar{\varepsilon}_{\cdot j\cdot} + \bar{\varepsilon})^2$$

为因子 A 与 B 的交互作用的偏差平方和，反映了因子 A 与 B 的交互作用对试验结果的影响。

据此可构造 H_{01}、H_{02}、H_{03} 的检验统计量分别如下：

$$F_A = \frac{S_A/(r-1)}{S_e/rs(t-1)} = \frac{rs(t-1)}{r-1} \frac{S_A}{S_e}$$

$$F_B = \frac{S_B/(s-1)}{S_e/rs(t-1)} = \frac{rs(t-1)}{s-1} \frac{S_B}{S_e}$$

$$F_{A \times B} = \frac{S_{A \times B}/(r-1)(S-1)}{S_e/rs(t-1)} = \frac{rs(t-1)}{(r-1)(s-1)} \frac{S_{A \times B}}{S_e}$$

显然，当 H_{01}、H_{02}、H_{03} 分别不成立时，F_A、F_B、$F_{A \times B}$ 分别有偏大的趋势。

两因素析因设计方差分析的分解表见表 8-14。

表 8-14 完全随机设计两因素析因设计的方差分析表

变异来源	自由度	SS	MS	F
总变异	$gn-1$	$\sum X^2 - C$	—	—
A 主效应	$I-1$	$SS_A = \frac{1}{nJ} \sum A_i^2 - C$	MS_A	$F_A = \frac{MS_A}{MS_E}$
B 主效应	$J-1$	$SS_B = \frac{1}{nI} \sum B_i^2 - C$	MS_B	$F_B = \frac{MS_B}{MS_E}$
AB	$(I-1)(J-1)$	$SS_{AB} = \frac{1}{n} \sum T_i^2 - C - SS_A - SS_B$	MS_{AB}	$F_{AB} = \frac{MS_{AB}}{MS_E}$
误差	$g(n-1)$	$SS_E = \sum X^2 \frac{1}{n} \sum T_i^2$	MS_E	—

注意：如果不存在交互效应，则只需考虑各因素的主效应。在方差分析中，如果存在交互效应，解释结果时，要逐一分析各因素的单独效应，找出最优搭配。在两因素析因设计时，只需考虑一阶交互效应。3 个因素以上时，除一阶交互效应外，还需考虑二阶、三阶等高阶交互效应，解释将更复杂。

8.5.2 析因方差分析的 R 程序实例

例 8-9 将 20 只神经损伤的家兔随机等分为 4 组，分别用两种神经缝合方法，在缝合后两个时间点观察神经的轴突通过率，试验结果见表 8-15。试作统计分析。

表 8-15 20 只家兔神经缝合后的轴突通过率（%）

A（缝合方法）	外膜缝合（A1）		束膜缝合（A2）	
B（缝合后时间）	1 月（B1）	2 月（B2）	1 月（B1）	2 月（B2）
	10	30	10	50
	10	30	20	50
	40	70	30	70
	50	60	50	60
	10	30	30	30

析因设计涉及两个以上的实验因素，不仅要对各因素的主效应进行分析，还要考虑各因素之间的交互作用。

【R 程序】

```
> Example8_9  <- read.table ("example8_9.csv", header=TRUE, sep=",")
> attach(Example8_9)
> a  <-factor(a, order=FALSE)
> b  <-factor(b, order=FALSE)
> table(a, b)
> aggregate(x, by=list(a), FUN=mean)
> aggregate(x, by=list(a), FUN=sd)
> aggregate(x, by=list(b), FUN=mean)
> aggregate(x, by=list(b), FUN=sd)
> fit <- aov(x ~ a + b +a:b)
> summary(fit)
> TukeyHSD(fit, "a")
> TukeyHSD(fit, "b")
> TukeyHSD(fit, "a:b")
> detach(Example8_9)
```

【R 输出结果】

①
```
   b
a   1 2
  1 5 5
  2 5 5
```
②
```
  Group.1  x
1       1 34
2       2 40

Group.1        x
1       1 21.18700
2       2 18.85618

  Group.1  x
1       1 26
2       2 48

Group.1        x
1       1 16.46545
2       2 16.86548
```

③
```
    Df Sum Sq Mean Sq F value Pr(>F)
a            1    180     180   0.600 0.4499
b            1   2420    2420   8.067 0.0118 *
a:b          1     20      20   0.067 0.7995
Residuals   16   4800     300
---
Signif. codes:  0 '***' 0.001 '**' 0.01 '*' 0.05 '.' 0.1 ' ' 1
```
④
```
  Tukey multiple comparisons of means
    95% family-wise confidence level
Fit: aov(formula = x ~ a + b + a:b)

$a
    diff       lwr      upr      p adj
2-1    6 -10.42072 22.42072 0.4198741
```
⑤
```
Tukey multiple comparisons of means
    95% family-wise confidence level
Fit: aov(formula = x ~ a + b + a:b)

$b
```

```
      diff      lwr      upr      p adj
2-1   22 5.579285 38.42072 0.0118185
⑥
Tukey multiple comparisons of means
    95% family-wise confidence level

Fit: aov(formula = x ~ a + b + a:b)

$'a:b'
         diff       lwr       upr      p adj
2:1-1:1     4 -27.340902 35.3409 0.9827522
1:2-1:1    20 -11.340902 51.3409 0.2978366
2:2-1:1    28  -3.340902 59.3409 0.0885596
1:2-2:1    16 -15.340902 47.3409 0.4824090
2:2-2:1    24  -7.340902 55.3409 0.1679778
2:2-1:2     8 -23.340902 39.3409 0.8835216
```

【结果解释】

该实例中有 3 个效应因子：变量 A、变量 B 和交互作用变量 AB，因变量是 x。

① 显示各组的样本量。

② 显示各处理组的均值和标准差。

③ 因子的主效应和交互效应检验结果：缝合方法 A（$P=0.4499$）以及交互效应 AB（$P=0.7995$）对因变量 x 没有显著性影响，而缝合后时间 B（$P=0.0118$）对因变量 x 有显著性影响。

④ 比较了缝合方法 A 对因变量影响的差异，结果显示，两种缝合方法神经的轴突通过率没有显著性差异。

⑤ 比较了缝合后时间 B 对因变量影响的差异，结果显示，不同的缝合后时间神经的轴突通过率有显著性差异，缝合后时间长的，神经的轴突通过率高。

⑥ 是交叉处理组上均值的成对比较结果。在读这部分结果时，首先应搞清楚排列序号 1—4 的意义，它表示 2×2=4 个不同的处理方式。例如，序号 1 表示 $a=1$，$b=1$；序号 2 表示 $a=1$，$b=2$；序号 4 表示 $a=2$，$b=2$。从最后一块输出结果可以看出，序号 1 和序号 2 的比较结果是 $P=0.2978366$，表示对于第 1 种缝合方法，不同的缝合时间没有显著性差异。其他的结果依次类推。

> **重点提示：** 掌握析因设计的定义以及析因设计资料数据分析的 R 程序，运用 R 程序进行数据分析，并学会对 R 输出结果进行解释，以得出专业结论。

8.6　正交试验设计资料的方差分析

析因设计的缺点是当因素个数较多时（3 个因素以上），所需实验单位数、处理组数、实验次数和方差分析的计算量会剧增。减少多因素实验次数的有效方法是采用正交试验设计。

8.6.1　正交试验设计方法介绍

当析因设计要求的实验次数太多时，一个非常自然的想法就是从析因设计的水平组合中选择一部分有代表性的水平组合进行试验，因此就出现了分式析因设计。但是对于试验设计知识较少的实际工作者来说，选择适当的分式析因设计还是比较困难的。

正交试验设计是研究多因素多水平的又一种设计方法，它是根据正交性从全面试验中挑选出部分有代表性的点进行试验，这些有代表性的点具备了"均匀分散，齐整可比"的特点，正交试验设计是分式析因设计的主要方法，是一种高效率、快速、经济的实验设计方法。日本著名的统计学家田口玄一将正交试验选择的水平组合列成表格，称为正交表。例如做一个 3 因素 3

水平的实验，按全面实验要求，须进行 $3^3=27$ 种组合的实验，且尚未考虑每一组合的重复数。若按 L9（3）3 正交表安排实验，只需进行 9 次实验，按 L18（3）7 正交表，则需进行 18 次实验，显然大大地减少了工作量。因而正交试验设计在很多领域的研究中已经得到广泛的应用。

正交设计在医学研究中的用途相当广泛，如寻找疗效好的药物配方、医疗仪器多个参数的优化组合、医疗产品的生成工艺、生物体的培养条件等。在具体的操作上，也比析因实验简单。

下面先来研究一个实例。

例 8-10 假定在一个农业试验中要考察 3 个小麦品种、3 种不同的肥料和 3 种播种方式对小麦产量的影响，并假定有 9 个地力基本相同的试验小区。在这个问题中，有 3 个可能影响小麦产量的因子：品种、肥料和播种方式，每个因子有 3 个水平。如果要做完全试验，就需要 3×3×3=27 个小区。而实际上总共只有 9 个小区。显然，完全试验在当前的情况下行不通。因此我们可退一步考虑，按照上述的想法，要求品种、肥料和播种方式中的任意两个（品种与肥料、品种与播种方式、肥料与播种方式）的不同水平的搭配都出现一次。这样的试验设计存在吗？对此，答案是肯定的。表 8-16 就是这样一个试验的设计表。

表 8-16   3 个 3 水平因子 9 次试验的正交试验设计表

试 验 序 号	品　　种	肥　　料	播 种 方 式
1	1	1	1
2	1	2	2
3	1	3	3
4	2	1	2
5	2	2	3
6	2	3	1
7	3	1	3
8	3	2	1
9	3	3	2

按照这张表来安排试验的方法如下。

表的每一行代表一次试验，第 1 列为试验的序号，后 3 列每一列代表一个因子。表中的元素 1、2、3 分别表示相应因子的第 1、第 2、第 3 水平。按照这个规定，容易安排试验。例如，表的第 1 行为（1，1，1），相应地，在序号 1 的试验中每个因子都取 1 水平。又例如，表的第 5 行为（2，2，3），相应在序号 5 的试验中安排第 1 因子的 2 水平，第 2 因子的 2 水平，第 3 因子的 3 水平等。仔细观察表 8-16 的结构，不难看出按照这个表来安排试验就可以满足我们前面提到的要求。具体来说，表中任意两列的 1、2、3 的 9 种不同组合会出现相同的次数（各 1 次）。

满足这种性质的试验就是"正交试验"。假定因子对小麦单产的影响满足可加效应模型（只有主效应，而没有一阶和二阶交互效应），对上述的试验安排我们可以建立如下的模型。记 y_i 为第 i 次试验中小麦单产（公斤/亩），并记 a_j 为品种因子的第 j 水平对小麦单产的影响，β_j 为肥料因子的第 j 水平对小麦单产的影响，γ_j 为播种方式因子的 j 水平对小麦单产的影响，$j=1$，2，3。根据表 8-16，容易写出这个模型，如下所示。

$$y_1 = m + \alpha_1 + \beta_1 + \gamma_1 + e_1$$
$$y_2 = m + \alpha_1 + \beta_2 + \gamma_2 + e_2$$
$$y_3 = m + \alpha_1 + \beta_3 + \gamma_3 + e_3$$

$$y_4 = m + \alpha_2 + \beta_1 + \gamma_2 + e_4$$
$$y_5 = m + \alpha_2 + \beta_2 + \gamma_3 + e_5$$
$$y_6 = m + \alpha_2 + \beta_3 + \gamma_1 + e_6$$
$$y_7 = m + \alpha_3 + \beta_1 + \gamma_3 + e_7$$
$$y_8 = m + \alpha_3 + \beta_2 + \gamma_1 + e_8$$
$$y_9 = m + \alpha_3 + \beta_3 + \gamma_2 + e_9$$

其中，e_i, $i=1,\cdots,9$ 为独立、$N(0, s^2)$ 分布的随机误差；m 为总均值。如同在全面试验的方差分析模型中的做法一样，假定模型中的参数满足下面的约束条件。

$$\alpha_1 + \alpha_2 + \alpha_3 = 0,$$
$$\beta_1 + \beta_2 + \beta_3 = 0,$$
$$\gamma_1 + \gamma_2 + \gamma_3 = 0.$$

上面我们用一个例子来说明了正交试验设计的基本特点和因子模型。下面给出一般性的陈述。考虑设计一个试验，安排 m 个因子，做 n 次试验，若它满足下面两个条件，则这个试验称为正交试验。

- 每一因子的不同水平在试验中出现相同的次数（均衡性）。
- 任意两因子的不同水平组合在试验中出现相同的次数（正交性）。

就定义来说，等重复的完全试验显然满足（4.3.4）中的试验条件，因此当然是正交试验。但是，如果因子的水平数分别为 t_1, t_2, $\cdots$, t_m，则完全试验至少要做 $N = t_1, t_2, \cdots, t_m$ 次试验。但由于要求的试验次数太多，所以实际上很难实施。我们通常所说的正交试验设计，是指既满足上述两条件，同时试验次数 n 又远远小于 N 的设计。正交试验设计的方案可以用一张表来表示，这张表就称为正交设计表，表 8-16 就是一张正交设计表。一般来说，正交设计表的第 1 行为表头，标明每列所代表的因子，最左一列标明试验的序号（并不表示试验的时间先后顺序，先后顺序要按照随机化原则来安排），由 1 到 n。表中每列中的数字代表相应因子的水平序号，每行的数字代表在相应试验中各因子的水平序号。

- 每列中不同数字出现的次数相同（试验的均衡性）。
- 每两列中不同的数字组合出现的次数相同（试验的正交性）。

这两条性质符合正交试验设计的定义。

假定因子对响应变量的影响无交互效应（许多实际情况正是这样），正交试验的优点是在很少的试验次数（与全面试验相比）中，所得数据可以简便而有效地对因子效应进行参数估计和方差分析。其方法可一般地归纳如下。

- 总均值的估计=试验数据的总平均值。
- 某因子的某个主效应的估计=该因子的该主效应所出现的试验数据的平均值-总平均值。
- 总平方和=（试验数据–总平均值）的平方和，自由度=$n-1$。
- 某因子的主效应平方和=重复数×参数估计的平方和，自由度=水平数–1。
- 残差平方和=总平方和–因子效应平方和的和，自由度=总平方和–因子效应自由度的和。

8.6.2　正交试验设计资料分析的 R 程序实例

例 8-11　研究雌螺产卵的最优条件。在 20cm^2 的泥盒里饲养雌螺 10 只，实验条件有 4 个因素，每个因素 2 个水平，实验结果见表 8-17。试在考虑温度与含氧量对雌螺产卵有交互作用的情况下安排正交实验，并进行统计分析。

实验序号	A 因素温度（℃）	B 因素含氧量（%）	C 因素含水量（%）	D 因素pH 值	产卵数量
1	5	0.5	10	6.0	86
2	5	0.5	30	8.0	95
3	5	5.0	10	8.0	91
4	5	5.0	30	6.0	94
5	25	0.5	10	8.0	91
6	25	0.5	30	6.0	96
7	25	5.0	10	6.0	83
8	25	5.0	30	8.0	88

表 8-17　　　　　　　　　　雌螺产卵条件的正交实验

【R 程序】

```
> Example8_11  <- read.table ("example8_11.csv", header=TRUE, sep=",")
> attach(Example8_11)
> a  <-factor(a, order=FALSE)
> b  <-factor(b, order=FALSE)
> c  <-factor(c, order=FALSE)
> d  <-factor(d, order=FALSE)
> fit <- aov(x ~ a + b + c + d +a:b)
> summary(fit)
> detach(Example8_11)
```

【R 输出结果】

```
          Df Sum Sq Mean Sq F value Pr(>F)
a          1    8.0     8.0     3.2 0.2155
b          1   18.0    18.0     7.2 0.1153
c          1   60.5    60.5    24.2 0.0389 *
d          1    4.5     4.5     1.8 0.3118
a:b        1   50.0    50.0    20.0 0.0465 *
Residuals  2    5.0     2.5
---
Signif. codes:  0 '***' 0.001 '**' 0.01 '*' 0.05 '.' 0.1 ' ' 1
```

【结果解释】

该实例中有 5 个效应因子：变量 a、变量 b、变量 c、变量 d 和交互效应变量 ab，因变量是 x。

是因子的主效应和交互效应检验结果：变量 a（$P=0.2155$）、变量 b（$P=0.1153$）以及变量 d（$P=0.3118$）对因变量 x 没有显著性影响，而变量 c（$P=0.0389$）和交互效应变量 ab（$P=0.0465$）对因变量 x 有显著性影响。可以作出专业结论：雌螺产卵条件主要与泥土含水量、温度与含氧量的交互作用有关。

重点提示：熟悉正交试验设计与析因设计的联系，掌握正交试验设计的定义以及正交试验设计资料数据分析的 R 程序，并运用 R 程序进行数据分析，学会对 R 输出结果进行解释，以得出专业结论。

8.7 重复测量资料的方差分析

重复测量是指对同一观察对象的同一观察指标在不同的时间点上进行多次测量，用于分析观察指标在不同时间上的变化规律。这类测量资料在医学研究中比较常见。例如，药效分析中常分析给药后不同时间的疗效比较。在实际工作中，重复测量资料常被误作配对设计或随机单位组设计进行分析，不仅损失了重复测量数据所蕴含的信息，还容易得出错误的结论。由于同一受试对象在不同时点的观测值之间往往彼此不独立，存在某种程度的相关，因此不能满足常规统计方法所要求的独立性假定，使得其分析方法有别于一般的统计分析方法。本节通过实例分析，就医学研究中重复测量资料的方差分析方法进行探讨，并提供 R 程序解决方案。

最常见的重复测量资料是前后测量设计，如表 8-18 所示。

表 8-18　　　　　　　　　　高血压患者治疗前后的血压　　　　　　　　　　（单位：mmHg）

编　　号	治　疗　前	治　疗　后	差　　值
1	132	123	9
2	123	102	21
3	152	142	10
4	154	123	31
5	154	125	29
6	143	128	15
7	137	119	18

其设计与配对设计 t 检验的试验表达完全相同，但却是两种不同类型的设计，其区别如下。

● 配对设计中同一对子的两个试验单位可以随机分配处理，两个试验单位同期观察试验结果，可以比较处理组间差别。前后测量设计不能同期观察试验结果。

● 配对 t 检验要求同一对子的两个试验单位的观察结果分别与差值相互独立，差值服从正态分布。而前后测量设计前后两次测量的结果通常与差值不独立。

● 配对设计用平均差值推论处理作用，而前后测量设计除了分析平均差值外，还可以进行相关回归分析。

8.7.1　重复测量设计方法介绍

重复测量设计大体有两类，一类是对每个人在同一时间不同因子组合间测量，另外一类是对每个人在不同时间点上重复。前者常见于裂区设计，而后者常见于经典试验设计，即包括前测，处理一次或几次后测的情况。后者比前者要多见。不论沿裂区方向还是沿时间点重复，个体内因子无一例外的都是重复测量因子。重复测量设计的特点是一定有个体内因子，但不一定有个体间因子。后者是不同处理组合或不同个体组。而且即使有不同组群（例如男性和女性），但人人都经历重复测量，而不是一组接受重复测量，另一组不接受。

具有重复测量的设计，即在给予某种处理后，在几个不同的时间点上从同一个受试对象（或样品）身上重复获得指标的观测值；有时是从同一个个体的不同部位（或组织）上重复获得指标的观测值。由于这种设计符合许多医学试验本身的特点，故在医学科研中应用的频率相当高。如果试验中共有 K 个试验因素，其中只有 M 个因素与重复测量有关，则称为具有 M 个重复测量的 K 因素设计。

重复测量资料来源于同一受试对象的某一观测值的多次重复测量。若有 N 个观测个体，分为 g 个处理组，X 为观测指标，p 为重复测量次数，则其重复测量数据的基本格式如表 8-19 所示。

表 8-19　　　　　　　　　　　　重复观测数据基本格式

受 试 对 象	组　　别	重复观测次数				
		1	2	3	…	p
1	1	X_{11}	X_{12}	X_{13}	…	X_{1p}
2	1	X_{21}	X_{22}	X_{22}	…	X_{2p}
…	…	…	…	…	…	…
N	g	X_{n1}	X_{n2}	X_{n3}	…	X_{np}

在对重复测量资料进行方差分析时，除了要求样本是随机的，在处理的同一水平上观测是独立的，及每一水平的测定值都来自正态总体外，特别强调协方差的复合对称性或球形性。因此，在进行重复测量资料的方差分析前，立先对资料的协方差阵进行球形性检验。若满足球形性要求，则直接进行方差分析；不满足球形性要求，则需对与时间有关的 F 统计量分子、分母的自由度进行校正，以减少犯 I 类错误的概率，或直接进行多变量方差分析。

对重复测量实验数据的方差分析，需考虑两个因素的影响，一个因素是处理分组，可通过施加干预和随机分组来实现；另一个因素是测量时间，由研究者根据专业知识和要求确定。因此，重复测量资料的变异可分解为处理因素、时间因素、处理和时间的交互作用、受试对象间的随机误差和重复测量的随机误差等 5 个部分。

重复测量设计的优点是：每一个体作为自身的对照，克服了个体间的变异。分析时可更好地集中于处理效应，同时被试者间自身差异的问题不再存在。也就是减少了一个差异来源。重复测量设计的每一个体作为自身的对照，研究所需的个体相对较少，因此更加经济。

重复测量设计的缺点是：滞留效应，前面的处理效应有可能滞留到下一次的处理；潜隐效应，前面的处理效应有可能激活原本以前不活跃的效应；学习效应，由于是逐步熟悉实验，因此研究对象的反应能力有可能逐步得到提高。

8.7.2 重复测量资料分析的 R 程序实例

重复测量资料在 R 语言中的分析处理稍显复杂，但掌握起来并不难，只是稍微费点脑子而已。对于重复测量资料的分析处理，我们应用较多的是单变量方差分析的一般线性模型方法。在 R 数据格式中，重复测量资料同一观察单位在各测量点的测量值用一组变量来表示（如 X_1，X_2，$\cdots$，X_n），计算时将这一组变量当做一个整体作为反应变量来处理。

例 8-12 在研究某药物对某癌细胞株增殖影响的研究中，分别于细胞培养后 24h、48h、72h、96h 检测实验组和对照组细胞株的细胞抑制率，实验数据见表 8-20。使用重复测量资料分析的方法，得出专业结论。

表 8-20　　　　　　　　　　　　　　　　癌细胞生长不同时间的抑制作用

分　　组	编　　号	细胞生长抑制率（h）			
		24	48	72	96
对照组	1	1.431	1.519	1.477	1.364
	2	1.385	1.562	1.459	1.372
	3	1.473	1.487	1.612	1.414
	4	1.452	1.535	1.537	1.403
	5	1.371	1.469	1.268	1.296
实验组	6	1.257	0.976	0.725	0.578
	7	1.232	0.934	0.828	0.609
	8	1.298	1.036	0.813	0.512
	9	1.216	1.247	0.694	0.579
	10	1.275	0.942	0.675	0.621

【R 程序】

```
> Example8_12 <- read.table ('example8_12.csv', header=TRUE, sep=",")
> attach(Example8_12)
> type <-factor(type, order=FALSE)
> time <-factor(time, order=FALSE)
```

```
> subject  <-factor(subject, order=FALSE)
> fit <- aov(rate ~type*time +Error(subject/time))
> summary(fit)
> detach(Example8_12)
```

【R 输出结果】

```
Error: subject
            Df Sum Sq Mean Sq F value  Pr(>F)
type         1 2.9371  2.9371   393.7 4.34e-08 ***
Residuals    8 0.0597  0.0075
---
Signif. codes:  0 '***' 0.001 '**' 0.01 '*' 0.05 '.' 0.1 ' ' 1

Error: subject:time
            Df Sum Sq Mean Sq F value  Pr(>F)
time         3 0.8051 0.26835   51.37 1.35e-10 ***
type:time    3 0.5956 0.19853   38.01 2.82e-09 ***
Residuals   24 0.1254 0.00522
---
Signif. codes:  0 '***' 0.001 '**' 0.01 '*' 0.05 '.' 0.1 ' ' 1
```

【结果解释】

输出有关观察对象的组间差异的方差分析结果，$F=393.7$，$P<.0001$，表示实验组与对照组之间有显著性差异。

输出有关重复因子 time 效应的假设检验结果，$F=51.37$，$P<0.0001$，表示重复因子 time 效应显著。

输出有关 time 与 type 因子间交互效应的假设检验结果，$F=38.01$，$P<0.0001$，表示重复因子 time 与 type 的交互效应显著。

可以得出专业结论：实验组与对照组、不同测量时间细胞生长抑制率差异有统计学意义，分组与时间因素之间存在交互作用。

例 8-13　试验名称为"缺氧细胞放射增敏剂（代号 808）效应大小的试验研究"。将 Lewis 肺癌瘤株接种到 C57 小鼠的腿部，使腿的接种处于缺氧条件下，对随机分入甲组的小鼠直接给予 12Gyγ 射线照射，对随机分入乙组的小鼠先给予"808 增敏剂"，然后再给予 12Gyγ 射线照射，甲、乙两组各有 4 只小鼠，照射后分别在 2、4、6、8、10 天后观测肿瘤的大小（相对体积），相同的试验共做了两批。使用重复测量资料分析的方法，得出专业结论，如表 8-21 所示。

表 8-21　　　　　　　　　　　　缺氧细胞放射增敏剂效应大小的试验结果

A（批次）	B（808 增敏剂）	鼠编号	肿瘤的相对体积				
			T1(2)	T2(4)	T3(6)	T4(8)	T5(10)
A1	B1	1	0.640	1.439	2.580	3.667	6.353
		2	1.103	2.195	3.546	4.028	5.592
		3	2.795	5.617	7.831	10.304	19.518
		4	1.133	1.749	1.723	2.528	3.199
	B2	5	2.585	3.868	5.555	7.101	10.618
		6	2.807	5.569	8.176	10.790	16.771
		7	2.709	5.729	6.263	11.486	16.455
		8	2.034	4.167	7.524	12.479	13.222
A2	B1	9	1.649	3.830	4.650	7.653	9.620
		10	2.522	3.939	6.070	8.910	16.250
		11	1.658	4.612	5.903	11.295	13.409
		12	0.848	2.040	2.371	5.000	8.976

续表

A（批次）	B（808 增敏剂）	鼠编号	肿瘤的相对体积				
			T1(2)	T2(4)	T3(6)	T4(8)	T5(10)
A2	B2	13	3.001	4.587	4.911	11.293	15.138
		14	3.383	5.438	6.636	16.650	22.396
		15	1.621	3.625	7.712	11.164	17.063
		16	1.586	1.673	2.291	4.937	8.429

【R 程序】

```
> Example8_13 <- read.table ("example8_13.csv", header=TRUE, sep=",")
> attach(Example8_13)
> a <-factor(a, order=FALSE)
> b <-factor(b, order=FALSE)
> s <-factor(s, order=FALSE)
> time <-factor(time, order=FALSE)
> fit <- aov(y ~a*b*time +Error(s/time))
> summary(fit)
> detach(Example8_13)
```

【R 输出结果】

```
Error: s
            Df Sum Sq Mean Sq F value Pr(>F)
Residuals   3  200.6   66.87

Error: s:time
            Df Sum Sq Mean Sq F value   Pr(>F)
time         4   1160  290.00   40.47 7.12e-07 ***
Residuals   12     86    7.17
---
Signif. codes:  0 '***' 0.001 '**' 0.01 '*' 0.05 '.' 0.1 ' ' 1

Error: Within
            Df Sum Sq Mean Sq F value   Pr(>F)
a            1  12.24   12.24   2.093    0.155
b            1 126.75  126.75  21.676 2.87e-05 ***
a:b          1  16.24   16.24   2.776    0.103
a:time       4  25.31    6.33   1.082    0.377
b:time       4  47.38   11.85   2.026    0.107
a:b:time     4   2.82    0.71   0.121    0.974
Residuals   45 263.13    5.85
---
Signif. codes:  0 '***' 0.001 '**' 0.01 '*' 0.05 '.' 0.1 ' ' 1
```

【结果解释】

输出有关重复因子 t 效应的假设检验结果，F=40.47，$P<0.001$，表示重复因子 time 效应显著。

输出有关 time 与 A 因子间交互效应的假设检验结果，F=1.082，P=0.377，表示重复因子 time 与 A 的交互效应不显著。

输出有关 time 与 B 因子间交互效应的假设检验结果，F=2.026，P=0.107，表示重复因子 time 与 B 的交互效应不显著。

输出有关 time 与 A 和 B 因子间交互效应的假设检验结果，F=0.121，P=0.974，表示重复因子 time 与 A 和 B 因子的交互效应不显著。

可以得出专业结论：不同测量时间肿瘤的大小差异有统计学意义，而不同批次、是否给予 808 增敏剂肿瘤的大小差异没有统计学意义，不同批次与是否给予 808 增敏剂不存在交互作用，不同批次、分组与时间因素之间不存在交互作用。

> **重点提示**：掌握重复测量资料的检验方法，掌握重复测量资料数据分析的 R 程序，运用 R 程序进行数据分析，并学会对 R 输出结果进行解释，以得出专业结论。

8.8　协方差分析

在介绍医学试验设计时曾谈到，严格按试验设计的 4 项基本原则设计试验，目的就是为了排除非处理因素的干扰和影响，使试验误差的估计降到最低限度，从而可以准确地获得处理因素的试验效应。但在某些实际问题中，有些因素在目前还不能控制或难以控制。如在动物饲养试验中，各组动物所增加的平均体重不仅仅与各种饲料营养价值高低有关，还与各动物的进食量有关，甚至与各动物的初始重量等因素及其交互作用都有关系。如果直接进行方差分析，会因为混杂因素的影响而无法得出正确的结论。

协方差分析是将回归分析与方差分析结合起来使用的一种分析方法。在这种分析中，先将定量的影响因素（即难以控制的因素）看做自变量，或称为协变量，建立因变量随自变量变化的回归方程，这样就可以利用回归方程把因变量的变化中受不易控制的定量因素的影响扣除掉，从而能够较合理地比较定性的影响因素处在不同水平下，经过回归分析手段修正以后的因变量的总体均数之间是否有显著性的差别，这就是协方差分析问题的基本思想。

8.8.1　协方差分析方法介绍

协方差分析是把方差分析与回归分析结合起来的一种统计分析方法。它用于比较一个变量 Y 在一个或几个因素不同水平上的差异，但 Y 在受这些因素影响的同时，还受到另一个变量 X 的影响，而且 X 变量的取值难以人为控制，不能作为方差分析中的一个因素处理。此时如果 X 与 Y 之间可以建立回归关系，则可用协方差分析的方法排除 X 对 Y 的影响，然后用方差分析的方法对各因素水平的差异进行统计推断。在协方差分析中，我们称 Y 为因变量，X 为协变量，即在方差分析中用来校正因变量的数值型变量。

也许有人会问随机因素的影响也是不能人为控制的，为什么不能把 X 作为一种随机因素处理呢？这里的差异主要在于作为随机因素处理时，虽然每一水平的影响是不能人为控制的，但我们至少可以得到几个属于同一水平的重复，因此可以把它们分别用另一因素的不同水平处理。最后在进行方差分析时，我们才能排除这一随机因素的影响，对另一因素的各水平进行比较。

例如当我们考虑动物窝别对增重的影响时，一般可把它当作随机因素处理，这一方面是由于它不容易数量化，另一方面是同一窝一般有几只动物，可分别接受另一因素不同水平的处理；如果我们考虑试验开始前动物初始体重的影响，这时一般的方法是选初始重量相同的动物作为一组，分别接受另一因素的不同水平处理，此时用方差分析也无问题。显然，这种方法往往是很困难的，一般需要很大的样本。若可供试验的动物很少，初始体重又有明显差异，无法选到体重相当的动物，那就只好认为初始体重 X 与最终体重 Y 有回归关系，采用协方差分析的方法排除初始体重的影响，再来比较其他因素，例如饲料种类、数量对增重的影响。它既利用了回归分析的基本方法，又用到了方差分析的基本方法，这就是协方差分析的基本思想。

消除初始体重影响的另一种方法是对最终体重与初始体重的差值，即 $y-x$ 进行统计分析。这种方法与协方差分析的生物学意义是不同的。对差值进行分析的生物学假设是初始体重对以后的体重增量没有任何影响，而协方差分析则是假设体重增量中包含初始体重的影响（不仅仅是初始体重对最终体重的影响），这种影响的大小与初始体重成正比。如果这一比值为 1，协方差分析与对差值进行方差分析是相同的。但如果比值不为 1，它们的结果将是不同的。也就是说协方差分析是假设使初始体重不同的因素在以后的生长过程中也会发挥作用，而对差值进行方差分析则是假设这些因素以后不再发挥作用，这两种生物学假设是有很大区别的。希望大家在以后的学习中注意统计学知识背后的研究假设。

由于协方差分析的过程包含了对协变量影响是否存在及其大小等一系列统计检验与估计，它显然比对差值进行分析等方法有更广泛的适用范围，因此除非有明显的证据说明对差值进行分析的生物学假设是正确的，一般情况下还是应采用协方差分析的方法。

在医学研究中，很多情况下都需要借助协方差分析来排除非处理因素的干扰，从而准确地估计处理因素的试验效应。例如，评价 3 种药物治疗高脂血症的效果，寻求各方面自然条件基本相同的受试者是很困难的，但是把患者的年龄、体重指数、用药前的血脂水平等作为协变量进行协方差分析，就简单很多。同样，比较几种不同营养奶粉对婴幼儿体重增长的作用差异，把研究对象的性别、年龄、基线体重等混杂因子作为协变量进行协方差分析，则是非常有效的统计分析方法。

用一个最简单的情况：一个协变量，单因子的协方差分析为例，对协方差分析的基本原加以说明。在协方差分析中，我们认为每一个因变量的观察值可分解为以下各部分的和：

$$Y_{ij} = \mu + \alpha_i + \beta(x_{ij} - \overline{x}...) + \varepsilon_{ij} \qquad (8\text{-}16)$$

$$i = 1, 2, \cdots, a；\ j = 1, 2, \cdots, n。$$

Y_{ij}：第 i 水平的第 j 次观察值。

x_{ij}：i 水平的 j 次观察的协变量取值。

$\overline{x}...$：x_{ij} 的总平均数。

μ：Y_{ij} 的总平均数。

α_i：第 i 水平的效应。

β：Y 对 X 的线性回归系数。

ε_{ij}：随机误差。

和方差分析一样，协方差分析也属于参数分析，因变量 Y 应当满足以下假设条件。

- 在效应因子的每一个水平上，因变量 Y 服从正态分布，且方差相等。
- 在效应因子的每一个水平上，医变量 Y 和协变量 x 呈线性关系，且斜率相同。

8.8.2 协方差分析的 R 程序实例

例 8-14 研究核黄素缺乏对蛋白质利用的影响。将 36 只大白鼠按某些重要的非处理因素配成 12 个区组，用随机的方法决定每组中的 3 只分别进入 3 个饲料组。饲料 1 为缺乏核黄素的饲料；饲料 2 为含核黄素的饲料，但限制食量使其与第 1 组的食量相近；饲料 3 为含核黄素的饲料、但不限制食量。3 组大白鼠之进食量 X 与同期内所增体重 Y 的资料见表 8-22。试分析 3 种饲料对大白鼠体重的影响有无差别。

表 8-22　　　　　　　　　　　　　不同饲料喂养对大白鼠体重的影响

配伍组号	饲料 1		饲料 2		饲料 3	
	X	Y	X	Y	X	Y
1	256.9	27.0	260.3	32.0	544.7	160.3
2	271.6	41.7	271.1	47.1	481.2	96.1
3	210.2	25.0	214.7	36.7	418.9	114.6

续表

配伍组号	饲料 1		饲料 2		饲料 3	
	X	Y	X	Y	X	Y
4	300.1	52.0	300.1	65.0	556.6	134.8
5	262.2	14.5	269.7	39.0	394.5	76.3
6	304.4	48.8	307.5	37.9	426.6	72.8
7	272.4	48.0	278.9	51.5	416.1	99.4
8	248.2	9.5	256.2	26.7	549.9	133.7
9	242.8	37.0	240.8	41.0	580.5	147.0
10	342.9	56.5	340.7	61.3	608.3	165.8
11	356.9	76.0	356.3	102.1	559.6	169.8
12	198.2	9.2	199.2	8.1	371.9	54.3

【R 程序】

```
> Example8_14 <- read.table ("example8_14.csv", header=TRUE, sep=",")
> attach(Example8_14)
> a <-factor(a, order=FALSE)
> b <-factor(b, order=FALSE)
> table (a,b)
> aggregate (y, by=list(b), FUN=mean)
> aggregate (y, by=list(b), FUN=sd)
> fit <- aov(y ~x+a+b)
> summary(fit)
> detach(Example8_14)
```

【R 输出结果】

①
```
     b
a    1 2 3
  1  1 1 1
  2  1 1 1
  3  1 1 1
  4  1 1 1
  5  1 1 1
  6  1 1 1
  7  1 1 1
  8  1 1 1
  9  1 1 1
 10  1 1 1
 11  1 1 1
 12  1 1 1
```

②
```
Group.1         x
1        1  37.1000
2        2  45.7000
3        3 118.7417

Group.1         x
1        1 20.64373
2        2 23.36213
3        3 39.07714
```

③
```
          Df Sum Sq Mean Sq F value  Pr(>F)
x          1  69073   69073 651.823 < 2e-16 ***
a         11   4024     366   3.452 0.00711 **
b          2    464     232   2.189 0.13692
Residuals 21   2225     106
---
Signif. codes:  0 '***' 0.001 '**' 0.01 '*' 0.05 '.' 0.1 ' ' 1
```

【结果解释】

① 显示各组的样本量。

② 显示各处理组的均值和标准差。

③ 此结果说明，校正了初始体重的影响后，3 组饲料组是没有显著性差别的（$P=0.1369$），但是，初始体重（$P<0.0001$）以及区组（$P=0.0101$）对因变量 y 的影响是有显著性差异的。

例 8-15 本例来自 multcomp 包中的 litter 数据集。怀孕小鼠被分为 4 个小组，每个小组接受不同剂量（0、5、50 和 500）的药物处理。分析不同药物处理剂量对所产幼崽体重的影响，而小鼠怀孕时间为协变量。

【R 程序】

```
> library(multcomp)
> attach(litter)
> table (dose)
> aggregate (weight, by=list(dose), FUN=mean)
> aggregate (weight, by=list(dose), FUN=sd)
> fit <- aov(weight~gesttime + dose)
> summary(fit)
> TukeyHSD(fit,"dose")
> detach(litter)
```

【R 输出结果】

①
```
dose
  0   5  50 500
 20  19  18  17
```
②
```
  Group.1          x
1        0 32.30850
2        5 29.30842
3       50 29.86611
4      500 29.64647

Group.1          x
1        0 2.695119
2        5 5.092352
3       50 3.762529
4      500 5.404372
```
③
```
          Df Sum Sq Mean Sq F value  Pr(>F)
gesttime   1  134.3  134.30   8.049 0.00597 **
dose       3  137.1   45.71   2.739 0.04988 *
Residuals 69 1151.3   16.69
---
Signif. codes:  0 '***' 0.001 '**' 0.01 '*' 0.05 '.' 0.1 ' ' 1
```
④
```
Tukey multiple comparisons of means
    95% family-wise confidence level

Fit: aov(formula = weight ~ gesttime + dose)

$dose
            diff       lwr       upr     p adj
5-0    -3.4171829 -6.862400 0.0280344 0.0526932
50-0   -1.8696021 -5.363552 1.6243477 0.4982585
500-0  -2.9743214 -6.521945 0.5733020 0.1314349
50-5    1.5475808 -1.989654 5.0848159 0.6589068
500-5   0.4428615 -3.147400 4.0331232 0.9880653
500-50 -1.1047193 -4.741771 2.5323320 0.8543245
```

【结果解释】

① 显示各组的样本量，每种剂量下所产的幼崽数并不相同，0 剂量产仔 20 个，500 剂量时

产仔 17 个。

② 显示各处理组的均值和标准差，可以发现未用药组幼崽体重均值最高（32.3）。

③ 协方差的分析结果说明，怀孕时间与幼崽出生体重相关；校正了怀孕时间的影响后，不同药物剂量组幼崽出生体重差异有统计学意义（$P=0.04988$）。

④ 成对比较了 4 种不同药物剂量下的差异。

可以得出专业结论：控制怀孕时间，确实发现每种药物剂量下幼崽出生体重均值不同。

> **重点提示**：熟悉进行协方差分析的原因，掌握协方差分析的前提假设条件，掌握协方差分析资料数据分析的 R 程序，运用 R 程序进行数据分析，并学会对 R 输出结果进行解释，以得出专业结论。

8.9　本章小结

方差分析的基本思想是根据研究的目的和设计类型，将总变异中的离均差平方和 SS 及其自由度 v 分别分解成相应的若干部分，然后求各相应部分的变异；再用各部分的变异与组内（或误差）变异进行比较，得出统计量 F 值；最后根据 F 值的大小确定 P 值，作出统计推断。

方差分析的应用条件为：各样本须是相互独立的随机样本；各样本来自正态分布总体；各总体方差相等，即方差齐性。

完全随机设计是采用完全随机化的分组方法，将全部试验对象分配到 k 个处理组，各组分别接受不同的处理，试验结束后比较各组均数之间的差别有无统计学意义，推论处理因素的效应。

随机区组设计是根据"局部控制"和"随机排列"的原理进行的，将研究的对象按不同的性质划分为等于重复次数的区组，使区组内环境差异最小，而区组间环境允许存在差异，每个区组即为一次完整的重复，区组内各处理都独立地随机排列。这是随机排列设计中最常用、最基本的设计。

第 9 章　直线回归与相关

学习目标

- 掌握直线相关的定义，熟悉简单相关系数的计算。
- 掌握直线相关分析的 R 程序。
- 掌握直线回归的模型假设以及计算方法。
- 了解直线回归应用的注意事项。
- 掌握直线回归分析的 R 程序。

内容概要

相关分析和回归分析是研究现象之间相关关系的两种基本方法。本章分别介绍这两种分析方法，并列举 R 程序进行数据分析。

在 R 语言中，进行直线相关分析的是 ccr() 函数。本章对 cor() 函数进行了说明，并以实例演示如何利用 R 语言进行相关分析。

直线回归分析的任务在于找出两个变量有依存关系的直线方程，以确定一条最接近于各实测点的直线，使各实测点与该线的纵向距离的平方和为最小。这个方程称为直线回归方程，据此方程描绘的直线就是回归直线。回归分析包括多种类型，根据所涉及变量的多少，可分为简单回归和多元回归。简单回归又称一元回归，是指两个变量之间的回归。其中一个变量是自变量，另一个变量是因变量。

lm() 是用于一般目的回归分析的函数。本章对 lm() 函数的基本格式进行了说明，并以实例演示了如何利用 R 语言进行回归分析。

9.1　直线相关分析

在医学上，许多现象之间都存在着相互联系，例如身高与体重、体温与脉搏、年龄与血压、钉螺与血吸虫感染等。而有些事物的关系是互为因果的，如上述钉螺是因，感染血吸虫是果。但有时因果不清，只是伴随关系。例如父母的兄弟，哥哥高，弟弟也可能高，但不能说哥哥是因，弟弟是果，这里不是因果关系，而可能与社会条件、家庭经济、营养、遗传等因素有关。

相关是解决客观事物或现象相互关系密切程度的问题，而回归则是用函数的形式表示出因果关系。有相关不一定有因果关系；反之，有因果关系的，则一定有相关。我们称"因"的变量叫因变量，习惯上用 Y 表示。以横轴代表自变量 X，纵轴代表因变量 Y。可以将一群观察事物的两种关系在坐标图上以 $P\,(X,\,Y)$ 的方法定位，做出一群散点图，便可在图上看出两者的关系。

相关分析和回归分析是研究现象之间相关关系的两种基本方法。所谓相关分析，就是用一个指标来表明现象间相互依存关系的密切程度。

9.1.1　直线相关分析介绍

设有两个变量 x 和 y，变量 y 随变量 x 一起变化，并完全依赖于 x。当变量 x 取某个数值时，

y 依据确定的关系取相应的值，则称 y 是 x 的函数，记为 $y=f(x)$，其中 x 称为自变量，y 称为因变量。各观测点落在一条线上。

自变量取值一定时，因变量的取值带有一定随机性的两个变量之间的关系叫做相关关系。当一个或几个相互联系的变量取一定数值时，与之相对应的另一变量的值虽然不确定，但它仍按某种规律在一定的范围内变化，变量间的这种相互关系，称为具有不确定性的相关关系。

与函数关系不同，相关变量间的关系不能用函数关系精确表达，一个变量的取值不能由另一个变量唯一确定。当变量 x 取某个值时，变量 y 的取值可能有无数个，各观测点分布在直线周围。

1. 按相关程度划分，可分为完全相关、不完全相关和不相关

（1）不相关：如果变量间彼此的数量变化互相独立，则其关系为不相关，即没有任何相关关系。自变量 x 变动时，因变量 y 的数值不随之相应变动。

（2）完全相关：如果一个变量的变化是由其他变量的数量变化所唯一确定，此时变量间的关系称为完全相关。即因变量 y 的数值完全随自变量 x 的变动而变动，它在相关图上表现为所有的观察点都落在同一条直线上，在这种情况下，相关关系实际上就是函数关系。所以，函数关系是相关关系的一种特殊情况。

（3）不完全相关：如果变量间的关系介于不相关和完全相关之间，则称为不完全相关。大多数相关关系属于不完全相关，是统计研究的主要对象。

按相关方向划分，可分为正相关和负相关。

（1）正相关：两个变量之间的变化方向一致，都是呈增长或下降的趋势。即自变量 x 的值增加（或减少），因变量 y 的值也相应地增加（或减少），这样的关系就是正相关。

（2）负相关：两个变量之间的变化方向相反，即自变量的数值增大（或减小），因变量随之减小（或增大）。

2. 按相关的形式划分，可分为线形相关和非线形相关

（1）直线（或线性）相关：相关关系的自变量 x 发生变动，因变量 y 值随之发生大致均等的变动，从图像上近似地表现为直线形式，这种相关通称为直线相关。

（2）曲线（或非线性）相关：在两个相关现象中，自变量 x 值发生变动，因变量 y 也随之发生变动，这种变动不是均等的，在图像上的分布是各种不同的曲线形式，这种相关关系称为曲线（或非线性）相关。曲线相关在相关图上的分布，通常表现为抛物线、双曲线、指数曲线等非直线形式。

3. 按变量多少划分，可分为单相关、复相关和偏相关

（1）单相关：两个因素之间的相关关系叫单相关，即研究时只涉及一个自变量和一个因变量。

（2）复相关：3 个或 3 个以上因素的相关关系叫复相关，即研究时涉及两个或两个以上的自变量和因变量。

（3）偏相关：在某一现象与多种现象相关的场合，当假定其他变量不变时，其中两个变量之间的相关关系称为偏相关。

所谓相关分析，就是分析测定变量间相互依存关系的密切程度的统计方法。一般可以借助相关系数、相关表与相关图来进行相关分析。

（1）相关系数：表示两个变量（X, Y）之间线性关系密切程度的指标，用 r 表示，其值在 -1 至 $+1$ 之间。如两者呈正相关，r 呈正值，$r=1$ 时为完全正相关；如两者呈负相关，则 r 呈负值，而 $r=-1$ 时为完全负相关。完全正相关或负相关时，所有图点都在直线回归线上；点的分布在直线回归线上下越离散，r 的绝对值越小。当例数相等时，相关系数的绝对值越接近 1，相关越密

切；越接近于 0，相关越不密切。当 $r=0$ 时，说明 X 和 Y 两个变量之间无直线关系。

简单相关系数是其他相关系数形成的基础。简单相关系数的计算公式如下：

$$r = \frac{\sum(x-\overline{x})(y-\overline{y})}{\sqrt{\sum(x-\overline{x})^2 \cdot \sum(y-\overline{y})^2}} \tag{9-1}$$

或化简为：

$$r = \frac{n\sum xy - \sum x \sum y}{\sqrt{n\sum x^2 - \left(\sum x\right)^2} \cdot \sqrt{n\sum y^2 - \left(\sum y\right)^2}} \tag{9-2}$$

（2）相关表：在定性判断的基础上，把具有相关关系的两个量的具体数值按照一定的顺序平行排列在一张表上，以观察它们之间的相互关系，这种表就称为相关表。

（3）相关图：把相关表上一一对应的具体数值在直角坐标系中用点标出来而形成的散点图，则称为相关图。利用相关图和相关表，可以更直观、更形象地表现变量之间的相互关系。

相关图又称散点图。它是将两个变量用坐标点的形式描绘出来，用来反映两变量之间关系的图形。例如，施化肥量对水稻产量影响的试验数据见表 9-1。绘制散点图，如图 9-1 所示。

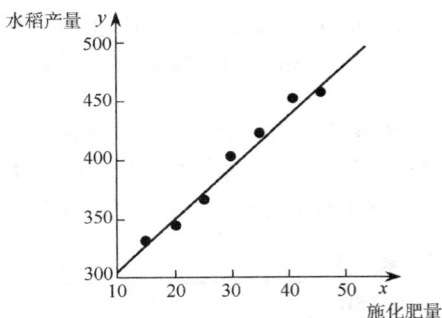
▲图 9-1　施化肥量与水稻产量的散点图

表 9-1　　　　　　　　　　　　　施化肥量与水稻产量的关系

施化肥量 x	15	20	25	30	35	40	45
水稻产量 y	330	345	365	405	445	450	455

9.1.2　直线相关分析的 R 实例

在 R 系统中进行直线相关分析的过程步是 cor() 函数。下面先来了解一下这个函数。

cor() 函数可以计算多种相关系数，包括 Pearson 相关系数、Spearman 相关系数、Kendall 相关系数、偏相关系数、多分格相关系数和多系列相关系数。Pearson 积差相关系数衡量了两个定量变量之间的线性相关程度。Spearman 等级相关系数则衡量分级定序变量之间的相关程度。Kendall's Tau 相关系数也是一种非参数的等级相关度量。

Pearson 相关用于双变量正态分布的资料，其相关系数称为积矩相关系数。进行相关分析时，我们一般会同时对两变量绘制散点图，以更直观地考察两变量之间的相互变化关系。

cor() 函数的语句基本格式如下：

```
cor (x, use=  , method= )
```

这些参数详述见表 9-2。

表 9-2　　　　　　　　　　　　cor() 函数选项列表及其功能

选　　项	功　能　描　述
x	矩阵或数据框
use	指定缺失数据的处理方式。可选的方式为 all.obs（假设不存在缺失数据，遇到缺失数据时将报错）、everything（遇到缺失数据时，相关系数的计算结果将设为 missing）、complete.obs（行删除）以及 pairwise.complete.obs（成对删除，pairwise deletion）
method	指定相关系数的类型。可选类型为 pearson、spearman 或 kendall

默认参数为 use="everything" 和 method="pearson"。

在计算好相关系数以后，如何对它们进行统计显著性检验呢？常用的原假设为变量间不相关（即总体相关系数为 0）。可以使用 cor.test() 函数对单个的 Pearson、Spearman 和 Kendall 相关系数进行检验。简化后的使用格式为：

```
cor.test(x, y, alternative=  , method= )
```

其中，x 和 y 为要检验相关性的变量，alternative 则用来指定进行双侧或单侧检验（取值为"two.side"、"less"或"greater"），而 method 用以指定要计算的相关类型（"pearson"、"spearman"和"kendall"）。当研究的假设为总体的相关系数大于 0 时，应使用 alternative="greater"。默认情况下，假设 alternative= "two.side"（总体相关系数不等于 0）。

cor.test() 函数每次只能检验一种相关关系，但是，psych 包中提供的 corr.test() 函数可以为 Pearson、Spearman 和 Kendall 相关计算相关矩阵和显著性水平。

例 9-1　某医生为了探讨缺碘地区母婴 TSH 水平的关系，应用免疫放射分析测定了 160 名孕妇（15~17 周）及分娩时脐带血 TSH 水平（mU/L），现随机抽取 10 对数据，见表 9-3，试对母血 TSH 水平与新生儿脐带血 TSH 水平进行相关分析。

表 9-3　　　　　　　　　　　10 名孕妇及其分娩时脐带血 TSH 水平

母血 TSH	1.21	1.30	1.39	1.42	1.47	1.56	1.68	1.72	1.98	2.10
脐带血 TSH	3.90	4.50	4.20	4.83	4.16	4.93	4.32	4.99	4.70	5.20

【R 程序】

```
> Example9_1  <- read.table ("example9_1.csv", header=TRUE, sep=",")
> attach(Example9_1)
> plot(x1, x2)
> cor(Example9_1, method="pearson")
> cor.test(x1,x2, method="pearson")
> detach (Example9_1)
```

【R 输出结果】

① 两变量散点图见图 9-2。

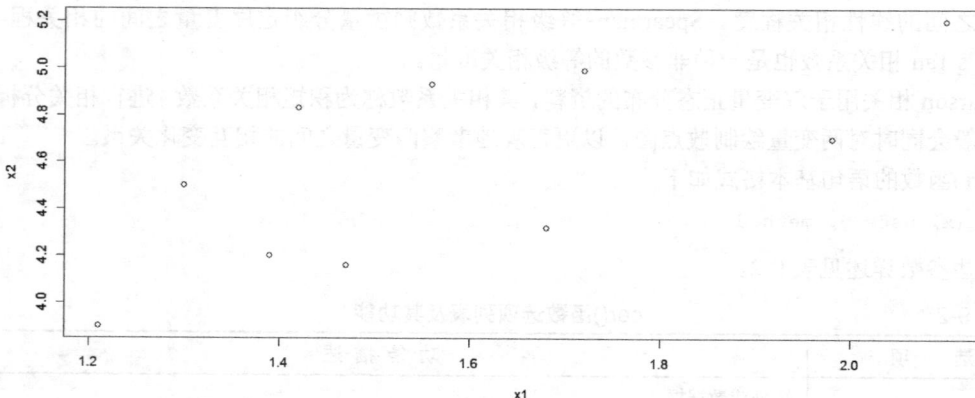

▲图 9-2　变量 x1 与 x2 之散点图

②
```
        x1        x2
x1 1.0000000 0.6807283
x2 0.6807283 1.0000000
```

③
```
Pearson's product-moment correlation
data:  x1 and x2
t = 2.6284, df = 8, p-value = 0.03025
alternative hypothesis: true correlation is not equal to 0
95 percent confidence interval:
 0.08943359 0.91722701
sample estimates:
        cor
0.6807283
```

【结果解释】

① 散点图表现出明显的椭圆形，说明两变量间存在一定的直线相关。

② 结果中首先给出变量的相关系数矩阵，相关系数 $r = 0.68073$。

③ 给出 Pearson 相关系数统计显著性检验结果（$P = 0.0303 < 0.05$）。可得出专业结论：母血 TSH 水平与新生儿脐带血 TSH 水平显著相关。

当两变量不符合双变量正态分布的假设时，需用 Spearman 秩相关来描述变量间的相互变化关系。此时，散点图上散点的分布形态不能完全描述两变量间的相关关系，故此时一般不需再绘制散点图。

例 9-2 用 ^{60}Co 对狗造成急性放射病，对照射后 5 天时的健康状况进行综合评分，并记录其存活天数，见表 9-4。试作等级相关分析。

表 9-4　　　　　　　　　　狗急性放射病综合评分及其存活天数

综合评分	79	80	91	90	70	87	92
存活天数	45	30	16	24	28	25	14

【R 程序】
```
> Example9_2  <- read.table ("example9_2.csv", header=TRUE, sep=",")
> attach(Example9_2)
> cor(Example9_2, method="spearman")
> cor.test(x, y, method="spearman")
> detach (Example9_2)
```

【R 输出结果】

①
```
           x          y
x  1.0000000 -0.8928571
y -0.8928571  1.0000000
```
②
```
                             Spearman's rank correlation rho

data:  x and y
S = 106, p-value = 0.0123
alternative hypothesis: true rho is not equal to 0
sample estimates:
       rho
-0.8928571
```

【结果解释】

① 首先结果中给出变量的相关系数矩阵，相关系数 $r = -0.89286$。

② 给出 spearman 相关系数统计显著性检验结果（$P = 0.0068 < 0.05$）。可得出专业结论：健康状况综合评分与 ^{60}Co 对狗照射后的存活天数显著相关。

例 9-3 某公司想要知道职工是否期望成为好的销售员而实际上就能有好的销售记录。为了调查这个问题，公司仔细地查看和评价了公司 10 个职工的初始面试摘要、学科成绩、推荐信等材料，最后根据他们成功的潜能给出了单独的等级评分。两年后获得了实际的销售记录，得到了第二份等级评分，见表 9-5。分析职工的销售潜能是否与开始两年的实际销售成绩一致。

表 9-5 职工的销售潜能与销售成绩的秩相关分析

职 工 编 号	潜 能 等 级	销 售 成 绩
1	2	400
2	4	360
3	7	300
4	1	295
5	6	280
6	3	350
7	10	200
8	9	260
9	8	220
10	5	385

【R 程序】

```
> Example9_3 <- read.table ("example9_3.csv", header=TRUE, sep=",")
> attach(Example9_3)
> cor(Example9_3, method="spearman")
> cor.test(x, y, method="spearman")
> detach (Example9_3)
```

【R 输出结果】

```
①
  x         y
x 1.0000000 0.7333333
y 0.7333333 1.0000000
②
Spearman's rank correlation rho

data:  x and y
S = 44, p-value = 0.02117
alternative hypothesis: true rho is not equal to 0
sample estimates:
    rho
0.7333333
```

【结果解释】

① 首先结果中给出变量的相关系数矩阵，相关系数 r=0.73333。

② 给出 spearman 相关系数统计显著性检验结果（P=0.02117<0.05）。可得出专业结论：销售潜能的高低与销售成绩好坏之间存在明显的正相关性。

> **重点提示**：掌握相关分析的 R 程序（cor()函数和 cor.test()函数），并注意 Pearson 相关和 Spearman 秩相关的区别以及对分析结果的解释。

9.2 直线回归分析

在医学上，不少变量间虽存在一定的关系，但这种关系不像函数关系那样十分确定。例如正常人的血压随年龄而增高，但这只是总的趋势，有些高龄人的血压却不一定偏高；一群正常人按年龄和血压两个变量在坐标上的方位点，并非集中在一条上升的直线上，而是围绕着一条有代表性的直线上升。

直线回归分析的任务在于找出两个变量有依存关系的直线方程，以确定一条最接近于各实测点的直线，使各实测点与该线的纵向距离的平方和为最小。这个方程称为直线回归方程，据此方程描绘的直线就是回归直线。

9.2.1 直线回归分析介绍

直线回归是用直线回归方程表示两个数量变量间依存关系的统计分析方法，属于双变量分析的范畴。如果某一个变量随着另一个变量的变化而变化，并且它们的变化在直角坐标系中呈直线趋势，就可以用一个直线方程来定量地描述它们之间的数量依存关系，这就是直线回归分析。

直线回归分析中两个变量的地位不同，其中一个变量是依赖另一个变量而变化的，因此分别称为因变量和自变量，习惯上分别用 y 和 x 来表示。其中 x 可以是规律变化的或人为选定的一些数值（非随机变量），也可以是随机变量。

所谓回归分析，就是依据相关关系的具体形态，选择一个合适的数学模型，来近似地表达变量间的平均变化关系。

相关关系能说明现象间有无关系，但它不能说明一个现象发生一定量的变化时，另一个变量将会发生多大量的变化。也就是说，它不能说明两个变量之间的一般数量关系值。回归分析，是指在相关分析的基础上，把变量之间的具体变动关系模型化，求出关系方程式，就是找出一个能够反映变量间变化关系的函数关系式，并据此进行估计和推算。通过回归分析，可以将相关变量之间不确定、不规则的数量关系一般化、规范化，从而可以根据自变量的某一个给定值推断出因变量的可能值（或估计值）。

回归分析包括多种类型，根据所涉及变量的多少不同，可分为简单回归和多元回归。简单回归又称一元回归，是指两个变量之间的回归。其中一个变量是自变量，另一个变量是因变量。

相关分析和回归分析有着密切的联系，它们不仅具有共同的研究对象，而且在具体应用时常常必须相互补充。相关分析研究变量之间相关的方向和相关程度。但是相关分析不能指出变量间相互关系的具体形式，也无法从一个变量的变化来推测另一个变量的变化情况。回归分析则是研究变量之间相互关系的具体形式，它对具有相关关系的变量之间的数量联系进行测定，确定一个相关的数学方程，根据这个数学方程可以从已知量推测未知量，从而为估算和预测提供了一个重要的方法。

一元线性回归模型如下：

$$y = \beta_0 + \beta_1 x + \varepsilon \tag{9-3}$$

模型中，y 是 x 的线性函数（部分）加上误差项。线性部分反映了由于 x 的变化而引起的 y 的变化；误差项 ε 是随机变量，反映了除 x 和 y 之间的线性关系之外的随机因素对 y 的影响，是不能由 x 和 y 之间的线性关系所解释的变异性；β_0 和 β_1 称为模型的参数。

一元线性回归模型的基本假定如下。

● 误差项 ε 是一个期望值为 0 的随机变量，即 $E(\varepsilon)=0$。对于一个给定的 x 值，y 的期望值为 $E(y) = \beta_0 + \beta_1 x$。

● 对于所有的 x 值，ε 的方差 σ^2 都相同。

● 误差项 ε 是一个服从正态分布的随机变量，且相互独立。即 $\varepsilon \sim N(0, \sigma^2)$。

一元线性回归方程如下：

$$E(y) = \beta_0 + \beta_1 x \tag{9-4}$$

描述 y 的平均值或期望值如何依赖于 x 的方程称为回归方程。方程的图示是一条直线，因此也称为直线回归方程。β_0 是回归直线在 y 轴上的截距，是当 $x=0$ 时 y 的期望值；β_1 是直线的斜率，称为回归系数，表示当 x 每变动一个单位时 y 的平均变动值。

估计的回归方程如下：

$$\hat{y} = \hat{\beta}_0 + \hat{\beta}_1 x \tag{9-5}$$

总体回归参数 β_0 和 β_1 是未知的，必须利用样本数据去估计。用样本统计量 $\hat{\beta}_0$ 和 $\hat{\beta}_1$ 代替回归方程中的未知参数 β_0 和 β_1，就可以得到估计的回归方程。

参数估计—最小二乘法：使因变量的观察值与估计值之间的离差平方和达到最小来求得 β_0 和 β_1 的方法。即 $Q(\hat{\beta}_0, \hat{\beta}_1) = \sum\limits_{i=1}^{n}(y_i - \hat{y})^2 = \sum\limits_{i=1}^{n} e_i^2 = $ 最小 。可解得：

$$\begin{cases} \hat{\beta}_1 = \dfrac{n\sum\limits_{i=1}^{n} x_i y_i - \left(\sum\limits_{i=1}^{n} x_i\right)\left(\sum\limits_{i=1}^{n} y_i\right)}{n\sum\limits_{i=1}^{n} x_i^2 - \left(\sum\limits_{i=1}^{n} x_i\right)^2} \\[4mm] \hat{\beta}_0 = \overline{y} - \hat{\beta}_1 \overline{x} \end{cases} \tag{9-6}$$

回归方程的检验包括以下一些选项。

（1）拟合优度检验。

$$r^2 = \frac{SSR}{SST} = \frac{\sum\limits_{i=1}^{n}(\hat{y}_i - \overline{y})^2}{\sum\limits_{i=1}^{n}(y_i - \overline{y})^2} = 1 - \frac{\sum\limits_{i=1}^{n}(y_i - \hat{y})^2}{\sum\limits_{i=1}^{n}(\hat{y}_i - \overline{y})^2} \tag{9-7}$$

反映回归直线的拟合程度，取值范围在 [0，1] 之间。$r^2 \to 1$，说明回归方程拟合得越好；$r^2 \to 0$，说明回归方程拟合得越差。

（2）回归方程的显著性检验。

检验自变量和因变量之间的线性关系是否显著。具体方法是将回归离差平方和同剩余离差平方和加以比较，应用 F 检验来分析二者之间的差别是否显著，如果是显著的，两个变量之间存在线性关系；如果不显著，两个变量之间不存在线性关系。具体步骤如下。

● 提出假设。

H_0：线性关系不显著。

● 计算检验统计量 F。

$$F = \frac{SSR/1}{SSE/n-2} = \frac{\sum\limits_{i=1}^{n}(\hat{y}_i - \overline{y})^2 \Big/ 1}{\sum\limits_{i=1}^{n}(y_i - \hat{y})^2 \Big/ n-2} \sim F(1, n-2) \tag{9-8}$$

● 确定显著性水平 α，并根据分子自由度 1 和分母自由度 $n-2$ 找出临界值 F_α 做出决策：若

$F > F_\alpha$，拒绝 H_0；若 $F < F_\alpha$，接受 H_0。

（3）回归系数的显著性检验。

● 提出假设。

$$H_0: \quad \beta_1 = 0 \text{（没有线性关系）}$$
$$H_1: \quad \beta_1 \neq 0 \text{（有线性关系）}$$

● 计算检验的统计量。

$$t = \frac{\hat{\beta}_1}{S_{\hat{\beta}_1}} \sim t(n-2) \tag{9-9}$$

● 确定显著性水平 α，并进行决策。

$|t| > t_{\alpha/2}$，拒绝 H_0；$|t| < t_{\alpha/2}$，接受 H_0。

注意：应用直线回归的注意事项如下。

（1）做回归分析要有实际意义，不能对毫无关联的两种现象随意进行回归分析，忽视事物现象间的内在联系和规律。如对儿童身高与小树的生长数据进行回归分析既无道理，也无用途。另外，即使两个变量间存在回归关系，也不一定是因果关系，必须结合专业知识作出合理的解释和结论。

（2）直线回归分析的资料，一般要求因变量 Y 是来自正态总体的随机变量，自变量 X 可以是正态随机变量，也可以是精确测量和严密控制的值。若稍偏离要求，一般对回归方程中参数的估计影响不大，但可能影响到标准差的估计，也会影响假设检验时 P 值的真实性。

（3）进行回归分析时，应先绘制散点图。若提示有直线趋势存在，可作直线回归分析；若提示无明显线性趋势，则应根据散点分布类型选择合适的曲线模型，经数据变换后，化为线性回归来解决。一般来说，不满足线性条件的情形下去计算回归方程会毫无意义，最好采用非线性回归方程的方法进行分析。

（4）绘制散点图后，若出现一些特大特小的离群值（异常点），则应及时复核检查，对由于测定、记录或计算机录入的错误数据，应予以修正和剔除。否则，异常点的存在会对回归方程中的系数 a、b 的估计产生较大的影响。

（5）回归直线不要外延。直线回归的适用范围一般以自变量取值范围为限，在此范围内求出的估计值 $\hat{y}$ 称为内插，超过自变量取值范围所计算的 $\hat{y}$ 称为外延。若无充足理由证明，超出自变量取值范围后直线回归关系仍成立时，应该避免随意外延。

9.2.2 直线回归分析的 R 程序实例

lm()函数只是 R 中众多关于回归的函数之一。lm()函数是用于一般目的的回归分析的函数，而其他函数则具有各自特殊的用途。lm()函数的基本格式如下：

```
myfit <- lm(formula, data)
```

其中，formula 指要拟合的模型形式，data 是一个数据框，包含了用于拟合模型的数据。结果对象（myfit）存储在一个列表中，包含了所拟合模型的大量信息。表达式（formula）形式如下：

```
Y ~ x1 + x2 + ⋯+ xk
```

左边为因变量，右边为各个自变量，自变量之间用"+"分隔。

R 表达式中 lm() 函数常用的符号如表 9-6 所示。

表 9-6   R 表达式中 lm() 函数常用的符号

符 号	用 途
~	分隔符号，左边为因变量，右边为各个自变量。例如，通过 x、z 和 w 预测 y，代码为 $y \sim x + z + w$
+	分隔自变量
:	表示自变量的交互项。例如，通过 x、z 以及 x 与 z 的交互项预测 y，代码为 $y \sim x + z + x{:}z$
*	表示所有可能的交互项。例如，$y \sim x*z*w$ 可展开为 $y \sim x + z + w + x{:}z + x{:}w + w{:}z + x{:}z{:}w$
^	表示交互项达到某个次数。代码 $y \sim (x + z + w)\^2$ 可展开为 $y \sim x + z + w + x{:}z + x{:}w + w{:}z$
.	表示包含除因变量外的所有变量，例如，若一个数据框包括变量 y、x、z 和 w，代码 $y \sim .$ 可展开为 $y \sim x + z + w$。
−	表示从等式中移除某个变量。例如，$y \sim (x + z + w)\^2 - x{:}w$ 可展开为 $y \sim x + z + w + x{:}z + w{:}z$
−1	删除截距项。例如，表达式 $y \sim x - 1$ 拟合 y 在 x 上的回归，并强制直线通过原点。
I()	从算术的角度解释括号中的元素。例如，$y \sim x + (z + w)\^2$ 将展开为 $y \sim x + z + w + w{:}z$。但是，代码 $y \sim x + I((z + w)\^2)$ 将展开为 $y \sim x + h$，h 是一个由 z 和 w 的平方和创建的新变量
Function	可以在表达式中用到的数学函数。例如，$\log(Y) \sim x + z + w$ 表示通过 x、z 和 w 来预测 $\log(Y)$。

除了 lm() 函数，还有一些其他对简单或多元回归分析有用的函数见表 9-7。拟合模型后，将这些函数应用于 lm() 函数返回的对象（myfit），可以得到更多额外的模型信息。

表 9-7   R 中对拟合线性模型非常有用的其他函数

函 数	用 途
summary()	展示拟合模型的详细结果
coefficients()	列出拟合模型的模型参数（截距项和斜率）
confint()	提供模型参数的置信区间（默认为 95%）
fitted()	列出拟合模型的预测值
residulas()	列出拟合模型的残差值
anova()	生成一个拟合模型的方差分析表，或者比较两个或更多拟合模型的方差分析表
vcov()	列出模型参数的协方差矩阵
AIC()	输出赤池信息统计量
plot()	生成评价拟合模型的诊断图
predict()	用拟合模型对新的数据集预测因变量值

例 9-4 某医生研究儿童体重与心脏横径的关系，测得 13 名 8 岁正常男童的体重与心脏横径，数据见表 9-8。试作回归分析。

表 9-8   13 名 8 岁健康男童体重与心脏横径的关系

编 号	体重（kg，X）	心脏横径（cm，Y）
1	25.5	9.2
2	19.5	7.8
3	24.0	9.4
4	20.5	8.6

续表

编 号	体重（kg, X）	心脏横径（cm, Y）
5	25.0	9.0
6	22.0	8.8
7	21.5	9.0
8	23.5	9.4
9	26.5	9.7
10	23.5	8.8
11	22.0	8.5
12	20.0	8.2
13	28.0	9.9

【R 程序】

```
> Example9_4  <- read.table ("example9_4.csv", header=TRUE, sep=",")
> attach(Example9_4)
> plot(x, y)
> fit   <-  lm(y~x)
> anova(fit)
> summary (fit)
> confint(fit)
> y
> fitted (fit)
> residuals (fit)
> detach (Example9_4)
```

【R 输出结果】

①

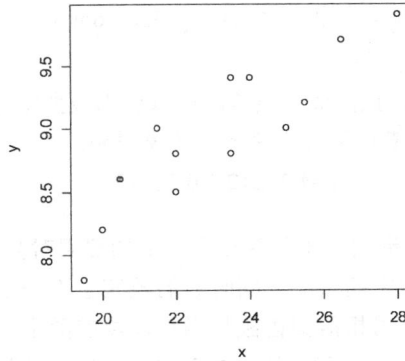

②
```
Analysis of Variance Table

Response: y
          Df Sum Sq Mean Sq F value    Pr(>F)
x          1 3.3444  3.3444   43.39 3.932e-05 ***
Residuals 11 0.8479  0.0771
---
Signif. codes:  0 '***' 0.001 '**' 0.01 '*' 0.05 '.' 0.1 ' ' 1
```
③
```
Call:
lm(formula = y ~ x)

Residuals:
```

```
      Min      1Q  Median      3Q      Max
  -0.3925 -0.2090 -0.0275  0.2034   0.3993

Coefficients:
            Estimate Std. Error t value Pr(>|t|)
(Intercept)  4.21212    0.72280   5.828 0.000115 ***
x            0.20412    0.03099   6.587 3.93e-05 ***
---
Signif. codes:  0 '***' 0.001 '**' 0.01 '*' 0.05 '.' 0.1 ' ' 1

Residual standard error: 0.2776 on 11 degrees of freedom
Multiple R-squared:  0.7978,    Adjusted R-squared:  0.7794
F-statistic: 43.39 on 1 and 11 DF,  p-value: 3.932e-05
④
                2.5 %     97.5 %
(Intercept) 2.6212598 5.8029856
x           0.1359167 0.2723248
⑤
 [1] 9.2 7.8 9.4 8.6 9.0 8.8 9.0 9.4 9.7 8.8 8.5 8.2 9.9

       1        2        3        4        5        6        7        8
9.417202 8.192477 9.111021 8.396598 9.315141 8.702779 8.600719 9.008960
       9       10       11       12       13
9.621322 9.008960 8.702779 8.294538 9.927504

         1           2           3           4           5           6
-0.21720172 -0.39247724  0.28897940  0.20340201 -0.31514135  0.09722089
         7           8           9          10          11          12
 0.39928126  0.39103977  0.07867753 -0.20896023 -0.20277911 -0.09453761
        13
-0.02750359
```

【结果解释】

① 散点图表现出明显的线性关系，说明两变量间存在一定的直线相关。

② 方差分析表，结果表明模型拟合数据较好（$F=43.39$，$P<0.0001$）。

③ 参数估计结果，自变量 x 有显著性意义（$P<0.0001$），常数项也有显著性意义（$P=0.0001$）。因变量 Y 的总体变异中 79.78% 被自变量 x 所解释（$R^2=0.7978$）。

④ 给出自变量 x 的 95% 可信区间。

⑤ 输出因变量 Y 的观察值、预测值、残差，可以认为数据中没有极端点。可以得出专业结论：8 岁正常男童的体重与心脏横径呈直线关系。其模型为：

$$Y=4.21212+0.20412x$$

例 9-5　大多数公司最终会询问关于花费在广告上的费用对公司产品销售额的影响程度。由于广告需要一定的时间才能达到它的效应，同时它的效应也不是永久持续的，它的影响也许仅仅延续开头的一段时期。假设公司相信销售额与当月以及前两个月内所花的广告费有较密切的关系，假设它们之间存在线性关系，现在有某公司 15 个月内有关广告花费 X 与销售额 Y 的数据，如表 9-9 所示。

表 9-9　　　　　　　　　　　广告额与销售额

月	月 销 售 额	月广告花费
1	2945	280
2	4295	400
3	5645	450
4	6995	590
5	8345	650

续表

月	月 销 售 额	月广告花费
6	9695	750
7	11045	890
8	12395	1000
9	13745	1050
10	15095	1200
11	16445	1250
12	17795	1350
13	19145	1460
14	20495	1500
15	21845	1650

【R 程序】

```
> Example9_5  <- read.table ("example9_5.csv", header=TRUE, sep=",")
> attach(Example9_5)
> fit  <-  lm(SALES~ADV + ADVLAG1 + ADVLAG2)
> anova(fit)
> summary (fit)
> SALES
> fitted (fit)
> residuals (fit)
> detach (Example9_5)
```

【R 输出结果】

①
```
Analysis of Variance Table

Response: SALES
          Df    Sum Sq   Mean Sq  F value    Pr(>F)
ADV        1 330167453 330167453 9661.0106 5.924e-15 ***
ADVLAG1    1    966283    966283   28.2744 0.0004827 ***
ADVLAG2    1    253686    253686    7.4231 0.0234332 *
Residuals  9    307577     34175
---
Signif. codes:  0 '***' 0.001 '**' 0.01 '*' 0.05 '.' 0.1 ' ' 1
```
②
```
Call:
lm(formula = SALES ~ ADV + ADVLAG1 + ADVLAG2)

Residuals:
   Min      1Q  Median      3Q     Max
-258.52 -127.81   24.02  142.31  208.43

Coefficients:
            Estimate Std. Error t value Pr(>|t|)
(Intercept)  522.131    372.394   1.402  0.19442
ADV            3.681      1.779   2.070  0.06842 .
ADVLAG1        4.966      1.466   3.387  0.00804 **
ADVLAG2        5.200      1.908   2.725  0.02343 *
---
Signif. codes:  0 '***' 0.001 '**' 0.01 '*' 0.05 '.' 0.1 ' ' 1

Residual standard error: 184.9 on 9 degrees of freedom
  (2 observations deleted due to missingness)
Multiple R-squared: 0.9991,    Adjusted R-squared: 0.9988
F-statistic: 3232 on 3 and 9 DF,  p-value: 5.822e-14
```
③

```
[1]    2945   4295   5645   6995   8345   9695  11045  12395  13745  15095  16445  17795
[13]  19145  20495  21845
```

```
         3         4         5         6         7         8         9
   5620.983  7008.622  8184.699  9578.727 10902.686 12522.813 13981.057
        10        11        12        13        14        15
  15353.516 16542.436 17938.801 19100.320 20313.769 21636.570
```

```
          3          4          5          6          7          8          9
   24.01694  -13.62206  160.30065  116.27277  142.31395 -127.81293 -236.05694
         10         11         12         13         14         15
 -258.51569  -97.43621 -143.80111   44.67967  181.23083  208.43013
```

【结果解释】

① 第 1 部分是方差分析表，结果表明模型拟合数据较好。

② 第 2 部分是参数估计结果，前一个月和前两个月广告费 x 有显著性意义。因变量 Y 的总体变异中 99.91% 被自变量 x 所解释（$R^2=0.9991$）。

③ 输出因变量 Y 的观察值、预测值、残差。可以得出专业结论：销售额 Y 与前一个月和前两个月广告费呈直线关系，其模型为：

$$Y=522.131+3.681x+4.966x_{-1}+5.200x_{-2}$$

> **重点提示**：掌握回归分析与相关分析的区别与联系，掌握回归分析的模型假设以及 R 程序（lm() 函数以及语句选项）。

9.3　本章小结

相关分析和回归分析是研究现象之间相关关系的两种基本方法。相关是解决客观事物或现象相互关系密切程度的问题，而回归则是用函数的形式表示出因果关系。有相关不一定有因果关系；反之，有因果关系的一定有相关。

所谓相关分析，就是用一个指标来表明现象间相互依存关系的密切程度。按相关程度划分，可分为完全相关、不完全相关和不相关；按相关方向划分，可分为正相关和负相关；按相关的形式划分，可分为线形相关和非线形相关；按变量多少划分，可分为单相关、复相关和偏相关。所谓相关分析，就是分析测定变量间相互依存关系的密切程度的统计方法。一般可以借助相关系数、相关表与相关图来进行相关分析。

第 10 章　多元线性回归与相关

学习目标

- 熟悉多元线性回归模型矩阵形式。
- 掌握多元线性回归模型、参数估计过程及参数的解释，以及标准化参数估计值。
- 了解多元线性回归共线性的诊断问题。
- 理解复相关系数与偏相关系数。
- 掌握多元线性回归的 R 程序（lm()函数以及选项）。
- 熟悉计算偏相关系数的 R 程序。

内容概要

本章介绍多元线性回归分析的模型、估计矩阵、参数估计，并阐述模型和参数的显著性检验方法、多元线性回归模型、参数估计过程及参数的解释，标准化参数估计值，同时详细探讨多元线性回归分析自变量的选择以及逐步筛选法，从而引出多重共线性的诊断以及解决方法。比较了复相关系数、偏相关系数、确定系数及调整确定系数的定义和区别。最后，以实例说明如何应用 R 程序进行多元线性回归分析和多元相关分析。

在许多实际问题中，还会遇到一个随机变量与多个变量的相关关系问题，需要用多元回归分析的方法来解决。第 9 章介绍的一元回归分析是其特殊情形。

10.1　多元线性回归与相关的基础理论

由于经济现象的复杂性，一个被解释变量往往受多个解释变量的影响。多元回归模型就是在方程式中有两个或两个以上自变量的线性回归模型。多元线性回归预测是用多元线性回归模型，例如对具有线性趋势的税收问题，使用多个影响因素所做的预测。

10.1.1　多元线性回归

多元线性回归分析也称为复线性回归分析，它是一元线性回归分析或简单线性回归分析的推广，它研究的是一组自变量如何直接影响一个因变量。这里的自变量指的是能独立自由变化的变量，一般用 x 表示；因变量 y 指的是非独立的、受其他变量影响的变量，一般用 y 表示。由于多元线性回归分析（包括一元线性回归分析）仅涉及一个因变量，所以有时也称为单变量线性回归分析。

1. 多元线性回归分析的数学模型

多元线性回归分析的手段，是借助于一个数学模型来揭示总体中若干个自变量与一个因变量之间的线性依存关系，并评估用这一数学模型模拟相关事物变化规律的准确性。具体地说，多元线性回归分析可以从统计意义上确定在消除了其他自变量的影响后，每一个自变量的变化是否引起因变量的变化，并且估计出在其他自变量固定不变的情况下，每个自变量对因变量的数值影响的大小。

假定被解释变量 Y 与多个解释变量 $X_1, X_2, \cdots, X_k$ 之间具有线性关系，是解释变量的多元线性函数，称为多元线性回归模型。即：

$$Y = \beta_0 + \beta_1 X_1 + \beta_2 X_2 + \cdots + \beta_k X_k + \mu$$

其中，Y 为被解释变量，$X_j(j = 1, 2, \cdots, k)$ 为 k 个解释变量，$\beta_j(j = 0, 1, 2, \cdots, k)$ 为 $k+1$ 个未知参数，μ 为随机误差项。

被解释变量 Y 的期望值与解释变量 $X_1, X_2, \cdots, X_k$ 的线性方程如下：

$$E(Y) = \beta_0 + \beta_1 X_1 + \beta_2 X_2 + \cdots + \beta_k X_k$$

称为多元总体线性回归方程，简称总体回归方程。

对于 n 组观测值 $Y_i, X_{1i}, X_{2i}, \cdots, X_{ki}(i = 1, 2, \cdots, n)$，其方程组形式如下：

$$Y_i = \beta_0 + \beta_1 X_{1i} + \beta_2 X_{2i} + \cdots + \beta_k X_{ki} + \mu_i, (i = 1, 2, \cdots, n)$$

即：

$$\begin{cases} Y_1 = \beta_0 + \beta_1 X_{11} + \beta_2 X_{21} + \cdots + \beta_k X_{k1} + \mu_1 \\ Y_2 = \beta_0 + \beta_1 X_{12} + \beta_2 X_{22} + \cdots + \beta_k X_{k2} + \mu_2 \\ \cdots \\ Y_n = \beta_0 + \beta_1 X_{1n} + \beta_2 X_{2n} + \cdots + \beta_k X_{kn} + \mu_n \end{cases}$$

其矩阵形式如下：

$$\begin{bmatrix} Y_1 \\ Y_2 \\ \vdots \\ Y_n \end{bmatrix} = \begin{bmatrix} 1 & X_{11} & X_{21} & \cdots & X_{k1} \\ 1 & X_{12} & X_{22} & \cdots & X_{k2} \\ \vdots & \vdots & \vdots & \vdots & \vdots \\ 1 & X_{1n} & X_{2n} & \cdots & X_{kn} \end{bmatrix} \begin{bmatrix} \beta_0 \\ \beta_1 \\ \beta_2 \\ \vdots \\ \beta_k \end{bmatrix} + \begin{bmatrix} \mu_1 \\ \mu_2 \\ \vdots \\ \mu_n \end{bmatrix}$$

即：$Y = X\beta + \mu$。

$Y_{n \times 1} = \begin{bmatrix} Y_1 \\ Y_2 \\ \vdots \\ Y_n \end{bmatrix}$ 为被解释变量的观测值向量；$X_{n \times (k+1)} = \begin{bmatrix} 1 & X_{11} & X_{21} & \cdots & X_{k1} \\ 1 & X_{12} & X_{22} & \cdots & X_{k2} \\ \vdots & \vdots & \vdots & \vdots & \vdots \\ 1 & X_{1n} & X_{2n} & \cdots & X_{kn} \end{bmatrix}$ 为解释变量

的观测值矩阵；$\beta_{(k+1) \times 1} = \begin{bmatrix} \beta_0 \\ \beta_1 \\ \beta_2 \\ \vdots \\ \beta_k \end{bmatrix}$ 为总体回归参数向量；$\mu_{n \times 1} = \begin{bmatrix} \mu_1 \\ \mu_2 \\ \vdots \\ \mu_n \end{bmatrix}$ 为随机误差项向量。

总体回归方程表示如下：

$$E(Y) = X\beta$$

多元线性回归模型包含多个解释变量，多个解释变量同时对被解释变量 Y 发生作用，若要考察其中一个解释变量对 Y 的影响，就必须假设其他解释变量保持不变来进行分析。因此多元线性回归模型中的回归系数为偏回归系数，即反映了当模型中的其他变量不变时，其中一个解释变量对因变量 Y 的均值的影响。

由于参数 $\beta_0, \beta_1, \beta_2, \cdots, \beta_k$ 都是未知的，因此可以利用样本观测值 $(X_{1i}, X_{2i}, \cdots, X_{ki}; Y_i)$ 对它们进行估计。若计算得到的参数估计值为 $\hat{\beta}_0, \hat{\beta}_1, \hat{\beta}_2, \cdots, \hat{\beta}_k$，用参数估计值替代总体回归函数的未知参数 $\beta_0, \beta_1, \beta_2, \cdots, \beta_k$，则可得到如下的多元线性样本回归方程：

$$\hat{Y}_i = \hat{\beta}_0 + \hat{\beta}_1 X_{1i} + \hat{\beta}_2 X_{2i} + \cdots + \hat{\beta}_k X_{kn}$$

其中，$\hat{\beta}_j (j = 0, 1, 2, \cdots, k)$ 为参数估计值，$\hat{Y}_i (i = 1, 2, \cdots, n)$ 为 Y_i 的样本回归值或样本拟合值、样本估计值。

其矩阵表达形式如下：

$$\hat{Y} = X\hat{\beta}$$

$$\hat{Y}_{n \times 1} = \begin{bmatrix} \hat{Y}_1 \\ \hat{Y}_2 \\ \vdots \\ \hat{Y}_n \end{bmatrix}$$ 为被解释变量样本观测值向量 Y 的 $n \times 1$ 阶拟合值列向量；

$$X_{n \times (k+1)} = \begin{bmatrix} 1 & X_{11} & X_{21} & \cdots & X_{k1} \\ 1 & X_{12} & X_{22} & \cdots & X_{k2} \\ \vdots & \vdots & \vdots & \vdots & \vdots \\ 1 & X_{1n} & X_{2n} & \cdots & X_{kn} \end{bmatrix}$$ 为解释变量 X 的 $n \times (k+1)$ 阶样本观测矩阵；

$$\hat{\beta}_{(k+1) \times 1} = \begin{bmatrix} \hat{\beta}_0 \\ \hat{\beta}_1 \\ \hat{\beta}_2 \\ \vdots \\ \hat{\beta}_k \end{bmatrix}$$ 为未知参数向量 β 的 $(k+1) \times 1$ 阶估计值列向量。

样本回归方程得到的被解释变量估计值 $\hat{Y}_i$ 与实际观测值 Y_i 之间的偏差称为残差 e_i。

$$e_i = Y_i - \hat{Y}_i = Y_i - (\hat{\beta}_0 + \hat{\beta}_1 X_{1i} + \hat{\beta}_{2i} + \cdots + \hat{\beta}_{ki} X_{ki})$$

对于多元线性回归分析，要求观察数据和模型的残差满足如下的假定条件。

（1）因变量 y 服从正态分布的连续型随机变量。

（2）m 个自变量是固定变量，即非随机的或无度量误差的变量。

（3）m 个自变量之间不存在多重共线性。

（4）m 个自变量与残差独立。

（5）残差是随机变量；且均值为零，方差为常数。

（6）残差之间相互独立。

（7）残差服从正态分布。

在这里，自变量的多重内相关指的是一个自变量可以被其他自变量线性表出。如果条件（1）或条件（7）不满足，则会导致统计检验结果出现偏倚；条件（2）不满足，会导致结果失真；条件（3）不满足，会导致结论的不惟一性；条件（4）不满足，说明模型中缺少重要的自变量；条件（5）不满足，会导致常数估计出现偏倚；条件（6）不满足，会导致结果出现误导。

2. 多元线性回归模型的参数估计

（1）回归参数的最小二乘估计。

对于含有 k 个解释变量的多元线性回归模型：

$$Y_i = \beta_0 + \beta_1 X_{1i} + \beta_2 X_{2i} + \cdots + \beta_k X_{ki} + \mu_i \qquad (i = 1, 2, \cdots, n)$$

设 $\hat{\beta}_0, \hat{\beta}_1, \hat{\beta}_2, \cdots, \hat{\beta}_k$ 分别作为参数 $\beta_0, \beta_1, \beta_2, \cdots, \beta_k$ 的估计量，可得到样本回归方程如下：

$$\hat{Y}_i = \hat{\beta}_0 + \hat{\beta}_1 X_{1i} + \hat{\beta}_2 X_{2i} + \cdots + \hat{\beta}_k X_{ki}$$

观测值 Y_i 与回归值 $\hat{Y}_i$ 的残差 e_i 如下：

$$e_i = Y_i - \hat{Y}_i = Y_i - (\hat{\beta}_0 + \hat{\beta}_1 X_{1i} + \hat{\beta}_{2i} + \cdots + \hat{\beta}_{ki} X_{ki})$$

由最小二乘法可知 $\hat{\beta}_0, \hat{\beta}_1, \hat{\beta}_2, \cdots, \hat{\beta}_k$ 应使全部观测值 Y_i 与回归值 $\hat{Y}_i$ 的残差 e_i 的平方和最小，即使

$$Q(\hat{\beta}_0, \hat{\beta}_1, \hat{\beta}_2, \cdots, \hat{\beta}_k) = \sum e_i^2 = \sum (Y_i - \hat{Y}_i)^2$$

$$= \sum (Y_i - \hat{\beta}_0 - \hat{\beta}_1 X_{1i} - \hat{\beta}_2 X_{2i} - \cdots - \hat{\beta}_k X_{ki})^2$$

取得最小值。根据多元函数的极值原理，Q 分别对 $\hat{\beta}_0, \hat{\beta}_1, \hat{\beta}_2, \cdots, \hat{\beta}_k$ 求一阶偏导，并令其等于 0，即：

$$\frac{\partial Q}{\partial \hat{\beta}_j} = 0, (j = 1, 2, \cdots, k)$$

即：

$$\begin{cases} \dfrac{\partial Q}{\partial \hat{\beta}_0} = 2\sum (Y_i - \hat{\beta}_0 - \hat{\beta}_1 X_{1i} - \hat{\beta}_2 X_{2i} - \cdots - \hat{\beta}_k X_{ki})(-1) = 0 \\ \dfrac{\partial Q}{\partial \hat{\beta}_1} = 2\sum (Y_i - \hat{\beta}_0 - \hat{\beta}_1 X_{1i} - \hat{\beta}_2 X_{2i} - \cdots - \hat{\beta}_k X_{ki})(-X_{1i}) = 0 \\ \cdots \\ \dfrac{\partial Q}{\partial \hat{\beta}_k} = \sum (Y_i - \hat{\beta}_0 - \hat{\beta}_1 X_{1i} - \hat{\beta}_2 X_{2i} - \cdots - \hat{\beta}_k X_{ki})(-X_{ki}) = 0 \end{cases}$$

化简得到下列方程组：

$$\begin{cases} n\hat{\beta}_0 + \hat{\beta}_1 \sum X_{1i} + \hat{\beta}_2 \sum X_{2i} + \cdots + \hat{\beta}_k \sum X_{ki} = \sum Y_i \\ \hat{\beta}_0 \sum X_{1i} + \hat{\beta}_1 \sum X_{1i}^2 + \hat{\beta}_2 \sum X_{2i} X_{1i} + \cdots + \hat{\beta}_k \sum X_{ki} X_{1i} = \sum X_{ki} X_i \\ \cdots\cdots \\ \hat{\beta}_0 \sum X_{ki} + \hat{\beta}_1 \sum X_{1i} X_{ki} + \hat{\beta}_2 \sum X_{2i} X_{ki} + \cdots + \hat{\beta}_k \sum X_{ki}^2 = \sum X_{ki} X_i \end{cases}$$

上述 $k+1$ 个方程称为正规方程，其矩阵形式如下：

$$\begin{bmatrix} n & \sum X_{1i} & \sum X_{2i} & \cdots & \sum X_{ki} \\ \sum X_{1i} & \sum X_{1i}^2 & \sum X_{2i} X_{1i} & \cdots & \sum X_{ki} X_{1i} \\ \vdots & \vdots & \vdots & & \vdots \\ \sum X_{ki} & \sum X_{1i} X_{ki} & \sum X_{2i} X_{ki} & \cdots & \sum X_{ki}^2 \end{bmatrix} \begin{bmatrix} \hat{\beta}_0 \\ \hat{\beta}_1 \\ \hat{\beta}_2 \\ \vdots \\ \hat{\beta}_k \end{bmatrix} = \begin{bmatrix} \sum Y_i \\ \sum X_{1i} Y_i \\ \vdots \\ \sum X_{ki} Y_i \end{bmatrix}$$

因为

$$\begin{bmatrix} n & \sum X_{1i} & \sum X_{2i} & \cdots & \sum X_{ki} \\ \sum X_{1i} & \sum X_{1i}^2 & \sum X_{2i}X_{1i} & \cdots & \sum X_{ki}X_{1i} \\ \vdots & \vdots & \vdots & & \vdots \\ \sum X_{ki} & \sum X_{1i}X_{ki} & \sum X_{2i}X_{ki} & \cdots & \sum X_{ki}^2 \end{bmatrix}$$

$$= \begin{bmatrix} 1 & 1 & \cdots & 1 \\ X_{11} & X_{12} & \cdots & X_{1n} \\ X_{21} & X_{22} & \cdots & X_{2n} \\ \vdots & \vdots & \vdots & \vdots \\ X_{k1} & X_{k2} & \cdots & X_{kn} \end{bmatrix} \begin{bmatrix} 1 & X_{11} & X_{21} & \cdots & X_{k1} \\ 1 & X_{12} & X_{22} & \cdots & X_{k2} \\ \vdots & \vdots & \vdots & \vdots \\ 1 & X_{1n} & X_{2n} & \cdots & X_{kn} \end{bmatrix} = X'X$$

$$\begin{bmatrix} \sum Y_i \\ \sum X_{1i}Y_i \\ \vdots \\ \sum X_{ki}Y_i \end{bmatrix} = \begin{bmatrix} 1 & 1 & \cdots & 1 \\ X_{11} & X_{12} & \cdots & X_{1n} \\ X_{21} & X_{22} & \cdots & X_{2n} \\ \vdots & \vdots & \vdots \\ X_{k1} & X_{k2} & \cdots & X_{kn} \end{bmatrix} \begin{bmatrix} Y_1 \\ Y_2 \\ \vdots \\ Y_n \end{bmatrix} = X'Y$$

设 $\hat{\beta} = \begin{bmatrix} \hat{\beta}_0 \\ \hat{\beta}_1 \\ \hat{\beta}_2 \\ \vdots \\ \hat{\beta}_k \end{bmatrix}$ 为估计值向量。

样本回归模型 $Y = X\hat{\beta} + e$ 两边同乘样本观测值矩阵 X 的转置矩阵 X'，则有：

$$X'Y = X'X\hat{\beta} + X'e$$

可得到如下的正规方程组：

$$X'Y = X'X\hat{\beta}$$

由假定（6），$R(X) = k+1$，$X'X$ 为 $k+1$ 阶方阵，所以 $X'X$ 满秩，$X'X$ 的逆矩阵 $(X'X)^{-1}$ 存在。因而：

$$\hat{\beta} = (X'X)^{-1}X'Y$$

则为向量 β 的 OLS 估计量。

以二元线性回归模型为例，导出二元线性回归模型的 OLS 估计量的表达式。得到二元线性回归模型为：

$$Y_i = \beta_0 + \beta_1 X_{1i} + \beta_2 X_{2i} + \mu_i$$

为了计算的方便，先将模型中心化。

$$\overline{X}_j = \frac{1}{n}\sum_{i-1}^n X_{ji}, \ x_{ji} = X_{ji} - \overline{X}_j (j = 1,2)$$

$$\overline{Y} = \frac{1}{n}\sum_{n-1}^n Y_i, \ y_i = Y_i - \overline{Y}$$

$$L_{pq} = \sum x_{pi} x_{qi}, (p, q = 1, 2)$$

$$L_{jY} = \sum x_{ji} y_i, (j = 1, 2)$$

$$L_{YY} = \sum y_i^2$$

设 $\alpha_0 = \beta_0 + \beta_1 \overline{X}_1 + \beta_2 \overline{X}_2$，则二元回归模型改写为中心化模型。

$$Y_i = \alpha_0 + \beta_1 x_{1i} + \beta_2 x_{2i} + \mu_i$$

记：

$$X = \begin{bmatrix} 1 & x_{11} & x_{21} \\ 1 & x_{12} & x_{22} \end{bmatrix}, \beta = \begin{bmatrix} \alpha_0 \\ \beta_1 \\ \beta_2 \end{bmatrix}$$

$$X'X = \begin{bmatrix} n & 0 & 0 \\ 0 & \sum x_{1i}^2 & \sum x_{1i} x_{2i} \\ 0 & \sum x_{2i} x_{1i} & \sum x_{2i}^2 \end{bmatrix}, X'Y = \begin{bmatrix} \sum Y_i \\ \sum x_{1i} Y_i \\ \sum x_{2i} Y_i \end{bmatrix}$$

将 $L_{pq} = \sum x_{pi} x_{qi}, (p, q = 1, 2)$ 代入得到：

$$X'X = \begin{bmatrix} n & 0 & 0 \\ 0 & L_{11} & L_{12} \\ 0 & L_{21} & L_{22} \end{bmatrix}$$

因为：

$$\sum_{i-1}^{n} x_{ji} Y_i = \sum_{i-1}^{n} x_{ji} (y_i + \overline{Y}) = \sum_{i-1}^{n} x_{ji} y_i + \overline{Y} \sum_{i-1}^{n} x_{ji}$$

$$= \sum_{i-1}^{n} x_{ji} y_i = L_{jY}, (j = 1, 2)$$

则：

$$X'Y = \begin{bmatrix} \sum Y_i \\ L_{1Y} \\ L_{2Y} \end{bmatrix}$$

$$\hat{\beta} = (X'X)^{-1} X'Y = \begin{bmatrix} \dfrac{1}{n} & 0 \\ 0 & L^{-1} \end{bmatrix} \begin{bmatrix} \sum Y_i \\ L_{1Y} \\ L_{2Y} \end{bmatrix}$$

其中：

$$L^{-1} = \begin{bmatrix} L_{11} & L_{12} \\ L_{12} & L_{22} \end{bmatrix}^{-1} = \frac{1}{L_{11} L_{22} - L_{12} L_{21}} \begin{bmatrix} L_{22} & -L_{12} \\ -L_{12} & L_{11} \end{bmatrix}$$

$$\hat{\alpha}_0 = \overline{Y}$$

$$\begin{bmatrix} \hat{\beta}_1 \\ \hat{\beta}_2 \end{bmatrix} = L^{-1} \begin{bmatrix} L_{1Y} \\ L_{2Y} \end{bmatrix} = \frac{1}{L_{11}L_{22} - L_{12}^2} \begin{bmatrix} L_{22} & -L_{12} \\ -L_{12} & L_{11} \end{bmatrix} \begin{bmatrix} L_{1Y} \\ L_{2Y} \end{bmatrix}$$

得：

$$\hat{\beta}_1 = \frac{L_{1Y}L_{22} - L_{2Y}L_{12}}{L_{11}L_{22} - L_{12}^2}$$

$$\hat{\beta}_2 = \frac{L_{2Y}L_{11} - L_{1Y}L_{12}}{L_{11}L_{22} - L_{12}^2}$$

$$\hat{\beta}_0 = \overline{Y} - \hat{\beta}_1 \overline{X}_1 - \hat{\beta}_2 \overline{X}_2$$

（2）显著性检验。

1）拟合优度检验。

● 总离差平方和分解。

设具有 k 个解释变量的回归模型如下：

$$Y_i = \beta_0 + \beta_1 X_{1i} + \beta_2 X_{2i} + \cdots + \beta_k X_{ki} + \mu_i$$

其回归方程如下：

$$\hat{Y}_i = \hat{\beta}_0 + \hat{\beta}_1 X_{1i} + \hat{\beta}_2 X_{2i} + \cdots + \hat{\beta}_k X_{ki}$$

离差分解如下：

$$Y_i - \overline{Y} = (Y_i - \hat{Y}_i) + (\hat{Y}_i - \overline{Y})$$

总离差平方和分解式如下：

$$\sum (Y_i - \overline{Y})^2 = \sum (\hat{Y}_i - \overline{Y})^2 + \sum (Y_i - \hat{Y}_i)^2$$

即 $TSS = ESS + RSS$ 总离差平方和分解为回归平方和与残差平方和两部分。$\sum (Y_i - \overline{Y})^2$ 体现了观测值 $y_i (i = 1, 2, \cdots, n)$ 总波动大小，称为总偏差平方和，记作 TSS。$\sum (\hat{Y}_i - \overline{Y})^2$ 体现了 n 个估计值 $\hat{y}_i (i = 1, 2, \cdots, n)$ 的波动大小，它是由于 Y 与自变量 $X_1, X_2, \cdots, X_k$ 的变化而引起，被称作回归平方和，记为 ESS 或 U；$\sum (Y_i - \hat{Y})^2$ 称为残差平方和，记作 RSS。

● 样本决定系数。

对于多元回归方程，其样本决定系数为复决定系数或多重决定系数。

$R_{YX}^2, (i = 1, 2, \cdots, k)$，简记为 R^2。

$$R^2 = \frac{ESS}{TSS}$$

$$R^2 = 1 - \frac{RSS}{TSS}$$

因为：

$$TSS = \sum (Y_i - \overline{Y})^2 = \sum Y_i^2 - n\overline{Y}^2$$

可知：

$$RSS = Y'Y - \hat{\beta}'X'Y$$

所以：

$$ESS = TSS - RSS = \hat{\beta}' X'Y - n\overline{Y}^2$$

$$R^2 = \frac{\hat{\beta}' X'Y - n\overline{Y}^2}{Y'Y - n\overline{Y}^2}$$

R^2 作为检验回归方程与样本值拟合优度的指标，R^2 $(0 \leqslant R^2 \leqslant 1)$ 越大，表示回归方程与样本值拟合的越好；反之，回归方程与样本值拟合的较差。

具体而言，当 $k = 2$ 时，求样本决定系数：

$$R^2 = \frac{\sum(\hat{Y}_i - \overline{Y})^2}{\sum(Y_i - \overline{Y})^2} = \frac{\sum y_i^2 - \sum e_i^2}{\sum y_i^2}$$

得：

$$\sum e_i^2 = L_{YY} - \hat{\beta}_1 L_{1Y} - \hat{\beta}_2 L_{2Y}$$

因此有：

$$R^2 = \frac{\hat{\beta}_1 L_{1Y} + \hat{\beta}_2 L_{2Y}}{L_{YY}}$$

● 调整后的样本决定系数。

在使用 R^2 时，容易发现 R^2 的大小与模型中的解释变量的数目有关。如果模型中增加一个新解释变量，总离差 TSS 不会改变，但总离差中由解释变量解释的部分，即回归平方和 ESS 将会增加，就是说 R^2 与模型中解释变量的个数有关。但通过增加模型中解释变量的数目而使 R^2 增大是错误的，显然这样 R^2 来检验被回归方程与样本值拟合优度是不合适的，需要对 R^2 进行调整，使它不但能说明已被解释离差与总离差的关系，而且又能说明自由度的数目。

以 $\overline{R}^2$ 表示调整样本决定系数。

$$\overline{R}^2 = 1 - \frac{S_e^2}{S_y^2}$$

其中，

$$S_e^2 = \frac{\sum e_i^2}{n-k-1}, S_y^2 = \frac{\sum(Y_i - \overline{Y})^2}{n-1}$$

这里的 $n-k-1$ 是残差平方和的自由度，$n-1$ 是总离差平方和的自由度。

$$\overline{R}^2 = 1 - \frac{\sum e_i^2}{\sum(Y_i - \overline{Y})^2} \times \frac{n-1}{n-k-1} = 1 - (1 - R^2)\frac{n-1}{n-k-1}$$

其中，n 是样本观测值的个数，k 是解释变量的个数。从式中可以看出，当增加一个解释变量时，由前面的分析可知 R^2 会增加，引起（$1 - R^2$）减少，而 $\frac{n-1}{n-k-1}$ 增加，因而 $\overline{R}^2$ 不会增加。这样用 $\overline{R}^2$ 判定回归方程拟合优度，就消除了 R^2 对解释变量个数的依赖。

R^2 或 $\overline{R}^2$ 只能说明在给定的样本条件下回归方程与样本观测值的拟合优度，并不能做出对总体模型的推测，因此不能单凭 R^2 或 $\overline{R}^2$ 来选择模型，而必须对回归方程和模型中各参数的估计量做显著性检验。

2）模型显著性检验。

由离差平方和分解可知，总离差平方和 TSS 的自由度为 $n-1$，回归平方和 ESS 是由 k 个解释变量 $X_1, X_2, \cdots, X_k$ 对 Y 的线性影响决定的，因此它的自由度为 k。所以，残差平方和的自由度由总离差平方和的自由度减去回归平方和的自由度，即为 $n-k-1$。

检验回归方程是否显著的步骤如下。

- 作出假设。

$$H_0: \beta_1 = \beta_2 = \cdots = \beta_k = 0$$

备择假设 H_1：b_1、b_2、$\cdots$、b_k 不同时为 0。

- 在 H_0 成立的条件下，计算统计量 F。

$$F = \frac{ESS/k}{RSS/(n-k-1)} \sim F(k, n-k-1)$$

- 查表临界值。

对于假设 H_0，根据样本观测值计算统计量 F 给定显著水平 α，查第 1 个自由度为 k，第 2 个自由度为 $n-k-1$ 的 F 分布表得临界值 $F_\alpha(k, n-k-1)$。当 $F \geqslant F_\alpha(k, n-k-1)$ 时，拒绝 H_0，则认为回归方程显著成立；当 $F < F_\alpha(k, n-k-1)$ 时，接受 H_0，则认为回归方程无显著意义。

3）参数显著性检验。

回归方程显著成立，并不意味着每个解释变量 $X_1, X_2, \cdots, X_k$ 对被解释变量 Y 的影响都是重要的。如果某个解释变量对被解释变量 Y 的影响不重要，即可从回归模型中把它剔除掉，重新建立回归方程，以利于对经济问题的分析和对 Y 进行更准确的预测。为此需要对每个变量进行考查，如果某个解释变量 X 对被解释变量 Y 的作用不显著，那么它在多元线性回归模型中，其前面的系数可取值为零，因此必须对 β_i 是否为零进行显著性检验。

$$S(\hat{\beta}_i) = \hat{\sigma}(\hat{\beta}_i) = \sqrt{C_{ii}S_e^2}$$

其中：

$$S_e^2 = \frac{e'e}{n-k-1}$$

C_{ii} 为 L^{-1} 的第 i 个对角元素，而 $L = \tilde{X}'\tilde{X}$，$\tilde{X}$ 是中心化的数据阵。

对回归系数 $\hat{\beta}_i$ 进行显著性 t 检验的步骤如下。

- 提出原假设 H_0：$\beta_i = 0$；备择假设 H_1：$\beta_i \neq 0$。

- 构造统计量 $t = \frac{\hat{\beta}_i - \beta_i}{S(\hat{\beta}_i)}$，当 $\beta_i = 0$ 成立时，统计量 $t = \frac{\hat{\beta}_i}{S(\hat{\beta}_i)} \sim t(n-k-1)$。在这里 $S(\hat{\beta}_i)$ 是 $\hat{\beta}_i$

的标准差，k 为解释变量个数。

- 给定显著性水平 α，查自由度为 $n-k-1$ 的 t 分布表，得临界值 $t_{\frac{\alpha}{2}}(n-k-1)$。

- 若 $|t| \geqslant t_{\frac{\alpha}{2}}(n-k-1)$，则拒绝 H_0：$\beta_i = 0$，接受 H_1：$\beta_i \neq 0$，即认为 $\hat{\beta}_i$ 显著不为零。若 $|t| < t_{\frac{\alpha}{2}}(n-k-1)$，则接受 H_0：$\beta_i = 0$，即认为 $\hat{\beta}_i$ 显著为零。

注意： 对于多元线性回归分析，除了估计每一个自变量的偏回归系数之外，判断哪一个自变量对因变量的影响最大，也是多元线性回归分析的一个重要内容。由于各自变量的单位不同，因此，不同直接比较偏回归系数的大小来说明自变量的重要性。为了去掉量纲对偏回归系数的影响，需要将偏回归系数标准化。

3. 回归变量的选择与逐步回归

在实际问题中，人们总是希望从对因变量 y 有影响的诸多变量中选择一些变量作为自变量，应用多元回归分析的方法建立"最优"回归方程，以便对因变量进行预报或控制，这就涉及自变量选择的问题。所谓"最优"回归方程，主要是指希望在回归方程中包含所有对因变量 y 影响显著的自变量，而不包含对 y 影响不显著的自变量的回归方程。

在回归方程中若漏掉对 Y 影响显著的自变量，那么建立的回归式用于预测时将会产生较大的偏差。但回归方程若包含的变量太多，且其中有些对 Y 的影响不大，显然这样的回归式不仅使用不方便，而且会影响预测的精度。因而选择合适的变量用于建立一个"最优"的回归方程，是一个十分重要的问题。

选择"最优"回归方程的变量筛选法，包括逐步回归法、向前引入法和向后剔除法等。

向前引入法是从回归方程仅包括常数项开始，把自变量逐个引入回归方程。具体地说，即先在 m 个自变量中选择一个与因变量线性关系最密切的变量，记为 x_{i1}；然后在剩余的 $m-1$ 个自变量中再选一个 x_{i2}，使得 $\{x_{i1}, x_{i2}\}$ 联合起来二元回归效果最好；接着在剩下的 $m-2$ 个自变量中选择一个变量 x_{i3}，使得 $\{x_{i1}, x_{i2}, x_{i3}\}$ 联合起来回归效果最好；如此下去，直至得到"最优"回归方程为止。

向前引入法中的终止条件为：给定显著性水平 α，当某一个对将被引入变量的回归系数作显著性检查时，若 p-value $\geq \alpha$，则引入变量的过程结束，所得方程即为"最优"回归方程。

向前引入法有一个明显的缺点，就是由于各自变量可能存在着相互关系，因此后续变量的选入可能会使前面已选入的自变量变得不重要，这样最后得到的"最优"回归方程可包含一些对 Y 影响不大的自变量。

向后剔除法与向前引入法正好相反，首先将全部 m 个自变量引入回归方程，然后逐个剔除对因变量 Y 作用不显著的自变量。具体地说，即从回归式 m 个自变量中选择一个对 Y 贡献最小的自变量，比如 x_{j1}，将它从回归方程中剔除；然后重新计算 Y 与剩下的 $m-1$ 个自变量回归方程，再剔除一个贡献最小的自变量，比如 x_{j2}；如此下去，直到得到"最优"回归方程为止。向后剔除法中的终止条件与向前引入法类似。

向后剔除法的缺点在于：前面剔除的变量有可能因以后变量的剔除变为相对重要的变量，这样最后得到的"最优"回归方程中有可能漏掉相对重要的变量。

逐步回归法是上述两个方法的综合。向前引入中被选入的变量，将一直保留在方程中，向后剔除法中被剔除的变量将一直排除在外。这两种方程在某些情况下会得到不合理的结果。于是可以考虑被选入的变量，当它的作用在新变量引入后变得微不足道时，可以将它删除；当被剔除的变量的作用在新变量引入情况下变得重要时，也可以将它重新选入回归方程。这样一种以向前引入法为主，变量可进可出的筛选变量的方法，称为逐步回归法。

它的主要思路是在考虑的全部自变量中按其对 y 的作用大小，显著程度大小，或者说贡献大小，由大到小地逐个引入回归方程，而对那些对 y 作用不显著的变量，可能始终不被引入回归方程。另外，已被引入回归方程的变量在引入新变量后也可能失去重要性，而需要从回归方程中剔除出去。引入一个变量或者从回归方程中剔除一个变量，都称为逐步回归的一步，每一

步都要进行 F 检验，以保证在引入新变量前回归方程中只含有对 y 影响显著的变量，而不显著的变量已被剔除。

首先给出引入变量的显著性水平 α_{in} 和剔除变量的显著性水平 α_{out}，然后筛选变量如图 10-1 所示。

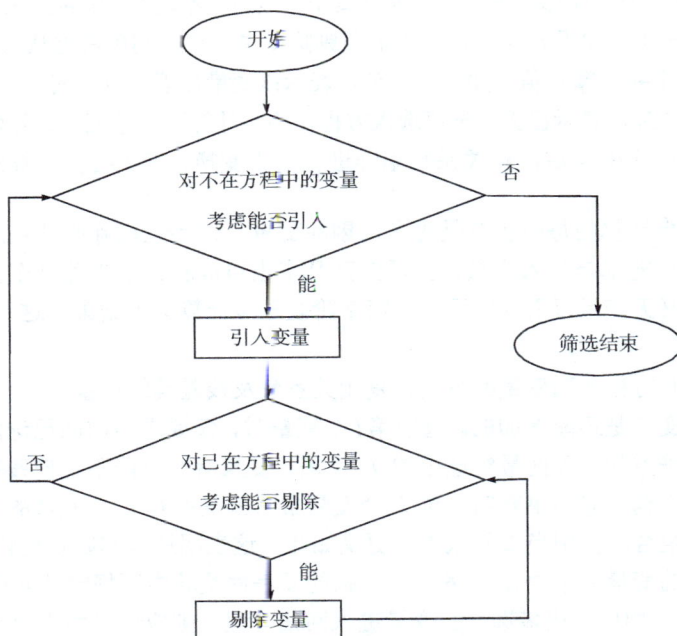

▲图 10-1　初步回归分析的步骤示意图

逐步回归分析的实施过程是每一步都要对已引入回归方程的变量计算其偏回归平方和（即贡献），然后选一个偏回归平方和最小的变量，在预先给定的 F 水平下进行显著性检验。如果显著，则该变量不必从回归方程中剔除，这时方程中其他的几个变量也都不需要剔除（因为其他的几个变量的偏回归平方和都大于最小的一个更不需要剔除）。相反，如果不显著，则该变量要剔除，然后按偏回归平方和由小到大地依次对方程中的其他变量进行 F 检验。将对 y 影响不显著的变量全部剔除，保留的都是显著的。接着再对未引入回归方程中的变量分别计算其偏回归平方和，并选其中偏回归平方和最大的一个变量，同样在给定 F 水平下作显著性检验，如果显著，则将该变量引入回归方程，这一过程一直继续下去，直到在回归方程中的变量都不能剔除，而又无新变量可以引入时为止，这时逐步回归过程结束。

逐步回归分析的主要计算步骤如下。

（1）确定 F 检验值。

在进行逐步回归计算前，要确定检验每个变量是否为显著的 F 检验水平，以作为引入或剔除变量的标准。F 检验水平要根据具体问题的实际情况来定。一般来说，为使最终的回归方程中包含较多的变量，F 水平不宜取得过高，即显著水平 α 不宜太小。F 水平还与自由度有关，因为在逐步回归过程中，回归方程中所含的变量的个数不断地在变化，因此方差分析中的剩余自由度也总在变化，为方便起见，常按 $n-k-1$ 计算自由度。n 为原始数据观测组数，k 为估计可能选入回归方程的变量个数。例如 $n=15$，估计可能有 2～3 个变量选入回归方程，因此取自由度为 15−3−1=11。查 F 分布表，当 $\alpha=0.1$，自由度 $f_1=1, f_2=11$ 时，临界值 $F_\alpha=3.23$。并且在引入变量时，自由度取 $f_1=1$，$f_2=n-k-2$，F 检验的临界值记 F_1；在剔除变量时自由度取 $f_1=1$，$f_2=n-k-2$，F 检验的临界值记 F_2，并要求 $F_1 \geqslant F_2$，实际应用中常取 $F_1=F_2$。

（2）逐步计算。

如果已计算 t 步（包含 $t=0$），且回归方程中已引入 l 个变量，则第 $t+1$ 步的计算如下。

- 计算全部自变量的贡献 V'（偏回归平方和）。

- 在已引入的自变量中，检查是否有需要剔除的不显著变量。这就要在已引入的变量中选取具有最小 V' 值的一个并计算其 F 值，如果 $F \leqslant F_2$，表示该变量不显著，应将其从回归方程中剔除，计算转至下一步。如果 $F > F_2$，则不需要剔除变量，这时则可考虑从未引入的变量中选出具有最大 V' 值的一个并计算 F 值。如果 $F > F_1$，表示该变量显著，应将其引入回归方程，计算转至下一步。如果 $F \leqslant F_1$，表示已无变量可选入方程，逐步计算阶段结束，计算转入其他计算。

- 剔除或引入一个变量后，相关系数矩阵进行消去变换，第 $t+1$ 步计算结束。其后重复再进行下一步计算。

由上所述，逐步计算的每一步总是先考虑剔除变量，仅当无剔除时才考虑引入变量。实际计算时，开头几步可能都是引入变量，其后的某几步也可能相继地剔除几个变量。当方程中已无变量可剔除，且又无变量可引入方程时，第 2 阶段逐步计算即告结束，这时转入第 3 阶段。

（3）其他计算。

主要是计算回归方程入选变量的系数、复相关系数及残差等统计量。

逐步回归选取变量是逐渐增加的。选取第 l 个变量时，仅要求与前面已选的 $l-1$ 个变量配合起来有最小的残差平方和，因此最终选出的 L 个重要变量有时可能不是使残差平方和最小的 L 个，但大量的实际问题计算结果表明，这 L 个变量常常就是所有 L 个变量的组合中具有最小残差平方和的那一个组合，特别当 L 不太大时更是如此，这表明逐步回归是比较有效的方法。

引入回归方程的变量的个数 L，与各变量贡献的显著性检验中所规定的 F 检验的临界值 F_1 与 F_2 的取值大小有关。如果希望多选一些变量进入回归方程，则应适当增大检验水平 α 值，即减小 $F_1 = F_2$ 的值。特别的，当 $F_1 = F_2 = 0$ 时，则全部变量都将被选入，这时逐步回归就变为一般的多元线性回归。相反，如果 α 取得比较小，即 F_1 与 F_2 取得比较大时，则入选的变量个数就要减少。此外还要注意，在实际问题中，当观测数据样本容量 n 较小时，入选变量个数 L 不宜选得过大，否则被确定的系数 b_i 的精度将较差。

多元回归分析的目的是为了找出一个最优的模型，用来解释和预测自变量和因变量的依存关系。但是需要注意的是，所谓的最优模型，只是相比较而言，没有一个绝对的最优模型存在。一般来说，决定模型好坏的常用指标有 3 个：检验模型总体的 P 值、复确定系数 R^2 值和检验每一个回归系数 b_j 的 P 值。另一方面，对模型的误差诊断是必不可少的工作，否则会产生误导。因此，判断一个模型是否是一个最优模型，除了评估各种统计检验指标外，还要结合专业知识全面权衡各个指标变量系数的实际意义。

4. 多重共线性

回归分析是一种比较成熟的预测模型，也是在预测过程中使用较多的模型，在自然科学管理科学和社会经济中有着非常广泛的应用。但是经典的最小二乘估计，则必须满足一些假设条件，多重共线性就是其中的一种。实际上，解释变量间完全不相关的情形是非常少见的，大多数变量都在某种程度上存在着一定的共线性，而存在着共线性就会给模型带来许多不确定性的结果。

设回归模型 $y = \beta_0 = \beta_1 x_1 + \beta_2 x_2 + \cdots + \beta_p x_p + \varepsilon$，如果矩阵 X 的列向量存在一组不全为零的数 $k_0, k_1, k_2, \cdots, k_p$，使 $k_0 + k_1 x_{i1} + k_2 x_{i2} + \cdots + k_p x_{ip} = 0$，$I = 1, 2, \cdots, n$，则称其存在完全共线性。如果 $k_0 + k_1 x_{i1} + k_2 x_{i2} + \cdots + k_p x_{ip} \approx 0$，$I = 1, 2, \cdots, n$，则称其存在近似的多重共线性。

当存在严重的多重共线性时，会给回归系数的统计检验造成一定的困难，可能出现 F 检验获得通过，t 检验却不能够通过的情况。在自变量高度相关的情况下，估计系数的含义有可能与常识相反。

在进行预测时，回归模型的建立是基于样本数据的，多重共线性也是指抽样的数据。如果把建立的回归模型用于预测，而多重共线性问题在预测区间仍然存在，则共线性问题对预测结果不会产生特别严重的影响。但是如果样本数据中的多重共线性发生了变化，则预测的结果就不能完全确定了。

检查和解决自变量之间的多重共线性，对多元线性回归分析来说是很必要和重要的一个步骤。常用的共线性诊断方法有以下 3 种。

（1）直观的判断方法。

- 在自变量的相关系数矩阵中，某些自变量的相关系数值比较大。
- 回归系数的符号与专业知识或一般经验相反。
- 对重要的自变量的回归系数进行 t 检验，其结果不显著，但是 F 检验却得到了显著的通过。
- 如果增加一个变量或删除一个变量，回归系数的估计值会发生很大的变化。
- 重要变量的回归系数置信区间明显过大。

（2）方差扩大因子法（VIF）。

定义 $VIF_j = (1 - R_j^2)^{-1}$，其中 R_j^2 是以 X_j 为因变量时对其他自变量的复测定系数。一般认为如果最大的 VIF_j 超过 10，常常表示存在多重共线性。事实上 $VIF_j = (1 - R_j^2)^{-1} > 10$，这说明 $1 - R_j^2 < 0.1$ 即 $R_j^2 > 0.9$。

（3）特征根判定法。

根据矩阵行列式的性质，矩阵行列式的值等于其特征根的连乘积。因此，当行列式 $|X'X| \approx 0$ 时，至少有一个特征根为零。反过来，可以证明矩阵至少有一个特征根近似为零时，X 的列向量必存在多重共线性。同样也可证明 $X'X$ 有多少个特征根近似为零，矩阵 X 就有多少个多重共线性。根据条件数，$K_i = \sqrt{\dfrac{\lambda_m}{\lambda_i}}$，其中 λ_m 为最大的特征根，λ_i 为其他的特征根，通常认为 $0 < k < 10$ 没有多重共线性，$k > 10$ 存在着多重共线性。

多重共线性的处理方法一般有如下 4 种方法。

（1）增加样本容量。

当线性重合是由于测量误差引起的，以及它仅是偶然存在于原始样本，而不存在于总体时，通过增加样本容量可以减少或是避免线性重合。但是在现实中，由于受到各种条件的限制，增加样本容量有时又是不现实的。

（2）剔除一些不重要的解释变量。

主要有向前法和后退法，以及逐步回归法。

- 向前法的主要思想是变量由少到多，每次增加一个，直至没有可引入的变量为止。具体做法是首先对一个因变量 y 和 m 个自变量分别建立回归方程，并分别计算这 m 个回归方程的 F 值，选其最大者，记为 F_j，给定显著性水平 F，如果 $F_j > F$，则变量引入该方程，再分别对（X_j, X_1），（X_j, X_2），…，（X_j, X_m）做回归方程，并对它们进行 F 检验，选择最大的 F_i 值，如果 $F_j > F$，则该变量引入方程，重复上述步骤，直到没有变量引入为止。

- 后退法是先用 m 个因变量建立回归方程，然后在这 m 个变量中选择一个最不显著的变量，将它从方程中剔除，对 m 个回归系数进行 F 检验，即所求得的最小的一个记为 F_j，给定一个显著性的水平，如果 $F_j < F$，则将 X_j 从方程中删除，重复上述步骤，直到所有不显著的变量被剔除为止。

- 前进法存在着这样的缺点：当一个变量被引入方程时，这个变量就被保留在这个方程中了，当引入的变量导致其不显著时，它也不会被删除。后退法同样存在着这样的缺点：当一个变量被剔除时，就永远地被排斥在方程以外了。而逐步回归法则克服了两者的缺点。逐步回归的思想是有进有出。将变量一个一个地引入，每引入一个变量，对后面的变量进行逐个检验，当变量由于后面变量的引入而变得不显著时，则将其剔除。每一步都要进行显著性的检验，以保证每一个变量都是显著的。

理论上这 3 种方法都是针对不相关的数据而言的，在多重共线性很严重的情况下，结论的可靠性会受到影响。在一些经济模型中，要求一些很重要的变量必须包含在里面，这时如果贸然地删除，就不符合现实的经济意义。

（3）不相关的系数法。

当变量之间存在着多重共线性，最直接的表现就是各个解释变量之间的决定系数很大。考虑到两个变量之间的决定系数众所周知，在多元线性回归模型中，当各个解释变量（如 X_i 与 X_j，$i \neq j$）之间存在着多重共线性时，其最直接的表现就是各个解释变量之间的决定系数（r_{i2}，j）很大。r_{i2}，j 很大，则意味着重要变量 X_i（在本文中为研究方便，我们始终假定 X_i 相对于 X_j 而言是一个重要变量，$i \neq j$）的变化能够说明 X_j 的变化。如两者之间的 r_{i2}，$j = 90\%$，则我们可以说，X_i 的变化说明了 X_j 变化的 90%，而剩余的（$1-r_{i2}$，j）部分，则是由 X_j 自身的变化说明的。由此决定，在反映被解释变量（Y）与解释变量 X_i、X_j 之间的关系时，对于解释变量 X_j 来说，并不需要用全部的信息来解释被解释变量的问题，而只需要用剩余的（$1-r_{i2}$，j）部分的信息来解释就足够了，因为有 r_{i2}，j 部分的信息是与 X_i 重复的，已由 X 解释了。由此出发，如果我们能够在保留重要变量（X_i）全部信息的同时，以重要变量（X_i）为基础，对其他的解释变量进行一定的线形变换，使之转换为一个新的变量，如将 X_j 转换为 X_{jj}，并且使得 X_i 与新变量 X_{jj} 之间的决定系数（r_{i2}，jj）降低到最小程度，如（$1-r_{i2}$，j），就可以消除多重共线性。而这也正是不相关法基本思想的具体体现。该方法的一个显著的缺陷是我们无法知道哪一个变量是重要的。

（4）主成分法。

当自变量间有较强的线性相关性时，利用 P 个变量的主成分所具有的性质，如果它们是互不相关的，可由前 m 个主成分 $Z_1, Z_2, \cdots, Z_m$ 来建立回归模型。

由原始变量的观测数据计算前 m 个主成分的得分值，将其作为主成分的观测值，建立 Y 与主成分的回归模型即可得到回归方程。这时 P 元降为 m 元，这样既简化了回归方程的结构，也消除了变量间相关性带来的影响。

> **重点提示**：掌握多元线性回归模型、参数估计过程及参数的解释，以及标准化参数估计值。了解多元线性回归共线性的诊断问题。掌握多元线性回归自变量的选取，尤其是逐步回归分析方法。

10.1.2　复相关系数与偏相关系数

在学习一元线性回归分析时，讨论了与之紧密联系的一元相关分析或简单相关分析。将这个概念扩展到多元，就是多元相关分析或复相关分析。简单相关分析研究两个变量之间的关联性，复相关则是研究多个变量之间的关联性。

（1）复相关系数。

复相关系数是指在具有多元相关关系的变量中，用来测定因变量 y 与一组自变量 $x_1, x_2, \cdots, x_m$ 之间相关程度的指标。

复相关系数的计算公式如下：

$$r_{y,123\cdots m} = \sqrt{1 - \frac{S_E}{S_T}}$$

$$= \sqrt{1 - \frac{\sum (y_i - \hat{y}_i)^2}{\sum (y_i - \overline{y}_i)^2}}$$

式中，S_E 为剩余离差平方和，即 $\sum (y_i - \hat{y}_i)^2$；S_T 为总离差平方和，即 $\sum (y_i - \overline{y}_i)^2$。

复相关系数的取值介于 -1 和 $+1$ 之间，和简单相关系数一样，也是用其绝对值的大小来判断相关的密切程度。

> **注意**：复相关系数等于多元线性回归模型的复确定系数的算术平方根，所以两者的检验假设等效。

（2）偏相关系数。

偏相关系数度量了当其他变量固定不变时，或者说消除了其他变量的影响之后，两个变量之间线性关联的强度。

设有 3 个变量 x_1, x_2, x_3，如果在这 3 个变量中剔除 x_3 的影响，可计算 x_1 和 x_2 对 x_3 偏相关系数，记做 $r_{12,3}$，其计算公式如下：

$$r_{12,3} = r_{x_1 x_2, x_3} = \frac{r_{x_1 x_2} - r_{x_1 x_3} r_{x_2 x_3}}{\sqrt{1 - (r_{x_1 x_3})^2} \sqrt{1 - (r_{x_2 x_3})^2}}$$

如果在这 3 个变量中剔除 x_2 的影响，可计算 x_1、x_3 对 x_2 偏相关系数，记做 $r_{13,2}$，其计算公式如下：

$$r_{13,2} = \frac{r_{x_1 x_3} - r_{x_1 x_2} r_{x_3 x_2}}{\sqrt{1 - (r_{x_1 x_2})^2} \sqrt{1 - (r_{x_3 x_2})^2}}$$

如果在这 3 个变量中剔除 x_1 的影响，可计算 x_2 和 x_3 对 x_1 偏相关系数，记做 $r_{23,1}$，其计算公式如下：

$$r_{23,1} = r_{x_2 x_3, x_1} \frac{r_{x_2 x_3} - r_{x_2 x_1} r_{x_3 x_1}}{\sqrt{1 - (r_{x_2 x_1})^2} \sqrt{1 - (r_{x_3 x_1})^2}}$$

> **注意**：当变量满足多维正态分布要求时，估计的偏相关系数称为 Pearson 偏相关系数。当变量不满足正态分布要求时，可以用它们的序数进行估计，称为 Spearman 偏相关系数。

（3）多元相关分析与多元回归分析的区别。

比较多元相关分析与多元回归分析，它们的相同点是都讨论了变量之间的关联性，区别是如下。

● 多元回归分析给出了变量之间的依存关系，而多元相关分析却没有给出依存关系。

● 多元回归分析要求将变量分为自变量和因变量，而多元相关分析不要求将变量分为自变量和因变量。

● 多元回归分析分为自变量和因变量，要求因变量服从正态分布，而多元相关分析则要求所有的变量服从正态分布。

同样，比较多元相关分析与多元回归分析，有以下 3 对概念需要加以区别。

● 回归系数和相关系数。

● 偏回归系数和偏相关系数。

- 确定系数和复相关系数。

> **重点提示**：理解复相关系数和偏相关系数的含义，并注意多元相关分析和多元回归分析的区别及联系。

10.2　分析实例

10.2.1　多元线性回归方程的建立

多元线性回归分析在 R 语言中也是用 lm() 函数进行分析的，只是在一元线性回归分析的基础上多了一些选择项而已，此时回归模型的选择具有很大的灵活性。对于全部的自变量，可以将它们全部放在模型中，也可以只选择其中的一部分进行回归分析。而选择变量的途径也有多种，一般常用的有前进法（forward stepwise）、后退法（backward stepwise）以及逐步回归法（stepwise stepwise）。逐步回归法结合了向前逐步回归和向后逐步回归的方法，变量每次进入一个，但是每一步中，变量都会被重新评价，对模型没有贡献的变量将会被删除，自变量可能会被添加，继续删除，直到获得最优模型为止。

逐步回归法的实现依据增删变量的准则不同而不同。MASS 包中的 stepAIC() 函数可以实现逐步回归模型（向前、向后和向前向后），依据的是精确 AIC 准则。

模型是否合适，以及模型在多大程度上满足统计假设，均需要进行回归诊断。因为数据的无规律性或者错误设定了因变量与自变量的关系，都将致使模型产生巨大的偏差。回归诊断技术提供了评价回归模型适用性的必要工具，它能帮助发现并纠正问题。R 中提供了大量检验回归分析中统计假设的方法。最常见的方法就是对 lm() 函数返回的对象使用 plot() 函数，可以生成评价模型拟合情况的四幅图形。

- 正态性。当自变量值固定时，因变量成正态分布，则残差值也应该是一个均值为 0 的正态分布。正态 Q-Q 图是在正态分布对应的值下，标准化残差的概率图。若满足正态假设，那么图上的点应该落在 45°的直线上；若不是如此，那么就违反了正态性的假设。
- 同方差性。若满足不变方差假设，那么在位置尺度图中，水平线周围的点应该随机分布。

例 10-1　某学校 20 名一年级女大学生体重（kg）、胸围（cm）、肩宽（cm）及肺活量（L）实测值如表 10-1 所示，试对影响女大学生肺活量的有关因素作多元回归分析。

表 10-1　　　　　　　　　20 名一年级女大学生肺活量及有关变量测量结果

编　号	体重（kg）	胸围（cm）	肩宽（cm）	肺活量（L）
1	51.3	73.6	36.4	2.99
2	48.9	83.9	34.0	3.11
3	42.8	78.3	31.0	1.91
4	55.0	77.1	31.0	2.63
5	45.3	81.7	30.0	2.86
6	45.3	74.8	32.0	1.91
7	51.4	73.7	36.5	2.98
8	53.8	79.4	37.0	3.28
9	49.0	72.6	30.1	2.52
10	53.9	79.5	37.1	3.27
11	48.8	83.8	33.9	3.10

续表

编　　号	体重（kg）	胸围（cm）	肩宽（cm）	肺活量（L）
12	52.6	83.4	38.0	3.28
13	42.7	73.2	30.9	1.92
14	52.5	83.3	38.1	3.27
15	55.1	77.2	31.1	2.64
16	45.2	71.6	30.2	2.85
17	51.4	78.3	36.5	3.16
18	48.7	72.5	30.0	2.51
19	51.3	78.2	36.4	3.15
20	45.2	74.7	32.1	1.92

【R 程序】

```
> Example10_1  <- read.table ("example10_1.csv", header=TRUE, sep=",")
> library(MASS)
> attach(Example10_1)
> fit1  <-  lm(y~ x1 + x2 + x3)
> fit2 <- lm(y ~ 1)
> stepAIC(fit2,direction="both",scope=list(upper=fit1,lower=fit2))
> anova(fit1)
> summary (fit1)
> y
> fitted (fit1)
> residuals (fit1)
> detach (Example10_1)
```

【R 输出结果】

①
```
Start:  AIC=-26.8
y ~ 1

        Df Sum of Sq    RSS      AIC
+ x3     1    2.4153 2.3227 -39.060
+ x1     1    2.3089 2.4291 -38.154
+ x2     1    1.2593 3.4787 -30.932
<none>              4.7380 -26.802

Step:  AIC=-39.06
y ~ x3

        Df Sum of Sq    RSS      AIC
+ x1     1    0.57921 1.7435 -42.797
+ x2     1    0.30171 2.0210 -39.813
<none>              2.3227 -39.060
- x3     1    2.41534 4.7380 -26.802

Step:  AIC=-42.8
y ~ x3 + x1

        Df Sum of Sq    RSS      AIC
+ x2     1    0.44098 1.3025 -46.629
<none>              1.7435 -42.797
- x1     1    0.57921 2.3227 -39.060
- x3     1    0.68561 2.4291 -38.164

Step:  AIC=-46.63
y ~ x3 + x1 + x2

        Df Sum of Sq    RSS      AIC
<none>              1.3025 -46.629
```

```
- x3     1    0.24029 1.5428  -45.243
- x2     1    0.44098 1.7435  -42.797
- x1     1    0.71848 2.0210  -39.843

Call:
lm(formula = y ~ x3 + x1 + x2)

Coefficients:
(Intercept)             x3            x1            x2
   -4.71489        0.04924       0.06091       0.03563
②
Analysis of Variance Table

Response: y
          Df  Sum Sq Mean Sq F value    Pr(>F)
x1         1 2.30893 2.30893 28.3631 6.827e-05 ***
x2         1 0.88630 0.88630 10.8874  0.004523 **
x3         1 0.24029 0.24029  2.9517  0.105075
Residuals 16 1.30250 0.08141
---
Signif. codes:  0 '***' 0.001 '**' 0.01 '*' 0.05 '.' 0.1 ' ' 1
③
Call:
lm(formula = y ~ x1 + x2 + x3)

Residuals:
    Min     1Q  Median      3Q      Max
-0.3749 -0.2747  0.1042  0.1820  0.4277

Coefficients:
            Estimate Std. Error t value Pr(>|t|)
(Intercept) -4.71489    1.30082  -3.625  0.00228 **
x1           0.06091    0.02050   2.971  0.00901 **
x2           0.03563    0.01531   2.327  0.03339 *
x3           0.04924    0.02866   1.718  0.10507
---
Signif. codes:  0 '***' 0.001 '**' 0.01 '*' 0.05 '.' 0.1 ' ' 1

Residual standard error: 0.2853 on 16 degrees of freedom
Multiple R-squared:  0.7251,    Adjusted R-squared:  0.6736
F-statistic: 14.07 on 3 and 16 DF,  p-value: 9.464e-05
④
 [1] 2.99 3.11 1.91 2.63 2.86 1.91 2.98 3.28 2.52 3.27 3.10 3.28 1.92 3.27
[15] 2.64 2.85 3.16 2.51 3.15 1.92


1          2          3          4          5          6          7          8
2.824232 2.926867 2.208092 2.908425 2.432268 2.284897 2.838810 3.212696
         9         10         11         12         13         14         15        16
2.338328 3.227273 2.912290 3.509504 2.193514 3.504774 2.923002 2.432461
        17         18         19         20
3.002704 2.311569 2.988127 2.280167


     1          2          3          4          5          6
0.16576766 0.18313311 -0.29809186 -0.27842491 0.42773214 -0.37489727
          7          8          9         10         11         12
0.14119028 0.06730433 0.18167211 0.04272695 0.18771049 -0.22950412
         13         14         15         16         17         18
-0.27351448 -0.23477387 -0.28300229 0.41753882 0.15729565 0.19843126
         19         20
0.16187303 -0.36016703
```

【结果解释】

① 开始时模型包含 3 个（全部）自变量，然后每一步中，AIC 列提供了删除一个行中变量后模型的 AIC 值。<none>中的 AIC 值表示没有变量被删除时模型的 AIC。第一步，x_3 被删除，AIC 从−26.802 降低到−39.060；第二步，x_1 被删除，AIC 继续下降，成为−42.797。

② 是模型的总体检验结果，模型拟合很好。

③ 是参数检验结果：变量 x_1（$P=0.0090$）和 x_2（$P=0.0334$）的偏回归系数与零有显著性差异，变量 x_3 的偏回归系数与零没有显著性差异。因变量 Y 的总体变异中 72.51%被自变量 x 所解释（$R^2=0.7251$）。

④ 是这部分因变量 Y 的描述统计量，包括观察值、预测值、残差等。据此可以得出专业结论：女大学生的肺活量与体重、胸围和肩宽都有关，其线性模型如下：

$$Y=-4.7148+0.06091*x_1+0.03563*x_2+0.04924*x_3$$

例 10-2 一家皮鞋零售店将其连续 18 个月的库存占用资金情况、广告投入的费用、员工薪酬以及销售额等方面的数据作了一个汇总，如表 10-2 所示。该皮鞋店老板试图根据这些数据找到销售额与其他 3 个变量之间的关系，以便进行销售额预测并为未来的预算工作提供参考。根据这些数据建立回归模型。

表 10-2 皮鞋零售店库存资金、广告投入的费用、员工薪酬以及销售额

月份	库存资金额 X1（万元）	广告投入 X2（万元）	员工薪酬总额 X3（万元）	销售额 Y（万元）
1	75.2	30.6	21.1	1090.4
2	77.6	31.3	21.4	1133
3	80.7	33.9	22.9	1242.1
4	76	29.6	21.4	1003.2
5	79.5	32.5	21.5	1283.2
6	81.8	27.9	21.7	1012.2
7	98.3	24.8	21.5	1098.8
8	67.7	23.6	21	826.3
9	74	33.9	22.4	1003.3
10	151	27.7	24.7	1554.6
11	90.8	45.5	23.2	1199
12	102.3	42.6	24.3	1483.1
13	115.6	40	23.1	1407.1
14	125	45.8	29.1	1551.3
15	137.8	51.7	24.6	1601.2
16	175.6	67.2	27.5	2311.7
17	155.2	65	26.5	2126.7
18	174.3	65.4	26.8	2256.5

【R 程序】

```
> Example10_2 <- read.table ("example10_2.csv", header=TRUE, sep=",")
> library(MASS)
> attach(Example10_2)
> fit1 <- lm(Y~ X1 + X2 + X3)
> fit2 <- lm(Y ~ 1)
> stepAIC(fit2,direction="both",scope=list(upper=fit1,lower=fit2))
> fit <- lm(Y~ X1 + X2)
> anova(fit)
> summary (fit)
> y
> fitted (fit)
> residuals (fit)
> detach (Example10_2)
```

【R 输出结果】

①
```
Start:  AIC=220.24
Y ~ 1

        Df Sum of Sq      RSS     AIC
+ X1     1   2955167   363111  182.42
+ X2     1   2778824   539453  189.54
+ X3     1   2354756   963521  199.98
<none>                3318277  220.24


Step:  AIC=182.42
Y ~ X1
        Df Sum of Sq      RSS     AIC
+ X2     1    221519   141591  167.47
<none>                 363111  182.42
+ X3     1     26278   336833  183.06
- X1     1   2955167  3318277  220.24


Step:  AIC=167.47
Y ~ X1 + X2
        Df Sum of Sq      RSS     AIC
<none>                 141591  167.47
+ X3     1       500   141092  169.40
- X2     1    221519   363111  182.42
- X1     1    397862   539453  189.54


Call:
lm(formula = Y ~ X1 + X2)


Coefficients:
(Intercept)            X1            X2
     86.953         7.109        13.684
```

②
```
Analysis of Variance Table

Response: Y
          Df  Sum Sq  Mean Sq F value     Pr(>F)
X1         1 2955167  2955167 313.066  1.847e-11 ***
X2         1  221519   221519  23.467  0.0002144 ***
Residuals 15  141591     9439
---
Signif. codes:  0 '***' 0.001 '**' 0.01 '*' 0.05 '.' 0.1 ' ' 1
```

③
```
Call:
lm(formula = Y ~ X1 + X2)


Residuals:
    Min      1Q   Median      3Q      Max
-172.812  -50.486  -5.579  55.188  186.366


Coefficients:
            Estimate Std. Error t value Pr(>|t|)
(Intercept)   86.953     75.117   1.158 0.265141
X1             7.109      1.095   6.492 1.02e-05 ***
X2            13.684      2.825   4.844 0.000214 ***
---
Signif. codes:  0 '***' 0.001 '**' 0.01 '*' 0.05 '.' 0.1 ' ' 1

Residual standard error: 97.16 on 15 degrees of freedom
Multiple R-squared: 0.9573,    Adjusted R-squared: 0.9516
F-statistic: 168.3 on 2 and 15 DF,  p-value: 5.32e-11
```

④
```
[1] 1090.4 1133.0 1242.1 1003.2 1283.2 1012.2 1098.8  826.3 1003.3 1554.6 1199.0
1483.1 1407.1 1551.3 1601.2 2311.7 2126.7 2256.5


1              2              3              4              5              6              7              8              9
1040.2665 1066.9065 1124.5219 1032.2699 1096.8340 1050.2393 1125.1170 891.1635
10             11             12             13             14
```

```
1076.8921 1539.4402 1355.0533 1397.1231 1456.0941 1602.2837
        15        16        17        18
1774.0119 2254.8271 2079.7008 2220.9548

    1          2          3          4          5          6          7

  50.13349   66.09346  117.57809  -29.06992  186.36602  -38.03934  -26.31703
    8          9         10         11         12         13
 -64.86346  -73.59211   15.15982 -155.05333   85.97685  -48.99415
       14         15         16         17         18
 -50.98368 -172.81193   56.87288   46.99915   35.54520
```

【结果解释】

① 开始时模型包含 3 个（全部）自变量，然后每一步中，AIC 列提供了删除一个行中变量后模型的 AIC 值。<none>中的 AIC 值表示没有变量被删除时模型的 AIC。第一步，x_1 被删除，AIC 从 220.24 降低到 182.42；第二步，x_2 被删除，AIC 继续下降，成为 167.47。然后再删除变量将会增加 AIC，因此终止选择过程。

② 方差分析表，结果表明模型拟合数据较好。

③ 是模型的总体检验结果，逐步过程法得到的最后模型拟合很好（$F=168.27$，$P<0.0001$，$R^2=0.9573$）。参数检验结果：变量 x_1（$P<0.0001$）和 x_2（$P=0.0002$）的偏回归系数与零均有显著性差异。

④ 因变量 Y 的描述统计量，包括观察值、预测值、残差等，据此可以得出结论：销售额与库存资金金额和广告投入的费用有关。其线性模型如下：

$$Y=86.955+7.109*x_1+13.684*x_2$$

10.2.2 复相关系数与偏相关系数的 R 程序实例

复相关系数可以通过计算复确定系数，然后开平方根就可以计算出，即可以先通过 lm() 函数获得复确定系数，然后算出复相关系数。但是，偏相关系数就只能通过 ggm 包中的 pcor() 函数获得。本小节介绍如何获得偏相关系数。pcor() 函数调用格式为：

```
pcor(u , S)
```

其中，u 是一个数值向量，前两个数值表示要计算相关系数的变量下标，其余的数值为条件变量（即要排除影响的变量）的下标。S 为变量的协方差阵。

例 10-3 某种水泥在凝固时放出的热量 y（cal/g）与水泥中下列 4 种化学成分有关。

x_1：$3CaO \cdot Al_2O_3$ 的成分（%）

x_2：$3CaO \cdot SiO_2$ 的成分（%）

x_3：$4CaO \cdot Al_2O_3 \cdot Fe_2O_3$ 的成分（%）

x_4：$4CaO \cdot SiO_2$ 的成分（%）

所测定数据如表 10-3 所示，试计算 y 与 x_1、x_2、x_3 及 x_4 的相关系数。

表 10-3 水泥凝固释放热量与化学成分的关系

试 验 序 号	x_1	x_2	x_3	x_4	y
1	7	26	6	60	78.5
2	1	29	15	52	74.3
3	11	56	8	20	104.3
4	11	31	8	47	87.6
5	7	52	6	33	95.9
6	11	55	9	22	109.2

续表

试 验 序 号	x_1	x_2	x_3	x_4	y
7	3	71	17	6	102.7
8	1	31	22	44	72.5
9	2	54	18	22	93.1
10	21	47	4	26	115.9
11	1	40	23	34	83.8
12	11	66	9	12	113.3
13	10	68	8	12	109.4

【R 程序】

```
> Example10_3  <- read.table ("example10_3.csv", header=TRUE, sep=",")
> attach(Example10_3)
> cor (Example10_3)
> library(psych)
> corr.test(Example10_3)
> library(ggm)
> pcor(c(1,5,2,3,4), cov(Example10_3))
> pcor.test(pcor(c(1,5,2,3,4), cov(Example10_3)), 3, n=13)
> pcor(c(2,5,1,3,4), cov(Example10_3))
> pcor.test(pcor(c(2,5,1,3,4), cov(Example10_3)), 3, n=13)
> pcor(c(3,5,1,2,4), cov(Example10_3))
> pcor.test(pcor(c(3,5,1,2,4), cov(Example10_3)), 3, n=13)
> pcor(c(4,5,1,2,3), cov(Example10_3))
> pcor.test(pcor(c(4,5,1,2,3), cov(Example10_3)), 3, n=13)
```

【R 输出结果】

```
①
             obs          x1          x2          x3          x4           y
obs   1.0000000   0.1382303   0.5514217   0.2238313  -0.6328061   0.4850346
x1    0.1382303   1.0000000   0.2285795  -0.8241338  -0.2454451   0.7307175
x2    0.5514217   0.2285795   1.0000000  -0.1392424  -0.9729550   0.8162526
x3    0.2238313  -0.8241338  -0.1392424   1.0000000   0.0295370  -0.5346707
x4   -0.6328061  -0.2454451  -0.9729550   0.0295370   1.0000000  -0.8213050
y     0.4850346   0.7307175   0.8162526  -0.5346707  -0.8213050   1.0000000
②
Call:corr.test(x = Example10_3)
Correlation matrix
      obs    x1    x2    x3    x4     y
obs  1.00  0.14  0.55  0.22 -0.63  0.49
x1   0.14  1.00  0.23 -0.82 -0.25  0.73
x2   0.55  0.23  1.00 -0.14 -0.97  0.82
x3   0.22 -0.82 -0.14  1.00  0.03 -0.53
x4  -0.63 -0.25 -0.97  0.03  1.00 -0.82
y    0.49  0.73  0.82 -0.53 -0.82  1.00

Sample Size
[1] 13
Probability values (Entries above the diagonal are adjusted for multiple tests.)
      obs   x1   x2   x3  x4     y
obs  0.00 1.00 0.46 1.00 0.2  0.65
x1   0.65 0.00 1.00 0.01 1.0  0.05
x2   0.05 0.45 0.00 0.65 0.0  0.01
x3   0.46 0.00 0.65 0.00 1.0  0.48
x4   0.02 0.42 0.00 0.92 0.0  0.01
y    0.09 0.00 0.00 0.06 0.0  0.00
 To see confidence intervals of the correlations, print with the short=FALSE option

③
[1] 0.7050773
```

```
$tval
[1] 2.812261
$df
[1] 8
$pvalue
[1] 0.02276364

④
[1] -0.9743642

$tval
[1] -12.24981
$df
[1] 8
$pvalue
[1] 1.832064e-06

⑤
[1] -0.9984336

$tval
[1] -50.47483
$df
[1] 8
$pvalue
[1] 2.628555e-11

⑥
[1] -0.9772393
$tval
[1] -13.02938
$df
[1] 8
$pvalue
[1] 1.142367e-06
```

【结果解释】

① cor()函数给出每一对变量的简单相关系数估计值。

② 给出每一对变量的简单相关系数估计值以及统计检验结果。

③ 给出变量 x_1 和 y 对 x_2、x_3、x_4 的偏相关系数以及统计检验结果。

④ 给出变量 x_2 和 y 对 x_1、x_3、x_4 的偏相关系数以及统计检验结果。

⑤ 给出变量 x_3 和 y 对 x_1、x_2、x_4 的偏相关系数以及统计检验结果。

⑥ 给出变量 x_4 和 y 对 x_1、x_2、x_3 的偏相关系数以及统计检验结果。

10.3 本章小结

　　本章详细介绍了多元线性回归模型的参数估计，包括回归参数的最小二乘估计、拟合优度检验（包括总离差平方和分解、样本决定系数和调整后的样本决定系数）、模型显著性检验以及参数显著性检验。

　　选择"最优"回归方程的变量筛选法，包括逐步回归法、向前引入法和向后剔除法。多元回归分析的目的是为了找出一个最优的模型，用来解释和预测自变量和因变量的依存关系。但是需要注意的是，所谓的最优模型只是相对而言，没有一个绝对的最优模型存在。

　　解释变量间完全不相关的情形是非常少见的，大多数变量都在某种程度上存在着一定的共线性，而存在着共线性，则会给模型带来许多不确定性的结果。为此介绍了常用的共线性诊断方法以及各种处理方法。

　　最后介绍了复相关系数和偏相关系数的定义，以及与复确定系数和偏回归系数的联系与区别。

第 11 章 Logistic 回归分析

学习目标

- 了解 Logistic 回归模型的建立和假设检验。
- 了解 Logistic 回归模型的应用领域。
- 掌握 Logistic 回归模型系数的解释，以及回归系数与 OR 值之间的关系。
- 掌握 Logistic 回归过程步。
- 掌握哑变量的设置和结果的解释。
- 掌握多元 Logistic 回归模型的逐步过程法和系数的解释。
- 了解条件 Logistic 回归的应用。
- 掌握条件 Logistic 回归的 R 程序。

内容概要

简单介绍 Logistic 回归的作用以及应用领域。Logistic 回归分析在医学研究中应用的较广泛。Logistic 回归分析在流行病学的病因研究中，是分析疾病与危险因素间联系的一种统计方法。在这类研究中，所观察的项目的值，常以二项反应变量取值，即生存与死亡，是否发病，是否接触危险因素等的反应变量 y 的取值是 0 或 1。

说明了 Logistic 回归分为条件和非条件 Logistic 回归。前者适用于配对病例对照资料的分析，后者适用于队列研究或非配对的病例——对照研究成组资料的分析。在使用分析流行病学的方法研究疾病病因时，非条件 Logistic 模型是用于分析队列或病例——对照研究成组资料的统计方法，既可以进行因素筛选，也可以用于混杂因素的控制。

线性回归模型和广义线性回归模型要求因变量是连续的正态分布变量，且自变量和因变量呈线性关系。当因变量是分类型变量，且自变量与因变量没有线性关系时，线性回归模型的假设条件就会遭到破坏。这时，最好的回归模型是 Logistic 回归模型，它对因变量的分布没有要求。从数学的角度看，Logistic 回归模型非常巧妙地避开了分类型变量的分布问题，补充完善了线性回归模型和广义线性回归模型的缺陷。从医学研究的角度看，Logistic 回归模型解决了一大批实际应用问题，对医学的发展起到举足轻重的作用。

11.1 非条件 Logistic 回归

Logistic 回归分析在医学研究中的应用较为广泛。目前主要是用于流行病学研究中危险因素的筛选，但它同时具有良好的判别和预测功能，尤其是在资料类型不能满足 Fisher 判别和 Bayes 判别的条件时，更显示出 Logistic 回归判别的优势和效能。本研究对 Logistic 回归方程的判别分析进行了探讨，并用一实例介绍其应用。

医学研究中经常需要分析分类型变量的问题。比如，生存与死亡、有病与无病、有效与无效、感染与未感染等二分类变量。研究者关心的问题是，哪些因素导致了人群中有些人患某种病，而有些人不患某种病，哪些因素导致了某种治疗方法出现治愈、显效、好转和无效等不同的效果等。这类问题实质上是一个回归问题，因变量就是上述提到的这些分类型变量，自变量 x 是与之有关的一些因素。但是，这样的问题却不能直接用线性回归分析方法解决，其根本原因在于因变量是分类型变量，严重违背了线性回归分析对数据的假设条件。那么应该怎样解决这个问题呢？研究者将所研究的问题转换一个角度，不是直接分析 y 与 x 的关系，而是分析 y 取某个值的概率 P 与 x 的关系。例如，令 y 为 1 和 0 变量，$y=1$ 表示有病，$y=0$ 表示未患病；x 是与患病有关的危险因素。如果 P 表示患病的概率，即 $P=\mathrm{prob}$（$y=1$），那么研究患病的概率 P 与危险因素 x 的关系就不是很困难的事情了。

分析因变量 y 取某个值的概率 P 与自变量 x 的关系，就是寻找一个连续函数，使得当 x 变化时，它对应的函数值 P 不超出[0，1]范围。数学上这样的函数是存在且不唯一的，Logistic 回归模型就是满足这种要求的函数之一。与线性回归分析相似，Logistic 回归分析的基本原理就是利用一组数据拟合一个 Logistic 回归模型，然后借助这个模型揭示总体中若干个自变量与一个因变量取某个值的概率之间的关系。具体地说，Logistic 回归分析可以从统计意义上估计出在其他自变量固定不变的情况下，每个自变量对医变量取某个值的概率的数值影响的大小。

Logistic 回归模型有条件与非条件之分，前者适用于配对病例对照资料的分析，后者适用于队列研究或非配对的病例——对照研究成组资料的分析。

11.1.1 非条件 Logistic 回归介绍

Logistic 回归分析在流行病学的病因研究中，是分析疾病与危险因素间联系的一种统计方法。在这类研究中，所观察的项目的值常以二项反应变量取值，即生存与死亡，是否发病，是否接触危险因素等的反应变量 y 的取值是 0 或 1。因此，这类资料既不是计量资料，也不属于计数资料，如果用这样的资料建立描述协变量 $x_1, x_2, \cdots, x_m$ 与所研究的疾病发生概率 P（$y=1$）的关系的回归方程，则有：

$$P = \alpha + \beta_1 x_1 + \cdots + \beta_m x_m$$

这样的方程显然是不合适的，因为方程左边的概率 P 的取值在[0,1]范围内，而方程右边的取值可以是[0,1]范围之外。

如果对 P 作 $\log it$ 变换，则 $\log it$(P 与 $x_1, x_2, \cdots, x_m$ 间呈线性关系，即：

$$\log it(F) = \alpha + \beta_1 x_1 + \cdots + \beta_m x_m$$

这是数学上的 Logistic 曲线，因此，将此式描述的 P 与协变量间的回归关系称为线性 Logistic 回归。

根据 Logistic 函数的定义：

$$P = F(y = 1 \mid x) = \frac{\exp(\alpha + \beta x)}{1 + \exp(\alpha + \beta x)} \tag{11-1}$$

$$1 - P = \frac{1}{1 + \exp(\alpha + \beta x)} \tag{11-2}$$

式中以 P 表示疾病发生的概率，以 $1-P$ 表示疾病不发生的概率，$\alpha, \beta_1, \cdots, \beta_m$ 是回归模型中的参数。

式（11-1）描述了因变量 P 与自变量 x 之间的一种函数关系。也就是说，对于自变量在（$-\infty, +\infty$）内的任意一个取值 x，因变量都有一个确定的值 $P = P(y = 1 \mid x)$ 与它对应，而且，P 值在[0,1]范围内。

统计学上称式（11-1）为变量 y 在变量 x 上的一元 Logistic 回归模型，其中，$P = P(y = 1 \mid x)$，

α 和 β 是未知参数或待估计的回归系数，它描述了 $y=1$ 的概率 P 与变量 x 之间的关系。因为 y 仅取 1 和 0 两个值，所以 y 取 0 的概率 $P(y=0|x)=1-P$。

在实际工作中，往往是研究与疾病有关的多个因素，因此式（11-1）可以扩展为：

$$P = \exp(\alpha + \sum_{i=1}^{m} \beta_i \ x_i \ )/[1 + \exp(\alpha + \sum_{i=1}^{m} \beta_i \ x_i \ )] \quad i=1,2,3,\cdots,m \tag{11-3}$$

$$1 - P = 1/[1 + \exp(\alpha + \sum_{i=1}^{m} \beta_i \ x_i \ )] \qquad i=1,2,3,\cdots,m \tag{11-4}$$

如果令 $x = (x_1, x_2, \cdots, x_i)'$，$\beta = (\beta_1, \beta_2, \cdots, \beta_i)$，那么任意一个 Logistic 回归模型都可以表示为：

$$P = P(y=1|x) = \frac{\exp(\alpha + \beta x)}{1 + \exp(\alpha + \beta x)} \tag{11-5}$$

如果对式（11-5）的概率取 $\log it$ 变换，即

$$\log it(P) = \ln\left(\frac{P}{1-P}\right) \tag{11-6}$$

那么式（11-5）可以变成

$$\log it(P) = \ln\left(\frac{P}{1-P}\right) = \alpha + \beta x \tag{11-7}$$

式（11-7）是 Logistic 回归模型（11-5）的另一种形式，它给出的是变量 $z = \log it(P)$ 关于 x 的线性函数，而式（11-5）给出的是变量 P 关于 x 非线性函数。请注意，这里的 $P(1-P)$ 表示了某种事件的比值比（odds ratio）。

11.1.2 非条件 Logistic 回归模型的建立和检验

所谓估计参数，就是根据收集到的 x 变量和 y 变量的观察值，估计回归系数和回归系数估计值的标准误。

在 Logistic 回归分析模型中，回归系数的估计方法通常是最大似然法。为了简单起见，下面仅以一元 Logistic 回归模型为例，说明回归系数 α 和 β 的估计方法。

在病例对照研究中，假设变量 y 取值为 1 和 0，1 表示患有胃癌，0 表示未患胃癌；变量 x 也取值 1 和 0，1 表示饮酒，0 表示不饮酒。调查数据的频数列见表 11-1a，回顾性研究概率见表 11-1b。

表 11-1a 回顾性研究数据

	x	1	0
y	1	a	b
	0	c	d
	总和	a+c	b+d

表 11-1b 回顾性研究概率

	x	1	0
y	1	P_1	P_2
	0	$1-P_1$	$1-P_2$
	总和	1	1

令 $P = P(y = 1 | x)$，且假设 P 和 x 满足一元 Logistic 回归模型，那么表 11-1b 中 4 个格子对应的概率分别如下：

$$P_1 = P(y = 1 | x = 1) = \frac{\exp(\alpha + \beta)}{1 + \exp(\alpha + \beta)}$$

$$P_2 = P(y = 1 | x = 0) = \frac{\exp(\alpha)}{1 + \exp(\alpha)}$$

$$1 - P_1 = 1 - \frac{\exp(\alpha + \beta)}{1 + \exp(\alpha + \beta)} = \frac{1}{1 + \exp(\alpha + \beta)}$$

$$1 - P_2 = 1 - \frac{\exp(\alpha)}{1 + \exp(\alpha)} = \frac{1}{1 + \exp(\alpha)}$$

最大似然法就是选取使得总体真参数落在样本观察值领域里的概率达到最大的参数值作为真参数的估计值。因此，上述问题的最大似然函数如下：

$$L = \left(\frac{\exp(\alpha + \beta)}{1 + \exp(\alpha + \beta)} \right)^a \left(\frac{\exp(\alpha)}{1 + \exp(\alpha)} \right)^b \left(\frac{1}{1 + \exp(\alpha + \beta)} \right)^c \left(\frac{1}{1 + \exp(\alpha)} \right)^d$$

两边取对数，可得到：

$$Q = \ln(L) = a * (\alpha + \beta) - a * \ln(1 + \exp(\alpha + \beta)) + b * \alpha$$
$$- b * \ln(1 + \exp(\alpha)) - c * \ln(1 + \exp(\alpha + \beta)) - d * \ln(1 + \exp(\alpha))$$

对 Q 分别求关于 α 和 β 的一阶偏导函数，并令一阶偏导函数等于 0，得到两个关于 α 和 β 的二元一次方程。解这个由两个方程构成的方程组，得到回归系数 α 和 β 的最大似然估计值：

$$\hat{\alpha} = \ln \left(\frac{b}{d} \right)$$

$$\hat{\beta} = \ln \left(\frac{a}{c} \right) - \ln \left(\frac{b}{d} \right) = \ln \left(\frac{ad}{bc} \right)$$

一般来说，对于（$R \times C$）表格对应的数据，由最大似然法得到的参数估计值往往不是非偏估计。为了得到一个非偏估计，需要采用重复递推的方法，将最大似然估计值不断修正。R 系统使用的是重复加权最小二乘递推法来估计回归系数。因为过程复杂，这里不做介绍。

和线性回归分析一样，Logistic 回归模型的回归系数是自变量对因变量作用大小的一种度量。因为自变量的单位不同，不能用回归系数的估计值来判断哪一个自变量对因变量的影响作用最大。为了要进行比较，需要计算出标准回归系数。计算原理和线性回归分析一样。在标准回归系数的估计值中，绝对值最大的标准回归系数对应的自变量对因变量的影响最大。

模型的总体检验也称为拟合优度检验，对 Logistic 回归模型的总体检验，常用方法有以下 4 种。

（1）AIC 检验法：用于比较同一数据下的不同模型。AIC 值越小，模型越合适。AIC 值的计算公式如下：

$$AIC = -2 \log(L) + 2(g + k)$$

（2）SC 检验法：用于比较同一数据下的不同模型。SC 值越小，模型越合适。SC 值的计算公式如下：

$$SC = -2 \log(L) + (g + k) \log(n)$$

（3）似然比检验法：用于检验全部自变量对因变量的联合作用。其计算公式如下：

$$G = -2 \log(L) = -2 \sum_i w \log(\hat{p}_i)$$

其中，w 是样本的权重变量，$p_i = pr(y = c_i)$ 是样本的第 i 个预期概率变量。

（4）计分检验法：用于检验全部自变量对因变量的联合作用。由于计算公式复杂，此处省略。

以上 4 种用来检验模型总体拟合优度的统计量，在样本数足够大且无效假设成立时都逼进于一个 χ^2 分布。其中，前两种校正了样本数和自变量个数，多在逐步回归过程中用来选择模型。

在使用分析流行病学的方法研究疾病病因时，非条件 Logistic 模型是用于分析队列或病例—对照研究成组资料的统计方法，既可以进行因素筛选，也可以用于混杂因素的控制，后者应用的最为多见。也就是说在病因学研究中，经常分析各危险因素与疾病发生的关系，要求资料要有均衡性。当影响结果的混杂因素较多，难以满足均衡可比性的要求时，就会给结果带来偏性。为了正确说明疾病与危险因素的关系，就需要控制存在的混杂因素，Mantel-Haenszel 分层分析的方法相当成功地解决了这一课题，但有其局限性，即随着控制因素的增加，分层越来越细时，每层的观察例数会越来越少，甚至会有零值出现，对相对危险度的估计带来了一定的困难或结果的不准确。非条件 Logistic 回归模型能克服这些不足之处，可以对危险因素的定量测定值进行分析，已经逐渐被广泛应用。

11.1.3　非条件 Logistic 回归的 R 程序

在一元线性回归模型中，回归系数 β 的估计值 b 表示的是自变量 x 增加一个单位，因变量 y 增加约 b 个单位。在多元线性回归模型中，回归系数 β 的估计值 b 表示的是当其他自变量保持不变时，自变量 x 增加一个单位，因变量 y 增加约 b 个单位。但是，对于 Logistic 回归模型，其回归系数估计值的意义与此完全不同。为了搞清楚它的意义，下面回忆一下流行病研究中的两个相关概念。

相对危险度：$RR = \dfrac{P_1}{P_2}$

比数比：$OR = \dfrac{P_1/(1-P_1)}{P_2/(1-P_2)}$

相对危险度表示暴露在危险因子下的发病率与不暴露在危险因子下的发病率的比。比数比表示暴露在危险因子下的发病率与不发病率之比，与非暴露在危险因子下的发病率与不发病率之比的比。可以看出，当发病率很低时，$OR \approx RR$。下面考虑 Logistic 回归模型系数的实际意义。

在一元 Logistic 回归模型中，分别令 $x=0$ 和 $x=1$，可以得到：

$$x=0：\quad \alpha + 0 = \ln\frac{P(y=1|x=0)}{1-P(y=1|x=0)} = \ln\frac{P_2}{1-P_2}$$

$$x=1：\quad \alpha + \beta = \ln\frac{P(y=1|x=1)}{1-P(y=1|x=1)} = \ln\frac{P_1}{1-P_1}$$

两式相减，得到：

$$\beta = \ln\frac{P_1}{1-P_1} - \ln\frac{P_2}{1-P_2} = \ln\frac{P_1/(1-P_1)}{P_2/(1-P_2)}$$

从而，$e^{\alpha} = \dfrac{P_2}{1-P_2} = odds(P_2)$，$e^{\beta} = \dfrac{P_1/(1-P_1)}{P_2/(1-P_2)} = OR$。

由于 $e^{\beta} = OR$，而当发病率很低时，$OR \approx RR$，因此这时 $e^{\beta} \approx RR$，也就是说，e^{β} 近似地表示了相对危险度，即暴露下的发病率与非暴露下的发病率之比。$e^{\alpha} = odds(P_2)$，而 p_2 是非暴露下的发病率，所以 e^{α} 等于非暴露下发病率与未发病率之比。

在 R 系统中，进行 Logistic 回归分析的函数是 glm()函数。R 中可通过 glm()函数拟合广义线性模型。它的形式与 lm()函数类似，只是多了一些参数。函数的基本形式为：

```
glm(formula, family=family (link=function), data= )
```

以下列出了概率分布（family）和相应默认的连接函数（function）。

- Binomial　　　　(link= "logit")
- Gaussian　　　　(link= "identity")
- Gamma　　　　(link="inverse")
- Inverse.gaussian　(link="1/mu^2")
- Poisson　　　　(link= "log")
- Quasi　　　　　(link= "identity", variance= "constant")
- Quasibinomial　(link="logit")
- Quasipoisson　　(link="log")

假设有一个因变量为 Y，3 个自变量（x_1, x_2, x_3）和一个包含数据的数据框（mydata）。那么可以用以下代码拟合 logistic 回归模型：

```
glm (Y~ x1 + x2 + x3, family= binomial (link="logit"), data= mydata)
```

与函数 glm()连用的常用函数如下。

- summary()：展示拟合模型的细节。
- coefficients()、coef()：列出拟合模型的参数（截距项和斜率）。
- confint()：给出模型参数的置信区间（默认为 95%）。
- residulas()：列出拟合模型的残差值。
- anova()：产生两个拟合模型的方差分析表。
- plot()：生成评价拟合模型的诊断图。
- predict()：用拟合模型对新数据集进行预测。

例 11-1　为了分析新生儿出生时体重与支气管肺的发育不良病（BPD）的关系，调查了 223 名新生儿。调查的数据见表 11-2，试进行分析。

表 11-2　　　　　　　新生儿出生时体重与支气管肺的发育不良病研究数据

出生时体重（组中值）	现察人数	患 BPD 人数	未患 BPD 人数
750	68	49	19
1150	80	18	62
1550	75	9	66

【R 程序】

```
> Example11_1 <- read.table ("example11_1.csv", header=TRUE, sep=",")
> attach(Example11_1)
> fit   <- glm(bpd~weight, family= binomial(), data=Example11_1)
> summary(fit)
> coefficients(fit)
> exp(coefficients(fit))
> exp (confint(fit))
> detach (Example11_1)
```

【R 输出结果】

```
①
Call:
```

```
glm(formula = bpd ~ weight, family = binomial(), data = Example11_1)

Deviance Residuals:
    Min       1Q   Median       3Q      Max
-1.5029  -0.8437  -0.4091   0.8836   2.2460

Coefficients:
             Estimate Std. Error z value Pr(>|z|)
(Intercept)  3.7179768  0.6386949   5.821 5.84e-09 ***
weight      -0.0039720  0.0005881  -6.754 1.44e-11 ***
---
Signif. codes:  0 '***' 0.001 '**' 0.01 '*' 0.05 '.' 0.1 ' ' 1

(Dispersion parameter for binomial family taken to be 1)

    Null deviance: 286.14  on 222  degrees of freedom
Residual deviance: 225.17  on 221  degrees of freedom
AIC: 229.17

Number of Fisher Scoring iterations: 4
②
(Intercept)        weight
 3.717976832 -0.003971966

(Intercept)        weight
 41.1809937   0.9960359

                   2.5 %       97.5 %
(Intercept) 12.2904102 151.8304310
weight       0.9948284   0.9971333
```

【结果解释】

① 因变量 BPD 取值的排列顺序是从大到小，所以系统输出的是 BPD=1 时的概率模型。结果表明自变量 *weight* 的回归系数在统计意义上与 0 有显著性差异（$P<0.0001$）。

因变量 BPD 对自变量 *weight* 的 Logistic 回归模型如下：

$$\log it(\hat{P}) = 3.7180 - 0.00397 * weight$$

② 是参数的 OR 值以及 95%可信区间。OR=0.996 说明新生儿体重每增加一个单位，患 BPD 病的机会就会减少大约 0.4%。OR 值 95%可信区间不包括 1，也表明参数有显著性意义。

在医学研究中经常会遇到多分类无序变量，此类变量一般不能直接进入 Logistic 回归模型进行分析，对这种变量一般是采用设置哑变量的方法来进行分析。那么，如何产生并解释哑变量呢？哑变量，就是一组取值 1 和 0 的二值分类变量，用来表示一个分类变量。例如，变量 x_1 是取值为 1、2、3 的分类变量，分别表示汉族、彝族和哈尼族等 3 个民族，由 x_1 这个分类变量可以产生 3 个哑变量，每一个哑变量代表一个分类，哑变量的名字与其他变量的命名规则相同。这 3 个哑变量的取值为 1 或 0，取值 1 表示属于此类，取值 0 表示不属于此类。见表 11-3 给出了 6 个样本的变量 x_1 的观察值和由它产生的 3 个哑变量的取值。

表 11-3　　　　　　　　　　　　　哑变量的赋值和设置

id	x_1	han	yi	hani
1	1	1	0	0
2	1	1	0	0
3	2	0	1	0
4	2	0	1	0
5	3	0	0	1
6	3	0	0	1

从变量 x_1 的取值可以看出，前两个样本是汉族，所以这两个样本在哑变量 *han* 中的取值为 1，

其余 4 个样本在哑变量 *han* 中的取值为 0。中间两个样本是彝族，所以这两个样本在哑变量 *yi* 中的取值为 1，其余 4 个样本在哑变量 *yi* 中的取值为 0；后两个样本是哈尼族，所以这两个样本在哑变量 *hani* 中的取值为 1，其余 4 个样本在哑变量 *hani* 中的取值为 0。如何由一个分类变量产生一组哑变量呢？一般由计算机解决。

当 Logistic 回归模型中含有名义变量时，需要将名义变量转换成哑变量，含有 n 个水平的名义变量，就可以产生 n 个哑变量。由于这 n 个哑变量常与常数项线性相关，所以一般将 $n-1$ 个哑变量放入模型中，剩余一个作为参考变量。那么如何解释回归模型中哑变量的系数呢？

假设因变量 y 取值为 1 和 0，1 表示患病，0 表示未患病，自变量 x 取值为 1、2、3。将 x 转换为 3 个哑变量：A_1、A_2 和 A_3。以变量 A_3 作为参考变量，则对应的 Logistic 回归模型如下：

$$\log it(P) = \ln\left(\frac{P}{1-P}\right) = \alpha + \beta_1 A_1 + \beta_2 A_2$$

由于 A_1、A_2 和 A_3 是由 x 产生的哑变量，所以 $A_1=1$ 时，A_2 和 A_3 必然等于 0。同样，$A_2=1$ 时，A_1 和 A_3 必然等于 0；$A_3=1$ 时，A_1 和 A_2 必然等于 0。因此，在上式中分别令 $A_1=1$、$A_2=1$ 和 $A_3=1$，即可以得到 3 个等式：

$$A_1 = 1 : \alpha + \beta_1 = \frac{P(y=1 \mid A_1=1, A_2=0, A_3=0)}{1-P(y=1 \mid A_1=1, A_2=0, A_3=0)} = \ln\frac{P_{100}}{1-P_{100}}$$

$$A_2 = 1 : \alpha + \beta_2 = \frac{P(y=1 \mid A_1=0, A_2=1, A_3=0)}{1-P(y=1 \mid A_1=0, A_2=1, A_3=0)} = \ln\frac{P_{010}}{1-P_{010}}$$

$$A_3 = 1 : \alpha = \frac{P(y=1 \mid A_1=0, A_2=0, A_3=1)}{1-P(y=1 \mid A_1=0, A_2=0, A_3=1)} = \ln\frac{P_{001}}{1-P_{001}}$$

将前面两个式子减去第 3 个式子，可得到 β_1 和 β_2 的表达式：

$$\beta_1 = \ln\left\{\frac{P_{100}}{1-P_{100}} \middle/ \frac{P_{001}}{1-P_{001}}\right\}$$

$$\beta_2 = \ln\left\{\frac{P_{010}}{1-P_{010}} \middle/ \frac{P_{001}}{1-P_{001}}\right\}$$

从而：

$$e^{\beta_1} = \frac{P_{100}}{1-P_{100}} \middle/ \frac{P_{001}}{1-P_{001}} = \frac{odds(A_1)}{odds(A_3)} = OR(1,3)$$

$$e^{\beta_2} = \frac{P_{010}}{1-P_{010}} \middle/ \frac{P_{001}}{1-P_{001}} = \frac{odds(A_2)}{odds(A_3)} = OR(2,3)$$

显然，e^{β_1} 表示的是第 1 组与第 3 组的比数比，记为 OR（1, 3），它表示第 1 组患病的几率是第 3 组的 OR（1, 3）倍。同样，e^{β_2} 表示的是第 2 组与第 3 组的比数比，记为 OR（2, 3），它表示第 2 组患病的几率是第 3 组的 OR（2, 3）倍。

由此可见，通过哑变量的转换，可以得到每一个组与对照组的相对危险度的估计值，使用起来非常方便。

例 11-2　为了了解糖尿病与民族之间的关系，某研究所调查了 200 个样本，数据见表 11-4。试估计各民族患糖尿病的相对危险度。

设 $y=1$ 表示患有糖尿病，$y=0$ 表示未患糖尿病。令 $x=1$ 表示汉族，$x=2$ 表示彝族，$x=3$ 表示哈尼族。将变量 x 转换为哑变量，变量名是 *han*、*yi* 和 *hani*。采用 Logistic 回归模型进行分析。

表 11-4　　　　　　　　　　　　糖尿病与民族的调查数据

糖 尿 病	汉 族	彝 族	哈 尼 族
1	40	10	50
0	20	40	40

【R 程序】

```
> Example11_2 <- read.table ("example11_2.csv", header=TRUE, sep=",")
> attach(Example11_2)
> Example11_2$han   <- ifelse (x==1, 1, 0)
> Example11_2$yi    <- ifelse (x==2, 1, 0)
> Example11_2$hani    <- ifelse (x==3, 1, 0)
> fit1   <-  glm(y~ han + yi ,  family= binomial(), data=Example11_2)
> fit2   <-  glm(y~ han + hani,  family= binomial(), data=Example11_2)
> summary(fit1)
> coefficients(fit1)
> exp(coefficients(fit1))
> exp (confint(fit1))
> summary(fit2)
> coefficients(fit2)
> exp(coefficients(fit2))
> exp (confint(fit2))
> detach (Example11_2)
```

【R 输出结果】

①
```
Call:
glm(formula = y ~ han + yi, family = binomial(), data = Example11_2)

Deviance Residuals:
    Min       1Q   Median       3Q      Max
-1.4823  -1.2735   0.1162   1.0842   1.7941

Coefficients:
            Estimate Std. Error z value Pr(>|z|)
(Intercept)   0.2231     0.2121   1.052    0.293
han           0.4700     0.3464   1.357    0.175
yi           -1.6094     0.4123  -3.903 9.48e-05 ***
---
Signif. codes:  0 '***' 0.001 '**' 0.01 '*' 0.05 '.' 0.1 ' ' 1

(Dispersion parameter for binomial family taken to be 1)

    Null deviance: 277.26  on 199  degrees of freedom
Residual deviance: 250.08  on 197  degrees of freedom
AIC: 256.08

Number of Fisher Scoring iterations: 4
```
②
```
(Intercept)           han            yi
  0.2231436     0.4700036  -1.6094379

(Intercept)           han            yi
      1.25          1.60          0.20

              2.5 %      97.5 %
(Intercept) 0.82619891 1.9034093
han         0.81685489 3.1904168
yi          0.08539357 0.4351797
```
③
```
Call:
```

```
glm(formula = y ~ han + hani, family = binomial(), data = Example11_2)

Deviance Residuals:
    Min      1Q   Median      3Q     Max
-1.4823  -1.2735   0.1162   1.0842   1.7941

Coefficients:
            Estimate Std. Error z value Pr(>|z|)
(Intercept)  -1.3863     0.3536  -3.921 8.82e-05 ***
han           2.0794     0.4472   4.650 3.32e-06 ***
hani          1.6094     0.4123   3.903 9.48e-05 ***
---
Signif. codes:  0 '***' 0.001 '**' 0.01 '*' 0.05 '.' 0.1 ' ' 1

(Dispersion parameter for binomial family taken to be 1)

    Null deviance: 277.26  on 199  degrees of freedom
Residual deviance: 250.08  on 197  degrees of freedom
AIC: 256.08

Number of Fisher Scoring iterations: 4
④(Intercept)          han         hani
   -1.386294     2.079442     1.609438

(Intercept)          han         hani
       0.25         8.00         5.00

                 2.5 %       97.5 %
(Intercept) 0.1181633   0.4799119
han         3.4355852  20.0377988
hani        2.2979011  11.7104843
```

【结果解释】

① 为第 1 个 Logistic 回归模型数据的信息。因变量 y（是否患有糖尿病）取值的排列顺序是从大到小，所以系统输出的是 $y=1$ 时的概率模型。结果表明自变量 yi 的回归系数在统计意义上与 0 有显著性差异（$P<0.0001$）。

因变量 y 对哑变量的 Logistic 回归模型如下：

$$\log it(\hat{P})=0.2231+ 0.4700*han- 1.6094*yi$$

② 是第 1 个模型参数的 OR 值以及 95%可信区间。结果表明：汉族与哈尼族患糖尿病的相对危险度是 OR=1.6（$P = 0.1748$），说明汉族患糖尿病的概率大约是哈尼族的 1.6 倍；彝族与哈尼族患糖尿病的相对危险度是 OR=0.2（$P<0.0001$），说明彝族患糖尿病的概率大约是哈尼族的 20%。

③ 为第 2 个 Logistic 回归模型数据的信息。因变量 y（是否患有糖尿病）取值的排列顺序也是从大到小，所以系统输出的是 $y=1$ 时的概率模型。结果表明自变量 han 和 $hani$ 的回归系数在统计意义上与 0 有显著性差异（$P<0.0001$）。

因变量 y 对哑变量的 Logistic 回归模型如下：

$$\log it(\hat{P})=-1.3863+ 2.0794*han- 1.6094*hani$$

④ 是第 2 个模型参数的 OR 值以及 95%可信区间。结果表明：汉族与彝族患糖尿病的相对危险度是 OR=8（$P<0.0001$），说明汉族患糖尿病的概率大约是彝族的 8 倍；哈尼族与彝族患糖尿病的相对危险度是 OR=5（$P<0.0001$），说明哈尼族患糖尿病的概率大约是彝族的 5 倍。

为了简单起见，下面以二元 Logistic 回归模型实例说明多元 Logistic 回归模型的系数解释。

假设因变量 y 取值为 1 和 0，1 表示患病，0 表示未患病，自变量 x_1 和 x_2 均取值是 1 和 0，1 表示暴露在危险因素下，0 表示未暴露在危险因素下，则对应的 Logistic 回归模型如下：

$$\log it(P) = \ln\left(\frac{P}{1-P}\right) = \alpha + \beta_1 x_1 + \beta_2 x_2$$

分别令 $x_1=0$ 和 $x_1=1$，x_2 固定不变，得到等式：

$$x_1 = 1 : \alpha + \beta_1 + \beta_2 x_2 = \frac{P(y=1|x_1=1, x_2)}{1-P(y=1|x_1=1, x_2)} = \ln\frac{P_{1,x_2}}{1-P_{1,x_2}}$$

$$x_1 = 0 : \alpha + \beta_2 x_2 = \frac{P(y=1|x_1=0, x_2)}{1-P(y=1|x_1=0, x_2)} = \ln\frac{P_{0,x_2}}{1-P_{0,x_2}}$$

两式相减，得到

$$\beta_1 = \ln\left\{\frac{P_{1,x_2}}{1-P_{1,x_2}} \Big/ \frac{P_{0,x_2}}{1-P_{0,x_2}}\right\}$$

同理可得

$$\beta_2 = \ln\left\{\frac{P_{x_1,1}}{1-P_{x_1,1}} \Big/ \frac{P_{x_1,0}}{1-P_{x_1,0}}\right\}$$

从而，

$$e^{\beta_1} = \frac{P_{1,x_2}}{1-P_{1,x_2}} \Big/ \frac{P_{0,x_2}}{1-P_{0,x_2}} = OR(x_1|对任意固定的x_2)$$

$$e^{\beta_2} = \frac{P_{x_1,1}}{1-P_{x_1,1}} \Big/ \frac{P_{x_1,0}}{1-P_{x_1,0}} = OR(x_2|对任意固定的x_1)$$

可以看出，e^{β_1} 表示校正了 x_2 的影响后或在 x_2 不变的情况下，暴露于 x_1 与不暴露于 x_1 得病几率的比数比 $OR(x_1|对任意固定的x_2)$；e^{β_2} 表示校正了 x_1 的影响后或在 x_1 不变的情况下，暴露于 x_2 与不暴露于 x_2 得病概率的比数比 $OR(x_2|对任意固定的x_1)$。

例 11-3　表 11-5 是一个研究吸烟、饮酒与食管癌关系的病例对照研究资料，试作 Logistic 回归分析。

表 11-5　　　　　　　　　吸烟、饮酒与食管癌关系的病例对照研究资料

分　层	吸　烟	饮　酒	阳　性　数	阴　性　数
1	0	0	63	136
2	0	1	63	107
3	1	0	44	57
4	1	1	265	151

设 $y=1$ 表示患有食管癌，$y=0$ 表示未患食管癌。令 $x_1=1$ 表示吸烟，$x_1=0$ 表示不吸烟；$x_2=1$ 表示饮酒，$x_2=0$ 表示不饮酒。下面采用 Logistic 回归模型进行分析。

【R 程序】

```
> Example11_3 <- read.table ("example11_3.csv", header=TRUE, sep=",")
> attach(Example11_3)
```

```
>  fit    <-  glm(y~ x1+ x2 ,  family= binomial(), data=Example11_3)
>  summary(fit)
>  coefficients(fit)
>  exp(coefficients(fit))
>  exp (confint(fit))
>  detach (Example11_3)
```

【R 输出结果】

①
```
Call:
glm(formula = y ~ x1 + x2, family = binomial(), data = Example11_3)

Deviance Residuals:
    Min      1Q   Median       3Q      Max
-1.3965  -1.0193  -0.8225   0.9730   1.5800

Coefficients:
            Estimate Std. Error z value Pr(>|z|)
(Intercept)  -0.9099     0.1358  -6.699 2.11e-11 ***
x1            0.8856     0.1500   5.904 3.54e-09 ***
x2            0.5261     0.1572   3.348 0.000815 ***
---
Signif. codes:  0 '***' 0.001 '**' 0.01 '*' 0.05 '.' 0.1 ' ' 1

(Dispersion parameter for binomial family taken to be 1)

    Null deviance: 1228.0  on 885  degrees of freedom
Residual deviance: 1159.4  on 883  degrees of freedom
AIC: 1165.4

Number of Fisher Scoring iterations: 4
```

②
```
(Intercept)           x1           x2
 -0.9099467    0.8855837    0.5261234

(Intercept)           x1           x2
  0.4025457    2.4243991    1.6923589
```

③
```
              2.5 %      97.5 %
(Intercept) 0.3071678 0.5234695
x1          1.8090525 3.2580064
x2          1.2441606 2.3048818
```

【结果解释】

① 因变量 y 取值的排列顺序是从大到小，所以系统输出的是 $y=1$ 时的概率模型。结果表明自变量 x_1（$P<0.0001$）和 x_2（$P=0.0008$）的回归系数在统计意义上与 0 有显著性差异。

② 为参数的 OR 值以及 95%可信区间。

因变量 y 对自变量 x_1 和 x_2 的 Logistic 回归模型如下：

$$\log it(\hat{P}) = -0.9099 + 0.8856 * x_1 + 0.5261 * x_2$$

$OR(x_1|$对任意固定的$x_2)=2.424$，表示消去了饮酒因素的影响后，吸烟者患食管癌的概率是不吸烟者患食管癌的 2.424 倍；$OR(x_2|$对任意固定的$x_1)=1.692$，表示消去了吸烟因素的影响后，饮酒者患食管癌的概率是不饮酒者患食管癌的 1.692 倍。

③ 为参数的 95%可信区间。两个可信区间都不包括 0，表明参数有显著性意义。

例 11-4 对于上例研究吸烟、饮酒与食管癌关系的病例对照研究资料，分析方法中没有考虑到吸烟与饮酒的交互作用，本例分析吸烟、饮酒危险因素对患食管癌的影响程度以及它们的交互影响程度。

设 $y=1$ 表示患有食管癌，$y=0$ 表示未患食管癌。令 $x_1=1$ 表示吸烟，$x_1=0$ 表示不吸烟；$x_2=1$ 表示饮酒，$x_2=0$ 表示不饮酒。这样，x_1 和 x_2 的交叉水平有 4 个，建立 4 个哑变量分别代表这 4 个水平，记为 x_{11}、x_{10}、x_{01}、x_{00}，它们表示 4 种不同的生活方式，即 x_{11} 表示既吸烟又饮酒，x_{10} 表示吸烟但不饮酒，x_{01} 表示不吸烟但饮酒，x_{00} 表示既不吸烟又不饮酒。将前 3 个哑变量放进模型，则可得到前 3 种生活方式相对于最后一种生活方式患食管癌的相对危险度。

【R 程序】

```
> Example11_4  <- read.table ("example11_4.csv", header=TRUE, sep=",")
> attach(Example11_4)
> Example11_4$x11  <- ifelse (x1==1 & x2==1, 1, 0)
> Example11_4$x10  <- ifelse (x1==1 & x2==0, 1, 0)
> Example11_4$x01  <- ifelse (x1==0 & x2==1, 1, 0)
> Example11_4$x00  <- ifelse (x1==0 & x2==0, 1, 0)
> fit    <-  glm(y~ x11 + x10 + x01 ,  family= binomial(), data=Example11_4)
> summary(fit)
> coefficients(fit)
> exp(coefficients(fit))
> exp (confint(fit))
> detach (Example11_4)
```

【R 输出结果】

①
```
Call:
glm(formula = y ~ x11 + x10 + x01, family = binomial(), data = Example11_4)

Deviance Residuals:
    Min      1Q   Median      3Q      Max
-1.4237  -0.9623  -0.8725   0.9497   1.5167

Coefficients:
            Estimate Std. Error z value Pr(>|z|)
(Intercept)  -0.7695     0.1524  -5.049 4.43e-07 ***
x11           1.3320     0.1834   7.264 3.76e-13 ***
x10           0.5107     0.2520   2.027   0.0427 *
x01           0.2398     0.2201   1.090   0.2759
---
Signif. codes:  0 '***' 0.001 '**' 0.01 '*' 0.05 '.' 0.1 ' ' 1

(Dispersion parameter for binomial family taken to be 1)

    Null deviance: 1228  on 885  degrees of freedom
Residual deviance: 1156  on 882  degrees of freedom
AIC: 1164

Number of Fisher Scoring iterations: 4
```
②
```
(Intercept)        x11          x10          x01
 -0.7695202   1.3319701   0.5106585   0.2398261


(Intercept)        x11          x10          x01
  0.4632353   3.7884999   1.6663882   1.2710280
```
③
```
             2.5 %     97.5 %
(Intercept) 0.3415446 0.6214419
x11         2.6552919 5.4525611
x10         1.0159204 2.7326277
x01         0.8255781 1.9585429
```

【结果解释】

① 因变量 y 取值的排列顺序是从大到小，所以系统输出的是 $y=1$ 时的概率模型。结果表明自变量 x_{11}（$P<0.0001$）和 x_{10}（$P=0.0428$）的回归系数在统计意义上与 0 有显著性差异，但是 x_{01} 的回归系数在统计意义上与 0 没有显著性差异。

因变量 y 对自变量 x_{11}、x_{10} 和 x_{01} 的 Logistic 回归模型如下：

$$\text{logit}(\hat{P}) = -0.7695 + 1.3320 * x_{11} + 0.5107 * x_{10} + 0.2398 * x_{01}$$

② 为参数的 OR 值以及 95%可信区间。因为 4 个哑变量中是以 x_{00} 作为参照变量，因此 OR (x_{11})=3.788 表示既吸烟又饮酒者患食管癌的概率是不吸烟又不饮酒者的 3.788 倍，OR(x_{10})=1.666 表示吸烟但不饮酒者患食管癌的概率是不吸烟又不饮酒者的 1.666 倍，OR (x_{01}) =1.271 表示不吸烟但饮酒者患食管癌的概率是不吸烟又不饮酒者的 1.271 倍。

③ 为参数的 95%可信区间。变量 x_{11} 和 x_{10} 的可信区间都不包括 0，表明参数有显著性意义。变量 x_{01} 的可信区间包括 0，表明参数没有显著性意义。

> **注意**：如果要分析两个连续自变量对因变量的交互影响，方法是建立一个新变量，它等于这两个连续自变量的乘积，然后放进模型中进行分析。它的结果仅显示交互影响是否存在，意义解释就不如 OR 简单易懂。

与多元线性回归分析类似，当自变量的数目较多时，为了使建立的 Logistic 回归模型比较稳定和便于解释，应尽可能地将回归效果显著的自变量选入模型中，作用不显著的自变量则排除在外。具体算法有前进法、后退法和逐步法等。Logistic 逐步回归与线性逐步回归过程极为相似，但其中的检验统计量不再是 F 统计量，而是似然比统计量、Wald 统计量和计分统计量之一。

例 11-5 为了探讨冠心病发生的有关危险因素，对 26 例冠心病病人和 28 例对照者进行病例对照研究，各因素的说明及资料见表 11-6 和表 11-7。试用 Logistic 逐步回归分析方法筛选危险因素。

表 11-6 冠心病 8 个可能的危险因素与赋值

因　素	变　量　名	赋值说明
年龄（岁）	x_1	<45=1，45~54=2，55~64=3，65~=4
高血压史	x_2	无=0，有=1
高血压家族史	x_3	无=0，有=1
吸烟	x_4	不吸=0，吸=1
高血脂史	x_5	无=0，有=1
动物脂肪摄入	x_6	低=0，高=1
体重指数	x_7	<24=1，24~=2，26~=3
A 型性格	x_8	否=0，是=1
冠心病	y	对照=0，病例=1

表 11-7 冠心病危险因素的病例对照研究资料

x_1	x_2	x_3	x_4	x_5	x_6	x_7	x_8	y
3	1	0	1	0	0	1	1	0
2	0	1	1	0	0	1	0	0
2	1	0	1	0	0	1	0	0
2	0	0	1	0	0	1	0	0
3	0	0	1	0	1	1	1	0
3	0	1	1	0	0	2	1	0
2	0	1	0	0	0	1	0	0
3	0	1	1	1	0	1	0	0

续表

x_1	x_2	x_3	x_4	x_5	x_6	x_7	x_8	y
2	0	0	0	0	0	1	1	0
1	0	0	1	0	0	1	0	0
1	0	1	0	0	0	1	1	0
1	0	0	0	0	0	2	1	0
2	0	0	0	0	0	1	0	0
4	1	0	1	0	0	1	0	0
3	0	1	1	0	0	1	1	0
1	0	0	1	0	0	3	1	0
2	0	0	1	0	0	1	0	0
1	0	0	1	0	0	1	1	0
3	1	1	1	1	0	1	0	0
2	1	1	1	1	0	2	0	0
3	1	0	1	0	0	1	0	0
2	1	1	0	1	0	3	1	0
2	0	0	1	1	0	1	1	0
2	0	0	0	0	0	1	0	0
2	0	1	0	0	0	1	0	0
2	0	0	1	1	0	1	1	0
2	0	0	0	0	0	1	0	0
2	0	0	0	0	0	2	1	0
2	1	1	1	0	1	2	1	1
3	0	0	1	1	1	2	1	1
2	0	0	1	1	1	1	0	1
3	1	1	1	1	1	3	1	1
2	0	0	1	0	0	1	1	1
2	0	1	0	1	1	1	1	1
2	0	0	1	0	1	1	0	1
2	1	1	1	1	0	1	1	1
3	1	1	1	1	0	1	1	1
3	1	1	1	0	1	1	1	1
3	1	1	1	1	0	1	1	1
3	0	1	0	0	0	1	0	1
2	1	1	1	1	0	2	1	1
3	1	0	1	0	1	2	1	1
3	1	0	1	0	0	1	1	1
3	1	1	1	1	1	2	0	1
4	0	0	1	1	0	3	1	1
3	1	1	1	1	0	3	1	1
4	1	1	1	1	0	3	0	1
3	0	1	1	1	0	1	1	1
4	0	0	1	0	0	2	1	1

续表

x_1	x_2	x_3	x_4	x_5	x_6	x_7	x_8	y
1	0	1	1	1	0	2	1	1
2	0	1	1	0	1	2	1	1
2	1	1	1	0	0	2	1	1
2	1	0	1	0	0	1	1	1
3	1	1	0	1	0	3	1	1

【R 程序】

```
> Example11_5  <- read.table ("example11_5.csv", header=TRUE, sep=",")
> attach(Example11_5)
> fullfit   <- glm(y~ x1 + x2 + x3 + x4 + x5 + x6 + x7 + x8 ,  family= binomial(),
data=Example11_5)
> summary(fullfit)
> nothing   <- glm(y~ 1 ,  family= binomial(), data=Example11_5)
> summary(nothing)
> bothways <- step(nothing, list(lower=formula(nothing), upper=formula(fullfit)),
direction="both")
> fit1   <- glm(y~ x6 + x5 + x8 + x1 + x2 ,  family= binomial(), data=Example11_5)
> summary(fit1)
> fit2   <- glm(y~ x6 + x5 + x8 + x1 ,  family= binomial(), data=Example11_5)
> summary(fit2)
> coefficients(fit2)
> exp(coefficients(fit2))
> exp (confint(fit2))
> detach (Example11_5)
```

【R 输出结果】

①

```
Call:
glm(formula = y ~ x1 + x2 + x3 + x4 + x5 + x6 + x7 + x8, family = binomial(),
    data = Example11_5)

Deviance Residuals:
    Min      1Q   Median       3Q      Max
-2.3567  -0.4949  -0.1643   0.6331   2.3456

Coefficients:
            Estimate Std. Error z value Pr(>|z|)
(Intercept)  -5.8896     1.9721  -2.986  0.00282 **
x1            0.6443     0.4987   1.292  0.19642
x2            0.9098     0.8362   1.088  0.27662
x3            0.9698     0.9058   1.071  0.28433
x4            0.9948     1.2095   0.823  0.41079
x5            0.7409     0.8801   0.842  0.39988
x6            3.4559     1.4152   2.442  0.01461 *
x7            0.3019     0.5906   0.511  0.60917
x8            1.9169     0.9189   2.086  0.03697 *
---
Signif. codes:  0 '***' 0.001 '**' 0.01 '*' 0.05 '.' 0.1 ' ' 1

(Dispersion parameter for binomial family taken to be 1)

    Null deviance: 74.786  on 53  degrees of freedom
Residual deviance: 42.194  on 45  degrees of freedom
AIC: 60.194

Number of Fisher Scoring iterations: 6
```
②
```
Call:
glm(formula = y ~ 1, family = binomial(), data = Example11_5)

Deviance Residuals:
```

```
    Min      1Q  Median      3Q     Max
-1.146  -1.146  -1.146   1.209   1.209

Coefficients:
             Estimate Std. Error z value Pr(>|z|)
(Intercept) -0.07411    0.27235  -0.272     0.786

(Dispersion parameter for binomial family taken to be 1)

    Null deviance: 74.786  on 53   degrees of freedom
Residual deviance: 74.786  on 53   degrees of freedom
AIC: 76.786

Number of Fisher Scoring iterations: 3
```
③
```
Start:  AIC=76.79
y ~ 1

       Df Deviance    AIC
+ x6    1   63.467 67.467
+ x5    1   67.137 71.137
+ x8    1   67.727 71.727
+ x2    1   68.705 72.705
+ x1    1   68.706 72.706
+ x7    1   69.335 73.335
+ x3    1   69.966 73.966
+ x4    1   70.272 74.272
<none>      74.786 76.786

Step:  AIC=67.47
y ~ x6

       Df Deviance    AIC
+ x5    1   55.480 61.480
+ x8    1   56.751 62.751
+ x2    1   56.890 62.890
+ x3    1   58.265 64.265
+ x1    1   58.335 64.335
+ x7    1   58.753 64.753
+ x4    1   60.617 66.617
<none>      63.467 67.467
- x6    1   74.786 76.786

Step:  AIC=61.48
y ~ x6 + x5

       Df Deviance    AIC
+ x8    1   50.402 58.402
+ x2    1   52.108 60.108
+ x1    1   52.454 60.454
<none>      55.480 61.480
+ x7    1   53.709 61.709
+ x4    1   54.124 62.124
+ x3    1   54.174 62.174
- x5    1   63.467 67.467
- x6    1   67.137 71.137

Step:  AIC=58.4
y ~ x6 + x5 + x8

       Df Deviance    AIC
+ x1    1   46.224 56.224
+ x2    1   46.717 56.717
<none>      50.402 58.402
+ x3    1   48.601 58.601
+ x4    1   49.039 59.039
+ x7    1   49.702 59.702
- x8    1   55.480 61.480
- x5    1   56.751 62.751
```

```
- x6      1    61.148 67.148

Step:  AIC=56.22
y ~ x6 + x5 + x8 + x1

        Df Deviance    AIC
+ x2     1    44.163 56.163
<none>        46.224 56.224
+ x3     1    44.534 56.534
+ x4     1    45.755 57.755
+ x7     1    45.781 57.781
- x1     1    50.402 58.402
- x5     1    50.491 58.491
- x8     1    52.454 60.454
- x6     1    56.439 64.439

Step:  AIC=56.16
y ~ x6 + x5 + x8 + x1 + x2

        Df Deviance    AIC
<none>        44.163 56.163
- x2     1    46.224 56.224
- x1     1    46.717 56.717
+ x3     1    42.999 56.999
- x5     1    47.099 57.099
+ x4     1    43.817 57.817
+ x7     1    43.907 57.907
- x8     1    50.405 60.405
- x6     1    54.874 64.874
```
④
```
Call:
glm(formula = y ~ x6 + x5 + x8 + x1 + x2, family = binomial(),
    data = Example11_5)

Deviance Residuals:
    Min       1Q   Median       3Q      Max
-2.4100  -0.6282  -0.2313   0.6034   2.2802

Coefficients:
            Estimate Std. Error z value Pr(>|z|)
(Intercept)  -4.7603     1.5803  -3.012  0.00259 **
x6            3.3698     1.3311   2.532  0.01136 *
x5            1.2928     0.7654   1.689  0.09122 .
x8            2.0004     0.8730   2.291  0.02194 *
x1            0.7460     0.4841   1.541  0.12335
x2            1.1453     0.8077   1.418  0.15620
---
Signif. codes:  0 '***' 0.001 '**' 0.01 '*' 0.05 '.' 0.1 ' ' 1

(Dispersion parameter for binomial family taken to be 1)

    Null deviance: 74.786  on 53  degrees of freedom
Residual deviance: 44.163  on 48  degrees of freedom
AIC: 56.163

Number of Fisher Scoring iterations: 5
```
⑤
```
Call:
glm(formula = y ~ x6 + x5 + x8 + x1, family = binomial(), data = Example11_5)

Deviance Residuals:
    Min       1Q   Median       3Q      Max
-2.5264  -0.5445  -0.2733   0.6319   2.0339

Coefficients:
            Estimate Std. Error z value Pr(>|z|)
(Intercept)  -4.7050     1.5432  -3.049   0.0023 **
x6            3.1355     1.2489   2.511   0.0121 *
x5            1.4959     0.7439   2.011   0.0443 *
```

```
x8               1.9471       0.8466   2.300   0.0215 *
x1               0.9239       0.4766   1.939   0.0525 .
---
Signif. codes:  0 '***' 0.001 '**' 0.01 '*' 0.05 '.' 0.1 ' ' 1

(Dispersion parameter for binomial family taken to be 1)

    Null deviance: 74.786  on 53  degrees of freedom
Residual deviance: 46.224  on 49  degrees of freedom
AIC: 56.224

Number of Fisher Scoring iterations: 5
⑥
(Intercept)          x6           x5              x8           x1
 -4.7050170    3.1354895    1.4959351    1.9470861    0.9238998
(Intercept)          x6           x5              x8           x1
 0.009049761 22.999891063   4.463508324   7.008236568   2.519095102
                    2.5 %         97.5 %
(Intercept) 0.0002770793    0.1345707
x6           2.9251702716  552.8160472
x5           1.0786693022   20.8559589
x8           1.4921555369   44.9031777
x1           1.0375623088    7.0051815
```

【结果解释】

① 因变量 y 取值的排列顺序是从大到小，所以系统输出的是 $y=1$ 时的概率模型。所有自变量均纳入模型中后，仅 x_6 和 x_8 的回归系数在统计意义上有显著性差异。

② 模型中仅纳入常数项的结果。

③ 是逐步回归分析的过程，开始时模型仅有常数项，然后每一步中，AIC 列提供了增加或删除一个行中变量后模型的 AIC 值。<none> 中的 AIC 值表示没有变量被删除时模型的 AIC。第一步 x_6 加入，AIC 从 76.786 降低到 67.467；第二步 x_5 加入，AIC 继续下降，成为 61.480；第三步 x_8 加入，AIC 继续下降，成为 58.402；第四步 x_1 加入，AIC 继续下降，成为 56.224；第五步 x_2 加入，AIC 继续下降，成为 56.163。进入模型之中的变量依此是 x_6、x_5、x_8、x_1 和 x_2，再增加变量则 AIC 值增加，变量筛选过程结束。

④ x_6、x_5、x_8、x_1 和 x_2 自变量纳入模型中后，x_1 和 x_2 的回归系数在统计意义上无显著性差异。

⑤ x_6、x_5、x_8、和 x_1 自变量纳入模型中后，回归系数在统计意义上有显著性差异，但是变量 x_1（$P=0.0525$）的回归系数在统计意义上有边缘性显著性差异。

⑥ 为参数的 OR 值以及 95% 可信区间。结果表明自变量 x_5（$P=0.0443$）、x_6（$P=0.0121$）和 x_8（$P=0.0215$）的回归系数在统计意义上有显著性差异，但是变量 x_1（$P=0.0525$）的回归系数在统计意义上有边缘性显著性差异。

因变量 y 对自变量的 Logistic 回归模型如下：

$$\log it(\hat{P}) = -4.7050 + 0.9239 * x_1 + 1.4959 * x_5 + 3.1355 * x_6 + 1.9471 * x_8$$

变量 x_1 的 OR 值为 2.519，表明消去其他因素的影响后，年龄每增加 10 岁，患冠心病的概率就是原来的 2.519 倍；变量 x_5 的 OR 值为 4.464，表明消去其他因素的影响后，有高血脂史的患者患冠心病的概率是没有高血脂史的 4.464 倍；变量 x_6 的 OR 值为 23.000，表明消去其他因素的影响后，动物脂肪摄入高的人患冠心病的概率是动物脂肪摄入低的 23.000 倍；变量 x_8 的 OR 值为 7.008，表明消去其他因素的影响后，A 型性格人患冠心病的概率是非 A 型性格人的 7.008 倍。

重点提示：了解非条件 Logistic 回归模型的推导以及参数检验，掌握 Logistic 回归模型系数的解释、哑变量的设置和解释，以及逐步 Logistic 回归的应用，重点掌握 glm() 函数以及常用的选项。

非条件 Logistic 回归适用于队列研究、病例对照研究，同样也适用于现况调查中的病因学研究。按 3 种不同的抽样方式作 Logistic 回归，除了病例对照研究资料的常数项与另外两种不同外，回归系数的意义相同。而配对病例对照研究资料，就需要使用条件 Logistic 回归模型来分析。

11.2.1 条件 Logistic 回归介绍

医学研究中的配对病例对照研究资料，可以使用条件 Logistic 回归模型来分析。条件 Logistic 回归模型和非条件 Logistic 回归模型的区别在于：参数的估计是否用到了条件概率。所谓的配对病例对照研究，指的是在病例对照研究中，对每一个病例配以性别、年龄或其他条件相似的一个（$1:1$）或几个（$1:M$）对照，然后分析比较病例组与对照组以往暴露于致病因素的经历。分析配对病例对照研究资料所用的条件 Logistic 回归模型中参数的估计方法，也是采用最大似然估计法，参数和模型的检验方法和非条件 Logistic 回归模型一样。

令 D 和 D' 分别表示病例与非病例，E 和 E' 分别表示暴露与非暴露在危险因子下，见表 11-8a 就是一个危险因子的配对病例资料。

表 11-8a 某个危险因子配对病例资料

D	D'	
	E	E'
E	a	b
E'	c	d

表 11-8a 中的字母表示配对的对子数，表 11-8b 中的字母表示一个配对进入这个格子的概率。

表 11-8b 某个危险因子配对数据的概率

D	D'	
	E	E
E	P_a	P_b
E'	P_c	P_d

现在假设甲、乙 2 人是一个配对，甲、乙发病的概率分别是 $P_甲$ 和 $P_乙$，且在有一个人发病的条件下，甲发病的概率是 P，那么根据条件概率法则，甲发病、乙不发病的条件概率 P 如下：

$$P = \frac{P(甲=D)P(乙=D')}{P(甲=D)P(乙=D')+P(甲=D')P(乙=D)}$$

$$= \frac{P_甲(1-P_乙)}{P_甲(1-P_乙)+P_乙(1-P_甲)}$$

假设概率与危险因子的关系由 Logistic 回归模型已给出，那么：

$$P = \frac{\left\{\dfrac{\exp(\alpha+\beta x)}{1+\exp(\alpha+\beta x)}\right\}_甲 \left\{\dfrac{1}{1+\exp(\alpha+\beta x)}\right\}_乙}{\left\{\dfrac{\exp(\alpha+\beta x)}{1+\exp(\alpha+\beta x)}\right\}_甲 \left\{\dfrac{1}{1+\exp(\alpha+\beta x)}\right\}_乙 + \left\{\dfrac{\exp(\alpha+\beta x)}{1+\exp(\alpha+\beta x)}\right\}_乙 \left\{\dfrac{1}{1+\exp(\alpha+\beta x)}\right\}_甲}$$

由于一个配对属于左上角格子的条件是：甲、乙都有 $x=1$。属于右下角的条件是：甲、乙都有 $x=0$。属于右上角格子的条件是：甲有 $x=1$，乙有 $x=0$。属于左下角格子的条件是：甲有 $x=0$，乙有 $x=1$。代入公式，可得到：

$$P_a = P_d = \frac{1}{2}, \quad P_b = \frac{1}{1+e^{\beta}}, \quad P_c = \frac{e^{\beta}}{1+e^{\beta}}$$

由此可得到最大似然函数如下：

$$L = \left(\frac{1}{2}\right)^a \left(\frac{1}{2}\right)^d \left(\frac{1}{1+e^{\beta}}\right)^b \left(\frac{e^{\beta}}{1+e^{\beta}}\right)^c$$

类似于非条件 Logistic 回归分析的参数估计，就可以得到 β 的最大似然估计如下：

$$\hat{\beta} = \ln\left(\frac{c}{b}\right)$$

适用于配对比例对照资料的条件 Logistic 回归模型的一般形式如下：

$$\log it(P) = \ln\frac{P}{1-P} = \beta x$$

11.2.2　条件 Logistic 回归的 R 程序

用于条件 Logistic 回归分析的过程步一般借用生存数据风险回归分析的 clogit()函数。使用 clogit()函数时，要注意数据的输入方法和过程步语句的写法。

clogit()函数的一般格式如下：

```
clogit(formula, data, weights, subset, na.action, method=c("exact", "approximate", "efron", "breslow"),  ...)
```

其语句格式解释如下。

- formula：使用模型公式的形式 case.status~exposure+strata(matched.set)。
- data：数据框。
- weights：可选项，指定变量的权重。
- subset：可选项，数据子集。
- method：使用条件似然比或近似法计算准确（精确）值。

例 11-6　某研究机构为了研究胃癌与饮酒的相关关系，收集了病例对照资料如表 11-9 所示，其中 D 和 D' 分别表示患有胃癌和未患有胃癌，E 和 E' 分别表示饮酒和不饮酒。试用条件 Logistic 回归模型分析饮酒对胃癌的影响。

表 11-9　　　　　　　　　　　　饮酒与胃癌的病例对照资料

$D(y=1)$	D' $(y=0)$	
	$E(x=1)$	$E'(x=0)$
E （$x=1$）	3	14
E' （$x=0$）	5	62

【R 程序】
```
> install.packages("survival")
> library(survival)
> Example11_6  <- read.table ("example11_6.csv", header=TRUE, sep=",")
>  attach(Example11_6)
>  model  <-  clogit(outcome~ exposure+ strata(id))
>  detach(Example11_6)
```

【R 输出结果】

```
①
Call:
coxph(formula = Surv(rep(1, 168L), outcome) ~ exposure + strata(id),
    method = "exact")

  n= 168, number of events= 84
②
          coef exp(coef) se(coef)     z Pr(>|z|)
exposure 1.030     2.800    0.521 1.976   0.0481 *
---
Signif. codes:  0 '***' 0.001 '**' 0.01 '*' 0.05 '.' 0.1 ' ' 1
③
          exp(coef) exp(-coef) lower .95 upper .95
exposure       2.8      0.3571     1.009     7.774

Rsquare= 0.026   (max possible= 0.5 )
Likelihood ratio test= 4.44  on 1 df,   p=0.03513
Wald test            = 3.91  on 1 df,   p=0.04812
Score (logrank) test = 4.26  on 1 df,   p=0.03895
```

【结果解释】

① 为输入数据的信息。从这里可以看出截尾事件和终点事件，本例没有截尾事件。

② 为模型的检验结果，从结果可以看出，模型较好地拟合了研究数据，有统计学意义（$P=0.0481$）。

③ 是参数检验结果以及几个描述统计量，变量 x 在统计学上有显著性差异（$P=0.0481$）。$HR=2.8$，可以认为饮酒研究对象患有胃癌的概率是不饮酒研究对象的 2.8 倍。

> **重点提示**：掌握条件 Logistic 回归的应用范围及其与非条件 Logistic 回归的区别，掌握条件 Logistic 回归分析的函数：clogit()函数。

11.3 本章小结

Logistic 回归分析在医学研究中应用的较广泛。Logistic 回归分析在流行病学的病因研究中，是分析疾病与危险因素间联系的一种统计方法。在这类研究中，所观察的项目的值，常以二项反应变量取值，即生存与死亡，是否发病，是否接触危险因素等的反应变量 y 的取值是 0 或 1。

Logistic 回归模型有条件与非条件之分，前者适用于配对病例对照资料的分析，后者适用于队列研究或非配对的病例——对照研究成组资料的分析。在使用分析流行病学的方法研究疾病病因时，非条件 Logistic 模型是用于分析队列或病例——对照研究成组资料的统计方法，既可以进行因素筛选，也可以用于混杂因素的控制。R 语言中采用 glm()函数分析非条件 Logistic 回归。

由于 $e^{\beta} = OR$（β 为 Logistic 回归模型的估计系数），而当发病率很低时，$OR \approx RR$，因此这时 $e^{\beta} \approx RR$，也就是说，e^{β} 近似地表示了相对危险度，即暴露下的发病率与非暴露下的发病率之比。

在医学研究中经常会遇到多分类无序变量，此类变量一般不能直接进入 Logistic 回归模型进行分析，而是采用设置哑变量的方法来进行分析。哑变量，就是一组取值 1 和 0 的二值分类变量，用来表示一个分类变量。

非条件 Logistic 回归适合于队列研究、病例对照研究，同样也适合于现况调查中的病因学研究。按 3 种不同的抽样方式作 Logistic 回归，除了病例对照研究资料的常数项与另外两种不同外，回归系数的意义相同。而配对病例对照研究资料就需要使用条件 Logistic 回归模型来分析。R 语言中采用 clogit()函数进行数据分析。

第12章 相 对 数

学习目标

- 理解相对数的含义。
- 熟悉几种常用的相对数。
- 了解应用相对数时应注意的问题。
- 掌握率标准化的两种方法（直接法和间接法）以及 R 程序。
- 掌握率假设检验方法和 R 程序。

内容概要

分类资料的变量值是定性的，对其观察结果的分析与比较常用率、构成比、相对比等统计指标描述，都是由两个有联系的指标之比组成，称为相对数。相对数是两个有关的绝对数之比，通常用百分比、千分比或万分比等表示，是医学研究中最常用的统计指标之一。本章介绍常用的几种相对数，包括率、构成比和比，并详细说明应用相对数应注意的一些问题。

在工作中，比较几个强度相对数（率）时，应注意它们的内部构成是否有差异。当几个率的内部构成不同时，就要先进行率的标准化，而后再作比较，否则容易导致错误的结论。本章介绍了进行率标准化的两种方法：直接法和间接法，并说明了各种方法的适用条件，以实例和编写 R 程序进行数据分析来说明。

最后，介绍了样本率与总体率的比较、两个样本率的比较，并以实例和 R 程序进行数据分析来说明统计检验的方法。

分类资料的变量值是定性的，对其观察结果的分析与比较常用率、构成比、相对比等统计指标描述，都是由两个有联系的指标之比组成，称为相对数。

12.1 相对数简介

调查或实验搜集来的原始资料，经过汇总之后得到的小计或总计数值称为绝对数（即总量指标），如发病人次数、医院收容人数、治愈人数等。总量指标反映了一定条件下某种事物的规模或水平，是计划或总结工作的依据，同时，又是计算相对数与平均数的基础，但是绝对数往往不便于比较，因此在实际工作中还必须计算相对数与平均数。

相对数是两个有关的绝对数之比，通常用百分比、千分比或万分比等表示，是医学研究中最常用的统计指标之一。计算相对数的意义是把基数化作相等，便于相互比较。如每千人中的发病数，每百名某病患者的死亡人数等。

例如，某时期内，甲部队患感冒者 17 人，乙部队 10 人，我们不能因为 17 人多于 10 人，而得出甲部队感冒发病率高的结论。如果甲部队有 1068 人，乙部队为 313 人，那么甲、乙部队感冒率分别如下。

甲部队：17/1068×1000‰=15.9‰

乙部队：10/313×1000‰=31.9‰

根据这两个感冒发病率可以看出，甲部队感冒的发病强度是乙部队的1/2左右。

下面介绍3种常用的相对数。

（1）率：又称频率指标，表示在一定范围内，某现象的发生数与可能发生某现象的总数之比，说明某现象出现的强度或频度（即频繁的程度），计算公式如下。

$$率 = \frac{发生某现象的观察单位数}{可能发生某现象的观察单位总数} \times 100\% （或 1000‰）$$

在医学上常用的强度相对数有患病率、发病率、感染率、病死率、死亡率及人口自然增长率等。计算公式如下：

- 某病患病率=某病患病人数/调查人数×100%
- 某病发病率=某期间内某病新病例数/同期间内平均人口数×100%
- 某病感染率=带有某种病原体人数/检查人数×100%
- 某病病死率=死于某病人数/某病患病人数×1000‰
- 某病死亡率=某年某地某病死亡人数/同年该地平均人口数×100%
- 出生率=某地某年活产数/该地同年年平均人口数×1000‰
- 死亡率=某地某年死亡数/该地同年年平均人口数×1000‰
- 自然增长率=（某地某年活产数–死亡数）/该地同年年平均人口数×1000‰=出生率–死亡率，表示每年每1000人口增加的人数。

（2）构成比：表示某部分在全部分中所占的比重，以100作为基数，计算公式如下。

$$构成比 = \frac{某一组成部分的观察单位数}{同一事物各组成部分的观察单位总数} \times 100\%$$

全体内各组结构相对数的总和应为100%。

例如，某年某地区各种疟疾发病例数为：恶性疟68名，间日疟12名，三日疟17名。则3种疟疾分别占疟疾患者总数的百分比为：

恶性疟=68/（68+12+17）×100%=70.1%

间日疟=12/（68+12+17）×100%=12.4%

三日疟=17/（68+12+17）=17.5%

各部分百分比之和为100%，即70.1%+12.4%+17.5%=100%。

（3）比：是两个有关指标之比。通常以某种现象的数量为1或100作基数，看另一种现象的数量是多少，计算公式如下：

$$比 = \frac{A}{B}$$

两个比较指标可以性质相同，也可以性质不同。如相对危险度、变异系数等；A、B两个指标可以是绝对数、相对数或平均数等。

常用的指标有以下3种。

1）对比指标：指两个同类事物某种指标（绝对数、两个率或其他同类指标）的比。例如某地区流脑发病率1975年为4.48/10万，1998年为0.49/10万，得 $\frac{4.48}{0.49} = 9.14$，表示1975年为1998年的9.14倍。

2）关系指标：指两个有关的、但非同类事物的数量的比。如某医院医护人员与病床数之比。

3）计划完成指标：说明计划完成的程度，常用实际数达到计划数的百分之几或几倍说明。

在应用相对数时应注意以下 6 个问题。

● 分母必须足够大。习惯上，分母大于 100 时，所得相对数代表性最强，分母略小于 100 时，相对数仍有一定意义。如果分母太小，如 20 例，甚至 3 例、5 例，则求得的相对数就不太可靠。在实际工作中，遇到这种情况时，还是用绝对数表达较为妥当。例如，某病住院患者 4 人中死亡 1 人等。

● 分母必须选择恰当。例如，调查某部队人员的蛔虫感染情况时，收集的资料有部队人数、被检查人数、阳性人数。计算蛔虫阳性率时，应以被检查人数为分母，不应以部队人数为分母。此例所说的恰当，是指分母中每一个体都有可能进入分子。

● 用相对数进行比较时，应注意是否具备可比性。例如，某部队对老战士计算 3 年累计的痢疾发病率，而对新战士只计算本年度痢疾发病率，结果得出"新战士的痢疾发病率低于老战士"的结论，这显然是不正确的。因为计算的时期不具备可比性，如果都计算本年度的发病率就可以作比较了。影响率或构成比变化的因素很多，除了研究因素（即比较的因素）外，其余的影响因素应尽可能相同或相近，即在相同条件下比较才有意义。

● 分析时不能以构成比代替率。构成比只能说明事物单个组成部分的比重或分布，并不能说明某现象发生的频率或强度。二者的概念和计算方法都不同，所得的结论也不同。

● 对观察单位数不同的几个率，不能直接相加求其总率。

● 对样本率（或构成比）的比较应随机抽样，并做假设检验。只有遵循随机抽样的原则，才能以该"样本"来推断总体。由于样本率和构成比也有抽样误差，所以不能仅凭数字表面相差的大小作结论，而需进行样本率差别的假设检验。

12.1.1 率的标准化

在工作中，比较几个强度相对数（率）时，应注意它们的内部构成是否有差异，当几个率的内部构成不同时，就要先进行率的标准化，而后再作比较，否则容易导致错误的结论。表 12-1 为甲、乙两医院的治愈率比较。

表 12-1 甲、乙两医院的治愈率

科 别	出 院 人 数		治 愈 人 数		治愈率（%）	
	甲医院	乙医院	甲医院	乙医院	甲医院	乙医院
内 科	1500	500	975	315	65.0	63.0
外 科	500	1500	470	1365	94.0	91.0
传染病科	500	500	475	460	95.0	92.0
合 计	2500	2500	1920	2140	76.8	85.6

从表中可看出，各科分别比较时，甲医院各科治愈率高于乙医院，但合计比较时，甲医院的治愈率却低于乙医院。出现矛盾的原因是两个医院各科出院病人数的构成不同。外科病人的治愈率一般较内科高，甲医院外科病人少，内科病人较乙医院多。因此，虽然甲医院各科的治愈率都较乙医院为高，但全院的治愈率反而低。可见，不分析各科病人数的分配比例，单凭全院治愈率来评价医院的工作质量，容易导致错误的结论。

解决这个矛盾的方法是进行率的标准化（简称标化）。进行标化时，首先要选定一个"标准构成"，如标准人口构成。一般应选数量较大的、有代表性的、稳定的作为标准构成。在实际工作中，对出生、死亡、发病率等进行标化时，可选用标准人口构成。有时也用两个或几个比较组的合计数作标准构成。

率的标准化法，就是在一个指定的标准构成条件下进行率的对比的方法。当我们对两个频率指标进行比较时，应该注意这两组（或两组以上）对象内部构成是否存在差别足以影响分析结果，如果存在，可应用标准化法加以校正。这种经标准化校正后的率，称为标准化率，简称标化率。率的标准化法有直接法和间接法。以年龄别的标准化法介绍如下。

（1）直接法。

如果观察人群中各组年龄别发病（或死亡）率已知，计算时就利用一组标准人口构成比来调整，求出标化率。见表 12-2 资料示范演算。

表 12-2   某年甲乙两厂石棉工的石棉肺发病比较

年龄组	甲 厂			乙 厂		
	接触人数	病人数	发病率（‰）	接触人数	病人数	发病率（‰）
<45	400	4	10.0	800	10	12.5
≥45	600	18	30.0	200	10	50.0
合计	1000	22	22.0	1000	20	20.0

该表资料若按年龄分组比较，则甲厂的两组年龄别发病率均低于乙厂，但是总发病率（合计）却高于乙厂，显然这是两厂接触粉尘作业工人年龄构成差异很大的原故，应该进行标化后再比较。具体步骤如下。

将标准人口构成的各年龄组人数（本例题是以两厂同年龄组人数相加作为共同标准构成）乘以原来相应年龄组的发病率，得出两厂各年龄组按标准人口计算的预期发病数见表 12-3 第 4 栏和第 6 栏。

表 12-3   甲乙两厂石棉肺发病率标化演算和比较

年龄组（岁）(1)	标准人口数(2)	甲 厂		乙 厂	
		发病率（‰)(3)	预期发病数(4)=(2)×(3)	发病率（‰)(5)	预期发病数(6)=(2)×(5)
<45	1200	10.0	12	12.5	15
≥45	800	30.0	24	50.0	40
合计	2000	18.0*	36	27.5**	55

*甲厂标化发病率：36/2000×1000‰=18.0‰。

**乙厂标化发病率：55/2000×1000‰=27.5‰。

分别把各年龄组按标准人口计算的预期发病数相加，得出按标准人口计算的预期总发病人数，再除以标准总人口数，即得标化发病率。

通过上述直接法标化后，消除了两厂人口年龄构成差别的影响，得出甲厂石棉肺标化发病率比乙厂低，这就和原来的年龄别发病率的比较一致了。

（2）间接法。

如果在观察人群中，不知道各年龄组的发病（或死亡）率，而是利用标准人口的年龄别率与观察人群中相对年龄组人数相乘，求出年龄组预期发病（或死亡）人数的总的预期数，再与实际数相比，得出标化发病（或死亡）比；最后乘以标准人口总发病（或总死亡）率，得出该人群的标化发病（或死亡）率。该计算法就称间接法。其计算式如下：

标化发病比=实际观察发病人数/预期发病人数

或：   标化死亡比=实际观察死亡人数/预期死亡人数

标化发病率=标准人口发病率×标化发病比

标化死亡率=标准人口死亡率×标化死亡比

现仍以上述资料为例。假设仅查得某年甲厂新发石棉肺 22 例，乙厂 20 例，并查明两厂原健康接触粉尘工人的年龄构成，但各年龄组的发病率不明，只好采用间接法求标化率。设已知全省石棉工业中，<45 岁石棉工人石棉肺发病率为 1‰，45 岁及以上者发病率为 2‰，总发病率为 1.5‰，将此资料作为标准人口发病率以推算甲、乙两厂预期发病数，间接推算两厂标化发病率。详见表 12-4。

表 12-4　　　　　　　　　　甲乙两厂石棉工年龄标化发病率比较

年龄组（岁）(1)	标准人口发病率(‰)	甲　厂		乙　厂	
		接触人数(3)	预期发病数(4)=(2)×(3)	发病率(‰)(5)	预期发病数(6)=(2)×(5)
<45	1.0	400	0.4	800	0.8
≥ 45	2.0	600	1.2	200	0.4
合计	1.5	1000	1.6	1000	1.2

计算步骤如下。

- 推算各年龄组预期发病数：

$$甲厂<45 岁组预期发病数=1‰×400=0.4$$
$$乙厂<45 岁组预期发病数=1‰×800=0.8$$

其余类推，并合计得到甲厂预期发病人数为 0.4+1.2=1.6。

$$乙厂预期发病人数为 0.8+0.4=1.2$$

- 推算标化发病比：

$$甲厂石棉肺标化发病比=22/1.6=13.8$$
$$乙厂石棉肺标化发病比=20/1.2=16.7$$

- 推算标化发病率：

$$甲厂石棉肺标化发病率=1.5 ‰×13.8=20.7‰$$
$$乙厂石棉肺标化发病率=1.5‰×16.7=25.05‰$$

可以看出，不同标准化演算的结果有所不同，但其趋势是一致的。如本例用两种标准分法算得的标化率，都是甲厂低于乙厂。比较如表 12-5 所示。

表 12-5　　　　　　　　　　不同计算法的标化率比较

单　　　位	粗发病率（‰）	直接法标化率（‰）	间接法标化率（‰）
甲厂	18.0	18.0	20.7
乙厂	20.0	27.5	25.1

至于选用哪一种标化法较好，主要决定于手头掌握资料的情况。一般认为直接法是以标准人群年龄别人数为基准，分母大，所以比较稳定；而间接法用的是标准人群年龄别的发病率，分母是各厂的接触人数，数量相对少而不稳定。

12.1.2　率的假设检验

一般来说，从一个阳性率为 π 的总体中，随机抽取含量为 n 的样本，则样本中的阳性数 X 服从二项分布 $B(n,\pi)$，样本阳性率 p 的概率分布如下：

$$P(p) = P(X) = \binom{n}{x} \pi^x (1-\pi)^{n-x}$$

其中，$p = \dfrac{x}{n} = \dfrac{0}{n} = \dfrac{1}{n}, \ldots, \dfrac{n}{n}$。

$$\text{样本率 } p \text{ 的总体均数 } \mu_p = \frac{1}{n}\mu_X = \frac{1}{n}(n\pi) = \pi$$

$$\text{样本率 } p \text{ 的总体标准差 } \sigma_p = \frac{1}{n}\sigma_X = \sqrt{\frac{\pi(1-\pi)}{n}}$$

样本均数的标准差称为均数的标准误　同理，样本率的标准差称为率的标准误。因样本率的均数为总体率 π，故样本率的标准差，也就是率的标准误描述了样本率相对于总体率分布的离散程度。当样本含量 n 较大，总体阳性率 π 不接近 0 也不接近 1 时，样本中的阳性数近似正态分布 $N(n\pi, \sqrt{n\pi(1-\pi)})$，样本阳性率也近似正态分布 $N(\pi, \sigma_p)$，故 95% 的样本率满足：

$$\left| p - \pi \right| \leqslant 1.96\sigma_p$$

即当 n 较大，π 不接近 0 也不接近 1 时，对随机抽取的一个样本而言，95% 的可能样本率和总体率间的误差不超过 $1.96\sigma_p$。所以，当样本率近似正态分布时，率的标准误可用来描述样本率的抽样误差，率的标准误越小，率的标准误差越小。

在实际中，总体率 π 一般是未知的，常以样本率 p 代替总体率 π，所得的统计量为率的标准误的估计，其计算公式如下：

$$S_p = \sqrt{\frac{p(1-p)}{n}}$$

（1）样本率与总体率的比较。

观察样本数较大时，样本率的频数分布近似正态分布，可应用正态分布的规律性检验率的差异显著性，其公式如下：

$$\mu = \frac{\left| p - \pi \right|}{\sigma_p}$$

式中 p 为样本率，π 为总体率，σ_p 为根据总体率计算的标准误。由于 μ 服从正态分布，故可根据正态分布作判断，进行统计推断。$|\mu| < 1.96$，$p > 0.05$，不拒绝 H_0，差异无统计学意义；$|\mu| > 1.96$，$p < 0.05$，拒绝 H_0，接受 H_1，差异有统计学意义。

例 12-1　根据以往的经验，一般溃疡病患者中有 20% 发生胃出血症状。某医生观察 65 岁以上溃疡病人 152 例，其中 48 例发生胃出血症状。试问老年患者出血情况与一般患者有无不同？

$$\sigma_p = \sqrt{\frac{\pi(1-\pi)}{n}} = \sqrt{\frac{0.2 \times 0.8}{152}} = 0.0324$$

$$\mu = \frac{\left| p - \pi \right|}{\sigma_p} = \frac{48/152 - 0.2}{0.0324} \times 3.5737 > 2.58$$

$\mu > 2.58$，$p < 0.001$，有显著性差异，按 $\alpha = 0.05$ 水准拒绝 H_0，故可以认为老年溃疡病患者易于发生胃出血，与一般患者有所不同。

（2）两个样本率差异的意义检验。

当 n 较大，p 与（$1-p$）均不太小时，样本率的分布近似正态分布。根据独立的两个正态变量的差也服从正态分布的性质，当两个样本的含量中 n_1 与 n_2 较大，且 p_1、（$1-p_1$）p_2、（$1-p_2$）均不太小，例如 n_1p_1、n_1（$1-p_1$）、n_2p_2、n_2（$1-p_2$）均大于 5 时，可以使用下面介绍的 μ 检验，由两个样本率对应的两个总体率作出统计推断。

统计量 μ 的计算公式如下：

$$\mu = \frac{p_1 - p_2}{S_{p_1-p_2}}$$

其中，

$$S_{p_1-p_2} = \sqrt{p_c(1-p_c)\left(\frac{1}{n_1} + \frac{1}{n_2}\right)}$$

$$p_c = \frac{X_1 + X_2}{n_1 + n_2}$$

公式中，p_1、p_2 为两个样本率，p_c 为合并样本率，X_1 和 X_2 分别为两样本阳性例数。

例 12-2　为研究某地男、女学生的肺吸虫感染率是否存在差别，随机抽取该地 80 名男生和 85 名女生，查得感染人数男生 23 名，女生 13 名。请进行统计推断。

$$p_c = \frac{X_1 + X_2}{n_1 + n_2} = \frac{23+13}{80+85} = 0.218$$

$$S_{p_1-p_2} = \sqrt{p_c(1-p_c)\left(\frac{1}{n_1} + \frac{1}{n_2}\right)} = \sqrt{0.218(1-0.218)\left(\frac{1}{80} + \frac{1}{85}\right)} = 0.064$$

$$\mu = \frac{p_1 - p_2}{S_{p_1-p_2}} = \frac{\frac{23}{80} - \frac{13}{85}}{0.064} = 2.102$$

因为 $\mu = 2.102 > \mu_{0.05} = 1.96$，$p<0.05$，故拒绝 H_0，该地男、女学生肺吸虫感染率有显著性差异。

> **重点提示**：了解相对数的含义，熟悉几种常用的相对数指标，掌握率标准化的两种方法（直接法和间接法）和率的比较方法（样本率与总体率的比较以及两个样本率之间的比较）。

12.2　R 分析实例

12.2.1　率的标准化 R 程序

例 12-3　利用 R 软件编程，采用直接法对表 12-2 的资料进行分析比较，分别计算甲、乙两厂石棉工的石棉肺标化发病率。

【R 程序】

```
> Example12_3 <- read.table ("example12_3.csv", header=TRUE, sep=",")
> attach(Example12_3)
> Example12_3$total   <-  a_number+b_number
> Example12_3$a_case  <-   Example12_3$total*a_incide
> Example12_3$b_case  <-   Example12_3$total*b_incide
> a_adjust <-  sum(Example12_3$a_case)/sum(Example12_3$total)
> b_adjust <-  sum(Example12_3$b_case)/sum(Example12_3$total)
> c (a_adjust, b_adjust)
> detach(Example12_3)
```

【R 输出结果】

`[1] 0.0180 0.0275`

【结果解释】

在输出结果中，变量 a_adjust 的赋值就是甲厂的标化发病率，而变量 b_adjust 的赋值就是乙厂的标化发病率，所得结果与上一节所得结果完全一致。

通过上述直接法标化后，消除了两厂人口年龄构成差别的影响，得出甲厂石棉肺标化发病率比乙厂低的结论，这就和原来的年龄别发病率的比较一致了。

以上是直接法计算标化发病率的 R 实例，间接法计算与此类似，大家可以自己尝试编程利用间接法计算标化发病率，并与上一节的计算结果进行比较。

12.2.2 率的 Z（U）检验的 R 程序

例 12-4 以例 12-1 的研究数据为例，利用 R 程序分析比较老年患者出血情况与一般患者有无显著性差异？

可以利用 PNORM()函数计算统计学检验的 P 值。

【R 程序】

```
>   p     <- 0.2
>   n_case <-  48
>   n     <- 152
>   stde  <-  sqrt (p *(1- p)/n)
>   u  <-  (n_case/n-p)/stde
>   pvalue  <- 2*(1-pnorm(u))
>   pvalue
>   u
```

【R 输出结果】

```
[1] 0.0003585225
[1] 3.568871
```

【结果解释】

在输出结果中，变量 pvalue 所对应的赋值就是 U 检验的 P 值。

$\mu > 2.58, p < 0.001$，有显著性差异，按 $\alpha=0.05$ 水准拒绝 H_0，故可以认为老年溃疡病患者易于发生胃出血，与一般患者有所不同。

例 12-5 以例 12-2 的研究数据为例，利用 SAS 程序分析比较男、女学生的肺吸虫感染率是否存在差别？

【R 程序】

```
>   x1     <-23
>   x2     <-13
>   n1  <- 80
>   n2  <-85
>   p     <- (x1+x2)/(n1+n2)
>   std  <-sqrt(p*(1-p)*(1/n1+1/n2))
>   u   <- (x1/n1-x2/n2)/std
>   pvalue  <- 2*(1-pnorm(u))
>   u
>   pvalue
```

【R 输出结果】

```
[1] 2.091522
```

```
[1] 0.03648127
```

【结果解释】

在输出结果中，变量 pvalue 所对应的赋值就是 U 检验的 P 值。

$\mu > 1.96, p < 0.05$，有显著性差异，按 $\alpha = 0.05$ 水准拒绝 H_0，故可以认为该地男、女学生肺吸虫感染率有显著性差异。计算结果与上一节一致。

> **重点提示**：掌握利用 PNORM 函数进行率标准化的 R 程序，以及利用 PNORM 函数进行样本率之间比较的 R 程序，并灵活运用。

12.3 本章小结

相对数是两个有关的绝对数之比，通常用百分比、千分比或万分比等表示，是医学研究中最常用的统计指标之一。计算相对数的意义是把基数化做相等，便于相互比较。几种常用的相对数包括率（表示在一定范围内，某现象的发生数与可能发生某现象的总数之比，说明某现象出现的强度或频度）、构成比（表示某部分在全部分中所占的比重，以 100 作为基数）和比（两个有关指标之比）。

在工作中，比较几个强度相对数（率）时，应注意它们的内部构成是否有差异。当几个率的内部构成不同时，就要先进行率的标准化，而后再作比较，否则容易导致错误的结论。率的标准化法，就是在一个指定的标准构成条件下进行率的对比的方法。当我们对两个频率指标进行比较时，应该注意这两组（或两组以上）对象内部构成是否存在足以影响分析结果的差别，如果存在，可应用标准化法加以校正。这种经标准化校正后的率，称为标准化率，简称标化率。率的标准化法有直接法和间接法。

最后，本章介绍了率的统计检验方法，包括样本率和总体率的比较，以及两个样本率之间的比较，并利用 PNORM 函数编写 R 程序进行了实例演示。

第13章　行×列表分析

学习目标

- 掌握四格表普通卡方检验和配对卡方检验方法，以及相应的 R 程序。
- 了解 chisq.test() 和 mcnemar.test() 函数语句格式。
- 熟悉 R×C 表资料的分类类型，以及相应的统计检验方法。
- 掌握行均分检验以及 R 程序。
- 掌握行列均为顺序变量的相关检验以及 R 程序。
- 掌握分层行列表的分析以及 R 程序。
- 掌握趋势卡方检验方法以及 R 程序。
- 了解卡方分割与卡方合并。
- 熟悉 Fisher's 确切概率计算方法以及 fisher.test() 函数语句格式。

内容概要

χ^2 检验是用途很广的一种假设检验方法，本章介绍它在分类资料统计推断中的应用，包括两个率或两个构成比比较的卡方检验、多个率或多个构成比比较的卡方检验，以及分类资料的相关分析等。

本章介绍了四格表的普通 χ^2 检验方法、理论频数与实际频数的定义、χ^2 检验统计量的计算方法、χ^2 分布以及 χ^2 界值表确定 P 值的方法；说明了四格表 χ^2 检验的应用条件，以及连续性校正公式和四格表专用公式。通过 R 分析实例，演示了四格表 χ^2 检验过程以及结果解释。

前面已介绍了两个率比较的 μ 检验，在观察例数不够大或拟对多个率进行比较时，μ 检验就不适宜了，因为直接对多个样本率作两两间的 μ 检验有可能增加第一类误差。使用 χ^2 检验就可以解决此类问题。

卡方检验是用途很广的一种假设检验方法，这里主要介绍它在分类资料统计推断中的应用，包括：两个率或两个构成比比较的卡方检验，多个率或多个构成比比较的卡方检验，以及分类资料的相关分析等。

13.1　四格表资料

定性指标分为有序的（如疗效分为"治愈、显效、好转、无效、死亡"）和名义的（如血型分为"O、A、B、AB"型）两类。对于每一个受试者来说，有序指标的观测结果只能是该有序指标若干等级中的 1 级（如某人的疗效为"显效"），名义指标的观测结果只能是该名义指标若干标志中的 1 个（如某人的血型为 B 型）。显然，无法像处理定量指标那样去直接分析定性指标，故这类资料常被整理成列联表的形式后再进行分析。

当表中只有两个定性指标时，称为 2 维列联表；有 3 个或 3 个以上的定性指标时，称为多维列联表。常用 R、C 表示 2 维列联表的行数和列数，并称为 R×C 表；当 R=C=2 时，称为 2×2 表（或四格表）。2×2 表看起来很简单，但根据资料所具备的条件，则有多种不同的处理方法。

13.1.1　四格表卡方检验介绍

例 13-1　为了解不同致癌剂的致癌作用，分别在两组大白鼠皮肤涂以不同的致癌剂，观察不同致癌剂作用下的发癌率，结果见表 13-1。问两组发癌率有无差别？

表 13-1　　　　　　　　　　不同致癌剂作用下大白鼠的发癌率

处　理	发　癌　数	未　发　癌　数	合　　计	发癌率%
甲组	52 (57.18)	19 (13.82)	71	73.24
乙组	39 (33.82)	3 (8.18)	42	92.86
合计	91	22	113	80.33

注：括号内为理论频数。

52	19
39	3

这 4 个格子是表中最基本的数据，其余的数据都是由这 4 个数据推算出来的，因此上表资料又被称为四格表资料。

χ^2 检验的基本思想及计算步骤如下。

（1）假设两总体率相等。

H_0：$\pi_1 = \pi_2$，即两总体发癌率相等。

H_1：$\pi_1 \neq \pi_2$，即两总体发癌率不等。

$\alpha = 0.05$。

不妨将 H_0 看做 $\pi_1 = \pi_2$ 两样本合并的发癌率（P_c=80.33%），按合计率推算，本例第 1 行第 1 列理论上的致癌数如下：

$$71 \times \frac{91}{113} = 71 \times 80.33\% = 57.18$$

此结果称为理论频数，简称理论数，记为 T。由上述过程可推导出理论数的计算公式如下：

$$T_{rc} = \frac{n_r n_c}{n}$$

式中的 T_{rc} 即第 r 行 c 列的理论数，n_r 为 T_{rc} 所在行合计，n_c 为 T_{rc} 所在列合计。相应的，表中的 4 个基本数据为实际频数，简称为实际数，记为 A。由表 13-1 可见，4 个基本格子的实际数都不等于理论数。

经上述推导，两样本率的差别就演绎为实际数与理论数之间的差别。即：两样本率相差越大，实际数与理论数的差别就越大。

卡方检验的统计量是 χ^2 值，它是每个格子实际频数 A、理论频数 T 差值平方与理论频数之比的累计和。每个格子中的理论频数 T 是在假定两组的发癌率相等（均等于两组合计的发癌率）的情况下计算出来的，故 χ^2 值越大，说明实际频数与理论频数的差别越明显，两组发癌率不同的可能性越大。

$$\chi^2 = \sum \frac{(A-T)^2}{T}$$

（2）实际数与理论数的差值服从 χ^2 分布。

在 H_0 条件下，上述差值 $|A-T|$ 属于随机误差，可获得如下的统计量：

$$\chi^2 = \frac{(52-57.18)^2}{57.18} + \frac{(19-13.82)^2}{13.82} + \frac{(39-33.82)^2}{33.82} + \frac{(3-8.18)^2}{8.18} = 6.4777$$

由此可见，χ^2 值是以理论数为基数的相对误差，它反映了实际数与理论数吻合的程度（差别的程度）。如果检验假设成立，则实际数与理论数的差别不会很大，出现大的 χ^2 值的概率 P 是很小的。若 $P \leqslant \alpha$ 检验水准，就怀疑假设，因而拒绝它；若 $P > \alpha$，则尚无理由拒绝它。

从本例 χ^2 值的计算可知，χ^2 值会随着格子数的增加而变大，严格地说，χ^2 分布与自由度有关。例如，当自由度为 1 时，χ^2=3.84，便有 P=0.05；而当自由度为 3 时，χ^2=7.81，才能使 P=0.05。

一般来说，设表内基本数据有 R 行 C 列，则 R 行中有一行数据受到列合计的限制而不能自由地变动，C 列中亦有一列数据在行合计的限制下不能自由取值。因而 χ^2 统计量的自由度如下：

$$\nu = (R-1)(C-1)$$

由公式可知，四格表的自由度为 1。

（3）查 χ^2 分布表，确定 P 值并作出推论，以 ν=1 查 χ^2 界值表可得：

$$\chi^2_{0.05} = 3.84, \chi^2_{0.01} = 6.63$$

本例 χ^2=6.4777，故 $0.01 < P < 0.05$，按 $\alpha = 0.05$ 水平拒绝 H_0，接受 H_1，因而可以认为两种致癌剂作用于大白鼠的发癌率有差别（统计学推论）。结果说明乙组致癌剂的发癌率高于甲组（结合样本率作实际推论）。

χ^2 分布原本是正态变量的一种分布。设 $X_1, X_2, \cdots, X_k$ 是 k 个独立的标准正态变量，则 $\chi^2 = X_1^2 + X_2^2 + \cdots + X_k^2, \nu = k$。$\chi^2$ 界值表就是根据这种连续性分布计算出来的。χ^2 统计量计算公式实质上是正态近似法。分类资料是间断性的，由此计算的 χ^2 值不连续，尤其是自由度为 1 的四格表，求出的概率可能偏小，此时需要对 χ^2 值进行连续性校正，公式如下：

$$\chi^2 = \sum \frac{(|A-T|-0.5)^2}{T}$$

连续性校正主要针对四格表资料，尤其是理论数较小时，连续性校正不可忽略。

四格表 χ^2 检验的应用条件如下。

- 当 $n \geqslant 40$ 且所有 $T \geqslant 5$ 时，用普通的 χ^2 检验，若所得 $P \approx \alpha$，改用确切概率法。
- 当 $n \geqslant 40$ 但有 $1 \leqslant T < 5$ 时，用校正的 χ^2 检验。
- 当 $n < 40$ 或有 $T < 1$ 时，不能用 χ^2 检验，改用确切概率法。

注意：四格表 χ^2 检验与前面章节两样本率比较的 μ 检验是等价的，若对同一资料同时作两种检验，两个统计量的关系为 $\chi^2 = \mu^2$，检验条件也是一致的。

为方便起见，通过四格表的基本数据即实际数（a，b，c，d）直接计算，此时行合计可写为（$a+b$）和（$c+d$），列合计写为（$a+c$）和（$b+d$），以 a、b、c、d 改写计算理论数代入 χ^2 公式，化简后得到四格表专用公式如下：

$$\chi^2 = \frac{(ad-bc)^2}{(a+b)(c+d)(a+c)(b+d)}$$

同理，代入连续性校正 χ^2 公式，可得到校正的专用公式如下：

$$\chi^2 = \frac{(|ad-bc|-n/2)^2 n}{(a+b)(c+d)(a+c)(b+d)}$$

13.1.2　四格表卡方检验的 R 程序

首先介绍 R 用于创建频数表和列联表的若干种方法，主要包括以下几种。

- table(var1, var2, …, varN)：使用 N 个类别型变量创建一个 N 维列联表。
- xtabs(formula, data)：根据一个公式和一个矩阵或数据框创建一个 N 维列联表。
- prop.table(table, margins)：依据 margins 定义的边际列表将表中条目表示为分数形式。
- margin.table(table, margins)：依据 margins 定义的边际列表计算表中条目的和。
- addmargins (table, margins)：将概述边 margins 放入表中。
- ftable(table)：创建一个紧凑的"平铺"式列联表。

利用 vcd 包中的 Arthritis 数据集，这是一项风湿性关节炎新疗法的双盲临床实验的结果。

```
>    library(vcd)
>    attach(Arthritis)
>    head(Arthritis)
  ID Treatment  Sex Age Improved
1 57   Treated Male  27     Some
2 46   Treated Male  29     None
3 77   Treated Male  30     None
4 17   Treated Male  32   Marked
5 36   Treated Male  46   Marked
6 23   Treated Male  58   Marked

>    mytable  <-  table (Improved)
>    mytable
Improved
  None   Some Marked
    42     14     28
```

可以用 prop.table()将这些频数转化为比例值：

```
>    prop.table(mytable)
Improved
     None       Some     Marked
0.5000000 0.1666667 0.3333333
```

或者使用 prop.table()*100 转化为百分比：

```
>    prop.table(mytable)*100
Improved
    None     Some   Marked
50.00000 16.66667 33.33333
```

对于二维列联表，table()函数的使用格式为：

```
mytable  <-  table(A,  B)
```

其中，A 为行变量，B 为列变量。

另外，xtabs()函数还可以使用公式创建列联表。

```
mytable  <-  xtabs(~A+B,  data= mydata)
```

其中，mydata 是一个矩阵或数据框。总的来说，要进行交叉分类的变量应出现在公式的右侧（即符号的右方），以+号作为分隔符。若某个变量写在公式的左侧，则其为一个频数向量。

```
>    mytable  <-  xtabs(~Treatment + Improved,  data= Arthritis)
>    mytable
           Improved
Treatment None Some Marked
  Placebo   29    7      7
  Treated   13    7     21
```

可以使用 margin.table()函数生成边际频数。

```
>     margin.table(mytable, 1)
Treatment
Placebo Treated
     43      41
```

可以使用 prop.table()函数生成比例，行比例计算如下：

```
>    prop.table(mytable, 1)
        Improved
Treatment       None      Some     Marked
  Placebo 0.6744186 0.1627907 0.1627907
  Treated 0.3170732 0.1707317 0.5121951
```

下标 1 指代 table()语句中的第一个变量。

列和列比例计算如下：

```
>    margin.table(mytable, 2)
Improved
  None   Some Marked
    42     14     28
>    prop.table(mytable, 2)
        Improved
Treatment       None      Some     Marked
  Placebo 0.6904762 0.5000000 0.2500000
  Treated 0.3095238 0.5000000 0.7500000
```

下标 2 指代 table()语句中的第二个变量。

各单元格所占比例可用以下语句获取：

```
>   prop.table(mytable)
        Improved
Treatment        None       Some     Marked
  Placebo 0.34523810 0.08333333 0.08333333
  Treated 0.15476190 0.08333333 0.25000000
```

可以使用 addmargins ()函数为这些表格添加边际和。

```
> addmargins (mytable)
        Improved
Treatment None Some Marked Sum
  Placebo   29    7      7  43
  Treated   13    7     21  41
  Sum       42   14     28  84
> addmargins (prop.table(mytable))
        Improved
Treatment        None       Some     Marked        Sum
  Placebo 0.34523810 0.08333333 0.08333333 0.51190476
  Treated 0.15476190 0.08333333 0.25000000 0.48809524
  Sum     0.50000000 0.16666667 0.33333333 1.00000000
```

使用 gmodels 包中的 CrossTable()函数是创建二维列联表的第三种方法。类似于 SAS 中 proc freq 语句。

```
> library(gmodels)
> CrossTable(Treatment, Improved)

   Cell Contents
|-----------------------|
|                     N |
| Chi-square contribution |
|         N / Row Total |
|         N / Col Total |
|       N / Table Total |
|-----------------------|


Total Observations in Table:  84
```

```
              | Improved
   Treatment  |     None |     Some |   Marked | Row Total |
--------------|----------|----------|----------|-----------|
     Placebo  |       29 |        7 |        7 |        43 |
              |    2.616 |    0.004 |    3.752 |           |
              |    0.674 |    0.163 |    0.163 |     0.512 |
              |    0.690 |    0.500 |    0.250 |           |
              |    0.345 |    0.083 |    0.083 |           |
--------------|----------|----------|----------|-----------|
     Treated  |       13 |        7 |       21 |        41 |
              |    2.744 |    0.004 |    3.935 |           |
              |    0.317 |    0.171 |    0.512 |     0.488 |
              |    0.310 |    0.500 |    0.750 |           |
              |    0.155 |    0.083 |    0.250 |           |
--------------|----------|----------|----------|-----------|
 Column Total |       42 |       14 |       28 |        84 |
              |    0.500 |    0.167 |    0.333 |           |
--------------|----------|----------|----------|-----------|
```

可以使用 chisq.test()函数对二维表的行变量和列变量进行卡方检验。

例 13-2 为观察药物 A、B 治疗某病的疗效，某医生将 100 例患有该病的病人随机地分成两组，一组 40 人，服用 A 药；另一组 60 人，服用 B 药。结果发现：服用 A 药的 40 人中有 30 人治愈，服用 B 药的 60 人中有 11 人治愈，如表 13-2 所示。问 A、B 两药对该病的治愈率之间是否有显著差别？

表 13-2 A、B 两药的治疗效果

	治　　愈	未　　愈
A 药	30	10
B 药	11	49

【R 程序】

```
> Example13_2  <- read.table ("example13_2.csv", header=TRUE, sep=",")
> attach(Example13_2)
> mytable  <-  xtabs(~a + b)
> library(gmodels)
> CrossTable(a, b)
> chisq.test(mytable)
> detach (Example13_2)
```

【R 输出结果】

```
Cell Contents
|-------------------------|
|                       N |
| Chi-square contribution |
|           N / Row Total |
|           N / Col Total |
|         N / Table Total |
|-------------------------|


Total Observations in Table:  100


            | b
          a |        1 |        2 | Row Total |
------------|----------|----------|-----------|
          1 |       30 |       10 |        40 |
            |   11.278 |    7.837 |           |
            |    0.750 |    0.250 |     0.400 |
```

```
        |      0.732 |      0.169 |            |
        |      0.300 |      0.100 |            |
------------|------------|------------|------------|
       2 |         11 |         49 |         60 |
        |      7.519 |      5.225 |            |
        |      0.183 |      0.817 |      0.600 |
        |      0.268 |      0.831 |            |
        |      0.110 |      0.490 |            |
------------|------------|------------|------------|
Column Total |         41 |         59 |        100 |
        |      0.410 |      0.590 |            |
------------|------------|------------|------------|

Pearson's Chi-squared test with Yates' continuity correction

data: mytable
X-squared = 29.559, df = 1, p-value = 5.423e-08Sample Size = 100
```

【结果解释】

从 Chi-Square=29.559，df=1，$P<0.001$ 可以得出结论：A、B 两药对该病的治愈率有显著性差异，它们的有效率分别是 75% 和 18.33%。

例 13-3　某医生用国产呋喃硝胺治疗十二指肠溃疡，以甲氰咪胍作对照组，分析比较两种药物治疗十二指溃疡的效果，数据见表 13-3。试分析比较这两种方法治疗的效果有无差别？

表 13-3　　　　　　　　　呋喃硝胺和甲氰咪胍治疗十二指肠溃疡效果比较

处　　理	愈　　合	未　愈　合	合　　计
呋喃硝胺	54	8	62
甲氰咪胍	44	20	64
合　计	98	28	126

【R 程序】

```
> Example13_3 <- read.table ("example13_3.csv", header=TRUE, sep=",")
> attach(Example13_3)
> mytable <- xtabs(~a + b)
> library(gmodels)
> CrossTable(a, b)
> chisq.test(mytable)
> detach (Example13_3)
```

【R 输出结果】

```
Cell Contents
|-----------------------|
|                     N |
| Chi-square contribution |
|           N / Row Total |
|           N / Col Total |
|         N / Table Total |
|-----------------------|

Total Observations in Table:  126

          | b
        a |          1 |          2 | Row Total |
------------|------------|------------|------------|
        1 |         54 |          8 |         62 |
        |      0.692 |      2.423 |            |
        |      0.871 |      0.129 |      0.492 |
        |      0.551 |      0.286 |            |
        |      0.429 |      0.063 |            |
------------|------------|------------|------------|
```

```
2 |         44 |         20 |         64 |
  |      0.671 |      2.347 |            |
  |      0.688 |      0.312 |      0.508 |
  |      0.449 |      0.714 |            |
  |      0.349 |      0.159 |            |
------------|----------|----------|----------|
Column Total |         98 |         28 |        126 |
  |      0.778 |      0.222 |            |
------------|----------|----------|----------|

Pearson's Chi-squared test with Yates' continuity correction

data: mytable
X-squared = 5.1175, df = 1, p-value = 0.02369
```

【结果解释】

从 Chi-Square=5.1175，df=1，p=0.02369 可以得出结论：呋喃硝胺和甲氰咪胍两药治疗十二指肠溃疡的治愈率有显著性差异，它们的有效率分别是 87.1%和 68.75%。

> **重点提示**：理解实际频数和理论频数的定义，掌握 χ^2 统计量的计算方法和 χ^2 分布，掌握 χ^2 检验的应用条件，掌握 chisq.test()函数格式，掌握 χ^2 检验的 R 程序。

13.2 配对计数资料的卡方检验

把每一份样本平均分成两份，分别用两种方法进行化验，比较此两种化验方法的结果（两类计数资料）是否有本质的不同；或者分别采用甲、乙两种方法对同一批病人进行检查，比较此两种检查方法的结果（两类计数资料）是否有本质的不同，此时要用配对卡方检验。

13.2.1 四格表配对卡方检验介绍

例 13-4 现有 198 份痰标本，每份标本分别用 A、B 两种培养基培养结核菌，结果如表 13-4 所示。A 培养基的培养率为 36.36%，B 培养基的阳性培养率为 34.34%。试问 A、B 两种培养基的阳性培养率是否相等？

表 13-4 两种培养基的培养结果

A	B		合 计
	+	−	
+	48 (a)	24 (b)	72
−	20 (c)	106 (d)	126
合计	68	130	198

本例为配对设计的计数资料。计数资料的配对设计常用于两种检验方法、培养方法、诊断方法的比较。其特点是对样本中各观察单位分别用两种方法处理，然后观察两种处理方法的某两分类变量的计数结果。观察结果有 4 种情况，可整理成表 13-4 的形式：① 两种培养基的培养结果皆为阳性（a）；② 两种培养基的培养结果皆为阴性（d）；③ A 培养基的培养结果为阳性，B 培养基的培养结果为阴性（b）；④ A 培养基的培养结果为阴性，B 培养基的培养结果为阳性（c）。

比较两法结果有无差别，要着眼于两法结果不一致的部分。表中观察变量是对子中两法的差值或差别，由 b 和 c 两格数据来反映，总体中与 b 和 c 对应的数据可用 B 和 C 表示（a 格和 d 格表示两法差值为 0，不予考虑）。

当 $b+c \geqslant 40$ 时：

$$\chi^2 = \frac{(b-c)^2}{b+c}, \nu = 1$$

当 $b+c < 40$ 时，需作连续性校正：

$$\chi^2 = \frac{(|b-c|-1)^2}{b+c}, \nu = 1$$

本例的检验步骤如下。

建立假设，确定检验水准。

H_0：两法总体阳性检出率相同，即 B=C。

H_1：两法总体阳性检出率不同，即 B≠C。

检验水准 $\alpha = 0.05$。

$b+c = 44 > 40$，计算检验统计量：

$$\chi^2 = \frac{(|b-c|-1)^2}{b+c} = \frac{(24-20)^2}{24+20} = 0.36, \nu = 1$$

确定 P 值，得出结论：

查 χ^2 界值表得 $P > 0.05$。按照 $\alpha = 0.05$ 的检验水准，不拒绝 H_0，差异无统计学意义。从专业意义上讲，尚未发现两种培养基的阳性培养率有显著性差异。

13.2.2 四格表配对卡方检验的 R 程序

可以使用 mcnemar.test ()函数进行四格表配对卡方检验。

例 13-5 利用 R 程序对例 13-4 的数据进行配对 χ^2 检验，比较 A、B 两种培养基的阳性培养率是否有显著性差异？

【R 程序】

```
> Example13_5 <- read.table ("example13_5.csv", header=TRUE, sep=",")
> attach(Example13_5)
> mytable <- xtabs(~a + b)
> library(gmodels)
> CrossTable(a, b)
> mcnemar.test(mytable)
> Kappa.test(mytable, conf.level=0.95)
> detach (Example13_5)
```

【R 输出结果】

①
```
Cell Contents
|-----------------------|
|                     N |
| Chi-square contribution |
|           N / Row Total |
|           N / Col Total |
|         N / Table Total |
|-----------------------|

Total Observations in Table:  198

         | b
    a |       1 |       2 | Row Total |
-----------|-----------|-----------|-----------|
    1 |      48 |      24 |      72 |
```

```
                |      21.904  |    11.457  |            |
                |       0.667  |     0.333  |     0.364  |
                |       0.706  |     0.185  |            |
                |       0.242  |     0.121  |            |
---------------|-----------|-----------|-----------|
             2  |          20  |       106  |       126  |
                |      12.516  |     6.547  |            |
                |       0.159  |     0.841  |     0.636  |
                |       0.294  |     0.815  |            |
                |       0.101  |     0.535  |            |
---------------|-----------|-----------|-----------|
Column Total  |          68  |       130  |       198  |
                |       0.343  |     0.657  |            |
---------------|-----------|-----------|-----------|
②
McNemar's Chi-squared test with continuity correction

data:  mytable
McNemar's chi-squared = 0.20455, df = 1, p-value = 0.6511
③
$Result

        Estimate Cohen's kappa statistics and test the null hypothesis that
        the extent of agreement is same as random (kappa=0)

data:  mytable
Z = 6.6399, p-value = 1.569e-11
95 percent confidence interval:
 0.3874265 0.6406859
sample estimates:
[1] 0.5140562
$Judgement
[1] "Moderate agreement"
```

【结果解释】

从 Statistic=0.20455，df=1，P=0.6511（统计分析结果与上一小节的计算结果完全相同）可得出结论：A、B 两种培养基的阳性培养率没有显著性差异。

> **注意**：③中给出了 Kappa 系数以及相应的 95%可信区间，Kappa 系数是反映一致性的指标。这两种检验的出发点是不一样的，配对 χ^2 检验主要是为了判断是否有显著性差异，而 Kappa 检验主要是为了判断两种培养基的阳性培养率是否一致。

> **重点提示**：掌握配对四格表的 χ^2 检验公式和 R 程序。

13.3 列变量为顺序变量的行均分检验

前面已介绍了两个样本率比较的 χ^2 检验方法，其基本数据有 2 行 2 列，称为 2×2 表或四格表资料。本节介绍的行×列表资料的 χ^2 检验，可用于多个样本率的比较、两个或多个构成比的比较以及双向有序或无序分类资料的检验等。

R×C 表可以分为双向无序、单向有序、双向有序属性相同和双向有序属性不同等 4 类。

• 双向无序 R×C 表，表中两个分类变量皆为无序分类变量。对于该类资料：①若研究目的为多个样本率（或构成比）的比较，可用行×列表资料的 χ^2 检验；②若研究目的为分析两个分类变量之间有无关联性以及关系的密切程度，可以用行×列表资料的 χ^2 检验，以及 Pearson 列联系数进行分析。

- 单向有序 R×C 表有两种形式，一种是 R×C 表中的分组变量是有序的，而指标变量是无序的，此种单向有序 R×C 表资料可以用行×列表资料的 χ^2 检验进行分析。另一种情况是 R×C 表中的分组变量是无序的，而指标变量是有序的，此种单向有序 R×C 表资料宜用秩和检验进行分析。

- 双向有序属性相同的 R×C 表，表中的两个分类变量皆为有序且属性相同。实际上是 2×2 配对设计的扩展，此时宜用一致性检验（或称 Kappa 检验）。

- 双向有序属性不同的 R×C 表，表中的两个分类变量皆为有序且属性不相同。对于该类资料，需要分析两个有序分类变量间是否存在线性变化趋势，宜用有序分组资料的线性趋势检验。

13.3.1 行均分检验介绍

对于第 2 种类型的单向有序 R×C 表，可以采用行均分检验进行数据分析。

例 13-6 某种疾病的治疗效果分为治愈、显效、好转和无效，为了评价 3 种药物 A、B 和 C 对该种疾病的治疗效果，3 种药物的治疗资料见表 13-5。试分析 3 种药物的治疗效果是否存在差异？

表 13-5 3 种药物治疗效果分析

药　物	疗　效			
	治　愈	显　效	好　转	无　效
A	15	49	31	5
B	4	9	50	22
C	1	15	45	24
合计	20	73	126	51

这种资料用一般的 χ^2 检验只能得出两组构成是否相同的结论，并不能得出哪组疗效较好的结论。例如，当实验组无效和治愈较多，对照组则好转和显效较多，这时 χ^2 会较大，P 则较小，说明其构成不同，但不能说明何者疗效好。

一种方法是人为地给各疗效一个分数，如无效为 1、好转为 2、显效为 3、治愈为 4，则可计算其均数，称为行平均得分。由此，可以计算出各行的行平均得分，然后比较各行的行平均得分是否有显著性差异。

本例第 1 组的行平均得分如下：

$$f_1 = \frac{15 \times 4 + 49 \times 3 + 31 \times 2 + 5 \times 1}{15 + 49 + 31 + 5} = 2.69$$

当然，也可以求出第 2 行和第 3 行的平均得分。

13.3.2 行均分检验的 R 程序

例 13-7 对于例 13-6 的数据，可以利用 R 程序进行数据分析，以比较 3 种药物的治疗效果是否存在差异？

进行行均分检验的为 vcdExtra 包中的函数 CMHtest()。

【R 程序】

```
> Example13_7 <- read.table ("example13_7.csv", header=TRUE, sep=",")
> attach(Example13_7)
> mytable <- xtabs(~a + b)
> library(gmodels)
> CrossTable(a, b)
> library(vcdExtra)
```

```
> CMHtest(mytable)
> detach (Example13_7)
```

【R 输出结果】

①
```
Cell Contents
|-----------------------|
|                     N |
| Chi-square contribution |
|           N / Row Total |
|           N / Col Total |
|         N / Table Total |
|-----------------------|
```

Total Observations in Table: 270

a | b	1	2	3	4	Row Total
1	5	31	49	15	100
	10.212	5.260	17.841	7.782	
	0.050	0.310	0.490	0.150	0.370
	0.098	0.246	0.671	0.750	
	0.019	0.115	0.181	0.056	
2	22	50	9	4	85
	2.201	2.692	8.506	0.837	
	0.259	0.588	0.106	0.047	0.315
	0.431	0.397	0.123	0.200	
	0.081	0.185	0.033	0.015	
3	24	45	15	1	85
	3.931	0.717	2.772	4.455	
	0.282	0.529	0.176	0.012	0.315
	0.471	0.357	0.205	0.050	
	0.089	0.167	0.056	0.004	
Column Total	51	126	73	20	270
	0.189	0.467	0.270	0.074	

②
Cochran-Mantel-Haenszel Statistics for a by b

	AltHypothesis	Chisq	Df	Prob
cor	Nonzero correlation	46.297	1	1.0160e-11
rmeans	Row mean scores differ	58.678	2	1.8125e-13
cmeans	Col mean scores differ	48.838	3	1.4122e-10
general	General association	66.958	6	1.7167e-12

【结果解释】

① 中列出了列联表中频数及各百分比，与前相同。

② Cochran-Mantel-Haenszel 卡方即 Q_s 值。Q_s=58.6778。最后输出部分为 CMH 统计量，其中 Row Mean Scores Differ 即为行平均得分统计量 Q_s，由于 $P<0.0001$，据此可得出专业结论：3 种药物的治疗效果有显著性差异。

这样的数据也可以采用 Logistic 回归分析模型，将列变量作为因变量，将行变量作为自变量进行数据分析。R 分析程序及分析结果如下。

【R 程序】

```
> Example13_7 <- read.table ("example13_7.csv", header=TRUE, sep=",")
> attach(Example13_7)
> Example13_7$x1  <- ifelse (a==1, 1, 0)
> Example13_7$x2  <- ifelse (a==2, 1, 0)
> Example13_7$x3  <- ifelse (a==3, 1, 0)
> library(rms)
```

```
> fit1    <-  lrm(b~ x1 + x2 ,  data=Example13_7, model=FALSE, x=FALSE, y=FALSE)
> fit1
> coefficients(fit1)
> exp(coefficients(fit1))
> detach (Example13_7)
```

【R 输出结果】

①
```
Logistic Regression Model
lrm(formula = b ~ x1 + x2, data = Example13_7)
Frequencies of Responses
  1   2   3   4
 51 126  73  20
```

		Model Likelihood Ratio Test		Discrimination Indexes		Rank Discrim. Indexes	
Obs	270	LR chi2	66.98	R2	0.241	C	0.686
max |deriv|	3e-07	d.f.	2	g	0.976	Dxy	0.372
		Pr(> chi2)	<0.0001	gr	2.654	gamma	0.719
				gp	0.213	tau-a	0.249
				Brier	0.174		

```
        Coef    S.E.   Wald Z  Pr(>|Z|)
y>=2  0.9782  0.2248    4.35  <0.0001
y>=3 -1.5521  0.2432   -6.38  <0.0001
y>=4 -3.7483  0.3375  -11.11  <0.0001
x1    2.0850  0.3088    6.75  <0.0001
x2    0.0028  0.2955    0.01  0.9926
```
②
```
   y>=2          y>=3          y>=4              x1            x2
 0.978150920  -1.552142851  -3.748324155    2.084976695   0.002753265

   y>=2         y>=3          y>=4           x1          x2
 2.65953400   0.21179365   0.02355719   3.04440400   1.00275706
```

【结果解释】

① 为输入数据的信息。从这里可以看出，因变量 b 取值的排列顺序是从大到小（1、2、3、4），所以系统输出的是 $P(b=2)$、$P(b=3)$ 和 $P(b=4)$ 时的概率模型。模型参数检验结果以及几个描述统计量。结果表明自变量 x_1 的回归系数在统计意义上与 0 有显著性差异（$P<0.0001$），自变量 x_2 不具有显著性统计意义（$P=0.9925$）。所得到的 Logistic 回归模型如下：

$$\hat{p}_1 = p(b = 4|x_1, x_2) = \frac{\exp(-3.7483 + 2.085x_1 + 0.00276x_2)}{1 + \exp(-3.7483 + 2.085x_1 + 0.00276x_2)}$$

$$\hat{p}_2 = p(b = 3,4|x_1, x_2) = \frac{\exp(-1.5521 + 2.085x_1 + 0.00276x_2)}{1 + \exp(-1.5521 + 2.085x_1 + 0.00276x_2)}$$

$$\hat{p}_3 = p(b = 2,3,4|x_1, x_2) = \frac{\exp(0.9781 + 2.085x_1 + 0.00276x_2)}{1 + \exp(0.9781 + 2.085x_1 + 0.00276x_2)}$$

第 1 个式子表示治愈的概率模型，第 2 个式子表示治愈或显效的概率模型，第 3 个式子表示至少好转的概率模型，因此，治疗效果的 4 个概率模型如下。

- 治愈： $p(b = 4|x_1, x_2) = \hat{p}_1$。
- 显效： $p(b = 3|x_1, x_2) = \hat{p}_2 - \hat{p}_1$。
- 好转： $p(b = 2|x_1, x_2) = \hat{p}_3 - \hat{p}_2$。
- 无效： $p(b = 1|x_1, x_2) = 1 - \hat{p}_3$。

② 是参数的 OR 值。自变量 x_1 的 OR 值为 8.044，表明使用 A 药治愈的可能性是 C 药的 8.044 倍。而自变量 x_2 没有显著性统计意义，所以可以认为 B 药与 C 药的疗效没有显著性差异。

注意：对于累积比数因变量模型，平行性假设决定了每个自变量的 OR 值对于前 $g-1$ 个模型是相同的。例如，自变量 x_1 的 OR=8.044，表示使用 A 药物治愈的可能性是 C 药物的 8.044 倍；也表示使用 A 药物显效或治愈的可能性是 C 药物的 8.044 倍；同时也表示使用 A 药物至少好转的可能性是 C 药物的 8.044 倍。

重点提示：掌握利用行均分检验进行统计分析的资料类型，行均分检验方法和 R 程序。

13.4 行列均为顺序变量的相关检验

按照行变量和列变量属性是否相同，可分为双向有序属性不同 R×C 表资料和双向有序属性相同 R×C 表资料。

对于双向有序属性不同 R×C 表资料，有 3 种分析目的，所以也就有 3 种相应的统计分析方法。其一，只关心试验分组变量取不同水平时，有序的结果变量之间的差别是否有显著性意义，采用单向有序列联表的分析方法。其二，希望研究两个有序变量之间是否有相关关系，就需要运用定性资料的相关分析方法，包括 Spearman 秩相关分析和典型相关分析。其三，如果两个有序变量之间有相关关系，需要进一步研究两个变量之间是否呈直线变化关系，这就需要进行线性趋势检验。

对于和双向有序属性相同 R×C 表资料，研究的目的通常是分析两种检测方法的一致性，此时宜用一致性检验（或称 Kappa 检验），也可以用特殊模型分析方法。一致性检验见四格表的一致性检验与处理配对设计 2×2 表资料的思路一样，除了对方表资料作一致性检验外，还可以对两种检测方法的检测结果不一致部分作比较，此时称为"对称性检验"（在分析配对设计 2×2 表资料时，叫作 McNemar's Test）。

13.4.1 行列均为顺序变量的相关检验介绍

变量虽然是有序的，但毕竟还不是定量的，需要给有序变量的各等级赋值，方可进行相关分析。最简单的赋值法是按顺序赋给秩次（即得分），即给行变量的等级赋值 1，2，…，R 和给列变量的等级赋值 1，2，…，C。这样(X,Y)的不同取值就有 R×C 对，表中的 R×C 个频数就是这 R×C 对取值所对应的频数，然后计算 Spearman 秩相关系数，并作显著性检验，这是比较粗糙的分析方法。

Spearman 秩相关分析比较粗糙，这是因为它给有序变量的等级赋值过于简单，不能最大限度地获得有序变量之间的相关信息。而典型相关分析是在使有序变量的相关达到极大的前提下给有序变量的各等级赋值，就是对于表的边缘（指"行合计"与"列合计"）设法产生一双变量正态，从而进行相关分析。因产生各等级的得分值的计算过程中要涉及矩阵运算，故手工计算较麻烦，将用 R 程序实现统计计算。一旦有了各等级的得分值，就可以运用求二维频数资料相关系数的公式计算。典型相关分析可以得出几个典型相关系数 R，与每一个典型相关系数对应的检验为卡方检验，其数值为 $nR2$，其中 n 为 R×C 表中的总频数，与第 k 个卡方值对应的自由度 dfk=R+C-2k-1。

与定量资料的相关与回归分析类似，也可以对 R×C 表资料中有序变量之间是否存在线性趋势作显著性检验，通常这两种检验的结果是基本一致的，即相关分析结果显著，线性趋势检验结果也显著。可以通过 χ^2 检验实现线性趋势检验，即利用回归分析思想产生的与线性回归有关的卡分量和偏离线性回归的卡分量。

首先计算 R×C 表的 χ^2 值，然后将总的 χ^2 值分解成线性回归分量与偏离线性回归分量。若两分量均具有统计学意义，说明两分类变量存在相关关系，但关系不是简单的直线关系；若线性回归分量有统计学意义，偏离线性回归分量无统计学意义，说明两分类变量不仅存在相关关系，而且是线性关系。分析步骤如下。

- 计算总的 χ^2 值。
- 计算线性回归分量 χ^2 回归：

$$\chi^2_{\text{回归}} = \frac{b^2}{S_b^2} = \frac{n \times SS_{\text{回}}}{SS_{\text{总}}} = n \times R^2, \nu_{\text{回归}} = 1, \ b \text{ 为回归系数}$$

$$b = \frac{l_{XY}}{l_{XX}}, S_b^2 = \frac{l_{YY}}{n * 1_{XX}}$$

- 计算偏线性回归分量。

13.4.2 行列均为顺序变量的相关检验的 R 程序

首先介绍双向有序属性不同 R×C 表资料的统计分析的 R 程序。

例 13-8 为了研究晶状体混浊程度是否与年龄相关，将资料整理为表 13-6 的形式，试编写 R 程序，分析年龄与晶状体混浊程度的相关关系。

表 13-6　　　　　　　　　　眼晶状本混浊程度与年龄的关系

晶状体混浊程度	年　龄		
	20～	30～	40～
+	215	131	148
++	67	101	128
+++	44	63	132
合计	326	295	408

【R 程序】

```
> Example13_8  <- read.table ("example13_8.csv", header=TRUE, sep=",")
> attach(Example13_8)
> cor(Example13_8, method="spearman")
> cor.test(a,  b, method="spearman")
> detach (Example13_8)
```

【R 输出结果】

```
①
          a         b
a 1.0000000 0.2533556
b 0.2533556 1.0000000

②
       Spearman's rank correlation rho

data:  a and b
S = 135580000, p-value < 2.2e-16
alternative hypothesis: true rho is not equal to 0
sample estimates:
```

```
     rho
0.2533556
```

【结果解释】

① 给出变量的秩相关系数矩阵。

② 给出变量的秩相关系数相关系数统计学检验结果（$r=0.25336$，$P<0.0001$）。可得出专业结论：眼晶状体混浊程度与年龄显著相关。

上述两种相关分析只能判断两个变量是否相关，但不能推断是否是线性相关，还需要进行线性趋势检验，以判断两变量是否线性相关。将总的 χ^2 值分解成线性回归分量和偏离线性回归分量。若两分量均有统计学意义，说明两分类变量存在相关关系，但关系不是简单的直线关系；若线性回归分量有统计学意义，偏离线性回归分量无统计学意义，说明两变量不仅存在相关关系，而且是线性关系。

例 13-9 对例 13-8 的数据进行线性趋势检验。

【R 程序】

```
> Example13_8  <- read.table ("example13_8.csv", header=TRUE, sep=",")
> attach(Example13_8)
> library(gmodels)
> CrossTable(a, b)
> mytable <-  xtabs(~a + b)
> chisq.test(mytable)
>  fit   <-  lm(a~b)
> summary(fit)
> coefficients(fit)
> confint(fit)
> detach (Example13_8)
```

【R 输出结果】

①
```
Cell Contents
|-----------------------|
|                     N |
| Chi-square contribution |
|         N / Row Total |
|         N / Col Total |
|         N / Table Total |
|-----------------------|


Total Observations in Table:  1029


         | b
       a |         1 |         2 |         3 | Row Total |
---------|-----------|-----------|-----------|-----------|
       1 |       215 |       131 |       148 |       494 |
         |    21.863 |     0.797 |    11.700 |           |
         |     0.435 |     0.265 |     0.300 |     0.480 |
         |     0.660 |     0.444 |     0.363 |           |
         |     0.209 |     0.127 |     0.144 |           |
---------|-----------|-----------|-----------|-----------|
       2 |        67 |       101 |       128 |       296 |
         |     7.646 |     3.070 |     0.964 |           |
         |     0.226 |     0.341 |     0.432 |     0.288 |
         |     0.206 |     0.342 |     0.314 |           |
         |     0.065 |     0.098 |     0.124 |           |
---------|-----------|-----------|-----------|-----------|
       3 |        44 |        63 |       132 |       239 |
         |    13.287 |     0.444 |    14.631 |           |
         |     0.184 |     0.264 |     0.552 |     0.232 |
         |     0.135 |     0.214 |     0.324 |           |
```

```
            |   0.043 |   0.061 |   0.128 |         |
------------|---------|---------|---------|---------|
Column Total|     326 |     295 |     408 |    1029 |
            |   0.317 |   0.287 |   0.397 |         |
------------|---------|---------|---------|---------|
```
②
```
    Pearson's Chi-squared test

data:  mytable
X-squared = 74.402, df = 4, p-value = 2.667e-15
```
③
```
Call:
lm(formula = a ~ b)

Residuals:
     Min       1Q   Median       3Q      Max
-0.97398 -0.73298  0.02602  0.50802  1.50802

Coefficients:
            Estimate Std. Error t value Pr(>|t|)
(Intercept)  1.25098    0.06501  19.242  < 2e-16 ***
b            0.24100    0.02898   8.315 2.88e-16 ***
---
Signif. codes:  0 '***' 0.001 '**' 0.01 '*' 0.05 '.' 0.1 ' ' 1

Residual standard error: 0.7817 on 1027 degrees of freedom
Multiple R-squared:  0.06308,    Adjusted R-squared:  0.06217
F-statistic: 69.15 on 1 and 1027 DF,  p-value: 2.876e-16
```
④
```
Parameter Estimates
(Intercept)            b
  1.2509772    0.2410021
                         2.5 %     97.5 %
(Intercept) 1.1234015 1.3785529
b           0.1841306 0.2978736
```

【结果解释】

① 为输出变量的频数分布以及百分数。

② 为输出 χ^2 统计量以及检验结果。Chi-Square=74.402（总的 χ^2 值），df=1，$P<0.0001$。

③ 为参数估计结果，自变量 b 有显著性意义（$P<0.0001$），常数项也有显著性意义（$P=0.0001$）。

④ 输出自变量估计值以及 95%可信区间。可以得出专业结论：眼晶状体混浊程度与年龄呈直线相关关系。

下面介绍双向有序属性相同 R×C 表资料的统计分析的 R 程序。

例 13-10 某学校学生的文化课成绩和体育课成绩整理如表 13-7 所示，试对学生文化课和体育课成绩进行一致性检验。

表 13-7　　　　　　　　　　　学生文化课成绩和体育课成绩的比较分析

文化课成绩	体育课成绩				
	不 及 格	及 格	良 好	优 秀	合 计
不及格	4	7	8	3	22
及格	5	56	74	15	150
良好	10	32	128	17	187
优秀	5	9	13	8	36
合计	25	104	223	43	395

【R 程序】

```
> Example13_10  <- read.table ("example13_10.csv", header=TRUE, sep=",")
> attach(Example13_10)
> library(gmodels)
> CrossTable(a, b)
> mytable  <-  xtabs(~a + b)
> mcnemar.test(mytable)
> library(fmsb)
> Kappa.test(mytable, conf.level=0.95)
> detach (Example13_10)
```

【R 输出结果】

①
```
Cell Contents
|-----------------------|
|                     N |
| Chi-square contribution |
|           N / Row Total |
|           N / Col Total |
|         N / Table Total |
|-----------------------|
```

Total Observations in Table: 395

a |	b 1 |	2 |	3 |	4 |	Row Total |
1 |	4 |	7 |	8 |	3 |	22 |
|	4.883 |	0.252 |	1.573 |	0.153 |	|
|	0.182 |	0.318 |	0.364 |	0.136 |	0.056 |
|	0.160 |	0.067 |	0.036 |	0.070 |	|
|	0.010 |	0.018 |	0.020 |	0.008 |	|
2 |	5 |	56 |	74 |	15 |	150 |
|	2.127 |	6.899 |	1.348 |	0.108 |	|
|	0.033 |	0.373 |	0.493 |	0.100 |	0.380 |
|	0.200 |	0.538 |	0.332 |	0.349 |	|
|	0.013 |	0.142 |	0.187 |	0.038 |	|
3 |	10 |	32 |	128 |	17 |	187 |
|	0.285 |	6.033 |	4.765 |	0.554 |	|
|	0.053 |	0.171 |	0.684 |	0.091 |	0.473 |
|	0.400 |	0.308 |	0.574 |	0.395 |	|
|	0.025 |	0.081 |	0.324 |	0.043 |	|
4 |	6 |	9 |	13 |	8 |	36 |
|	6.078 |	0.024 |	2.639 |	4.250 |	|
|	0.167 |	0.250 |	0.361 |	0.222 |	0.091 |
|	0.240 |	0.087 |	0.058 |	0.186 |	|
|	0.015 |	0.023 |	0.033 |	0.020 |	|
Column Total |	25 |	104 |	223 |	43 |	395 |
|	0.063 |	0.263 |	0.565 |	0.109 |	|

②
```
        McNemar's Chi-squared test

data:  mytable
McNemar's chi-squared = 20.23, df = 6, p-value = 0.00252
```
③
```
Estimate Cohen's kappa statistics and test the null hypothesis that
        the extent of agreement is same as random (kappa=0)

data:  mytable
Z = 4.7276, p-value = 1.136e-06
```

```
95 percent confidence interval:
 0.1068853 0.2661199
sample estimates:
[1] 0.1865026

$Judgement
[1] "Slight agreement"
```

【结果解释】

① 为输出变量的频数分布以及百分数。

② 输出"对称性"检验结果，及配对检验的显著性推断。

③ 为 Kappa 检验结果，Kappa=0.1865，表明文化课成绩与体育课成绩一致性较差。据此可以得出专业结论：该学校学生文化课成绩与体育课成绩一致性较差。

重点提示：掌握行列均为顺序变量的相关检验以及 R 程序。

13.5 分层行列表的分析

在医学研究中，经常会遇到分层研究，如果每个层都有一个 2×2 表，则有多个 2×2 表。例如在多中心临床试验中，每个医院随机地把病人分为实验组和对照组，疗效为有效和无效，则每个医院的数据可形成一个 2×2 表数据。

13.5.1 分层行列表的分析简介

例 13-11 为研究心肌梗塞与近期使用避孕药之间的关系，在 5 所医院中采用病例对照研究方法调查了 234 名心肌梗塞病人与 1742 名对照者使用口服避孕药状况，资料见表 13-8。请在排除了研究中心（医院）的影响后，分析使用口服避孕药与否对是否患心肌梗塞病的影响情况。

表 13-8 心肌梗塞与近期使用口服避孕药关系的调查结果

医 院	服 药 与 否	病 人 数	对 照 数	合 计
1	服药	4	62	66
	不服药	2	224	226
	合计	6	286	292
2	服药	9	33	42
	不服药	12	390	402
	合计	21	423	444
3	服药	4	26	30
	不服药	33	330	363
	合计	37	356	393
4	服药	6	9	15
	不服药	65	362	427
	合计	71	371	442
5	服药	6	5	11
	不服药	93	301	394
	合计	99	306	405

对于多层四格表，除四格表中数字以 n_{ij} 代表外，以 h 表示层次，则第 h 层的四格表见表 13-9 中的符号表示。

表 13-9　　　　　　　　　　　　多层四格表的符号表示

	病　人　数	对　照　数	合　　计
第一组	n_{h11}	n_{h12}	n_{h1+}
第二组	n_{h21}	n_{h22}	n_{h2+}
合计	n_{h+1}	n_{h+2}	n_h

在无效假设为口服避孕药与是否发生心肌梗塞不相关时，第 h 层 n_{h11} 的期望值 m_{h11} 及方差 v_{h11} 的计算公式如下：

$$m_{h11} = \frac{n_{h+1}n_{h1+}}{n_h}$$

$$v_{h11} = \frac{n_{h+1}n_{h1+}n_{h+2}n_{h2+}}{n_h^2(n_h-1)}$$

校正中心因素的两组之间疗效的差异可以用 Mantel-Haenszel 提出的统计量表示：

$$Q_{MH} = \frac{\left\{\sum_{h=1}^{q} n_{h11} - \sum_{h=1}^{q} m_{h11}\right\}^2}{\sum_{h=1}^{q} v_{h11}}$$

式中，q 为层数，本例 $q=5$。

Mantel-Haenszel 方法消除了层次因素的干扰，而提高了检出关联的把握度。

当各层次的阳性率 $\{P_{h11} - P_{h21}\}$ 的方向一致时，如每层的患病率都是试验组高于对照组，则 Q_{MH} 检验效果很好。如果各层的方向不一致，则可能检验不出其关联。

13.5.2　分层行列表的分析的 R 程序

例 13-12　利用 R 程序对表 13-8 的数据进行 Mantel-Haenszel 检验。

mantelhaen.test()函数可用来进行 Mantel-Haenszel 卡方检验，其原假设为：两个名义变量在第三个变量的每一层中都是条件独立的。

【R 程序】

```
> Example13_12  <- read.table ("example13_12.csv", header=TRUE, sep=",")
> attach(Example13_12)
> mytable  <-  xtabs(~drug + case + hos)
> mytable
> prop.table(mytable, 3)
> addmargins(mytable)
> mantelhaen.test(mytable)
> detach (Example13_12)
```

【R 输出结果】

```
①
, , hos = 1

    case
drug  1   2
   1  4  62
```

```
   2   2 224

, , hos = 2

      case
drug   1   2
   1   9  33
   2  12 390

, , hos = 3

      case
drug   1   2
   1   4  26
   2  33 330

, , hos = 4

      case
drug   1   2
   1   6   9
   2  65 362

, , hos = 5

      case
drug   1   2
   1   6   5
   2  93 301
```

②

```
, , hos = 1

      case
drug           1          2
   1 0.013698630 0.212328767
   2 0.006849315 0.767123288

, , hos = 2

      case
drug           1          2
   1 0.020270270 0.074324324
   2 0.027027027 0.878378378

, , hos = 3

      case
drug           1          2
   1 0.010178117 0.066157761
   2 0.083969466 0.839694656

, , hos = 4

      case
drug           1          2
   1 0.013574661 0.020361991
   2 0.147058824 0.819004525

, , hos = 5

      case
drug           1          2
   1 0.014814815 0.012345679
   2 0.229629630 0.743209877
```

③

```
, , hos = 1

      case
drug   1   2  Sum
```

```
1       4    62    66
2       2   224   226
Sum     6   286   292

, , hos = 2

     case
drug    1     2   Sum
  1     9    33    42
  2    12   390   402
Sum    21   423   444

, , hos = 3

     case
drug    1     2   Sum
  1     4    26    30
  2    33   330   363
Sum    37   356   393

, , hos = 4

     case
drug    1     2   Sum
  1     6     9    15
  2    65   362   427
Sum    71   371   442

, , hos = 5

     case
drug    1     2   Sum
  1     6     5    11
  2    93   301   394
Sum    99   306   405

, , hos = Sum

     case
drug    1     2   Sum
  1    29   135   164
  2   205  1607  1812
Sum   234  1742  1976
```
④
```
Mantel-Haenszel chi-squared test with continuity correction

data: mytable
Mantel-Haenszel X-squared = 32.793, df = 1, p-value = 1.025e-08
alternative hypothesis: true common odds ratio is not equal to 1
95 percent confidence interval:
 2.426983 6.493688
sample estimates:
common odds ratio
        3.969895
```

【结果解释】

① 分层输出各家医院的四格表频数。

② 分层输出各家医院的四格表百分数。

③ 分层输出各家医院的四格表边际频数。

④ 输出 Mantel-Haenszel 卡方检验统计量。这里是检验口服避孕药与心肌梗塞的关系，但校正了医院中心的作用。由分析结果可见，Q_{MH}=32.793，P<0.0001。据此可以得出专业结论：是否使用避孕药与心肌梗塞显著相关。输出总的 OR 的可信区间，没有包括 1，因而有统计学显著性意义，结论与上述相同。

重点提示：掌握分层行列表的分析方法和 R 程序。

13.6 趋势卡方检验

如果两个有序变量之间有相关关系，则需要进一步研究两个变量之间是否呈直线变化关系，这就需要进行趋势卡方检验。

13.6.1 趋势卡方检验简介

进行趋势卡方检验，首先应计算 R×C 表的 χ^2 值，然后将总的 χ^2 值分解成线性回归分量与偏离线性回归分量。若两分量均具有统计学意义，说明两分类变量存在相关关系，但关系不是简单的直线关系；若线性回归分量有统计学意义，偏离线性回归分量无统计学意义，说明两分类变量不仅存在相关关系，而且是线性关系，计算步骤如下。

- 计算总的 χ^2 值。
- 计算线性回归分量 χ^2 回归：

$$\chi^2_{回归} = \frac{b^2}{S_b^2} = \frac{n \times SS_{回}}{SS_{总}} = n \times R^2, \nu_{回归} = 1，b 为回归系数$$

$$b = \frac{l_{XY}}{l_{XX}}, S_b^2 = \frac{l_{YY}}{n * l_{XX}}$$

- 计算偏线性回归分量。

13.6.2 趋势卡方检验的 R 程序

例 13-13 为了研究晶状体混浊程度是否与年龄相关，将资料整理成表 13-10 的形式，试编写趋势卡方检验的 R 程序，分析年龄与晶状体混浊程度的相关关系。

表 13-10　　　　　　　　　　　眼晶状体混浊程度与年龄的关系

晶状体混浊程度	年　龄		
	20～	30～	40～
+	215	131	148
++	67	101	128
+++	44	63	132
合计	326	295	408

【R 程序】

```
> Example13_13 <- read.table ("example13_13.csv", header=TRUE, sep=",")
> attach(Example13_13)
> library(gmodels)
> CrossTable(a, b)
> mytable <- xtabs(~a + b)
> chisq.test(mytable)
> fit <- lm(a~b)
> summary(fit)
> coefficients(fit)
```

```
>  confint(fit)
>  detach (Example13_13)
```

【R 输出结果】

①
```
    Cell Contents
|------------------------|
|                      N |
| Chi-square contribution |
|          N / Row Total |
|          N / Col Total |
|        N / Table Total |
|------------------------|
```

Total Observations in Table: 1029

a	b -1	0	1	Row Total
-1	215	131	148	494
	21.863	0.797	11.700	
	0.435	0.265	0.300	0.480
	0.660	0.444	0.363	
	0.209	0.127	0.144	
0	67	101	128	296
	7.646	3.070	0.964	
	0.226	0.341	0.432	0.288
	0.206	0.342	0.314	
	0.065	0.098	0.124	
1	44	63	132	239
	13.287	0.444	14.631	
	0.184	0.264	0.552	0.232
	0.135	0.214	0.324	
	0.043	0.061	0.128	
Column Total	326	295	408	1029
	0.317	0.287	0.397	

②
      Pearson's Chi-squared test

data: mytable
X-squared = 74.402, df = 4, p-value = 2.667e-15

③
Call:
lm(formula = a ~ b)

Residuals:
     Min   1Q   Median   3Q   Max
-0.97398 -0.73298 0.02602 0.50802 1.50802

Coefficients:
            Estimate Std. Error t value Pr(>|t|)
(Intercept) -0.26702   0.02448 -10.909 < 2e-16 ***
b   0.24100   0.02898   8.315 2.88e-16 ***

Signif. codes: 0 '***' 0.001 '**' 0.01 '*' 0.05 '.' 0.1 ' ' 1

Residual standard error: 0.7817 on 1027 degrees of freedom
Multiple R-squared: 0.06308,   Adjusted R-squared: 0.06217
F-statistic: 69.15 on 1 and 1027 DF, p-value: 2.876e-16

④
(Intercept)   b
 -0.2670186   0.2410021
                    2.5 %   97.5 %
(Intercept) -0.3150511 -0.2189862
b   0.1841306 0.2978736

【结果解释】

① 输出变量的频数分布以及百分数。

② 输出 χ^2 统计量以及检验结果。Chi-Square=74.402（总的 χ^2 值），df=4，$P<0.0001$。

③ 输出参数估计结果，自变量 b 有显著性意义（$P<0.0001$），常数项也有显著性意义（$P=0.0001$）。据此可以得出专业结论：眼晶状体混浊程度与年龄呈直线相关关系。

④ 输出参数估计值以及估计值的 95% 可信区间。

> **重点提示**：掌握趋势卡方检验的应用条件、分析方法和 R 程序。

13.7 卡方分割与卡方合并

对于双向无序的 R×C 表资料，当用 χ^2 检验作出拒绝 H_0 的结论时，研究者常需要知道更进一步的情况，此时就需要对资料进行分割，使 R×C 表资料变成一系列的四格表资料，然后逐一分析这些四格表资料，以便给出尽可能细致的回答。

13.7.1 卡方的分割与合并简介

χ^2 分布的多个变量之和亦服从 χ^2 分布，因此一个较大的 χ^2 值，依据分析的目的，可以分割成 n 个分量。多个样本率比较的资料可整理成 $2\times k$ 表资料，经 R×C 表资料 χ^2 检验的结论为拒绝 H_0，接受 H_1 时，若不经过任何处理，而直接用分割法把 $2\times k$ 表 χ^2 分布分成多个独立的四格表 χ^2 进行两两比较，则需要重新规定检验水准。重新规定检验水准的估计方法通常有以下两种情况。

（1）多个试验组与一个对照组的比较。

需要对每次检验的显著性水准重新规定，即 $\alpha' = \alpha / [2(k-1)]$，$k$ 为总组数（包括对照组）。

（2）多个试验组之间的两两比较。

$$\alpha' = \frac{\alpha}{\dfrac{k(k-1)}{2}+1}$$

13.7.2 卡方分割与卡方合并分析实例

当 R×C 表资料中含有较多的小格频数时，最好结合专业知识对资料进行合并，以使调整后的列联表能更好地揭示两个变量之间的关系。

合并的原则是：应将相邻的无显著性差别的列或行合并，且这种合并在专业上是有实际意义的。例如，如表 13-11 所示的样本数太小，需要进行合并，合并整理后见表 13-12。

表 13-11　　　　　　　　　　服药前后的尿糖水平（合并前）

尿糖测定时间	尿 糖						
	一	±	+	++	+++	++++	合　计
服药前	1	0	1	3	14	22	41
服药后	8	3	3	10	14	3	41
合计	9	3	4	13	28	25	82

表 13-12　　　　　　　　　　　　服药前后的尿糖水平（合并后）

	尿　糖		
	<++	+++	++++
服药前	5	14	22
服药后	24	14	3

精确分割 χ^2 值的方法是对第 i 个分表求出一个校正系数 C_i，用它乘以由分表按拟和优度检验算得的 χ^2 值即可。校正系数的计算公式如下：

$$C_i = \frac{e_i f_i}{EF}\left(\frac{N}{n_i}\right)^2$$

式中，e_i 和 f_i 为第 i 个分表两行的合计频数，E 和 F 为总表两行的合计频数，n_i 为第 i 个分表的总合计频数，N 为总表的总合计频数。

C_i 乘以分表 χ^2 值求和，即可得到总的 χ^2 值。

例 13-14　对表 13-13 的资料进行两两比较，以分析是否任意两种疗法治疗周围性神经麻痹有效率有显著性差异？

表 13-13　　　　　　　　　　　　3 种疗法有效率的比较

治 疗 方 法	有　效	无　效	合　计
物理疗法组	199	7	206
药物治疗组	164	18	182
外用膏药组	118	26	144
合计	481	51	532

H_0：$\pi_A = \pi_B$，即任意两对比组的总体有效率相同。

H_1：$\pi_A \neq \pi_B$，即任意两对比组的总体有效率不相同。

$\alpha = 0.05$。

本例为 3 个实验组间的两两比较，其检验水准如下：

$$\alpha' = \frac{\alpha}{\dfrac{k(k-1)}{2}+1} = \frac{0.05}{\dfrac{3(3-1)}{2}+1} = 0.05/4 = 0.0125$$

分别计算任意两对比组的检验统计量 χ^2 值，查界值表确定 P 值，结果见表 13-14。

表 13-14　　　　　　　　　　　　3 种疗法有效率的两两比较

对 比 组	有　效	无　效	合　计	χ^2 值	P 值
物理疗法组	199	7	206		
药物治疗组	164	18	182	6.76	<0.0125
合计	363	25	388		
物理疗法组	199	7	206		
外用膏药组	118	26	144	21.32	<0.00227
合计	317	33	350		

续表

对 比 组	有 效	无 效	合 计	χ^2 值	P 值
药物治疗组	164	18	182		
外用膏药组	118	26	144	4.59	>0.0125
合计	282	44	326		

按 $\alpha' = 0.0125$ 的检验水准，物理疗法组与药物治疗组拒绝 H_0，接受 H_1；外用膏药组与物理疗法组拒绝 H_0，接受 H_1；外用膏药组与药物治疗组不拒绝 H_0。据此可以得出专业结论：物理疗法组与药物治疗组和外用膏药组的有效率都有显著性差别，但是还不能认为外用膏药组与药物治疗组的有效率有差异。

重点提示： 熟悉卡方分割与卡方合并的应用以及计算方法。

13.8 本章小结

13.1 节中介绍了四格表的普通 χ^2 检验方法，理论频数与实际频数的定义，χ^2 检验统计量的计算方法，χ^2 分布以及 χ^2 界值表确定 P 值的方法。说明了四格表 χ^2 检验的应用条件，以及连续性校正公式和四格表专用公式。通过 R 分析实例，演示了四格表 χ^2 检验过程以及结果解释。我们需要重点理解 χ^2 检验的含义以及应用，掌握 χ^2 检验的应用条件以及连续性校正公式等。

本章针对不同类型的 R×C 表资料分别进行了介绍，通过实例进行了数据分析，并通过 R 程序完成了统计分析过程。大家在练习不同类型数据的分析方法时，应掌握常用数据分析的 R 程序，并能够灵活运用。

第14章　非参数统计

学习目标

- 了解非参数检验的优缺点及应用范围。
- 熟悉非参数检验的几种基本类型和检验的基本方法。
- 掌握编秩的基本步骤、平均秩的计算及相等秩的校正。
- 配对及单样本秩和检验。
- 两组样本比较的秩和检验。
- 多组样本比较的秩和检验及两两比较。
- 等级分组资料的非参数检验。
- 随机区组设计资料比较的秩和检验及两两比较。

内容概要

参数检验是在已知总体分布的条件下(一般要求总体服从正态分布),对一些主要的参数(如均值、百分数、方差、相关系数等)进行的检验,有时还要求某些总体参数满足一定的条件。如独立样本的 t 检验和方差分析不仅要求总体符合正态分布,还要求各总体方差齐性。

本章介绍编秩的基本步骤,平均秩的计算及相等秩的校正;详细讲解非参数检验的几种基本类型和检验的基本方法,包括配对及单样本秩和检验、两组样本比较的秩和检验、多组样本比较的秩和检验、等级分组资料的非参数检验和随机区组设计资料比较的秩和检验等。

比较两个总体间的差异,我们比较熟悉的是可依据总体方差是否已知,选择使用正态 Z 检验或 t 检验法。但如果有明显的证据表明,这些参数型检验法不能使用又该如何呢?非参数检验法对此提供了解决方案。

作为参数检验的一种推广,非参数检验有何特点?它的使用有什么样的要求?本章首先对非参数检验进行概述,接着按照和参数检验对应的原则分别介绍用于两组比较的非参数检验法、用于多组比较的非参数检验法以及等级相关检验(秩相关)。

一般而言,非参数检验适用于以下 3 种情况。

(1)顺序类型的数据资料,这类数据的分布形态一般是未知的。

(2)虽然是连续数据,但总体分布形态未知或者非正态,这和卡方检验一样,称为自由分布检验。

(3)总体分布虽然正态,数据也是连续类型,但样本容量极小,如 10 以下(虽然 t 检验被称为小样本统计方法,但样本容量太小时,代表性毕竟很差,最好不要用要求较严格的参数检验法)。因为有这些特点,加上非参数检验法的一般原理和计算比较简单,因此常用于一些为正式研究进行探路的预备性研究的数据统计中。当然,由于非参数检验许多牵涉不到参数计算,对数据中的信息利用不够,因而其统计检验力相对参数检验则差得多。

14.1　单样本资料与已知总体参数的非参数检验

若单组随机样本来自正态总体，比较其总体均数与常数是否不同，可进行 t 检验。若样本来自非正态总体，或总体分布无法确定，也可使用 Wilcoxon 符号秩和检验，检验总体中位数是否等于某已知数值。

14.1.1　单组资料的符号及符号秩和检验

单样本资料与已知总体符号秩和检验的检验步骤如下。

（1）求差值。

求样本资料中单个个体数据与总体中立数的差值。

（2）检验假设。

H_0：差值的总体中位数等于零，即 $M_d = 0$。

H_1：差值的总体中位数不等于零，即 $M_d \neq 0$。

$\alpha = 0.05$。

（3）按差值的绝对值从小到大编秩，并按差值的正负给秩次加上正负号。编秩时，若差值为 0，舍去不计；若差值的绝对值相等，这时取平均秩次。

（4）求秩和，并确定统计量 T 将所排的秩次冠以原差数的符号，求出正、负差值秩次之和，分别以 $T+$ 和 $T-$ 表示。

在 H_0 成立时，如果观察例数比较多，正差值的秩和与负差值的秩和理论上应相等，即使有些差别，也只能是一些随机因素造成的。换句话说，如果 H_0 成立，一份随机样本中"不太可能"出现正差值的秩和与负差值的秩和相差悬殊的情形；如果样本的正差值的秩和与负差值的秩和差别太大，我们有理由拒绝 H_0，接受 H_1，即认为两种处理效应不同；反之，没有理由拒绝 H_0，还不能认为两种处理效应不同。

（5）统计量。

进行双侧检验时，以绝对值较小者为统计量 T 值，即 $T=\min(T+,T-)$；进行单侧检验时，任取正差值的秩和或负差值的秩和为统计量 T。记正、负差值的总个数为 n（即 n 为差值不等于 0 的对子数），则 $T+$ 与 $T-$ 之和为 $n(n+1)/2$。

（6）确定 P 值和作出推断结论。

● 查表法（$5 \leqslant n \leqslant 50$ 时）：查 T 界值表。若检验统计量 T 值在上、下界值范围内，其 P 值大于相应的概率水平；若 T 值在上、下界值上或范围外，则 P 值小于相应的概率水平。

> **注意：** 当 $n<5$ 时，应用秩和检验不能得出双侧有统计学意义的概率，故 n 必须大于或等于 5。

● 正态近似法（$n>50$ 时）：这时可以利用秩和分布的正态近似法作出判断。已知 H_0 成立时，近似地有：

$$T \sim N(\mu_T, \sigma_T^2)$$

其中，

$$\mu_T = n(n+1)/4$$

$$\sigma_T = \sqrt{n(n+1)(2n+1)/24}$$

统计量的计算公式如下：

$$Z = \frac{T - \mu_T}{\sigma_T}$$

如果根据样本算得的 Z 值太大或太小，就有理由拒绝 H_0。

当 n 不很大时，对统计量 Z 需要作如下的连续性校正：

$$Z = \frac{|T - \mu_T| - 0.5}{\sigma_T} = \frac{|T - n(n+1)/4| - 0.5}{\sqrt{n(n+1)(2n+1)/24}}$$

若多次出现差值的绝对值相等的现象（如超过 25%），上式求得的 Z 值偏小，应计算校正的统计量值 Z_c：

$$Z_c = \frac{|T - n(n+1)/4| - 0.5}{\sqrt{\dfrac{n(n+1)(2n+1)}{24} - \dfrac{\sum(t_j^3 - t_j)}{48}}}$$

式中，t_j 为第 j ($j = 1, 2, \cdots$) 次出现差值的绝对值相等时所含相同秩次的个数。

例 14-1　已知某地正常人尿氟含量中位数为 2.15mmol/L。今在该地某厂随机抽取 12 名工人测尿氟含量(mmol/L)，结果见表 14-1。问该厂工人的尿氟含量是否高于当地正常人？

表 14-1　　　　　　　　　　12 名工人尿氟含量(mmol/L)测定结果

尿氟含量（1）	差值 d（2）	秩次（3）
2.15	0	
2.10	−0.05	−2.5
2.20	0.05	2.5
2.12	−0.03	−1
2.42	0.27	4
2.52	0.37	5
2.62	0.47	6
2.72	0.57	7
2.99	0.84	8
3.19	1.04	9
3.37	1.22	10
4.57	2.42	11

检验步骤如下。

● 检验假设。

H_0：差值总体中位数 $M_d = 0$。

H_1：$M_d \neq 0$。

● 求差值。

● 编秩。

求秩和并确定检验统计量：分别求正负秩次之和，正秩次的和以 $T+$ 表示，负秩次的和以 $T-$ 表示。本例 $T+$ 为 62.5，$T-$ 为 3.5，以绝对较小秩和作检验统计量，本例取 $T = 3.5$。当 n 小于等于 50 时，查 T 界值表。

- 确定 P 值并作出推断结论，查 T 界值表。

得 $P<0.005$，按 $\alpha=0.05$ 水准，拒绝 H_0，接受 H_1，可以认为该厂工人尿氟含量高于当地正常人。

14.1.2 单组资料的非参数检验 R 程序

可以采用 wilcox.test()函数进行单组资料的非参数检验，其语句格式如下：

```
wilcox.test(x, y = NULL,
            alternative = c("two.sided", "less", "greater"),
            mu = 0, paired = FALSE, exact = NULL, correct = TRUE,
            conf.int = FALSE, conf.level = 0.95, ...)
```

- x 为数值向量，可缺失或不定义。
- y 也为数值向量，类似于 x 可缺失或不定义。
- alternative，指定单侧或双侧检验，默认为 alternative="two.sided" 双侧检验，alternative="less"或 alternative="greater"则为单侧检验。
- mu=mu0，用来指定样本所需要进行比较的常数。
- paired，指定是否为配对非参检验。paired=TRUE 表示配对检验，paired=FALSE 表示非配对检验。
- exact，指定是否计算精确 P 值。
- correct，指定是否对正态近似 P 值进行校正。
- conf.int，指定是否计算可信区间。
- conf.level，指定置信度水平。
- formula，形式为 y~x，y 为数值型变量，x 是一个二分类变量。
- data 为包含了这些变量的矩阵或数据框。
- ... ...

函数 wilcox.test()有两种常用的调用形式，第一种为：

```
wilcox.test(y~x, data)
```

其中，y 为数值型变量，x 是一个二分类变量。第二种为：

```
wilcox.test(y1, y2)
```

其中，y1 和 y2 均为结果变量。

例 14-2 利用 R 程序，对例 14-1 的数据进行非参数检验，问该厂工人的尿氟含量是否高于当地正常人？

【R 程序】

```
> example14_2 <- read.table ("example14_2.csv", header=TRUE, sep=",")
> attach(example14_2)
> wilcox.test(wt, mu=2.15, conf.level=0.95)
> detach(example14_2)
```

【R 输出结果】

```
Wilcoxon signed rank test with continuity correction

data:  wt
V = 63, p-value = 0.008719
alternative hypothesis: true location is not equal to 2.15
```

【结果解释】

从检验结果可以看出，$P=0.008719<0.05$，拒绝 H_0，接受 H_1。从以上的数据分析结果可以得

出专业结论：该厂工人尿氟含量高于当地正常人。

14.2 配对设计资料的非参数检验

配对设计有两种情况：一种是对同对的两个受试对象分别给予两种处理，目的是推断两种处理的效果有无差别。如取同窝别、体重相近的两只动物配对。进行临床试验疗效比较时，常将病种、病型、病情及其他影响疗效的主要因素一致的病人配成对子，以构成配对的研究样本。另一种是进行同一受试对象处理前后的比较，目的是推断该处理有无作用。例如观察某指标的变化，用同一组病人治疗前后作比较，用同一批动物处理前后作比较，或用同一批受试对象的不同部位、不同器官作比较等，这些都属于配比试验。

14.2.1　配对设计资料的符号及符号秩和检验

配对设计资料一般采用配对 t 检验方法进行分析。但若配对数据差数的分布为非正态分布，但其总体分布基本对称，则可采用符号秩检验作为配对 t 检验的替代方法。符号秩检验功效很高，在数据满足配对 t 检验的要求时，符号秩检验的功效可达配对 t 检验功效的 95%。

配对设计资料的检验步骤如下。

（1）求差值，求各对数据 (x_i, y_i) 的差值 $d = x_i - y_i$。

（2）检验假设如下。

H_0：差值的总体中位数等于 0，即 $M_d = 0$。

H_1：差值的总体中位数不等于 0，即 $M_d \neq 0$。

$\alpha = 0.05$。

（3）按差值的绝对值从小到大编秩，并按差值的正负给秩次加上正负号。编秩时，若差值为 0，舍去不计；若差值的绝对值相等，则取平均秩次。

（4）求秩和，并确定统计量 T，将所排的秩次冠以原差数的符号，求出正、负差值秩次之和，分别以 $T+$ 和 $T-$ 表示。

在 H_0 成立时，如果观察例数比较多，正差值的秩和与负差值的秩和理论上应相等，即使有些差别，也只能是一些随机因素造成的。换句话说，如果 H_0 成立，一份随机样本中"不太可能"出现正差值的秩和与负差值的秩和相差悬殊的情形；如果样本的正差值的秩和与负差值的秩和差别太大，我们有理由拒绝 H_0，接受 H_1，即认为两种处理效应不同；反之，没有理由拒绝 H_0，还不能认为两种处理效应不同。

（5）求统计量，进行双侧检验时，以绝对值较小者为统计量 T 值，即 $T=\min(T+, T-)$；进行单侧检验时，任取正差值的秩和或负差值的秩和为统计量 T。记正、负差值的总个数为 n（即 n 为差值不等于 0 的对子数），则 $T+$ 与 $T-$ 之和为 $n(n+1)/2$。

（6）确定 P 值和作出推断结论。

例 14-3　采用配对设计，用某种放射线的 A、B 两种方式分别局部照射家兔的两个部位，观察放射性急性皮肤损伤程度，结果见表 14-2。试用符号秩检验比较 A、B 的损伤程度是否不同。

表 14-2　　　　　　　　　　　　　家兔皮肤损伤程度

编　　号	方　式　A	方　式　B	差　值 d	秩　　次
1	39	55	−16	−10
2	42	54	−12	−9

续表

编　号	方式 A	方式 B	差　值 d	秩　次
3	51	55	−4	−3
4	43	47	−4	−3
5	55	53	2	1
6	45	63	−18	−11
7	22	52	−30	−12
8	48	44	4	3
9	40	48	−8	−6
10	45	55	−10	−8
11	40	32	8	6
12	49	57	−8	−6

检验假设如下。

H_0：差值的总体中位数等于 0，即 $M_d = 0$。

H_1：差值的总体中位数不等于 0，即 $M_d \neq 0$。

$\alpha = 0.05$。

按差值的绝对值从小到大编秩，并按差值的正负给秩次加上正负号，求出正、负差值秩次之和，分别以 $T+$ 和 $T-$ 表示。本例 $T+$ 为 11，$T-$ 为 55，以绝对较小秩和作检验统计量，本例取 $T=11$。

确定 P 值并做出推断结论，查 T 界值表，得 $P<0.05$，按 $\alpha=0.05$ 水准，拒绝 H_0，接受 H_1，可以认为方式 A 的射线照射对家兔皮肤的损伤程度轻于方式 B。

14.2.2　配对设计资料的非参数检验 R 程序

可以采用 wilcox.test() 函数进行配对设计资料的非参数检验。

例 14-4　利用 R 程序，对例 14-3 的数据进行非参数检验，用符号秩检验比较 A、B 的损伤程度是否不同。

【R 程序】

```
> example14_4  <- read.table ("example14_4.csv", header=TRUE, sep=",")
> attach(example14_4)
> mean(x1-x2)
> wilcox.test(x1, x2, conf.level=0.95)
> detach(example14_4)
```

【R 输出结果】

```
[1] -8

Wilcoxon rank sum test with continuity correction

data:  x1 and x2
W = 29, p-value = 0.01387
alternative hypothesis: true location shift is not equal to 0
```

【结果解释】

从检验结果可以看出，$P<0.05$，拒绝 H_0，接受 H_1，可以认为方式 A 的射线照射对家兔皮肤的损伤程度轻于方式 B。

例 14-5　某制造商想要比较两种不同的生产方法所花费的生产时间是否有差异。随机地选取了 11 个工人，每一个工人都分别使用两种不同的生产方法来完成一项相同的任务，每一个工人开始选用的生产方法是随机的，即可以先使用生产方法 1 再使用生产方法 2，也可以先用生产方法 2 再使用生产方法 1。这样，在样本中的每一个工人都提供了一个配对观察。数据见表 14-3 所示。任务完成时间的正差值表示生产方法 1 需要更多的时间，负差值表示生产方法 2 需要更多的时间。用符号秩检验比较两种不同生产方法所花费的生产时间是否不同。

表 14-3　　　　　　　　　两种不同生产方法完成任务的时间（min）

工 人 编 号	第一种生产方法	第二种生产方法
1	3	5
2	2	4
3	4	3
4	1	3
5	4	4
6	3	5
7	1	2
8	4	5
9	3	1
10	1	3
11	3	5
12	2	4
13	3	2
14	3	5
15	1	3

【R 程序】

```
> example14_5  <- read.table ("example14_5.csv", header=TRUE, sep=",")
> attach(example14_5)
> mean(x1-x2)
> wilcox.test(x1, x2, conf.level=0.95)
> detach(example14_5)
```

【R 输出结果】

```
[1] -1.066667

Wilcoxon rank sum test with continuity correction

data:  x1 and x2
W = 61.5, p-value = 0.03113
alternative hypothesis: true location shift is not equal to 0
```

【结果解释】

它是取正符号和负符号两者之间的小者作为检验统计量，$Pr \geq |M|$ 计算的概率是二项分布的两尾概率之和，因此它是双侧检验，检验正符号和负符号是否相同，结果为 $0.03113 < 0.05$，拒绝原假设，可认为第一种生产方法所花费的生产时间比第二种生产方法短。

14.3 两组定量资料的非参数检验

Wilcoxon 秩和检验，用于推断计量资料或等级资料的两个样本所来自的两个总体分布是否有差别。在理论上假设 H_0 应为两个总体分布相同，即两个样本来自同一总体。由于秩和检验对于两个总体分布的形状差别不敏感，对于位置相同、形状不同但类似的两个总体分布，推断不出两个总体分布有差别，故对立的备择假设 H_1 不能认为两个总体分布不同，而只能认为两个总体分布的位置不同。

14.3.1　两组定量资料的非参数检验方法概述

不管两个总体分布的形状有无差别，秩和检验的目的是推断两个总体分布的位置是否有差别，这正是实践中所需要的。如要推断两个不同人群的某项指标值的大小是否有差别，或哪个人群的大，则可用其指标值分布的位置差别反映，而不关心其指标值分布的形状有无差别。

例 14-6　对 10 例某工厂工人和 12 例社区居民检测尿氟含量(mmol/L)，结果见表 14-4。试分析工厂工人尿氟的含量是否高于普通居民尿氟的含量(mmol/L)。

表 14-4　　　　　　　　　工厂工人和社区居民尿氟含量(mmol/L)比较

工 厂 工 人		社 区 居 民	
尿 氟 含 量	秩　　次	尿 氟 含 量	秩　　次
2.78	1.0	3.23	2.5
3.23	2.5	3.50	4.0
4.20	7.0	4.04	5.0
4.87	14.0	4.15	6.0
5.12	17.0	4.28	8.0
6.21	18.0	4.34	9.0
7.18	19.0	4.47	10.0
8.05	20.0	4.64	11.0
8.56	21.0	4.75	12.0
9.60	22.0	4.82	13.0
—	—	4.95	15.0
—	—	5.10	16.0
$n_1=10$	$T_1=14\_5$	$n_2=12$	$T_2=111.5$

本例两样本资料经方差齐性检验，推断得出两总体方差不等（$P<0.01$），现用 Wilcoxon 秩检验。

H_0：工厂工人和社区居民尿氟含量值总体分布位置相同。

H_1：工厂工人尿氟含量值高于社区居民尿氟含量值。

$\alpha = 0.05$。

求检验统计量 T 值：① 把两样本数据混合从小到大编秩，遇数据相等者取平均秩。② 以样本例数小者为 n_1，其秩和（T_1）为 T，若样本例数相等，可取任一样本的秩和（T_1 或 T_2）为 T，本例 $T=141.5$。

确定 P 值，作出推断结论：当 $n_1 \leq 10$ 和 $n_2-n_1 \leq 10$ 时，查 T 界值表，先找到 n_1 与 n_2-n_1 相交处所对应的 4 行界值，再逐行将检验统计量 T 与界值相比，若 T 值在界值范围内，其 P 值大于相应概率水平；若 T 值刚好等于界值，其 P 值等于相应概率水平；若 T 值在界值范围外，其 P 值小于相应概率水平。本例 $n_1=10$，$n_2-n_1=2$，$T=141.5$，查界值表，得单侧 $0.025<P<0.05$，按 $\alpha=0.05$ 水平，拒绝 H_0，接受 H_1，可以认为工厂工人尿氟含量值高于社区居民尿氟含量值。

若 $n_1>10$ 或者 $n_2-n_1>10$，超出界值表的范围，可以用正态近似法作 μ 检验，令 $n_1+n_2=N$，按下式计算 μ 值。

$$\mu = \frac{T - n_1(N+1)/2}{\sqrt{\dfrac{n_1 n_2(N+1)}{12}\left(1 - \dfrac{\sum(t_j^3 - t_j)}{N^3 - N}\right)}}$$

14.3.2　两组定量资料非参数检验的 R 程序

例 14-7　编写 R 程序，对例 14-6 的数据进行非参数检验，分析工厂工人尿氟的含量是否高于普通居民尿氟的含量(mmol/L)。

【R 程序】

```
> example14_7  <- read.table ("example14_7.csv", header=TRUE, sep=",")
> attach(example14_7)
> wilcox.test(veci ~ group, conf.level=0.95)
> detach(example14_7)
```

【R 输出结果】

```
Wilcoxon rank sum test with continuity correction

data:  veci by group
W = 86.5, p-value = 0.08637
alternative hypothesis: true location shift is not equal to 0
```

【结果解释】

输出近似 Z 检验所得到的统计量和所对应的单、双侧概率值 P=0.0864，尚不能认为工厂工人尿氟含量值高于社区居民尿氟含量值。这与上例的检验结果不一致，这是由它们确定 P 值的方法不同引起的。上例是通过查界值表获得 P 值，而 R 系统只能给出近似 Z 检验的分析结果。需要注意的是：样本量较小时，需要通过查界值表确定 P 值。

例 14-8　某航空公司注意到飞离亚特兰大的飞机放弃预定座位的旅客人数在增加，从而想知道是否从亚特兰大起飞的飞机比从芝加哥起飞的飞机有更多的放弃预定座位的旅客。获得一个从亚特兰大起飞的 9 次航班和从芝加哥起飞的 8 次航班上放弃预定座位的旅客人数样本，见表 14-5。

表 14-5　　　　　　　　　　　　放弃预定座位的旅客人数

航 班 次 数	亚特兰大放弃人数	芝加哥放弃人数
1	11	13
2	15	14
3	10	10
4	18	8
5	11	16
6	20	9
7	24	17
8	22	21
9	25	—

【R 程序】

```
> example14_8  <- read.table ("example14_8.csv", header=TRUE, sep=",")
> attach(example14_8)
> wilcox.test(x ~ group, conf.level=0.95)
> detach(example14_8)
run;
```

【R 输出结果】

```
Wilcoxon rank sum test with continuity correction

data:  x by group
W = 51.5, p-value = 0.1484
alternative hypothesis: true location shift is not equal to 0
```

【结果解释】

输出近似 Z 检验所得到的统计量和所对应的单、双侧概率值 $P=0.1484$，尚不能认为从亚特兰大起飞的飞机比从芝加哥起飞的飞机有更多的放弃预定座位的旅客。

> **注意**：在两样本量相同时，R 以秩和较大者作为对象统计量进行概率值的计算，与医学统计学教材上所说的以较小秩和为对象统计量不同。在两样本量不同时，R 以样本量较小组的秩和为对象统计量，这一点则与医学统计教材上的相同。

14.4　多组定量资料的非参数检验

这一部分的内容相当于参数检验中的方差分析，依据的方法是 Kruskal-Wallis 秩和检验，此方法的基本思想与 Wilcoxon 秩和检验基本相同，都是基于各组混合编秩后，各组秩和应相等的假设。两者的不同点在于，Kruskal-Wallis 秩和检验是针对多组数据的分析，而 Wilcoxon 秩和检验则只用于对两组数据的比较。

14.4.1　多组定量资料的非参数检验方法概述

Kruskal-Wallis H 检验，用于推断计量资料或等级资料的多个独立性样本所来自的多个总体分布是否有差别。在理论上检验假设 H_0 应为多个总体分布相同，即多个样本来自同一总体。由于 H 检验对多个总体分布的形状差别不敏感，故在实际应用中检验假设 H_0 可写作多个总体分布位置相同，对立的备择假设 H_1 为多个总体分布位置不全相同。

原始数据的多个样本比较和方法步骤见例 14-9。

例 14-9　为研究精氨酸对小鼠截肢后淋巴细胞转化功能的影响，将 21 只小鼠均等分成 3 组：A 组为对照，B 组为截肢组，C 组为截肢加精氨酸治疗组。观测脾淋巴细胞对 HPA 刺激的增值反应，测量指标是 ^3H 吸收量（cpm），数据如表 14-6 所示，试分析各组测量值是否不同。

表 14-6　　　　　　　　　　　　脾淋巴细胞对 HPA 刺激的增值反应

A 组		B 组		C 组	
^3H 吸收量	秩	^3H 吸收量	秩	^3H 吸收量	秩
3012	11	2532	8	8138	15
9458	18	4682	12	2073	6
8419	16	2025	5	1867	4
9580	19	2268	7	885	2
13590	21	2775	9	6490	13
12787	20	2884	10	9003	17
6600	14	1717	3	0	1
R_i	119	—	54	—	58
n_i	7	—	7	—	7

本例资料不服从正态分布，现用 Kruskal-Wallis H 检验。

H_0：3 组小鼠脾淋巴细胞对 HPA 刺激的增值反应总体分布位置相同。

H_1：3 组小鼠脾淋巴细胞对 HPA 刺激的增值反应总体分布位置不全相同。

$\alpha = 0.05$。

求检验统计量 H 值：把 3 个样本数据混合从小到大编秩，遇到数据相等者取平均秩。设样本例数为 $n_i(\sum n_i = N)$，秩和为 R_i，按下式求 H 值。

$$H = \frac{12}{N(N+1)}\left(\sum \frac{R_i^2}{n_i}\right) - 3(N+1)$$

当各样本数据存在相同时，上式计算的 H 值偏小，为此可按下式求校正 H_C 值。

$$H_C = H/C, C = 1 - \sum(t_j^3 - t_j)/(N^3 - N)$$

本例计算结果如下：

$$H = \frac{12}{21\times(21+1)}\times\left(\frac{119^2 + 54^2 + 58^2}{7}\right) - 3\times(21+1) = 9.8479$$

确定 P 值，作出推断结论：当样本个数 g=3 和每个样本例数 $n_i \leqslant 5$ 时，查 H 界值表；若 g=3 且最小样本的例数大于 5，或 g>3 时，则 H 或 H_C 近似服从 $\nu = g-1$ 的 χ^2 分布，查 χ^2 界值表。本例 N=21，最小样本例数为 7，查 χ^2 界值表 $P \leqslant 0.01$，按 $\alpha = 0.05$ 水准，拒绝 H_0，接受 H_1，可以认为 3 组小鼠脾淋巴细胞对 HPA 刺激的增值反应总体分布位置不全相同。

例 14-10 比较小白鼠接种 3 种不同菌型伤寒杆菌 9D、11C 和 DSC$_1$ 后存活日数，结果见表 14-7。问小白鼠接种 3 种不同菌型伤寒杆菌的存活日数有无差别。

表 14-7　　　　　　　　　　　　小白鼠接种 3 种不同菌型伤寒杆菌的存活日数

9D		11C		DSC$_1$	
存活日数	秩	存活日数	秩	存活日数	秩
2	2	5	10.5	3	4.5
2	2	5	10.5	5	10.5
2	2	6	15.5	6	15.5
3	4.5	6	15.5	6	15.5
4	7	6	15.5	6	15.5
4	7	7	21	7	21
4	7	8	24	7	21
5	10.5	10	26.5	9	25
7	21	12	30	10	26.5
7	21	—	—	11	28.5
—	—	—	—	11	28.5
R_i	84	—	169	—	212
n_i	10	—	9	—	11
$\overline{R}_i$	8.4	—	18.78	—	19.27

本例资料不服从正态分布，现用 Kruskal-Wallis H 检验进行分析。

H_0：接种 3 种不同菌型伤寒杆菌的存活日数总体分布位置相同。

H_1：接种 3 种不同菌型伤寒杆菌的存活日数总体分布位置不全相同。

$\alpha = 0.05$。

求检验统计量 H 值：把 3 个样本数据混合从小到大编秩，遇到数据相等者取平均秩。$N=10+9+11=30$。按下式求 H 值。

$$H = \frac{12}{30(30+1)}\left(\frac{84^2}{10} + \frac{169^2}{9} + \frac{212^2}{11}\right) - 3(30+1) = 9.77$$

$$C = 1 - \frac{(3^3-3)+(2^3-2)+(3^3-3)+(4^3-4)+(6^3-6)+(5^3-5)+(2^3-2)+(2^3-2)}{30^3-30} = 0.98$$

$H_C = 9.77/0.98 = 9.97$

$\nu = 3-1 = 2$。查 χ^2 界值表得 $0.005 < P < 0.01$，按 $\alpha = 0.05$ 水准，拒绝 H_0，接受 H_1，可以认为小白鼠接种 3 种不同菌型伤寒杆菌的存活日数有显著性差异。

14.4.2　多组定量资料非参数检验的 R 程序

可通过 kruskal.test() 函数来完成多组定量资料的非参数检验。其调用格式为：

```
kruskal.test(y~ A, data)
```

其中，y 是一个数值型结果变量，A 是一个拥有两个或更多水平的分组变量。

kruskal.test() 函数可以确定总体差异是否有统计学意义，但是不知道哪些地区之间存在差异。可以使用 wilcox.test() 函数每次进行两组数据比较。一种更为有效的方法是在控制犯第一类错误的概率前提下，执行可以同步进行的多组比较，这样可以直接完成所有组之间的成对比较。nparcomp 包提供了所需要的非参数多组比较程序。此包中的 nparcomp() 函数接受的输入为一个两列的数据框，其中一列为因变量，另一列为分组变量。

例 14-11　用 3 种药物灭杀钉螺，每批用 200 只活钉螺，用药后清点每批钉螺的死亡数，再计算死亡率（%），结果见表 14-8。问 3 种药物杀灭钉螺的效果有无差别。

表 14-8　　　　　　　　　　　3 种药物灭杀钉螺的死亡率（%）

甲　药		乙　药		丙　药	
死　亡　率	秩	死　亡　率	秩	死　亡　率	秩
32.5	10	16.0	4	6.5	1
35.5	11	20.5	6	9.0	2
40.5	13	22.5	7	12.5	3
46.0	14	29.0	9	18.0	5
49.0	15	36.0	12	24.0	8
R_i	63	—	38	—	19
n_i	5	—	5	—	5

本例为百分率资料，不符合正态分布，故采用 Kruskal-Wallis H 检验进行分析。

【R 程序】

```
> example14_11 <- read.table ("example14_11.csv", header=TRUE, sep=",")
> attach(example14_11)
> kruskal.test (rate ~ group)
> library(nparcomp)
```

```
> nparcomp(rate ~ group, data=example14_11, alternative = "two.sided")
> detach(example14_11)
```

【R 输出结果】

①
```
Kruskal-Wallis rank sum test

data:  rate by group
Kruskal-Wallis chi-squared = 9.74, df = 2, p-value = 0.007673
```
②
```
#------Nonparametric Multiple Comparisons for relative contrast effects-----#

 - Alternative Hypothesis:  True relative contrast effect p is less or equal than 1
/2
 - Type of Contrast : Tukey
 - Confidence level: 95 %
 - Method = Logit - Transformation
 - Estimation Method: Pairwise rankings

 #--------------------------Interpretation---------------------------------#
p(a,b) > 1/2 : b tends to be larger than a
 #-------------------------------------------------------------------------#

$Data.Info
  Sample Size
1    1    5
2    2    5
3    3    5

$Contrast
       1  2 3
2 - 1 -1  1 0
3 - 1 -1  0 1
3 - 2  0 -1 1

$Analysis
  Comparison Estimator Lower Upper Statistic       p.Value
1 p( 1 , 2 )     0.080 0.004 0.645 -1.916213 1.552867e-01
2 p( 1 , 3 )     0.001 0.000 0.007 -8.450553 1.110223e-16
3 p( 2 , 3 )     0.160 0.016 0.690 -1.608396 2.863151e-01

$Overall
   Quantile       p.Value
1 2.384844 1.110223e-16

$input
$input$formula
rate ~ group

$input$data
   group rate
1      1 32.5
2      2 16.0
3      3  6.5
4      1 35.5
5      2 20.5
6      3  9.0
7      1 40.5
8      2 22.5
9      3 12.5
10     1 46.0
11     2 29.0
12     3 18.0
13     1 49.0
14     2 36.0
15     3 24.0

$input$type
[1] "Tukey"
```

```
$input$conf.level
[1] 0.95

$input$alternative
[1] "two.sided"

$input$asy.method
[1] "logit"  "probit" "normal" "mult.t"

$input$plot.simci
[1] FALSE

$input$control
NULL

$input$info
[1] TRUE

$input$rounds
[1] 3

$input$contrast.matrix
NULL

$input$correlation
[1] FALSE

$input$weight.matrix
[1] FALSE


$text.Output
[1] "True relative contrast effect p is less or equal than 1/2"

$connames
[1] "p( 1 , 2 )" "p( 1 , 3 )" "p( 2 , 3 )"

$AsyMethod
[1] "Logit - Transformation"

attr(,"class")
[1] "nparcomp"
```

【结果解释】

① 输出 Kruskal-Wallis 检验的结果。$P=0.0077<0.05$，按 $\alpha = 0.05$ 水准，拒绝 H_0，接受 H_1，可以得出专业结论：3 种药物杀灭钉螺的效果不同。

② 输出三组之间两两比较结果，各组之间差异均有统计学意义。

例 14-12 某企业雇用了来自 3 个本地大学的雇员作为管理人员。最近，公司的人事部门已经收集信息并考核了年度工作成绩。从 3 个大学来的雇员中随机地抽取了 3 个独立样本，见表 14-9。该企业想知道是否来自这 3 个不同的大学的雇员在管理岗位上的表现有所不同。

表 14-9　　　　来自 3 个不同大学雇员得分及统一秩值

雇　员	大　学　A	大　学　B	大　学　C
1	25	60	50
2	70	20	70
3	60	30	60
4	85	15	80
5	95	40	90
6	90	35	70
7	80	—	75

【R 程序】

```
> example14_12  <- read.table ("example14_12.csv", header=TRUE, sep=",")
> attach(example14_12)
> kruskal.test(x~ group)
> library(nparcomp)
> nparcomp(x ~ group, data=example14_12, alternative = "two.sided")
> detach(example14_12)
```

【R 输出结果】

```
①
Kruskal-Wallis rank sum test

data:  x by group
Kruskal-Wallis chi-squared = 8.9839, df = 2, p-value = 0.0112
②
#------Nonparametric Multiple Comparisons for relative contrast effects-----#

 - Alternative Hypothesis:  True relative contrast effect p is less or equal than 1/2
 - Type of Contrast : Tukey
 - Confidence level: 95 %
 - Method = Logit - Transformation
 - Estimation Method: Pairwise rankings


 #--------------------------Interpretation----------------------------------#
p(a,b) > 1/2 : b tends to be larger than a
 #--------------------------------------------------------------------------#


$Data.Info
  Sample Size
1     1    7
2     2    6
3     3    7

$Contrast
      1  2 3
2 - 1 -1  1 0
3 - 1 -1  0 1
3 - 2  0 -1 1

$Analysis
  Comparison Estimator Lower Upper Statistic     p.Value
1 p( 1 , 2 )     0.107 0.010 0.590 -2.017289 0.11451735
2 p( 1 , 3 )     0.398 0.113 0.774 -0.594112 0.88639303
3 p( 2 , 3 )     0.964 0.578 0.998  2.611099 0.02571831

$Overall
  Quantile    p.Value
1    2.363 0.02571831

$input
$input$formula
x ~ group

$input$data
   group  x
1      1 25
2      1 70
3      1 60
4      1 85
5      1 95
6      1 90
7      1 80
8      2 60
9      2 20
10     2 30
11     2 15
```

```
12      2 40
13      2 35
14      3 50
15      3 70
16      3 60
17      3 80
18      3 90
19      3 70
20      3 75

$input$type
[1] "Tukey"

$input$conf.level
[1] 0.95

$input$alternative
[1] "two.sided"

$input$asy.method
[1] "logit"  "probit" "normal" "mult.t"

$input$plot.simci
[1] FALSE

$input$control
NULL

$input$info
[1] TRUE

$input$rounds
[1] 3

$input$contrast.matrix
NULL

$input$correlation
[1] FALSE

$input$weight.matrix
[1] FALSE


$text.Output
[1] "True relative contrast effect p is less or equal than 1/2"

$connames
[1] "p( 1 , 2 )" "p( 1 , 3 )" "p( 2 , 3 )"

$AsyMethod
[1] "Logit - Transformation"

attr(,"class")
[1] "nparcomp"
```

【结果解释】

① 输出 Kruskal-Wallis 检验的结果。$P=0.0112<0.05$，按 $\alpha = 0.05$ 水准，拒绝 H_0，接受 H_1，可以得出结论：来自这 3 个不同的大学的雇员在管理岗位上的表现差异有统计学意义。

② 输出三组之间两两比较结果，第二组和第三组之间差异有统计学意义。

> **注意**：多个样本的比较最终结果只有 Kruskal-Wallis 秩和检验分析结果，而 P 值的计算所依据的是 χ^2 分布。

14.5 等级分组资料的非参数检验

等级资料（有序变量）是对性质和类别的等级进行分组，再观察每组观察单位个数所得到的资料。在临床医学资料中，经常会遇到一些定性指标，如临床疗效的评价、疾病的临床分期、疾病严重程度等，对这些指标常采用分成若干个等级，然后分类计数的办法来解决量化问题，这样的资料在统计学上称为等级资料。对等级资料也可以采用非参数检验方法。

14.5.1　等级分组资料的非参数检验方法概述

计量资料为频数表资料，是按数量区间分组；等级资料是按等级分组。下面以等级资料为例，分别介绍两组和 3 组独立样本等级资料的非参数检验方法。

例 14-13　用某药治疗不同病情（A 型和 B 型）的老年慢性支气管炎病人，疗效见表 14-10，试比较该药对两种病情的疗效。

表 14-10　　　　　　　　　　　　某药对两种不同病情的支气管炎疗效

疗效 （1）	A 型 （2）	B 型 （3）	合计 （4）	秩范围 （5）	平均秩 （6）	秩　　和	
						A 型 （7）=（2）（6）	B 型 （8）=（3）（6）
控制	65	42	107	1～107	54	3510	2268
显效	18	6	24	108～131	119.5	2151	717
有效	30	23	53	132～184	158	4740	3634
痊愈	13	11	24	185～208	196.5	2554.5	2161.5
合计	126 (n_1)	82 (n_2)	208	—	—	12955.5	8780.5

H_0：该药治疗 A 型和 B 型老年慢性支气管炎病人疗效总体分布位置相同。

H_1：该药治疗 A 型和 B 型老年慢性支气管炎病人疗效总体分布位置不相同。

$\alpha = 0.05$。

求 T 值，计算 μ 值：先确定各等级的合计人数、秩范围和平均秩，见表 14-7 的 4 栏、5 栏和 6 栏，再计算两样本各等级的秩和，见 7 栏和 8 栏；本例 $T=8780.5$；用公式计算 μ 值，$n_1=126$，$n_2=82$，$N=126+82=208$，$\sum (t_j^3 - t_j) = (107^3 - 107) + (24^3 - 24) + (53^3 - 53) + (24^3 - 24) = 1401360$。

$$\mu = \frac{8780.5 - 82(208+1)/2}{\sqrt{\dfrac{126 \times 82 \times (208+1)}{12}\left(1 - \dfrac{1401360}{208^3 - 208}\right)}} = 0.5413$$

查界值表，$P=0.5883$，按 $\alpha = 0.05$ 水准，接受 H_0，可以得出专业结论：尚不能认为该药治疗 A 型和 B 型老年慢性支气管炎病人疗效有显著性差异。

频数表资料和等级资料的多个样本比较与两组独立样本资料非参数检验类似，分析方法步骤见例 14-14。

例 14-14　4 种疾病患者痰液内嗜酸性粒细胞的检查结果见表 14-11。试分析 4 种疾病患者痰液内嗜酸性粒细胞有无差别。

表 14-11　　　　　　　　　　　　　4 种疾病患者痰液内嗜酸性粒细胞比较

白细胞 （1）	支气管扩张 （2）	肺水肿 （3）	肺癌 （4）	病毒性呼吸道感染 （5）	合计 （6）	秩范围 （7）	平均秩 （8）
−	0	3	5	3	11	1～11	6
+	2	5	7	5	19	12～30	21
++	9	5	3	3	20	31～50	40.5
+++	6	2	2	0	10	51～60	55.5
R_i	739.5	436.5	409.5	244.5	—	—	—
n_i	17.0	15	17	11	60	—	—
$\bar{R}_i$	43.5	29.1	24.09	22.23	—	—	—

H_0：4 种疾病患者痰液内嗜酸性粒细胞总体分布位置相同。

H_1：4 种疾病患者痰液内嗜酸性粒细胞总体分布位置不全相同。

$\alpha = 0.05$。

秩和是用第 2 栏各等级的频数与第 8 栏平均秩相乘再求和。

$$H = \frac{12}{60(60+1)} \times (\frac{739.5^2}{17} + \frac{436.5^2}{15} + \frac{409.5^2}{17} + \frac{244.5^2}{11}) - 3 \times (60+1) = 14.28$$

$$C = \frac{(11^3 - 11) + (19^3 - 19) + (20^3 - 20) + (10^3 - 10)}{60^3 - 60} = 0.92$$

$$H_C = 14.28 / 0.92 = 15.52$$

$\nu = 4 - 1 = 3$。查 χ^2 界值表的 $P < 0.005$，按 $\alpha = 0.05$ 水准，拒绝 H_0，接受 H_1，可以得出专业结论：4 种疾病患者痰液内嗜酸性粒细胞有显著性差异。

14.5.2　等级分组资料非参数检验的 R 程序

例 14-15　编写 R 程序，对例 14-13 的数据进行数据分析，试比较该药对两种病情的疗效。

数据不服从正态分布，故采用非参数检验方法，分析方法与两组定量资料的非参数检验方法类似。

【R 程序】

```
> example14_15 <- read.table("example14_15.csv", header=TRUE, sep=",")
> attach(example14_15)
> wilcox.test(x ~ g)
> detach(example14_15)
```

【R 输出结果】

```
 Wilcoxon rank sum test with continuity correction

data:  x by g
W = 4954.5, p-value = 0.5883
alternative hypothesis: true location shift is not equal to 0
```

【结果解释】

$P = 0.5883$，尚不能认为该药治疗 A 型和 B 型老年慢性支气管炎病人的疗效有显著性差异。分析结果与上例的计算结果完全一致。

例 14-16 编写 R 程序，对例 14-14 的数据进行数据分析，试分析 4 种疾病患者痰液内嗜酸性粒细胞有无差别。

本例资料不符合正态分布，故采用 Kruskal-Wallis H 检验进行分析。

【R 程序】

```
> example14_16  <- read.table ("example14_16.csv", header=TRUE, sep=",")
> attach(example14_16)
> kruskal.test(x~ g)
> library(nparcomp)
> nparcomp(x ~ g, data=example14_16, alternative = "two.sided")
> detach(example14_16)
```

【R 输出结果】

```
①
Kruskal-Wallis rank sum test

data:  x by g
Kruskal-Wallis chi-squared = 15.506, df = 3, p-value = 0.001432
②
#------Nonparametric Multiple Comparisons for relative contrast effects-----#

 - Alternative Hypothesis:  True relative contrast effect p is less or equal than 1/2
 - Type of Contrast : Tukey
 - Confidence level: 95 %
 - Method = Logit - Transformation
 - Estimation Method: Pairwise rankings

 #--------------------------Interpretation---------------------------------#
 p(a,b) > 1/2 : b tends to be larger than a
 #-------------------------------------------------------------------------#

$Data.Info
  Sample Size
1      1   17
2      2   15
3      3   17
4      4   11

$Contrast
          1  2  3 4
2 - 1  -1  0  0
3 - 1  -1  0  1 0
4 - 1  -1  0  0 1
3 - 2   0 -1  1 0
4 - 2   0 -1  0 1
4 - 3   0  0 -1 1

$Analysis
  Comparison Estimator Lower Upper  Statistic       p.Value
1 p( 1 , 2 )     0.257 0.099 0.521 -2.3879784 0.081224307
2 p( 1 , 3 )     0.189 0.062 0.449 -2.9945960 0.014845521
3 p( 1 , 4 )     0.131 0.036 0.379 -3.4904269 0.002728268
4 p( 2 , 3 )     0.414 0.197 0.670 -0.8490661 0.863442051
5 p( 2 , 4 )     0.385 0.164 0.667 -1.0395860 0.757381136
6 p( 3 , 4 )     0.484 0.237 0.739 -0.1498748 0.999904961

$Overall
  Quantile     p.Value
1  2.57584 0.002728268

$input
$input$formula
x ~ g

$input$data
   x g
1  1 2
```

```
2   1 2
3   1 2
4   1 3
5   1 3
6   1 3
7   1 3
8   1 3
9   1 4
10  1 4
11  1 4
12  2 1
13  2 1
14  2 2
15  2 2
16  2 2
17  2 2
18  2 2
19  2 3
20  2 3
21  2 3
22  2 3
23  2 3
24  2 3
25  2 3
26  2 4
27  2 4
28  2 4
29  2 4
30  2 4
31  3 1
32  3 1
33  3 1
34  3 1
35  3 1
36  3 1
37  3 1
38  3 1
39  3 1
40  3 2
41  3 2
42  3 2
43  3 2
44  3 2
45  3 3
46  3 3
47  3 3
48  3 4
49  3 4
50  3 4
51  4 1
52  4 1
53  4 1
54  4 1
55  4 1
56  4 1
57  4 2
58  4 2
59  4 3
60  4 3

$input$type
[1] "Tukey"

$input$conf.level
[1] 0.95

$input$alternative
[1] "two.sided"

$input$asy.method
```

```
[1] "logit"  "probit" "normal" "mult.t"

$input$plot.simci
[1] FALSE

$input$control
NULL

$input$info
[1] TRUE

$input$rounds
[1] 3

$input$contrast.matrix
NULL

$input$correlation
[1] FALSE

$input$weight.matrix
[1] FALSE


$text.Output
[1] "True relative contrast effect p is less or equal than 1/2"

$connames
[1] "p( 1 , 2 )" "p( 1 , 3 )" "p( 1 , 4 )" "p( 2 , 3 )" "p( 2 , 4 )"
[6] "p( 3 , 4 )"

$AsyMethod
[1] "Logit - Transformation"

attr(,"class")
[1] "nparcomp"
```

【结果解释】

① 输出 Kruskal-Wallis 检验的结果。$P=0.0014<0.05$，按 $\alpha = 0.05$ 水准，拒绝 H_0，接受 H_1，可以得出专业结论：4 种疾病患者痰液内嗜酸性粒细胞差异有统计学意义。

② 输出各组之间两两比较结果，第一组（支气管扩张）与第三组（肺癌）和第四组（病毒性呼吸道感染）患者之间差异有统计学意义。

14.6　随机区组资料的非参数检验

Friedman M 检验，用于推断随机区组设计的多个相关样本所来自的多个总体分布是否有差别。检验假设 H_0 和备择假设 H_1 与多个独立样本比较的 Kruskal-Wallis H 检验相同。

14.6.1　随机区组资料的非参数检验方法概述

随机区组资料的非参数检验方法步骤见例 14-17。

例 14-17　8 名受试对象在相同的试验条件下分别接受 4 种不同频率声音的刺激，他们的反应率（%）资料见表 14-12。问 4 种频率声音刺激的反应率是否有差别。

表 14-12　　　　　　　　　8 名受试对象对 4 种不同频率声音刺激的反应率比较

受试对象	反应率（%）	声音	反应率（%）	声音	反应率（%）	声音	反应率（%）	声音
1	8.4	1	9.6	2	9.8	3	11.7	4
2	11.6	1	12.7	4	11.8	2	12.0	3
3	9.4	2	9.1	1	10.4	4	9.8	3

续表

受试对象	反应率（%）	声音	反应率（%）	声音	反应率（%）	声音	反应率（%）	声音
4	9.8	2	8.7	1	9.9	3	12.0	4
5	8.3	2	8.0	1	8.6	3.5	8.6	3.5
6	8.6	1	9.8	3	9.6	2	10.6	4
7	8.9	1	9.0	2	10.6	3	11.4	4
8	7.8	1	8.2	2	8.5	3	10.8	4
R_i	—	11	—	16	—	23.5	—	29.5

随机区组资料的区组个数用 n 表示，相关样本个数（即研究因素的水平个数）用 g 表示，因此每个样本例数为 n，总例数 $N=ng$。本例 $n=8$，$g=4$，$N=32$。本例为百分率资料，不符合正态分布，故使用 Friedman M 检验。

H_0：4 种频率声音刺激的反应率总体分布位置相同。

H_1：4 种频率声音刺激的反应率总体分布位置不全相同。

$\alpha = 0.05$。

求检验统计量 M 值：① 将每个区组的数据从小到大分别编秩，数据相等者取平均秩。② 计算各样本的秩和 R_i，平均秩和 $\overline{R} = n(g+1)/2$；③ 计算求 M 值的公式：

$$M = \sum (R_i - \overline{R})^2 = \sum R_i^2 - n^2 g(g+1)^2 / 4$$

按此公式计算 M 值：

$$M = (11^2 + 16^2 + 23.5^2 + 29.5^2) - 8^2 \times 4 \times (4+1)^2 / 4 = 199.5$$

确定 P 值，作出推断结论：当 $n \leq 15$ 和 $g \leq 15$ 时，查 M 界值表。本例 $n=8$，$g=4$，查 M 界值表得 $P<0.05$，按 $\alpha = 0.05$ 水准，拒绝 H_0，接受 H_1，可以认为 4 种频率声音刺激的反应率有显著性差异。

当 $n>15$ 或 $g>15$ 时，超出 M 界值表的范围，可以用 χ^2 近似法，按下式计算 χ^2 值：

$$\chi^2 = \frac{12M}{ng(g+1)C}, C = 1 - \frac{\sum (t_j^3 - t_j)}{n(g^3 - g)}$$

其中，t_j 为按区组而言的第 j 个相同秩的个数，C 为校正系数。若相同秩个数少，C 近似等于 1，也可以不校正。

14.6.2 随机区组资料非参数检验的 R 程序

例 14-18 编写 R 程序，对例 14-17 的数据进行分析，分析 4 种频率声音刺激的反应率是否有差别。

随机区组资料的非参数检验采用函数 friedman.test() 进行分析，其调用格式为：

```
friedman.test(y ~ A|B, data)
```

其中，y 是数值型结果变量，A 是一个分组变量，B 是一个用以认定匹配观测的区组变量。data 为可选参数，指定了包含这些变量的矩阵或数据框。

【R 程序】

```
> example14_18 <- read.table ("example14_18.csv", header=TRUE, sep=",")
> attach(example14_18)
> friedman.test (rate~ treat|block)
> library(PMCMR)
> posthoc.friedman.nemenyi.test(rate,treat,block)
> detach(example14_18)
```

【R 输出结果】

```
①
Friedman rank sum test

data:  rate, treat and block
Friedman chi-squared = 15.152, df = 3, p-value = 0.001691
②
Pairwise comparisons using Nemenyi post-hoc test with q approximation for unreplicated
 blocked data

data:  rate , treat and block
   1       2       3
2 0.7675  -       -
3 0.0732 0.4666  -
4 0.0019 0.0443 0.6510

P value adjustment method: none
```

【结果解释】

① 说明效应因子 treat 对因变量 rate 有显著性影响（$P=0.001691$）。可以得出专业结论：4 种频率声音刺激的反应率差异有统计学意义。

② 输出 4 个处理组之间两两比较结果，第一种和第二种频率声音刺激以及第三种和第四种频率声音刺激的反应率差异有统计学意义。

14.7 等级相关（秩相关）

秩相关或等级相关是用双变量等级数据作直线相关分析，这类方法由于对原变量分布不作要求，故而属于非参数统计方法。适用于下列资料：① 不服从双变量正态分布而不宜作积差相关分析；② 总体分布型未知；③ 原始数据是用等级表示。当两变量不符合双变量正态分布的假设时，需要用 Spearman 秩相关来描述变量间的相互变化关系。此时，散点图上散点的分布形态不能完全描述两变量间的相关关系，故此时一般不需要再绘制散点图。

14.7.1 秩相关概述

类似前述积差相关，它是用等级相关系数 r_s 来说明两个变量间直线相关关系的密切程度与相关方向。将 n 对观察值 X_i、Y_i（$i=1$，2，…，n）分别从小到大编秩，P_i 表示 X_i 的秩，Q_i 表示 Y_i 的秩，其中每对 P_i、Q_i 可能相等，也可能不等。用 P_i 与 Q_i 之差反映 X、Y 两变量秩排列一致性的情况。取 $\sum d_i^2 = \sum (P_i - Q_i)^2$，在 n 一定时，每对 X_i、Y_i 的秩完全相等为完全正相关，此时 $\sum d_i^2$ 有最小值 0；每对 X_i、Y_i 的秩完全相反为完全负相关，此时 $\sum d_i^2$ 有最大值。$\sum d_i^2$ 在 0 到其最大值的范围内的变化，刻画了 X、Y 两变量的相关程度。可以按以下公式计算 Spearman 等级相关系数。

$$r_s = 1 - \frac{6\sum d^2}{n(n^2-1)}$$

r_s 值界于 –1 与 1 之间，r_s 为正表示正相关，r_s 为负表示负相关，r_s 为零表示零相关。样本等级相关系数 r_s 是总体相关系数 ρ_s 的估计值。

例 14-19 用 60Co 对狗造成急性放射病，对照射后 5 天时的健康状况进行综合评分，并记录其存活天数，见表 14-13。试作等级相关分析。

表 14-13 狗急性放射病综合评分及其存活天数

编 号	综 合 评 分		存 活 天 数		d	d^2
	数　值	秩	数　值	秩		
1	79	2	45	7	-5	25
2	80	3	30	6	-3	9
3	91	6	16	2	4	16
4	90	5	24	3	2	4
5	70	1	28	5	-4	16
6	87	4	25	4	0	0
7	92	7	14	1	6	36
合计	—	28	—	28	—	106

H_0：$\rho_s = 0$，即健康状况综合评分和存活天数之间无直线相关关系。

H_1：$\rho_s \neq 0$，即健康状况综合评分和存活天数之间有直线相关关系。

$\alpha = 0.05$。

将两变量的实测值分别从小到大编秩，每个变量中若有观察值相同则取平均秩。求每对秩的差值 d、d^2、$\sum d^2$。计算统计量 r_s：

$$r_s = 1 - \frac{6 \times 106}{7(7^2 - 1)} = -0.8929$$

查 r_s 界值表，得 $P < 0.01$。按 $\alpha = 0.05$ 水准，拒绝 H_0，接受 H_1，可以认为健康状况综合评分和存活天数之间存在负相关关系。

14.7.2 spearman 秩相关的 R 程序

例 14-20 编写 R 程序，对例 14-19 的数据进行分析，分析健康状况综合评分与存活天数之间的等级相关系数。

将综合评分和存活天数分别用变量 x 和 y 表示，编制程序如下。

【R 程序】

```
> Example14_20 <- read.table ("example14_20.csv", header=TRUE, sep=",")
> attach(Example14_20)
> plot(x, y)
> cor(Example14_20, method="spearman")
> cor.test(x, y, method="spearman")
> detach (Example14_20)
```

【R 输出结果】

①

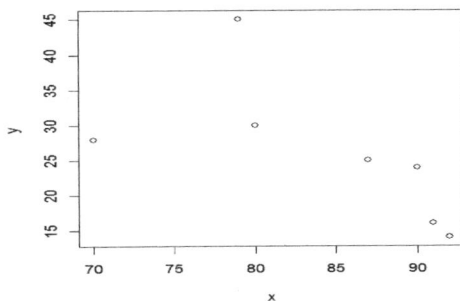

```
②
             x           y
x   1.0000000 -0.8928571
y  -0.8928571  1.0000000
   Spearman's rank correlation rho

data:  x and y
S = 106, p-value = 0.0123
alternative hypothesis: true rho is not equal to 0
sample estimates:
        rho
-0.8928571
```

【结果解释】

① 给出两变量的散点图，从图形可以看出，两变量呈现负相关关系。

② 给出变量的相关系数矩阵，相关系数不为零（r=−0.89286，P=0.0123<0.05）。可以得出专业结论：健康状况综合评分和存活天数之间存在负相关关系。

14.8 本章小结

非参数检验方法简便，不依赖于总体分布的具体形式，因而适用性强，但灵敏度和精确度不如参数检验。一般而言，非参数检验适用于以下 3 种情况。

（1）顺序类型的数据资料，这类数据的分布形态一般是未知的。

（2）虽然是连续数据，但总体分布形态未知或者非正态，这和卡方检验一样，称为自由分布检验。

（3）总体分布虽然正态，数据也是连续类型，但样本容量极小，如 10 以下（虽然 T 检验被称为小样本统计方法，但样本容量太小时，代表性毕竟很差，最好不要用要求较严格的参数检验法）。

因为有这些特点，加上非参数检验法一般的原理和计算比较简单，因此常用于一些为正式研究进行探路的预备性研究的数据统计中。当然，由于非参数检验许多牵涉不到参数计算，对数据中的信息利用不够，因而其统计检验力相对参数检验则差得多。

本章介绍了编秩的基本步骤，平均秩的计算及相等秩的校正。详细讲解了非参数检验的几种基本类型和检验的基本方法，包括配对及单样本秩和检验、两组样本比较的秩和检验、多组样本比较的秩和检验、等级分组资料的非参数检验和随机区组设计资料比较的秩和检验等。在学习的过程中，应掌握各种资料的编秩以及秩和检验方法。

第15章　生　存　分　析

学习目标

- 了解生存分析的应用范围和数据特点。
- 熟悉常见的生存时间分布规律的函数。
- 掌握生存率的两种估计方法：乘积极限法和寿命表法。
- 掌握估计和比较生存函数的 R 程序。
- Cox 回归的形式、数据格式、应用和 R 程序。

内容概要

生存分析是研究生存时间的分布规律，以及生存时间和相关因素之间关系的一种统计分析方法。生存分析在医学科学研究中具有广泛而重要的应用价值，它对人群寿命的研究，各种慢性疾病的现场追踪研究，临床疗效试验和动物试验等研究中随访资料的处理起着举足轻重的作用。

本章介绍生存率的两种估计方法：乘积极限法和寿命表法。并结合实例介绍进行生存率估计两种方法的 R 程序，重点介绍 Cox 模型、Cox 模型的参数估计、Cox 模型的参数检验、Cox 模型的意义解释、Cox 模型的应用和 Cox 模型的 R 分析实例。

在医学研究中，常常用随访的方式来研究事物发展的规律。例如，了解某药物的疗效，了解某仪器设备的使用寿命，了解手术后的存活时间等。这种研究的特点是追踪研究的现象都要经过一段时间，统计学上将这段时间称为生存时间。生存分析是研究生存时间的分布规律，以及生存时间和相关因素之间关系的一种统计分析方法。

15.1　生存分析简介

生存分析在医学科学研究中具有广泛而重要的应用价值，它对人群寿命的研究，各种慢性疾病的现场追踪研究，临床疗效试验和动物试验等研究中随访资料的处理起着举足轻重的作用。

15.1.1　生存数据

生存数据，指的是生存时间以及与生存时间有关联的一组独立变量。这里主要解释与生存时间有关的几个概念。

在生存分析中将生存时间定义为从某起始事件起到某终止事件为止所经历的时间跨度。例如在临床研究中，冠心病患者两次发作之间的时间间隔；在流行病学研究中，从开始接触危险因素到发病所经历的时间；在动物研究中，从开始给药到发生死亡所经历的时间。所以，生存时间也称为失效时间。

生存时间资料与多元线性回归资料相似，只不过因变量通常为观测对象生存的时间，常用 t 来表示。当然，生存时间是广义的，可以指通常意义下生物体的生存时间，也可以指所关心的某现象（如疾病治愈后、合格品使用后）持续的时间。若生存时间是准确观测到的，则称为完全数据，它提供的关于生存时间的信息是完整确切的，也就是说它准确地度量了观察对象实际的生存时间。但是生存资料的一个明显特点是：所收集的资料中常常包含不完全数据，也称为截尾数据、删失数据。包括删失数据的资料称为删失资料（或截尾数据）。它提供的关于生存时间的信息是不完整不确切的，也就是说它没有准确地度量观察对象实际生存的时间。

导致数据删失的原因很多，较常见的为失访和研究截止。由随机因素引起的，称为随机删失；若事先就定了截止日期，则称为定时删失；若事先就定了观察完多少例就截止研究，则称为定数删失。在表达删失数据时，常在其右上角放一个"＋"；而用 R 软件分析时，常在其前面放一个"–"或产生 1 个指示变量（例如，$C=0$ 表示删失数据，$C=1$ 表示完全数据），以便计算时区别对待。为了使数据的表达与计算在形式上统一起来，本章一律用负数表示删失数据，因生存时间不可能为负值，故不会产生混淆。

一般来说，截尾数据可分为右截尾、左截尾、区间截尾等不同的类型。右截尾数据表示观察对象至少存活到时刻 t，即生存时间的上界是未知的。右截尾数据一般出现在随访过程中某些观察对象失访或死于其他原因，或在规定的研究过程结束时观察对象的终止事件还未发生。左截尾数据表示观察对象至多存活到时刻 t，即生存时间的上界是已知的，但确切的生存时间是未知的。区间截尾数据表示观察对象至少存活到 t_1 时刻，且至多存活到 t_2 时刻。

对于截尾数据，不能简单地弃之，需要采取一些技术处理，专门处理这种资料的统计方法称为生存分析。因为抛弃截尾数据不仅会损失样本量，最重要的是在这些截尾数据中，特别是右截尾数据大部分是生存时间较长者的数据，损失掉这一部分观察对象的信息，分析结果一定是片面或不稳定的。

截尾数据的存在是生存数据与普通数据的根本区别。处理截尾数据是生存分析的一个重要特点，本章介绍的生存分析主要处理右截尾数据。

15.1.2　生存时间函数

描述生存时间分布规律的函数统称为生存时间函数，常用的有生存函数、死亡函数、死亡密度函数和风险函数等。

1. 生存函数

生存函数也称为生存概率或累积生存率，它表示观察对象生存时间 T 大于某时刻 t 的概率，常用 $S(t)$ 表示：

$$S(t) = Prob(T > t)$$

在具体问题中，该函数在 t 时刻的取值可以用下式来估计：

$$S(t) \approx 生存时间长于\ t\ 的观察对象人数\ /\ 观察对象总数$$

显然，$S(t)$ 是一个随时间增加而下降的函数，它表示观察对象随访到 t 时刻的累积生存率。

2. 死亡函数

观察对象的生存时间 T 不大于某时刻 t 的概率称为死亡函数，又称为死亡概率函数，简称为死亡概率，它表示一个体从开始观察起到时刻 t 为止的死亡概率，常用 $F(t)$ 表示：

$$F(t) = Prob(T, t)$$

显然，$F(t)$ 是一个随时间增加而上升的函数，它表示观察对象随访到 t 时刻的累积死亡率。

3. 死亡密度函数

死亡密度函数简称为密度函数，表示观察对象在某时刻 t 的瞬时死亡率，常用 $f(t)$ 表示：

$$f(t) = \lim \frac{Prob(t \leqslant T \leqslant t + \Delta t)}{\Delta t} = F'(t)$$

该函数表示观察对象死于$(t，t+\Delta t)$小区间内的概率的极限。在具体问题中，该函数在 t 时刻的取值可以用下式来估计：

$f(t) \approx t$ 时刻开始的区间内$(t，t+\Delta t)$的死亡人数 / （观察总人数×区间宽度）

$$f(t) = \frac{观察对象在时间区间[t，t+\Delta t]内的死亡人数}{观察总人数 \times [t，t+\Delta t]时间区间所包含的单位时间数}$$

4. 风险函数

表示已存活到时刻 t 的观察对象在时刻 t 的瞬时死亡率，又称危险函数，常用 $h(t)$ 表示：

$$h(t) = \lim \frac{Prob(t \leqslant T \leqslant t + \Delta t | T \geqslant t)}{\Delta t} = \frac{f(t)}{S(t)}$$

该函数表示一个已存活到时刻 t 的观察对象死于$(t,t+\Delta t)$小区间内的概率的极限，它实际上是一个条件瞬时死亡率。在具体问题中，该函数在 t 时刻的取值可以用下式来估计：

$$h(t) = \frac{f(t)}{S(t)} = \frac{观察对象在时间区间[t，t+\Delta t]内的死亡人数}{t时间生存者人数 \times [t，t+\Delta t]时间区间所包含的单位时间数}$$

风险函数随时间的延长可呈现递增、递减或其他的波动形式。当风险函数为常数时，表示死亡速率不随时间而加速；如果风险函数随时间上升，则表示死亡速率随时间而加速，反之亦然。

15.1.3 均数、中位数和半数生存期

除了上述的生存时间函数，均数、中位数、半数生存期等也是反映一组生存时间平均水平常用的统计指标。由于生存资料多呈正偏态分布，因此更适宜选用百分位数，包括中位数等指标。

半数生存期，指寿命的中位数，表示有且只有 50%的观察对象可以活这么长的时间。由于截尾数据的存在，半数生存期的计算不同于普通的中位数，它可以应用生存函数曲线图或生存函数公式，令生存率等于 50%，然后推算生存时间。

总之，生存分析主要包括如下 4 个方面的内容。

（1）描述生存过程，即研究生存时间的分布规律。

（2）比较生存过程，即研究两组或多组生存时间的分布规律，并进行比较。

（3）分析危险因素，即研究危险因素对生存过程的影响。

（4）建立数学模型，即将生存时间与相关危险因素的依存关系用一个数学式子表示出来。

15.1.4 生存分析的基本方法

像普通统计分析一样，生存分析也有一套完整的方法。

（1）统计描述：包括求生存时间的分位数、中数生存期、平均数、生存函数的估计、判断生存时间的图示法，不对所分析的数据作出任何统计推断结论。

用描述法进行生存分析的基本方法是根据样本观察值提供的信息，直接用上述给出的估计公式计算出每一个时间点或每一个时间区间上的生存函数、死亡函数、风险函数，以及计算出生存时间的百分位数、平均数、半数生存期等，并采用列表或绘图的形式显示生存时间的分布规律。用描述法估计生存时间分布规律的优点是方法简单，且对数据的分布无要求。它的缺点是：不能比较两组或多组生存时间分布函数的区别；不能分析危险因素对生存时间的影响；不

能建立生存时间与危险因素之间的数量依存关系模型。

（2）非参数检验：检验分组变量各水平所对应的生存曲线是否一致。对生存时间的分布没有要求，并且检验危险因素对生存时间的影响。

非参数法可以用来完成：估计生存函数；比较两组或多组生存函数；分析危险因素对生存时间的影响。其缺点是不能建立生存时间与危险因素之间的数量依存关系的数学模型。常用的方法有乘积极限法（PL 法）和寿命表法（LT 法）。

（3）半参数模型回归分析：在特定的假设之下，建立生存时间随多个危险因素变化的回归方程。

半参数法不需要对生存时间的分布作出假定，但却可以通过一个模型来分析生存时间的分布规律，以及危险因素对生存时间的影响。这种方法的代表是 Cox 比例风险回归分析法，它兼有非参数法和参数法的优点，是生存分析中最重要的模型分析法。它在表达形式上与参数模型相似，但在对模型中的各参数进行估计时又不依赖于特定分布的假设，所以又称其为半参数模型。

（4）参数模型回归分析：已知生存时间服从特定的参数模型时，拟合相应的参数模型，更准确地分析确定变量之间的变化规律。

用参数法进行生存分析的基本方法是根据样本观察值来估计假定的分布模型中的参数，获得生存时间的概率分布模型。用参数法进行生存分析需要事先知道生存时间的分布，但它的优点是：能比较两组或多组生存时间分布函数；能分析危险因素对生存时间的影响；能建立生存时间与危险因素之间依存关系的模型。

生存时间经常服从的分布有指数分布、Weibull 分布、对数正态分布、对数 Logistic 回归和 Gamma 分布等。

> **重点提示**：了解生存数据的特点，熟悉常用的生存时间函数，掌握生存分析常用的 4 种方法。

15.2　生存曲线

生存时间有特定的分布规律，主要有指数分布、Weibull 分布、对数正态分布、对数 Logistic 回归和 Gamma 分布等。对于不同的分布，可以拟合出特定的生存曲线。针对不同的生存曲线，我们需要分别采用相应的数据分析方法。

R 中进行生存分析的主要语句格式如下：

```
survfit.formula (Surv (Time, Status)~x, data= , weights= , subset= , na.action= ,  etype= ,
id= , ...)
```

（1）survfit.formula，指定用于分析的公式或模型，它必须有一个 Surv~创建的生存数据对象。主要的公式包括以下几种。

- survfit：创建 KM 生存曲线或是 Cox 调整生存曲线。
- survdiff：用于不同组的统计检验。
- coxph：构建 Cox 回归模型。
- cox.zph：检验 PH 假设是否成立。
- survreg：构建参数模型。

（2）Surv：用于创建生存数据对象，因变量在~左侧，自变量在~右侧，如果有多个自变量

用 "+" 分隔开；如果是单一生存曲线，右侧应该是 ~ 1。

（3）data 指定用于分析的数据框。

（4）weight 指定数据权重，但切记不能为负值。

（5）subset 选定数据框中的子集数据进行分析。

（6）na.action 设定子集后，缺失数据过滤功能。

（7）etype 指定事件的类型，该变量指示程序计算累计发病率估计值。对于每一个事件 "status==1" 的 etype 变量表示的事件的类型。审查的观察值 etype 被忽略了，但不要将其设置为 NA，因为这将导致 na.action 删除观察。

（8）id，当某个个体有多行数据时用以明确研究个体，以计算累积患病率的估计值，例如随着时间的推移发生率。

15.2.1　寿命表法及 R 分析实例

寿命表法适用于区间数据，它用于建立时间区间 $[t, t+\Delta t)$ 上的生存函数。寿命表法是根据时间区间 $[t, t+\Delta t)$ 左端点的生存率，及其之前各区间左端点生存率之积来估计区间 $[t, t+\Delta t)$ 的生存函数 $S(t)$ 和它的标准误 $SE(S(T))$。设 $t_0 < t_1 < t_2 < \cdots < t_k$ 表示 $k+1$ 个时刻，$[t_{j-1}, t_j)$ 表示第 j 个时间区间，n_j 表示 t_{j-1} 时刻之前一瞬间观察对象的生存个数，d_j 表示在时间区间 $[t_{j-1}, t_j)$ 内观察对象的死亡个数，w_j 表示在时间区间 $[t_{j-1}, t_j)$ 内截尾数据的个数，$j = 1, 2, \cdots, k$，称 $n_j' = n_j - w_j/2$ 为区间 $[t_{j-1}, t_j)$ 上的有效样本数。又令 q_j 表示观察对象在区间 $[t_{j-1}, t_j)$ 内发生的条件死亡率，即：

$$q_j = \frac{d_j}{n_j'}, j = 1, 2, \cdots, k$$

那么，观察对象在区间 $[t_{j-1}, t_j)$ 内发生的条件生存率如下：

$$p_1 = 1, p_j = 1 - q_{j-1}, j = 1, 2, \cdots, k$$

寿命表法定义区间 $[t_{j-1}, t_j)$ 上的生存函数和它的标准误的估计公式如下：

$$\hat{S}(t_j) = \prod_{k=1}^{j} p_k, j = 1, 2, \cdots, k$$

$$SE(\hat{S}(t_j)) = \hat{S}(t_j) \sqrt{\sum_{k=2}^{j} (\frac{q_{k-1}}{n_{k-1}' p_k})}, j = 1, 2, \cdots, k$$

根据寿命表法估计的生存函数，可以估计区间 $[t_{j-1}, t_j)$ 上的中位数剩余寿命 M_j，即在 t_j 活着的人一半可望生存的时间。

例 15-1　607 例乳癌手术后各年支生存概率和累积生存率统计如表 15-1 所示，试利用寿命表法进行分析。

各指标的定义如下。

L_x：期初观察人数。

W_x：期内失访人数（包含失访和到期终止人数）。

D_x：期内乳腺癌死亡人数。

N_x：校正人数。

Q_x：期内死亡概率。

P_x：期内生存概率。

$_np_0$：累积生存概率（$n=x+1$），即生存率。

s_np_0：生存率的标准误。

表 15-1　　　　　　　　　　　607 例乳腺癌手术后生存率计算表

术后年数 x(1)	期内失访人数 W_x(2)	死于乳癌人数 D_x(3)	期初观察人数 L_x(4)	校正人数 N_x(5)	期内死亡概率 Q_x(6)	期内生存概率 P_x(7)	$n=x+1$ 年生存率 $_np_0$(8)	生存率的标准误 s_np_0(9)
0～	63	59	607	575.5	0.1025	0.8975	0.8975	0.0126
1～	71	69	485	449.5	0.1535	0.8465	0.7597	0.0186
2～	55	43	345	317.5	0.1354	0.8646	0.6568	0.0217
3～	38	30	247	228.0	0.1316	0.8684	0.5704	0.0239
4～	31	13	179	163.5	0.0795	0.9205	0.5251	0.0251
5～	26	7	135	122.0	0.0574	0.9426	0.4950	0.0261
6～	21	14	102	91.5	0.1530	0.8470	0.4193	0.2890
7～	11	4	67	61.5	0.0650	0.9350	0.3920	0.0301
8～	15	3	52	44.5	0.0674	0.9326	0.3656	0.0317
9～	12	0	34	28.0	0.0000	1.0000	0.3656	0.0317

计算公式如下：

$$L_{x+1}=L_x-W_x-D_x$$
$$N_x=L_x-1/2W_x$$
$$Q_x=D_x/N_x$$
$$P_x=1-Q_x$$
$$_np_0=p_0\times p_1\times p_2\times\cdots\times p_{n-1}$$

$$s_np_0=_np_0\sqrt{\sum_{z=0}^{z=n}\frac{_1q_z}{_1p_z\times N_z}}$$

表 15-1 的计算步骤如下。

（1）时间分组以一年为组距。

（2）分别填写 2 至 4 栏，填完后须按公式计算核对是否有差错，如第 2 行 L_{x+1} 为 607－63－59=485，其余类推。

（3）第 5 栏按公式 $N_x=L_x-1/2W_x$ 计算，如第 1 行 N_0=607-1/2×63=575.5，其余类推。

（4）第 6 栏按公式 $Q_x=D_x/N_x$ 计算，如第 1 行 q_0=59/575.5=0.1025，其余类推。

（5）第 7 栏按公式 $P_x=1-Q_x$ 计算。

（6）第 8 栏按公式 $_np_0=p_0\times p_1\times p_2\times\cdots\times p_{n-1}$ 计算，如术后 5 年生存率 $_5p_0=p_0\times p_1\times p_2\times p_3\times p_4$=0.8975×0.8465×0.8646×0.8684×0.9205=0.5251。

（7）第 9 栏按公式 $s_np_0=_np_0\sqrt{\sum_{z=0}^{z=n}\frac{_1q_z}{_1p_z\times N_z}}$ 计算，例如第 5 行：

$$s_np_0=0.5251\times\sqrt{\frac{0.1025}{0.8975\times575.5}+\frac{0.1535}{0.8465\times449.5}+\cdots+\frac{0.0795}{0.9205\times163.5}}=0.0251$$

为了表示计算的各年限生存率的可靠性，可以写成 $_np_0\pm s_np_0$ 的形式。如 5 年生存率可表示为（52.51±2.51）%。

注意：使用寿命表法计算生存率的意义和注意事项如下。

（1）寿命表法是根据概率论的乘法定理，将逐年生存概率相乘，算得各年限的生存率呈逐年下降的趋势，因而不会出现下一年高于上一年的不合理现象，可以描述生存曲线观察治疗后存活动态变化。

（2）指标 W_x 是代表 x 年度内失访者和 x 年度终止时仍存活但观察日期已截止者。一般情况下，将一年中失访和终访者一律作为随访观察半年进行处理。

（3）计算前应将每例的原始资料转录于专用的个人记录上。内容除一般项目外，还需要有统计生存率所需的项目，如以最后随访日期计算实足活满年数，或患者已死亡，则填写观察开始至死亡的实足年数，失访、终访以及死于其他疾病等情况。如果统计的目的在于了解某病治疗后的病死专率和生存专率，则应将治疗后因其他病伤死亡者除外。

（4）平均预期寿命：利用寿命表可以预测各年龄的平均寿命，它是评价居民健康状况的主要指标。

平均寿命是以各年龄组死亡人数作为权数计算出来的平均生存年数，其大小取决于各年龄组死亡率的高低。如果低年龄组死亡率高，死亡人数的比重增大，则平均寿命就会降低。反之，低年龄组的死亡率低，死亡人数的比重减小，高年龄组死亡的人数增多，平均寿命就会增加。任何一个年龄组的死亡水平发生变化，都会影响平均寿命。但是需要注意，低年龄组的死亡率对平均寿命的影响较大。

根据寿命表计算出来的平均寿命不受人口年龄构成的影响，对不同地区的寿命表可以直接进行比较。

例 15-2 某医生比较两种药物治疗 HIV 感染患者治疗后的生存时间 t（月），试用寿命表法分析患者生存时间。

【R 程序】

```
> hmohiv<-read.table("http://www.ats.ucla.edu/stat/r/examples/asa/hmohiv.csv", sep=
",", header = TRUE)
> attach(hmohiv)
> hmohiv
> library(KMsurv)
> library(nlme)
> t6m<-floor(time/6)
> tall<-data.frame(t6m, censor)
> die<-gsummary(tall, sum, groups=t6m)
> total<-gsummary(tall, length, groups=t6m)
> rm(t6m)
> ltab.data<-cbind(die[,1:2], total[,2])
> detach(hmohiv)
> attach(ltab.data)
>
> lt=length(t6m)
> t6m[lt+1]=NA
> nevent=censor
> nlost=total[,2] - censor
> mytable<-lifetab(t6m, 100, nlost, nevent)
> mytable[,1:5]
> plot(t6m[1:11], mytable[,5], type="s", xlab="Survival time in every 6 month",
+       ylab="Proportion Surviving")
```

【R 输出结果】

①
```
   ID time age drug censor    entdate     enddate
1   1    5  46    0      1   5/15/1990  10/14/1990
```

2	2	6	35	1	0	9/19/1989	3/20/1990
3	3	8	30	1	1	4/21/1991	12/20/1991
4	4	3	30	1	1	1/3/1991	4/4/1991
5	5	22	36	0	1	9/18/1989	7/19/1991
6	6	1	32	1	0	3/18/1991	4/17/1991
7	7	7	36	1	1	11/11/1989	6/11/1990
8	8	9	31	1	1	11/25/1989	8/25/1990
9	9	3	48	0	1	2/11/1991	5/13/1991
10	10	12	47	0	1	8/11/1989	8/11/1990
11	11	2	28	1	0	4/11/1990	6/10/1990
12	12	12	34	0	1	5/11/1991	5/10/1992
13	13	1	44	1	1	1/17/1989	2/16/1989
14	14	15	32	1	1	2/16/1991	5/17/1992
15	15	34	36	0	1	4/9/1991	2/6/1994
16	16	1	36	0	1	3/9/1991	4/8/1991
17	17	4	54	0	1	8/3/1990	12/2/1990
18	18	19	35	0	0	6/10/1990	1/8/1992
19	19	3	44	1	0	6/12/1991	9/11/1991
20	20	2	38	0	1	1/7/1991	3/8/1991
21	21	2	40	0	0	8/29/1989	10/28/1989
22	22	6	34	1	1	5/29/1989	11/27/1989
23	23	60	25	0	0	11/16/1990	11/14/1995
24	24	11	32	0	1	5/9/1990	4/8/1991
25	25	2	42	1	0	9/10/1991	11/9/1991
26	26	5	47	0	1	12/26/1991	5/26/1992
27	27	4	30	0	0	5/29/1991	9/27/1991
28	28	1	47	1	1	5/1/1990	5/31/1990
29	29	13	41	0	1	3/24/1991	4/22/1992
30	30	3	40	1	1	7/18/1989	10/17/1989
31	31	2	43	0	1	9/16/1990	11/15/1990
32	32	1	41	0	1	6/22/1989	7/22/1989
33	33	30	30	0	1	4/27/1990	10/25/1992
34	34	7	37	0	1	5/16/1990	12/14/1990
35	35	4	42	1	1	2/19/1989	6/20/1989
36	36	8	31	1	1	2/17/1990	10/18/1990
37	37	5	39	1	1	8/6/1991	1/5/1992
38	38	10	32	0	1	8/10/1989	6/10/1990
39	39	2	51	0	1	12/27/1990	2/25/1991
40	40	9	36	0	1	4/26/1991	1/24/1990
41	41	36	43	0	1	12/4/1990	12/3/1993
42	42	3	39	0	1	4/28/1991	7/28/1991
43	43	9	33	0	1	7/9/1991	4/7/1992
44	44	3	45	1	1	12/31/1989	4/1/1990
45	45	35	33	0	1	12/20/1989	11/18/1992
46	46	8	28	0	1	6/22/1991	2/20/1992
47	47	11	31	0	1	4/11/1990	3/11/1991
48	48	56	20	1	0	5/22/1990	1/19/1995
49	49	2	44	0	0	11/11/1991	1/10/1992
50	50	3	39	1	1	1/18/1991	4/19/1991
51	51	15	33	0	1	11/11/1989	2/10/1991
52	52	1	31	0	1	10/1/1990	10/31/1990
53	53	10	33	0	1	3/20/1990	1/18/1991
54	54	1	50	1	1	7/30/1990	8/29/1990
55	55	7	36	1	1	7/17/1989	2/14/1990
56	56	3	30	1	1	11/10/1990	2/9/1991
57	57	3	42	1	1	3/5/1989	6/4/1989
58	58	2	32	1	1	3/2/1991	5/1/1991
59	59	32	34	0	1	9/11/1989	5/11/1992
60	60	3	38	1	1	9/12/1989	12/12/1989
61	61	10	33	0	0	4/8/1990	2/6/1991
62	62	11	39	1	1	4/20/1989	3/20/1990
63	63	3	39	1	1	1/31/1991	5/2/1991
64	64	7	33	1	1	9/15/1989	4/15/1990
65	65	5	34	1	1	12/7/1991	5/7/1992
66	66	31	34	0	1	3/4/1990	10/1/1992
67	67	5	46	1	1	4/20/1989	9/19/1989
68	68	58	22	0	1	6/16/1989	4/15/1994
69	69	1	44	1	1	10/1/1990	10/31/1990
70	70	3	37	0	0	2/1/1991	5/3/1991

```
 71  71  43  25   0    1   5/13/1989  12/10/1992
 72  72   1  38   0    1    8/9/1990    9/8/1990
 73  73   6  32   0    1  12/18/1991   6/17/1992
 74  74  53  34   0    1   8/23/1990   1/21/1995
 75  75  14  29   0    1   1/19/1991   3/19/1992
 76  76   4  36   1    1   8/26/1991  12/25/1991
 77  77  54  21   0    1   5/16/1991  11/13/1995
 78  78   1  26   1    1   3/20/1989   4/19/1989
 79  79   1  32   1    1   10/5/1991   11/4/1991
 80  80   8  42   0    1   5/21/1991   1/19/1992
 81  81   5  40   1    1   6/10/1991   11/9/1991
 82  82   1  37   1    1   8/31/1989   9/30/1989
 83  83   1  47   0    1  12/28/1991   1/27/1992
 84  84   2  32   1    1   9/29/1990  11/28/1990
 85  85   7  41   1    0  11/20/1991   6/19/1992
 86  86   1  46   1    0    7/2/1989    8/1/1989
 87  87  10  26   1    1  10/11/1991   8/10/1992
 88  88  24  30   0    0  10/11/1990  10/10/1992
 89  89   7  32   1    1   12/5/1990    7/5/1991
 90  90  12  31   1    0    9/8/1989    9/8/1990
 91  91   4  35   0    1   4/10/1990    8/9/1990
 92  92  57  36   0    1  12/11/1990    9/9/1995
 93  93   1  41   1    1  12/13/1990   1/14/1991
 94  94  12  36   1    0   1/13/1989   1/13/1990
 95  95   7  35   1    1   8/22/1991   3/21/1992
 96  96   1  34   1    1    8/2/1991    9/1/1991
 97  97   5  28   0    1   5/22/1991  10/21/1991
 98  98  60  29   0    0    4/2/1990    4/1/1995
 99  99   2  35   1    0    5/1/1991   6/30/1991
100 100   1  34   1    1   5/11/1989   6/10/1989
```

②

```
        nsubs  nlost  nrisk  nevent       surv
 0-1      100     10   95.0      41   1.00000000
 1-2       49      3   47.5      21   0.56842105
 2-3       25      2   24.0       6   0.31711911
 3-4       17      1   16.5       1   0.23783934
 4-5       15      1   14.5       0   0.22342483
 5-6       14      0   14.0       5   0.22342483
 6-7        9      0    9.0       1   0.14363025
 7-8        8      0    8.0       1   0.12767133
 8-9        7      0    7.0       1   0.11171242
 9-10       6      1    5.5       3   0.09575350
10-NA       2      2    1.0       0   0.04352432
```

③

```
Survival Function Estimates
```

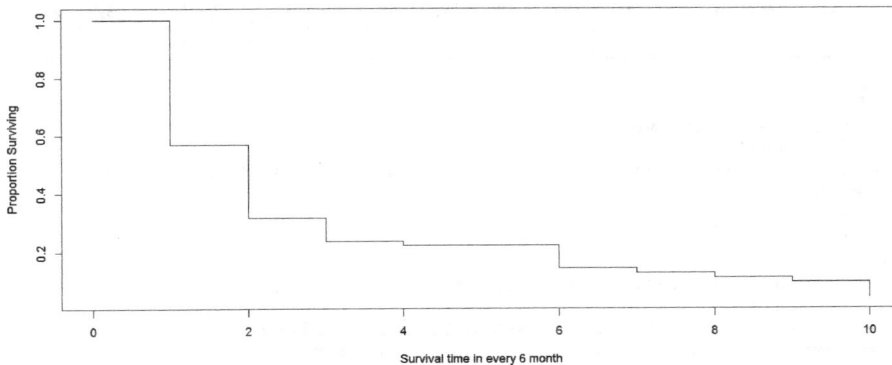

Survival time in every 6 month

【结果解释】

① 显示数据集的基本数据结构。

② 这是用 LT 法资料进行统计描述的结果。Life table 表给出了生存时间区间的下限和上限、死亡数、截尾数、有效样本大小、生存概率。

③ 是患者的生存分布函数曲线。

15.2.2 乘积极限法（Kaplan-Meier）及 R 分析实例

乘积极限法（Kaplan-Meier）适用于离散数据，它用于建立时刻 t 上的生存函数。Kaplan-Meier 法是根据 t 时刻及其之前各时间点上的条件生存率的乘积，来估计时刻 t 的生存函数 $S(t)$ 和它的标准误 $SE(S(t))$。设 $t_1 \leqslant t_2 \leqslant \cdots \leqslant t_k$ 代表 k 个观察对象的生存时间，设 n_i 为 t_i 时刻开始之前生存的个体数目，即危险集的大小 $(i=1,2,\cdots,k)$，再设 d_i 表示生存时间的截尾性质，$i=1,2,\cdots,k$。又令 P_i 表示观察对象在时刻 t_i 的条件生存率，即对于 $i=1,2,\cdots,k$，有：

$$p_i = \frac{n_i - d_i}{n_i}, \quad 其中 d_i = \begin{cases} 1, & 如果第 i 个生存时间 t_i 是完全数据 \\ 0, & 如果第 i 个生存时间 t_i 是截尾数据 \end{cases}$$

那么，观察对象在时刻 t_i 时的条件死亡率如下：

$$q_i = 1 - p_i$$

对于 $i=1,2,\cdots,k$，Kaplan-Meier 法定义时刻 t_i 上的生存函数和它的标准误的估计公式如下：

$$\hat{S}(t_i) = \prod_{k=0}^{i} p_k, i = 1, 2, \cdots, k$$

$$SE(\hat{S}(t_i)) = \hat{S}(t_i) \sqrt{\sum_{k=0}^{i} (\frac{q_k}{n_k p_k})}$$

除了生存函数，均数和中位数也是反映一组生存时间平均水平常用的统计指标。但由于生存资料多呈正偏态分布，因而更适宜选用中位数，包括百分位数等指标。

例 15-3 观察两组卵巢腺癌患者的病程天数如下。请用乘积极限法比较两组的生存期差异有无统计学意义，并作生存率曲线，如表 15-2 所示。

表 15-2 病程天数表

A 组（低恶性高分化癌）	28	29	175	195	309	377+	393+	421+	447+	452	709+	744+	770+	1106+	1206	—	—	—	—
B 组（高恶性低分化癌）	34	88	137	199	280	291	299+	300+	309	351	358	369	370	375	382	392	429+	451	1119+

【R 程序】

```
> install.packages("survival")
> library(survival)
> example15_3 <- read.table ("example15_3.csv", header=TRUE, sep=",")
> attach(example15_3)
> total <- survfit(Surv(t, censor)~1)
> summary(total)
> plot(total)
> separate <- survfit(Surv(t, censor)~group)
> summary(separate)
> plot(separate, lty = c('solid','dashed'), col=c('black','blue'),
    xlab='survival time in days',ylab='survival probabilities')
> legend('topright', c('Group A',' Group B'), lty=c('solid','dashed'),
    col=c('black','blue'))
> survdiff(Surv(t, censor)~group)
```

【R 输出结果】

①
```
Call: survfit(formula = Surv(t, censor) ~ 1)
```

```
time n.risk n.event survival std.err lower 95% CI upper 95% CI
 299     24       1   0.9583  0.0408       0.8816        1.000
 300     23       1   0.9167  0.0564       0.8125        1.000
 377     15       1   0.8556  0.0791       0.7137        1.000
 393     12       1   0.7843  0.0996       0.6115        1.000
 421     11       1   0.7130  0.1132       0.5223        0.973
 429     10       1   0.6417  0.1223       0.4416        0.932
 447      9       1   0.5704  0.1278       0.3676        0.885
 709      6       1   0.4753  0.1374       0.2697        0.838
 744      5       1   0.3802  0.1390       0.1858        0.778
 770      4       1   0.2852  0.1328       0.1145        0.710
1106      3       1   0.1901  0.1177       0.0565        0.640
1119      2       1   0.0951  0.0394       0.0151        0.600
```
②

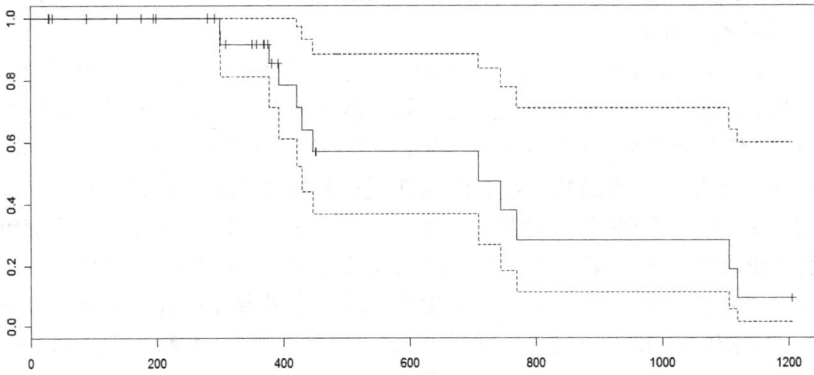

③
```
Call: survfit(formula = Surv(t, censor) ~ group)

                group=A
 time n.risk n.event survival std.err lower 95% CI upper 95% CI
  377     10       1     0.90  0.0949       0.7320        1.000
  393      9       1     0.80  0.1265       0.5868        1.000
  421      8       1     0.70  0.1449       0.4665        1.000
  447      7       1     0.60  0.1549       0.3617        0.995
  709      5       1     0.48  0.1640       0.2458        0.938
  744      4       1     0.36  0.1610       0.1498        0.865
  770      3       1     0.24  0.1453       0.0732        0.786
 1106      2       1     0.12  0.1117       0.0194        0.744

                group=B
 time n.risk n.event survival std.err lower 95% CI upper 95% CI
  299     13       1    0.923  0.0739        0.789            1
  300     12       1    0.846  0.1001        0.671            1
  429      3       1    0.564  0.2398        0.245            1
 1119      1       1    0.000  NaN             NA           NA
```
④

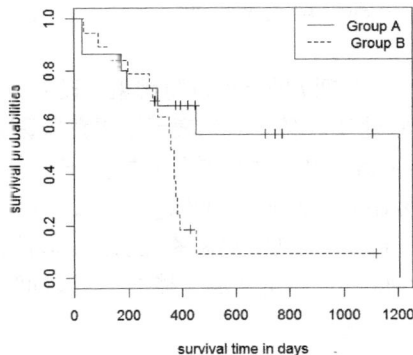

⑤
```
Call:
survdiff(formula = Surv(t, censor) ~ group)

          N Observed Expected (O-E)^2/E (O-E)^2/V
group=A 15        8     8.11   0.00145    0.00479
group=B 19        4     3.89   0.00301    0.00479

 Chisq= 0  on 1 degrees of freedom, p= 0.945
```

【结果解释】

① 是用 Kaplan-Meier 法对所有研究对象生存资料进行统计描述的结果。第 1 列至第 6 列分别是生存时间、尚未观测到的失效或截尾例数、已观测到的失效时间的例数、累积生存率、累积生存率标准误、累积生存率 95%可信区间下限和累积生存率 95%可信区间上限。

② 为所有患者的生存分布函数曲线。

③ 是用 Kaplan-Meier 法对 A 组和 B 组研究对象生存资料分别进行统计描述的结果。第 1 列至第 6 列分别是生存时间、尚未观测到的失效或截尾例数、已观测到的失效时间的例数、累积生存率、累积生存率标准误、累积生存率 95%可信区间下限和累积生存率 95%可信区间上限。

④ 为两组患者的生存分布函数曲线。两条曲线在开始时重叠，A 组（低恶性高分化癌）在第 1106 天终止，B 组（高恶性低分化癌）在第 1119 天终止，B 组生存率下降速度显著快于 A 组，说明 A 组（低恶性高分化癌）比 B 组（高恶性低分化癌）的生存时间长。

⑤ 是各组生存函数曲线齐性检验。两条生存曲线分布差异无统计学意义（$P>0.05$）。

专业结论：两条生存曲线分布差异无统计学意义（$P>0.05$）。A 组（低恶性高分化癌）患者的生存时间与 B 组（高恶性低分化癌）患者无显著性差异。

15.2.3 Cox 回归及 R 分析实例

1. Cox 模型

像通常的回归分析一样，人们也希望能建立起生存时间（因变量或反应变量）随危险因素（自变量或协变量）变化的回归方程，以便对危险因素的作用大小有一个全面的了解和掌握，并根据危险因素的不同取值对生存概率进行预测。由于很难获得准确的生存时间，前述目的较难直接实现。1972 年 Cox 提出了比例危险模型，简称为 Cox 模型。由于此模型在表达形式上与参数模型相似，但在对模型中的各参数进行估计时却不依赖于特定的假设，所以又称为半参数模型。

Cox 模型是目前生存分析多因素预后评价中较好的统计分析方法。医学上经常会遇到"时间-反应"类型资料，如生命现象生存期、疾病潜伏期、药物试验的生效时间等，对这种类型的资料可以用各种参数或非参数方法进行分析，但都有一定的局限性。Cox 模型以半参数方式出现，适用于许多分布未知的资料和多因素分析，可以在众多预后因素共存的情况下，排除混杂因子的影响，提高预后分析的质量，并能处理截尾数据。此模型的适用面很宽，在生存分析中占有特殊的地位。

设 $x=(x_1, x_2, \cdots, x_k)$ 是影响生存时间 t 的 k 个危险因素。设 $h_i(t)$ 为第 i 名受试者在时刻 t 的风险率，即 t 时刻外后一瞬间的死亡速率。又设 $h_0(t)$ 表示不受危险因素 x 的影响下，在时刻 t 的风险率，又称为基准风险率或基准函数。其模型的具体形式如下：

$$h_i(t) = h_0(t)\exp(\beta_1 x_{i1} + \beta_2 x_{i2} + \cdots + \beta_m x_{im})$$

式中 $h_i(t)$ 为第 i 名受试者生存到 t 时刻的危险率函数，$h_0(t)$ 是当所有的危险因素(即 $x_{ij}=0$)不存在时的基础危险率函数，$X=(x_{i1}, x_{i2}, \cdots, x_{im})'$是可能与生存时间有关的 m 个危险因素所构成的向量。

$$\ln[h_i(t)/h_0(t)]=\beta_1 x_{i1}+\beta_2 x_{i2}+\cdots+\beta_m x_{im}$$

此式表明：各危险因素与回归系数的线性组合就是第 i 名受试者的相对危险率函数的自然对数值。再设有 i、j 两个受试者，其危险因素向量分别为 X_1 与 X_2，不难得出他们的相对危险率的自然对数为：

$$\ln[h_i(t)/h_0(t)]=\beta_1(x_{i1}-x_{j1})+\beta_2(x_{i2}-x_{j2})$$

即利用"具有某预后因素向量的受试者的死亡风险与不具有该预后因素向量的受试者的死亡风险在所有时间上都保持一个恒定比例"的假设，巧妙地获得了各时间点上两个受试者相对危险率函数的估计值。

然而，当资料不满足上述假设时，即有些危险因素作用的强度是随时间而变化的，两个受试者的危险率函数之比（相对危险）随时间而改变，就应改用时变协变量模型，也称为非比例危险模型。当只有一个危险因素时，其模型的具体形式如下：

$$h_i(t)=h_0(t)\exp[\beta x_i+\gamma(x_i t_i)]$$

式中，t_i 为第 i 个受试者的生存时间。

对上述各式中的回归系数，需要用最大似然法进行估计，一旦有了危险率函数的估计值，再利用生存时间函数之间的相互关系，就可以获得其他生存时间函数的估计值。

2. Cox 模型的参数估计

以一元 Cox 模型为例，对参数 β 的估计可以使用最大似然估计法。Cox 模型中的似然函数是条件似然函数，其构造方法如下。

假设第 i 个研究对象在 t_i 时刻尚生存，但在 t_{i+1} 时刻死亡，$i=0,1,2,\cdots,n$，且第 i 个研究对象的自变量 x 的取值为 x_i。设 t 为连续数据，且第 i 个研究对象生存时间 t 不发生重合：$t_0<t_1<t_2<\cdots<t_n$。那么第 i 个研究对象的风险率如下：

$$h(t_i,x_i)=h_0(t_i)\exp(\beta x_i),\quad i=0,1,2,\cdots,n$$

显然，在 t_i 时刻存活的研究对象 $(i,i+1,i+2,\cdots,n)$ 中的第 i 个研究对象在 t_i 时刻死亡的条件概率如下：

$$p_i=\frac{h(t_i,x_i)}{\sum_{j=i}^{n}h(t_i,x_j)}=\frac{h_0(t_i)\exp(\beta x_i)}{\sum_{j=i}^{n}h_0(t_i)\exp(\beta x_j)}=\frac{\exp(\beta x_i)}{\sum_{j=i}^{n}\exp(\beta x_j)}$$

因此，所有研究对象死亡的概率如下：

$$L=\prod_{i=1}^{n}p_i=\prod_{i=1}^{n}\frac{\exp(\beta x_i)}{\sum_{j=i}^{n}\exp(\beta x_j)}$$

L 就是用来估计 β 的似然函数。对上式两边取对数，然后对 β 求导函数，并令导函数等于 0，求出它的根，就可以得到 β 的最大似然估计。

如果 t 为离散型数据，似然函数的表达式如下：

$$L=\prod_{i=1}^{n}p_i=\prod_{i=1}^{n}\left(\frac{\exp(\beta x_i)}{[\sum_{j=i}^{n}\exp(\beta x_j)]^{d_i}}\right)^{\delta_i}$$

其中，d_i 是 t_i 时刻的死亡人数，δ_i 取值 1（完全数据）或 0（截尾数据）。

参数 β 的 95% 的置信区间如下：

$$\exp(\hat{\beta}) \pm 1.96 se(\hat{\beta})$$

和多元线性回归分析一样，多元 Cox 模型的回归系数 β_i 的估计值与因素 x_i 的单位有关，它表示了相对风险率的实际水平，但不能进行因素之间的相互比较。但是，标准回归系数可以表示相对风险率的相对水平，可以进行因素之间的相互比较。

3．Cox 模型的参数检验

用于 Cox 模型参数检验的方法有似然比检验法、Wald 检验法和比分检验法等。寻找最佳模型时，Wald 检验可用来剔除变量，比分检验可用来筛选新变量，似然比检验可用来剔除和引进变量。

令 $\beta = (\beta_1, \beta_2, \cdots, \beta_k)$，$\beta_0 = (0, 0, \cdots, 0)$。似然比检验用的是 χ^2 统计量：

$$\chi^2 = 2(\ln L(\hat{\beta}) - \ln L(\hat{\beta}_0))$$

其中，L 是定义的似然函数。该统计量服从于自由度为 k 的 χ^2 分布，可以用来检验：

$$H_0 : \beta_1 = \beta_2 = \cdots = \beta_k = 0$$
$$H_1 : 至少一个 \ \beta_i \neq 0$$

如果得到的 χ^2 值大于 $\chi^2-(\alpha, k)$，那么可以在 α 检验水平上拒绝无效假设 H_0。

4．Cox 模型中参数意义的解释

对于一元 Cox 模型，如果因素 x 的取值为 1 和 0，那么，受 x 影响与不受 x 影响的相对风险如下：

$$RH = \frac{h(t, 1)}{h(t, 0)} = \frac{h_0(t) \exp(\beta)}{h_0(t)} = \exp(\beta)$$

对于一元 Cox 模型，如果因素 x 是连续变量，那么，$\exp(\beta)$ 表示相邻水平的风险率之比。

对于多元 Cox 模型，$\exp(\beta_i)$ 表示其他因素不变的情况下，因素 x_i 相邻水平的风险率之比（相对风险率）。

例如，高血压（x_1）和高血脂（x_2）对冠心病的发病风险率的 Cox 模型如下：

$$h(t, x) = h_0(t) \exp(0.8755 x_1 + 0.5108 x_2)$$

其中，$h_0(t)$ 表示既没有高血压（$x_1 = 0$）也没有高血脂（$x_2 = 0$）的研究对象在时刻 t 的发病风险率。由此可以估计出：

● 有高血压但没有高血脂者（$x_1 = 1$，$x_2 = 0$），相对于既没有高血压也没有高血脂者发病的风险率之比为：

$$RH = \exp(\beta_1) = \exp(0.8755) = 2.4$$

● 有高血脂但没有高血压者（$x_1 = 0$，$x_2 = 1$），相对于既没有高血压也没有高血脂者发病的风险率之比为：

$$RH = \exp(\beta_2) = \exp(0.5108) = 1.673$$

● 有高血压又有高血脂者（$x_1 = 1$，$x_2 = 1$），相对于既没有高血压也没有高血脂者发病的风险率之比为：

$$RH = \exp(\beta_1 + \beta_2) = \exp(0.8755 + 0.5108) = 4.0$$

根据估计的 Cox 模型，可以计算出每一个个体的危险度，即预后指标 PI，计算公式如下：

$$PI = \beta_1 x_1 + \beta_2 x_2 + \cdots + \beta_k x_k$$

将每一个个体在各因素上的取值代入上式，即可得到每一个个体的预后指标 *PI*。*PI* 值越大，危险度越高，预后越差。

5. Cox 模型的应用

Cox 模型由于有以下 4 个特点，因而具有广泛的应用价值。

（1）与参数法相比，它不需要考虑资料的分布，即任何分布的生存研究资料都可以利用 Cox 模型进行数据分析。

（2）它是一种多元统计分析方法，可以用来分析多种因素对生存时间的影响。而流行病学研究的重要目标之一就是分析各种因子与发病之间的关系，Cox 模型回归分析可以用来分析各因子对发病的影响，使得生存分析更适合于流行病学研究。

（3）它与其他一般的回归分析方法类似，可用于比较和预测。多元 Cox 模型回归分析可以校正其他因素的影响，用于某一因素不同水平的比较；并且可以在研究对象的各因素已知时，预测研究对象在某时刻的生存概率。

（4）它与 Logistic 回归分析类似，在得到回归系数 β 的估计值 $\hat{\beta}$ 后，则可估计 t 时刻的相对危险度：$h(t)/h(0) = \exp(\beta x)$。

Cox 回归模型不需要发病率很低这一假定，而 Logistic 回归则需要由此假定。另外，Logistic 回归分析的设计上要求每个观测对象的观测时间长短一致，而 Cox 回归分析方法，只需要记录每个观察对象的观察时间即可。而且，最重要的是，Cox 回归分析可以处理失访资料。

> **注意**：对于取值为 x_1 和 x_2 的两名观察对象，其相对危险度如下：
> $$\frac{h(t, x_1)}{h(t, x_2)} = \frac{h_0(t)\exp(a + bx_1)}{h_0(t)\exp(a + bx_2)} = e^{b(x_1 - x_2)}$$

即 Cox 回归模型利用"具有某预后因素向量的受试者与不具有该预后因素向量的受试者的死亡风险在所有时间上都保持一个恒定的比例"的假设，获得该两名观察对象在各时间点上的相对危险率函数的估计值。如果资料不满足此假设，即某些危险因素的作用强度随时间而变化，使得相对危险率函数也随时间而改变，则需采用时变协变量模型，称为非比例风险模型。

在利用 Cox 模型进行回归分析时应注意：因素变量不能随时间变化而变化，样本死亡相对数不能太小；样本含量要足够大；模型拟合要注意因素之间的交互作用；生存曲线不能随意延长，也不能轻易地用来预报。

例 15-4 随访 25 例分别以 A、B 治疗方法治疗的癌症病人，资料如表 15-3 所示，+为截尾值。1：有肾功能损害，0：无肾功能损害，请试作 Cox 回归。

表 15-3　　　　　　　　　　A、B 治疗方法发生肾功能损害的情况

A 疗 法			B 疗 法		
编号	肾功损害	生存日数	编号	肾功损害	生存日数
1	1	8	13	1	13
12	0	52	16	1	18
5	1	58	25	1	23
8	1	63	11	0	70
21	1	63	10	0	76
7	0	220	2	0	180

续表

A 疗 法			B 疗 法		
编号	肾功损害	生存日数	编号	肾功损害	生存日数
24	0	365	9	0	195
4	0	452	20	0	210
18	0	496	3	0	232
22	0	528+	17	0	300
19	0	560+	23	0	396
15	0	676+	14	0	490+
—	—	—	6	0	540+

[R 程序]

```
> install.packages("survival")
> library(survival)
> example15_4 <- read.table ("example15_4.csv", header=TRUE, sep=",")
> attach(example15_4)
> coxmodel <- coxph(Surv(days, censor)~group)
> coxmode2 <- coxph(Surv(days, censor)~group+renal)
> anova(coxmodel,coxmode2)
> detach(example15_4)
```

【R 输出结果】

①
```
Call:
coxph(formula = Surv(days, censor) ~ group)
  n= 25, number of events= 20

        coef exp(coef) se(coef)      z Pr(>|z|)
group 0.3652    1.4408   0.4592 0.795    0.426

        exp(coef) exp(-coef) lower .95 upper .95
group      1.441      0.694    0.5858     3.544

Concordance= 0.536  (se = 0.064 )
Rsquare= 0.025   (max possible= 0.986 )
Likelihood ratio test= 0.64  on 1 df,   p=0.4246
Wald test        = 0.63  on 1 df,   p=0.4264
Score (logrank) test = 0.64  on 1 df,   p=0.4241
```
②
```
Call:
coxph(formula = Surv(days, censor) ~ group + renal)

  n= 25, number of events= 20
        coef exp(coef) se(coef)      z Pr(>|z|)
group 0.9835    2.6738   0.5231 1.880 0.060068 .
renal 4.2718   71.6515   1.1588 3.686 0.000228 ***
---
Signif. codes:  0 '***' 0.001 '**' 0.01 '*' 0.05 '.' 0.1 ' ' 1

        exp(coef) exp(-coef) lower .95 upper .95
group      2.674    0.37399    0.9592     7.454
renal     71.652    0.01396    7.3930   694.432

Concordance= 0.773  (se = 0.067 )
Rsquare= 0.614   (max possible= 0.986 )
Likelihood ratio test= 23.82  on 2 df,   p=6.711e-06
Wald test        = 14.33  on 2 df,   p=0.0007723
Score (logrank) test = 31.13  on 2 df,   p=1.741e-07
```
③
```
Analysis of Deviance Table
```

```
Cox model: response is  Surv(days, censor)
Model 1: ~ group
Model 2: ~ group + renal
  loglik  Chisq Df P(>|Chi|)
1 -52.715
2 -41.122 23.186  1 1.471e-06 ***
---
Signif. codes:  0 '***' 0.001 '**' 0.01 '*' 0.05 '.' 0.1 ' ' 1
```

【结果解释】

① 仅纳入变量 group 时模型拟合的结果。从这里可以看出截尾事件和终点事件，本例截尾数据 5 例（20%）。为参数检验结果以及几个描述统计量，输出结果包括参数估计值、标准误、z 值、p-值、相对危险比。变量 group 在统计学上没有显著性差异（$P=0.426$），尚不能认为治疗方法 A、B 对研究对象的生存时间的影响有显著性差异。

② 同时纳入变量 group 和变量 renal 时模型拟合的结果。从这里可以看出截尾事件和终点事件，本例截尾数据 5 例（20%）。为参数检验结果以及几个描述统计量，输出结果包括参数估计值、标准误、z 值、p-值、相对危险比。变量 renal 在统计学上有显著性差异（$P=0.0003$）。HR=71.652，可以认为有肾功能损害研究对象死亡的几率是没有肾功能损害研究对象的 71.652 倍。变量 group 在统计学上没有显著性差异（$P=0.060068$），尚不能认为治疗方法 A、B 对研究对象的生存时间的影响有显著性差异。

根据参数估计值，可写出以下 Cox 回归方程：

$$h(t, x)=h_0(t)\exp(0.9835*group+4.2718*renal)$$

据此可以得出专业结论：不同治疗方法和肾功能损害的相对危险度分别为 2.6738 和 71.652，说明 B 组死亡的危险为 A 组的 2.6738 倍（$P=0.060068$），而有肾功能损害的死亡的危险为无肾功能损害的 71.652 倍。

> **重点提示**：掌握生存率的两种估计方法：乘积极限法和寿命表法。掌握估计和比较生存函数的 R 程序。掌握 Cox 回归的形式、数据格式、应用和 R 程序。

15.3 本章小结

在医学研究中，常常用随访的方式来研究事物发展的规律。例如，了解某药物的疗效，了解某仪器设备的使用寿命，了解手术后的存活时间等。这种研究的特点是追踪研究的现象都要经过一段时间，统计学上将这段时间称为生存时间。生存分析是研究生存时间的分布规律，以及生存时间和相关因素之间关系的一种统计分析方法。

生存数据，指的是生存时间以及与生存时间有关联的一组独立变量。在生存分析中，将生存时间定义为从某起始事件起到某终止事件为止所经历的时间跨度。所以，生存时间也称为失效时间。

描述生存时间分布规律的函数统称为生存时间函数，常用的有生存函数、死亡函数、死亡密度函数和风险函数等。进行生存分析有 4 种基本方法：统计描述、非参数检验、半参数模型回归分析、参数模型回归分析。

在本章介绍的内容中，我们需要重点掌握乘积极限法和寿命表法，尤其是 Cox 模型的意义和应用。

第16章 主成分分析

学习目标

- 了解主成分分析的数学模型。
- 熟悉主成分分析的方法步骤。
- 掌握主成分分析的作用和应用领域。
- 掌握 principal() 函数，并运用此函数进行数据分析。

内容概要

主成分分析也称主分量分析，旨在利用降维的思想，把多指标转化为少数几个综合指标。主成分分析的基本思想就是将彼此相关的一组指标变量转化为彼此独立的一组新的指标变量，并用其中较少的几个新指标变量，综合反映原多个指标变量中所包含的主要信息，符合专业含义。何为主成分？简而言之，主成分实际上就是由原变量 $X_1 \sim X_m$ 线性组合出来的 m 个互不相关、且未丢失任何信息的新变量，也称为综合变量。多指标的主成分分析常被用来寻找判断某种事物或现象的综合指标，并给综合指标所蕴藏的信息以恰当的解释，以便更深刻地揭示事物内在的规律。主成分分析是把原来多个变量划为少数几个综合指标的一种统计分析方法，是一种降维处理技术。

本章介绍主成分分析的数学模型、方法步骤以及应用。

在 R 中，可利用 principal() 函数对数据进行主成分分析，并利用两个实例讲解主成分分析的应用。第 1 个实例说明了主成分减少指标变量个数的作用；第 2 个实例阐述了主成分分析可以用来解决自变量共线性的问题，并详细讲解了主成分分析解决自变量共线性问题的具体方法步骤。

主成分分析也称主分量分析，旨在利用降维的思想，把多指标转化为少数几个综合指标。在实际问题研究中，为了全面、系统地分析问题，我们必须考虑众多影响因素。这些涉及的因素一般称为指标，在统计分析中也称为变量。因为每个变量都不同程度地反映了所研究问题的某些信息，并且指标之间有一定的相关性，因而所得的统计数据反映的信息在一定程度上有重叠。在用统计方法研究多变量问题时，变量太多会增加计算量和增加分析问题的复杂性，因而人们往往希望在进行定量分析的过程中，涉及的变量较少，得到的信息量较多。科学研究所涉及的课题往往比较复杂，是因为影响客观事物的因素多，需要考察的变量多。例如，糖尿病、动脉硬化等疾病的病因是多种多样的，收集的资料中包含的信息是丰富多彩的。再如，在心理学研究中，描述儿童气质的指标可以有 9 个，描述儿童活动能力的指标可以有 6 个；在临床医学研究中，描述儿童生长发育的可以有 12 个指标，鉴别阑尾炎病型的可以有 27 个指标。然而，重叠的、低质量的信息越多，越不利于医生作出诊断。指标较多，会给资料的分析带来很多麻烦，增加分析问题的复杂性和难度。例如，在线性回归分析中，要求模型中的自变量是相互独立的，否则，估计的结果是不准确的，甚至是相反的结论，容易产生误导。

在大部分实际问题中，变量之间是有一定的相关性的，人们自然希望找到较少的几个彼此不相关的综合指标，以尽可能多地反映原来众多变量的信息。比如描述儿童生长发育的指标中，身高、腿长和臂长这 3 个指标可能是相关的，而胸围、大腿围和臂围这 3 个围度指标也会有一定的相关性。如果分别用每一个指标对儿童的生长发育做出评价，那么这种评价就是孤立的、片面的，而不是综合的。仅选用几个"重要的"或"有代表性"的指标来评价，就可能失去许多有用的信息，容易得出片面的结论。所以，我们需要一种综合性的分析方法，既可减少指标变量的个数，又尽量不损失原指标变量所包含的信息，对资料进行全面的综合分析。主成分分析正是适应这一要求产生的，是解决这类问题的理想工具。

主成分分析的基本思想就是将彼此相关的一组指标变量转化为彼此独立的一组新的指标变量，并用其中较少的几个新指标变量，综合反映原多个指标变量中所包含的主要信息，符合专业含义。何为主成分？简而言之，主成分实际上就是由原变量 $X_1 \sim X_m$ 线性组合出来的 m 个互不相关、且未丢失任何信息的新变量，也称为综合变量。多指标的主成分分析常被用来寻找判断某种事物或现象的综合指标，并给综合指标所蕴藏的信息以恰当的解释，以便更深刻地揭示事物内在的规律。

16.1 主成分分析简介

主成分分析法是一种数学变换的方法，它把给定的一组相关变量通过线性变换转成另一组不相关的变量，这些新的变量按照方差依次递减的顺序排列。在数学变换中保持变量的总方差不变，使第一变量具有最大的方差，称为第一主成分，第二变量的方差次大，并且和第一变量不相关，称为第二主成分。依次类推，I 个变量就有 I 个主成分。

主成分分析是把原来多个变量划为少数几个综合指标的一种统计分析方法，是一种降维处理技术。

16.1.1 主成分分析的数学模型

假设原来的变量指标为 $x_1, x_2, \cdots, x_k$，经过标准化后得到标准指标变量 $X_1, X_2, \cdots, X_k$：

$$X_j = \frac{x_j - \overline{x}_j}{s_j}, j = 1, 2, \cdots, k$$

其中，$\overline{x}_j$ 是第 j 个指标变量的均值，s_j 是第 j 个指标变量的标准差。它们的综合指标（新变量指标）为 $z_1, z_2, \cdots, z_m$（$m \leqslant k$），则进行线性变换：

$$\begin{cases} z_1 = l_{11}X_1 + l_{12}X_2 + \cdots + l_{1k}X_k \\ z_2 = l_{21}X_1 + l_{22}X_2 + \cdots + l_{2k}X_k \\ \quad\vdots \\ z_k = l_{k1}X_1 + l_{k2}X_2 + \cdots + l_{kk}X_k \end{cases}$$

将 k 个标准指标变量 $X_1, X_2, \cdots, X_k$ 转换成了 k 个新变量 $z_1, z_2, \cdots, z_k$，但线性变换应满足以下 3 个条件：

- z_i 和 z_j 独立，$i \neq j, i, j = 1, 2, \cdots, k$；
- $\mathrm{Var}(z_1) \geqslant \mathrm{Var}(z_2) \geqslant \cdots \geqslant \mathrm{Var}(z_k)$；
- $l_{i1}^2 + l_{i2}^2 + \cdots + l_{ik}^2 = 1, \quad i = 1, 2, \cdots, k$。

$z_1, z_2, \cdots, z_k$ 是 $X_1, X_2, \cdots, X_k$ 的 k 个主成分，其中，z_1 为第一主成分，z_2 为第二主成分，$\cdots$，z_k 为第 k 主成分。称 l_{ij} 为第 i 主成分在第 j 个标准指标变量 X_j 上的得分系数。将每一个样本的标

准化观察值代入计算公式中，计算得到每一个样本的 k 个主成分值，即为主成分得分。

16.1.2　主成分分析的方法步骤

主成分分析的过程，就是确定原来变量 x_j（$j=1,2,\cdots,k$）在各主成分 z_i（$i=1,2,\cdots,k$）上的载荷 l_{ij}（$i=1,2,\cdots,k$；$j=1,2,\cdots,k$）。

从主成分分析的基本原理和数学模型可以看出，主成分分析的任务是估计主成分，确定主成分的个数，解释主成分的实际意义和计算主成分得分。

假设有 k 个指标 x_1，x_2，$\cdots$，x_k，每一个指标有 n 个观测值，它们的标准化指标变量是 $X_1,X_2,\cdots,X_k$，记录见表 16-1 形式。

表 16-1　　主成分分析的原始数据

样 品 号	观 测 指 标			
	x_1	x_2	$\cdots$	x_k
1	x_{11}	x_{12}	$\cdots$	x_{1k}
2	x_{21}	x_{22}	$\cdots$	x_{2k}
$\vdots$	$\vdots$	$\vdots$	$\vdots$	$\vdots$
n	x_{n1}	x_{n2}	$\cdots$	x_{nk}

计算步骤如下。

（1）对原始指标数据进行标准化变换：

$$X_{ij}=\frac{x_{ij}-\overline{x}_j}{s_j},j=1,2,\cdots,k$$

将原始数据标准化，然后利用标准化的数据计算主成分。X 为标准化后的数据矩阵，则：

$$X=\begin{bmatrix} X_{11} & X_{12} & \cdots & X_{1k} \\ X_{21} & X_{22} & \cdots & X_{2k} \\ \vdots & \vdots & \vdots & \vdots \\ X_{n1} & X_{n2} & \cdots & X_{nk} \end{bmatrix}$$

（2）计算相关系数矩阵：

$$R=Cov(X)=\begin{bmatrix} r_{11} & r_{12} & \cdots & r_{1k} \\ r_{21} & r_{22} & \cdots & r_{2k} \\ \vdots & \vdots & \vdots & \vdots \\ r_{k1} & r_{k2} & \cdots & r_{kk} \end{bmatrix}=\begin{bmatrix} 1 & r_{12} & \cdots & r_{1k} \\ r_{21} & 1 & \cdots & r_{2k} \\ \vdots & \vdots & \vdots & \vdots \\ r_{k1} & r_{k2} & \cdots & 1 \end{bmatrix}$$

其中，

$$r_{ij}=\frac{\sum_{k=1}^{n}(x_{ki}-\overline{x}_i)(x_{kj}-\overline{x}_j)}{\sqrt{\sum_{k=1}^{n}(x_{ki}-\overline{x}_i)^2\sum_{k=1}^{n}(x_{kj}-\overline{x}_j)^2}}$$

（3）计算相关矩阵的特征值和特征值所对应的特征向量。

求主成分的问题，实际上就是要求出标准化指标变量 X 的协方差矩阵 $Cov(X)$ 的特征值和特征向量。X 的协方差矩阵如下：

$$Cov(X)L = L \begin{bmatrix} Var(z_1) & & & 0 \\ & Var(z_2) & & \\ & & \ddots & \\ 0 & & & Var(z_k) \end{bmatrix}$$

其中，L 为主成分的因子载荷：

$$L = \begin{bmatrix} l_{11} & l_{12} & \cdots & l_{1k} \\ l_{21} & l_{22} & \cdots & l_{2k} \\ \vdots & \vdots & \vdots & \vdots \\ l_{k1} & l_{k2} & \cdots & l_{kk} \end{bmatrix}$$

由于 R 为半正定矩阵，故可由 R 的特征方程

$$|R - \lambda I| = 0$$

求得 k 个非负特征值 $\lambda_i (i = 1, 2, \cdots, k)$，将这些特征值按从小到大的顺序排列为：

$$\lambda_1 \geqslant \lambda_2 \geqslant \cdots \geqslant \lambda_k \geqslant 0$$

再由

$$\begin{cases} (R - \lambda_1 I)l_i = 0 \\ l_i' l_i = 1 \end{cases} \quad i = 1, 2, \cdots, k$$

解得每一个特征值对应的特征向量 $l_i = (l_{i1}, l_{i2}, \cdots, l_{ik})'$，从而求得各主成分：

$$z_i = l_i' X = l_{i1} X_1 - l_{i2} X_2 + \cdots + l_{ik} X_k, \quad i = 1, 2, \cdots, k$$

（4）计算主成分贡献率及累计贡献率。

各主成分互不相关，即 z_i 和 z_j 的相关系数：

$$r_{z_i, z_j} = \frac{Cov(z_i, z_j)}{\sqrt{Cov(z_i, z_i) \cdot Cov(z_j, z_j)}} = 0 \ (i \neq j)$$

于是，各主成分间的相关系数矩阵为单位矩阵。

一般来说，主成分 z_i 的贡献率为：

$$\frac{\lambda_i}{\sum\limits_{i=1}^{k} \lambda_i} = \frac{\lambda_i}{k} \qquad (i = 1, 2, \cdots, k)$$

而累积贡献率的计算方法为：

$$\sum_{i=1}^{p} \frac{\lambda_i}{k} \qquad (p \leqslant k)$$

（5）确定主成分的个数。

当得到了 k 个主成分后，要根据确定主成分个数的准则和主成分的实际意义来确定主成分的个数。一般来说，确定主成分个数的准则有两个。

● 以累积贡献率来确定：当前 P 个主成分的累积贡献率达到某一特定值时（一般采用 70%～85% 为准则），则保留前 P 个主成分。

● 根据特征值的大小来确定。一般来说，取特征值大于或等于 1 为准则。

若有 s 个特征值大于或等于 1，那么就可以确定主成分的个数为 s 个。一般可以将两种确定

主成分个数的方法结合起来，选出有实际意义的主成分。

（6）计算主成分载荷。

第 i 个主成分 Z_i 的特征值的平方根 $\sqrt{\lambda_i}$ 与第 j 原始指标 X_j 的系数 l_{ij} 的乘积为：

$$q_{ij} = \sqrt{\lambda_i}\, l_{ij}$$

上式为因子载荷。由因子载荷所构成的矩阵为因子载荷阵。实际上，因子载荷 q_{ij} 就是第 i 主成分 Z_i 与第 j 原始指标 X_j 之间的相关系数，它反映了主成分 Z_i 与原始指标 X_j 之间联系的密切程度与作用方向。

（7）计算主成分得分。

如果标准化指标变量 $X_1, X_2, \cdots, X_k$ 的第 i 个主成分是：

$$z_i = l_i'X = l_{i1}X_1 + l_{i2}X_2 + \cdots + l_{ik}X_k, \quad i = 1, 2, \cdots, k$$

其中，$X_{ij} = \dfrac{x_{ij} - \overline{x}_j}{s_j}, j = 1, 2, \cdots, k$，是 x_j 的标准化指标变量。那么，第 i 个主成分可以转换为原始指标变量的线性组合：

$$z_i = \frac{l_{i1}}{s_1}x_1 + \frac{l_{i2}}{s_2}x_2 + \cdots + \frac{l_{ik}}{s_k}x_k - \left(\frac{l_{i1}\overline{x}_1}{s_1} + \frac{l_{i2}\overline{x}_2}{s_2} + \cdots + \frac{l_{ik}\overline{x}_k}{s_k} \right), i = 1, 2, \cdots, k$$

将每一个样本的 k 个指标变量以及它们的均值和标准差代入上式，就可以得到每一个样本主成分得分。

16.1.3　主成分分析的应用

研究多个指标变量之间的依存关系，是医学研究中很重要的一件事情。但是，在研究多个指标变量之间的依存关系时，经常会遇到两个问题。

● 指标变量过多，使得分析的难度增加。

● 变量之间的共线性存在，即变量之间不完全独立，这种情况易造成分析结果不稳定或不正确。

因此，解决自变量之间的多重共线性和减少变量个数对依存关系的分析就很重要了。

根据主成分分析原理，它一方面可以将 k 个不独立的指标变量通过线性变换变成 k 个相互独立的新变量，这是解决多重共线性问题的一个重要方法。另一方面，主成分分析可以用较少的变量取代较多的不独立的原变量，减少分析中变量的个数。概括地说，主成分分析有以下 3 个方面的应用。

（1）对原始指标进行综合：主成分分析的主要作用是在基本保留原始指标信息的前提下，以互不相关的较少个数的综合指标来反映原来指标所提供的信息。

例如，若将多个存在共线性的自变量引入回归方程，由于共线性的存在，建立的回归方程具有不稳定性，严重时可以导致错误结论。若采用逐步回归，则需要删除一些自变量，这也有悖初衷。如果将主成分分析和多元线性回归结合使用，则可解决这类问题。具体做法是：先对多个自变量作主成分分析，求出少数几个主成分，然后以求得的主成分为自变量与因变量建立回归方程。这样，即可减少回归分析中自变量的个数，而且作为自变量的主成分互不相关，保证了方程的稳定性。而主成分是原始变量的线性组合，可以将自变量引入回归方程，得到因变量与各原始变量之间的线性回归方程。

（2）探索多个原始指标对个体特征的影响：对于多个原始指标，求出主成分后，可以利用因子载荷阵的结构，进一步探索各主成分与多个原始指标之间的相互关系，分析各原始指标对各主成分的影响作用。

（3）对样本进行分类：求出主成分后，如果各主成分的专业意义较为明显，可以利用各样品的主成分得分来进行样品的分类。

> **重点提示**：了解主成分分析的基本原理和数学模型，熟悉主成分分析的方法步骤。掌握主成分的应用，包括对原始指标进行综合、探索多个原始指标对个体特征的影响、对样本进行分类（将在第 18 章介绍）。

16.2 R 中的主成分分析实例

R 的基础安装包提供了主成分分析的函数——princomp()。本章我们将重点介绍 psych 包中提供的函数，它们提供了比基础函数更丰富和有用的选项。另外，输出的结果形式也更熟悉，与其他统计软件如（SAS 和 SPSS）所提供的输出十分相似。

以下列出了 psych 包中相关度最高的函数，在使用这些函数需要确保已安装该软件包。

- principal()：含多种可选的方差旋转方法的主成分分析。
- fa.parallel()：含平行分析的碎石图。
- factor.plot()：绘制因子分析或主成分分析的结果。
- fa.diagram()：绘制因子分析或主成分的载荷矩阵。
- scree()：因子分析和主成分分析的碎石图。

principal()函数可以根据原始数据矩阵或者相关系数矩阵做主成分分析。格式为：

```
principal(r, nfactors, rotate, scores)
```

- r 是相关系数矩阵或原始数据矩阵。
- nfactors 设定主成分数（默认为 1）。
- rotate 指定旋转的方法，默认最大方差旋转（varimax）。
- scores 设定是否需要计算主成分得分，默认不需要。

例 16-1 某医学院测得 20 例肝病患者的 4 项肝功能指标：SGPT（转氨酶）、肝大指数、ZnT（硫酸锌浊度）和 AFP（胎甲球蛋白），分别用 $X_1 \sim X_4$ 表示，研究数据见表 16-2，试进行主成分分析。

表 16-2　　　　　　　　　　　20 例肝病患者的 4 项肝功能指标的观测值

患 者 编 号	转氨酶 X_1	肝大指数 X_2	硫酸锌浊度 X_3	胎甲球蛋白 X_4
1	40	2.0	5	20
2	10	1.5	5	30
3	120	3.0	13	50
4	250	4.5	18	0
5	120	3.5	9	50
6	10	1.5	12	50
7	40	1.0	19	40
8	270	4.0	13	60
9	280	3.5	11	60
10	170	3.0	9	60

续表

患 者 编 号	转氨酶 X_1	肝大指数 X_2	硫酸锌浊度 X_3	胎甲球蛋白 X_4
11	180	3.5	14	40
12	130	2.0	30	50
13	220	1.5	17	20
14	160	1.5	35	60
15	220	2.5	14	30
16	140	2.0	20	20
17	220	2.0	14	10
18	40	1.0	10	0
19	20	1.0	12	60
20	120	2.0	20	0

【R 程序】

```
> install.packages("psych")
> library(psych)
> example16_1 <- read.table ("example16_1.csv", header=TRUE, sep=",")
> example16_1
> describe(example16_1)
> pc <- principal(example16_1, nfactors=4, rotate= "varimax", score=TRUE)
> pc
> pc$weights
> pc$scores
> fa.parallel(example16_1, fa="pc", n.iter=100, show.legend=FALSE, main="Screen plo
t with parallel analysis")
> pc2 <- principal(example16_1, nfactors=3, rotate= "varimax", score=TRUE)
> pc2
> pc2$weights
> pc2$scores
```

【R 输出结果】

①
```
    x1  x2 x3 x4
1    40 2.0  5 20
2    10 1.5  5 30
3   120 3.0 13 50
4   250 4.5 18  0
5   120 3.5  9 50
6    10 1.5 12 50
7    40 1.0 19 40
8   270 4.0 13 60
9   280 3.5 11 60
10  170 3.0  9 60
11  180 3.5 14 40
12  130 2.0 30 50
13  220 1.5 17 20
14  160 1.5 35 60
15  220 2.5 14 30
16  140 2.0 20 20
17  220 2.0 14 10
18   40 1.0 10  0
19   20 1.0 12 60
20  120 2.0 20  0
```
②
```
   vars  n   mean    sd median trimmed   mad min   max range  skew kurtosis    se
x1    1 20 138.00 88.89  135.0  136.88 126.02  10 280.0 270.0 -0.02    -1.39 19.88
x2    2 20   2.33  1.05    2.0    2.25   1.11   1   4.5   3.5  0.47    -1.08  0.24
x3    3 20  15.00  7.42   13.5   14.06   5.93   5  35.0  30.0  1.11     0.89  1.66
x4    4 20  35.50 21.88   40.0   36.88  29.65   0  60.0  60.0 -0.36    -1.40  4.89
```

③
```
Principal Components Analysis
Call: principal(r = example16_1, nfactors = 4, rotate = "varimax",
    scores = TRUE)
Standardized loadings (pattern matrix) based upon correlation matrix
      PC2   PC3   PC4  PC1 h2      u2 com
x1   0.15 -0.01  0.39 0.91  1  3.3e-16 1.4
x2  -0.12  0.08  0.91 0.39  1 -1.3e-15 1.4
x3   0.99  0.04 -0.08 0.11  1 -2.0e-15 1.0
x4   0.04  1.00  0.06 0.00  1 -4.4e-16 1.0

                      PC2  PC3  PC4  PC1
SS loadings          1.02 1.00 0.99 0.99
Proportion Var       0.25 0.25 0.25 0.25
Cumulative Var       0.25 0.51 0.75 1.00
Proportion Explained 0.25 0.25 0.25 0.25
Cumulative Proportion 0.25 0.51 0.75 1.00

Mean item complexity =  1.2
Test of the hypothesis that 4 components are sufficient.

The root mean square of the residuals (RMSR) is  0
 with the empirical chi square  0  with prob <  NA

Fit based upon off diagonal values = 1
```
④
```
          PC2          PC3          PC4          PC1
x1 -0.21667965  0.04806157 -0.6480629  1.42347994
x2  0.19740060 -0.09585225  1.4175445 -0.65180636
x3  1.07050136 -0.05785213  0.2773264 -0.30315472
x4 -0.05976106  1.01321520 -0.1323095  0.07475856
```
⑤
```
           PC2          PC3          PC4          PC1
 [1,] -1.22236895 -0.6632920 -0.001969421 -1.012948065
 [2,] -1.27013012 -0.1709721 -0.515928423 -1.150222906
 [3,] -0.15795389  0.6160184  0.875636175 -0.574127720
 [4,]  0.66383847 -1.8045035  2.434169955  0.205642358
 [5,] -0.64148647  0.6017683  1.398109498 -0.719682249
 [6,] -0.31481766  0.7006536 -0.375695196 -1.367889062
 [7,]  0.55573129  0.2446310 -0.944059645 -0.898647334
 [8,] -0.36376583  1.0693491  1.065276333  1.244219970
 [9,] -0.77027415  1.1357886  0.245634265  1.795064812
[10,] -0.88426156  1.1373441  0.300887176  0.424189607
[11,] -0.03904560  0.1321225  1.208248238  0.002719303
[12,]  2.08323075  0.5797522  0.094172859 -0.490595789
[13,] -0.02339886 -0.6140925 -1.537770774  1.688323900
[14,]  2.61059593  1.0655288 -0.570349608  0.128700246
[15,] -0.29639175 -0.2184754 -0.366642306  1.227095020
[16,]  0.69802401 -0.7261778 -0.170396495 -0.024382132
[17,] -0.33533955 -1.0992422 -0.917218442  1.467742218
[18,] -0.63350682 -1.5376056 -1.037642075 -0.667604168
[19,] -0.46008579  1.2146014 -1.181285858 -0.864590555
[20,]  0.80140655 -1.6631969  0.096823743 -0.413007455
```
⑥

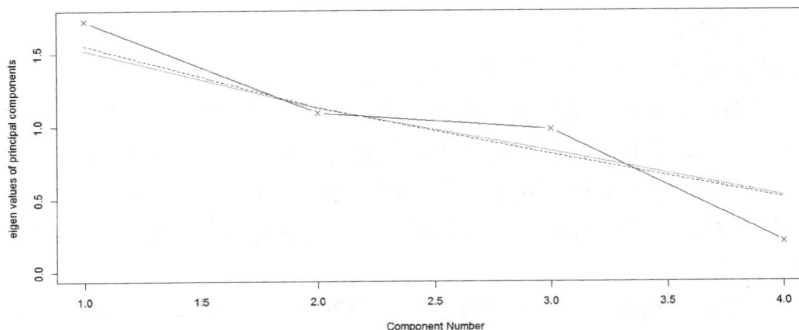

Screen plot with parallel analysis

⑦
```
Principal Components Analysis
Call: principal(r = example16_1, nfactors = 3, rotate = "varimax",
        scores = TRUE)
Standardized loadings (pattern matrix) based upon correlation matrix
     PC1   PC2   PC3   h2   u2   com
x1 0.92  0.25 -0.04 0.91 0.092 1.2
x2 0.92 -0.21  0.12 0.91 0.091 1.1
x3 0.02  0.99  0.04 0.98 0.021 1.0
x4 0.04  0.04  1.00 1.00 0.003 1.0

                           PC1  PC2  PC3
SS loadings                1.69 1.09 1.01
Proportion Var             0.42 0.27 0.25
Cumulative Var             0.42 0.70 0.95
Proportion Explained       0.45 0.29 0.27
Cumulative Proportion 0.45 0.73 1.00

Mean item complexity =  1.1
Test of the hypothesis that 3 components are sufficient.

The root mean square of the residuals (RMSR) is  0.05
 with the empirical chi square  0.51  with prob <  NA

Fit based upon off diagonal values = 0.98
```
⑧
```
          PC1            PC2           PC3
x1  0.54319308   0.210539667 -0.112835478
x2  0.54661649  -0.225770885  0.064933341
x3 -0.01904917   0.908929521  0.004574364
x4 -0.04194133  -0.001263982  0.990487771
```
⑨
```
          PC1            PC2           PC3
 [1,] -0.71191916 -1.38667483 -0.6034782
 [2,] -1.17353980 -1.35128484 -0.1434625
 [3,]  0.21715409 -0.43295998  0.7196075
 [4,]  1.87195852  0.16927660 -1.6135630
 [5,]  0.48654460 -1.02999137  0.7479228
 [6,] -1.22985093 -0.49493025  0.7662825
 [7,] -1.30444395  0.54124111  0.2490196
 [8,]  1.63287530 -0.29229924  1.0434728
 [9,]  1.43999887 -0.40659046  0.9987643
[10,]  0.51380335 -0.80511350  1.1063855
[11,]  0.85953715 -0.27479058  0.2221259
[12,] -0.28362326  1.88730169  0.6558314
[13,]  0.09813009  0.61671575 -0.8553559
[14,] -0.39142116  2.67731475  1.0427648
[15,]  0.60490451  0.03458241 -0.3429280
[16,] -0.13933032  0.68770650 -0.7211719
[17,]  0.38412304  0.14276351 -1.2791387
[18,] -1.20465850 -0.55896091 -1.5673877
[19,] -1.44703188 -0.36479632  1.1755216
[20,] -0.22321057  0.64148997 -1.6012129
```

【结果解释】

① 显示用于分析的原始数据集。

② 是所有原始指标变量的简单统计量,包括均值和标准差。

③ 由于主成分分析只对相关系数矩阵进行分析,在获取主成分前,原始数据将会被自动转换为相关系数矩阵。给出了由相关系数矩阵计算出来的成分载荷、成分公因子方差和成分唯一性。成分载荷指观测变量与主成分的相关系数,本例包括 PC1、PC2、PC3 和 PC4。可以看出,第一主成分和第四主成分与变量 x_1 和 x_4 高度相关;第二主成分与变量 x_2 高度相关;第三主成分与变量 x_4 高度相关。

h2 栏成分公因子方差指主成分对每个变量的方差解释度。可以看出,每个变量都基本被 4

个主成分 100%解释。u2 栏指成分唯一性，方差无法被主成分解释的比例。

SS loading 行包含了与主成分相关联的特征值，指的是与特定主成分相关联的标准化后的方差值（本例中，4 个主成分的值为 1）。最后，Proportion Var 行表示的是每个主成分对整个数据集的解释程度。可以看出，每个主成分解释了 25%方差。

④ 输出了全部特征值对应的特征向量，它们是线性无关的单位向量。第 1 列表示了第二主成分 Z_2 的得分系数，第 2 列表示了第四主成分 Z_3 的得分系数，第 3 列表示了第四主成分 Z_4 的得分系数，第 4 列表示了第一主成分 Z_1 的得分系数。据此可以写出由标准化变量所表达的各主成分的关系式，即：

$$Z_1 = 1.42347994X_1 - 0.65180636X_2 - 0.30315472X_3 + 0.07475856X_4$$
$$Z_2 = -0.21667965X_1 + 0.19740060X_2 + 1.07050136X_3 - 0.05976106X_4$$
$$Z_3 = 0.04806157X_1 - 0.09585225X_2 - 0.05785213X_3 + 1.01321520X_4$$
$$Z_4 = -0.6480629X_1 + 1.4175445X_2 + 0.2773264X_3 - 0.1328095X_4$$

其中，X_i 是标准指标变量（均数为 0，标准差为 1），$X_i = \dfrac{x_i - \overline{x}}{s_i}, i = 1, 2, 3, 4$。

在各主成分的表达式中，各标准化指标 X_i 前面的系数与该主成分所对应的特征值之平方根的乘积是该主成分与该指标之间的相关系数。

系数的绝对值越大，说明该主成分受该指标的影响也就越大。因此，决定第一主成分 Z_1 大小的主要为 X_1 和 X_2，即 SGPT 和肝大指数；决定第二主成分 Z_2 大小的主要为 X_3，即 ZnT；决定第三主成分 Z_3 大小的主要为 X_4，即 AFP；决定第四主成分大小的主要为 X_1 和 X_2，但作用相反。这提示：Z_1 指向急性炎症；Z_2 指向慢性炎症；Z_3 指向原发性肝癌可疑；Z_4 贡献率很小，仅作参考，它可能指向其他肝病。

⑤ 为主成分得分。当 scores=TRUE 时，主成分得分存储在 principal()函数返回对象的 scores 元素中。例如，第 1 个样本的第一主成分的得分是：

$$Z_1 = 1.42347994X_1 - 0.65180636X_2 - 0.30315472X_3 + 0.07475856X_4$$
$$= 1.42347994(x_1 - 138)/88.89 - 0.65180636(x_2 - 2.33)/1.05$$
$$- 0.30315472(x_3 - 15)/7.42 + 0.07475856(x_4 - 35.5)/21.88$$
$$= 1.42347994 \times (40 - 138)/88.89 - 0.65180636 \times (2.0 - 2.33)/1.05$$
$$- 0.30315472 \times (5 - 15)/7.42 + 0.07475856 \times (20 - 35.5)/21.88$$
$$= -1.012948065$$

⑥ Kaiser-Harris 准则建议保留特征值大于 1 的主成分，特征值小于 1 的成分所解释的方差比包含在单个变量中的方差更少。Cattell 碎石检验则绘制了特征值与主成分数的图形。这类图形可以清晰地展示图形弯曲状况，在图形变化最大处之上的主成分都可保留。还可以进行模拟，依据与初始矩阵相同大小的随机数据矩阵来判断要提取的特征值。若基于真实数据的某个特征值大于一组随机数据矩阵相应的平均特征值，那么该主成分可以保留。该方法称作平行分析。

利用 fa.parallel()函数，可以同时对 3 种特征值判别准则进行评价。图形展示了基于观测特征值的碎石检验（由线段和 x 符号组成）、特征值均值（虚线），以及大于 1 的特征值准则（$y=1$ 的水平线）。碎石图（直线与 x 符号）、特征值大于 1 准则（水平线）和 100 次模拟的平行分析（虚线）都表明保留 3 个主成分即可。

⑦ 给出了 3 个主成分时由相关系数矩阵计算出来的成分载荷、成分公因子方差和成分唯一性。成分载荷指观测变量与主成分的相关系数，本例包括 PC1、PC2 和 PC3。可以看出，第一主成分与变量 x_1 和 x_2 高度相关；第二主成分与变量 x_3 高度相关；第三主成分与变量 x_4 高度相关。

h2 栏成分公因子方差指主成分对每个变量的方差解释度。可以看出，变量 x_1 被 3 个主成分解释的比例为 91%。u2 栏指成分唯一性，方差无法被主成分解释的比例。

　　SS loading 行包含了与主成分相关联的特征值，指的是与特定主成分相关联的标准化后的方差值（本例中，第一个主成分的值为 1.69）。最后，Proportion Var 行表示的是每个主成分对整个数据集的解释程度。可以看出，第一个主成分解释了 4 个变量 45% 的方差。

　　⑧ 输出了 3 个主成分时全部特征值对应的特征向量。

　　⑨ 输出了 3 个主成分时的主成分得分。

【分析结论】

　　从⑥和⑦可知，前两个特征值大于 1，第 3 个特征值接近于 1，第 4 个特征值远小于 1。前 3 个主成分的累积贡献率达到 95%，即前 3 个主成分就包含了原来 4 个指标 95% 的信息。因此，确定主成分的个数为 3 比较合理。碎石图（直线与 x 符号）、特征值大于 1 准则（水平线）和 100 次模拟的平行分析（虚线）都表明保留 3 个主成分即可。

　　由⑧可知前 3 个主成分的表达式为：

$$Z_1 = 0.54319308X_1 + 0.54661649X_2 - 0.01904917X_3 - 0.04194133X_4$$

$$Z_2 = 0.210539667X_1 - 0.225770885X_2 + 0.908929521X_3 - 0.001263982X_4$$

$$Z_3 = -0.112835478X_1 + 0.064933341X_2 + 0.004574364X_3 + 0.990487771X_4$$

　　其中 X_i 是标准指标变量，$X_i = \dfrac{x_i - \overline{x}}{s_i}, i = 1, 2, 3, 4$。

　　在第一主成分 Z_1 中，指标 X_1 和 X_2 对 Z_1 的影响最大，因此，第一主成分是反映 SGPT 和肝大指数的综合指标，即第一主成分可以作为急性肝炎炎症的描述指标。在第二主成分 Z_2 中，指标 X_3 对 Z_2 的影响最大，因此，第二主成分反映的是硫酸锌浊度指标（ZnT），即第二主成分可以作为慢性肝炎炎症的描述指标。在第三主成分 Z_3 中，指标 X_4 对 Z_3 的影响最大，因此，第三主成分反映的是胎甲球蛋白指标，即第三主成分可以作为原发性肝癌可疑的描述指标。Z_4 贡献率很小，仅作参考，它可能指向其他肝病。

　　将主成分表达式中的标准指标变量转换为原始指标变量，即进行变量代换：

$$X_1 = (x_1 - 138)/88.888$$

$$X_2 = (x_2 - 2.325)/1.0548$$

$$X_3 = (x_3 - 15)/7.4197$$

$$X_4 = (x_4 - 35.5)/21.8789$$

　　即可得到关于原始指标变量的主成分表达式。

　　除了减少自变量的个数外，主成分分析可以用来解决自变量共线性的问题。线性回归分析要求自变量是相互独立的，但是在实际应用中，经常会遇到自变量相关的问题。这时，一个好的可行的方法就是借助于主成分分析，用主成分回归来求回归系数。即先用主成分分析法计算出主成分表达式和主成分得分变量，而主成分得分变量是相互独立的，因此可以将因变量对主成分得分变量回归，然后将主成分的表达式代回到回归模型中，即可得到标准化自变量与因变量的回归模型，最后将标准化自变量转为原始自变量。具体步骤如下。

　　（1）用主成分分析法计算出主成分表达式和主成分得分变量（将贡献小的主成分舍去），即求得 $Z=WX$。

　　（2）用回归分析法将因变量对主成分得分变量进行回归，得到因变量关于主成分得分变量的回归模型，即求得 $y=AZ$。

　　（3）将主成分的表达式代回到回归模型中，可得到标准化自变量与因变量的回归模型，即得到 $y = AZ = A(WX) = BX$。

（4）将标准化自变量转换为原始自变量，可得到原始自变量与因变量的回归模型，即得到 $y= BX=Cx$。

例 16-2 某学校 20 名一年级女大学生体重（kg）、胸围（cm）、肩宽（cm）及肺活量（L）实测值如表 16-3 所示，试对影响女大学生肺活量的有关因素作多元回归分析。

表 16-3   **20 名一年级女大学生肺活量及有关变量测量结果**

编 号	体重（kg）	胸围（cm）	肩宽（cm）	肺活量（L）
1	51.3	73.6	36.4	2.99
2	48.9	83.9	34.0	3.11
3	42.8	78.3	31.0	1.91
4	55.0	77.1	31.0	2.63
5	45.3	81.7	30.0	2.86
6	45.3	74.8	32.0	1.91
7	51.4	73.7	36.5	2.98
8	53.8	79.4	37.0	3.28
9	49.0	72.6	30.1	2.52
10	53.9	79.5	37.1	3.27
11	48.8	83.8	33.9	3.10
12	52.6	88.4	38.0	3.28
13	42.7	78.2	30.9	1.92
14	52.5	88.3	38.1	3.27
15	55.1	77.2	31.1	2.64
16	45.2	81.6	30.2	2.85
17	51.4	78.3	36.5	3.16
18	48.7	72.5	30.0	2.51
19	51.3	78.2	36.4	3.15
20	45.2	74.7	32.1	1.92

（1）检验自变量的共线性。

【R 程序】

```
> install.packages("car")
> library(car)
> example16_2  <- read.table ("example16_2.csv", header=TRUE, sep=",")
> example16_2
> fit  <- lm(y~x1+x2+x3, data=example16_2)
> summary(fit)
> vif(fit)
```

【R 输出结果】

①

```
    x1   x2   x3    y
1  51.3 73.6 36.4 2.99
2  48.9 83.9 34.0 3.11
3  42.8 78.3 31.0 1.91
4  55.0 77.1 31.0 2.63
5  45.3 81.7 30.0 2.86
6  45.3 74.8 32.0 1.91
7  51.4 73.7 36.5 2.98
8  53.8 79.4 37.0 3.28
```

```
9   49.0 72.6 30.1 2.52
10  53.9 79.5 37.1 3.27
11  48.8 83.8 33.9 3.10
12  52.6 88.4 38.0 3.28
13  42.7 78.2 30.9 1.92
14  52.5 88.3 38.1 3.27
15  55.1 77.2 31.1 2.64
16  45.2 81.6 30.2 2.85
17  51.4 78.3 36.5 3.16
18  48.7 72.5 30.0 2.51
19  51.3 78.2 36.4 3.15
20  45.2 74.7 32.1 1.92
②
Call:
lm(formula = y ~ x1 + x2 + x3, data = example16_2)

Residuals:
     Min      1Q  Median      3Q     Max
 -0.3749 -0.2747  0.1042  0.1820  0.4277

Coefficients:
             Estimate Std. Error t value Pr(>|t|)
(Intercept) -4.71489    1.30082  -3.625  0.00228 **
x1           0.06091    0.02050   2.971  0.00901 **
x2           0.03563    0.01531   2.327  0.03339 *
x3           0.04924    0.02866   1.718  0.10507
---
Signif. codes:  0 '***' 0.001 '**' 0.01 '*' 0.05 '.' 0.1 ' ' 1

Residual standard error: 0.2853 on 16 degrees of freedom
Multiple R-squared:  0.7251,    Adjusted R-squared:  0.6736
F-statistic: 14.07 on 3 and 16 DF,  p-value: 9.464e-05
③
     x1       x2       x3
1.533050 1.212454 1.793403
```

【结果解释】

① 显示原始数据集。

② 为参数估计和参数假设检验结果。从参数估计检验结果中得知，变量 x_1（$P=0.0090$）和 x_2（$P=0.0334$）的偏回归系数与零有显著性差异，变量 x_3 的偏回归系数与 0 没有显著性差异。

③ 为共线性诊断。多重共线性可用统计量方差膨胀因子（VIF）进行检测。VIF 的平方根表示变量回归参数的置信区间能膨胀为与模型无关的预测变量的程度。x_3 的 VIF 较大，因此这个变量可能有共线性。

下面用主成分回归分析法分析这个数据。

（2）用主成分分析求主成分和主成分得分变量。

【R 程序】

```
> library(psych)
> describe(example16_2)
> fa.parallel(example16_2[-4], fa="pc", n.iter=100, show.legend=FALSE, main="Screen
plot with parallel analysis")
> pc <-  principal(example16_2[-4], nfactors=2, rotate= "varimax", score=TRUE)
> pc
> pc$weights
> pc$scores
```

【R 输出结果】

①
	vars	n	mean	sd	median	trimmed	mad	min	max	range	skew	kurtosis	se
x1	1	20	49.51	3.95	50.15	49.66	4.52	42.70	55.10	12.40	-0.28	-1.30	0.88
x2	2	20	78.79	4.71	78.25	78.38	5.11	72.50	88.40	15.90	0.55	-0.65	1.05
x3	3	20	33.62	3.06	33.00	33.51	4.37	30.00	38.10	8.10	0.16	-1.78	0.68
y	4	20	2.76	0.50	2.92	2.81	0.47	1.91	3.28	1.37	-0.69	-1.04	0.11

②

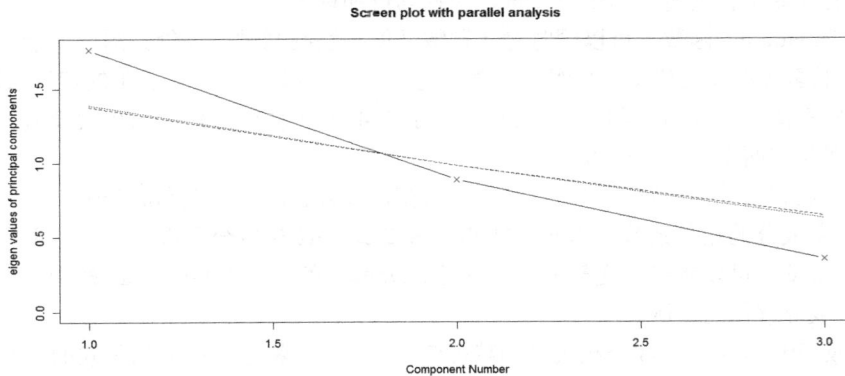

Screen plot with parallel analysis

③
```
Principal Components Analysis
Call: principal(r = example16_2[-4], nfactors = 2, rotate = "varimax",
    scores = TRUE)
Standardized loadings (pattern matrix) based upon correlation matrix
    PC1   PC2   h2   u2  com
x1 0.94 -0.04 0.88 0.12 1.0
x2 0.10  0.97 0.96 0.04 1.0
x3 0.80  0.42 0.81 0.19 1.5

                         PC1  PC2
SS loadings             1.52 1.12
Proportion Var          0.51 0.37
Cumulative Var          0.51 0.88
Proportion Explained    0.58 0.42
Cumulative Proportion   0.58 1.00

Mean item complexity =  1.2
Test of the hypothesis that 2 components are sufficient.

The root mean square of the residuals (RMSR) is  0.11
 with the empirical chi square  1.43  with prob <  NA

Fit based upon off diagonal values = 0.93
```
④
```
          PC1         PC2
x1  0.6844785 -0.2750477
x2 -0.1716167  0.9268662
x3  0.4714891  0.2054222
```
⑤
```
           PC1          PC2
 [1,]  0.9284132 -0.95922278
 [2,] -0.2325409  1.07426220
 [3,] -1.5470885  0.19479692
 [4,]  0.6091329 -0.89030666
 [5,] -1.3922781  0.62301923
 [6,] -0.8324830 -0.60100895
 [7,]  0.9574979 -0.93977873
 [8,]  1.2423717  0.04892078
 [9,] -0.4044938 -1.41914949
[10,]  1.2714564  0.06836483
[11,] -0.2616256  1.05431815
[12,]  0.8606755  1.97132888
[13,] -1.5761732  0.17535287
[14,]  0.8624195  1.96531651
[15,]  0.6382176 -0.87086261
[16,] -1.3751199  0.62372270
[17,]  0.7898256 -0.03421541
[18,] -0.4682093 -1.42467765
[19,]  0.7607409 -0.05365946
[20,] -0.8307390 -0.60702132
```

【结果解释】

① 为所有原始指标变量的简单统计量，包括均值和标准差。

② 利用 fa.parallel()函数，可以同时对 3 种特征值判别准则进行评价。图形展示了基于观测特征值的碎石检验（由线段和 x 符号组成）、特征值均值（虚线），以及大于 1 的特征值准则（$y=1$ 的水平线）。碎石图（直线与 x 符号）、特征值大于 1 准则（水平线）和 100 次模拟的平行分析（虚线）都表明保留两个主成分即可。

③ 给出了由相关系数矩阵计算出来的成分载荷、成分公因子方差和成分唯一性。成分载荷指观测变量与主成分的相关系数，本例包括 PC1 和 PC2。h2 栏成分公因子方差指主成分对每个变量的方差解释度。可以看出，变量 x_2 被两个主成分解释的比例为 96%。u2 栏指成分唯一性，方差无法被主成分解释的比例。

SS loading 行包含了与主成分相关联的特征值，指的是与特定主成分相关联的标准化后的方差值（本例中，第一主成分的值为 1.52）。最后，Proportion Var 行表示的是每个主成分对整个数据集的解释程度。可以看出，第 1 个主成分解释了 58%方差，第 2 个主成分解释了 42%方差。

④ 输出了全部特征值对应的特征向量（Eigenvectors），它们是线性无关的单位向量。第 1 列表示了第一主成分 Z_1 的得分系数，第 2 列表示了第二主成分 Z_2 的得分系数。据此可以写出由标准化变量所表达的各主成分的关系式，即

$$Z_1=0.6844785X_1-0.1716167X_2+0.4714891X_3$$
$$Z_2=-0.2750477X_1+0.9268662X_2+0.2054222X_3$$

其中，X_i 是标准指标变量，$X_i=\dfrac{x_i-\overline{x}}{s_i}, i=1,2,3$。

在各主成分的表达式中，各标准化指标 X_i 前面的系数与该主成分所对应的特征值之平方根的乘积是该主成分与该指标之间的相关系数。

⑤ 输出关于样本的输出结果，包括主成分得分。

（3）用回归分析将因变量 y 对前两个主成分得分变量 Z_1 和 Z_2 回归。

【R 程序】

```
> newdata <- data.frame(example16_2,  pc$scores)
> newdata
> fit   <- lm(y~ PC1+PC2, data=newdata)
> summary(fit)
```

【R 输出结果】

①

```
     x1   x2   x3   y       PC1          PC2
1  51.3 73.6 36.4 2.99  0.9284132 -0.95922278
2  48.9 83.9 34.0 3.11 -0.2325409  1.07426220
3  42.8 78.3 31.0 1.91 -1.5470885  0.19479692
4  55.0 77.1 31.0 2.63  0.6091329 -0.89030666
5  45.3 81.7 30.0 2.86 -1.3922781  0.62301923
6  45.3 74.8 32.0 1.91 -0.8324830 -0.60100895
7  51.4 73.7 36.5 2.98  0.9574979 -0.93977873
8  53.8 79.4 37.0 3.28  1.2423717  0.04892078
9  49.0 72.6 30.1 2.52 -0.4044938 -1.41914949
10 53.9 79.5 37.1 3.27  1.2714564  0.06836483
11 48.8 83.9 33.9 3.10 -0.2616256  1.05481815
12 52.6 88.4 38.0 3.28  0.8606755  1.97132888
13 42.7 78.2 30.9 1.92 -1.5761732  0.17535287
14 52.5 88.3 38.1 3.27  0.8624195  1.96531651
15 55.1 77.2 31.1 2.64  0.6382176 -0.87086261
16 45.2 81.6 30.2 2.85 -1.3751199  0.62372270
17 51.4 78.3 36.5 3.16  0.7898256 -0.03421541
18 48.7 72.5 30.0 2.51 -0.4682093 -1.42467765
```

```
19 51.3 78.2 36.4 3.15  0.7607409 -0.05365946
20 45.2 74.7 32.1 1.92 -0.8307390 -0.60702132
②
Call:
lm(formula = y ~ PC1 + PC2, data = newdata)

Residuals:
     Min      1Q   Median      3Q      Max
-0.42139 -0.22313  0.06444  0.20047  0.46719

Coefficients:
            Estimate Std. Error t value Pr(>|t|)
(Intercept)  2.76300    0.06312  43.775  < 2e-16 ***
PC1          0.36253    0.06476   5.598  3.2e-05 ***
PC2          0.21598    0.06476   3.335  0.00392 **
---
Signif. codes:  0 '***' 0.001 '**' 0.01 '*' 0.05 '.' 0.1 ' ' 1

Residual standard error: 0.2823 on 17 degrees of freedom
Multiple R-squared: 0.7141,    Adjusted R-squared:  0.6805
F-statistic: 21.23 on 2 and 17 DF,  p-value: 2.386e-05
```

【结果解释】

① 将主成分得分整合到原始数据框中，形成新的数据框。

② 为参数检验结果。结果说明参数 α 和 β_1 及 β_2 都有显著性意义（<0.1）。因此，因变量 y 在主成分上的线性回归方程是：

$$y = 2.76300 + 0.36253*PC1 + 0.21598*PC2$$

（4）将主成分 Z_1 和 Z_2 的表达式代回到上述回归模型中，得到如下因变量 y 对标准自变量 $X_1 \sim X_3$ 的线性回归模型：

$$y = 2.76300 + 0.36253*(0.6844785X_1 - 0.1716167X_2 + 0.4714891X_3)$$
$$+0.21598*(-0.2750477X_1 + 0.9268662X_2 + 0.2054222X_3)$$
$$=2.76300 + 0.18873988 X_1 + 0.13796836 X_2 + 0.21529603 X_3$$

其中，X_i 是标准指标变量，$i = 1, 2, 3$。

（5）将标准自变量还原为原始自变量，得到因变量 y 对原始自变量的回归模型

因为原始自变量的均值和标准差为：

	x1	x2	x3
Mean	49.51000000	78.79000000	33.61500000
StD	3.95300019	4.70821231	3.05877082

所以，变量的代换公式为：

$$X_1 = (x_1 - 49.51000)/3.95300019$$
$$X_2 = (x_2 - 78.79000)/4.70821231$$
$$X_3 = (x_3 - 33.615000)/3.05877082$$

将它们代入上面的回归方程，得到因变量 y 关于原始自变量 $x_1 \sim x_3$ 的线性回归方程：

$$y = -4.275779446 + 0.047745808x_1 + 0.029303768x_2 + 0.070386453x_3$$

这就是用主成分回归分析方法求得的线性回归模型。

例 16-3 调查美国 50 个州 7 种犯罪率，见表 16-4，其中给出的是美国 50 个州每 100 000 个人中 7 种犯罪的比率数据。这 7 种犯罪是：murder（杀人罪）、rape（强奸罪）、robbery（抢劫罪）、assault（斗殴罪）、burglary（夜盗罪）、larceny（偷盗罪）和 auto（汽车犯罪），试作主成份分析。很难根据这 7 个变量来直接评价各州的治安和犯罪情况，而使用主成分分析却可以把这些变量概括为两个或三个综合变量（即主成分），以便较简便地进行分析。

表 16-4　　　　　　　　　　　　　　美国 50 个州 7 种犯罪率数据

州	杀人罪	强奸罪	抢劫罪	斗殴罪	夜盗罪	偷盗罪	汽车犯罪
ALABAMA	14.2	25.2	96.8	278.3	1135.5	1881.9	280.7
ALASKA	10.8	51.6	96.8	284.0	1331.7	3369.8	753.3
ARIZONA	9.5	34.2	138.2	312.3	2346.1	4467.4	439.5
ARKANSAS	8.8	27.6	83.2	203.4	972.6	1862.1	183.4
CALIFORNIA	11.5	49.4	287.0	358.0	2139.4	3499.8	663.5
COLORADO	6.3	42.0	170.7	292.9	1935.2	3903.2	477.1
CONNECTICUT	4.2	16.8	129.5	131.8	1346.0	2620.7	593.2
DELAWARE	6.0	24.9	157.0	194.2	1682.6	3678.4	467.0
FLORIDA	10.2	39.6	187.9	449.1	1859.9	3840.5	351.4
GEORGIA	11.7	31.1	140.5	256.5	1351.1	2170.2	297.9
HAWAII	7.2	25.5	128.0	64.1	1911.5	3920.4	489.4
IDAHO	5.5	19.4	39.6	172.5	1050.8	2599.6	237.6
ILLINOIS	9.9	21.8	211.3	209.0	1085.0	2828.5	528.6
INDIANA	7.4	26.5	123.2	153.5	1086.2	2498.7	377.4
IOWA	2.3	10.6	41.2	89.8	812.5	2685.1	219.9
KANSAS	6.6	22.0	100.7	180.5	1270.4	2739.3	244.3
KENTUCKY	10.1	19.1	81.1	123.3	872.2	1662.1	245.4
LOUISIANA	15.5	30.9	142.9	335.5	1165.5	2469.9	337.7
MAINE	2.4	13.5	38.7	170.0	1253.1	2350.7	246.9
MARYLAND	8.0	34.8	292.1	358.9	1400.0	3177.7	428.5
MASSACHUSETTS	3.1	20.8	169.1	231.6	1532.2	2311.3	1140.1
MICHIGAN	9.3	38.9	261.9	274.6	1522.7	3159.0	545.5
MINNESOTA	2.7	19.5	85.9	85.8	1134.7	2559.3	343.1
MISSISSIPPI	14.3	19.6	65.7	189.1	915.6	1239.9	144.4
MISSOURI	9.6	28.3	189.0	233.5	1318.3	2424.2	378.4
MONTANA	5.4	16.7	39.2	156.8	804.9	2773.2	309.2
NEBRASKA	3.9	18.1	64.7	112.7	760.0	2316.1	249.1
NEVADA	15.8	49.1	323.1	355.0	2453.1	4212.6	559.2
NEW HAMPSHIRE	3.2	10.7	23.2	76.0	1041.7	2343.9	293.4
NEW JERSEY	5.6	21.0	180.4	185.1	1435.8	2774.5	511.5
NEW MEXICO	8.8	39.1	109.6	343.4	1418.7	3008.6	259.5
NEW YORK	10.7	29.4	472.6	319.1	1728.0	2782.0	745.8
NORTH CAROLINA	10.6	17.0	61.3	318.3	1154.1	2037.8	192.1
NORTH DAKOTA	0.9	9.0	13.3	43.8	446.1	1843.0	144.7
OHIO	7.8	27.3	190.5	181.1	1216.0	2696.8	400.4
OKLAHOMA	8.6	29.2	73.8	205.0	1288.2	2228.1	326.8
OREGON	4.9	39.9	124.1	286.9	1636.4	3506.1	388.9
PENNSYLVANIA	5.6	19.0	130.3	128.0	877.5	1624.1	333.2
RHODE ISLAND	3.6	10.5	86.5	201.0	1489.5	2844.1	791.4
SOUTH CAROLINA	11.9	33.0	105.9	485.3	1613.6	2342.4	245.1

续表

州	杀人罪	强奸罪	抢劫罪	斗殴罪	夜盗罪	偷盗罪	汽车犯罪
SOUTH DAKOTA	2.0	13.5	17.9	155.7	570.5	1704.4	147.5
TENNESSEE	10.1	29.7	145.8	203.9	1259.7	1776.5	314.0
TEXAS	13.3	33.8	152.4	208.2	1603.1	2988.7	397.6
UTAH	3.5	20.3	68.8	147.3	1171.6	3004.6	334.5
VERMONT	1.4	15.9	30.8	101.2	1348.2	2201.0	265.2
VIRGINIA	9.0	23.3	92.1	165.7	986.2	2521.2	226.7
WASHINGTON	4.3	39.6	106.2	224.8	1605.6	3386.9	360.3
WEST VIRGINIA	6.0	13.2	42.2	90.9	597.4	1341.7	163.3
WISCONSIN	2.8	12.9	52.2	63.7	846.9	2614.2	220.7
WYOMING	5.4	21.9	39.7	173.9	811.6	2772.2	282.0

【R 程序】

```
> library(psych)
> example16_3  <- read.table ("example16_3.csv", header=TRUE, sep=",")
> example16_3
> describe(example16_3)
> fa.parallel(example16_3[-1], fa="pc", n.iter=100, show.legend=FALSE, main="Screen
 plot with parallel analysis")
> pc <-  principal(example16_3[-1], nfactors=2, rotate= "varimax", score=TRUE)
> pc
> pc$weights
> pc$scores
```

【R 输出结果】

①
```
      state murder rape robbery assault burglary larceny    auto
1   ALABAMA   14.2 25.2    96.8   278.3   1135.5  1881.9   280.7
2    ALASKA   10.8 51.6    96.8   284.0   1331.7  3369.8   753.3
3   ARIZONA    9.5 34.2   138.2   312.3   2346.1  4467.4   439.5
4  ARKANSAS    8.8 27.6    83.2   203.4    972.6  1862.1   183.4
5 CALIFORNIA  11.5 49.4   287.0   358.0   2139.4  3499.8   663.5
6  COLORADO    6.3 42.0   170.7   292.9   1935.2  3903.2   477.1
7 CONNECTICUT  4.2 16.8   129.5   131.8   1346.0  2620.7   593.2
8  DELAWARE    6.0 24.9   157.0   194.2   1682.6  3678.4   467.0
9   FLORIDA   10.2 39.6   187.9   449.1   1859.9  3840.5   351.4
10  GEORGIA   11.7 31.1   140.5   256.5   1351.1  2170.2   297.9
11   HAWAII    7.2 25.5   128.0    64.1   1911.5  3920.4   489.4
12    IDAHO    5.5 19.4    39.6   172.5   1050.8  2599.6   237.6
13 ILLINOIS    9.9 21.8   211.3   209.0   1085.0  2828.5   528.6
14  INDIANA    7.4 26.5   123.2   153.5   1086.2  2498.7   377.4
15     IOWA    2.3 10.6    41.2    89.8    812.5  2685.1   219.9
16   KANSAS    6.6 22.0   100.7   180.5   1270.4  2739.3   244.3
17 KENTUCKY   10.1 19.1    81.1   123.3    872.2  1662.1   245.4
18 LOUISIANA  15.5 30.9   142.9   335.5   1165.5  2469.9   337.7
19    MAINE    2.4 13.5    38.7   170.0   1253.1  2350.7   246.9
20 MARYLAND    8.0 34.8   292.1   358.9   1400.0  3177.7   428.5
21 MASSACHUSETTS 3.1 20.8  169.1   231.6   1532.2  2311.3  1140.1
22 MICHIGAN    9.3 38.9   261.9   274.6   1522.7  3159.0   545.5
23 MINNESOTA   2.7 19.5    85.9    85.8   1134.7  2559.3   343.1
24 MISSISSIPPI 14.3 19.6   65.7   189.1    915.6  1239.9   144.4
25 MISSOURI    9.6 28.3   189.0   233.5   1318.3  2424.2   378.4
26  MONTANA    5.4 16.7    39.2   156.8    804.9  2773.2   309.2
27 NEBRASKA    3.9 18.1    64.7   112.7    760.0  2316.1   249.1
28   NEVADA   15.8 49.1   323.1   355.0   2453.1  4212.6   559.2
29 NEW HAMPSHIRE 3.2 10.7  23.2    76.0   1041.7  2343.9   293.4
30 NEW JERSEY   5.6 21.0  180.4   185.1   1435.8  2774.5   511.5
31 NEW MEXICO   8.8 39.1  109.6   343.4   1418.7  3008.6   259.5
```

```
32        NEW YORK     10.7 29.4    472.6    319.1   1728.0  2782.0  745.8
33 NORTH CAROLINA     10.6 17.0     61.3    318.3   1154.1  2037.8  192.1
34   NORTH DAKOTA      0.9  9.0     13.3     43.8    446.1  1843.0  144.7
35          OHIO       7.8 27.3    190.5    181.1   1216.0  2696.8  400.4
36      OKLAHOMA       8.6 29.2     73.8    205.0   1288.2  2228.1  326.8
37        OREGON       4.9 39.9    124.1    286.9   1636.4  3506.1  388.9
38  PENNSYLVANIA       5.6 19.0    130.3    128.0    877.5  1624.1  333.2
39  RHODE ISLAND       3.6 10.5     86.5    201.0   1489.5  2844.1  791.4
40 SOUTH CAROLINA     11.9 33.0    105.9    485.3   1613.6  2342.4  245.1
41   SOUTH DAKOTA      2.0 13.5     17.9    155.7    570.5  1704.4  147.5
42     TENNESSEE      10.1 29.7    145.8    203.9   1259.7  1776.5  314.0
43         TEXAS      13.3 33.8    152.4    208.2   1603.1  2988.7  397.6
44          UTAH       3.5 20.3     68.8    147.3   1171.6  3004.6  334.5
45       VERMONT       1.4 15.9     30.8    101.2   1348.2  2201.0  265.2
46      VIRGINIA       9.0 23.3     92.1    165.7    986.2  2521.2  226.7
47    WASHINGTON       4.3 39.6    106.2    224.8   1605.6  3386.9  360.3
48 WEST VIRGINIA       6.0 13.2     42.2     90.9    597.4  1341.7  163.3
49     WISCONSIN       2.8 12.9     52.2     63.7    846.9  2614.2  220.7
50       WYOMING       5.4 21.9     39.7    173.9    811.6  2772.2  282.0
```
②
```
           vars  n    mean      sd  median trimmed     mad     min     max   range skew
kurtosis      se
state*        1 50   25.50   14.58   25.50   25.50   18.53     1.0    50.0    49.0 0.00
  -1.27     2.06
murder        2 50    7.44    3.87    7.30    7.25    4.37     0.9    15.8    14.9 0.28
  -0.84     0.55
rape          3 50   25.73   10.76   24.10   25.02   10.45     9.0    51.6    42.6 0.56
  -0.46     1.52
robbery       4 50  124.09   88.35  106.05  111.10   67.53    13.3   472.6   459.3 1.57
   3.29    12.49
assault       5 50  211.30  100.25  197.60  205.63  106.67    43.8   485.3   441.5 0.57
  -0.14    14.18
burglary      6 50 1291.90  432.46 1265.05 1265.78  404.75   446.1  2453.1  2007.0 0.53
   0.15    61.16
larceny       7 50 2671.29  725.91 2617.45 2641.20  578.58  1239.9  4467.4  3227.5 0.35
  -0.26   102.66
auto          8 50  377.53  193.39  333.85  349.97  136.55   144.4  1140.1   995.7 1.60
   3.23    27.35
```
③

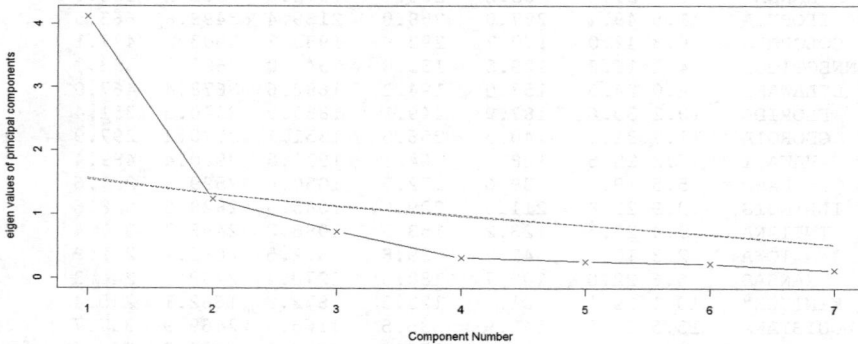

Screen plot with parallel analysis

④
```
Principal Components Analysis
Call: principal(r = example16_3[-1], nfactors = 2, rotate = "varimax",
    scores = TRUE)
Standardized loadings (pattern matrix) based upon correlation matrix
          PC1  PC2   h2   u2 com
murder  -0.05 0.93 0.86 0.14 1.0
rape     0.50 0.74 0.80 0.20 1.8
robbery  0.61 0.52 0.65 0.35 2.0
assault  0.32 0.83 0.79 0.21 1.3
burglary 0.80 0.46 0.85 0.15 1.6
larceny  0.83 0.18 0.73 0.27 1.1
auto     0.82 0.01 0.67 0.33 1.0
```

```
                   PC1  PC2
SS loadings        2.74 2.62
Proportion Var     0.39 0.37
Cumulative Var     0.39 0.76
Proportion Explained 0.51 0.49
Cumulative Proportion 0.51 1.00

Mean item complexity =  1.4
Test of the hypothesis that 2 components are sufficient.

The root mean square of the residuals (RMSR) is  0.09
 with the empirical chi square  16.45  with prob <  0.036

Fit based upon off diagonal values = 0.97
```
⑤
```
                PC1          PC2
murder   -0.28468017   0.51033427
rape      0.04812793   0.25721873
robbery   0.16743001   0.10809943
assault  -0.07267797   0.35807966
burglary  0.28305471   0.01845505
larceny   0.37741268  -0.13878649
auto      0.41758125  -0.22489942
```
⑥
```
              PC1          PC2
 [1,] -1.32192932   1.34165038
 [2,]  0.96479320   0.71870714
 [3,]  1.59766522   0.48125607
 [4,] -1.21211837   0.51215464
 [5,]  1.61257461   1.36957312
 [6,]  1.46270412   0.26248018
 [7,]  0.74154413  -1.15788272
 [8,]  1.14987188  -0.51125482
 [9,]  0.73090268   1.45373131
[10,] -0.68471574   1.06243021
[11,]  1.42757449  -0.90125351
[12,] -0.51441643  -0.48381550
[13,]  0.24103764   0.11401290
[14,] -0.17776568  -0.17066901
[15,] -0.40494210  -1.41588143
[16,] -0.24294580  -0.19827861
[17,] -1.32758599   0.15371376
[18,] -0.89782151   1.73277285
[19,] -0.28938705  -0.99852211
[20,]  0.65511817   0.87138447
[21,]  1.98500597  -1.37141496
[22,]  0.90484630   0.67567297
[23,]  0.10452942  -1.21538947
[24,] -2.12063287   1.13618557
[25,] -0.14963925   0.55195283
[26,] -0.42459847  -0.74507383
[27,] -0.62441941  -0.88052123
[28,]  1.71596148   1.96176629
[29,] -0.36353764  -1.37648196
[30,]  0.67741269  -0.55061629
[31,] -0.15975279   1.03076150
[32,]  1.49717838   0.89799454
[33,] -1.28791965   0.84395043
[34,] -1.16856912  -1.60452482
[35,]  0.14151165   0.02309103
[36,] -0.50271966   0.29495362
[37,]  0.87994387   0.11479671
[38,] -0.73360948  -0.46021010
[39,]  1.26391371  -1.46020073
[40,] -0.77504290   1.94881128
[41,] -1.28642028  -0.91791108
```

```
[42,]  -0.75475821   0.68905331
[43,]   0.07290052   0.91851117
[44,]   0.20932168  -0.96550203
[45,]  -0.14619694  -1.31723214
[46,]  -0.75680636   0.13620273
[47,]   0.78998461  -0.16053606
[48,]  -1.62607515  -0.54676367
[49,]  -0.40431703  -1.36057879
[50,]  -0.46765321  -0.52696612
```

【结果解释】

① 显示原始数据集。

② 是所有原始指标变量的简单统计量，包括均值和标准差。

③ 利用 fa.parallel()函数可以同时对 3 种特征值判别准则进行评价。图形展示了基于观测特征值的碎石检验（由线段和 x 符号组成）、特征值均值（虚线），以及大于 1 的特征值准则（$y=1$ 的水平线）。第一个和第二个主成分特征值大于 1，碎石图（直线与 x 符号）、特征值大于 1 准则（水平线）和 100 次模拟的平行分析（虚线）都表明保留两个主成分即可。

④ 给出了由相关系数矩阵计算出来的成分载荷、成分公因子方差和成分唯一性。成分载荷是指观测变量与主成分的相关系数，本例包括 PC1 和 PC2。h2 栏成分公因子方差指主成分对每个变量的方差解释度。可以看出，变量 murder 被两个主成分解释的比例为 86%。u2 栏指成分唯一性，方差无法被主成分解释的比例。

SS loading 行包含了与主成分相关联的特征值，指的是与特定主成分相关联的标准化后的方差值（本例中，第一主成分的特征值为 2.74，第二主成分的特征值为 2.62）。最后，Proportion Var 行表示的是每个主成分对整个数据集的解释程度。可以看出，第一个主成分解释了 51%方差，第二个主成分解释了 49%方差。

⑤ 输出了全部特征值对应的特征向量，它们是线性无关的单位向量。第 1 列表示了第一主成分 Z_1 的得分系数，第 2 列表示了第二主成分 Z_2 的得分系数。据此可以写出由标准化变量所表达的各主成分的关系式，即

$$Z_1 = -0.28468017\ \text{murder} + 0.04812793\ \text{rape} + 0.16743001\ \text{robbery} - 0.07267797\ \text{assault}$$
$$+ 0.28305471\ \text{burglary} + 0.37741268\ \text{larceny} + 0.41758125\text{auto}$$

$$Z_2 = 0.51033427\ \text{murder} + 0.25721873\ \text{rape} + 0.10809943\ \text{robbery} + 0.35807966\ \text{assault} + 0.01845505$$
$$\text{burglary} - 0.13878649\ \text{larceny} - 0.22489942\ \text{auto}$$

其中，X_i 是标准指标变量，$X_i = \dfrac{x_i - \overline{x}}{s_i}, i = 1,2,3$ 。

由于第一主成分在变量 auto 和 larceny 上有高的正载荷，而在变量 murder 和 assault 上有高的负载荷；在 burglary 上存在小的正载荷，而在 rape 上存在小的负载荷。可以认为，这个主成分是用于度量暴力犯罪在犯罪性质上占的比重。第二主成分对所有变量都有近似相等的载荷，因此可认为第一主成分是对所有犯罪率的总度量。

在各主成分的表达式中，各标准化指标 X_i 前面的系数与该主成分所对应的特征值之平方根的乘积是该主成分与该指标之间的相关系数。

⑥ 输出关于样本的输出结果，包括主成分得分。

> **重点提示：** 掌握 principal()函数基本格式以及各种选择项，第 1 个实例说明了主成分分析的基本作用：减少指标变量的个数。而第 2 个实例则阐述了主成分分析在解决多重共线性问题中的应用，需要掌握详细的分析步骤。

16.3　本章小结

　　本章对主成分分析的数学模型、分析方法步骤，以及应用问题进行了详细的阐述。我们在学习的过程中，要熟悉主成分分析的方法步骤：对原始指标数据进行标准化变换、计算相关系数矩阵、计算相关矩阵的特征值和特征值所对应的特征向量、计算主成分贡献率及累计贡献率、确定主成分的个数、计算主成分载荷和计算主成分得分等。

　　主成分分析有以下 3 方面的应用。

　　（1）对原始指标进行综合：主成分分析的主要作用是在基本保留原始指标信息的前提下，以互不相关的较少个数的综合指标来反映原来指标所提供的信息。

　　（2）探索多个原始指标对个体特征的影响：对于多个原始指标，求出主成分后，可以利用因子载荷阵的结构，进一步探索各主成分与多个原始指标之间的相互关系，分析各原始指标对各主成分的影响作用。

　　（3）对样本进行分类：求出主成分后，如果各主成分的专业意义较为明显，可以利用各样品的主成分得分来进行样品的分类。

　　在 R 中，可利用 principal() 等函数对数据进行主成分分析。本章用两个实例讲解了主成分分析的应用。第 1 个实例说明了主成分减少指标变量个数的作用。第 2 个实例阐述了主成分分析可以用来解决自变量共线性的问题，并详细讲解了主成分分析解决自变量共线性问题的具体方法步骤。

第17章 因子分析

学习目标

- 熟悉因子分析的基本思想。
- 熟悉因子分析的基本原理。
- 了解因子分析的数学模型。
- 掌握因子模型的性质以及一些基本概念：公共度和方差贡献。
- 熟悉估计因子载荷的分析步骤、因子旋转和因子得分等。
- 掌握因子分析的步骤以及 fa() 函数实例。

内容概要

近年来，随着现代高速计算机的出现，因子分析已经广泛应用于医学、心理学、气象、经济学等领域。因子分析是一种旨在寻找隐藏在多变量数据中、无法直接观察到却影响或支配可测变量的潜在因子，并估计潜在因子对可测变量的影响程度，以及潜在因子之间的相关性的一种多元统计分析方法。

本章介绍因子分析的基本思想、基本原理、数学模型、因子模型的性质以及一些基本概念：公共度和方差贡献。本章详细说明了潜在因子个数的确定以及因子载荷估计的分析步骤、因子旋转以及因子得分计算方法等。

本章还重点介绍了因子分析的步骤，fa() 函数的分析应用，并列举了两个实例说明如何利用 R 进行因子分析。

因子分析的概念起源于 20 世纪初 Karl Pearson 和 Charles Spearman 等人关于智力测验的统计分析。近年来，随着现代高速计算机的出现，因子分析已经广泛应用于医学、心理学、气象、经济学等领域。因子分析的用处已为许多实际工作所证实。

17.1 因子分析简介

1. 因子分析基本思想

前面已讨论了多元线性回归分析、主成分分析等，它们的共同特点是讨论内容为可测量变量之间的相互关系，即所分析的这些变量是可以直接观察或测量得到的。但是，在医学研究中，很多情况下我们所要研究的变量是不能直接测量的。例如，研究家庭环境、社会环境和学校环境对儿童智商的影响，这 3 个变量都是不能或不易直接观测得到的。我们称这种不能或不易直接观测得到的变量为潜在变量或潜在因子。虽然这些潜在变量不能直接测量，但是它们是一种抽象的客观存在，因此一定与某些可测量变量有着某种程度的关联。例如，脑部疾病患者的意识清醒状态是一个不可测变量，但可以通过患者的语言能力、辨识能力、记忆能力、理解能力等一系列可观测的指标来反映。由于各个可观测指标都不同程度地反映了意识清醒状态这一不可观测现象，因此这些可观测指标之间有一定的相关性。当然也可以认为这些可观测指标之间的相关性，主要是由它们所共同反映的不可测现象支配的。

对于多指标数据中呈现出来的相关性，是否存在对这种相关性起支配作用的潜在变量？如果存在，如何找出这些潜在因素？这些潜在因素是怎样对原始指标起支配作用的？这些问题都可以通过因子分析来解决。

因子分析是一种旨在寻找隐藏在多变量数据中，无法直接观察到却影响或支配可测变量的潜在因子，并估计潜在因子对可测变量的影响程度，以及潜在因子之间的相关性的一种多元统计分析方法。其基本思想是从分析多变量数据的相关关系入手，找到支配这种相关关系的少数几个相关独立的潜在因子，并通过建立起这些潜在因子与原变量之间的数量关系来预测潜在因子的状态，帮助发现隐藏在原变量之间的某种客观规律性。因子分析和主成分分析都能够起到清理多个原始变量内在结构关系的作用，但主成分分析重在综合原始变量的信息，而因子分析重在解释原始变量间的关系，是比主成分分析更深入的一种多元统计方法。

因子分析最初用于心理、智力测验的统计分析，随着计算技术的不断发展，如今已广泛应用于医学、气象、经济学等其他的研究领域，在中医辨证论治研究中也有了初步成果。如李文林等利用因子分析法建立隐结构在慢性胃炎辨证中应用的初步分析，确定了 28 个原始变量中隐含的 12 个因子，并利用因子载荷最终分析出这 12 个因子（隐节点）所对应的症状信息。陈启光等在中医症候规范研究中以 468 例高脂血症的 40 个四诊信息指标进行因子分析，结果表明：提取的 5 个公因子能包含四诊信息指标中 83.92% 的信息，并提供所有测量指标在不同公因子载荷的大小，为医师评价该指标在不同症候中的主次关系提供了定量的分析手段。

因子分析法就是寻找这些潜在因子的模型分析方法，它是在主成分的基础上构筑若干意义较为明确的潜在因子，以它们为框架分解原变量，以此考查原变量间的联系与区别。

例如，随着年龄的增长，儿童的身高、体重会随着变化，具有一定的相关性，身高和体重之间为何会有相关性呢？因为存在着一个同时支配或影响着身高与体重的生长因子。那么，我们能否通过对多个变量的相关系数矩阵的研究，找出同时影响或支配所有变量的共性因子呢？因子分析就是从大量的数据中"由表及里""去粗取精"，寻找影响或支配变量的多变量统计方法。

可以说，因子分析是主成分分析的推广，也是一种把多个变量化为少数几个综合变量的多变量分析方法，其目的是用有限个不可观测的隐变量来解释原始变量之间的相关关系。

因子分析主要用于：①减少分析变量个数。②通过对变量间相关关系的探测，对原始变量进行分类，即将相关性高的变量分为一组，用共同的潜在因子代替该组变量。

因子分析法是从研究变量内部相关的依赖关系出发，把一些具有错综复杂关系的变量归结为少数几个综合因子的一种多变量统计分析方法。它的基本思想是对观测变量进行分类，将相关性较高，即联系比较紧密的分在同一类中，而不同类变量之间的相关性则较低，那么每一类变量实际上就代表了一个基本结构，即公共因子。对于所研究的问题，就是试图用最少个数的不可测的所谓公共因子的线性函数与特殊因子之和来描述原来观测的每一分量。

2. 因子分析的基本原理

为了说明因子分析的基本原理，先来看一个简单的例子。

例 17-1 表 17-1 给出了 3 个指标之间的相关系数，其中，x_1 是孩子的数学成绩，x_2 是孩子的语文成绩，x_3 是孩子的英语成绩。求影响支配这 3 个成绩指标变量的潜在因子。

表 17-1　　　　　　　　　　　　3 个指标之间的相关系数

	x_1	x_2	x_3
x_1	1.00	—	—
x_2	0.77	1.00	—
x_3	0.72	0.86	1.00

令 ξ 是影响这 3 个指标变量的潜在因子。显然，每一个成绩指标变量除了受 ξ 这个潜在因子的影响外，可能还受其他因子的影响。把 ξ 以外的影响因子记为 γ，图 17-1 给出了这 3 个指标与潜在因子 ξ 以及其他影响因子 γ 之间相关关系的示意图，即因子分析路径图。

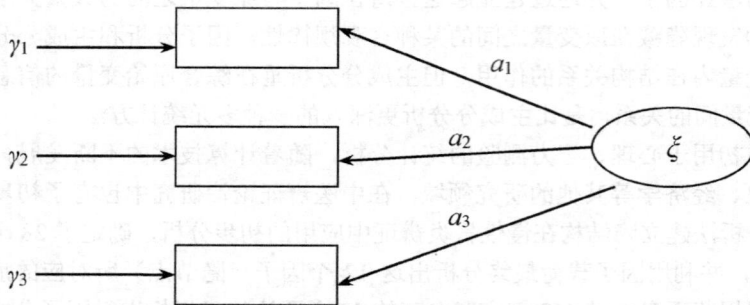

▲图 17-1　因子分析示意图

其中，由 ξ 指向指标变量 x_i 箭头上的数字表示的是 ξ 对 x_i 的影响程度。从数学角度看，它们之间的关系可以表示为：

$$\begin{cases} x_1 = a_1\xi + \gamma_1 \\ x_2 = a_2\xi + \gamma_2 \\ x_3 = a_3\xi + \gamma_3 \end{cases}$$

如果假设 ξ 是方差为 1，ξ、γ_1、γ_2、γ_3 相互独立，并且假设指标变量被标准化为方差为 1 的变量 X_1、X_2、X_3，那么：

$$\begin{aligned} \mathrm{Cov}(X_1, X_2) &= \mathrm{Cov}(a_1\xi, a_2\xi) + \mathrm{Cov}(\gamma_1, \gamma_2) + \mathrm{Cov}(a_1\xi, \gamma_2) + \mathrm{Cov}(a_2\xi, \gamma_1) \\ &= a_1 a_2 \mathrm{Var}(\xi) + 0 + 0 + 0 \\ &= a_1 a_2 \end{aligned}$$

而指标被标准化，从而得到：

$$a_1 a_2 = \mathrm{Cov}(X_1, X_2) = \mathrm{Corr}(X_1, X_2) = \gamma_{12} = 0.77$$

同理可以得到：

$$\begin{cases} a_1 a_3 = \gamma_{13} = 0.72 \\ a_2 a_3 = \gamma_{23} = 0.86 \end{cases}$$

也就得到了 a_1、a_2 和 a_3 的一个方程组：

$$\begin{cases} a_1 a_2 = \gamma_{12} = 0.77 \\ a_1 a_3 = \gamma_{13} = 0.72 \\ a_2 a_3 = \gamma_{23} = 0.86 \end{cases}$$

解上述方程组，得到一组解为：

$$a_1=0.897, \quad a_2=0.959, \quad a_3=0.803$$

从而得到 3 个标准指标 X_i 与潜在因子 ξ 以及误差项 γ_1、γ_2、γ_3 之间的关系表达式，即

$$\begin{cases} X_1 = 0.897\xi + \gamma_1 \\ X_2 = 0.959\xi + \gamma_2 \\ X_3 = 0.803\xi + \gamma_3 \end{cases}$$

从这个关系表达式可以看出：这个潜在因子对孩子的 3 门课的成绩都有影响，而且影响程度比较均衡。

再看下面这组表达式，其中 $X_1 \sim X_5$ 是 5 个指标变量，它们分别表示收缩压、舒张压、心跳间隔、呼吸间隔和舌下温度。从医学知识可知，这 5 个指标是受自主神经的交感神经和副交感神经支配的，而交感神经和副交感神经状态又不能直接测定。用 F_1、F_2 分别表示交感神经和副交感神经这两个因子，则可测指标 X_i 是不可测因子 F_j 的线性函数，即 F_j 对各 X_i 的影响是线性的，再加上其他影响因子 e_i，则各 X_i 与 F_1、F_2 的关系可表示为：

$$\begin{cases} X_1 = a_{11}F_1 + a_{12}F_2 + e_1 \\ X_2 = a_{21}F_1 + a_{22}F_2 + e_2 \\ X_3 = a_{31}F_1 + a_{32}F_2 + e_3 \\ X_4 = a_{41}F_1 + a_{42}F_2 + e_4 \\ X_5 = a_{51}F_1 + a_{52}F_2 + e_5 \end{cases}$$

由于 F_1、F_2 与每一个 X_i 都有关，因此，研究这 5 个指标变量之间的关系可以转化为研究这两个潜在因子之间的关系。因子分析的基本原理就是依据可测指标变量之间的相关关系，从中寻找出合理的有实际意义的潜在因子，并估计出潜在因子对可测指标变量的影响程度。

3. 因子分析的数学模型

假设对 n 例样品观测了 p 个指标，即 $X_1, X_2, \cdots, X_p$，得到观测数据。我们的任务就是从一组观测数据出发，通过分析各指标 $X_1, X_2, \cdots, X_p$ 之间的相关性，找出支配作用的潜在因子，使得这些因子可以解释各指标之间的相关性。

因子分析模型描述如下。

（1） $X = (X_1, X_2, \cdots, X_p)$ 是可观测随机向量，均值向量 $E(X)=0$，协方差阵 $\mathrm{Cov}(X)$ 与相关矩阵 $\mathbf{R}$ 相等（只要将变量标准化即可实现）。

（2） $F = (F_1, F_2, \ldots, F_m)$ $(m \leqslant p)$ 是不可测的向量，其均值向量 $E(F)=0$，协方差矩阵 $\mathrm{Cov}(F)=\mathbf{I}$，即向量的各分量是相互独立的。

（3） $e = (e_1, e_2, \ldots, e_p)$ 与 F 相互独立，且 $E(e)=0$，e 的协方差阵是对角阵，即各分量 e 之间是相互独立的。

则因子分析的数学模型如下：

$$\begin{cases} X_1 = a_{11}F_1 + a_{12}F_2 + \cdots + a_{1m}F_m + e_1 \\ X_2 = a_{21}F_1 + a_{22}F_2 + \cdots + a_{2m}F_m + e_2 \\ \qquad\qquad\qquad \vdots \\ X_p = a_{p1}F_1 + a_{p2}F_2 + \cdots + a_{pm}F_m + e_p \end{cases}$$

由于该模型是针对变量进行的，各因子又是正交的，所以也称为 R 型正交因子模型。

其矩阵形式为：$X = AF + e$。

其中，

$$X = \begin{cases} X_1 \\ X_2 \\ \vdots \\ X_p \end{cases}, \quad A = \begin{bmatrix} a_{11} & a_{12} & \cdots & a_{1m} \\ a_{21} & a_{22} & \cdots & a_{2m} \\ \vdots & \vdots & \ddots & \vdots \\ a_{p1} & a_{p2} & \cdots & a_{pm} \end{bmatrix}, \quad F = \begin{cases} F_1 \\ F_2 \\ \vdots \\ F_m \end{cases}, \quad e = \begin{cases} e_1 \\ e_2 \\ \vdots \\ e_p \end{cases}$$

对于因子分析，要求数据和模型满足以下的假定条件。

- X_i 是均值为 0、方差为 1 的随机变量。
- e_i 是均值为 0、方差为常数（记为 σ_i^2 ）的正态随机变量。
- $e_1, e_2, \cdots, e_p$ 不相关，且方差不同。
- $\mathrm{Cov}(F, e) = 0$，即 F 和 e 是相互独立的。
- $D(F) = 1$，即 $F_1, F_2, \cdots, F_m$ 不相关、均值为 0 且方差均为 1。

我们把 F 称为 X 的公共因子或潜在因子，矩阵 A 称为因子载荷矩阵，e 称为 X 的特殊因子，它们是在各个变量中共同出现的因子，我们可以把它们看做高维空间中所张起的互相垂直的 m 个坐标轴。e_i（$i = 1, 2, \cdots, p$）表示影响 X_i 的独特因子。a_{ij} 做因子载荷，它是第 i 个变量在第 j 个主因子上的负荷，或者叫作第 i 个变量在第 j 个主因子上的权，它反映了第 i 个变量在第 j 个主因子上的相对重要性。数学上可以证明，因子载荷 a_{ij} 就是第 i 变量与第 j 因子的相关系数，反映了第 i 变量在第 j 因子上的重要性。a_i 为独特因子的载荷。因子分析的基本问题就是要确定因子载荷。

重点提示：熟悉因子分析的基本思想和基本原理，以及因子分析的数学模型。

---

4. 因子模型的性质

X 的协方差矩阵如下：

$$\sum\nolimits_X = E(AF + e)(AF + e)' = AA' + \sum\nolimits_e$$

为了得到因子分析结果的合理解释，因子载荷矩阵 A 中有两个统计量十分重要，即变量公共度和潜在因子的方差贡献。我们现在看看矩阵 A 的统计意义。

由因子分析数学模型的假设条件可知：

$$\begin{cases} X_i = \sum\limits_{k=1}^{m} a_{ik} F_k + e_i \\ 1 = VAR(X_i) = \sum\limits_{k=1}^{m} a_{ik}^2 + \sigma_i^2 \end{cases} \quad i = 1, 2, \cdots, m$$

因子载荷矩阵 A 中第 i 行元素之平方和记为 h_i^2，称为变量 X_i 的公共度，即

$h_i^2 = \sum\limits_{k=1}^{m} a_{ik}^2$ ，则有 $h_i^2 + \sigma_i^2 = 1, i = 1, 2, \cdots, m$ 。

h_i^2 是全部潜在因子对原始指标 X_i 的方差所做出的贡献，反映了全部潜在因子对变量 X_i 的影响。h_i^2 大表明 X 的第 i 个分量 X_i 对于 F 的每一分量 $F_1, F_2, \cdots, F_m$ 的共同依赖程度大。当 $h_i^2 = 1$ 时，

即表明 X_i 只由潜在因子的线性组合表示，而与其他影响因子无关；当 h_i^2 接近于 0 时，表明原始指标 $X_1, X_2, \cdots, X_m$ 受潜在因子的影响不大，而主要由其他影响因子来描述。因此，"公共度" h_i^2 反映了原始指标对所有潜在因子的依赖程度。

另一方面，需要考虑指定的某一潜在因子 F_j 对各原始指标的影响。将因子载荷矩阵 A 的第 j 列（$j =1,2,\cdots,m$）的各元素的平方和记为 g_j^2，称为潜在因子 F_j 对 X 的方差贡献。即：

$$g_j^2 = \sum_{i=1}^{p} a_{ij}^2$$

g_j^2 就表示第 j 个潜在因子 F_j 对于 X 的每一分量 $X_i (i = 1,2,\cdots,p)$ 所提供方差的总和，它是衡量潜在因子相对重要性的指标。g_j^2 反映了第 j 个潜在因子 F_j 对所有原始指标的影响，称 g_j^2 为潜在因子 F_j 对所有原始指标的"贡献"。g_j^2 越大，表明潜在因子 F_j 对 X 的贡献越大，或者说对 X 的影响和作用就越大。如果将因子载荷矩阵 A 的所有 g_j^2（$j =1,2,\cdots,m$）都计算出来，使其按照大小排序，就可以依此确定最有影响力的潜在因子。

> **注意**：数据标准化后，全部原始指标的总方差为指标个数 p，故称
>
> $$\frac{g_j^2}{p} = \frac{\sum_{i=1}^{p} a_{ij}^2}{p}$$
>
> 为潜在因子 F_j 对原始指标的方差贡献率。

5. 估计因子载荷

估计潜在因子载荷的方法很多，如主成分分析法、主因子分析法、最大似然因子分析法等。一般来说，令 $X = (x_1, x_2, \cdots, x_p)^T$ 是可测指标矩阵，$A = (a_{ij})$ 是因子载荷矩阵，$F = (F_1, F_2, \cdots, F_m)^T$ 是潜在因子矩阵，$\Delta = (e_i)$ 是误差矩阵，那么因子分析模型可以表示为如下的矩阵形式：

$$X = AF + \Delta$$

根据模型假定条件，可得 $\mathrm{Var}(F) = E$。于是，X 的方差协方差矩阵 $V(X) = AV(X)A^T = AA^T$。对于对称矩阵 $V(X)$，一定存在一个正交矩阵 W，使得 $WV(X)WT = \Lambda$，这里的矩阵 Λ 是由矩阵 $V(X)$ 的特征值 $\lambda_1, \lambda_2, \cdots, \lambda_k$ 构成的主对角矩阵，并且，W 是由所有特征值对应的 k 个正交特征向量构成的正交矩阵。因此，由 $AA^T = V(X) = W^T \Lambda W$，可得因子分析模型的因子载荷 a_{ij} 的估计是：

$$ai_j = w_{ij}\sqrt{\lambda_i}, \quad i = 1,2,\cdots,p; j = 1,2,\cdots,m$$

其中，w_{ij} 是特征值 λ_i 对应的正交特征向量 W_i 的第 j 个分量。由此可以总结出计算因子载荷矩阵 A 的方法步骤如下。

（1）计算 p 个可测指标变量 $x_1, x_2, \cdots, x_p$ 的标准指标向量 $X_1, X_2, \cdots, X_p$。

（2）计算 p 个标准指标向量之间的相关系数 $r_{ij} = \mathrm{Corr}(X_i, X_j), i, j = 1,2,\cdots,p$。

（3）计算相关系数矩阵 $V(X) = (r_{ij})$ 的 p 个特征值，并排序 $\lambda_1 \geqslant \lambda_2 \geqslant \cdots \geqslant \lambda_k$。

（4）计算所有特征值对应的 p 个线性无关的特征向量：$L_1, L_2, \cdots, L_p$。

（5）将 p 个特征向量单位化：$W_i = L_i / |L_i|$，其中，$|L_i|$ 是向量 L_i 的模，$i = 1,2,\cdots,p$。

（6）$W = (W_1, W_2, \cdots, W_p)$。

（7） $A = W\Lambda$ 。

以上是用主成分分析法求出的因子载荷。

在进行因子分析时，我们总会有以下 3 点希望。

（1）保留的潜在因子的个数远小于原始指标个数，一般可按以下原则来确定：① 若 $\lambda_i \geq 1$，则保留其对应的潜在因子；② 若前 k 个潜在因子的累积贡献率达到一定的数量（一般认为达到 70% 以上为宜），则保留前 k 个潜在因子，使得原始指标的总方差基本上能被所保留的潜在因子所解释。

（2）共同度 h_i^2 接近于 1，即各原始指标的方差绝大部分能由所保留的潜在因子所解释。

（3）各原始指标在同一潜在因子 F_j 上的因子载荷的绝对值之间的差别应尽可能大，使得潜在因子 F_j 的意义主要由一个或几个 $|a_{ij}|$ 值大的原始指标所表达。

对于一组可观测指标变量，找出尽可能少的潜在因子，并使得用潜在因子作分析时不损失原有指标变量的信息，这就是因子分析的主要目的。确定潜在因子的个数是因子分析的一个重要内容。因子分析确定因子个数所采用的一般原则，是"特征值大于 1"或"最大特征根之和占总特征根之和的 70% 以上"法则。显然，确定潜在因子个数的原则与主成分分析中确定主成分个数的原则类似。

> **重点提示**：重点掌握因子模型的性质，尤其是其中的两个基本概念——公共度和方差贡献。掌握因子分析中潜在因子个数的确定方法以及因子分析的方法步骤。

6. 因子旋转

确定了因子载荷和潜在因子的个数后，接着就需要对每一个潜在因子的实际意义加以解释，并根据专业知识，赋予每一个潜在因子一个合理的变量名称。

解释潜在因子的实际意义，一般以因子载荷的大小为依据。因子载荷大的指标受潜在因子支配的作用大。因此，一个潜在因子的实际意义可以根据有较大因子载荷的指标变量的含义来解释。在因子分析中，一般采用 0.5 原则，即当因子载荷 a_{ij} 大于或等于 0.5 时，就认为潜在因子支配指标变量。

表 17-2 给出了包含两个潜在因子的模型的因子载荷。按照 0.5 原则，指标 X_1、X_2 和 X_3 被第 1 个潜在因子 F_1 支配，而指标 X_4 和 X_5 被第 2 个潜在因子 F_2 支配。因为潜在因子 F_1 主要支配 X_1，其次是 X_2 和 X_3，所以因子 F_1 的实际意义可以由 X_1 解释。而因子 F_2 的实际意义则可由 X_4 解释。

表 17-2 　　　　　　　　　　　　　　　　　两个潜在因子的因子载荷

指 标	F_1	F_2
X_1	0.8401	0.1021
X_2	0.6704	0.1906
X_3	0.5809	0.4857
X_4	0.3226	0.8887
X_5	0.1463	0.7750

有时因子载荷较均匀，不容易直接看出潜在因子对哪一个指标的影响最大，因而不容易赋予潜在因子一个合理的变量意义。在这种情况下，需采用某种旋转的方法，即使用某种线性变换将初始潜在因子转换成一组新的潜在因子，使得新的潜在因子对每一个指标的因子载荷的绝

对值向 0 或 1 两极分化，从而清楚地看到每一个潜在因子对哪一个指标的影响最大，进而给出更合理的潜在因子的实际意义解释。

线性变换不改变变量之间的关联关系，所以任何旋转变换都不会改变一组指标内隐藏的潜在因子的个数以及潜在因子的实际意义。

旋转的方法很多，正交旋转和斜交旋转是因子旋转的两类方法。最常用的方法是最大方差正交旋转法。进行因子旋转，就是要使因子载荷矩阵中因子载荷的平方值向 0 和 1 两个方向分化，使大的载荷更大，小的载荷更小。在因子旋转过程中，如果因子对应轴相互正交，则称为正交旋转；如果因子对应轴相互间不是正交的，则称为斜交旋转。常用的斜交旋转方法有 Promax 法等。对于因子分析，一般是采用正交转换，以使原变量之间的独立性维持不变。

表 17-3a 列出了 5 个指标的因子分析结果，共找出了两个潜在因子 F_1 和 F_2。由于初始因子载荷比较均匀，因此不容易解释每一个潜在因子的实际意义。经过最大方差正交旋转法旋转后，所得的新的因子载荷列在表 17-3b 中。很显然，两个潜在因子对 5 个指标的因子载荷均向 0 和 1 分化，前 3 个指标在潜在因子 F_1 上的载荷接近于 1，而后两个指标在潜在因子 F_1 上的载荷接近于 0。对于第 2 个因子来说，因子载荷情况刚好相反，潜在因子 F_2 主要支配后两个指标。

表 17-3a　　　　　　　　　旋转前的因子载荷

指　　标	F_1	F_2
X_1	0.5810	0.8064
X_2	0.7670	−0.6448
X_3	0.6724	0.7261
X_4	0.9324	−0.1043
X_5	0.7912	−0.5582

表 17-3b　　　　　　　　　旋转后的因子载荷

指　　标	F_1	F_2
X_1	0.8401	0.1021
X_2	0.6704	0.1906
X_3	0.5809	0.4857
X_4	0.3226	0.8887
X_5	0.1463	0.7750

正交旋转的方法很多，但是正交旋转的线性变换不改变变量之间的关联关系，所以不能说一种正交旋转在统计意义上优于另一种正交旋转。在多种正交旋转变换中，选择哪一种正交旋转取决于潜在因子的实际意义。有时两种不同的正交矩阵会产生两种不同的潜在因子意义的解释，这可能是从不同的角度得到的结论。为了得到较恰当的结论，一般应采用不同的线性变换，然后给出一个最合适的潜在因子的意义。

7. 因子得分

因子分析模型建立后，还有一个重要的作用是应用因子分析模型去评价每个样品在整个模型中的地位，即进行综合评价。例如地区经济发展的因子分析模型建立后，我们希望知道每个地区经济发展的情况，将区域经济划分归类，哪些地区发展较快，哪些中等发达，哪些较慢等。这时需要将潜在因子用变量的线性组合来表示，也即由地区经济的各项指标值来估计它的因子得分。

因子得分指的是模型中的潜在因子的取值。因为潜在因子是不能直接观察的理论变量，所以它的取值只能借助于可测变量来获得，其计算方法一般用线性回归分析法。

设潜在因子 F 由变量 X 表示的线性组合为：

$$Fj = u_{j1}X_{j1} + u_{j2}X_{j2} + \ldots + u_{jp}X_{jp}, \quad j=1,2,\cdots,m$$

该式称为因子得分函数，由它来计算每个样品的公共因子得分。若取 $m=2$，将每个样品的 p 个变量代入上式，即可算出每个样品的因子得分 F_1 和 F_2，并将其在平面上做因子得分散点图，进而对样品进行分类或对原始数据进行更深入的研究。

但因子得分函数中方程的个数 m 小于变量的个数 p，所以并不能精确计算出因子得分，而只能对因子得分进行估计。估计因子得分的方法较多，常用的有回归估计法、Bartlett 估计法、Thomson 估计法等。

8. 因子分析的步骤

因子分析的核心问题有两个：一是如何构造因子变量；二是如何对因子变量进行命名解释。因此，因子分析的基本步骤和解决思路就是围绕这两个核心问题展开的。

（1）因子分析常常有以下 4 个基本步骤。

● 确认待分析的原变量是否适合作因子分析。

● 构造因子变量。

● 利用旋转方法使因子变量更具有可解释性。

● 计算因子变量得分。

（2）因子分析的计算过程如下。

● 将原始数据标准化，以消除变量间在数量级和量纲上的不同。

● 求标准化数据的相关矩阵。

● 求相关矩阵的特征值和特征向量。

● 计算方差贡献率与累积方差贡献率。

● 确定因子。

设 $F_1, F_2, \cdots, F_p$ 为 p 个因子，其中前 m 个因子包含的数据信息总量（即其累积贡献率）不低于 80% 时，可取前 m 个因子来反映原指标。

● 因子旋转。

若所得的 m 个因子无法确定，或其实际意义不是很明显，这时需将因子进行旋转，以获得较为明显的实际含义。

● 用原指标的线性组合来求各因子得分。

可采用回归估计法、Bartlett 估计法或 Thomson 估计法计算因子得分。

● 综合得分。

以各因子的方差贡献率为权，由各因子的线性组合得到综合评价指标函数：

$$F = (w_1F_1 + w_2F_2 + \cdots + w_mF_m) / (w_1 + w_2 + \cdots + w_m)$$

此处的 w_i 为旋转前或旋转后因子的方差贡献率。

（3）得分排序：利用综合得分可以得到得分名次。

在采用多元统计分析技术进行数据处理、建立宏观或微观系统模型时，需要研究以下几个方面的问题。

● 简化系统结构，探讨系统内核。可采用主成分分析、因子分析、对应分析等方法，在众多因素中找出各个变量最佳的子集合，从子集合所包含的信息描述多变量的系统结果及各个因子对系统的影响。"从树木看森林"，抓住主要矛盾，把握主要矛盾的主要方面，舍弃次要因素，以简化系统的结构，认识系统的内核。

- 构造预测模型，进行预报控制。在自然和社会科学领域的科研与生产中，探索多变量系统运动的客观规律及其与外部环境的关系，进行预测预报，以实现对系统的最优控制，是应用多元统计分析技术的主要目的。在多元分析中，用于预报控制的模型有两大类。一类是预测预报模型，通常采用多元线性回归或逐步回归分析、判别分析、双重筛选逐步回归分析等建模技术；另一类是描述性模型，通常采用聚类分析的建模技术。

- 进行数值分类，构造分类模式。在多变量系统的分析中，往往需要将系统性质相似的事物或现象归为一类，以便找出它们之间的联系和内在规律性。过去的许多研究多是按单因素进行定性处理，以致处理的结果反映不出系统的总特征。进行数值分类，构造分类模式一般采用聚类分析和判别分析技术。

如何选择适当的方法来解决实际问题，需要对问题进行综合考虑。对一个问题可以综合运用多种统计方法进行分析。例如一个预报模型的建立，可先根据有关生物学、生态学原理，确定理论模型和试验设计；根据试验结果，收集试验资料；对资料进行初步提炼；然后应用统计分析方法（如相关分析、逐步回归分析、主成分分析等）研究各个变量之间的相关性，选择最佳的变量子集合；在此基础上构造预报模型，最后对模型进行诊断和优化处理，并应用于生产实际。

> **重点提示**：了解因子旋转的作用意义，熟悉因子得分的计算方法，掌握因子分析的具体步骤和过程。

17.2 主成分分析与因子分析比较

如上章所述，主成分分析是一种数据降维技巧，它能将大量相关变量转化为一组很少的不相关变量，并且尽可能地保留原始数据集的信息，这些无关变量称为主成分。相对而言，探索性因子分析是一系列用来发现一组变量的潜在结构的方法。它通过寻找一组更小的、潜在的或隐藏的结构来解释已观测到的、显式的变量间的关系。

主成分分析与探索性因子分析模型间的区别参见图 14-1。主成分（PC1 和 PC2）是观测变量（X1~X5）的线性组合。形成线性组合的权重都是通过最大化各主成分所解释的方差来获得，同时还要保证个主成分间不相关。相反，因子（F1 和 F2）被当作观测变量的结构基础或"原因"，而不是它们的线性组合。代表观测变量方差的误差（e1~e5）无法用因子来解释。图中的圆圈表示因子和误差无法直接观测，但是可通过变量间的相互关系推导得到。在本例中，因子间带曲线的箭头表示它们之间有相关性。

两种方法都需要大样本来保证稳定的结果，但是多大样本量才足够也是一个复杂的问题。目前，常规使用经验法则：因子分析需要 5~10 倍于变量数的样本数。最近研究表明，所需样本量依赖于因子数目、与各因子相关联的变量数。

探索性因子分析的目标是通过发掘隐藏在数据下的一组较少的、更为基本的无法观测的变量，来解释一组可观测变量的相关性。这些虚拟的、无法观测的变量称作因子。每个因子被认为可解释多个观测变量间共有的方差，因此准确来说，它们应该称作公共因子。

虽然主成分分析与探索性因子存在差异，但是它们的许多分析步骤都是相似的，如图 17-2 所示。

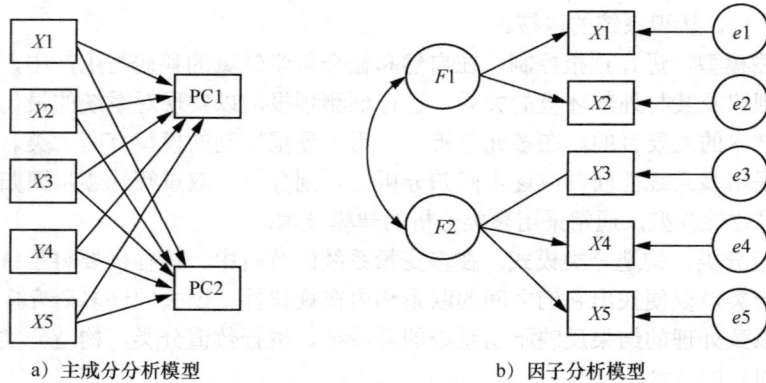

a）主成分分析模型　　　　b）因子分析模型

▲图 17-2　主成分分析和因子分析模型

17.3 因子分析及 R 实例

在 R 中，可使用 fa() 函数对数据进行主成分分析。其格式如下：

```
fa (r, nfactors= , n.obs= , rotate= , scores= ,fm=)
```

各语句选项说明如下。

- r 是相关系数矩阵或者原始数据矩阵。
- nfactors 设定提取的因子数（默认为 1）。
- n.obs 是观测数（输入相关系数矩阵时需要填写）。
- rotate 设定旋转的方法（默认互变异数最小法）。
- scores 设定是否计算因子得分（默认不计算）。
- fm 设定因子化方法（默认极小残差法）。

与主成分分析不同，提取公共因子的方法很多，包括最大似然法（ml）、主轴迭代法（pa）、加权最小二乘法（wls）、广义加权最小二乘法（gls）和最小残差法（minres）。通常使用最大似然法，因为它有良好的统计性质。不过有时候最大似然法不会收敛，此时使用主轴迭代法效果会很好。

例 17-2　研究者收集了 140 名学生的 12 项智力指标，分别为常识（x_1）、类同（x_2）、计算（x_3）、词汇（x_4）、理解（x_5）、数字广度（x_6）、常填图（x_7）、图片排列（x_8）、积木（x_9）、拼图（x_{10}）、译码（x_{11}）和迷津（x_{12}）。将原始数据经过标准化处理后，计算其相关系数矩阵，结果见表 17-4。试进行因子分析。

表 17-4　　　　　　　　　　　　　　12 项智力指标的相关系数

	x_1	x_2	x_3	x_4	x_5	x_6	x_7	x_8	x_9	x_{10}	x_{11}	x_{12}
x_1	1.000	—	—	—	—	—	—	—	—	—	—	—
x_2	0.6904	1.000	—	—	—	—	—	—	—	—	—	—
x_3	0.4115	0.4511	1.000	—	—	—	—	—	—	—	—	—
x_4	0.4580	0.7068	0.4018	1.000	—	—	—	—	—	—	—	—
x_5	0.5535	0.6620	0.4122	0.7119	1.000	—	—	—	—	—	—	—
x_6	0.3923	0.6317	0.4520	0.4583	0.5299	1.000	—	—	—	—	—	—
x_7	0.1415	0.3009	0.2025	0.2665	0.2480	0.1590	1.000	—	—	—	—	—

续表

	x_1	x_2	x_3	x_4	x_5	x_6	x_7	x_8	x_9	x_{10}	x_{11}	x_{12}
x_8	0.0077	0.0344	0.1855	0.1065	0.0003	0.1100	0.3595	1.000	—	—	—	—
x_9	0.2385	0.3523	0.3646	0.3644	0.3388	0.3982	0.5004	0.3314	1.000	—	—	—
x_{10}	0.0333	0.1726	0.1311	0.1757	0.1998	0.0342	0.5758	0.1420	0.2808	1.000	—	—
x_{11}	0.0898	0.3878	0.2041	0.3191	0.3186	0.2914	0.2537	0.2025	0.3971	0.1468	1.000	—
x_{12}	0.2215	0.2427	0.4124	0.2169	0.1459	0.0985	0.4222	0.2156	0.5016	0.2286	0.0776	1.000

【R 程序】

```
> library(psych)
> example17_2  <- read.table ("example17_2.csv", header=TRUE, sep=",")
> example17_2
> fa.parallel(example17_2[-1], n.obs=140, fa="fa", n.iter=100, main="Screen plots
with parallel analysis")
> fa  <- fa(example17_2[-1], nfactors=4, rotate="none", fm="pa", score=TRUE)
> fa
> fa$weights
> factor.plot(fa, labels=rownames(fa$loadings))
> fa.diagram(fa, simple=FALSE)
> fa2  <- fa(example17_2[-1], nfactors=4, rotate="varimax", fm="pa", score=TRUE)
> fa2
> fa2$weights
> factor.plot(fa2, labels=rownames(fa$loadings))
> fa.diagram(fa2, simple=FALSE)
```

【R 输出结果】

①
```
   X_name_     x1     x2     x3     x4     x5     x6     x7     x8     x9    x10
  x11    x12
1        x1 1.0000 0.6904 0.4115 0.4580 0.5535 0.3923 0.1415 0.0077 0.2385 0.0333
0.0898 0.2215
2        X2 0.6904 1.0000 0.4511 0.7068 0.6620 0.6317 0.3009 0.0344 0.3523 0.1726
0.3878 0.2427
3        X3 0.4115 0.4511 1.0000 0.4018 0.4122 0.4520 0.2025 0.1855 0.3646 0.1311
0.2041 0.4124
4        X4 0.4580 0.7068 0.4018 1.0000 0.7119 0.4583 0.2665 0.1065 0.3644 0.1757
0.3191 0.2169
5        X5 0.5535 0.6620 0.4122 0.7119 1.0000 0.5299 0.2480 0.0003 0.3388 0.1998
0.3186 0.1459
6        X6 0.3923 0.6317 0.4520 0.4583 0.5299 1.0000 0.1590 0.1100 0.3982 0.0342
0.2914 0.0985
7        X7 0.1415 0.3009 0.2025 0.2665 0.2480 0.1590 1.0000 0.3595 0.5004 0.5758
0.2537 0.4222
8        X8 0.0077 0.0344 0.1855 0.1065 0.0003 0.1100 0.3595 1.0000 0.3314 0.1420
0.2025 0.2156
9        X9 0.2385 0.3523 0.3646 0.3644 0.3388 0.3982 0.5004 0.3314 1.0000 0.2808
0.3971 0.5016
10      x10 0.0333 0.1726 0.1311 0.1757 0.1998 0.0342 0.5758 0.1420 0.2808 1.0000
0.1468 0.2286
11      x11 0.0898 0.3878 0.2041 0.3191 0.3186 0.2914 0.2537 0.2025 0.3971 0.1468
1.0000 0.0776
12      x12 0.2215 0.2427 0.4124 0.2169 0.1459 0.0985 0.4222 0.2156 0.5016 0.2286
0.0776 1.0000
```
②

Screen plots with parallel analysis

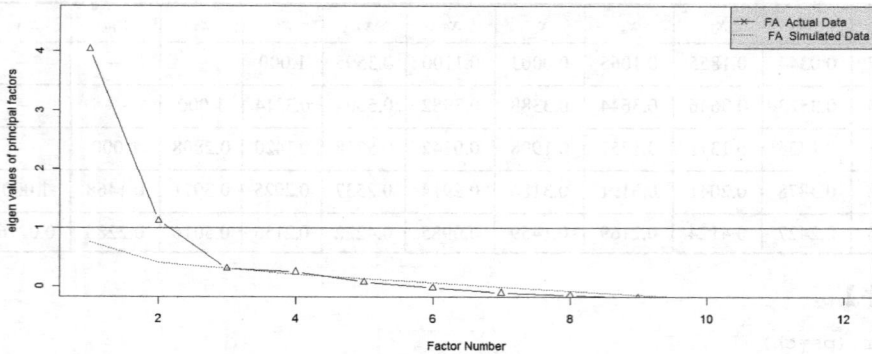

③
```
Factor Analysis using method =  pa
Call: fa(r = example17_2[-1], nfactors = 4, rotate = "none", scores = TRUE,
    fm = "pa")
Standardized loadings (pattern matrix) based upon correlation matrix
     PA1   PA2   PA3   PA4   h2   u2  com
x1   0.61 -0.33  0.18 -0.24 0.57 0.43 2.1
x2   0.84 -0.33 -0.07 -0.09 0.83 0.17 1.3
x3   0.59 -0.03  0.29  0.05 0.44 0.56 1.5
x4   0.73 -0.22 -0.11 -0.03 0.60 0.40 1.2
x5   0.75 -0.31 -0.16 -0.09 0.68 0.32 1.5
x6   0.63 -0.25  0.00  0.23 0.52 0.48 1.6
x7   0.54  0.64 -0.23 -0.19 0.79 0.21 2.4
x8   0.24  0.36  0.03  0.22 0.23 0.77 2.4
x9   0.64  0.37  0.11  0.27 0.63 0.37 2.1
x10  0.33  0.44 -0.28 -0.25 0.44 0.56 3.3
x11  0.44  0.07 -0.23  0.35 0.38 0.62 2.5
x12  0.46  0.43  0.49 -0.13 0.65 0.35 3.1

                       PA1  PA2  PA3  PA4
SS loadings           4.19 1.48 0.60 0.49
Proportion Var        0.35 0.12 0.05 0.04
Cumulative Var        0.35 0.47 0.52 0.56
Proportion Explained  0.62 0.22 0.09 0.07
Cumulative Proportion 0.62 0.84 0.93 1.00

Mean item complexity =  2.1

Test of the hypothesis that 4 factors are sufficient.

The degrees of freedom for the null model are  66  and the objective function was
5.37
The degrees of freedom for the model are 24  and the objective function was  0.57

The root mean square of the residuals (RMSR) is  0.03
The df corrected root mean square of the residuals is  0.05
Fit based upon off diagonal values = 0.99

Measures of factor score adequacy
                                                 PA1  PA2  PA3  PA4
Correlation of scores with factors               0.97 0.92 0.78 0.72
Multiple R square of scores with factors         0.93 0.84 0.61 0.51
Minimum correlation of possible factor scores    0.87 0.68 0.22 0.03
```

④
```
          PA1           PA2            PA3           PA4
x1  0.02118330 -0.069349546   0.25129413 -0.23908313
x2  0.40689668 -0.436567267  -0.17502395 -0.12940898
x3  0.11215481  0.003521993   0.18897661  0.06122768
x4  0.06985201 -0.003264662  -0.05964667  0.01029462
x5  0.22155299 -0.237518274  -0.21115643 -0.13350171
x6  0.04881226 -0.031511920   0.07967725  0.24884025
```

```
x7  0.15115679  0.55964586€ -0.376€5420 -0.28784260
x8  0.04785434  0.043803355  0.02719103  0.15554360
x9  0.18231083  0.162088333  0.081€3976  0.40406193
x10 0.01823242  0.124593917 -0.156€7656 -0.18791227
x11 0.02146216  0.081330728 -0.129€4698  0.30287527
x12 0.08424757  0.225850553  0.58867948 -0.17626802
```

⑤

Factor Analysis

⑥

Factor Analysis

⑦
```
Factor Analysis using method =  pa
Call: fa(r = example17_2[-1], nfactors = 4, rotate = "varimax", scores = TRUE,
    fm = "pa")
Standardized loadings (pattern matrix) based upon correlation matrix
      PA1   PA2   PA3   PA4   h2   u2  com
x1   0.71  0.00  0.23 -0.12 0.5™ 0.43 1.3
x2   0.88  0.13  0.10  0.14 0.83 0.17 1.1
x3   0.47  0.00  0.43  0.18 0.44 0.56 2.3
x4   0.73  0.17  0.06  0.19 0.60 0.40 1.3
x5   0.80  0.16 -0.01  0.13 0.63 0.32 1.1
x6   0.62 -0.08  0.09  0.35 0.52 0.48 1.7
x7   0.12  0.79  0.26  0.28 0.79 0.21 1.5
x8  -0.05  0.19  0.24  0.37 0.23 0.77 2.3
x9   0.26  0.26  0.44  0.55 0.63 0.37 2.9
```

```
x10  0.08  0.65   0.08   0.09 0.44 0.56 1.1
x11  0.28  0.13  -0.05   0.53 0.38 0.62 1.7
x12  0.12  0.25   0.75   0.08 0.65 0.35 1.3

                         PA1  PA2  PA3  PA4
SS loadings             3.23 1.31 1.16 1.06
Proportion Var          0.27 0.11 0.10 0.09
Cumulative Var          0.27 0.38 0.47 0.56
Proportion Explained    0.48 0.19 0.17 0.16
Cumulative Proportion   0.48 0.67 0.84 1.00

Mean item complexity =  1.6
Test of the hypothesis that 4 factors are sufficient.

The degrees of freedom for the null model are  66  and the objective function was
5.37
The degrees of freedom for the model are 24   and the objective function was  0.57

The root mean square of the residuals (RMSR) is  0.03
The df corrected root mean square of the residuals is  0.05

Fit based upon off diagonal values = 0.99
Measures of factor score adequacy
                                                PA1  PA2  PA3  PA4
Correlation of scores with factors             0.95 0.86 0.82 0.76
Multiple R square of scores with factors       0.91 0.74 0.67 0.57
Minimum correlation of possible factor scores  0.81 0.49 0.35 0.15
⑧
            PA1             PA2              PA3             PA4
x1    0.07832075  -0.046562880   0.20865409  -0.27153049
x2    0.60582893  -0.004126078  -0.18158854  -0.05929449
x3    0.06776359  -0.084703126   0.19336093   0.05382489
x4    0.06041132   0.044660155  -0.02886903   0.04556520
x5    0.34667934   0.085518489  -0.19130449  -0.06174964
x6    0.01341957  -0.164474371   0.05071186   0.20455311
x7   -0.12422247   0.736423779  -0.01111473   0.05590132
x8   -0.01189255  -0.044927167   0.04488448   0.15801087
x9   -0.01176266  -0.072374447   0.16559671   0.44348051
x10  -0.01635927   0.254499619  -0.05859406  -0.08400020
x11  -0.06794553  -0.023193358  -0.09150762   0.31927056
x12  -0.06691102  -0.031783744   0.63143986  -0.17752882
⑨
```

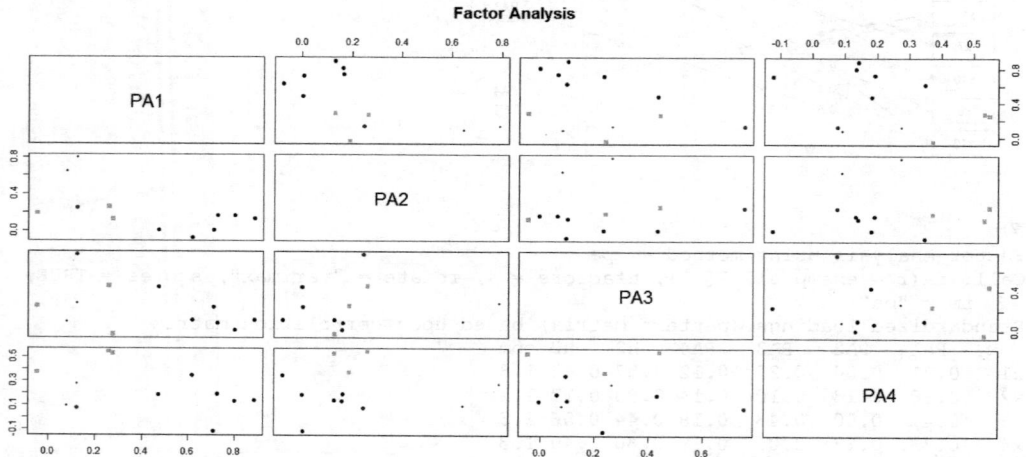

Factor Analysis

⑩

Factor Analysis

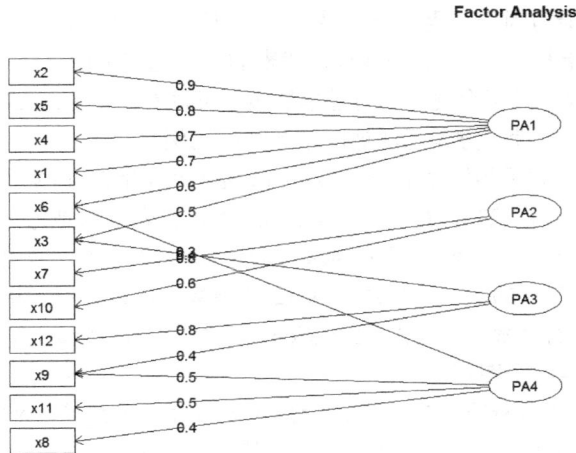

【结果解释】

① 显示原始相关系数矩阵。

② Cattell 碎石检验则绘制了特征值与因子数的图形。这类图形可以清晰地展示图形弯曲状况，在图形变化最大处之上的因子都可保留。还可以进行模拟，依据与初始矩阵相同大小的随机数据矩阵来判断要提取的特征值。若基于真实数据的某个特征值大于一组随机数据矩阵相应的平均特征值，那么该因子可以保留。该方法称作平行分析。

根据图形判断需要提取的公共因子数，碎石检验的前 4 个特征值都在拐角之上，并且大于基于 100 次模拟数据矩阵的特征值均值。对于探索性因子分析，Kaiser-Harris 准则的特征值数大于 0，而不是 1。

第 1 部分，旋转前的分析结果。

③ 给出了 4 个因子时由相关系数矩阵计算出来的因子载荷、公因子方差和因子唯一性。因子载荷指观测变量与因子的相关系数，本例包括 PA1、PA2、PA3 和 PA4。是所有指标变量在 4 个因子上的因子载荷。通过所提供的因子载荷阵，可以看到因子 1 在多数原始指标上都有较大的载荷，因子 2 在 x7、x8 和 x10 等指标上有较大的载荷，因子 3 在 x11 上有较大的载荷，因子 4 在 x8 上有较大的载荷。由此可知，除了因子 1 可初步认定为综合因子外，其余 3 个因子的意义不明显。

h2 栏公因子方差指因子对每个变量的方差解释度。可以看出，变量 x2 被 4 个因子解释的比例为 83%。u2 栏指成分唯一性，方差无法被因子解释的比例。

SS loading 行包含了与因子相关联的特征值，指的是与特定因子相关联的标准化后的方差值（本例中，第 1 个因子的值为 4.19）。最后，Proportion Var 行表示的是每个因子对整个数据集的解释程度。可以看出，第 1 个因子解释了 12 项智力指标 62% 的方差。这说明 4 个潜在因子已经能较好地反映各指标所包含的大部分信息。这 12 个指标都可以保留在模型中。但是从因子载荷上看，却很难看出每一个潜在因子主要支配哪些指标。

④ 输出 4 个因子的得分系数（标准化的回归权重）。由于没有原始数据，无法获得因子得分。

⑤ 相关系数矩阵的 4 因子图形。

⑥ 相关系数矩阵的因子分析结果图，仅显示每个因子下最大的载荷以及因子间的相关系数。

第 2 部分，旋转后的分析结果。

⑦ 是坐标系旋转方法：最大方差旋转法。正交转换矩阵是旋转后的因子载荷。通过最大方差正交旋转后，得到了 12 个指标在 4 个因子上的新的因子载荷。根据 0.5 原则，因子 PA1 支配的指标有 x1、x2、x4、x5 和 x6，代表的是语言能力因子；因子 PA2 支配的指标有 x7 和

x10，代表的是空间认识能力因子；因子 PA3 支配的指标有 x3 和 x12，代表的是逻辑思维能力因子；因子 PA4 支配的指标有 x8、x9 和 x11，代表的是知觉能力因子。

h2 栏公因子方差指因子对每个变量的方差解释度。可以看出，变量 x7 被 4 个因子解释的比例为 79%。u2 栏指成分唯一性，方差无法被因子解释的比例。

SS loading 行包含了与因子相关联的特征值，指的是与特定因子相关联的标准化后的方差值（本例中，第 1 个因子的值为 3.23）。最后，Proportion Var 行表示的是每个因子对整个数据集的解释程度。可以看出，第 1 个因子解释了 12 项智力指标 48% 的方差。结果说明 4 个潜在因子已经能较好地反映各指标所包含的大部分信息。这 12 个指标都可以保留在模型中。

⑧ 输出 4 个因子的得分系数（标准化的回归权重）。由于没有原始数据，无法获得因子得分。

⑨ 相关系数矩阵的四因子图形。

⑩ 相关系数矩阵的因子分析结果图，仅显示每个因子下最大的载荷以及因子间的相关系数。

也就是说，通过因子分析，从 12 个智力指标中找出了 4 个潜在因子，它们是：语言能力、空间认识能力、逻辑思维能力和知觉能力。它们没有交叉支配的现象，即每个指标只受一个潜在因子影响，且没有单指标潜在因子出现，即一个潜在因子至少支配两个指标。

> **注意**：本例中的 12 个指标变量都被有实际专业意义的潜在因子所解释。但是，有的潜在因子是没有实际专业意义的。当因子分析从多个关系复杂的指标中找出主要的潜在因子后，对那些没有实际专业意义或不重要的潜在因子，在最后分析时应当舍去。

例 17-3　某医院为了合理地评价该院各月的医疗工作质量，收集了 3 年有关门诊人次、出院人数、病床利用率、病床周转次数、平均住院天数、治愈好转率、病死率、诊断符合率、抢救成功率等 9 个指标数据，见表 17-5。试采用因子分析法，探讨其综合评价指标体系。

表 17-5　某医院 3 年的医疗工作质量有关指标实测值

年·月 x_0	门诊人次 x_1	出院人数 x_2	病床利用率 x_3(%)	病床周转次数 x_4	平均住院天数 x_5	治愈好转率 x_6(%)	病死率 x_7(%)	诊断符合率 x_8(%)	抢救成功率 x_9(%)
91.01	4.34	389	99.06	1.23	25.46	93.15	3.56	97.51	61.66
91.02	3.45	271	88.28	0.85	23.55	94.31	2.44	97.94	73.33
91.03	4.38	385	103.97	1.21	26.54	92.53	4.02	98.48	76.79
91.04	4.18	377	99.48	1.19	26.89	93.86	2.92	99.41	63.16
91.05	4.32	378	102.01	1.19	27.63	93.18	1.99	99.71	80.00
91.06	4.13	349	97.55	1.10	27.34	90.63	4.38	99.03	63.16
91.07	4.57	361	91.66	1.14	24.89	90.60	2.73	99.69	73.53
91.08	4.31	209	62.18	0.52	31.74	91.67	3.65	99.48	61.11
91.09	4.06	425	83.27	0.93	26.56	93.81	3.09	99.48	70.73
91.10	4.43	458	92.39	0.95	24.26	91.12	4.21	99.76	79.07
91.11	4.13	496	95.43	1.03	28.75	93.43	3.50	99.10	80.49
91.12	4.10	514	92.99	1.07	26.31	93.24	4.22	100.00	78.95
92.01	4.11	490	80.90	0.97	26.90	93.68	4.97	99.77	80.53
92.02	3.53	344	79.66	0.68	31.87	94.77	3.59	100.00	81.97
92.03	4.16	508	90.98	1.01	29.43	95.75	2.77	98.72	62.86
92.04	4.17	545	92.98	1.08	26.92	94.89	3.14	99.41	82.35
92.05	4.16	507	95.10	1.01	25.82	94.41	2.80	99.35	60.61

续表

年·月 x_0	门诊人次 x_1	出院人数 x_2	病床利用率 x_3(%)	病床周转次数 x_4	平均住院天数 x_5	治愈好转率 x_6(%)	病死率 x_7(%)	诊断符合率 x_8(%)	抢救成功率 x_9(%)
92.06	4.86	540	93.17	1.07	27.59	93.47	2.77	99.80	70.21
92.07	5.06	552	84.38	1.10	27.56	95.15	3.10	98.63	69.23
92.08	4.03	453	72.69	0.90	26.03	91.94	4.50	99.05	60.42
92.09	4.15	529	86.53	1.05	22.40	91.52	3.84	98.58	68.42
92.10	3.94	515	91.01	1.02	25.44	94.88	2.56	99.36	73.91
92.11	4.12	552	89.14	1.10	25.70	92.65	3.87	95.52	66.67
92.12	4.42	597	90.18	1.18	26.94	93.03	3.76	99.28	73.81
93.01	3.05	437	78.81	0.87	23.05	94.46	4.03	96.22	87.10
93.02	3.94	477	87.34	0.95	26.78	91.78	4.57	94.28	87.34
93.03	4.14	638	88.57	1.27	26.53	95.16	1.67	94.50	91.67
93.04	3.87	583	89.82	1.16	22.66	93.43	3.55	94.49	89.07
93.05	4.08	552	90.19	1.10	22.53	90.36	3.47	97.88	87.14
93.06	4.14	551	90.81	1.09	23.06	91.65	2.47	97.72	87.13
93.07	4.04	574	81.36	1.14	26.65	93.74	1.61	98.20	93.02
93.08	3.93	515	76.87	1.02	23.88	93.82	3.09	95.46	88.37
93.09	3.90	555	80.58	1.10	23.08	94.38	2.06	96.82	91.79
93.10	3.62	554	87.21	1.10	22.50	92.43	3.22	97.16	87.77
93.11	3.75	586	90.31	1.12	23.73	92.47	2.07	97.74	93.89
93.12	3.77	627	86.47	1.24	23.22	91.17	3.40	98.98	89.80

【R 程序】

```
> library(psych)
> example17_3  <- read.table ("example17_3.csv", header=TRUE, sep=",")
> example17_3
> fa.parallel(example17_3, fa="fa", n.iter=100, main="Screen plots with parallel
analysis")
> fa  <- fa(example17_3, nfactors=4, rotate="none", fm="ml", score=TRUE)
> fa
> fa$weights
> fa$scores
> factor.plot(fa, labels=rownames(fa$loadings))
> fa.diagram(fa, simple=FALSE)
> fa2  <- fa(example17_3, nfactors=4, rotate="varimax", fm="ml", score=TRUE)
> fa2
> fa2$weights
> fa2$scores
> factor.plot(fa2, labels=rownames(fa$loadings))
> fa.diagram(fa2, simple=FALSE)
```

【R 输出结果】

①

```
   x1   x2     x3   x4    x5    x6   x7    x8    x9
1 4.34 389  99.06 1.23 25.46 93.15 3.56 97.51 61.66
2 3.45 271  88.28 0.85 23.55 94.31 2.44 97.94 73.33
3 4.38 385 103.97 1.21 26.54 92.53 4.02 98.48 76.79
4 4.18 377  99.48 1.19 26.89 93.85 2.92 99.41 63.16
5 4.32 378 102.01 1.19 27.63 93.13 1.99 99.71 80.00
6 4.13 349  97.55 1.10 27.34 90.63 4.38 99.03 63.16
7 4.57 361  91.66 1.14 24.89 90.60 2.73 99.69 73.53
```

```
 8  4.31 209   62.18 0.52 31.74 91.67 3.65   99.48 61.11
 9  4.06 425   83.27 0.93 26.56 93.81 3.09   99.48 70.73
10  4.43 458   92.39 0.95 24.26 91.12 4.21   99.76 79.07
11  4.13 496   95.43 1.03 28.75 93.43 3.50   99.10 80.49
12  4.10 514   92.99 1.07 26.31 93.24 4.22  100.00 78.95
13  4.11 490   80.90 0.97 26.90 93.68 4.97   99.77 80.53
14  3.53 344   79.66 0.68 31.87 94.77 3.59  100.00 81.97
15  4.16 508   90.98 1.01 29.43 95.75 2.77   98.72 62.86
16  4.17 545   92.98 1.08 26.92 94.89 3.14   99.41 82.35
17  4.16 507   95.10 1.01 25.82 94.41 2.80   99.35 60.61
18  4.86 540   93.17 1.07 27.59 93.47 2.77   99.80 70.21
19  5.06 552   84.38 1.10 27.56 95.15 3.10   98.63 69.23
20  4.03 453   72.69 0.90 26.03 91.94 4.50   99.05 60.42
21  4.15 529   86.53 1.05 22.40 91.52 3.84   98.58 68.42
22  3.94 515   91.01 1.02 25.44 94.88 2.56   99.36 73.91
23  4.12 552   89.14 1.10 25.70 92.65 3.87   95.52 66.67
24  4.42 597   90.18 1.18 26.94 93.03 3.76   99.28 73.81
25  3.05 437   78.81 0.87 23.05 94.46 4.03   96.22 87.10
26  3.94 477   87.34 0.95 26.78 91.78 4.57   94.28 87.34
27  4.14 638   88.57 1.27 26.53 95.16 1.67   94.50 91.67
28  3.87 583   89.82 1.16 22.66 93.43 3.55   94.49 89.07
29  4.08 552   90.19 1.10 22.53 90.36 3.47   97.88 87.14
30  4.14 551   90.81 1.09 23.06 91.65 2.47   97.72 87.13
31  4.04 574   81.36 1.14 26.65 93.74 1.61   98.20 93.02
32  3.93 515   76.87 1.02 23.88 93.82 3.09   95.46 88.37
33  3.90 555   80.58 1.10 23.08 94.38 2.06   96.82 91.79
34  3.62 554   87.21 1.10 22.50 92.43 3.22   97.16 87.77
35  3.75 586   90.31 1.12 23.73 92.47 2.07   97.74 93.89
36  3.77 627   86.47 1.24 23.22 91.17 3.40   98.98 89.80
```
②

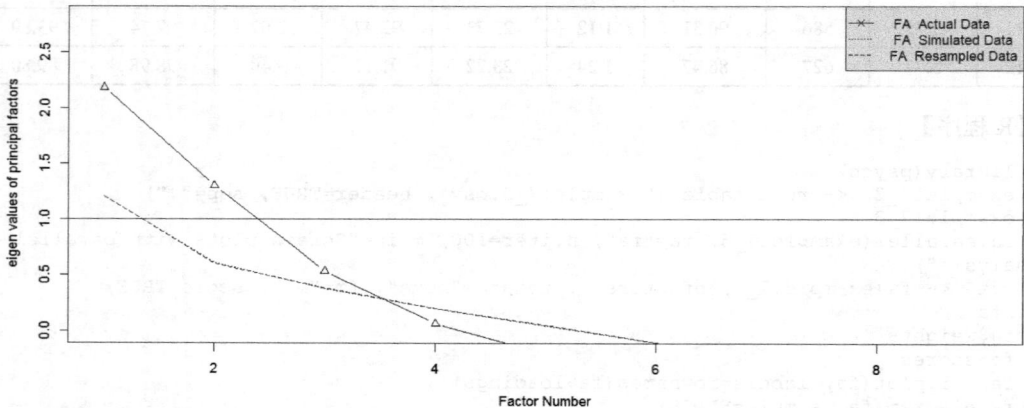
Screen plots with parallel analysis

③
```
Factor Analysis using method =  ml
Call: fa(r = example17_3, nfactors = 4, rotate = "none", scores = TRUE,
    fm = "ml")
Standardized loadings (pattern matrix) based upon correlation matrix
     ML3   ML1   ML2   ML4   h2   u2 com
x1  0.61  0.78  0.11 -0.01 1.00 0.005 1.9
x2 -0.40  0.31  0.34 -0.59 0.72 0.276 3.1
x3 -0.30  0.56  0.25  0.49 0.71 0.289 2.9
x4 -0.55  0.75  0.35  0.01 1.00 0.005 2.3
x5  0.67 -0.13  0.16  0.26 0.57 0.435 1.5
x6  0.15 -0.39  0.91  0.00 1.00 0.005 1.4
x7  0.14 -0.07 -0.47  0.10 0.26 0.743 1.3
x8  0.45  0.11 -0.10  0.36 0.36 0.642 2.2
x9 -0.56 -0.12  0.05 -0.46 0.55 0.455 2.1

                ML3   ML1   ML2   ML4
```

```
SS loadings               1.94 1.79 1.40 1.02
Proportion Var            0.22 0.20 0.16 0.11
Cumulative Var            0.22 0.41 0.57 0.68
Proportion Explained      0.32 0.29 0.23 0.17
Cumulative Proportion 0.32 0.61 0.83 1.00
```

```
Mean item complexity =  2.1
Test of the hypothesis that 4 factors are sufficient.
```

```
The degrees of freedom for the null model are  36  and the objective function was
3.82 with Chi Square of  119.03
The degrees of freedom for the model are 6  and the objective function was  0.24
```

```
The root mean square of the residuals (RMSR) is  0.04
The df corrected root mean square of the residuals is  0.09
```

```
The harmonic number of observations is  36 with the empirical chi square  3.43
with prob <  0.75
The total number of observations was  36  with MLE Chi Square =  6.84   with prob
<  0.34
```

```
Tucker Lewis Index of factoring reliability =  0.931
RMSEA index =  0.107  and the 90 % confidence intervals are  NA 0.232
BIC =  -14.67
Fit based upon off diagonal values = 0.99
Measures of factor score adequacy
                                               ML3  ML1  ML2  ML4
Correlation of scores with factors             1.00 1.00 1.00 0.87
Multiple R square of scores with factors       0.99 1.00 0.99 0.75
Minimum correlation of possible factor scores  0.99 0.99 0.99 0.50
④
          ML3            ML1            ML2            ML4
x1  0.849559647   0.5823405638   0.1118741085  -0.39281427
x2 -0.009973969   0.0042280513   0.0064628372  -0.53949047
x3 -0.007100340   0.0072917513   0.0044524105   0.42980521
x4 -0.766917963   0.5611523159   0.3647362011   0.29798432
x5  0.010781833  -0.0011253437   0.0019252819   0.14871581
x6  0.202661123  -0.2915371810   0.9366714643   0.03844541
x7  0.001297009  -0.0003608502  -0.0032812549   0.03316009
x8  0.004888298   0.0006316301  -0.0008121654   0.14140802
x9 -0.008548363  -0.0009630958   0.0005556948  -0.25644795
⑤
           ML3           ML1            ML2            ML4
 [1,] -0.32910714   1.0658739417   0.525077304   1.45294062
 [2,] -0.31405150  -2.0029177760   0.085254945   1.37018435
 [3,] -0.22998673   1.1836815312   0.087904665   1.43459001
 [4,] -0.38854471   0.5197628799   0.844102999   1.83996868
 [5,] -0.17188759   0.8812701950   0.451121434   1.42814723
 [6,] -0.49753870   0.7578130602  -1.495535570   1.73578231
 [7,]  0.30271290   1.6087825409  -1.282122426   0.56281319
 [8,]  3.05861110  -1.3452389543  -2.177655809  -0.30897567
 [9,]  0.63924102  -0.6336941565   0.144939642   0.17199057
[10,]  0.99404473   0.5831782107  -1.442030301  -0.23842651
[11,]  0.22800536  -0.0647348006   0.171110821   0.41339458
[12,] -0.07586971   0.0735225556   0.128921240   0.28662353
[13,]  0.52832544  -0.3811712844   0.167890213  -0.39493363
[14,]  0.83236081  -2.6049649042   0.002698949   0.65034845
[15,]  0.74248209  -0.5623027177   1.642016899   0.51187583
[16,]  0.26200116  -0.1110881378   1.254466084  -0.02925427
[17,]  0.53806375  -0.2854047447   0.769358438   0.58007297
[18,]  1.72937194   1.2393249088   0.519125617  -0.44088558
[19,]  2.28311198   1.3208647886   1.740035315  -1.13574336
[20,]  0.47078990  -0.4214410869  -1.162354738  -0.36925581
[21,] -0.11063088   0.4248209892  -1.026227324  -0.39180888
[22,]  0.03264569  -0.6981460799   1.031319691   0.24359001
[23,] -0.27086060   0.3336003357  -0.173826713  -0.23329896
[24,]  0.08135614   1.0328248420   0.360420742  -0.35789382
[25,] -1.34747648  -2.6001032016   0.109000691   0.01391082
[26,] -0.05994874  -0.3385421245  -1.160535489  -0.55060333
```

```
[27,]  -0.75956087   0.4860014812    1.888675795  -1.06886172
[28,]  -1.08330021   0.0001194855    0.403709819  -0.78216561
[29,]  -0.71110463   0.7350162220   -1.675698523  -0.69848606
[30,]  -0.33982184   0.5331895187   -0.837793409  -0.73080020
[31,]  -0.51312247   0.1265114469    0.613387246  -0.99491977
[32,]  -0.15677370  -0.5142042736    0.330721404  -1.25670934
[33,]  -0.56233800  -0.3740585760    0.885113663  -1.13363615
[34,]  -1.48939957  -0.4192707151   -0.470487142  -0.40173264
[35,]  -1.28792633  -0.1428450257   -0.347472658  -0.58052224
[36,]  -2.02387361   0.5939390258   -0.904642514  -0.59731960
```
⑥

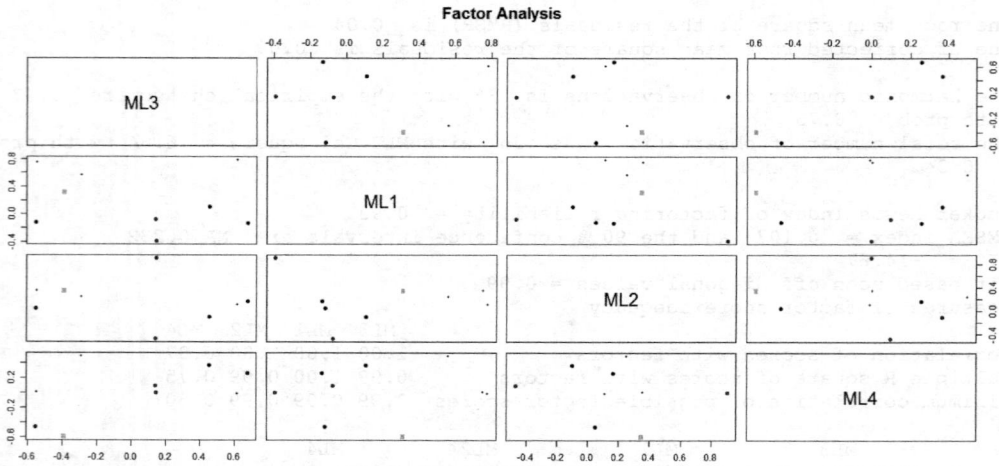

Factor Analysis

⑦

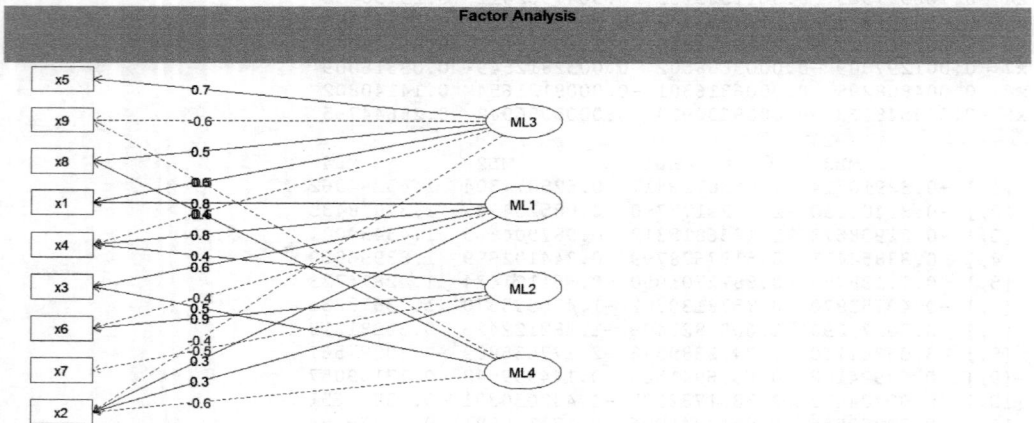

Factor Analysis

⑧
```
Factor Analysis using method =  ml
Call: fa(r = example17_3, nfactors = 4, rotate = "varimax", scores = TRUE,
    fm = "ml")
Standardized loadings (pattern matrix) based upon correlation matrix
     ML3   ML1   ML2   ML4   h2    u2 com
x1 -0.31  0.23 -0.03  0.92 1.00 0.005 1.4
x2  0.75  0.16  0.24  0.27 0.72 0.276 1.6
x3 -0.10  0.83  0.03  0.07 0.71 0.289 1.0
x4  0.46  0.84  0.09  0.26 1.00 0.005 1.8
x5 -0.64 -0.23  0.24  0.21 0.57 0.435 1.8
x6 -0.09 -0.09  0.98 -0.10 1.00 0.005 1.1
x7 -0.20 -0.18 -0.42 -0.06 0.26 0.743 1.9
```

```
x8 -0.56  0.02 -0.10  0.18 0.36 0.542 1.3
x9  0.70 -0.04  0.04 -0.21 0.55 0.455 1.2

                        ML3  ML1  ML2  ML4
SS loadings            2.15 1.58 1.29 1.12
Proportion Var         0.24 0.18 0.14 0.12
Cumulative Var         0.24 0.41 0.56 0.68
Proportion Explained   0.35 0.26 0.21 0.18
Cumulative Proportion  0.35 0.61 0.82 1.00
```

```
Mean item complexity =  1.4
Test of the hypothesis that 4 factors are sufficient.

The degrees of freedom for the null model are  36  and the objective function was
3.82 with Chi Square of  119.03
The degrees of freedom for the model are 6  and the objective function was  0.24

The root mean square of the residuals (RMSR) is  0.04
The df corrected root mean square of the residuals is  0.09

The harmonic number of observations is  36 with the empirical chi square  3.43  with
prob <  0.75
The total number of observations was  36  with MLE Chi Square =  6.84  with prob <
 0.34

Tucker Lewis Index of factoring reliability =  0.931
RMSEA index =  0.107  and the 90 % confidence intervals are  NA 0.232
BIC =  -14.67
Fit based upon off diagonal values = 0.99
Measures of factor score adequacy
                                            ML3  ML1  ML2  ML4
Correlation of scores with factors          0.93 0.96 1.00 0.98
Multiple R square of scores with factors    0.86 0.92 0.99 0.96
Minimum correlation of possible factor scores 0.72 0.85 0.99 0.91
```

⑨
```
           ML3          ML1          ML2          ML4
x1 -0.19957039 -0.21752635  0.066629749  1.065882458
x2  0.40897561 -0.27960533  0.033706896  0.211264644
x3 -0.31429625  0.23935124 -0.021959835 -0.168233594
x4  0.36064982  0.98479679  0.108960223 -0.114529013
x5 -0.11780492  0.07416884 -0.004914207 -0.053239540
x6 -0.13923438 -0.02500386  0.992390602 -0.006813724
x7 -0.02576005  0.01605159 -0.004740393 -0.012979428
x8 -0.10846371  0.07353487 -0.008202756 -0.052746012
x9  0.19646148 -0.13362856  0.013982191  0.095867908
```

⑩
```
            ML3          ML1          ML2          ML4
 [1,] -0.72580656  1.75733046  0.11437442  0.055266576
 [2,] -1.01550325 -0.38178631  0.49103250 -2.139359941
 [3,] -0.78972024  1.66339655 -0.32397407  0.155776336
 [4,] -1.01327597  1.72354958  0.53387209 -0.486563763
 [5,] -0.83389207  1.53031554  0.10878684  0.014877966
 [6,] -0.97107740  1.27420285 -1.77674188 -0.589912158
 [7,] -0.52402770  0.86175937 -1.64435673  0.958785527
 [8,] -2.04156638 -3.06751090 -1.40668729  0.667858505
 [9,] -0.60542780 -0.58758700  0.35945655 -0.140624712
[10,] -0.49676211 -0.60231358 -1.41718012  0.920090540
[11,] -0.45466624  0.11327075  0.18173977 -0.061400572
[12,] -0.14867230  0.27045596  0.08103057 -0.090109258
[13,] -0.08313500 -0.66907672  0.33590506  0.202908150
[14,] -1.29988741 -1.72986841  0.72576141 -1.640958697
[15,] -0.83475749 -0.02602646  1.76866837 -0.003886047
[16,] -0.09134617  0.10761851  1.26042127  0.216652940
[17,] -0.77166858  0.06389568  0.83540153 -0.043758074
[18,] -0.65135385 -0.14141100  0.38143697  2.097801697
[19,] -0.42095347 -0.41576377  1.62677068  2.877234055
[20,] -0.14339082 -0.99442269 -0.93670819 -0.012108916
[21,]  0.35052362 -0.14582001 -1.08372381  0.284220366
[22,] -0.21684506 -0.07041630  1.15922816 -0.464370453
```

```
[23,]   0.37635442   0.17618060  -0.26809930   0.157287269
[24,]   0.33980736   0.52608194   0.10707005   0.963145014
[25,]   0.61310685  -0.98652097   0.63529682  -2.614493928
[26,]   0.34909991  -0.78098150  -1.00144884  -0.183053610
[27,]   1.45129511   0.59162660   1.66557572   0.540619829
[28,]   1.31700390   0.20844270   0.31770144  -0.263480906
[29,]   0.96898386   0.01347798  -1.83205321   0.215027018
[30,]   0.77530101  -0.09848755  -0.93615776   0.385426892
[31,]   1.12546512  -0.04600221   0.55696675   0.257699809
[32,]   1.00412632  -0.84313661   0.50267372   0.076479668
[33,]   1.22470409  -0.34898075   0.94929013  -0.043145647
[34,]   1.20826973   0.11452681  -0.47534183  -1.038202434
[35,]   1.24439048   0.13083382  -0.39802762  -0.642534899
[36,]   1.78530410   0.80896703  -1.19796019  -0.589194141
```

Factor Analysis

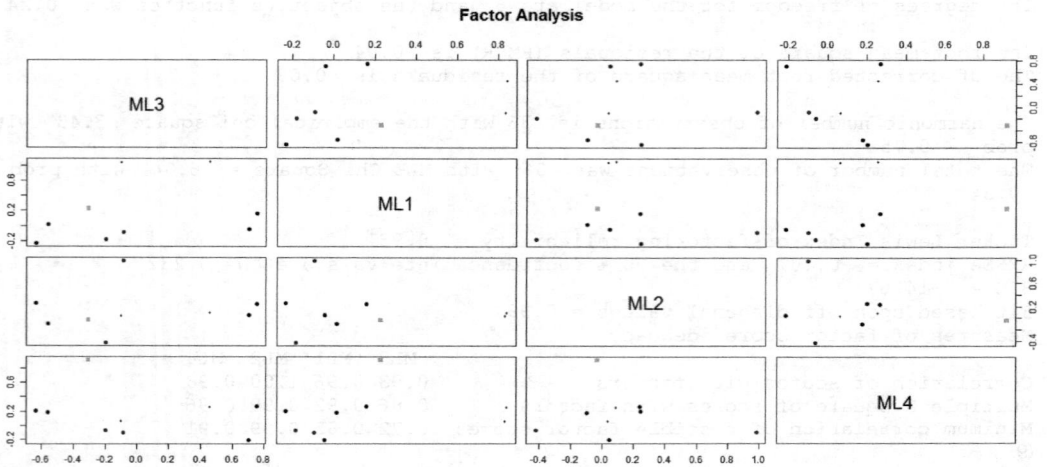

Factor Analysis

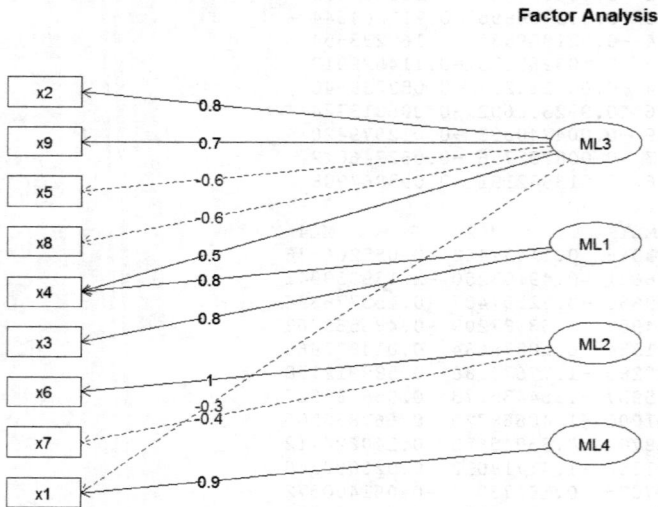

【结果解释】

① 显示原始数据框。

② 根据图形判断需要提取的公共因子数，碎石检验的前 3 个特征值都在拐角之上，并且大于基于 100 次模拟数据矩阵的特征值均值。对于探索性因子分析，Kaiser-Harris 准则的特征值数大于 0，而不是 1。由于有 4 个特征值大于 1，图形中该准则建议选择 4 个因子。

第 1 部分，旋转前的分析结果。

③ 给出了 4 个因子时计算出来的因子载荷、公因子方差和因子唯一性。因子载荷指观测变量与因子的相关系数，本例包括 ML1、ML2、ML3 和 ML4。是所有指标变量在 4 个因子上的因子载荷。通过所提供的因子载荷阵，可以看到因子 1 在多数原始指标上都有较大的载荷；因子 2 在门诊人次、病床利用率、病床周转次数、诊断符合率、抢救成功率等指标上有较大的载荷；因子 3 在治愈好转率、病死率、平均住院天数等指标上有较大的载荷，因子 4 在出院人数、门诊人次、病床利用率等指标上有较大的载荷。由此可知，除因子 1 可初步认定为综合因子外，其余 3 个因子的意义不明显。

h2 栏公因子方差指因子对每个变量的方差解释度。可以看出，变量 x2 被 4 个因子解释的比例为 72%。u2 栏指成分唯一性，方差无法被因子解释的比例。

SS loading 行包含了与因子相关联的特征值，指的是与特定因子相关联的标准化后的方差值（本例中，第 1 个因子的值为 1.94）。最后，Proportion Var 行表示的是每个因子对整个数据集的解释程度。可以看出，第 3 个因子解释了 32% 的方差，4 个因子全部解释了所有的方差。这说明 4 个潜在因子已经能较好地反映各指标所包含的信息。这 9 个指标都可以保留在模型中。但是从因子载荷上看，却很难看出每一个潜在因子主要支配哪些指标。

④ 输出 4 个因子的得分系数（标准化的回归权重）。

⑤ 输出 4 个因子的因子得分，与可精确计算的主成分得分不同，因子得分只是估计得到的。

⑥ 输出 4 个因子的图形。

⑦ 因子分析结果图，仅显示每个因子下最大的载荷以及因子间的相关系数。

第 2 部分，旋转后的分析结果。

⑧ 是旋转后的因子载荷。通过最大方差正交旋转后，得到了 9 个指标在 4 个因子上的新的因子载荷。对旋转后的因子载荷阵进行分析，可以看出：因子 ML3 在门诊人次、出院人数、病床周转次数、平均住院天数、诊断符合率、抢救成功率等多个指标上有较大的因子载荷；因子 ML1 在病床利用率、病床周转次数两个指标上的载荷最大；因子 ML2 在治愈好转率、病死率上的载荷最大，且治愈好转率为正值，病死率为负值，与其专业意义相符；因子 ML4 在门诊人次、出院人数两个指标上的载荷最大。因此可以认为，因子 ML3 反映了该医院医疗工作质量各方面的情况，为综合因子；因子 ML1 反映了病床利用情况；因子 ML2 反映的是医疗水平，故称为水平因子；因子 ML4 反映的是就诊病人数量，即数量因子。

将旋转后的因子载荷与未旋转的因子载荷阵进行比较，可以看出：经 4 次方最大正交旋转后，除了因子 ML3 的载荷仍较均匀地分布多数指标上外，其余 3 个因子的载荷都明显地集中在少数指标上，这说明旋转对因子载荷起到了明显的分离作用，从而使各因子具有了较为清晰的专业意义。

h2 栏公因子方差指因子对每个变量的方差解释度。可以看出，变量 x2 被 4 个因子解释的比例为 72%。u2 栏指成分唯一性，方差无法被因子解释的比例。

SS loading 行包含了与因子相关联的特征值，指的是与特定因子相关联的标准化后的方差值（本例中，第 3 个因子的值为 2.15）。最后，Proportion Var 行表示的是每个因子对整个数据集的解释程度。可以看出，第 3 个因子解释了 9 项指标 35% 的方差，4 个因子全部解释了所有的方差。结果说明 4 个潜在因子已经能较好地反映各指标所包含的大部分信息。这 9 个指标都可以保留在模型中。

⑨ 输出 4 个因子的得分系数（标准化的回归权重）。

⑩ 输出 4 个因子的因子得分，与可精确计算的主成分得分不同，因子得分只是估计得到的。4 个因子图形以及因子分析结果图，仅显示每个因子下最大的载荷以及因子间的相关系数。

例 17-4　在洛杉矶 12 个标准大都市居民统计地区中进行人口调查，有 5 个社会经济变量，分别是人口总数(pop)、居民的教育程度或中等教育的年数(school)、雇佣人总数(employ)、各种服务行业的人数(services)和中等的房价(house)，见表 17-6，试作因子分析。

表 17-6　　　　　　　　　　　　　　　5 个社会因素调查数据

编　　号	pop	school	employ	services	house
1	5700	12.8	2500	270	25000
2	1000	10.9	600	10	10000
3	3400	8.8	1000	10	9000
4	3800	13.6	1700	140	25000
5	4000	12.8	1600	140	25000
6	8200	8.3	2600	60	12000
7	1200	11.4	400	10	16000
8	9100	11.5	3300	60	14000
9	9900	12.5	3400	180	18000
10	9600	13.7	3600	390	25000
11	9600	9.6	3300	80	12000
12	9400	11.4	4000	100	13000

【R 程序】

```
> library(psych)
> example17_4  <- read.table ("example17_4.csv", header=TRUE, sep=",")
> example17_4
> fa.parallel(example17_4, fa="fa", n.iter=100, main="Screen plots with parallel
analysis")
>  fa   <- fa(example17_4, nfactors=2, rotate="none", fm="ml", score=TRUE)
>  fa
> fa$weights
> fa$scores
> factor.plot(fa, labels=rownames(fa$loadings))
> fa.diagram(fa, simple=FALSE)
>  fa2  <- fa(example17_4, nfactors=2, rotate="varimax", fm="ml", score=TRUE)
> fa2
> fa2$weights
> fa2$scores
> factor.plot(fa2, labels=rownames(fa$loadings))
> fa.diagram(fa2, simple=FALSE)
```

【R 输出结果】

①

```
   pop school employ services house
1  5700   12.8   2500      270 25000
2  1000   10.9    600       10 10000
3  3400    8.8   1000       10  9000
4  3800   13.6   1700      140 25000
5  4000   12.8   1600      140 25000
6  8200    8.3   2600       60 12000
7  1200   11.4    400       10 16000
8  9100   11.5   3300       60 14000
9  9900   12.5   3400      180 18000
10 9600   13.7   3600      390 25000
11 9600    9.6   3300       80 12000
12 9400   11.4   4000      100 13000
```

②

Screen plots with parallel analysis

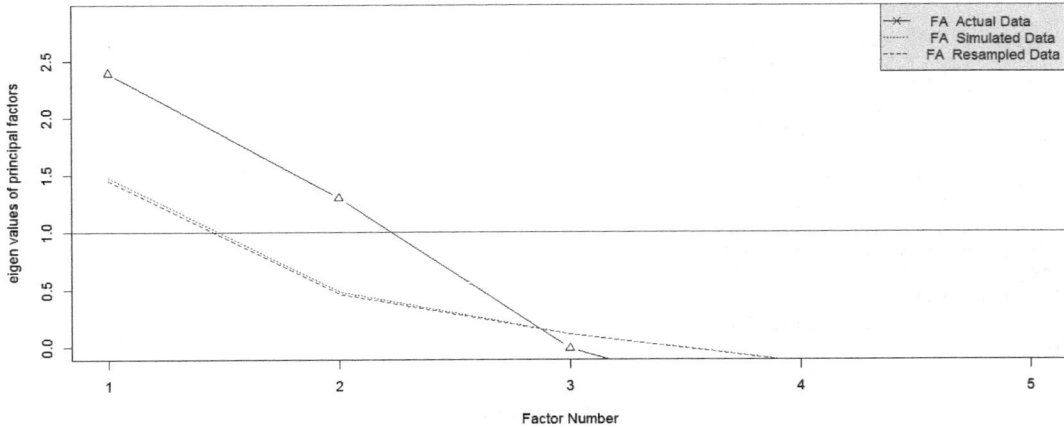

③
```
Factor Analysis using method =  ml
Call: fa(r = example17_4, nfactors = 2, rotate = "none", scores = TRUE,
    fm = "ml")
Standardized loadings (pattern matrix) based upon correlation matrix
          ML2  ML1   h2    u2 com
pop      -0.03 1.00 1.00 0.005 1.0
school    0.90 0.04 0.81 0.193 1.0
employ    0.09 0.98 0.96 0.036 1.0
services  0.78 0.46 0.81 0.185 1.6
house     0.96 0.05 0.93 0.074 1.0

                      ML2  ML1
SS loadings          2.34 2.16
Proportion Var       0.47 0.43
Cumulative Var       0.47 0.90
Proportion Explained 0.52 0.48
Cumulative Proportion 0.52 1.00

Mean item complexity =  1.1
Test of the hypothesis that 2 factors are sufficient.

The degrees of freedom for the null model are  10  and the objective function was
6.38 with Chi Square of  54.25
The degrees of freedom for the model are 1  and the objective function was  0.31

The root mean square of the residuals (RMSR) is  0.01
The df corrected root mean square of the residuals is  0.05

The harmonic number of observations is  12 with the empirical chi square  0.05  with
prob <  0.82
The total number of observations was  12  with MLE Chi Square =  2.22  with prob
<  0.14

Tucker Lewis Index of factoring reliability =  0.658
RMSEA index =  0.468  and the 90 % confidence intervals are  NA 0.905
BIC =  -0.26
Fit based upon off diagonal values = 1
Measures of factor score adequacy
                                                 ML2  ML1
Correlation of scores with factors               0.98 1.00
Multiple R square of scores with factors         0.95 1.00
Minimum correlation of possible factor scores    0.91 0.99
```
④
```
             ML2           ML1
pop    -0.2436928 0.8766511253
school  0.2180559 0.0008565928
```

```
employ      0.1186768 0.1189342194
services    0.1971679 0.0109149543
house       0.6106858 0.0027420768
```
⑤
```
            ML2           ML1
 [1,]   1.2432563   -0.1038055
 [2,]  -0.7220056   -1.5156810
 [3,]  -1.2059993   -0.8671720
 [4,]   1.1759809   -0.6766229
 [5,]   1.0546077   -0.6356204
 [6,]  -1.0805838    0.5151787
 [7,]  -0.1188320   -1.4810535
 [8,]  -0.4950242    0.8140058
 [9,]   0.1694138    1.0410593
[10,]   1.3878706    1.0073052
[11,]  -0.9198491    0.9415534
[12,]  -0.4888352    0.9608531
```
⑥

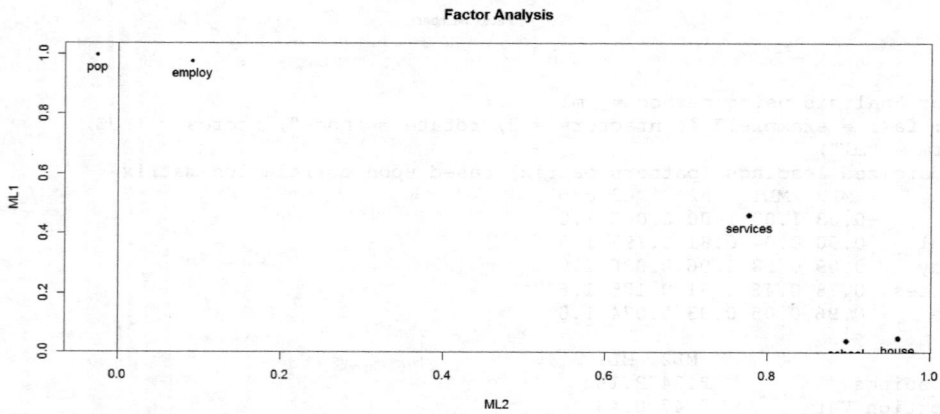

Factor Analysis

⑦

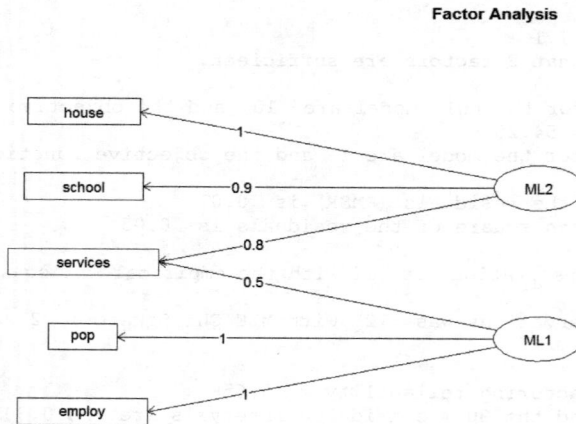

Factor Analysis

⑧
```
Factor Analysis using method =  ml
Call: fa(r = example17_4, nfactors = 2, rotate = "varimax", scores = TRUE,
    fm = "ml")
Standardized loadings (pattern matrix) based upon correlation matrix
          ML2 ML1   h2    u2  com
pop       0.02 1.00 1.00 0.005 1.0
school    0.90 0.00 0.81 0.193 1.0
employ    0.14 0.97 0.96 0.036 1.0
services  0.80 0.42 0.81 0.185 1.5
```

```
house     0.96 0.00 0.93 0.074 1.0

                          ML2  ML1
SS loadings               2.39 2.12
Proportion Var            0.48 0.42
Cumulative Var            0.48 0.90
Proportion Explained      0.53 0.47
Cumulative Proportion     0.53 1.00

Mean item complexity =  1.1
Test of the hypothesis that 2 factors are sufficient.
The degrees of freedom for the null model are  10  and the objective function was
6.38 with Chi Square of  54.25
The degrees of freedom for the model are 1  and the objective function was  0.31
The root mean square of the residuals (RMSR) is  0.01
The df corrected root mean square of the residuals is  0.05
The harmonic number of observations is  12 with the empirical chi square  0.05  with
prob <  0.82
The total number of observations was  12  with MLE Chi Square =  2.22  with prob <
 0.14

Tucker Lewis Index of factoring reliability =  0.658
RMSEA index =  0.468  and the 90 % confidence intervals are  NA 0.905
BIC =  -0.26
Fit based upon off diagonal values = 1
Measures of factor score adequacy
                                              ML2  ML1
Correlation of scores with factors            0.98 1.00
Multiple R square of scores with factors      0.95 1.00
Minimum correlation of possible factor scores 0.91 0.99
⑨
              ML2          ML1
pop       -0.2023403  0.887108659
school     0.2178564 -0.009363652
employ     0.1241204  0.113241682
services   0.1974628  0.001662584
house      0.6101433 -0.025881048
⑩            ML2          ML1
 [1,]   1.2370253 -0.1619573
 [2,]  -0.7922455 -1.4801784
 [3,]  -1.2453147 -0.8096994
 [4,]   1.1429785 -0.7309924
 [5,]   1.0236602 -0.6843467
 [6,]  -1.0552523  0.5652547
 [7,]  -0.1881118 -1.4738570
 [8,]  -0.4563315  0.8363109
 [9,]   0.2180175  1.0319757
[10,]   1.4335535  0.9411551
[11,]  -0.8747120  0.9836280
[12,]  -0.4432672  0.9827068
```

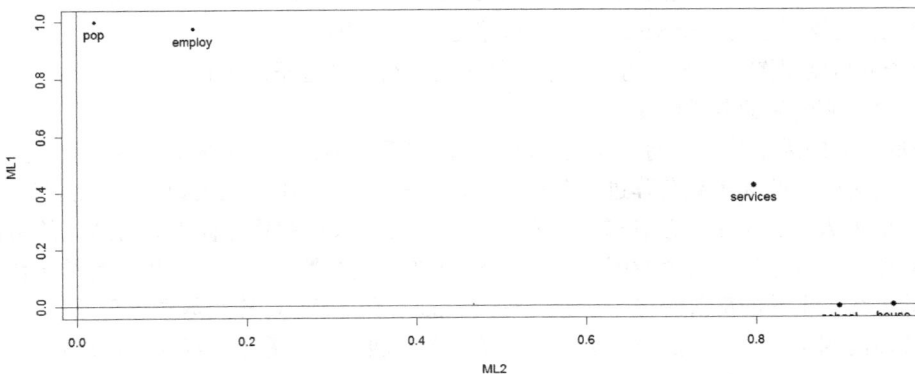

Factor Analysis

Factor Analysis

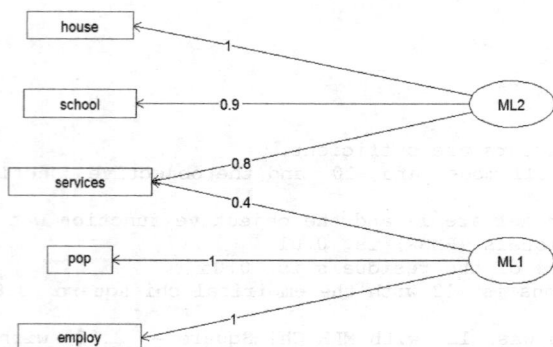

【结果解释】

① 显示原始数据框。

② 根据图形判断需要提取的公共因子数，碎石检验的前两个特征值都在拐角之上，并且大于基于 100 次模拟数据矩阵的特征值均值。对于探索性因子分析，Kaiser-Harris 准则的特征值数大于 0，而不是 1。由于有 3 个特征值大于 1，图形中该准则建议选择两个因子。

第 1 部分，旋转前的分析结果。

③ 给出了两个因子时计算出来的因子载荷、公因子方差和因子唯一性。因子载荷指观测变量与因子的相关系数，本例包括 ML1 和 ML2。是所有指标变量在两个因子上的因子载荷。通过所提供的因子载荷阵，可以看到因子 1 在多数原始指标上都有较大的载荷；因子 2 在居民的教育程度或中等教育的年数和中等的房价的指标上有较大的载荷。

h2 栏公因子方差指因子对每个变量的方差解释度。可以看出，变量 employ 被两个因子解释的比例均为 96%。u2 栏指成分唯一性，方差无法被因子解释的比例。

SS loading 行包含了与因子相关联的特征值，指的是与特定因子相关联的标准化后的方差值（本例中，第 1 个因子的值为 2.34）。最后，Proportion Var 行表示的是每个因子对整个数据集的解释程度。可以看出，第 1 个因子解释了 52% 的方差，两个因子全部解释了所有的方差。这说明两个潜在因子已经能较好地反映各指标所包含的信息。这 5 个指标都可以保留在模型中。但是从因子载荷上看，却很难看出每一个潜在因子主要支配哪些指标。

④ 输出两个因子的得分系数（标准化的回归权重）。

⑤ 输出两个因子的因子得分，与可精确计算的主成分得分不同，因子得分只是估计得到的。

⑥ 输出二因子图形。从图形上可以看出，pop 和 employ 在 ML1 上载荷较大，而 house 和 school 在 ML2 上载荷较大。Services 在两个因子上较为平均。

⑦ 因子分析结果图，仅显示每个因子下最大的载荷以及因子间的相关系数。

第 2 部分，旋转后的分析结果。

⑧ 是旋转后的因子载荷。通过最大方差正交旋转后，得到了 5 个指标在两个因子上的新的因子载荷。对旋转后的因子载荷阵进行分析，可以看出：因子 ML1 在人口总数、雇佣人总数和各种服务行业的人数指标上的载荷较大，反映了地区的总人口和总雇佣人口与地区的房价和教育水平的对比值，可称为人口就业因子；因子 ML2 在居民的教育程度或中等教育的年数、各种服务行业的人数、中等的房价等多个指标上有较大的因子载荷，可称为基本社会因子。

将旋转后的因子载荷与未旋转的因子载荷阵进行比较，可以看出：经 4 次方最大正交旋转后，对因子载荷起到了明显的分离作用，从而使各因子具有了较为清晰的专业意义。

　　h2 栏公因子方差指因子对每个变量的方差解释度。可以看出：变量 pop（人口总数）被两个因子解释的比例为 100%。u2 栏指成分唯一性，方差无法被因子解释的比例。

　　SS loading 行包含了与因子相关联的特征值，指的是与特定因子相关联的标准化后的方差值（本例中，第 1 个因子的值为 2.12）。最后，Proportion Var 行表示的是每个因子对整个数据集的解释程度。可以看出，第 1 个因子解释了 5 项指标 47% 的方差，两个因子全部解释了所有的方差。结果说明两个潜在因子已经能较好地反映各指标所包含的大部分信息。这 5 个指标都可以保留在模型中。

　　⑨ 输出两个因子的得分系数（标准化的回归权重）。

　　⑩ 输出两个因子的因子得分，与可精确计算的主成分得分不同，因子得分只是估计得到的。二因子图形显示，pop 和 employ 在 ML1 上载荷较大，而 house 和 school 在 ML2 上载荷较大。Services 在两个因子上较为平均。因子分析结果图仅显示每个因子下最大的载荷以及因子间的相关系数。

> **重点提示：** 掌握 R 中进行因子分析的 fa() 函数，并通过实例掌握此过程，尝试运用 R 进行因子分析。

17.4　本章小结

　　本章介绍了因子分析的基本思想、基本原理、数学模型，因子模型的性质以及一些基本概念，如公共度和方差贡献。对于因子分析，要求数据和模型满足以下的假定条件：X_i 是均值为 0、方差为 1 的随机变量；e_i 是均值为 0、方差为常数（记为 σ_i^2）的正态随机变量；$e_1, e_2, \cdots, e_p$ 不相关，且方差不同；Cov(F, e)=0，即 F 和 e 是相互独立的；D(F)=I，即 $F_1, F_2, \cdots, F_m$ 不相关、均值为 0 且方差均为 1。

　　因子载荷矩阵 A 中第 i 行元素之平方和记为 h_i^2，称为变量 X_i 的公共度。因子载荷矩阵 A 中第 i 行元素之平方和记为 h_i^2，称为变量 X_i 的公共度。将因子载荷矩阵 A 的第 j 列（j =1,2,⋯,m）的各元素的平方和记为 g_j^2，称为潜在因子 F_j 对 X 的方差贡献。

　　本章详细说明了潜在因子个数的确定以及因子载荷估计的分析步骤、因子旋转以及因子得分计算方法等。确定潜在因子的个数是因子分析的一个重要内容。因子分析确定因子个数所采用的一般原则是"特征值大于 1"或"最大特征根之和占总特征根之和的 70% 以上"法则。显然，确定潜在因子个数的原则与主成分分析中确定主成分个数的原则类似。

　　有时因子载荷较均匀，不容易直接看出潜在因子对哪一个指标的影响最大，因而不容易赋予潜在因子一个合理的变量意义。在这种情况下，需采用某种旋转的方法，即使用某种线性变换将初始潜在因子转换成一组新的潜在因子，使得新的潜在因子对每一个指标的因子载荷的绝对值向 0 或 1 两极分化，从而清楚地看到每一个潜在因子对哪一个指标的影响最大，进而给出更合理的潜在因子的实际意义解释。

　　本章重点介绍了因子分析的步骤、fa() 函数的分析应用，并列举了两个实例说明如何利用 R 进行因子分析。

第18章 聚类分析

学习目标

- 了解聚类分析的基本思想。
- 了解聚类分析的一些常见统计量。
- 掌握聚类分析的基本方法。
- 通过实例练习掌握聚类分析的 R 函数。

内容概要

在聚类分析中，通常根据分类对象的不同，分为 Q 型聚类分析和 R 型聚类分析两大类。Q 型聚类分析是对样本进行分类处理，又称为样本聚类分析；R 型聚类分析是对指标进行分类处理，称为指标聚类分析。

聚类分析中用来衡量样本个体之间属性相似程度的统计量以及指标变量之间属性相似程度的统计量是不同的，前者用的统计量是距离系数，后者用的统计量是相似系数。

最后，本章通过 R 实例介绍了聚类分析的 R 函数。

聚类分析是将随机现象归类的统计学方法，已广泛应用于医学科学研究之中。聚类分析也称群分析、点群分析，是研究分类的一种多元统计方法。

例如，我们可以根据国家之间根据其发展水平，可以划分为发达国家、发展中国家；自然界生物可以分为动物和植物，等等。在医学研究中经常会遇到分类的问题。例如在解剖学研究中，希望能依据骨骼的形状、大小等特征，将人类进化从猿到人分为几个不同的阶段，为临床修复耳缺损时参考；在营养学研究中，根据各种运动的耗糖量和耗能量，将十几种运动按耗糖量和耗能量进行分类，营养学家可据此指导运动员适当地补充能量，又不增加体重。这些问题的本质就是希望能找到一种合理的方法，将一批研究对象按其所属特性分门别类。统计学上用于解决这种分类问题的主要方法是聚类分析法和判别分析法。

18.1 聚类分析简介

1. 聚类分析的基本思想

聚类分析是将样本个体或指标变量按其具有的特性进行分类的一种统计分析方法。我们所研究的样品或指标（变量）之间存在着程度不同的相似性（亲疏关系），于是可根据一批样品的多个观测指标，具体找出一些能够度量样品或指标之间相似程度的统计量，以这些统计量为划分类型的依据，把一些相似程度较大的样品（或指标）聚合为一类，把另外一些彼此之间相似程度较大的样品（或指标）又聚合为另一类，关系密切的聚合到一个小的分类单位，关系疏远的聚合到一个大的分类单位，直到把所有的样品（或指标）聚合完毕，这就是分类的基本思想。由此得知，聚类分析的任务有两个，一是寻找合理的度量事物相似性的统计量，二是寻找合理的分类方法。

在聚类分析中，通常根据分类对象的不同，分为 Q 型聚类分析和 R 型聚类分析两大类。Q 型聚类分析是对样本进行分类处理，又称为样本聚类分析；R 型聚类分析是对指标进行分类处理，称为指标聚类分析。对样品进行聚类的目的是将分类不明确的样品按性质相似程度分为若干组，从而发现同类样品的共性和不同样品间的差异。对指标进行聚类的目的是将分类不明确的指标按性质相似程度分成若干组，从而在尽量不损失信息的条件下，用一组少量的指标来代替原来的多个指标。

R 型聚类分析的主要作用如下。

● 不但可以了解个别变量之间的关系的亲疏程度，而且可以了解各个指标组合之间的亲疏程度。

● 根据变量的分类结果以及它们之间的关系，可以选择主要变量进行回归分析或 Q 型聚类分析。

Q 型聚类分析的作用如下。

● 可以综合利用多个变量的信息对样本进行分类。

● 分类结果是直观的，聚类谱系图可以非常清楚地表现其数值分类结果，聚类分析所得到的结果比传统分类方法更细致、全面、合理。

例如在医生医疗质量研究中，有 N 个医生参加医疗质量评比，每一个医生有 K 个医疗质量指标被记录。利用聚类分析可以将 N 个医生按其医疗质量的优劣分成几类，或者把 K 个医疗质量指标所反映的问题按侧重点不同分成几类。前者是聚类分析中的样品聚类，后者是指标聚类。

2. 聚类分析的统计量

无论是 R 型聚类还是 Q 型聚类，关键是如何定义相似性，即如何把相似性数量化。聚类的第一步需要给出两个指标或两个样品间相似性度量的统计量。

聚类分析中用来衡量样本个体之间属性相似程度的统计量以及指标变量之间属性相似程度的统计量是不同的，前者用的统计量是距离系数，后者用的统计量是相似系数。距离系数的定义有很多，如欧式距离、极端距离、绝对距离等。相似系数的定义也很多，如相关系数、列联系数等。下面给出它们的计算公式。

（1）距离系数。

设有 n 个样品，p 个指标，数据矩阵为：

$$\begin{bmatrix} x_{11}, x_{12}, \cdots, x_{1p} \\ x_{21}, x_{22}, \cdots, x_{2p} \\ x_{i1}, x_{i2}, \cdots, x_{ip} \\ \vdots \\ x_{j1}, x_{j2}, \cdots, x_{jp} \\ x_{n1}, x_{n2}, \cdots, x_{np} \end{bmatrix}$$

因每个样品有 p 个指标，故可以将每个样品看成 p 维空间中的一个点，n 个样品就构成了 p 维空间中的 n 个点。因此，我们可以用距离来度量样品之间接近的程度。令 $x_i = (x_{i1}, \cdots, x_{it}, \cdots, x_{ip})^{\mathrm{T}}$ 是第 i 个样本观察值，$x_j = (x_{j1}, \cdots, x_{jt}, \cdots, x_{jp})^{\mathrm{T}}$ 是第 j 个样本观察值，那么这两个样本 x_i 和 x_j 之间的距离系数常用的有以下几个。

● 明氏距离。

$$d_{ij}(q) = \left[\sum_{t=1}^{p} \left| x_{it} - x_{jt} \right|^q \right]^{1/q}$$

当 $q = 1$ 时，为绝对距离。

当 $q = 2$ 时，为欧氏距离。

当 $q = 3$ 时，为切比雪夫距离。

当各变量的测量值相差悬殊时，采用明氏距离并不合理，而需要先对数据标准化，然后用标准化后的数据计算距离：

$$d_{ij}(q) = \left[\sum_{t=1}^{p} \left| X_{it} - X_{jt} \right|^q \right]^{1/q}$$

其中，

$$X_{it} = \frac{x_{it} - \overline{x}_t}{s_t}, i = 1, 2, \cdots, n; t = 1, 2, \cdots, p$$

$$X_{jt} = \frac{x_{jt} - \overline{x}_t}{s_t}, j = 1, 2, \cdots, n; t = 1, 2, \cdots, p$$

$$\overline{x}_t = \frac{1}{n} \sum_{i=1}^{n} x_{it}, s_t = \sqrt{\frac{1}{n-1} \sum_{i=1}^{n} (x_{it} - \overline{x}_t)^2}, t = 1, 2, \cdots, p$$

明氏距离，特别是其中的欧氏距离是人们较为熟悉的，也是使用最多的距离。但明氏距离亦存在不足之处，主要表现在两个方面：第一，它与各指标的量纲有关；第二，它没有考虑指标之间的相关性。欧氏距离也不例外。

• 马氏距离。

设 $\sum$ 表示指标的协差阵，即

$$\Sigma = (\sigma_{ij})_{p \times p}$$

其中，

$$\sigma_{ij} = \frac{1}{n-1} \sum_{a=1}^{n} (x_{ai} - \overline{x}_i)(x_{aj} - \overline{x}_j) \quad i, j = 1, \cdots, p$$

$$\overline{x}_i = \frac{1}{n} \sum_{a=1}^{n} x_{ai}, \quad \overline{x}_j = \frac{1}{n} \sum_{a=1}^{n} x_{aj}$$

如果 $\sum^{-1}$ 存在，则两个样品之间的马氏距离为：

$$d_{ij}^2(M) = (x_i - x_j)' \sum{}^{-1} (x_i - x_j)$$

这里的 x_i 为样品 x_i 的 P 个指标组成的向量，即原始资料阵的第 i 行向量。样品 x_j 类似。

顺便给出样品 X 到总体 G 的马氏距离定义为：

$$d^2(X, G) = (X - \mu)' \sum{}^{-1} (X - \mu)$$

其中，μ 为总体的均值向量，$\sum$ 为协方差阵。

马氏距离既排除了各指标之间相关性的干扰，而且还不受各指标量纲的影响。除此之外，它还有一些优点，如可以证明，将原数据作一线性交换后，马氏距离仍不变，等等。

● 兰氏距离。

$$d_{ij}(L) = \frac{1}{p}\sum_{a=1}^{p}\frac{|x_{ia}-x_{ja}|}{x_{ia}+x_{ja}} \qquad i,j=1,\cdots,n$$

此距离仅使用于一切 $x_{ij}>0$ 的情况。这个距离有助于克服各指标之间量纲的影响，但没有考虑指标之间的相关性。

计算任何两个样品 x_i 与 x_j 之间的距离 d_{ij}，其值越小，表示两个样品的接近程度越大；d_{ij} 值越大，表示两个样品的接近程度越小。如果把任何两个样品的距离都算出来，则可排成距离阵 D：

$$D = \begin{bmatrix} d_{11},d_{12},\cdots,d_{1n} \\ d_{21},d_{22},\cdots,d_{2n} \\ \vdots \\ d_{n1},d_{n2},\cdots,d_{nn} \end{bmatrix}$$

其中，$d_{11}=d_{12}=\cdots=d_{nn}=0$。$D$ 是一个实对称阵，所以只需计算上三角形部分或下三角形部分即可。根据 D 可以对 n 个点进行分类，距离近的点归为一类，距离远的点归为不同的类。

● 类间距离。

类间距离是用来度量一个类（一组样本）与另一个类（另一组样本）之间距离的统计量。类间距离的定义方法很多，它们都是以距离系数（如欧式距离）为依据的。令类 A 中有 a 个样本，类 B 中有 b 个样本，$D(i,j)$ 为类 A 和类 B 中一对样本之间的距离，$i=1,2,\cdots,a$；$j=1,2,\cdots,b$。

假设 $D(A，B)$ 为类 A 与类 B 之间的距离，那么，常用的几种类间距离定义的方法如下。

① 最短距离法。定义类间距离等于两类中距离最小的一对样本之间的距离，即：

$$D(A,B) = \min\{D(i,j)\}$$

② 最长距离法。定义类间距离等于两类中距离最大的一对样本之间的距离，即：

$$D(A,B) = \max\{D(i,j)\}$$

③ 重心距离法。定义类间距离等于两类的重心之间的距离，即：

$$D(A,B) = d(X_a,X_b)$$

其中，X_a 和 X_b 分别是类 A 与类 B 的重心，这里的重心指的是类内所有样本的均值坐标。

④ 平均距离法。定义类间距离等于两类中所有样本对之间距离的平均值，即：

$$D(A,B) = \{sumD(i,j)\}/(ab)$$

⑤ 中间距离法。定义类间距离等于两类中所有样本对距离的中间值，即：

$$D(A,B) = median\{D(i,j)\}$$

⑥ Ward 离均差平方和法。定义类间距离等于两类中所有样本的离均差平方和的和，即：

$$D(A,B) = S_a + S_b$$

其中，S_a 和 S_b 分别是类 A 和类 B 中所有样本的离均差平方和。

（2）相关系数。

相关系数是最容易理解的一种统计量，它就是统计中经常使用的两变量之间的简单相关系数。在聚类分析中，相关系数用来描述两个指标之间的相似程度。

$x_s = (x_{1s},\cdots,x_{is},\cdots,x_{ns})^{\mathrm{T}}$ 是第 s 个指标变量，$x_t = (x_{1t},\cdots,x_{2t},\cdots,x_{nt})^{\mathrm{T}}$ 是第 t 个指标变量，那么这两个指标变量 x_s 和 x_t 之间的相关系数如下：

$$r_{st} = \frac{\sum\limits_{i=1}^{n}(x_{is} - \overline{x}_s)(x_{it} - \overline{x}_t)}{\sqrt{\sum\limits_{i=1}^{n}(x_{is} - \overline{x}_s)^2}\sqrt{\sum\limits_{i=1}^{n}(x_{it} - \overline{x}_t)^2}}$$

这是一个无量纲统计量。在指标聚类分析中，两个指标变量之间的相关系数越大，说明这两个指标变量的性质越相似。

（3）类间相似系数。

● 夹角余弦。

将任何两个样品 x_i 与 x_j 之间看成 p 维空间的两个向量，这两个向量的夹角余弦用 $\cos\theta_{ij}$ 表示，则有：

$$\cos\theta_{ij} = \frac{\sum\limits_{a=1}^{p}x_{ia}x_{ja}}{\sqrt{\sum\limits_{a=1}^{p}x_{ia}^2 \cdot \sum\limits_{a=1}^{p}x_{ja}^2}} \qquad 1 \leqslant \cos\theta_{ij} \leqslant 1$$

当 $\cos\theta_{ij} = 1$ 时，说明两个样品 x_i 与 x_j 完全相似；$\cos\theta_{ij}$ 接近 1，说明两个样品 x_i 与 x_j 相似密切；$\cos\theta_{ij} = 0$，说明 x_i 与 x_j 完全不一样；$\cos\theta_{ij}$ 接近 0，说明 x_i 与 x_j 差别大。把所有的两两样品的相似系数都算出，可排成相似系数矩阵：

$$H = \begin{bmatrix} \cos\theta_{11}, \cos\theta_{12}, \cdots, \cos\theta_{1n} \\ \cos\theta_{21}, \cos\theta_{22}, \cdots, \cos\theta_{2n} \\ \vdots \\ \cos\theta_{n1}, \cos\theta_{n2}, \cdots, \cos\theta_{nn} \end{bmatrix}$$

其中，$\cos\theta_{11} = \cos\theta_{22} = \cdots = \cos\theta_{nn} = 1$。$H$ 是一个实对称阵，所以只需计算上三角形部分或下三角形部分即可。根据 H 可以对 n 个样品进行分类，把比较相似的样品归为一类，不怎么相似的样品归为不同的类。

● 相关系数。

通常所说的相关系数，一般是指变量间的相关系数。作为刻画样品间的相似关系也可类似给出定义，即第 i 个样品与第 j 个样品之间的相关系数定义如下：

$$r_{ij} = \frac{\sum\limits_{a=1}^{p}(x_{ia} - \overline{x}_i)(x_{ja} - \overline{x}_j)}{\sqrt{\sum\limits_{a=1}^{p}(x_{ia} - \overline{x}_i)^2 \cdot \sum\limits_{a=1}^{p}(x_{ja} - \overline{x}_j)^2}} \qquad -1 \leqslant r_{ij} \leqslant 1$$

其中：

$$\overline{x}_i = \frac{1}{p}\sum\limits_{a=1}^{p}x_{ia}, \qquad \overline{x}_j = \frac{1}{p}\sum\limits_{a=1}^{p}x_{ja}$$

实际上，r_{ij} 就是两个向量 $X_i - \overline{X}_i$ 与 $X_j - \overline{X}_j$ 的夹角余弦。

$$\overline{X}_i = (\overline{x}_i, \cdots, \overline{x}_i)', \ \overline{X}_j = (\overline{x}_j, \cdots, \overline{x}_j)'$$

若将原始数据标准化，则 $\overline{X}_i = \overline{X}_j = 0$，这时 $r_{ij} = \cos\theta_{ij}$。把两两样品的相关系数都算出来，可排成样品相关系数矩阵：

$$R = (r_{ij}) = \begin{bmatrix} r_{11}, r_{12}, \cdots r_{1n} \\ r_{21}, r_{22}, \cdots r_{2n} \\ \vdots \\ r_{n1}, r_{n2}, \cdots r_{nn} \end{bmatrix}$$

其中，$r_{11} = r_{22} = \cdots = r_{nn} = 1$，可根据 R 对 n 个样品进行分类。

3. 聚类分析的方法

聚类分析的方法很多，这里仅介绍常用的系统聚类法和逐步聚类法。系统聚类法适用于小样本的样本聚类或指标聚类，逐步聚类法适用于大样本的样本聚类。对于小样本的样本聚类，如果采用逐步聚类法，聚类结果将与样本的顺序有关。

（1）聚类指标。

一般用系统聚类法来聚类指标，它的基本思想是先把 k 个指标看成一类，然后用主成分分析法将它分解成若干类，分类的原则是使得每一类的类内指标总变异尽可能多地被该类的类成分所解释。如果每一类的类内指标总变异被类成分所解释的比例满足事先给出的要求，则聚类停止；否则，对比例小的类再继续进行分解，直到所有类的类内指标总变异被类成分所解释的比例都满足事先给出的要求为止。

系统聚类法对 k 个指标进行聚类的具体步骤如下。

① 确定每一类的类内指标总变异被类成分所解释的最低比例 P。

② 把所有的指标看成一类，计算类内指标总变异被类成分所解释的比例，如果所解释的比例大于或等于 P，则聚类停止，否则进行③。

③ 将这个类分解成两个类，分类的原则是使得每一类内的指标总变异尽可能地被该类的类成分所解释，且类间相关系数达到最小，计算每一类的类内指标总变异被类成分所解释的比例，如果所解释的比例大于或等于 P，则聚类停止，否则进行④。

④ 最后解释比例最小的一类，再继续进行分解。

⑤ 重复以上步骤，直到所有类的类为指标总变异被类成分所解释的比例都大于或等于 P 为止。

（2）聚类样本。

要聚类样本，可以用系统聚类法，也可以用逐步聚类法。

● 用系统聚类法聚类样本。

用系统聚类法聚类样本的基本思想是先把 n 个聚类样本看成 n 类，然后按类间距离将相似程度最大的两个类合并为一类，再将所有的类（包括合并形成的新类）中相似程度最大的两个类合并为一类。重复此过程，直到所有的类间距离达到一定的要求为止，或直至所有的样本被合并为一类为止，然后根据类间距离的要求以及实际意义选择一个适当的分类。

用系统聚类法对样本进行聚类的具体方法步骤如下。

① 把 n 个样本看成 n 类，类的个数 $g=n$。

② 计算两两类间距离，并将类间距离最小的两个合并为一类，则 $g=n-1$。

③ 继续计算两两类间距离，并将类间距离最小的两个合并为一类，则 $g=n-2$。

④ 重复上述步骤，直到类间距离达到一定的要求为止，或所有的样本被合并为一类为止。

⑤ 根据类间距离的要求以及实际意义，选择一个适当的分类。

● 用逐步聚类法聚类样本。

用逐步聚类法聚类样本的基本思想是先选择若干个初始凝聚点，这些凝聚点可以是所有样本中的任意几个样本，也可以是随意确定的几个新样本观察值。然后把每一个样本按距离大小归入到与该样本最近的凝聚点所代表的初始类中，再以这些初始类的"重心"（类内各样本观察值的平均值）作为新的凝聚点重新将样本归类。重复以上步骤，直到分成的类再没有什么变化为止。

用逐步聚类法对样本进行聚类的具体步骤如下。

① 确定初始凝聚点。

② 计算样本与每一个初始凝聚点的距离，并将每一个样本归入与该样本最近的凝聚点所代表的初始类中。

③ 计算上述初始类的新凝聚点，等于类内各样本观察值的平均值。

④ 计算样本与上述新凝聚点的距离，并将每一个样本归入与该样本最近的新凝聚点所代表的类中。

⑤ 重复上述步骤，直到新分成的类再没有什么变化为止。

> **注意**：对于样本的聚类，系统聚类法和逐步聚类法的区别是：系统聚类法不必事先知道聚类的类数，而逐步聚类法则必须事先知道聚类的类数，系统聚类法适用于小样本，逐步聚类法适用于大样本。

> **重点提示**：了解聚类分析的基本思想和一些常见统计量。掌握聚类分析的 3 种基本方法。

18.2　聚类分析及 R 实例

R 中用于指标聚类的函数有 varclus ()函数，用于样本聚类分析的函数有 kmean()函数和 hclust()函数。其中，kmean()函数使用的是动态聚类法，用于小样本聚类；hclust()函数使用的是系统聚类法，用于大样本聚类。

18.2.1　varclus ()函数

在 R 中，可使用 varclus ()函数对数据进行指标聚类分析。其格式如下：

```
varclus(x,
similarity=c("spearman","pearson","hoeffding","bothpos","ccbothpos"),
        type=c("data.matrix","similarity.matrix"),
        method=if(.R.)"complete" else "compact",
        data=NULL, subset=NULL, na.action=na.retain, ...)
```

各语句选项的说明如下。

- x：可以是模型公式、自变量数值型矩阵或相似性矩阵。

- similarity：相似指标，默认为斯皮尔曼相关系数平方，用来检验单向非线性关系；也可以设置为线性相关或 Hoeffding's D 统计量；"bothpos"用于二分类数据观测比例的相似性评估。

- type：当 x 不是模型公式时，其可以设置为数据矩阵或相似性矩阵，默认为数据矩阵。

- method：定义距离评价指标。

- data：指定数据集。

- subset：指定数据子集。

例 18-1　城镇居民消费水平通常用 8 项指标来描述：人均粮食支出 x_1（元/人），人均副食支出 x_2（元/人），人均烟、酒、茶支出 x_3（元/人），人均其他副食支出 x_4（元/人），人均衣着商

品支出 x_5（元/人），人均日用品支出 x_6（元/人），人均燃料支出 x_7（元/人），人均非商品支出 x_8（元/人）。这 8 项指标间存在着一定的相关性。为了研究城镇居民的消费结构，需将相关性强的指标归并到一起，这实际上就是对指标聚类。原始数据列于表 18-1 中。

表 18-1　　　　　　1991 年 30 个省、市、自治区城镇居民月平均消费数据

	x_1	x_2	x_3	x_4	x_5	x_6	x_7	x_8
北 京	7.78	48.44	8.00	20.51	22.12	15.73	1.15	16.61
天 津	10.85	44.68	7.32	14.51	17.13	12.08	1.26	11.57
河 北	9.09	28.12	7.40	9.62	17.26	11.12	2.49	12.65
山 西	8.35	23.53	7.51	8.62	17.42	10.00	1.04	11.21
内蒙古	9.25	23.75	6.61	9.19	17.77	10.48	1.72	10.51
辽 宁	7.90	39.77	8.49	12.94	19.27	11.05	2.04	13.29
吉 林	8.19	30.50	4.72	9.78	16.28	7.60	2.52	10.32
黑龙江	7.73	29.20	5.42	9.43	19.29	8.49	2.52	10.00
上 海	8.28	64.34	8.00	22.22	20.06	15.52	0.72	22.89
江 苏	7.21	45.79	7.66	10.36	16.56	12.86	2.25	11.69
浙 江	7.68	50.37	11.35	13.30	19.25	14.59	2.75	14.87
安 徽	8.14	37.75	9.61	8.49	13.15	9.76	1.28	11.28
福 建	10.60	52.41	7.70	9.98	12.53	11.70	2.31	14.69
江 西	6.25	35.02	4.72	6.28	10.03	7.15	1.93	10.39
山 东	8.82	33.7	7.59	10.98	18.82	14.73	1.78	10.10
河 南	9.42	27.93	8.20	8.14	16.17	9.42	1.55	9.76
湖 北	8.67	36.05	7.31	7.75	16.67	11.68	2.38	12.88
湖 南	6.77	38.69	6.01	8.82	14.79	11.44	1.74	13.29
广 东	12.47	76.39	5.52	11.24	14.52	22.00	5.46	25.5
广 西	7.27	52.65	3.84	9.16	13.03	15.26	1.98	14.57
海 南	13.45	55.85	5.50	7.45	9.55	9.52	2.21	16.30
四 川	7.18	40.91	7.52	8.94	17.60	12.75	1.14	14.8
贵 州	7.67	35.71	8.04	8.31	15.13	7.76	1.41	13.25
云 南	9.98	37.69	7.01	8.94	16.15	11.08	0.83	11.67
西 藏	7.94	39.65	20.97	20.82	22.52	12.41	1.75	7.90
陕 西	9.41	28.2	5.77	10.80	16.36	11.56	1.53	12.17
甘 肃	9.16	27.98	9.01	9.32	15.99	9.10	1.82	11.35
青 海	10.06	28.64	10.52	10.05	16.18	8.39	1.96	10.81
宁 夏	8.70	28.12	7.21	10.53	19.45	13.30	1.66	11.96
新 疆	6.93	29.85	4.54	9.49	16.62	10.65	1.88	13.61

【R 程序】

```
> install.packages("Hmisc")
> library(Hmisc)
>  example18_1  <- read.table ("example18_1.csv", header=TRUE, sep=",")
>  example18_1
> str(example18_1)
> plot(example18_1)
>  example18_1  <- as.matrix(example18_1)
> v <- varclus(example18_1, similarity="spear")
```

```
> v
> print(round(v$sim,2))
> plot(v)
```

【R 输出结果】

①

```
        x1     x2     x3     x4     x5     x6    x7     x8
1    7.78  48.44   8.00  20.51  22.12  15.73  1.15  16.61
2   10.85  44.68   7.32  14.51  17.13  12.08  1.26  11.57
3    9.09  28.12   7.40   9.62  17.26  11.12  2.49  12.65
4    8.35  23.53   7.51   8.62  17.42  10.00  1.04  11.21
5    9.25  23.75   6.61   9.19  17.77  10.48  1.72  10.51
6    7.90  39.77   8.49  12.94  19.27  11.05  2.04  13.29
7    8.19  30.50   4.72   9.78  16.28   7.60  2.52  10.32
8    7.73  29.20   5.42   9.43  19.29   8.49  2.52  10.00
9    8.28  64.34   8.00  22.22  20.06  15.52  0.72  22.89
10   7.21  45.79   7.66  10.36  16.56  12.86  2.25  11.69
11   7.68  50.37  11.35  13.30  19.25  14.59  2.75  14.87
12   8.14  37.75   9.61   8.49  13.15   9.76  1.28  11.28
13  10.60  52.41   7.70   9.98  12.53  11.70  2.31  14.69
14   6.25  35.02   4.72   6.28  10.03   7.15  1.93  10.39
15   8.82  33.70   7.59  10.98  18.82  14.73  1.78  10.10
16   9.42  27.93   8.20   8.14  16.17   9.42  1.55   9.76
17   8.67  36.05   7.31   7.75  16.67  11.68  2.38  12.88
18   6.77  38.69   6.01   8.82  14.79  11.44  1.74  13.29
19  12.47  76.39   5.52  11.24  14.52  22.00  5.46  25.50
20   7.27  52.65   3.84   9.16  13.03  15.26  1.98  14.57
21  13.45  55.85   5.50   7.45   9.55   9.52  2.21  16.30
22   7.18  40.91   7.32   8.94  17.60  12.75  1.14  14.80
23   7.67  35.71   8.04   8.31  15.13   7.76  1.41  13.25
24   9.98  37.69   7.01   8.94  16.15  11.08  0.83  11.67
25   7.94  39.65  20.97  20.82  22.52  12.41  1.75   7.90
26   9.41  28.20   5.77  10.80  16.36  11.56  1.53  12.17
27   9.16  27.98   9.01   9.32  15.99   9.10  1.82  11.35
28  10.06  28.64  10.52  10.05  16.18   8.39  1.96  10.81
29   8.70  28.12   7.21  10.53  19.45  13.30  1.66  11.96
30   6.93  29.85   4.54   9.49  16.62  10.65  1.88  13.61
```

②

```
'data.frame':   30 obs. of  8 variables:
 $ x1: num  7.78 10.85 9.09 8.35 9.25 ...
 $ x2: num  48.4 44.7 28.1 23.5 23.8 ...
 $ x3: num  8 7.32 7.4 7.51 6.61 8.49 4.72 5.42 8 7.66 ...
 $ x4: num  20.51 14.51 9.62 8.62 9.19 ...
 $ x5: num  22.1 17.1 17.3 17.4 17.8 ...
 $ x6: num  15.7 12.1 11.1 10 10.5 ...
 $ x7: num  1.15 1.26 2.49 1.04 1.72 2.04 2.52 2.52 0.72 2.25 ...
 $ x8: num  16.6 11.6 12.6 11.2 10.5 ...
```

③

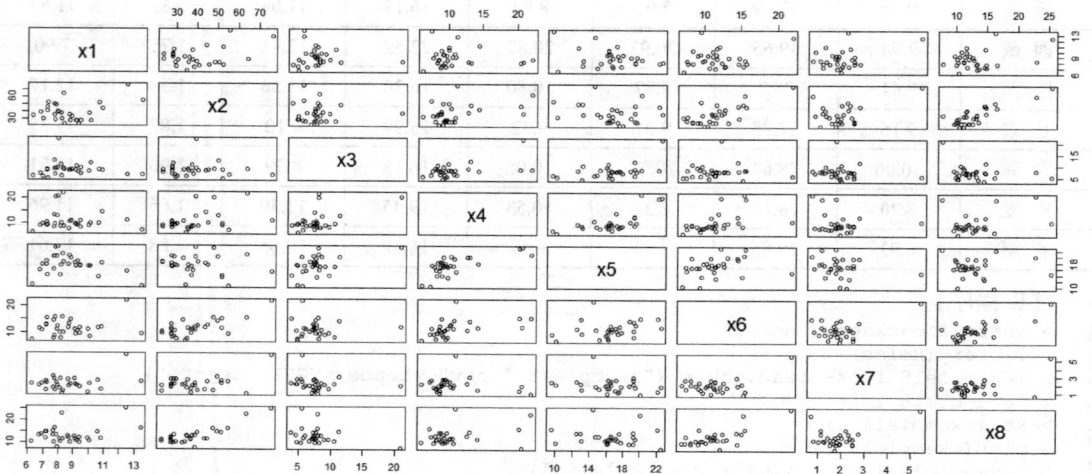

④
```
varclus(x = example18_1, similarity = "spear")


Similarity matrix (Spearman rho^2)

      x1    x2    x3    x4    x5    x6    x7    x8
x1  1.00  0.01  0.01  0.01  0.03  0.00  0.00  0.00
x2  0.01  1.00  0.00  0.10  0.02  0.33  0.02  0.47
x3  0.01  0.00  1.00  0.10  0.09  0.01  0.04  0.01
x4  0.01  0.10  0.10  1.00  0.38  0.38  0.00  0.03
x5  0.03  0.02  0.09  0.38  1.00  0.15  0.03  0.01
x6  0.00  0.33  0.01  0.38  0.15  1.00  0.00  0.29
x7  0.00  0.02  0.04  0.00  0.03  0.00  1.00  0.00
x8  0.00  0.47  0.01  0.03  0.01  0.29  0.00  1.00

No. of observations used for each pair:

    x1 x2 x3 x4 x5 x6 x7 x8
x1  30 30 30 30 30 30 30 30
x2  30 30 30 30 30 30 30 30
x3  30 30 30 30 30 30 30 30
x4  30 30 30 30 30 30 30 30
x5  30 30 30 30 30 30 30 30
x6  30 30 30 30 30 30 30 30
x7  30 30 30 30 30 30 30 30
x8  30 30 30 30 30 30 30 30

hclust results (method=complete)


Call:
hclust(d = as.dist(1 - x), method = method)

Cluster method   : complete
Number of objects: 8
```
⑤
```
      x1    x2    x3    x4    x5    x6    x7    x8
x1  1.00  0.01  0.01  0.01  0.03  0.00  0.00  0.00
x2  0.01  1.00  0.00  0.10  0.02  0.33  0.02  0.47
x3  0.01  0.00  1.00  0.10  0.09  0.01  0.04  0.01
x4  0.01  0.10  0.10  1.00  0.38  0.38  0.00  0.03
x5  0.03  0.02  0.09  0.38  1.00  0.15  0.03  0.01
x6  0.00  0.33  0.01  0.38  0.15  1.00  0.00  0.29
x7  0.00  0.02  0.04  0.00  0.03  0.00  1.00  0.00
x8  0.00  0.47  0.01  0.03  0.01  0.29  0.00  1.00
```
⑥

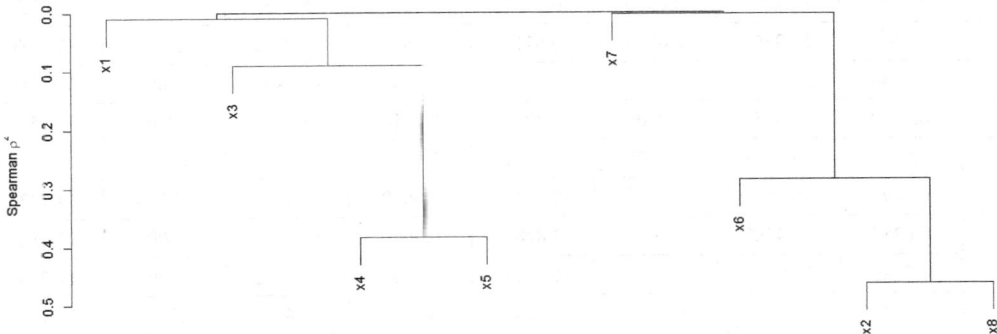

【结果解释】

① 输出原始数据集。

② 是 8 个指标变量的数据结构描述。

③ 8 个指标变量两两相关关系的散点图。

④ 聚类分析的总体数据情况，用到的样本量、相似矩阵。

⑤ 输出聚类分析结果的相似矩阵。

⑥ 是聚类树状图，它显示了各种可能的聚类方法。图的横轴（下方）是聚类的个数，纵轴（右边）是指标变量名。从图中可以直观地看出，将 8 个指标聚成 3 类是相对合理正确的。

我们可以看出全国城镇居民的消费结构大致可分为 3 个方面，一类是居民购买副食、日用品及房租、水电、交通等项开支（ x_2、x_6 和 x_8），这是在消费结构中起主导作用的方面；其次是居民购买酒、茶、衣着及其他副食方面的支出（ x_3、x_4 和 x_5）；粮食和燃料是两项很重要的消费指标（ x_1 和 x_7），但在城镇居民的消费中所占的比例较小，故可将它们归并为同一类。

18.2.2　kmean() 函数

在 R 中，可使用 kmean() 函数对数据进行样本聚类分析。其格式如下：

```
kmeans(x, centers, iter.max = 10, nstart = 1,
       algorithm = c("Hartigan-Wong", "Lloyd", "Forgy",
                     "MacQueen"), trace=FALSE)
```

各语句选项的说明如下。

- x：数值型数据矩阵。
- centers：表示聚类数或初始分类中心，用来设置分类个数。
- iter.max：允许的最大迭代次数。
- nstart：当 centers 设置为数值时该参数用来设置取随机初始中心的次数，默认值为 1。
- algorithm：字符型参数，指出相似性度量的统计量，可缺失。
- trace：逻辑型或整数型参数，仅在选择默认统计量方法（Hartigan-Wong）时使用，为真时显示计算过程中的进展信息。值越高，产生的信息越多。

例 18-2 某研究者收集了 24 种菌株，其中 17～22 号为已知的标准菌株，它们分别取自牛、羊、犬、猪、鼠、绵羊，其他的为未知菌株。测得各菌株的 16 种脂肪酸百分含量，数据见表 18-2，试作样品聚类分析，以便了解哪些未知菌株与已知的标准菌株在全部指标上最为接近。

表 18-2　　　　　　　　　　不同菌株 16 种脂肪酸的百分含量（ $x_1 \sim x_{16}$ ）

菌株号	x_1	x_2	x_3	x_4	x_5	x_6	x_7	x_8
1	0.7728	18.8701	0.0000	0.7695	0.0000	44.9435	0.0000	16.5758
2	0.8642	19.9263	0.0000	0.8119	0.7419	45.9775	0.0000	13.6080
3	0.8243	21.0977	0.0000	0.4241	0.7293	45.1447	0.0000	15.6668
4	0.9229	20.0757	0.0000	0.7015	0.7018	44.3025	0.0000	15.9571
5	0.8873	20.7261	0.0000	0.4812	0.8167	45.7282	0.0000	14.6814
6	0.6894	10.1021	0.8601	2.8247	0.0000	11.0901	2.2253	14.7233
7	0.6287	17.4562	0.0000	0.8787	0.0000	51.1227	0.0000	16.6821
8	1.7146	21.0712	1.2745	6.9323	0.0000	11.9821	0.0000	14.2464
9	0.8440	20.7948	0.0000	0.5289	0.7024	42.4289	0.0000	17.1255
10	0.9797	23.4313	0.0000	0.4778	0.7890	43.9119	0.0000	14.5129
11	0.9811	23.5269	0.0000	0.4989	0.8375	42.3814	0.0000	14.8207
12	1.0560	17.4586	1.0481	1.1591	0.6113	15.8986	2.1618	13.1660
13	0.3342	10.9218	0.0000	0.9379	0.0000	30.5689	0.0000	16.1205

续表

菌株号	x_1	x_2	x_3	x_4	x_5	x_6	x_7	x_8
14	1.3816	15.9731	1.0270	1.2106	0.5663	20.0942	2.1881	11.7304
15	1.3435	23.1294	1.2489	0.8939	0.0000	12.3388	2.0595	12.1598
16	2.3861	19.7456	0.0000	0.9093	0.3389	68.8572	0.0000	4.9522
17	1.6180	23.5786	0.0000	2.6597	0.0000	12.3110	0.0000	14.0923
18	1.0469	23.6999	0.0000	0.7698	0.7172	49.0165	0.0000	12.1561
19	0.7539	13.0284	0.0000	2.2978	0.8085	30.6336	0.0000	10.4001
20	1.3813	23.0962	0.0000	1.7688	0.0000	21.8800	0.0000	14.6781
21	0.4162	8.6635	0.0000	1.4322	0.6001	28.0838	0.0000	13.7243
22	2.0717	21.1906	0.0000	1.1577	0.6255	66.8966	0.0000	5.6805
23	1.0133	17.2585	0.0000	1.1623	0.6673	19.7117	0.0000	14.8122
24	0.3346	7.0428	0.0000	1.1386	0.5445	27.0624	0.0000	14.2519

菌 株 号	x_9	x_{10}	x_{11}	x_{12}	x_{13}	x_{14}	x_{15}	x_{16}
1	0.0000	0.0000	7.6919	2.1239	4.9656	3.0461	0.0000	0.0000
2	0.0000	0.0000	8.5596	1.5317	5.0254	1.3041	0.0000	0.0000
3	0.0000	0.0000	7.5724	1.8285	4.2709	1.4724	0.0000	0.0000
4	0.0000	0.0000	7.8116	1.9555	4.1090	1.6377	0.0000	0.0000
5	0.0000	0.0000	7.9308	1.9205	4.2299	1.5044	0.0000	0.0000
6	1.2605	1.6238	29.8684	1.4462	16.0572	4.6744	1.5475	0.9376
7	0.0000	0.0000	6.7399	1.3021	3.6787	1.0890	0.0000	0.0000
8	0.8387	1.1903	22.3226	1.0350	11.1513	3.2862	1.0540	0.6633
9	0.0000	0.0000	8.5503	1.9223	4.6346	1.3074	0.0000	0.0000
10	0.0000	0.0000	7.4513	1.7509	4.0373	1.4142	0.0000	0.0000
11	0.0000	0.0000	7.5800	1.8551	3.9729	1.3863	0.0000	0.0000
12	1.1251	1.2887	23.9812	1.5252	11.7911	3.5647	1.2011	0.7989
13	0.8614	0.9350	20.0491	2.4606	10.9263	2.9423	0.9680	0.5866
14	1.1318	1.3370	23.1832	1.3790	11.7141	3.5635	1.1838	0.7657
15	1.1842	1.3267	23.9934	1.1520	11.9333	3.6034	1.1375	0.7110
16	0.0000	0.0000	0.0000	1.6429	0.0000	0.0000	0.0000	0.0000
17	0.8883	1.2167	23.3105	1.3039	11.7462	3.4875	1.1042	0.6779
18	0.0000	0.0000	5.5289	2.2450	2.8850	0.9707	0.0000	0.0000
19	0.8754	1.4161	20.6589	2.4703	10.2990	2.9556	0.9522	0.6328
20	0.7285	0.9902	18.5709	1.5253	9.5387	2.8917	1.0169	
21	1.0979	1.5293	22.6316	2.6314	12.3223	3.4616	1.1200	0.7169
22	0.0000	0.0000	0.0000	1.6632	0.0000	0.0000	0.0000	0.0000
23	1.0789	1.3638	23.0015	1.7719	11.4394	3.3958	1.0658	0.6366
24	1.1650	1.4980	23.8449	2.5176	13.2688	3.6558	1.1239	0.7382

【R 程序】

```
> install.packages("Hmisc")
> library(Hmisc)
>  example18_2 <- read.table ("example18_2.csv", header=TRUE, sep=",")
>  example18_2
```

```
> str(example18_2)
> plot(example18_2)
> kc1 <- kmeans(example18_2,centers=1, nstart=1, trace=TRUE)
> kc1
> kc2 <- kmeans(example18_2,centers=2, nstart=1, trace=TRUE)
> kc2
> kc3 <- kmeans(example18_2,centers=3, nstart=1, trace=TRUE)
> kc3
```

【R 输出结果】

①

```
          x1       x2       x3       x4       x5       x6       x7       x8       x9      x10      x11
         x12      x13      x14      x15      x16
1   0.7728  18.8701  0.0000   0.7695   0.0000  44.9435   0.0000  16.5758   0.0000   0.0000   7.6919
    2.12   4.9656   3.0461   0.0000   0.0000
2   0.8642  19.9263  0.0000   0.8119   0.7419  45.9775   0.0000  13.6080   0.0000   0.0000   8.5596
    1.53   5.0254   1.3041   0.0000   0.0000
3   0.8243  21.0977  0.0000   0.4241   0.7293  45.1447   0.0000  15.6668   0.0000   0.0000   7.5724
    1.83   4.2709   1.4724   0.0000   0.0000
4   0.9229  20.0757  0.0000   0.7015   0.7018  44.3025   0.0000  15.9571   0.0000   0.0000   7.8116
    1.96   4.1090   1.6377   0.0000   0.0000
5   0.8873  20.7261  0.0000   0.4812   0.8167  45.7282   0.0000  14.6814   0.0000   0.0000   7.9308
    1.92   4.2299   1.5044   0.0000   0.0000
6   0.6894  10.1021  0.8601   2.8247   0.0000  11.0901   2.2253  14.7233   1.2605   1.6238  29.8684
    1.45  16.0572   4.6744   1.5475   0.9376
7   0.6287  17.4562  0.0000   0.8787   0.0000  51.1227   0.0000  16.6821   0.0000   0.0000   6.7399
    1.30   3.6787   1.0890   0.0000   0.0000
8   1.7146  21.0712  1.2745   6.9323   0.0000  11.9821   0.0000  14.2464   0.8387   1.1903  22.3226
    1.04  11.1513   3.2862   1.0540   0.6633
9   0.8440  20.7948  0.0000   0.5289   0.7024  42.4289   0.0000  17.1255   0.0000   0.0000   8.5508
    1.92   4.6346   1.3074   0.0000   0.0000
10  0.9797  23.4313  0.0000   0.4778   0.7890  43.9119   0.0000  14.5129   0.0000   0.0000   7.4513
    1.75   4.0373   1.4142   0.0000   0.0000
11  0.9811  23.5269  0.0000   0.4989   0.8375  42.3814   0.0000  14.8207   0.0000   0.0000   7.5800
    1.86   3.9729   1.3863   0.0000   0.0000
12  1.0560  17.4586  1.0481   1.1591   0.6113  15.8986   2.1618  13.1660   1.1251   1.2887  23.9812
    1.53  11.7911   3.5647   1.2011   0.7989
13  0.3342  10.9218  0.0000   0.9379   0.0000  30.5689   0.0000  16.1205   0.8614   0.9350  20.0491
    2.46   9.9263   2.9423   0.9680   0.5866
14  1.3816  15.9731  1.0270   1.2106   0.5663  20.0942   2.1881  11.7304   1.1318   1.3370  23.1882
    1.38  11.7141   3.5635   1.1838   0.7657
15  1.3435  23.1294  1.2489   0.8939   0.0000  12.3388   2.0595  12.1598   1.1842   1.3267  23.9904
    1.15  11.9333   3.6034   1.1375   0.7110
16  2.3861  19.7456  0.0000   0.9093   0.3389  68.8572   0.0000   4.9522   0.0000   0.0000   0.0000
    1.64   0.0000   0.0000   0.0000   0.0000
17  1.6180  23.5786  0.0000   2.6597   0.0000  12.3110   0.0000  14.0923   0.8883   1.2167  23.3105
    1.30  11.7462   3.4875   1.1042   0.6779
18  1.0469  23.6999  0.0000   0.7698   0.7172  49.0165   0.0000  12.1561   0.0000   0.0000   5.5289
    2.25   2.8850   0.9707   0.0000   0.0000
19  0.7539  13.0284  0.0000   2.2978   0.8085  30.6336   0.0000  10.4001   0.8754   1.4161  20.6589
    2.47  10.2990   2.9556   0.9522   0.6328
20  1.3813  23.0962  0.0000   1.7688   0.0000  21.8800   0.0000  14.6781   0.7285   0.9902  18.0000
 5709.00   1.5253   9.5387   2.8917   1.0169
21  0.4162   8.6635  0.0000   1.4322   0.6001  28.0838   0.0000  13.7243   1.0979   1.5293  22.6316
    2.63  12.3223   3.4616   1.1200   0.7169
22  2.0717  21.1906  0.0000   1.1577   0.6255  66.8966   0.0000   5.6805   0.0000   0.0000   0.0000
    1.66   0.0000   0.0000   0.0000   0.0000
23  1.0133  17.2585  0.0000   1.1623   0.6673  19.7117   0.0000  14.8122   1.0789   1.3638  23.0015
    1.77  11.4394   3.3958   1.0658   0.6366
24  0.3346   7.0428  0.0000   1.1386   0.5445  27.0624   0.0000  14.2519   1.1650   1.4980  23.8449
    2.52  13.2688   3.6558   1.1239   0.7382
```

②

```
'data.frame':   24 obs. of  16 variables:
 $ x1 : num  0.773 0.864 0.824 0.923 0.887 ...
 $ x2 : num  18.9 19.9 21.1 20.1 20.7 ...
 $ x3 : num  0 0 0 0 0 ...
 $ x4 : num  0.769 0.812 0.424 0.702 0.481 ...
 $ x5 : num  0 0.742 0.729 0.702 0.817 ...
```

```
$ x6 : num   44.9 46 45.1 44.3 45.7 ...
$ x7 : num   0 0 0 0 0 ...
$ x8 : num   16.6 13.6 15.7 16 14.7 ...
$ x9 : num   0 0 0 0 0 ...
$ x10: num   0 0 0 0 0 ...
$ x11: num   7.69 8.56 7.57 7.81 7.93 ...
$ x12: num   2.12 1.53 1.83 1.96 1.92 1.45 1.3 1.04 1.92 1.75 ...
$ x13: num   4.97 5.03 4.27 4.11 4.23 ...
$ x14: num   3.05 1.3 1.47 1.64 1.5 ...
$ x15: num   0 0 0 0 0 ...
$ x16: num   0 0 0 0 0 ...
```
③

④
```
K-means clustering with 1 clusters of sizes 24

Cluster means:
        x1        x2        x3        x4        x5        x6        x7        x8        x9
       x10       x11       x12       x13       x14       x15       x16
1 1.051929 18.41106 0.2274417 1.3678 0.449925 34.68195 0.3597792 13.60518 0.5098208
 0.6548167 14.59435 239.5017 7.33265 2.635908 0.6395708 0.3701

Clustering vector:
 [1] 1 1 1 1 1 1 1 1 1 1 1 1 1 1 1 1 1 1 1 1 1 1 1 1

Within cluster sum of squares by cluster:
[1] 31224891
 (between_SS / total_SS =  -0.0 %)

Available components:
[1] "cluster"      "centers"      "totss"       "withinss"       "tot.withinss"
"betweenss"    "size"         "iter"        "ifault"
```
⑤
```
KMNS(*, k=2): iter= 1, indx=2
K-means clustering with 2 clusters of sizes 23, 1

Cluster means:
        x1        x2        x3        x4        x5        x6        x7        x8        x9
       x10       x11       x12       x13       x14       x15
1 1.037609 18.20736 0.2373304 1.350365 0.469487 35.23856 0.3754217 13.55853
0.500313 0.6402348 14.44628   1.801739 7.585143 2.335787 0.5416522
2 1.381300 23.09620 0.0000000 1.768800 0.000000 21.88000 0.0000000 14.67810
0.728500 0.9902000 18.00000 5703.000000 1.525300 9.538700 2.8917000
        x16
1 0.3419783
2 1.0169000

Clustering vector:
```

```
   [1] 1 1 1 1 1 1 1 1 1 1 1 1 1 1 1 1 1 1 1 1 2 1 1 1 1

Within cluster sum of squares by cluster:
[1] 9651.994    0.000
 (between_SS / total_SS = 100.0 %)

Available components:
[1] "cluster"      "centers"       "totss"         "withinss"      "tot.withinss"
"betweenss"   "size"          "iter"          "ifault"
```
⑥
```
KMNS(*, k=3): iter=  1, indx=0
KMNS(*, k=3): iter=  2, indx=24
K-means clustering with 3 clusters of sizes 12, 11, 1

Cluster means:
        x1        x2        x3        x4        x5        x6        x7        x8
 x9      x10       x11       x12       x13       x14       x15
1 1.1008083 20.87843 0.0000000 0.700775 0.5833500 49.22597 0.0000000 13.53493
0.000000 0.000000  6.284767   1.811667  3.484108 1.261025 0.000000
2 0.9686636 15.29345 0.4962364 2.059009 0.3452727 19.97956 0.7849727 13.58429
1.046109 1.338673 23.349755   1.790909 12.059000 3.508255 1.132545
3 1.3813000 23.09620 0.0000000 1.768800 0.0000000 21.88000 0.0000000 14.67810
0.728500 0.990200 18.000000 5709.000000  1.525300 9.538700 2.891700
        x16
1 0.0000000
2 0.7150455
3 1.0169000

Clustering vector:
 [1] 1 1 1 1 1 2 1 2 1 1 1 2 2 2 2 1 2 1 2 3 2 1 2 2

Within cluster sum of squares by cluster:
[1] 1275.241 1123.632     0.000
 (between_SS / total_SS = 100.0 %)

Available components:
[1] "cluster"      "centers"       "totss"         "withinss"      "tot.withinss"
"betweenss"   "size"          "iter"          "ifault"
```

【结果解释】

① 输出原始数据集。

② 是 16 个指标变量的数据结构描述。

③ 16 个指标变量两两相关关系的散点图。

④ 所有研究对象归为一类时的结果。运行 kmeans 函数返回的对象所包含的各个组成部分主要包括：cluster 是一个整数向量，用于表示记录所属的聚类；centers 是一个矩阵，表示每聚类中各个变量的中心点；totss 表示所生成聚类的总体距离平方和；withinss 表示各个聚类组内的距离平方和；tot.withinss 表示聚类组内的距离平方和总量；betweenss 表示聚类组间的聚类平方和总量；size 表示每个聚类组中成员的数量。

⑤ 所有研究对象归为二类时的结果。

⑥ 所有研究对象归为三类时的结果。

18.2.3　hclust()函数实例

用于大样本样品聚类的 hclust()函数使用的是逐步聚类法，其聚类原则是使得类间距离最小。

hclust()函数的语法格式如下：

```
hclust(d, method = "complete", members=NULL)
## S3 method for class 'hclust'
plot(x, labels = NULL, hang = 0.1,
     axes = TRUE, frame.plot = FALSE, ann = TRUE,
```

```
        main = "Cluster Dendrogram",
        sub = NULL, xlab = NULL, ylab = "Height", ...)

plclust(tree, hang = 0.1, unit = FALSE, level = FALSE, hmin = 0,
        square = TRUE, labels = NULL, plot. = TRUE,
        axes = TRUE, frame.plot = FALSE, ann = TRUE,
        main = "", sub = NULL, xlab = NULL, ylab = "Height")
```

各语句选项的说明如下。

- d：通过计算距离产生的不同的数据结构。

- method：所采用的聚类方法，包括 ward、single、complete、average、mcquitty、median 或 centroid 等不同的方法。

- members：缺失或 d 长度的向量。

- x：由 hclust()函数生成的对象。

- hang：指定标签在图形中所处的高度。

- labels：指定树状图的标示符的字符向量，默认情况下为原始数据的行名或行号，如果为 FALSE，则在图形中无标签。

例 18-3　用快速聚类法分析上例数据。注意，对于仅含 24 个样本的数据是不需要用快速聚类的 hclust()函数的，这里仅用来举例说明方法。

【R 程序】

```
> example18_3 <- read.table ("example18_2.csv", header=TRUE, sep=",")
> out.dist <- dist(example18_3, method="euclidean")
> out.dist
> out.hclust<- hclust(out.dist,method="complete")
> plclust(out.hclust)
> cut.id<- cutree(out.hclust,k=4)
> cut.id
```

【R 输出结果】

①

	1	2	3	4	5	6	7	8
	9	10	11	12				
2	3.961346							
3	3.088740	2.849331						
4	2.350341	3.171583	1.432878					
5	3.380478	1.786040	1.265371	2.047986				
6	43.147483	43.816023	44.129797	43.139868	44.311077			
7	6.876821	6.918019	7.230235	7.522193	6.853217	48.770307		
8	37.342090	37.849037	37.677250	36.844138	38.030909	15.105566	43.562182	
9	3.846625	5.109465	3.275987	2.522306	4.179465	41.444871	9.602723	
	34.924826							
10	5.531215	4.445554	2.839412	3.713248	3.310410	43.955791	9.708361	
	36.729347	4.196498						
11	5.997420	5.447082	3.753651	4.135338	4.391031	42.808293	10.903792	
	35.377351	3.769191	1.575658					
12	34.367952	34.794966	34.878195	34.011829	35.117967	11.719772	40.419920	
	8.486974	32.194016	34.227843	32.971972				
13	21.482241	22.336988	22.861803	21.780924	22.937582	22.787792	26.512316	
	22.335789	20.438311	23.457577	22.603816	17.063049			
14	30.783692	31.053448	31.334207	30.503234	31.519393	13.889620	36.641874	
	11.727693	28.855157	30.831004	29.723409	4.758530			
15	37.779028	38.035893	37.917093	37.207333	38.223642	15.338965	44.047299	
	7.294692	35.280004	36.813330	35.491365	6.826636			
16	28.351515	26.479397	27.559507	28.410480	26.764876	68.681904	22.821246	
	63.236565	30.769846	28.345367	29.837143	60.140190			
17	37.312702	37.723556	37.479370	36.747278	37.847524	15.927219	43.635536	
	5.267982	34.744490	36.386767	35.029816	7.777695			

```
18  8.565699       6.325770       6.386017       7.553965       5.841560      49.277114      8.223056
   42.240312       9.436402       6.103166       7.547326      39.683302
19 21.927732      21.850061      22.830429      21.895584      22.673216      23.204181     26.982479
   21.395112      20.823420      22.922372      22.114481      16.318166
20 5706.943599  5707.537780   5707.234928   5707.101256    5707.146679  5707.608760   5707.796890
   5707.984934  5707.133747   5707.309792   5707.193873    5707.492468
21 26.087211      26.647655      27.425725      26.367587      27.389198      19.218997     30.944002
   21.251463      25.166540      27.926047      27.097344      15.355673
22 26.487220      24.574023      25.549239      26.449113      24.786097      67.150679     21.133452
   61.335022      28.776625      26.207626      27.692366      58.390237
23 30.399220      30.940522      30.993621      30.105424      31.251715      14.324744     36.409280
   10.565763      28.256613      30.486379      29.255101       4.928353
24 28.309850      28.950308      29.727181      28.658531      29.698470      17.892380     33.041346
   21.701233      27.457308      30.306220      29.488814      15.615419
                  13              14              15              16              17            18
       19                20              21              22              23
 2
 3
 4
 5
 6
 7
 8
 9
10
11
12
13
14    13.197833
15    22.866438     10.620053
16    46.973265     56.015489     63.252367
17    22.700894     11.508056      3.683323     63.222258
18    28.331753     36.123335     42.282383     22.435427     41.968569
19     6.390911     11.793977     21.556337     45.683907     21.749260     27.372902
20 5706.572207  5707.640918   5707.875130   5707.600278   5707.723272  5706.836426   5706.558836
21     5.195623     11.417597     21.706750     50.485232     21.849344     32.570036 6.773134
    5706.407477
22    45.509857     54.344818     61.361516      2.589496     61.290251     20.231643 44.196168
    5707.562564     49.123778
23    13.061622      4.196592     10.196200     56.540112      9.938083     36.008633 12.866778
    5707.247918     12.135934     54.794377
24     7.213538     12.074612     22.154695     52.565609     22.351725     34.935630 9.197866
    5706.523536      2.543219     51.259840     12.802764
```

②

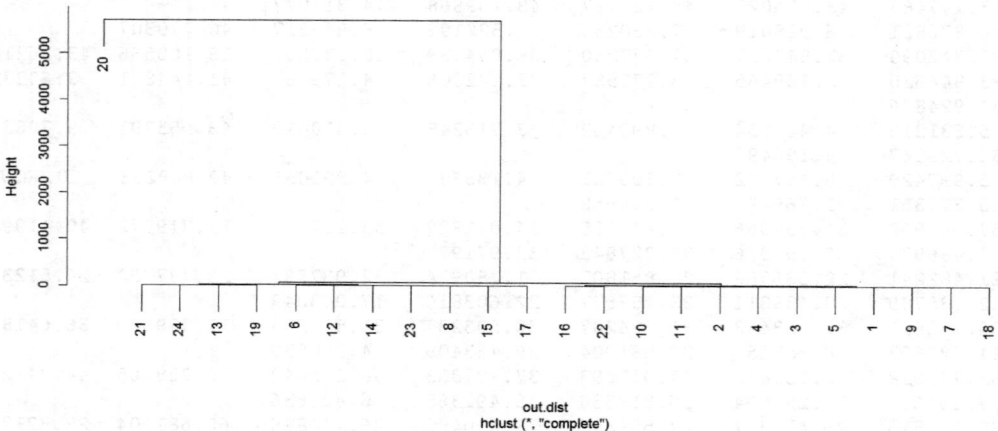

```
out.dist
hclust (*, "complete")
```

③
```
[1] 1 1 1 1 1 2 1 2 1 1 1 2 2 2 2 2 3 2 1 2 4 2 3 2 2
```

【结果解释】

① 给出两两标本之间计算的 euclidean 距离。

② 样本的系统聚类图。

③ 是聚类的结果。

【分析结论】

从上述输出结果得知，当确定了类别数为 4 后，hclust()函数聚类结果与 kmean()函数的聚类结果有一定的差异，可以与上例进行详细的比较。从系统聚类图和聚类的结果可以看出，第 1 类包含 1、2、3、4、5、7、9、10、11、18 等 10 个样本；第 2 类包括 6、12、13、14、15、17、19、21、23、24 等 10 个样本；第 3 类含有 16 和 22 两个样本；第 4 类只有 20 一个样本。

比较 hclust()函数和 kmean()函数，后者可以得到聚类后的类内指标的均值，从而找出类间的区别或每一类的特性。

> **重点提示**：通过 R 实例练习，掌握进行聚类分析的 3 种 R 函数，需要掌握其适用范围、注意要点以及结果解释，并会在学习过程中灵活运用。

18.3 本章小结

聚类分析是将样本个体或指标变量按其具有的特性进行分类的一种统计分析方法。聚类分析的任务有两个，一是寻找合理的度量事物相似性的统计量，二是寻找合理的分类方法。

在聚类分析中，通常根据分类对象的不同，分为 Q 型聚类分析和 R 型聚类分析两大类。Q 型聚类分析是对样本进行分类处理，又称为样本聚类分析。R 型聚类分析是对指标进行分类处理，称为指标聚类分析。对样品进行聚类的目的是将分类不明确的样品按性质相似程度分为若干组，从而发现同类样品的共性和不同样品间的差异。对指标进行聚类的目的是将分类不明确的指标按性质相似程度分成若干组，从而在尽量不损失信息的条件下，用一组少量的指标来代替原来的多个指标。

聚类分析中用来衡量样本个体之间属性相似程度的统计量以及指标变量之间属性相似程度的统计量是不同的，前者用的统计量是距离系数，后者用的统计量是相似系数。距离系数的定义有很多，如欧式距离、极端距离、绝对距离等。相似系数的定义也有很多，如相关系数、列联系数等。

聚类分析的方法很多，本章仅介绍了常用的系统聚类法和逐步聚类法。系统聚类法适用于小样本的样本聚类或指标聚类，逐步聚类法适用于大样本的样本聚类。本章详细介绍了各种聚类方法的步骤。

通过实例介绍了聚类分析常用的 3 种 R 函数：varclus ()函数、hclust()函数和 kmean()函数。在学习的过程中应掌握这些 R 函数的语法格式，并会灵活运用。

第19章 判 别 分 析

学习目标

- 了解判别分析的基本思想。
- 熟悉 Bayes 判别分析法和 Fisher 判别分析法。
- 掌握 Bayes 参数分析法的判别准则效能的评估。
- 掌握判别分析的 R 函数：lda()函数和 qda()函数。

内容概要

判别分析的任务是根据已掌握的一批分类明确的样品建立判别函数，使产生错判的事例最少，进而对给定的一个新样品，判断它来自哪个总体。判别分析是对样本个体进行分类的另一种统计分析方法。判别分析是一种根据观测变量判断研究样本如何分类的多变量统计方法，它对于需要根据对样本中每个个案的观测来建立一个分组预测模式的情况是非常适用的。分析过程基于对预测变量的线性组合产生一系列判别函数，但是这些预测变量应该能够充分地体现各个类别之间的差异。判别函数是从一个每个个案所属的类别已经确定的样本中拟合出来的，并且生成的函数能够运用于同样进行了预测变量观测的新的样本点，以判断其类别归属。

判别分析的方法中较常使用的有 Bayes 判别分析法和 Fisher 判别分析法。Fisher 判别分析法是以距离为判别准则来分类，即样本与哪个类的距离最短就分到哪一类；而 Bayes 判别分析法则是以概率为判别准则来分类，即样本属于哪一类的概率最大就分到哪一类。前者仅适用于两类判别，后者则适用于多类判别。

最后，以实例介绍了进行判别分析的两个函数：lda()函数和 qda()函数。

在医学研究和疾病防治工作中，经常会遇到需要根据观测到的资料对所研究的对象进行分类的问题。例如，需要根据就诊者的各项症状、体征及化验指标，作出就诊者是否患有某种疾病或某种疾病的哪一类型的诊断；又如在环境监测中，需要根据对某地区的环境污染的综合测定结果，来判断该地区属于哪一种污染类型等。

判别分析的任务是根据已掌握的一批分类明确的样品建立判别函数，使产生错判的事例最少，进而对给定的一个新样品，判断它来自哪个总体。判别分析是对样本个体进行分类的另一种统计分析方法，它和聚类分析一样，都可以将样本个体按其具有的特性进行分类。但是聚类分析和判别分析有很大的区别，判别分析是根据一批分类明确的样本在若干指标上的观察值，建立一个判别函数和判别准则，然后以此准则对新的样本进行分类。由此可知，这两种分类方法有着本质的不同。

- 聚类分析可以对样本进行分类，也可以对指标进行分类；而判别分析只能对样本进行分类。
- 聚类分析事先不知道事物的类别，也不知道分几类；而判别分析必须事先知道事物的类别，也知道分几类。
- 聚类分析不需要分类的历史资料，而是直接对样本进行分类；判别分析需要分类历史资料去建立判别函数，然后才能对样本进行分类。

19.1 判别分析简介

判别分析是一种根据观测变量判断研究样本如何分类的多变量统计方法，它对于需要根据对样本中每个个案的观测来建立一个分组预测模式的情况是非常适用的。分析过程基于对预测变量的线性组合产生一系列判别函数，但是这些预测变量应该能够充分地体现各个类别之间的差异。判别函数是从一个每个个案所属的类别已经确定的样本中拟合出来的，并且生成的函数能够运用于同样进行了预测变量观测的新的样本点，以判断其类别归属。判别分析的基本原理可以表述为：在一个 P 维空间 R 中，有 K 个已知的总体 G_1，G_2，G_3，…，G_K，同时有样本点 X （X_1，X_2，X_3，…，X_P），它属于且仅属于这 K 个总体中的一个，判别分析所要解决的问题是确定这个样本点 X 具体应该属于哪一个 G 总体。实际上判别分析的过程分为两个部分，首先是依据已知样本及其预测变量建立起一系列分类规则或判别规则，其次是运用这一规则对样本的原有分类进行检验，以确定原有分类错判率。同时如果原有分类具有较低的错判率，则建立起来的分类规则可以应用于实际工作中。

判别分析的基本思想是根据一批分类明确的样本在若干指标上的观察值，建立一个关于指标的判别函数和判别准则，然后根据这个判别函数和判别准则对新的样本进行分类，并且根据回代判别的准确率评估它的实用性。例如，以一批正常和一批已确诊的病人为样本，收集他们的各项指标，如化验指标、X 线、心脑电图、超声波等诊断指标，然后利用这批分类明确的样本在这些指标上的观察值，建立一个关于指标的判别函数和判别准则（区分正常人和病人的方法），使得按此准则来判断这批样本归属的正确率达到最高。它有着广泛的应用价值，尤其在计算机疾病辅助诊断等医学科学研究中有重要的作用。

判别函数是一个关于指标变量的函数。每一个样本在指标变量上的观察值代入判别函数后可以得到一确定的函数值，将所有样本按其函数值的大小和事先规定的判别原则分到不同的组里，并使得分组结果与原样本归属最吻合，这就是判别分析方法的基本过程。进行判别分析的目的是根据样本建立判别函数和判别准则，用以对新的样本进行归类。不同判别分析方法的区别在于，其建立判别函数的方法和判别准则的规定是不同的。

判别分析的方法中较常使用的有 Fisher 判别分析法和 Bayes 判别分析法。Fisher 判别分析法是以距离为判别准则来分类，即样本与哪个类的距离最短就分到哪一类；而 Bayes 判别分析法则是以概率为判别准则来分类，即样本属于哪一类的概率最大就分到哪一类。前者仅适用于两类判别，后者则适用于多类判别。

对判别分析结果的优劣评价尚无系统的检验理论，而只能通过错判率和事后概率错误率的估计来评估判别分类的有效性。

1. Fisher 判别分析法

假设 A 和 B 为分类明确的两类症状。在总体 A 中观察了 p 例，在总体 B 中观察了 q 例，每一例记录了 k 个指标，它们是 $x_1, x_2, \cdots, x_k$。令 y 是这 k 个指标的一个线性函数，即

$$y = c_1 x_1 + c_2 x_2 + \cdots + c_k x_k$$

其中，$c_1, c_2, \cdots, c_k$ 是待估计的未知系数。称上述线性函数是 Fisher 判别分析法的判别函数。如果 a 是总体 A 中的一个样本，b 是总体 B 中的一个样本，$y(a)$ 和 $y(b)$ 分别是这两个样本的判别函数值。如果 $\bar{y}(a)$ 和 $\bar{y}(b)$ 分别是 A 中 p 个样本平均函数值和 B 中 q 个样本平均函数值，那么 $D = \bar{y}(a) - \bar{y}(b)$ 表示两个总体之间的差异。令 $\nu(a)$ 和 $\nu(b)$ 分别表示 A 中 p 个样本函数值的变异

和 B 中 q 个样本函数值的变异（方差），那么 $V = v(a) + v(b)$ 表示两个类内样本的总变异。

Fisher 判别分析法的基本原理是选择一组适当的系数 $c_1, c_2, \cdots, c_k$，使得类间差异最大且类内差异最小。

为了便于理解，取 $p=q=k=2$ 来说明 Fisher 判别分析法的基本原理和计算方法见表 19-1。

表 19-1   Fisher 判别分析法计算法

类别	例数	指 标		样本判别函数值	类内函数离散程度
		x_1	x_2	$y=c_1x_1+c_2x_2$	
A	1	a_{11}	a_{12}	$y_1(a) = c_1a_{11} + c_2a_{12}$	$(y_1(a) - \overline{y}(a))^2$
	2	a_{21}	a_{22}	$y_2(a) = c_1a_{21} + c_2a_{22}$	$(y_2(a) - \overline{y}(a))^2$
	均值	$\overline{a}_1$	$\overline{a}_2$	$\overline{y}(a) = c_1\overline{a}_1 + c_2\overline{a}_2$	$v(a) = \frac{1}{2}\sum_{i=1}^{2}(y_i(a) - \overline{y}(a))^2$
B	1	b_{11}	b_{12}	$y_1(b) = c_1b_{11} + c_2b_{12}$	$(y_1(b) - \overline{y}(b))^2$
	2	b_{21}	b_{22}	$y_2(b) = c_1b_{21} + c_2b_{22}$	$(y_2(b) - \overline{y}(b))^2$
	均值	$\overline{b}_1$	$\overline{b}_2$	$\overline{y}(b) = c_1\overline{b}_1 + c_2\overline{b}_2$	$v(b) = \frac{1}{2}\sum_{i=1}^{2}(y_i(b) - \overline{y}(b))^2$
	差值	$d_1 = a_1 - b_1$	$d_2 = a_2 - b_2$	$d = \overline{y}(a) - \overline{y}(b)$ $= \sum_{j=1}^{2}c_jd_j$	$v(a) + v(b)$

根据 Fisher 判别分析法的基本原理，就是要选择一组适当的系数 $c_1, c_2, \cdots, c_k$，使得类间差异 D 最大且类内差异 V 最小，即使得下式的 Q 值达到最大。

$$Q = Q(c_1, c_2, \cdots, c_k) = \frac{\overline{y}(a) - \overline{y}(b)}{v(a) + v(b)}$$

使得 Q 值达到最大就是 Q 的一阶偏导函数等于 0 的方程组的解，由

$$\frac{\partial Q}{\partial c_1} = 0, \frac{\partial Q}{\partial c_2} = 0, \cdots, \frac{\partial Q}{\partial c_k} = 0$$

可以得到

$$f_{11}c_1 + \cdots + f_{1t}c_t + \cdots + f_{1k}c_k = d_1$$
$$f_{s1}c_1 + \cdots + f_{st}c_t + \cdots + f_{sk}c_k = d_s$$
$$\cdots\cdots$$
$$f_{k1}c_1 + \cdots + f_{kt}c_t + \cdots + f_{kk}c_k = d_k$$

其中，$d_s = a_s - b_s, s = 1, 2, \cdots, k$。

$$f_{st} = \sum_{i=1}^{p}(a_{is} - \overline{a}_s)(a_{it} - \overline{a}_t) + \sum_{i=1}^{q}(b_{is} - \overline{b}_s)(b_{it} - \overline{b}_t), s, t = 1, 2, \cdots, k$$

令上述方程的解是 $\hat{c}_1, \hat{c}_2, \cdots, \hat{c}_k$，那么 Fisher 判别函数估计式是：

$$y = \hat{c}_1x_1 + \hat{c}_2x_2 + \cdots + \hat{c}_kx_k$$

因此，对于任意一个样本在 k 个指标上的观察值，都可以计算出对应的判别函数值 y^*，令判别临界点是：

$$y_0 = \frac{p\hat{y}(a) + q\hat{y}(b)}{p+q} = \frac{p\sum_{j=1}^{k} \hat{c}_j \overline{a}_j + q\sum_{j=1}^{k} \hat{c}_j \overline{b}_j}{p+q}, \hat{y}(b) \leqslant y_0 \leqslant \hat{y}(a)$$

那么，Fisher 判别准则是：

$y^* < y_0$ 时，该样本属于 B 类；

$y^* > y_0$ 时，该样本属于 A 类。

各项指标在判别分析中所起的作用是不同的。贡献率的大小由下式决定：

$$x_j \text{的贡献率} = \frac{\hat{c}_j d_j}{\sum_{j=1}^{k} \hat{c}_j d_j}, j = 1, 2, \cdots, k$$

对于贡献率很小的指标可以剔除，重新建立只含有重要指标的判别函数。

> **注意**：从 Fisher 判别函数和判别准则可以看出，如果把一个样本的 k 个观察值看作 k 维空间中的一个点，那么 Fisher 判别分析法的判别准则是使得类间点的距离最大，而类内点的距离最小，也就是说，它是以距离为判别准则的。Fisher 判别分析法只能解决两类的判别分析。

2. Bayes 判别分析法

Bayes 判别分析法是以概率为判别准则，使得每一类中的每一个样本都以最大概率进入该类。Bayes 判别是一种概率型的判别分析，在分析过程开始时需要获得各个类别的分布密度函数，同时也需要知道样本点属于各个类别的先验概率，以建立一个合适的判别规则；而分析过程结束时则计算每个样本点归属于某个类别的最大概率或最小错判损失，以确定各个样本点的预测类别归属。

Bayes 判别分析法在理论和处理方法上都比 Fisher 判别分析法更加完善和先进，它不仅能解决多类判别分析，而且分析时考虑了数据的分布状态，使得判别分析的效能得到了较大的提高。R 软件的判别分析过程是以 Bayes 判别分析法为理论基础的。

假设 $x = (x_1, x_2, \cdots, x_k)^\mathrm{T}$ 出现在第 i 类中的事前概率是 $p_i, i = 1, 2, \cdots, g$，它可以是理论值，也可以是经验值。当样本是随机抽样得到的，事前概率可以取样本估计值，即：

$$p_i = \frac{n_i}{n}, i = 1, 2, \cdots, g; \qquad \sum_{i=1}^{g} p_i = 1$$

再假设 g 个总体均服从 k 元正态分布，用样本均值取代总体均值，那么，第 i 个总体的概率密度函数可以表示为：

$$f_i(x) = (2\pi)^{-k/2} |V_i|^{-1/2} \exp\left\{ -\frac{1}{2}(x - \overline{x})' V_i^{-1}(x - \overline{x}) \right\}$$

其中，V_i 是第 i 个总体的方差协方差矩阵。如果 g 个总体的内部变异相同，那么，所有的 $V_i = V$。根据 Bayes 概率定律，可以得知属于类 t 的点 x 被判别为属于类 i 的事后概率是：

$$p(x \in i | x \in t) = \frac{p_i f_i(x)}{\sum_{j=1}^{g} p_j f_j(x)}, i = 1, 2, \cdots, g$$

令 $y_i(x) = \ln\{p_i f_i(x)\}$，可以得到：

$$y_i(x) = \ln(p_i) - \frac{k}{2}\ln(2\pi) - \frac{1}{2}\ln(|V_i|) - \frac{1}{2}(x-\bar{x})'V_i^{-1}(x-\bar{x})$$

从而得到属于类 t 的点被判别属于类 i 的事后概率是：

$$p(x \in i|x \in t) = \frac{\exp(y_i(x))}{\displaystyle\sum_{j=1}^{g}\exp(y_j(x))}, i=1,2,\cdots,g$$

前 3 项是一个常数，后一项是 x 的 k 次多项式，因此它可以记为：

$$y_i(x) = c_i - 0.5d_i^2(x)$$

并称 $d_i^2(x) = (x-\bar{x})'V_i^{-1}(x-\bar{x})$ 为点 x 到类 i 的距离的平方。

为了校正变异和事前概率对距离的影响，一般使用广义距离平方公式：

$$D_i^2(x) = d_i^2(x) + v(i) + q(i)$$

当类内变异相同时使用合并的方差协方差，这时 $v(i) = 0$，否则 $v(i) = \ln(|V_i|)$；当所有的事前概率 p_i 都相等时，$q(i) = 0$，否则 $q(i) = -2\ln(p_i)$。

可以证明，当使用方差协方差矩阵时，$D_i^2(x)$ 是 x 的二次函数，因此 $y_i(x)$ 也是 x 的二次函数。例如 $k=2$ 时，$y_i(x)$ 的表达式可以写为：

$$y_i(x) = c_i0 + c_{i1}x_1^2 + c_{i2}x_2^2 + c_{i3}x_3^2, i=1,2,\cdots,g$$

判别分析中称上式为含有两个指标变量的 Bayes 二次判别函数。

对于任意一个样本的观察值 $x^* = (x_1^*, x_2^*, \cdots, x_k^*)$，它属于类 s 的事后概率是：

$$p_s = p(s|x^*) = \frac{\exp(y_s(x^*))}{\displaystyle\sum_{j=1}^{g}\exp(y_j(x^*))}, s=1,2,\cdots,g$$

Bayes 判别法的判别准则是：将每一个点 x 判别到事后概率最大的类中。可以看出，$D_i^2(x)$ 越小，则点 x 属于类 i 的事后概率就越大。利用已知的数据以及求极小值的方法，可以估计出 $D_i^2(x)$ 的系数，从而得到判别函数的系数估计值，这些估计出的系数可以使每一个样本 x 属于某个类的事后概率达到最大。

判别分析的结果对应着分析的不同步骤过程，也就包括了分类规则和分类结果两个部分。在分类规则中应该包括典型判别函数、衡量预测变量与判别函数之间关系的结构矩阵，以及 Fisher 线性分类函数。典型判别函数是基于 Bayes 判别思想建立起来的，主要用途在于对参与分析的各个类别、各个预测变量、各个类别中的各个样本点及其相互关系进行考查。要将典型判别函数应用于大量的实践操作中是不现实的，因为这涉及对被分类的样本计算各种概率，十分繁琐且不利于操作。而 Fisher 线性分类函数则是针对每个类别分别建立起来的，可以直接应用到实践操作中对新的样本进行分类。在分类结果部分则依据已经建立起来的分类规则对参与分析的各个样本点重新进行分类，并通过与原有分类进行比较来确定原有分类的判对率。

3. 判别函数中指标变量的判别能力检验

一个判别函数判别样本归类的功能强弱很大程度上取决于指标的选取。判别函数中特异性强的指标越多，则判别函数的判别功能也就越强。相反，不重要的指标越多，判别函数就越不稳定，其判别效果非但得不到改善，甚至会适得其反。因此，要建立一个有效的判别函数，指标的选取很重要，过多过少都不一定合适。一方面要根据专业知识和经验来筛选指标，另一方面要借助统计分析方法检验指标的性能。

在一个判别函数中，每一个指标变量对判别函数的判别能力都有所贡献，贡献的大小可以用一元方差分析和多元方差分析来检验。一元方差分析用于检验每一个指标是否对判别函数的判别能力有显著性意义，统计检验的无效假设是：单一指标对判别函数的作用不显著。多元方差分析用于检验所有的指标是否联合对判别函数的判别能力有显著性意义，统计检验的无效假设是：所有的指标对判别函数的联合作用不显著。

4. Bayes 参数分析法的判别准则效能评估

对于 Bayes 参数分析法的判别准则效能的评估，常用的是两个错误率估计指标，一个为错判率估计，另一个为事后概率错误率估计。

错误率估计是从回代过程得到的结果，类内错判率等于类内被错判的样本数所占的比例。例如，原数据中第 1 类有 n_1 个样本，用判别函数判别后，有 m_1 个被判到其他类中，那么第 1 类的错判率等于 m_1/n_1。总体错判率等于总体被错判的样本数所占的比例。例如，原数据有两类，第 1 类有 n_1 个样本，第 2 类有 n_2 个样本，用判别函数判别后，第 1 类有 m_1 个样本被判到其他类中，第 2 类有 m_2 个样本被判到其他类中，那么总体的错判率等于 $(m_1+m_2)/(n_1+n_2)$。

在回代过程和判别新的样本时，都可以估计事后概率错判率。令 x 属于类 t 的事前概率为 p_t，事后概率为 $p(t|x)$，样本总数为 n，类 t 的样本数为 n_t，类 t 的事后概率错判率为 E_t，总体事后概率错判率为 E，其估计公式是：

$$E_t(unstratified) = 1 - \frac{1}{np_t}(\sum_{i \in R(t)} p(i|x))$$

$$E_t(stratified) = 1 - \frac{1}{p_t}\sum_{i=1}^{g}\frac{p_i}{n_i}(\sum_{j \in R(i)} p(j|x))$$

$$E = \sum_{i=1}^{g} p_i E_i$$

其中，第 1 个公式表示从所有类中被判别到类 t 的所有 x 的事后概率之和，称为无分层概率之和。第 2 个公式表示从类 i 中被判别到类 t 的所有 x 的事后概率之和，称为无分层概率之和。第 1 个公式定义的错误率为无分层事后概率错误率，第 2 个公式定义的错误率为分层事后概率错误率。当事前概率和类内样本数成比例时，这两个错误率相等。

对于一个估计的 Bayes 判别准则，错判率和事后概率错误率越小，判别准则就越准确可靠。当被判别的新样本与样本独立时，这两种错误率估计是非偏的。但是，当新样本数很小时，可能会产生很大的变异，这时，事后概率错误率估计值有时会小于 0。因此，为了得到一个有效的错误率估计，被判别的数据中的样本数不应当太小，且类内样本数比例应当接近类内事前概率。

总之，评估一个判别函数的判别效能，一般会涉及以下 3 个方面。

- 原数据的分类要可靠准确。
- 指标变量对判别函数的作用要显著。
- 错判率和事后概率的错误率要适当小。

> **重点提示**：理解判别分析的基本思想，熟悉判别分析的两种方法：Bayes 判别分析法和 Fisher 判别分析法。掌握判别准则效能的评估，常用的是两个错误率估计指标，一个为错判率估计，另一个为事后概率错误率估计。

19.2 判别分析及 R 实例

判别分析在医学研究中有着非常广泛的应用，目前主要用在疾病的计算机辅助诊断研究中。方法是从经验丰富的教授专家那里收集一批已经确诊的病人和正常人的有关资料，如临床的疾病诊断、化验诊断、X 线诊断、心电图、CT 诊断等诊断指标来建立判别函数，然后利用建立的判别函数为尚未确诊的患者的病情提供一个有效的参考性意见，这也是计算机辅助诊断法的基本原理。除此之外，由于判别分析还可以分析出各种指标对判别所起的作用大小，从而可以对多个指标进行筛选，使鉴别诊断的可靠性得到提高。

在 R 中，用来进行判别分析的函数有 lda() 函数和 qda() 函数，其中 qda() 函数为二次判别函数。

lda() 函数实例

在 R 中，可利用 lda() 函数进行判别分析。lda() 函数语法格式如下：

```
lda(formula, data, ..., subset, na.action)
```

各语句选项的说明如下。

● formula：为一个形如 groups ~ x1 + x2 + … 的公式框架，其因变量是组别因素，右侧指定判别因子。

● data：包含公式中指定变量的数据框。

● x：如果未指定公式，则需要包含解释变量的矩阵、数据框。

● grouping：如果未指定公式，指定每个观察分组的因素。

● prior 参数：表示先验概率，如果未指定，则对训练样本采用平均比例的方法；如果指定了概率则按照因子水平的顺序确定。

● subset：指定训练样本中要使用的病例的一个指标向量。

● na.action：指定存在缺失值时所用采取的方法。默认为程序运行失败，备选是 "na.omit"，即将任一所要求变量存在缺失的病例删除。

● method："moment" 为均值和方差的标准估计，"mle" 为 MLEs，"t" 基于 t 分布的稳健估计。

当不同类样本的协方差矩阵不同时，则应该使用二次判别函数 qda() 函数。

例 19-1　为研究舒张期血压与血浆胆固醇对冠心病的作用，调查了 50~59 岁的女冠心病人 15 例和正常人 16 例。她们的舒张压（x_1）与血浆胆固醇（x_2）见表 19-2。试用判别分析法建立判别冠心病与正常人的判别函数。

表 19-2　　　　　　　　　冠心病组与正常组的舒张压和胆固醇数据

冠 心 病 组			正 常 组		
ID	x_1	x_2	ID	x_1	x_2
1	9.86	5.18	1	10.66	2.07
2	13.33	3.73	2	12.53	4.45

续表

冠 心 病 组			正 常 组		
ID	x_1	x_2	ID	x_1	x_2
3	14.66	3.89	3	13.33	3.06
4	9.33	7.10	4	9.33	3.94
5	12.80	5.49	5	10.66	4.45
6	10.66	4.09	6	10.66	4.92
7	10.66	4.45	7	9.33	3.68
8	13.33	3.63	8	10.66	2.77
9	13.33	5.96	9	10.66	3.21
10	13.33	5.70	10	10.66	5.02
11	12.00	6.19	11	10.40	3.94
12	14.66	4.01	12	9.33	4.92
13	13.33	4.01	13	10.66	2.69
14	12.80	3.63	14	10.66	2.43
15	13.33	5.96	15	11.20	3.42
16	—	—	16	9.33	3.63

【R 程序】

```
> example19_1  <- read.table ("example19_1.csv", header=TRUE, sep=",")
> example19_1
> attach(example19_1)
> install.packages("MASS")
> library(MASS)
> corary.lda <- lda(Type~x1+x2, data=example19_1,prior=c(1,1)/2)
> corary.lda
> corary.lda.values <- predict(corary.lda)
> ldahist(data = corary.lda.values$x[,1], g=Type)
> table(Type,corary.lda.values$class)
```

【R 输出结果】

①

```
   grp    x1    x2
1    1   9.86  5.18
2    2  10.66  2.07
3    1  13.33  3.73
4    2  12.53  4.45
5    1  14.66  3.89
6    2  13.33  3.06
7    1   9.33  7.10
8    2   9.33  3.94
9    1  12.80  5.49
10   2  10.66  4.45
11   1  10.66  4.09
12   2  10.66  4.92
13   1  10.66  4.45
14   2   9.33  3.68
15   1  13.33  3.63
16   2  10.66  2.77
17   1  13.33  5.96
18   2  10.66  3.21
19   1  13.33  5.70
20   2  10.66  5.02
21   1  12.00  6.19
22   2  10.40  3.94
23   1  14.66  4.01
```

```
24    2   9.33 4.92
25    1  13.33 4.01
26    2  10.66 2.69
27    1  12.80 3.63
28    2  10.66 2.43
29    1  13.33 5.96
30    2  11.20 3.42
31    2   9.33 3.63
```
②
```
Call:
lda(grp ~ x1 + x2, data = example19_1, prior = c(1, 1)/2)

Prior probabilities of groups:
  1   2
0.5 0.5

Group means:
          x1      x2
1 12.49400 4.8680
2 10.62875 3.6625

Coefficients of linear discriminants:
          LD1
x1 -0.6379195
x2 -0.8001452
```
③
```
$class
 [1] 2 2 1 1 1 1 1 2 1 2 2 2 2 2 2 1 2 1 2 1 2 1 2 1 2 1 2 1 2 1 2 2
Levels: 1 2

$posterior
               1            2
1  0.304504460 0.695495540
2  0.006134341 0.993865659
3  0.808995934 0.191004066
4  0.829939045 0.170060955
5  0.972002129 0.027997871
6  0.571629366 0.428370634
7  0.852643712 0.147356288
8  0.024317029 0.975682971
9  0.977002557 0.022997443
10 0.271925790 0.728074210
11 0.167218597 0.832781403
12 0.456447675 0.543552325
13 0.271925790 0.728074210
14 0.015670686 0.984329314
15 0.780932966 0.219067034
16 0.020213460 0.979786540
17 0.994972256 0.005027744
18 0.042189425 0.957810575
19 0.992151361 0.007848639
20 0.499433932 0.500566068
21 0.979292306 0.020707694
22 0.097846344 0.902153656
23 0.977114374 0.022885626
24 0.118934188 0.881065812
25 0.872826506 0.127173494
26 0.017655475 0.982344525
27 0.632439407 0.367560593
28 0.011350209 0.988649791
29 0.994972256 0.005027744
30 0.117294121 0.882705879
31 0.014395174 0.985604826

$x
           LD1
1   0.31865824
2   2.29677417
3  -0.73471195
```

```
4   -0.80048088
5   -1.71116814
6   -0.19861467
7   -0.87952319
8    1.64893562
9   -1.80487015
10   0.39242861
11   0.68048088
12   0.01636037
13   0.39242861
14   1.85697337
15  -0.65469743
16   1.73667254
17  -2.51903573
18   1.38460865
19  -2.31099798
20  -0.06365415
21  -1.85463617
22   0.96636174
23  -1.80718556
24   0.86479333
25  -0.95875261
26   1.80068415
27  -0.31660009
28   2.00872190
29  -2.51903573
30   0.87210162
31   1.89698063
```
④

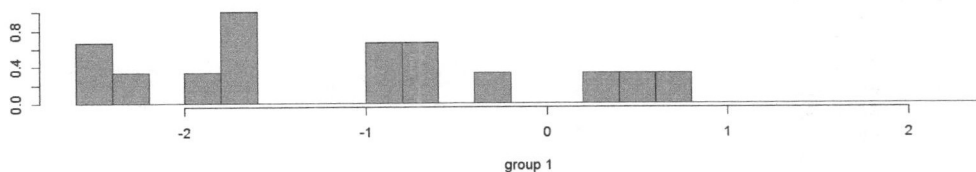

group 1

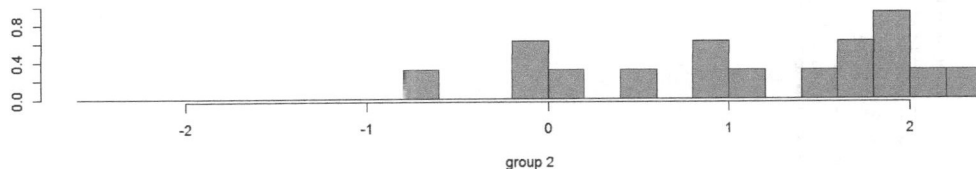

group 2

⑤
```
Type   1   2
   1  12   3
   2   3  13
```

【结果解释】

① 显示原始数据集。

② 列出本判别分析的相关信息：进行判别分析的参数以及各组的先验概率。各组相关指标的均值。同时给出线性判别函数系数估计值。从判别函数的系数估计值得到的判别函数表达式是：

$$LD1 = intercept - 0.6379195 * x1 - 0.8001452 * x2$$

③ $class 给出每个样本根据判别函数判别的分组结果。$posterior 给出每个样本的事后概率。$x 给出每个样本的判别函数数值。

④ 以图形展示各组每个样本判别函数数值的分布情况。

⑤ 是回代结果和错判率估计。从回代结果可以看出，冠心病组的错判率是 20%（假阴性率），

正常组的错判率估计是 18.8%（假阳性率），总错判率估计是 19.4%。总的来看，这个判别函数的错误率比较高，不宜使用。为此可以通过增加其他的指标变量来提高判别的效能。

例 19-2 利用二次判别函数对上例的数据进行判别分析。

【R 程序】

```
> example19_2  <- read.table ("example19_1.csv", header=TRUE, sep=",")
> example19_2
> attach(example19_2)
> install.packages("MASS")
> library(MASS)
> corary.lda2 <- qda(Type~x1+x2, data=example19_2,prior=c(1,1)/2)
> corary.lda2
> corary.lda.values <- predict(corary.lda2)
> corary.lda.values
> table(Type,corary.lda.values$class)
```

【R 输出结果】

①

```
    Type    x1    x2
1      1   9.86  5.18
2      2  10.66  2.07
3      1  13.33  3.73
4      2  12.53  4.45
5      1  14.66  3.89
6      2  13.33  3.06
7      1   9.33  7.10
8      2   9.33  3.94
9      1  12.80  5.49
10     2  10.66  4.45
11     1  10.66  4.09
12     2  10.66  4.92
13     2  10.66  4.45
14     2   9.33  3.68
15     1  13.33  3.63
16     2  10.66  2.77
17     1  13.33  5.96
18     2  10.66  3.21
19     1  13.33  5.70
20     2  10.66  5.02
21     1  12.00  6.19
22     2  10.40  3.94
23     1  14.66  4.01
24     2   9.33  4.92
25     1  13.33  4.01
26     2  10.66  2.69
27     1  12.80  3.63
28     2  10.66  2.43
29     1  13.33  5.96
30     2  11.20  3.42
31     2   9.33  3.63
```

②

```
Call:
qda(Type ~ x1 + x2, data = example19_2, prior = c(1, 1)/2)

Prior probabilities of groups:
  1   2
0.5 0.5

Group means:
        x1      x2
1 12.49400 4.8680
2 10.62875 3.6625
```

③

```
$class
 [1] 2 2 1 1 1 1 1 2 1 2 2 2 2 2 1 2 1 2 1 2 1 2 1 2 1 2 1 2 1 2 2
```

```
Levels: 1 2

$posterior
            1           2
1  0.389021102 0.610978898
2  0.007900239 0.992099761
3  0.891297907 0.108702093
4  0.824218007 0.175781993
5  0.996460009 0.003539991
6  0.777866905 0.222133095
7  0.979706382 0.020293618
8  0.037434917 0.962565083
9  0.979258504 0.020741496
10 0.233892380 0.766107620
11 0.138183282 0.861816718
12 0.426511501 0.573488499
13 0.233892380 0.766107620
14 0.023657803 0.976342197
15 0.877593825 0.122406175
16 0.019648321 0.980351679
17 0.996851920 0.003148080
18 0.036756777 0.963243223
19 0.994865921 0.005134079
20 0.475166844 0.524833156
21 0.981025971 0.018974029
22 0.085359054 0.914640946
23 0.996956398 0.003043602
24 0.212616037 0.787383963
25 0.923680105 0.076319895
26 0.017606720 0.982393280
27 0.696860065 0.303139935
28 0.012446425 0.987553575
29 0.996851920 0.003148080
30 0.096576139 0.903423861
31 0.021686610 0.978313390
④
Type  1   2
   1 12   3
   2  2  14
```

【结果解释】

① 显示原始数据集。

② 列出本判别分析的相关信息：进行判别分析的参数以及各组的先验概率。各组相关指标的均值。

③ $class 给出每个样本根据判别函数判别的分组结果。$posterior 给出每个样本的事后概率。

④ 是回代结果和错判率估计。从回代结果可以看出，冠心病组的错判率是 20%（假阴性率），正常组的错判率估计是 12.5%（假阳性率），总错判率估计是 16.1%。二次判别函数错判率有所降低。

例 19-3 从心电图的 5 个不同指标（$x_1 \sim x_5$）对健康人（$C=1$）、血管硬化症患者（$C=2$）和冠心病患者（$C=3$）的数据进行判别分析。数据见表 19-3。

表 19-3　　　　　　　　健康人、血管硬化患者和冠心病患者的心电图指标

研究对象分组	x_1	x_2	x_3	x_4	x_5
1	8.11	251.01	13.23	5.46	7.31
1	9.36	185.39	9.02	5.66	5.99
1	9.85	249.58	15.61	6.06	6.11
1	2.55	137.13	9.21	6.11	4.35
1	6.01	231.34	14.27	5.21	8.79

续表

研究对象分组	x_1	x_2	x_3	x_4	x_5
1	9.64	231.38	13.03	4.86	8.53
1	4.11	260.25	14.72	5.36	10.03
1	8.90	259.51	14.16	4.91	9.79
1	7.71	273.84	16.01	5.15	8.79
1	7.51	303.59	19.14	5.70	8.53
1	8.06	231.03	14.41	5.72	6.15
2	6.80	308.90	15.11	5.52	8.49
2	8.68	258.69	14.02	4.79	7.16
2	5.67	255.54	15.13	4.97	9.43
2	8.10	476.69	7.38	5.32	11.32
2	3.71	316.12	17.12	6.04	8.17
2	5.37	274.57	16.75	4.98	9.67
3	5.22	330.34	18.19	4.96	9.61
3	4.71	331.47	21.26	4.30	13.72
3	4.71	352.50	20.79	5.07	11.00
3	3.36	347.31	17.90	4.65	11.19
3	8.27	189.59	12.74	5.46	6.94

【R 程序】

```
> example19_3  <- read.table ("example19_3.csv", header=TRUE, sep=",")
> example19_3
> attach(example19_3)
> library(MASS)
> corary <- lda(Type~x1+x2+x3+x4+x5, data=example19_3,prior=c(1,1,1)/3)
> corary
> plot(corary)
> corary.values <- predict(corary)
> corary.values
> ldahist(data = corary.values$x[,1], g=Type)
> plot(corary.values$x[,1], corary.values$x[,2])
text(corary.values$x[,1], corary.values$x[,2],Type,cex=0.7,pos=4,col="red")
> table(Type, corary.values$class)
```

【R 输出结果】

①

```
   Type  x1     x2     x3    x4    x5
1    1  8.11 251.01 13.23 5.46  7.31
2    1  9.36 185.39  9.02 5.66  5.99
3    1  9.85 249.58 15.61 6.06  6.11
4    1  2.55 137.13  9.21 6.11  4.35
5    1  6.01 231.34 14.27 5.21  8.79
6    1  9.64 231.38 13.03 4.86  8.53
7    1  4.11 260.25 14.72 5.36 10.03
8    1  8.90 259.51 14.16 4.91  9.79
9    1  7.71 273.84 16.01 5.15  8.79
10   1  7.51 303.59 19.14 5.70  8.53
11   1  8.06 231.03 14.41 5.72  6.15
12   2  6.80 308.90 15.11 5.52  8.49
13   2  8.68 258.69 14.02 4.79  7.16
14   2  5.67 255.54 15.13 4.97  9.43
15   2  8.10 476.69  7.38 5.32 11.32
```

```
16     2 3.71 316.12 17.12 6.04   8.17
17     2 5.37 274.57 16.75 4.98   9.67
18     3 5.22 330.34 18.19 4.96   9.61
19     3 4.71 331.47 21.26 4.30  13.72
20     3 4.71 352.50 20.79 5.07  11.00
21     3 3.36 347.31 17.90 4.65  11.19
22     3 8.27 189.59 12.74 5.46   6.94
```
②
```
Call:

lda(Type ~ x1 + x2 + x3 + x4 + x5, data = example19_3, prior = c(1,
    1, 1)/3)

Prior probabilities of groups:
         1         2         3
0.3333333 0.3333333 0.3333333

Group means:
       x1        x2       x3       x4       x5
1 7.437273 237.6409 13.89182 5.472727  7.670
2 6.388333 315.0850 14.25167 5.270000  9.040
3 5.254000 310.2420 18.17600 4.888000 10.492

Coefficients of linear discriminants:
          LD1          LD2
x1 -0.34075348  0.13040453
x2  0.01675089 -0.02103607
x3  0.10744713  0.18353752
x4 -2.51657806  0.81024091
x5 -0.55118702  0.59585039

Proportion of trace:
   LD1    LD2
0.7594 0.2406
```
③

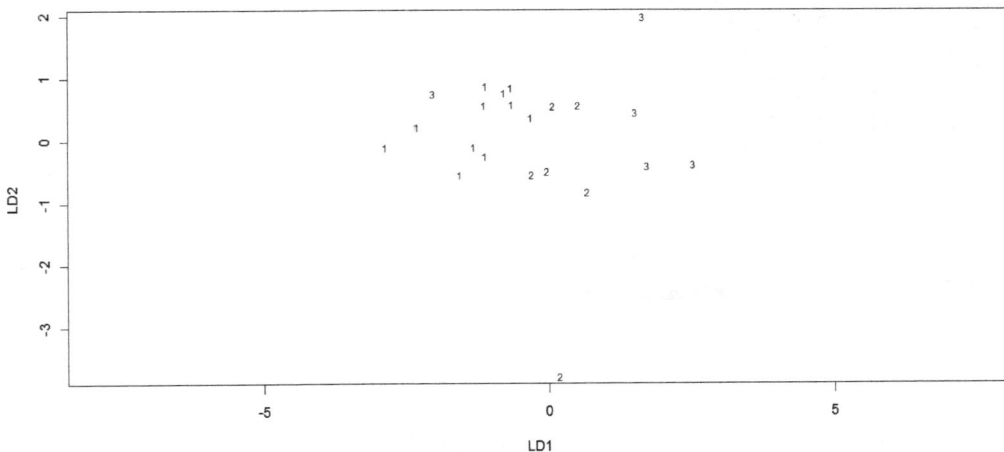

④
```
$class
 [1] 1 1 1 1 1 1 1 1 1 1 1 1 2 2 3 2 2 3 3 3 3 3 1
Levels: 1 2 3

$posterior
              1           2            3
1  0.654190985 0.29126937 0.054539642
2  0.969397744 0.02922177 0.001380484
3  0.949839437 0.04505604 0.005104520
4  0.742307644 0.23719429 0.020498061
5  0.689731324 0.16725808 0.143010595
```

```
 6 0.787762459 0.14188090 0.070356645
 7 0.648816708 0.17065723 0.180526060
 8 0.809816732 0.10915153 0.081031736
 9 0.433099776 0.31627203 0.250628192
10 0.613109221 0.21945054 0.167440236
11 0.748821104 0.21151329 0.039665601
12 0.285233208 0.56276377 0.152003017
13 0.059768497 0.64750821 0.292723297
14 0.280752027 0.29649171 0.422756268
15 0.008216703 0.98434281 0.007440486
16 0.212095669 0.57988183 0.208022499
17 0.139570267 0.27520625 0.585223484
18 0.010575279 0.34267163 0.646753088
19 0.012289379 0.02898934 0.958721277
20 0.018692192 0.17886079 0.802447018
21 0.002018803 0.19926391 0.798717282
22 0.950832413 0.03838814 0.010779446

$x
          LD1         LD2
 1 -1.10757066 -0.2512182
 2 -2.86080688 -0.1049932
 3 -2.31723373  0.2137106
 4 -1.55677192 -0.5555616
 5 -0.79634555  0.7588890
 6 -1.14173416  0.5653241
 7 -0.67725319  0.8459503
 8 -1.11728342  0.8757611
 9 -0.32576109  0.3572847
10 -0.66377129  0.5705647
11 -1.31336144 -0.1013874
12 -0.29086951 -0.5430576
13  0.68051525 -0.8256890
14  0.06850567  0.5502074
15  0.18967232 -3.7977099
16 -0.03327185 -0.4983245
17  0.50611478  0.5592070
18  1.72955143 -0.4211969
19  1.64768976  1.9661723
20  1.51092435  0.4406936
21  2.52571950 -0.3836884
22 -2.03964059  0.7512837
```
⑤

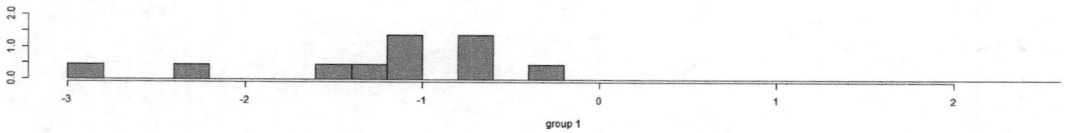

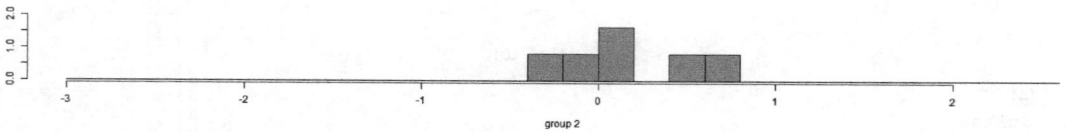

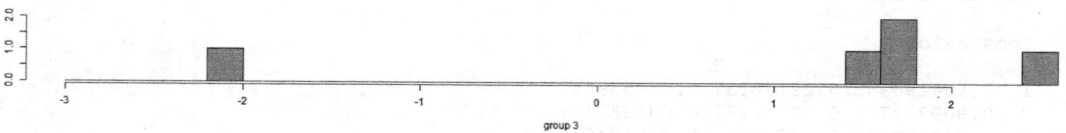

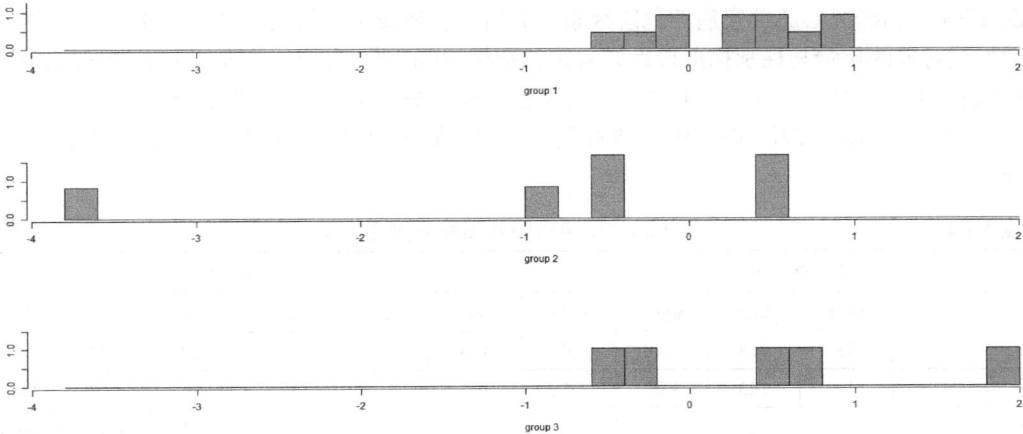

⑥

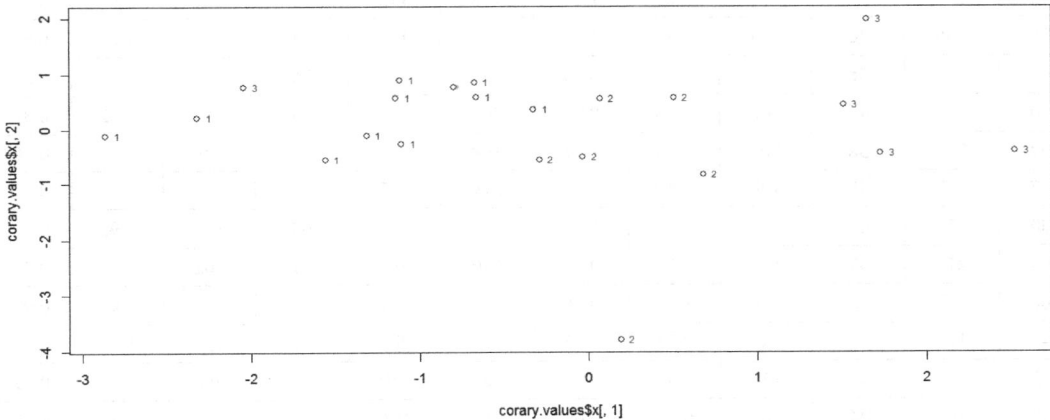

⑦

```
Type  1  2  3
   1 11  0  0
   2  0  4  2
   3  1  0  4
```

【结果解释】

① 显示原始数据集。

② 列出本判别分析的相关信息：进行判别分析的参数以及各组的先验概率，各组相关指标的均值；同时给出线性判别函数系数估计值。从判别函数的系数估计值得到的判别函数表达式是：

LD1=intercept−0.34075348*x1+0.01675089*x2+0.10744713*x3−2.51657806*x4−0.55118702*x5

LD2=intercept+0.13040453*x1−0.02103507*x2+0.18353752*x3+0.81024091*x4+0.59585039*x5

③ 显示各组个体在线性判别函数观测值上的散点图。

④ $class 给出每个样本根据判别函数判别的分组结果。$posterior 给出每个样本的事后概率。$x 给出每个样本的判别函数数值。

⑤ 以图形展示各组每个样本判别函数数值的分布情况。

⑥ 显示各组个体在线性判别函数预测值上的散点图。

⑦ 是回代结果和错判率估计。从回代结果可以看出，健康组的错判率是 0%，血管硬化症组的错判率估计是 33.3%，冠心病组的错判率估计是 20.0%，总错判率估计是 13.6%。总的来看，这个判别函数的错误率比较高，不宜使用，为此可以通过增加其他的指标变量来提高判别的效能。

例 19-4 为研究心肌梗塞病的危险因素，某研究者考查了两组人群（即心梗组与正常组，两组间受试对象的年龄与性别构成接近）有关的指标 10 多项，现取其中血脂方面的 6 项指标：tc（总胆固醇）、tg（甘油三酯）、hdlc（高密度脂蛋白胆固醇）、ldlc（低密度脂蛋白胆固醇）、apoa（载脂蛋白 AI）、apob（载脂蛋白 B）。指标的测定结果如表 19-4（每组各取 30 例）所示，试作判别分析。

表 19-4   **心梗组和正常组血脂 6 项指标测定数据**

心 梗 组						正 常 组					
tc	tg	hdlc	ldlc	apoa	apob	tc	tg	hdlc	ldlc	apoa	apob
245	157	38	168	1.10	1.01	174	140	47	120	0.84	0.57
236	275	40	125	1.22	1.12	106	110	52	40	1.08	0.87
238	354	38	126	0.90	1.06	173	82	53	103	0.97	0.66
233	250	31	150	1.02	0.98	178	100	43	117	0.98	0.65
240	149	35	170	1.26	1.13	198	112	53	123	0.98	0.72
235	166	40	164	1.30	1.15	180	114	48	110	1.02	0.80
204	365	38	90	1.33	0.95	134	60	36	84	0.98	0.58
200	95	43	100	1.24	0.98	204	118	63	119	1.02	0.84
297	240	38	207	1.14	1.51	168	80	52	90	1.07	0.80
177	97	49	108	1.49	1.02	219	157	28	142	1.02	0.83
200	172	43	116	1.25	1.03	189	158	43	115	0.92	0.80
195	211	47	106	1.22	0.94	180	90	59	102	1.32	0.90
166	217	33	86	1.10	0.74	177	227	75	64	1.40	0.99
144	111	28	46	0.71	0.65	172	55	51	102	1.31	0.97
233	107	42	156	0.95	0.77	166	110	40	96	1.18	0.99
143	91	24	108	0.67	0.65	210	166	42	130	1.28	1.02
228	223	34	136	1.05	0.84	166	217	33	86	1.10	0.74
264	186	41	183	1.22	0.92	223	186	73	113	1.62	0.98
178	131	49	98	1.18	1.27	136	72	67	46	1.45	0.84
240	127	33	174	0.78	0.90	156	107	45	106	0.93	0.74
180	211	27	106	0.85	0.69	201	117	45	147	1.06	0.85
161	91	39	88	0.94	0.52	134	58	60	65	1.03	0.54
236	95	38	171	1.01	0.83	195	93	51	141	1.22	0.72
168	106	36	104	0.87	0.58	262	257	62	142	1.56	0.80
174	141	28	103	0.81	0.73	194	171	42	114	1.11	0.71
215	168	38	134	0.88	0.87	165	70	36	110	1.22	0.96
268	185	28	203	0.75	0.97	183	249	44	88	1.12	0.57
213	387	22	141	0.80	0.78	200	191	58	100	1.61	0.77
285	154	39	210	1.17	1.37	171	309	52	51	1.37	0.69
193	123	42	121	1.12	1.00	222	350	13	57	0.36	1.39

【R 程序】

```
> example19_4  <- read.table ("example19_4.csv", header=TRUE, sep=",")
> example19_4
> attach(example19_4)
```

```
> library(MASS)
> infarction <- lda(g~ tc +tg +hdlc +ldlc+ apoa +apob, data=example19_4, prior=c(1,
1)/2)
> infarction
> plot(infarction)
> infarction.values <- predict(infarction)
> infarction.values
> table(g, infarction.values$class)
```

【R 输出结果】

①

```
    g  tc   tg  hdlc ldlc apoa apob
1   1 245 157   38  168 1.10 1.01
2   2 174 140   47  120 0.84 0.57
3   1 236 275   40  125 1.22 1.12
4   2 106 110   52   40 1.08 0.87
5   1 238 354   38  126 0.90 1.06
6   2 173  82   53  103 0.97 0.66
7   1 233 250   31  150 1.02 0.98
8   2 178 100   43  117 0.98 0.65
9   1 240 149   35  170 1.26 1.13
10  2 198 112   53  123 0.98 0.72
11  1 235 166   40  164 1.30 1.15
12  2 180 114   48  110 1.02 0.80
13  1 204 365   38   90 1.33 0.95
14  2 134  60   36   84 0.98 0.58
15  1 200  95   43  100 1.24 0.98
16  2 204 118   63  119 1.02 0.84
17  1 297 240   38  207 1.14 1.51
18  2 168  80   52   90 1.07 0.80
19  1 177  97   49  108 1.49 1.02
20  2 219 157   28  142 1.02 0.83
21  1 200 172   43  116 1.25 1.03
22  2 189 158   43  115 0.92 0.80
23  1 195 211   47  106 1.22 0.94
24  2 180  90   59  102 1.32 0.90
25  1 166 217   33   86 1.10 0.74
26  2 177 227   75   64 1.40 0.99
27  1 144 111   28   46 0.71 0.65
28  2 172  55   51  102 1.31 0.97
29  1 233 107   42  156 0.95 0.77
30  2 166 110   40   96 1.18 0.99
31  1 143  91   24  108 0.67 0.65
32  2 210 166   42  130 1.28 1.02
33  1 228 223   34  136 1.05 0.84
34  2 166 217   33   86 1.10 0.74
35  1 264 186   41  183 1.22 0.92
36  2 223 186   73  113 1.62 0.93
37  1 178 131   49   98 1.18 1.27
38  2 136  72   67   46 1.45 0.84
39  1 240 127   33  174 0.78 0.90
40  2 156 107   45  106 0.93 0.74
41  1 180 211   27  106 0.85 0.69
42  2 201 117   45  147 1.06 0.85
43  1 161  91   39   88 0.94 0.52
44  2 134  58   60   65 1.03 0.54
45  1 236  95   38  171 1.01 0.83
46  2 195  93   51  141 1.22 0.72
47  1 168 106   36  104 0.87 0.53
48  2 262 257   62  142 1.56 0.80
49  1 174 141   28  103 0.81 0.73
50  2 194 171   42  114 1.11 0.71
51  1 215 168   38  134 0.88 0.87
52  2 165  70   36  110 1.22 0.96
53  1 268 185   28  203 0.75 0.97
54  2 183 249   44   88 1.12 0.57
55  1 213 387   22  141 0.80 0.78
56  2 200 191   58  100 1.61 0.77
```

```
57 1 285 154    39   210 1.17 1.37
58 2 171 309    52    51 1.37 0.69
59 1 193 123    42   121 1.12 1.00
60 2 222 350    13    57 0.36 1.39
```
②
```
Call:
lda(g ~ tc + tg + hdlc + ldlc + apoa + apob, data = example19_4,
    prior = c(1, 1)/2)

Prior probabilities of groups:
  1   2
0.5 0.5

Group means:
        tc     tg     hdlc      ldlc      apoa      apob
1 212.9667 179.5 36.70000 133.2667 1.044333 0.9320000
2 181.2000 144.2 48.86667 100.7667 1.137667 0.8096667

Coefficients of linear discriminants:
              LD1
tc   -0.0051932090
tg    0.0002091065
hdlc  0.0943146681
ldlc -0.0089527196
apoa -1.4424760889
apob -0.8244661768
```
③

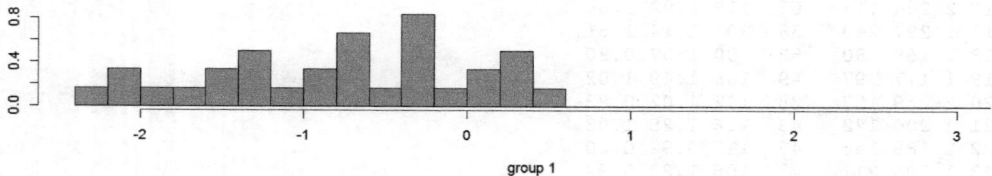

group 1

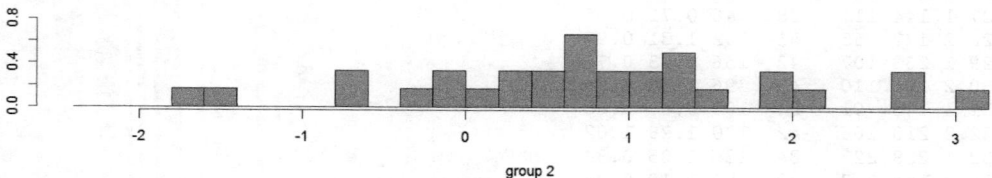

group 2

④
```
$class
 [1] 1 2 1 2 1 2 1 2 1 2 1 2 1 2 1 2 1 2 2 1 1 2 2 2 1 2 2 2 1 1 1 1 1 1 1 2
[37] 2 2 1 2 1 1 2 2 1 2 2 2 1 2 1 1 1 2 1 2 1 2 1 2 1 1
Levels: 1 2

$posterior
            1          2
1  0.881610035 0.11838996
2  0.152794462 0.84720554
3  0.804111563 0.19588844
4  0.039805061 0.96019494
5  0.713587407 0.28641259
6  0.082037768 0.91796223
7  0.919883158 0.08011684
8  0.331509235 0.66849076
9  0.950497200 0.04950280
10 0.136768208 0.86323179
11 0.900616306 0.09938369
12 0.224261992 0.77573801
13 0.722570863 0.27742914
14 0.362256371 0.63774363
15 0.562659266 0.43734073
```

```
16 0.043924204 0.95607580
17 0.975449866 0.02455013
18 0.110692305 0.88930770
19 0.476874469 0.52312553
20 0.923754925 0.07624508
21 0.631237823 0.36876218
22 0.354103877 0.64589612
23 0.394471437 0.60552856
24 0.103309108 0.89669089
25 0.643198257 0.35680174
26 0.007979291 0.99202071
27 0.408025440 0.59197456
28 0.275266317 0.72473368
29 0.627698686 0.37230131
30 0.558473606 0.44152639
31 0.729620401 0.27037960
32 0.734681764 0.26531824
33 0.840029222 0.15997078
34 0.643198257 0.35680174
35 0.888420478 0.11157952
36 0.048644165 0.95135583
37 0.351599281 0.64840072
38 0.013947287 0.98605271
39 0.873782859 0.12621714
40 0.209582780 0.79041722
41 0.775709364 0.22429064
42 0.510619366 0.48938063
43 0.286965259 0.71303474
44 0.013310326 0.98668967
45 0.826682255 0.17331775
46 0.315781505 0.68421849
47 0.432190516 0.56780948
48 0.264875126 0.73512487
49 0.728514350 0.27148565
50 0.470255101 0.52974490
51 0.647740909 0.35225909
52 0.745853682 0.25414632
53 0.964700462 0.03529954
54 0.259228724 0.74077128
55 0.935871073 0.06412893
56 0.193681953 0.80631805
57 0.967541999 0.03245800
58 0.104775109 0.89522489
59 0.594457108 0.40554289
60 0.937676643 0.06232336

$x
          LD1
1  -1.28515391
2   1.09638057
3  -0.90393259
4   2.03750238
5  -0.58432133
6   1.54580600
7  -1.56231014
8   0.44893902
9  -1.89144227
10  1.17930185
11 -1.41082013
12  0.79435350
13 -0.61272758
14  0.36202565
15 -0.16127850
16  1.97171981
17 -2.35693313
18  1.33375164
19  0.05925210
20 -1.59670445
21 -0.34406888
22  0.38472597
```

```
23   0.27431442
24   1.38322860
25  -0.37718847
26   3.08709381
27   0.23819991
28   0.61965033
29  -0.33435612
30  -0.15040202
31  -0.63541726
32  -0.65193798
33  -1.06155692
34  -0.37718847
35  -1.32800275
36   1.90322016
37   0.39174675
38   2.72578160
39  -1.23846709
40   0.84968446
41  -0.79424811
42  -0.02719355
43   0.58259145
44   2.75611599
45  -1.00001103
46   0.49493590
47   0.17469342
48   0.65339383
49  -0.63183309
50   0.07624786
51  -0.38989500
52  -0.68913488
53  -2.11738932
54   0.67208402
55  -1.71581793
56   0.91293749
57  -2.17299029
58   1.37316193
59  -0.24478503
60  -1.73533221
⑤
g    1   2
  1 24   6
  2  7  23
```

【结果解释】

① 显示原始数据集。

② 列出本判别分析的相关信息：进行判别分析的参数以及各组的先验概率；各组相关指标的均值；同时给出线性判别函数系数估计值。从判别函数的系数估计值得到的判别函数表达式是：

LD1=intercept−0.0051932090*tc + 0.0002091065*tg + 0.0943146681*hdlc−0.0089527196*ldlc
　　−1.4424760889*apoa−0.8244661768*apob

③ 以图形展示各组每个样本判别函数数值的分布情况。

④ $class 给出每个样本根据判别函数判别的分组结果，$posterior 给出每个样本的事后概率，$x 给出每个样本的判别函数数值。

⑤ 是回代结果和错判率估计。从回代结果可以看出，心肌梗死组的错判率是 20%（假阴性率），正常组的错判率估计是 23.3%，总错判率估计是 21.7%。总的来看，这个判别函数的错误率比较高，不宜使用，为此可以通过增加其他的指标变量来提高判别的效能。

例 19-5　有 3 种鸢尾花：刚毛鸢尾花（setosa 第 1 组）、变色鸢尾花（versicolor 第 2 组）和佛吉尼亚鸢尾花（virginica 第 3 组），各抽取一个样本量为 50 的样本，测量其花萼长（sepallen）x_1、花萼宽（sepalwid）x_2、花瓣长（petallen）x_3、花瓣宽（petalwid）x_4，单位为 mm，数据如表 19-5 所示，试作判别分析。

表 19-5　　　　　　　　　　　　　3 种鸢尾花花萼和花瓣测定数据

x_1	x_2	x_3	x_4	S	x_1	x_2	x_3	x_4	S	x_1	x_2	x_3	x_4	S	x_1	x_2	x_3	x_4	S
50	33	14	02	1	64	28	56	22	3	65	28	46	15	2	67	31	56	24	3
63	28	51	15	3	46	34	14	03	1	69	31	51	23	3	62	22	45	15	2
59	32	48	18	2	46	36	10	02	1	61	30	46	14	2	60	27	51	16	2
65	30	52	20	3	56	25	39	11	2	65	30	55	18	3	58	27	51	19	3
68	32	59	23	3	51	33	17	05	1	57	28	45	13	2	62	34	54	23	3
77	38	67	22	3	63	33	47	16	2	67	33	57	25	3	76	30	66	21	3
49	25	45	17	3	55	35	13	02	1	67	30	52	23	3	70	32	47	14	2
64	32	45	15	2	61	23	40	13	2	48	31	16	02	1	59	30	51	18	3
55	24	38	11	2	63	25	50	19	3	64	32	53	23	3	52	34	14	02	1
49	36	14	01	1	54	30	45	15	2	79	38	64	20	3	44	32	13	02	1
67	33	57	21	3	50	35	16	06	1	58	26	40	12	2	44	30	13	02	1
77	28	67	20	3	63	27	49	18	2	47	32	16	02	1	55	26	44	12	2
50	23	33	10	2	72	32	60	18	3	48	30	14	03	1	51	38	16	02	1
61	30	49	18	3	48	34	19	02	1	50	30	16	02	1	50	32	12	02	1
61	26	56	14	3	64	28	56	21	3	43	30	11	01	1	58	40	12	02	1
51	38	19	04	1	67	31	44	14	2	62	28	48	18	3	49	30	14	02	1
51	35	14	02	1	56	30	45	15	2	58	27	41	10	2	50	34	16	04	1
46	32	14	02	1	60	29	45	15	2	57	26	35	10	2	57	44	15	04	1
50	36	14	02	1	77	30	61	23	3	63	34	56	24	3	58	27	51	19	3
57	29	42	13	2	72	30	58	16	3	54	34	15	04	1	52	41	15	01	1
71	30	59	21	3	64	31	55	18	3	60	30	48	18	3	63	29	56	18	3
49	24	33	10	2	56	27	42	13	2	57	30	42	12	2	55	42	14	02	1
49	31	15	02	1	77	26	69	23	3	60	22	50	15	3	54	39	17	04	1
66	29	46	13	2	52	27	39	14	2	60	34	45	16	2	50	34	15	02	1
44	29	14	02	1	50	20	35	10	2	55	24	37	10	2	58	27	39	12	2
47	32	13	02	1	46	31	15	02	1	69	32	57	23	3	62	29	43	13	2
74	28	61	19	3	59	30	42	15	2	51	34	15	02	1	50	35	14	02	1
56	28	49	20	3	60	22	40	10	2	73	29	63	18	3	67	25	58	18	3
49	31	15	01	1	67	31	47	15	2	63	23	44	13	2	54	37	15	02	1
56	30	41	13	2	63	25	49	15	2	61	28	47	12	2	64	29	43	13	2
51	25	30	11	2	57	28	41	13	2	65	30	58	22	3	69	31	54	21	3
54	39	13	04	1	51	35	14	03	1	72	36	61	25	3	65	32	51	20	3
61	29	47	14	2	56	29	36	13	2	69	31	49	15	3	64	27	53	19	3
68	30	55	21	3	55	25	40	13	2	48	34	16	02	1	48	30	14	01	1
45	23	13	03	1	57	25	50	20	3	57	38	17	03	1	51	38	15	03	1
55	23	40	13	2	66	30	44	14	2	68	28	48	14	2	54	34	17	02	1
51	37	15	04	1	52	35	15	02	1	58	28	51	24	3	67	30	50	17	2
63	33	60	25	3	53	37	15	02	1										

【R 程序】

```
> example19_5 <- read.table ("example19_5.csv", header=TRUE, sep=",")
> example19_5
```

```
> attach(example19_5)
> library(MASS)
> flower <- lda(species ~ sepallen + sepalwid + petallen + petalwid,  data=example1
9_5,prior=c(1,1,1)/3)
> flower
> plot(flower)
> flower.values <- predict(flower)
> flower.values
> ldahist(data = flower.values$x[,1], g= species)
> plot(flower.values$x[,1], flower.values$x[,2])
text(flower.values$x[,1], flower.values$x[,2], species,cex=0.7,pos=4,col="red")
> table(species, flower.values$class)
```

【R 输出结果】

①

	sepallen	sepalwid	petallen	petalwid	species
1	50	33	14	2	1
2	64	28	56	22	3
3	65	28	46	15	2
4	67	31	56	24	3
5	63	28	51	15	3
6	46	34	14	3	1
7	69	31	51	23	3
8	62	22	45	15	2
9	59	32	48	18	2
10	46	36	10	2	1
11	61	30	46	14	2
12	60	27	51	16	2
13	65	30	52	20	3
14	56	25	39	11	2
15	65	30	55	18	3
16	58	27	51	19	3
17	68	32	59	23	3
18	51	33	17	5	1
19	57	28	45	13	2
20	62	34	54	23	3
21	77	38	67	22	3
22	63	33	47	16	2
23	67	33	57	25	3
24	76	30	66	21	3
25	49	25	45	17	3
26	55	35	13	2	1
27	67	30	52	23	3
28	70	32	47	14	2
29	64	32	45	15	2
30	61	28	40	13	2
31	48	31	16	2	1
32	59	30	51	18	3
33	55	24	38	11	2
34	63	25	50	19	3
35	64	32	53	23	3
36	52	34	14	2	1
37	49	36	14	1	1
38	54	30	45	15	2
39	79	38	64	20	3
40	44	32	13	2	1
41	67	33	57	21	3
42	50	35	16	6	1
43	58	26	40	12	2
44	44	30	13	2	1
45	77	28	67	20	3
46	63	27	49	18	3
47	47	32	16	2	1
48	55	26	44	12	2
49	50	23	33	10	2
50	72	32	60	18	3
51	48	30	14	3	1
52	51	38	16	2	1

53	61	30	49	18	3
54	48	34	19	2	1
55	50	30	16	2	1
56	50	32	12	2	1
57	61	26	56	14	3
58	64	28	56	21	3
59	43	30	11	1	1
60	58	40	12	2	1
61	51	38	19	4	1
62	67	31	44	14	2
63	62	28	48	18	3
64	49	30	14	2	1
65	51	35	14	2	1
66	56	30	45	15	2
67	58	27	41	10	2
68	50	34	16	4	1
69	46	32	14	2	1
70	60	29	45	15	2
71	57	26	35	10	2
72	57	44	15	4	1
73	50	36	14	2	1
74	77	30	61	23	3
75	63	34	56	24	3
76	58	27	51	19	3
77	57	29	42	13	2
78	72	30	58	16	3
79	54	34	15	4	1
80	52	41	15	1	1
81	71	30	59	21	3
82	64	31	55	18	3
83	60	30	48	18	3
84	63	29	56	18	3
85	49	24	33	10	2
86	56	27	42	13	2
87	57	30	42	12	2
88	55	42	14	2	1
89	49	31	15	2	1
90	77	26	69	23	3
91	60	22	50	15	3
92	54	39	17	4	1
93	66	29	46	13	2
94	52	27	39	14	2
95	60	34	45	16	2
96	50	34	15	2	1
97	44	29	14	2	1
98	50	20	35	10	2
99	55	24	37	10	2
100	58	27	39	12	2
101	47	32	13	2	1
102	46	31	15	2	1
103	69	32	57	23	3
104	62	29	43	13	2
105	74	28	61	19	3
106	59	30	42	15	2
107	51	34	15	2	1
108	50	35	13	3	1
109	56	28	49	20	3
110	60	22	40	10	2
111	73	29	63	18	3
112	67	25	58	18	3
113	49	31	15	1	1
114	67	31	47	15	2
115	63	23	44	13	2
116	54	37	15	2	1
117	56	30	41	13	2
118	63	25	49	15	2
119	61	28	47	12	2
120	64	29	43	13	2
121	51	25	30	11	2
122	57	28	41	13	2
123	65	30	58	22	3
124	69	31	54	21	3

125	54	39	13	4	1
126	51	35	14	3	1
127	72	36	61	25	3
128	65	32	51	20	3
129	61	29	47	14	2
130	56	29	36	13	2
131	69	31	49	15	2
132	64	27	53	19	3
133	68	30	55	21	3
134	55	25	40	13	2
135	48	34	16	2	1
136	48	30	14	1	1
137	45	23	13	3	1
138	57	25	50	20	3
139	57	38	17	3	1
140	51	38	15	3	1
141	55	23	40	13	2
142	66	30	44	14	2
143	68	28	48	14	2
144	54	34	17	2	1
145	51	37	15	4	1
146	52	35	15	2	1
147	58	28	51	24	3
148	67	30	50	17	2
149	63	33	60	25	3
150	53	37	15	2	1

②

```
Call:
lda(species ~ sepallen + sepalwid + petallen + petalwid, data = example19_5,
    prior = c(1, 1, 1)/3)

Prior probabilities of groups:
          1         2         3
0.3333333 0.3333333 0.3333333

Group means:
  sepallen sepalwid petallen petalwid
1    50.06    34.28    14.62     2.46
2    59.36    27.70    42.60    13.26
3    65.88    29.74    55.52    20.26

Coefficients of linear discriminants:
                 LD1          LD2
sepallen  0.08293776 -0.002410215
sepalwid  0.15344731 -0.216452123
petallen -0.22012117  0.093192121
petalwid -0.28104603 -0.283918785

Proportion of trace:
   LD1    LD2
0.9912 0.0088
```

③

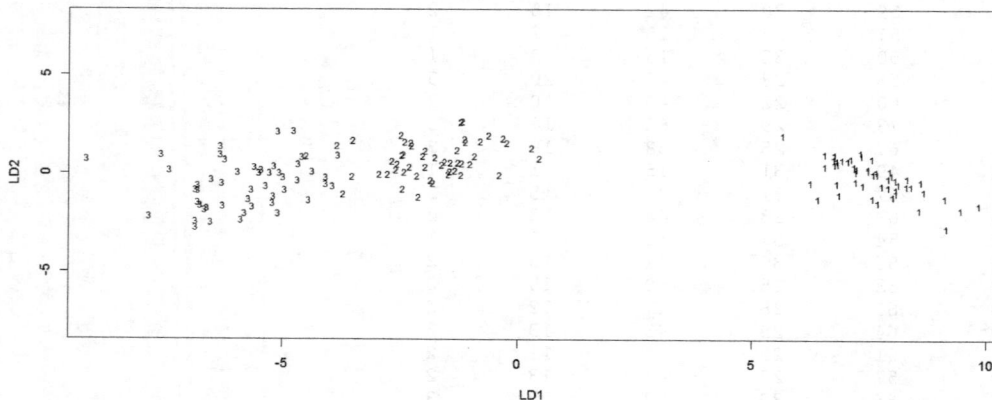

④
```
$class
   [1] 1 3 2 3 2 1 3 2 3 1 2 3 3 2 3 3 3 1 2 3 3 2 3 3 3 1 3 2 2 2 1 3 2 3 3 1
  [37] 1 2 3 1 3 1 2 1 3 3 1 2 2 3 1 1 3 1 1 1 3 3 1 1 1 2 3 1 1 2 2 1 1 2 2 1
  [73] 1 3 3 3 2 3 1 1 3 3 3 3 2 2 2 1 1 3 3 1 2 2 2 1 1 2 2 2 1 1 3 2 3 2 1 1
 [109] 3 2 3 3 1 2 2 1 2 2 2 2 2 2 3 3 1 1 3 3 2 2 2 3 3 2 1 1 1 3 1 1 2 2 2 1
 [145] 1 1 3 2 3 1
Levels: 1 2 3

$posterior
                1              2              3
1    1.000000e+00   2.322258e-20   4.241757e-40
2    1.320330e-45   3.014091e-06   9.999970e-01
3    4.213678e-23   9.955903e-01   4.409655e-03
4    6.570902e-45   1.180810e-06   9.999988e-01
5    1.283891e-28   7.293881e-01   2.706119e-01
6    1.000000e+00   1.113469e-18   2.302608e-37
7    6.202588e-36   4.276398e-04   9.995724e-01
8    1.670352e-27   9.595735e-01   4.042653e-02
9    7.408118e-28   2.532282e-01   7.467718e-01
10   1.000000e+00   6.569280e-25   7.769177e-46
11   5.399006e-22   9.980934e-01   1.906591e-03
12   4.241952e-32   1.433919e-01   8.566081e-01
13   5.548962e-35   3.145874e-03   9.968541e-01
14   1.341503e-17   9.999967e-01   3.296105e-06
15   1.909820e-35   6.083553e-03   9.939164e-01
16   5.213802e-38   1.078251e-03   9.989217e-01
17   1.073945e-45   1.028519e-06   9.999990e-01
18   1.000000e+00   8.912348e-15   9.178624e-32
19   8.127287e-23   9.985020e-01   1.497982e-03
20   1.613687e-40   1.257468e-05   9.999874e-01
21   1.207799e-44   1.503799e-06   9.999985e-01
22   3.549900e-22   9.858346e-01   1.416542e-02
23   4.048249e-46   2.524984e-07   9.999997e-01
24   4.209281e-49   6.656263e-07   9.999993e-01
25   3.797837e-33   4.862025e-02   9.513797e-01
26   1.000000e+00   1.939869e-24   1.562808e-45
27   4.970070e-39   7.473361e-05   9.999253e-01
28   1.969732e-18   9.998894e-01   1.105878e-04
29   1.242878e-19   9.992575e-01   7.425297e-04
30   9.399292e-17   9.999907e-01   9.345291e-06
31   1.000000e+00   2.299936e-16   7.182666e-35
32   2.858012e-33   1.754229e-02   9.824577e-01
33   1.022109e-17   9.999970e-01   3.007748e-06
34   4.616611e-36   5.898784e-03   9.941076e-01
35   5.141640e-40   2.605493e-05   9.999739e-01
36   1.000000e+00   9.271847e-22   6.297955e-42
37   1.000000e+00   3.310234e-23   7.004971e-44
38   1.724514e-24   9.635576e-01   3.644242e-02
39   1.555697e-36   5.198047e-04   9.994802e-01
40   1.000000e+00   1.540753e-18   1.305719e-37
41   1.956408e-39   8.836845e-05   9.999116e-01
42   1.000000e+00   8.940589e-16   1.315511e-32
43   3.559507e-18   9.999887e-01   1.128570e-05
44   1.000000e+00   4.190242e-17   6.991441e-36
45   6.032879e-50   9.509838e-07   9.999990e-01
46   1.951261e-31   9.711942e-02   9.028806e-01
47   1.000000e+00   9.665144e-17   2.977974e-35
48   5.878614e-23   9.993856e-01   6.144200e-04
49   2.104146e-14   9.999999e-01   1.135016e-07
50   1.109337e-36   2.679310e-03   9.973207e-01
51   1.000000e+00   1.714743e-16   7.172435e-35
52   1.000000e+00   2.083089e-22   2.289783e-42
53   7.964690e-30   1.342431e-01   8.657569e-01
54   1.000000e+00   1.070702e-15   1.167516e-33
55   1.000000e+00   2.497339e-16   3.710269e-35
56   1.000000e+00   1.597186e-21   3.033772e-42
57   1.926560e-35   6.602253e-02   9.339775e-01
58   6.190641e-44   1.303681e-05   9.999870e-01
```

```
 59 1.000000e+00 1.117219e-19 1.316642e-39
 60 1.000000e+00 5.487399e-30 1.531265e-52
 61 1.000000e+00 1.616206e-17 3.205992e-35
 62 2.369511e-17 9.999573e-01 4.268212e-05
 63 7.841997e-30 1.883675e-01 8.116325e-01
 64 1.000000e+00 7.217970e-18 5.042143e-37
 65 1.000000e+00 3.896358e-22 2.611168e-42
 66 8.429328e-24 9.806471e-01 1.935289e-02
 67 2.505072e-16 9.999991e-01 9.151716e-07
 68 1.000000e+00 3.967732e-17 4.378624e-35
 69 1.000000e+00 2.793482e-18 2.629539e-37
 70 3.773528e-23 9.925169e-01 7.483138e-03
 71 9.555338e-12 1.000000e+00 1.910624e-08
 72 1.000000e+00 1.261505e-27 2.268705e-48
 73 1.000000e+00 1.637387e-22 1.082605e-42
 74 1.271083e-45 2.152818e-06 9.999978e-01
 75 3.038963e-44 8.881859e-07 9.999991e-01
 76 5.213802e-38 1.078251e-03 9.989217e-01
 77 2.802293e-19 9.998892e-01 1.108315e-04
 78 1.406448e-32 1.036823e-01 8.963177e-01
 79 1.000000e+00 1.975404e-19 2.788334e-38
 80 1.000000e+00 7.100041e-27 2.216408e-48
 81 1.231264e-42 2.592826e-05 9.999741e-01
 82 4.605973e-35 6.165648e-03 9.938344e-01
 83 4.538634e-29 1.925262e-01 8.074738e-01
 84 1.537499e-38 1.068139e-03 9.989319e-01
 85 5.007065e-14 9.999999e-01 1.119811e-07
 86 4.700877e-21 9.996980e-01 3.020226e-04
 87 1.584328e-17 9.999817e-01 1.826327e-05
 88 1.000000e+00 1.610295e-28 2.743783e-50
 89 1.000000e+00 1.205219e-17 1.277245e-36
 90 3.181265e-59 1.317279e-09 1.000000e+00
 91 1.598511e-33 2.207990e-01 7.792010e-01
 92 1.000000e+00 3.883282e-21 4.566540e-40
 93 5.683334e-20 9.998781e-01 1.218649e-04
 94 1.241039e-20 9.995027e-01 4.973085e-04
 95 1.344746e-20 9.940401e-01 5.959931e-03
 96 1.000000e+00 3.877586e-20 1.074496e-39
 97 1.000000e+00 1.902813e-15 9.482936e-34
 98 1.956628e-18 9.999986e-01 1.420841e-06
 99 9.648075e-16 9.999997e-01 3.266704e-07
100 1.616405e-16 9.999962e-01 3.778441e-06
101 1.000000e+00 1.463849e-19 4.675932e-39
102 1.000000e+00 1.268536e-16 3.566610e-35
103 1.119461e-42 6.451865e-06 9.999935e-01
104 1.626918e-18 9.999536e-01 4.640488e-05
105 4.108129e-42 1.442338e-04 9.998558e-01
106 5.968900e-20 9.992294e-01 7.705716e-04
107 1.000000e+00 1.769359e-20 3.541694e-40
108 1.000000e+00 1.063014e-21 2.003866e-41
109 3.038170e-37 8.272676e-04 9.991727e-01
110 2.716128e-18 9.999988e-01 1.220169e-06
111 1.352176e-42 1.395463e-04 9.998605e-01
112 1.323390e-42 2.235313e-04 9.997765e-01
113 1.000000e+00 1.111803e-18 2.724060e-38
114 3.304868e-21 9.982223e-01 1.777672e-03
115 2.034571e-23 9.994557e-01 5.443096e-04
116 1.000000e+00 1.185277e-23 3.237084e-44
117 5.806986e-18 9.999486e-01 5.137101e-05
118 7.674672e-29 8.155328e-01 1.844672e-01
119 2.683018e-22 9.995723e-01 4.277469e-04
120 7.813875e-18 9.999758e-01 2.421458e-05
121 7.638378e-11 1.000000e+00 1.867332e-08
122 4.679301e-19 9.999269e-01 7.305863e-05
123 6.242501e-46 1.812963e-06 9.999982e-01
124 2.140232e-36 8.290895e-04 9.991709e-01
125 1.000000e+00 6.754338e-25 3.868271e-45
126 1.000000e+00 4.223741e-21 1.224313e-40
127 3.453358e-46 1.727277e-07 9.999998e-01
```

```
128 5.452660e-32 1.305353e-02 9.869465e-01
129 1.184445e-23 9.943267e-01 5.673286e-03
130 5.574931e-14 9.999984e-01 1.649215e-06
131 2.088263e-22 9.958069e-01 4.153053e-03
132 1.182560e-37 1.673875e-03 9.983261e-01
133 5.204321e-39 2.006352e-04 9.997994e-01
134 5.981190e-21 9.998183e-01 1.816870e-04
135 1.000000e+00 1.621649e-18 1.833201e-37
136 1.000000e+00 1.459225e-18 3.262506e-38
137 1.000000e+00 2.174217e-11 1.213781e-28
138 1.269953e-40 1.948672e-04 9.998051e-01
139 1.000000e+00 1.774911e-22 2.552153e-42
140 1.000000e+00 2.593237e-22 5.732079e-42
141 2.198898e-22 9.996423e-01 3.576502e-04
142 2.073207e-18 9.999171e-01 8.290530e-05
143 6.357538e-23 9.982541e-01 1.745936e-03
144 1.000000e+00 1.274639e-19 4.357774e-39
145 1.000000e+00 1.465999e-20 1.987241e-39
146 1.000000e+00 1.548165e-21 1.595360e-41
147 1.685361e-45 1.000455e-06 9.999990e-01
148 5.639473e-27 6.892131e-01 3.107869e-01
149 7.503075e-52 7.127303e-09 1.000000e+00
150 1.000000e+00 2.597560e-23 9.320820e-44

$x
          LD1            LD2
1     7.6719674   0.134893840
2    -6.8001500  -0.580895175
3    -2.5486784   0.472204898
4    -6.6530868  -1.805319760
5    -3.8151597   0.942985932
6     7.2126176  -0.355836209
7    -5.1055595  -1.992182010
8    -3.4980543   1.684956162
9    -3.7158961  -1.044514121
10    8.6810429  -0.877590154
11   -2.2924888   0.332860296
12   -4.4984664   0.882749915
13   -4.9677409  -0.821140550
14   -1.0904279   1.626583496
15   -5.0660123   0.026273384
16   -5.5074800   0.035813989
17   -6.7960192  -1.460686950
18    6.2514036  -0.439696367
19   -2.4299673   0.966132066
20   -5.8861454  -2.345090513
21   -6.6088188  -1.751635872
22   -2.4484846  -0.795961954
23   -6.8473594  -2.428950671
24   -7.4181678   0.173117995
25   -4.6779954   0.499095015
26    8.6136720  -0.403253602
27   -5.6450035  -1.677717335
28   -1.4592755  -0.028543764
29   -1.7977057  -0.484385502
30   -0.9976104   0.490530602
31    6.7589549   0.759002759
32   -4.6831543  -0.332033811
33   -1.1066918   1.752253714
34   -5.1795646   0.363475041
35   -5.8070433  -2.010198817
36    7.9912902  -0.086378713
37    8.3304176  -0.228133530
38   -2.9339780  -0.027379106
39   -5.2204877  -1.468195094
40    7.2410147   0.272615132
41   -5.7231753  -1.293275530
42    6.4144356  -1.247301306
43   -1.2722722   1.214584279
```

```
 44    6.9341201    0.705519379
 45   -7.5811998    0.980722934
 46   -4.3715028    0.121297458
 47    6.8294645    0.544960851
 48   -2.4015702    1.594583407
 49   -0.2931761    1.798715092
 50   -5.2791592    0.042458238
 51    6.7647039    0.505151855
 52    8.0818994   -0.763392750
 53   -4.0770364   -0.523238483
 54    6.5589334    0.389222752
 55    6.7713832    0.970634453
 56    7.9587624    0.164961722
 57   -5.1074897    2.130589999
 58   -6.5191040   -0.296976389
 59    7.5724707    0.805464137
 60    9.8498430   -1.585936985
 61    6.8594438   -1.051653957
 62   -1.2011726   -0.084437359
 63   -4.0808721   -0.185936572
 64    7.1286877    0.786660426
 65    8.0617998   -0.300420621
 66   -2.7681025   -0.032199536
 67   -0.7768540    1.659161847
 68    6.8230803   -0.463011612
 69    7.1867690    0.360986823
 70   -2.5897987    0.174611728
 71    0.3074879    1.318871459
 72    9.1582389   -2.737596471
 73    8.1323093   -0.514462530
 74   -6.7967163   -0.863090395
 75   -6.5244960   -2.445035271
 76   -5.5074800    0.035813989
 77   -1.6161564    0.470103580
 78   -4.5837194    0.856815813
 79    7.3749525   -0.565844592
 80    9.1263463   -1.224432671
 81   -6.2920085   -0.467175777
 82   -4.9955028   -0.187768525
 83   -3.9398530   -0.614020389
 84   -5.6054563    0.340738058
 85   -0.2226665    1.584673183
 86   -2.0059888    0.905418042
 87   -1.1816631    0.537570242
 88    9.4676820   -1.825226345
 89    7.0620139    0.663400423
 90   -9.1714749    0.748255067
 91   -4.7645357    2.155737197
 92    7.7019467   -1.461720967
 93   -1.7502012    0.821180130
 94   -1.9584224    0.351563753
 95   -2.1036082   -1.191567675
 96    7.6052935    0.011633838
 97    6.5605516    1.015163624
 98   -1.1937603    2.634455704
 99   -0.6055246    1.942980378
100   -0.8987038    0.904940034
101    7.4898280    0.265384488
102    6.8132006    0.670631068
103   -6.2728391   -1.649481407
104   -1.4215888    0.551244626
105   -6.2282401    0.712719638
106   -1.8589257   -0.319006544
107    7.6882313    0.009223623
108    7.9179372   -0.675121313
109   -5.3607119   -0.646120732
110   -1.1580939    2.643409913
```

```
111 -6.3169269  0.968980756
112 -6.3277368  1.383289934
113  7.3430599  0.947319209
114 -2.1425821 -0.088779781
115 -2.4794560  1.940739273
116  8.3973865 -0.647363392
117 -1.3255257  0.162869550
118 -3.8352593  1.405958061
119 -2.2574125  1.426794234
120 -1.2557133  0.546424197
121  0.4759738  0.799905482
122 -1.5494826  0.593363582
123 -6.8505600 -0.829825394
124 -5.2038309 -1.144768076
125  8.5824314 -1.834489452
126  7.7807538 -0.584339407
127 -6.8528134 -2.717589632
128 -4.4407251 -1.347236918
129 -2.6660572  0.642504540
130 -0.3783672 -0.086638931
131 -2.4169489  0.092784031
132 -5.4500957  0.207736942
133 -5.6603371 -0.832713617
134 -1.9555789  1.154348262
135  7.2192969  0.109646389
136  7.3267960  1.072989426
137  5.6618807  1.934355243
138 -5.9582372  0.094017545
139  8.0783588 -0.968580703
140  8.0209745 -1.140503656
141 -2.2624735  1.587252508
142 -1.4375576  0.134424979
143 -2.4590614  0.935277280
144  7.4968023  0.188377220
145  7.5864812 -1.207970318
146  7.9246164 -0.209638715
147 -6.7592628 -1.600232061
148 -3.5184849 -0.160588866
149 -7.8394740 -2.139733449
150  8.3144488 -0.644953177
```

⑤

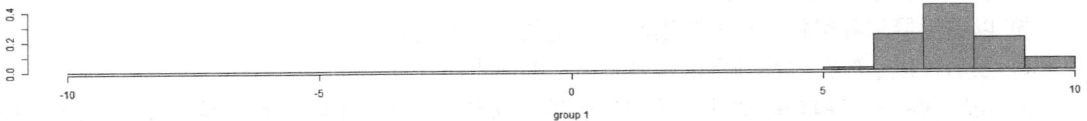

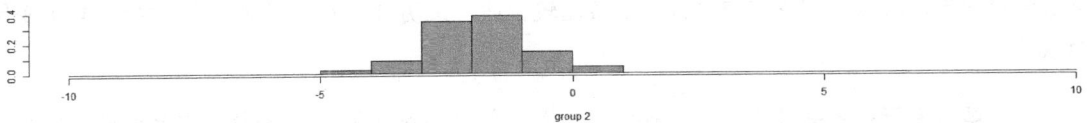

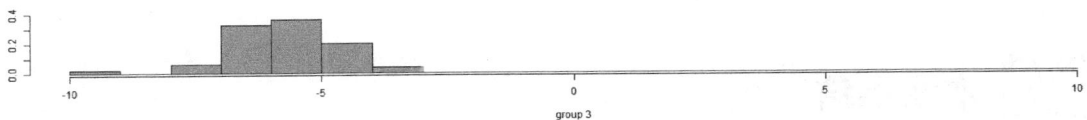

⑥

385

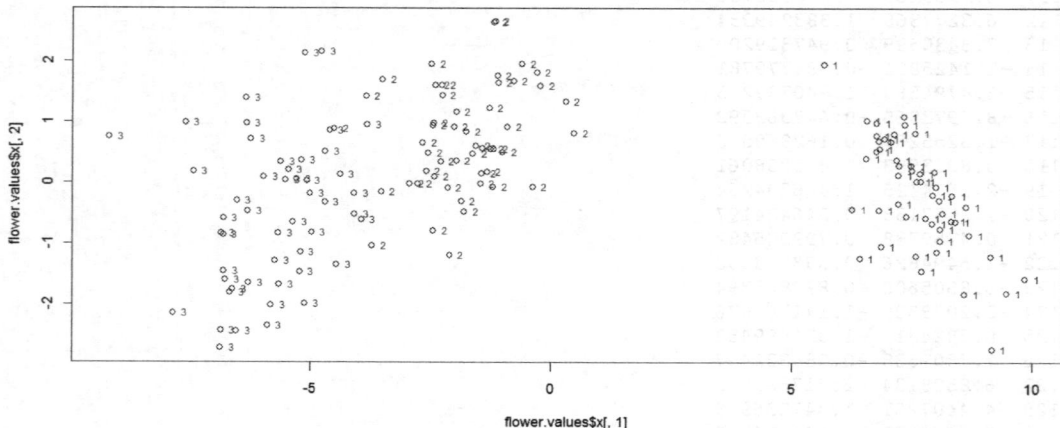

⑦
```
species   1   2   3
        1 50   0   0
        2  0  48   2
        3  0   1  49
```

【结果解释】

① 显示原始数据集。

② 列出本判别分析的相关信息：进行判别分析的参数以及各组的先验概率，各组相关指标的均值，同时给出线性判别函数系数估计值。从判别函数的系数估计值得到的判别函数表达式是：

$$LD1 = \text{intercept } 0.08293776* \text{ sepallen} + 0.15344731*\text{sepalwid}$$
$$-0.22012117*\text{petallen} - 0.28104603* \text{ petalwid}$$
$$LD2 = \text{intercept} - 0.002410215*\text{sepallen} - 0.216452123*\text{sepalwid}$$
$$+0.093192121*\text{petallen} - 0.283918785*\text{petalwid}$$

③ 显示各组个体在线性判别函数观测值上的散点图。

④ $class 给出每个样本根据判别函数判别的分组结果。$posterior 给出每个样本的事后概率。$x 给出每个样本的判别函数数值。

⑤ 以图形展示各组每个样本判别函数数值的分布情况。

⑥ 显示各组个体在线性判别函数预测值上的散点图。

⑦ 是回代结果和错判率估计。从回代结果可以看出，第一组的错判率是 0%，第二组的错判率估计是 4.0%，第三组的错判率估计是 2.0%，总错判率估计是 2.0%。总的来看，这个判别函数的错误率比较低，用它们建立判别函数比较合适，说明最有效的判别函数是由这 4 个变量组成的。

> **重点提示**：R 中用来进行判别分析的函数有 lda() 函数和 qda() 函数。需要通过实例掌握这些函数，并灵活运用。

19.3　本章小结

判别分析的基本思想是根据一批分类明确的样本在若干指标上的观察值，建立一个关于指标的判别函数和判别准则，然后根据这个判别函数和判别准则对新的样本进行分类，并且根据回代判别的准确率评估它的实用性。它有着广泛的应用价值，尤其在计算机疾病辅助诊断等医学科学研究中有重要的作用。

判别函数是一个关于指标变量的函数。每一个样本在指标变量上的观察值代入判别函数后可以得到一确定的函数值，将所有样本按其函数值的大小和事先规定的判别原则分到不同的组里，并使得分组结果与原样本归属最吻合，这就是判别分析方法的基本过程。

判别分析的方法中较常使用的有 Bayes 判别分析法和 Fisher 判别分析法。Fisher 判别分析法是以距离为判别准则来分类，即样本与哪个类的距离最短就分到哪一类；而 Bayes 判别分析法则是以概率为判别准则来分类，即样本属于哪一类的概率最大就分到哪一类。前者仅适用于两类判别，后者则适用于多类判别。

对于 Bayes 参数分析法的判别准则效能的评估，常用的是两个错误率估计指标，一个为错判率估计，另一个为事后概率错误率估计。错误率估计是从回代过程得到的结果，类内错判率等于类内被错判的样本数所占的比例。

在 R 中，用来进行判别分析的函数有 lda() 函数和 qda() 函数，它们的区别是后者仅用来筛选指标变量，且仅适用于类内为多元正态分布，具有相同方差协方差矩阵的数据。

第 20 章 典型相关分析

学习目标

- 了解典型相关分析的数学表达方式和假定条件。
- 熟悉典型相关系数的数学含义。
- 掌握典型变量系数的数学含义。
- 掌握简单相关、复相关和典型相关的意义。
- 掌握典型相关分析的 R 函数：cancor() 函数。

内容概要

典型相关分析是分析两组变量之间相关性的一种统计分析方法，它包含了简单的 Pearson 相关分析（两个组均含一个变量）和复相关分析（一个组含有一个变量，而另一组含有多个变量）这两种特殊情况。典型相关分析的基本思想和主成分分析的基本思想相似，它将一组变量与另一组变量之间单变量的多重线性相关性研究，转化为对少数几对综合变量之间的简单线性相关性的研究，并且这少数几对变量所包含的线性相关性的信息几乎覆盖了原变量组所包含的全部相应信息。

典型相关分析的主要目的是将对两个变量组之间相关程度的分析转化为对少数几对或者是一对典型变量的简单相关分析。本章介绍典型相关分析的理论架构及基本假设、冗余分析和典型相关系数的假设检验。

通过实例详细介绍了 cancor() 函数的语法及基本格式，并阐述了如何利用此函数进行典型相关分析和结果解释。

对于两个变量，用它们的相关系数来衡量它们之间的线性相关关系。当考虑一个变量与一组变量的线性相关关系时，用它们的多重相关系数来衡量。但是，在许多医学实际问题中，常常会碰到两组变量之间的线性相关性研究问题。例如，教育研究者想了解 3 个学术能力指标与 5 个在校成绩表现之间的相关性；社会学家想研究两个先前访问而得到的个人社会地位指标与后继测量的 4 个不同社会地位指标之间的关系，再如研究患者的各种临床症状 $(x_1, x_2, \cdots, x_q)$ 与所患各种疾病 $(y_1, y_2, \cdots, y_q)$ 之间的线性相关性。对于这类问题的研究，Hotelling 在主成分分析和因子分析的基础上引进了典型相关系数的概念，从而找到了揭示两组变量之间线性相关关系的一种统计分析方法——典型相关分析。

20.1 典型相关简介

典型相关分析是分析两组变量之间相关性的一种统计分析方法，它包含了简单的 Pearson 相关分析（两个组均含一个变量）和复相关分析（一个组含有一个变量，而另一组含有多个变量）

这两种特殊情况。典型相关分析的基本思想和主成分分析的基本思想相似，它将一组变量与另一组变量之间单变量的多重线性相关性研究，转化为对少数几对综合变量之间的简单线性相关性的研究，并且这少数几对变量所包含的线性相关性的信息几乎覆盖了原变量组所包含的全部相应信息。

典型相关分析方法的基本原理是：所有研究的两组变量为 x 组和 y 组，x 组有 p 个变量 $(x_1, x_2, \cdots, x_p)$，y 组有 q 个变量 $(y_1, y_2, \cdots, y_q)$，则分别对这两组变量各做线性组合后，再计算此两加权和的简单相关系数，然后以这个简单相关系数当做这两组变数之间相关性的衡量指标，即

$$\mu = \alpha_1 x_1 + \alpha_2 x_2 + \cdots + \alpha_p x_p$$
$$\nu = \beta_1 y_1 + \beta_2 y_2 + \cdots + \beta_q y_q$$

其中，μ 和 ν 分别是由 x 变量和 y 变量的线性组合产生的综合逐步变量。显然，对于任意给定的一组系数 $(\alpha_1, \alpha_2, \cdots, \alpha_p)$ 和 $(\beta_1, \beta_2, \cdots, \beta_q)$，都可以通过上式求出一对典型变量 μ 和 ν，在典型相关分析中称之为典型变量。进而可以求出典型变量 μ 和 ν 的简单相关系数，称之为典型相关系数。

我们刚刚说到把 x 组的 p 个变量组合成一个，y 组的 q 个变量也组合成一个，然后计算简单相关来衡量两组之间的相关性。问题是如何组合？观察下面所提出的事实，就会知道只是有这个组合的想法，还是不能完美地衡量两组变量之间的相关性。

设两组变量分别为 x 组有 p 个变量 $(x_1, x_2, \cdots, x_p)^{\mathrm{T}}$，而 y 组有 q 个变量 $(y_1, y_2, \cdots, y_q)^{\mathrm{T}}$，我们先分别把 x 组和 y 组的变量组合起来（当然是用线性组合），也就是：

$$x_1^* = a_{11} x_1 + a_{12} x_2 + \cdots + a_{1p} x_p$$
$$y_1^* = b_{11} y_1 + b_{12} y_2 + \cdots + b_{1q} y_q$$

其中的这些系数都是一些常数，就是组合的比例。由于是线性组合，所以 $a_{11} + a_{12} + \cdots + a_{1p} = 1$，且 $b_{11} + b_{12} + \cdots + b_{1q} = 1$。观察上面所描述的状况，有以下两个问题需要解决。

（1）给定不同的组合比例 $a_{11}, a_{12}, \cdots, a_{1p}$ 以及 $b_{11}, b_{12}, \cdots, b_{1q}$，都可以算出不一样的简单相关系数，这使得这个方法非常不科学，每个人都可以依照自己的喜好来决定组合比例，并且在衡量两组变量之间相关性的问题上，也没有一个统一的标准。

（2）各组内变量之间的尺度不太相同，例如身高的尺度跟脚掌长度的尺度就不相同，显然前者的变异数会大于后者，这种情况是不合理的。

针对第 1 个问题，"在所有的组合中，寻找一个组合使得 x_1^* 和 y_1^* 之间的简单相关系数为最大"，可能是一个好想法；另外，寻找一个组合，使得" x_1^* 和 y_1^* 之间的简单相关系数为最小"，此简单相关系数就是典型相关系数，而典型相关系数的平方则称为典型根。

对于第 2 个问题，解决的方法就是对资料进行标准化。

典型相关分析的第 1 步是估计组合系数，使得对应的典型变量 μ_1 和 ν_1 的相关系数达到最大。假设这个最大的相关系数是 $\rho_1 = \rho(\mu_1, \nu_1)$，则称 ρ_1 为第 1 典型相关系数，且称具有最大相关系数的这对典型变量 μ_1 和 ν_1 为第 1 典型变量。

典型相关分析的第 2 步是再次估计组合系数，使得对应的典型变量 μ_2 和 ν_2 的相关系数达到第 2 大，且第 2 对典型变量中的第 1 次变量与第 1 对典型变量中的每一个变量不相关。假设这个第 2 大的相关系数是 $\rho_2 = \rho(\mu_2, \nu_2)$，则称 ρ_2 为第 2 典型相关系数，且称具有第 2 大相关系数的这对典型变量 μ_2 和 ν_2 为第 2 典型变量。

如果两个组中变量的个数为 p 和 q，$p < q$，那么寻求典型变量的过程可以一直连续进行下去，直到得到 p 对典型变量为止。

从上述分析的过程可以看出，第 1 对典型变量的第 1 典型相关系数 ρ_1 描述了两个组中变量之间的相关程度，且它提取的有关这两组变量相关性的信息量最多。第 2 对典型变量的第 2 典型相关系数 ρ_2 也描述了两个组中变量之间的相关程度，但它提取的有关这两组变量相关性的信息量次多。依次类推，可以得知，由上述方法得到的一系列典型变量的典型相关系数，所包含的有关原变量组之间相关程度的信息一个比一个少。如果少数几对典型变量就能够解释原数据的主要信息，特别是如果一对典型变量就能够反映出原数据的主要信息，那么，对两个变量组之间相关程度的分析就可以转化为对少数几对或者是一对典型变量的简单相关分析，这就是典型相关分析的主要目的。

20.1.1　典型相关分析的理论架构及基本假设

设两组变量分别为 x 组有 p 个变量 $(x_1, x_2, \cdots, x_p)^{\mathrm{T}}$，y 组有 q 个变量 $(y_1, y_2, \cdots, y_q)^{\mathrm{T}}$，典型相关分析就是寻找 x 组的线性组合 $x_1^* = \alpha_{11}x_1 + \alpha_{12}x_2 + \cdots + \alpha_{1p}x_p$ 与 y 组的线性组合 $y_1^* = b_{11}y_1 + b_{12}y_2 + \cdots + b_{1q}y_q$，使得 x_1^* 和 y_1^* 之间的简单相关系数为最大，其中：

$$\alpha_1 = \begin{cases} \alpha_{11} \\ \alpha_{12} \\ \vdots \\ \alpha_{1p} \end{cases} \qquad b_1 = \begin{cases} b_{11} \\ b_{12} \\ \vdots \\ b_{1q} \end{cases}$$

设 x 组的共变异数矩阵为 $\sum_{xx}$，y 组的共变异数矩阵为 $\sum_{yy}$，x 与 y 的共变异数矩阵为 $\sum_{xy}$，则 x_1^* 的变异数为：

$$Var(x_1^*) = Var(\alpha_1'x) = \alpha_1' \sum\nolimits_{xx} \alpha_1$$

y_1^* 的变异数为：

$$Var(y_1^*) = Var(b_1'y) = b_1' \sum\nolimits_{yy} b_1$$

x_1^* 和 y_1^* 的共变异数为：

$$Cov(x_1^*, y_1^*) = Cov(\alpha_1'x, b_1'y) = \alpha_1' \sum\nolimits_{xy} b_1$$

x_1^* 和 y_1^* 的简单相关系数为：

$$\rho(x_1^*, y_1^*) = \frac{Cov(x_1^*, y_1^*)}{\sqrt{Var(x_1^*) \times Var(y_1^*)}} = \frac{\alpha_1' \sum_{xy} b_1}{\sqrt{\alpha_1' \sum_{xx} \alpha_1 b_1' \sum_{yy} b_1}}$$

典型相关问题，欲使得 x_1^* 和 y_1^* 的简单相关系数最大，故：

在 $\alpha_1' \sum_{xx} \alpha_1 = 1$，$b_1' \sum_{yy} b_1 = 1$ 的条件下，求取使 $\alpha_1' \sum_{xy} b_1$ 为最大的 α_1 和 b_1。求出特征值 $\lambda_1 \geqslant \lambda_2 \geqslant \cdots \geqslant \lambda_m$，其中 $m = \min(p, q)$，而 α_i 和 b_i 分别是 λ_i 的特征向量，则 $x_i^* = \alpha_i'x$ 和 $y_i^* = b_i'y$，称为第 i 组典型变量，x_i^* 和 y_i^* 的第 i 典型相关为 $\sqrt{\lambda_i}$，$i = 1, 2, \cdots, m$。

因为 $\sum_{xx}$、$\sum_{yy}$、$\sum_{xy}$ 未知，改以 S_{xx}、S_{yy}、S_{xy} 取代之，而得到 $\hat{\lambda}_1 \geqslant \hat{\lambda}_2 \geqslant \cdots \geqslant \hat{\lambda}_m$。

典型变量的系数称为典型权重，权重越大，表示此变量对此典型变量的贡献越大。在以上的计算中，此权重为标准化后的资料所得的，故 k 个资料的第 i 典型变量得点为 $\sum a_{ij} \dfrac{(x_{jk} - \overline{x}_j)}{s_j}$。

20.1.2 冗余分析

冗余分析是通过原始变量与典型变量间的相关性，分析引起原始变量变异的原因。以原始变量为因变量，以典型变量为自变量，建立线性回归模型，则相应的确定系数等于因变量与典型变量间的相关系数的平方，它描述了由于因变量与典型变量的线性关系引起的因变量变异在因变量的总变异中的比例。

典型负荷为变量与典型变量的相关系数，可由相关系数的平方了解此典型变量解释了此变量多少比例的变异数。

（1）x 组的第 j 个典型变量 x_j^* 解释 x 组的第 i 个变量 x_i 的变异数比例为 $r_{x_j^*, x_i}^2$。

（2）y 组的第 j 个典型变量 y_j^* 解释 y 组的第 i 个变量 y_i 的变异数比例为 $r_{y_j^*, y_i}^2$。

（3）x 组的第 j 个典型变量 x_j^* 解释所有 x 组变量的变异数比例为 $R_{(j)x}^2$。为解释 x 组内每个变量变异数比例的加权平均：

$$R_{(j)x}^2 = \frac{\sum\limits_{i=1}^{p} r_{x_j^*, x_i}^2 S_{x_i}^2}{\sum\limits_{i=1}^{p} S_{x_i}^2}$$

其中，$S_{x_i}^2$ 为第 i 个变量 x_i 的变异数，若资料经过标化，则：

$$R_{(j)x}^2 = \frac{\sum\limits_{i=1}^{p} r_{x_j^*, x_i}^2}{p}$$

（4）y 组的第 j 个典型变量 y_j^* 解释所有 y 组变量的变异数比例为 $R_{(j)y}^2$。为解释 y 组内每个变量变异数比例的加权平均：

$$R_{(j)y}^2 = \frac{\sum\limits_{i=1}^{p} r_{y_j^*, y_i}^2 S_{y_i}^2}{\sum\limits_{i=1}^{p} S_{y_i}^2}$$

其中，$S_{y_i}^2$ 为第 i 个变量 y_i 的变异数，若资料经过标化，则：

$$R_{(j)y}^2 = \frac{\sum\limits_{i=1}^{p} r_{y_j^*, y_i}^2}{p}$$

（5）x 组的第 j 个典型变量 x_j^* 解释所有 y 组变量的变异数比例为 $R_{x_j^*}^2 = \hat{\lambda}_j R_{(j)y}^2$ 重叠系数。若资料经过标化，则：

$$R_{x_j^*}^2 = \hat{\lambda}_j \frac{\sum\limits_{i=1}^{p} r_{y_j^*, y_i}^2}{p}$$

（6）y 组的第 j 个典型变量 y_j^* 解释所有 x 组变量的变异数比例为 $R_{y_j^*}^2 = \hat{\lambda}_j R_{(j)x}^2$ 重叠系数。若资料经过标化，则：

$$R_{y_j^*}^2 = \hat{\lambda}_j \frac{\sum\limits_{i=1}^{p} r_{x_j^*, x_i}^2}{p}$$

（7）所有 x 组的典型变量解释所有 y 组变量的变异数比例为 $R_{y|x}^2 = \sum\limits_{j=1}^{m} R_{x_j^*}^2$。

（8）所有 y 组的典型变量解释所有 x 组变量的变异数比例为 $R_{x|y}^2 = \sum\limits_{j=1}^{m} R_{y_j^*}^2$。

20.1.3　典型相关系数的假设检验

那么，要选择多少组典型变量呢？最多可选取 $m = \min(p,q)$ 组，可经由卡方检验决定要选取多少组典型变量。先检定最大的典型根，然后再一个接着一个对各个根进行检定，只保留那些有统计学显著性的根。

（1）$H_0 : \lambda_1 = \lambda_2 = \lambda_3 = \cdots = \lambda_m = 0$，卡方统计量为 $\chi^2 = -\left[(n-1) - \frac{1}{2}(p+q+1)\right] \ln(1-\hat{\lambda}_1)(1-\hat{\lambda}_2)$ $(1-\hat{\lambda}_3)\cdots(1-\hat{\lambda}_m)$，其中 n 为样本量，$m = \min(p,q)$，$\chi^2 > \chi_{pq,\alpha}^2$ 时拒绝无效假设。

（2）当拒绝无效假设 H_0 时，接着做 $H_0 : \lambda_2 = \lambda_3 = \cdots = \lambda_m = 0$，卡方统计量为 $\chi^2 = -\left[(n-1) - \frac{1}{2}(p+q+1)\right] \ln(1-\hat{\lambda}_2)(1-\hat{\lambda}_3)\cdots(1-\hat{\lambda}_m)$，其中 n 为样本量，$m = \min(p,q)$，$\chi^2 > \chi_{(p-1)(q-1),\alpha}^2$ 时拒绝无效假设。

（3）当拒绝无效假设 H_0 时，接着做 $H_0 : \lambda_3 = \cdots = \lambda_m = 0$，卡方统计量为 $\chi^2 = -\left[(n-1) - \frac{1}{2}(p+q+1)\right] \ln(1-\hat{\lambda}_3)\cdots(1-\hat{\lambda}_m)$，其中 n 为样本量，$m = \min(p,q)$，$\chi^2 > \chi_{(p-2)(q-2),\alpha}^2$ 时拒绝无效假设。

（4）依此类推，至 $H_0 : \lambda_t = \cdots = \lambda_m = 0$ 时，卡方统计量为 $\chi^2 = -\left[(n-1) - \frac{1}{2}(p+q+1)\right]$ $\ln(1-\hat{\lambda}_t)\cdots(1-\hat{\lambda}_m)$，其中 n 为样本量，$m = \min(p,q)$，$\chi^2 > \chi_{(p-t+1)(q-t+1),\alpha}^2$ 时拒绝无效假设。

也可以主观地利用重迭系数加以判断。当样本数大时，典型相关 $R \geqslant 0.3$ 表示统计学上是显著的，即重叠系数未超过 0.09 时，此典型变量仅对变量的变异数解释一小部分。

> **重点提示：** 了解典型相关分析的数学表达方式、假定条件；熟悉典型相关系数的数学含义；掌握典型变量系数的数学含义；掌握简单相关、复相关和典型相关的意义。熟悉典型相关分析的数学步骤以及冗余分析的过程。

20.2　cancor()函数实例

在 R 中，可利用 cancor()函数进行典型相关分析。

cancor()函数的语法格式如下：

```
cancor(x, y, xcenter = TRUE, ycenter = TRUE)
```

各语句选项的说明如下。

- x，数值矩阵（n * p1）。
- y，数值矩阵（n * p2）。
- xcenter 为逻辑向量，表示是否对 x 矩阵进行数据中心化。
- ycenter 为逻辑向量，表示是否对 y 矩阵进行数据中心化。

例 20-1 某医学院对 MEFV（最大呼气流速—容量）曲线进行研究，测定了 103 例 50～79 岁正常男性的 MEFV 曲线资料，这里挑选其中的 6 项指标，把它们分为两组：一组为两个，反映用力肺活量指标：x_1（用力肺活量（L））和 x_2（第 1 秒用力肺活量（L））；另一组为 4 个，反映呼气流速的指标：y_1（最大呼气中期流速（L/S））、y_2（用力呼气后期流速（L/S））、y_3（呼出 50%肺容量时最大流速（L/S））、y_4（呼出 75%肺容量时最大流速（L/S））。使用的数据列在表 20-1 中的相关系数矩阵，试作 MEFV 曲线中这两组指标的典型相关分析。

表 20-1 用力肺活量指标和呼气流速的指标的相关系数矩阵（n=103）

Var	x_1	x_2	y_1	y_2	y_3	y_4
x_1	1.0	0.8491	0.5106	0.2497	0.5285	0.3019
x_2	0.8491	1.0	0.8062	0.5438	0.7887	0.6064
y_1	0.5106	0.8062	1.0	0.7833	0.9284	0.8364
y_2	0.2497	0.5438	0.7833	1.0	0.6457	0.9051
y_3	0.5285	0.7887	0.9284	0.6457	1.0	0.7097
y_4	0.3019	0.6064	0.8364	0.9051	0.7097	1.0

【R 程序】

```
> example20_1  <- read.table ("example20_1.csv", header=TRUE, sep=",")
> example20_1
> attach(example20_1)
> summary(example20_1)
>  test<-scale(example20_1)
>  ca<-cancor(test[,1:2],test[,3:6],xcenter=TRUE, ycenter=TRUE)
> ca
> U<-as.matrix(test[, 1:2])%*% ca$xcoef
> V<-as.matrix(test[, 3:6])%*% ca$ycoef
> plot(U[,1], V[,1], xlab="U1", ylab="V1")
> plot(U[,2], V[,2], xlab="U2", ylab="V2")
> corcoef.test<-function(r, n, p, q, alpha=0.1){
  #r 为相关系数 n 为样本个数 且n>p+q
  m<-length(r);  Q<-rep(0, m);  lambda <- 1
  for (k in m:1){
    lambda<-lambda*(1-r[k]^2);    #检验统计量
    Q[k]<- -log(lambda)    #检验统计量取对数
  }
  s<-0;  i<-m
  for (k in 1:m){
    Q[k]<- -(n-k+1-1/2*(p+q+3)+s)*Q[k]   #统计量
    chi<-1-pchisq(Q[k], (p-k+1)*(q-k+1))
    if (chi>alpha){
      i<-k-1; break
    }
    s<-s+1/r[k]^2
  }
  i  #显示输出结果 选用第几对典型变量
}
>  corcoef.test(r=ca$cor,n=103,p=2,q=4)
```

【R 输出结果】

```
①
      x1      x2      y1      y2      y3      y4
1 1.0000 0.8491 0.5106 0.2497 0.5285 0.3019
```

```
2 0.8491 1.0000 0.8062 0.5438 0.7887 0.6064
3 0.5106 0.8062 1.0000 0.7833 0.9284 0.8364
4 0.2497 0.5438 0.7833 1.0000 0.6457 0.9051
5 0.5285 0.7887 0.9284 0.6457 1.0000 0.7097
6 0.3019 0.6064 0.8364 0.9051 0.7097 1.0000
```
②

```
         x1                  x2                  y1                  y2
 Min.    :0.2497    Min.    :0.5438    Min.    :0.5106    Min.    :0.2497
 1st Qu.:0.3541    1st Qu.:0.6520    1st Qu.:0.7890    1st Qu.:0.5693
 Median :0.5195    Median :0.7974    Median :0.8213    Median :0.7145
 Mean   :0.5733    Mean   :0.7657    Mean   :0.8108    Mean   :0.6879
 3rd Qu.:0.7690    3rd Qu.:0.8384    3rd Qu.:0.9054    3rd Qu.:0.8747
 Max.   :1.0000    Max.   :1.0000    Max.   :1.0000    Max.   :1.0000
         y3                  y4
 Min.    :0.5285    Min.    :0.3019
 1st Qu.:0.6617    1st Qu.:0.6322
 Median :0.7492    Median :0.7731
 Mean   :0.7668    Mean   :0.7266
 3rd Qu.:0.8935    3rd Qu.:0.8879
 Max.   :1.0000    Max.   :1.0000
```
③

```
$cor
[1] 1.0000000 0.8797577

$xcoef
         [,1]        [,2]
x1  0.6674836   0.5445249
x2 -0.2877879  -0.8119236

$ycoef
         [,1]        [,2]        [,3]        [,4]
y1  0.1786118  -1.1645828  -2.1810371  -0.9775007
y2 -0.3103857   0.4777566   0.8755354  -1.7472734
y3 -0.2462845   0.4827248   1.8957309   0.5361117
y4 -0.1761151   0.2423837  -0.0324298   2.2528408

$xcenter
           x1              x2
-9.251859e-17  -3.191891e-16

$ycenter
           y1              y2              y3              y4
-3.024201e-16   2.081668e-16  -2.197316e-16  -5.551115e-17
```
④

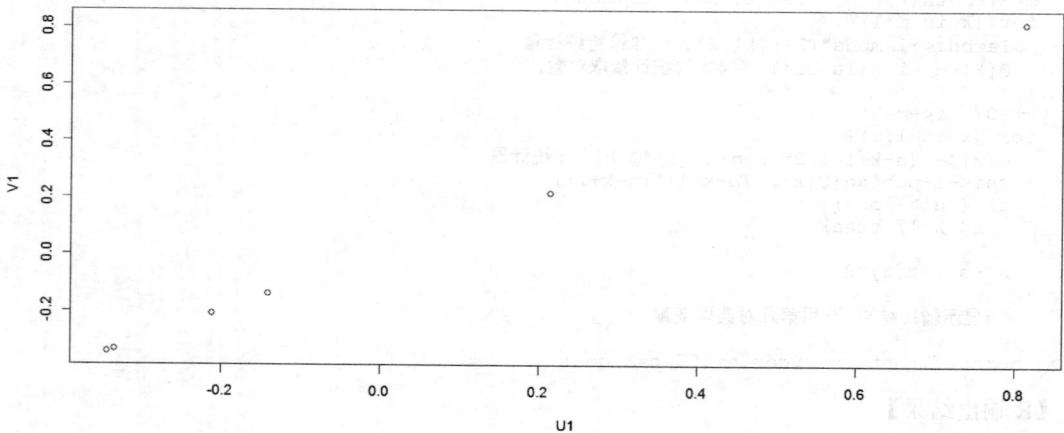

⑤

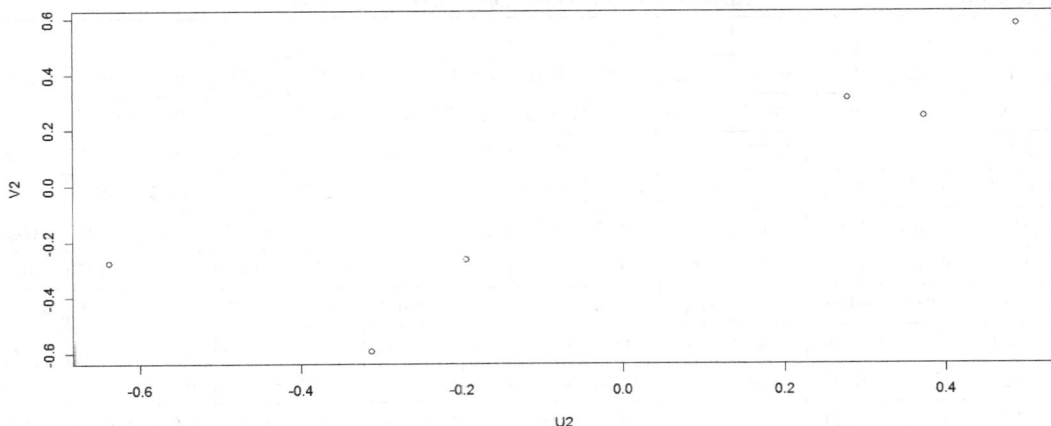

⑥
```
[1] 2
```

【结果解释】

① 显示原始相关系数矩阵。

② 原始数据集的基本描述。

③ 典型相关分析结果。从结果可以看出，第 1 对典型变量之间的相关系数为 r_1=1.0000000；第 2 对典型变量之间的相关系数为 r_2=0.8797577。

分别输出了 x 变量和 y 变量的两个典型变量的标准组合系数估计值。例如，第 1 对典型变量的标准线性组合表达式是：

$$U_1=0.6674836x_1-0.2877879x_2$$
$$V_1=0.1786118y_1-0.3103857y_2-0.2462845y_3-0.1761151y_4$$

第 2 对典型变量的标准线性组合表达式是：

$$U_2=0.5445249x_1-0.8119236x_2$$
$$V_2=-1.1645828y_1+0.4777566y_2+0.4827248y_3+0.2423837y_4$$

④ 输出第 1 对典型变量的散点图，从图形可以看出，两个变量呈直线关系。

⑤ 输出第 2 对典型变量的散点图，从图形可以看出，两个变量呈线性相关关系。

③ 说明第 1 和第 2 典型相关系数都具有统计学显著性意义。

从用标准化指标表达的第 1 对典型变量不难看出：反映用力肺活量的第 1 典型变量 U_1 主要由第 1 秒用力肺活量（x_2）决定；反映呼气流速的第 2 个典型变量 V_1 主要由最大呼气中期流速（y_1）决定。故用力肺活量指标和呼气流速指标的相关主要是第 1 秒用力肺活量和最大呼气中期流速的相关。作为参考，第 2 对典型变量可能补充反映了 x_2 与（y_2, y_4）之间的相关。

例 20-2　某医生收集了某市 1495 名 40 岁以上居民的各种资料，目的是研究老人症与疾病之间的相关性。反映老化的指标（称为老人症）有：白斑（y_1）、老年斑（y_2）、闭目单腿直立时间（y_3）、老年环（y_4）、脱齿数（y_5）。根据疾病种类和医学知识，结合调查资料，选取 9 种疾病：冠心病（x_1）、高血脂（x_2）、呼吸道疾病（x_3）、胃病（x_4）、糖尿病（x_5）、精神病（x_6）、贫血（x_7）、舒张压高（x_8）和泌尿感染（x_9）。使用的数据列在表 20-2 中的相关系数矩阵。试用典型相关分析方法分析上述两组变量之间的相关关系。

表 20-2　　　　　　　　　　　　　老化指标与 9 种疾病的相关系数矩阵（n=1495）

	x_1	x_2	x_3	x_4	x_5	x_6	x_7	x_8	x_9	y_1	y_2	y_3	y_4	y_5
x_1	1	−0.027	0.052	0.037	0.003	0.009	−0.030	0.014	0.020	0.034	0.071	0.054	−0.022	0.012
x_2	−0.027	1	−0.065	−0.057	−0.016	0.014	0.053	−0.080	−0.067	−0.023	0.019	0.046	−0.034	0.012
x_3	0.052	−0.065	1	0.772	0.018	0.042	−0.094	0.279	0.163	0.221	0.093	−0.030	0.040	−0.118
x_4	0.037	−0.057	0.772	1	0.003	0.044	−0.080	0.098	0.040	0.224	0.116	−0.013	−0.013	−0.096
x_5	0.003	−0.016	0.018	0.003	1	−0.017	−0.030	0.019	0.025	−0.044	−0.021	0.002	−0.019	0.002
x_6	0.009	0.014	0.042	0.044	−0.017	1	−0.020	0.009	−0.018	0.032	0.047	0.009	−0.037	−0.015
x_7	−0.030	0.053	−0.094	−0.080	−0.030	−0.020	1	−0.057	0.013	0.009	−0.032	0.089	0.027	0.014
x_8	0.014	−0.080	0.279	0.098	0.019	0.009	−0.057	1	0.447	−0.018	−0.036	−0.031	0.156	−0.041
x_9	0.020	−0.067	0.163	0.040	0.025	−0.018	0.013	0.447	1	−0.063	−0.017	−0.027	0.117	−0.019
y_1	0.034	−0.023	0.221	0.224	−0.044	0.032	0.009	−0.018	−0.063	1	0.156	−0.070	−0.070	−0.116
y_2	0.071	0.019	0.093	0.116	−0.021	0.047	−0.032	−0.036	−0.017	0.156	1	−0.039	−0.046	−0.052
y_3	0.054	0.046	−0.030	−0.013	0.002	0.009	0.089	−0.031	−0.027	−0.070	−0.039	1	0.001	0.013
y_4	−0.022	−0.034	0.040	−0.013	−0.019	−0.037	0.027	0.156	0.117	−0.070	−0.046	0.001	1	−0.019
y_5	0.012	0.012	−0.118	−0.096	0.002	−0.015	0.014	−0.041	−0.019	−0.116	−0.052	0.013	−0.019	1

【R 程序】

```
> example20_2  <- read.table ("example20_2.csv", header=TRUE, sep=",")
> example20_2
> attach(example20_2)
> summary(example20_2)
>  test<-scale(example20_2)
>  ca<-cancor(test[,1:9],test[,10:14],xcenter=TRUE, ycenter=TRUE)
> ca
> U<-as.matrix(test[, 1:9])%*% ca$xcoef
> V<-as.matrix(test[, 10:14])%*% ca$ycoef
> plot(U[,1], V[,1], xlab="U1", ylab="V1")
> plot(U[,2], V[,2], xlab="U2", ylab="V2")
> plot(U[,3], V[,3], xlab="U3", ylab="V3")
> plot(U[,4], V[,4], xlab="U4", ylab="V4")
> plot(U[,5], V[,5], xlab="U5", ylab="V5")
> corcoef.test<-function(r, n, p, q, alpha=0.1){
  #r 为相关系数 n 为样本个数 且 n>p+q
  m<-length(r); Q<-rep(0, m); lambda <- 1
  for (k in m:1){
    lambda<-lambda*(1-r[k]^2);   #检验统计量
    Q[k]<- -log(lambda)     #检验统计量取对数
  }
  s<-0; i<-m
  for (k in 1:m){
    Q[k]<- -(n-k+1-1/2*(p+q+3)+s)*Q[k]  #统计量
    chi<-1-pchisq(Q[k], (p-k+1)*(q-k+1))
    if (chi>alpha){
      i<-k-1; break
    }
    s<-s+1/r[k]^2
  }
  i  #显示输出结果 选用第几对典型变量
}
>  corcoef.test(r=ca$cor,n=1495, p=9,q=5)
```

【R 输出结果】

①
```
        x1      X2       X3      X4       X5       X6       X7       X8       X9       y1       y2
 y3      y4       y5
```

```
1   1.000 -0.027  0.052  0.037  0.003  0.009 -0.030  0.014  0.020  0.034  0.071
0.054 -0.022  0.012
2  -0.027  1.000 -0.065 -0.057 -0.016  0.014  0.053 -0.080 -0.067 -0.023  0.019
0.046 -0.034  0.012
3   0.052 -0.065  1.000  0.772  0.018  0.042 -0.094  0.279  0.163  0.221  0.093
-0.030  0.040 -0.118
4   0.037 -0.057  0.772  1.000  0.003  0.044 -0.080  0.098  0.040  0.224  0.116
-0.013 -0.013 -0.096
5   0.003 -0.016  0.018  0.003  1.000 -0.017 -0.030  0.019  0.025 -0.044 -0.021
0.002 -0.019  0.002
6   0.009  0.014  0.042  0.044 -0.017  1.000 -0.020  0.009 -0.018  0.032  0.047
0.009 -0.037 -0.015
7  -0.030  0.053 -0.094 -0.080 -0.030 -0.020  1.000 -0.057  0.013  0.009 -0.032
0.089  0.027  0.014
8   0.014 -0.080  0.279  0.098  0.019  0.009 -0.057  1.000  0.447 -0.018 -0.036
-0.031  0.156 -0.041
9   0.020 -0.067  0.163  0.040  0.025 -0.018  0.013  0.447  1.000 -0.063 -0.017
-0.027  0.117 -0.019
10  0.034 -0.023  0.221  0.224 -0.044  0.032  0.009 -0.018 -0.063  1.000  0.156
-0.070 -0.070 -0.116
11  0.071  0.019  0.093  0.116 -0.021  0.047 -0.032 -0.036 -0.017  0.156  1.000
-0.039 -0.046 -0.052
12  0.054  0.046 -0.030 -0.013  0.002  0.009  0.089 -0.031 -0.027 -0.070 -0.039
1.000  0.001  0.013
13 -0.022 -0.034  0.040 -0.013 -0.019 -0.037  0.027  0.156  0.117 -0.070 -0.046
0.001  1.000 -0.019
14  0.012  0.012 -0.118 -0.096  0.002 -0.015  0.014 -0.041 -0.019 -0.116 -0.052
0.013 -0.019  1.000
```
②
```
        x1                X2                X3               X4              X5
            X6                X7
 Min.   :-0.03000   Min.   :-0.08000   Min.   :-0.1180   Min.   :-0.0960   Min.   :
-0.04400   Min.   :-0.0370   Min.   :-0.09400
 1st Qu.: 0.00450   1st Qu.:-0.05125   1st Qu.:-0.0180   1st Qu.:-0.0130   1st Qu.:
-0.01850   1st Qu.:-0.0165   1st Qu.:-0.03150
 Median : 0.01700   Median :-0.01950   Median : 0.0470   Median : 0.0385   Median :
0.00200   Median : 0.0090   Median :-0.00550
 Mean   : 0.08764   Mean   : 0.05536   Mean   : 0.1695   Mean   : 0.1482   Mean   :
0.06607   Mean   : 0.0785   Mean   : 0.06157
 3rd Qu.: 0.04825   3rd Qu.: 0.01775   3rd Qu.: 0.2065   3rd Qu.: 0.1115   3rd Qu.:
0.01425   3rd Qu.: 0.0395   3rd Qu.: 0.02375
 Max.   : 1.00000   Max.   : 1.00000   Max.   : 1.0000   Max.   : 1.0000   Max.   :
1.00000   Max.   : 1.0000   Max.   : 1.00000
        X8                X9                y1                y2
 y3                y4                y5
 Min.   :-0.08000   Min.   :-0.06700   Min.   :-0.11600   Min.   :-0.05200   Min.
:-0.07000   Min.   :-0.07000   Min.   :-0.11800
 1st Qu.:-0.03475   1st Qu.:-0.01875   1st Qu.:-0.05825   1st Qu.:-0.03500   1st Qu
.:-0.02925   1st Qu.:-0.03100   1st Qu.:-0.04925
 Median : 0.01150   Median : 0.01650   Median :-0.00450   Median : 0.00100   Median
: 0.00150   Median :-0.01600   Median :-0.01700
 Mean   : 0.12564   Mean   : 0.11529   Mean   : 0.09086   Mean   : 0.08993   Mean
: 0.07171   Mean   : 0.07721   Mean   : 0.04121
 3rd Qu.: 0.14150   3rd Qu.: 0.09775   3rd Qu.: 0.12550   3rd Qu.: 0.08750   3rd Qu
.: 0.03775   3rd Qu.: 0.03675   3rd Qu.: 0.01200
 Max.   : 1.00000   Max.   : 1.00000   Max.   : 1.00000   Max.   : 1.00000   Max.
: 1.00000   Max.   : 1.00000   Max.   : 1.00000
```
③
```
$cor
[1] 1.00000000 0.50124743 0.38304238 0.17775294 0.05997182

$xcoef
             [,1]          [,2]          [,3]          [,4]          [,5]          [,6]
      [,7]          [,8]          [,9]
x1  0.14443565  0.021324409 -0.099781517  0.011409902 -0.16000426  0.043734526
0.11530531  0.091525737  0.10349061
X2  0.19382597 -0.006620131 -0.081207052  0.004316618 -0.08003913  0.046972001
-0.18462123 -0.110341252  0.06006095
```

```
X3 -0.01403317  0.235653772  0.372638372 -0.185334237 -0.06558867 -0.261562635
-0.60310480  0.784755519  0.15248150
X4  0.17382761  0.033666160 -0.327397604  0.148015646  0.05502154  0.317724587
0.55434029 -0.767336675 -0.21228439
X5  0.19051632 -0.030960531 -0.061729410 -0.010825670  0.18285303  0.091856479
0.01572476  0.076604568  0.02381815
X6  0.16375407  0.030374079 -0.068117667  0.047092175  0.03603867 -0.225918722
0.03443095 -0.009109690 -0.01462435
X7  0.17490479  0.008848628 -0.006864942 -0.254617817 -0.04028777 -0.023253596
0.05628366  0.007615745 -0.07727348
X8  0.12847859 -0.093398783  0.114620124 -0.086741652  0.03522676  0.003814138
0.17670512 -0.270791040  0.26198637
X9  0.12961711 -0.070042505 -0.020439867  0.176354027 -0.10454860  0.050490203
-0.02819995  0.057695449 -0.30633533

$ycoef
          [,1]        [,2]        [,3]         [,4]        [,5]
y1 -0.1877476  0.19690609  0.07071217 -0.116215411  0.1086352
y2 -0.1486628  0.03490748 -0.06763951  0.200403890 -0.1484576
y3 -0.1623192 -0.01260308 -0.08802868 -0.176938987 -0.1494722
y4 -0.1816957 -0.06938328  0.22384857  0.007888909 -0.0606591
y5 -0.2252436 -0.08793998 -0.07104659  0.031310930  0.1696646

$xcenter
          x1              x2              x3              x4              x5              x6
          x7              x8              x9
-1.486906e-17  1.536469e-17 -2.255141e-17 -1.189525e-17  7.930164e-18 -5.947623e-18
 -7.186712e-18  1.387779e-17  5.266125e-18

$ycenter
          y1              y2              y3              y4              y5
0.000000e+00  1.053225e-17 -2.775558e-17 -3.172066e-17 -3.271193e-17
```
④

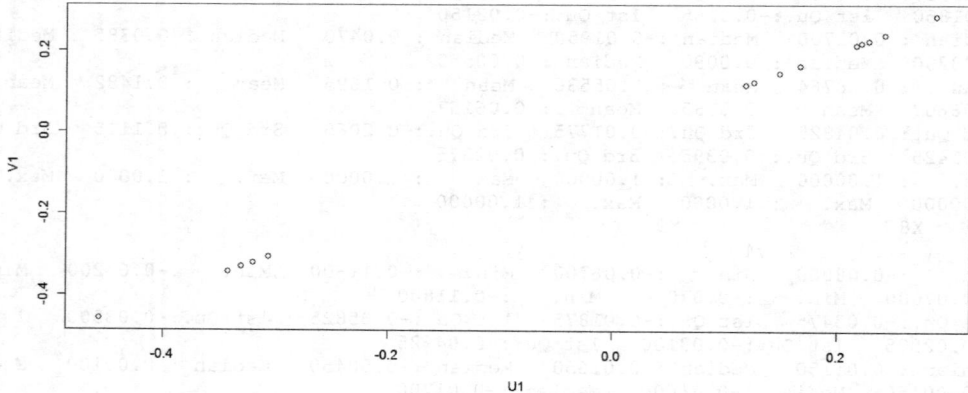

⑤

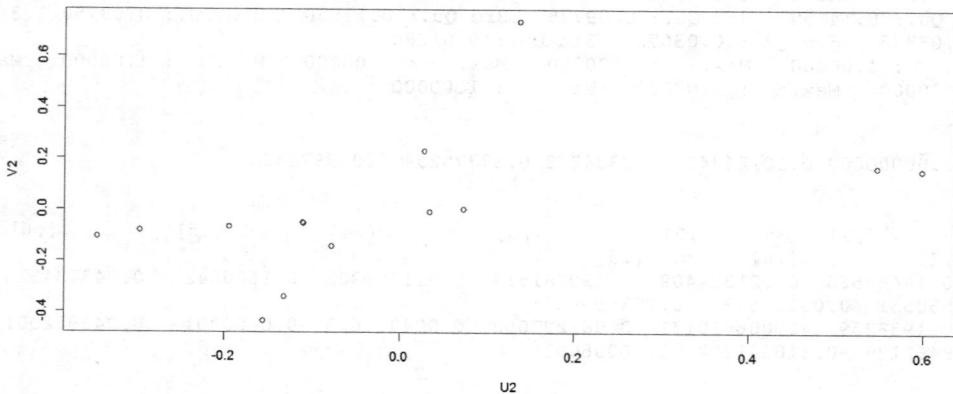

⑥

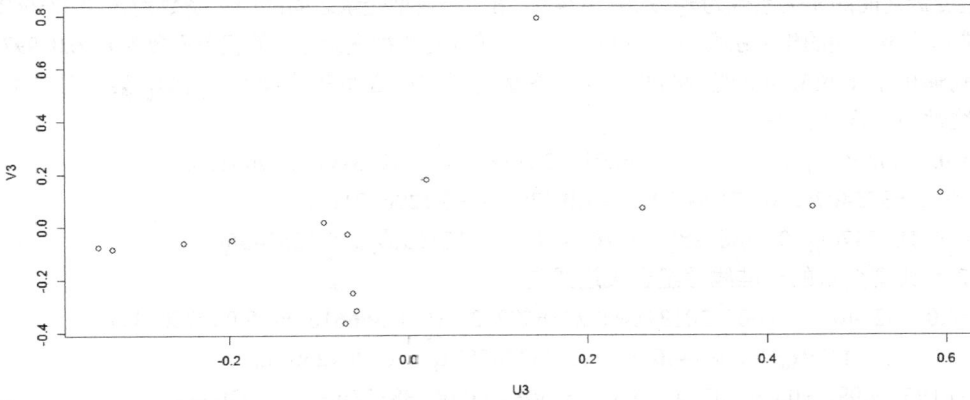

⑦

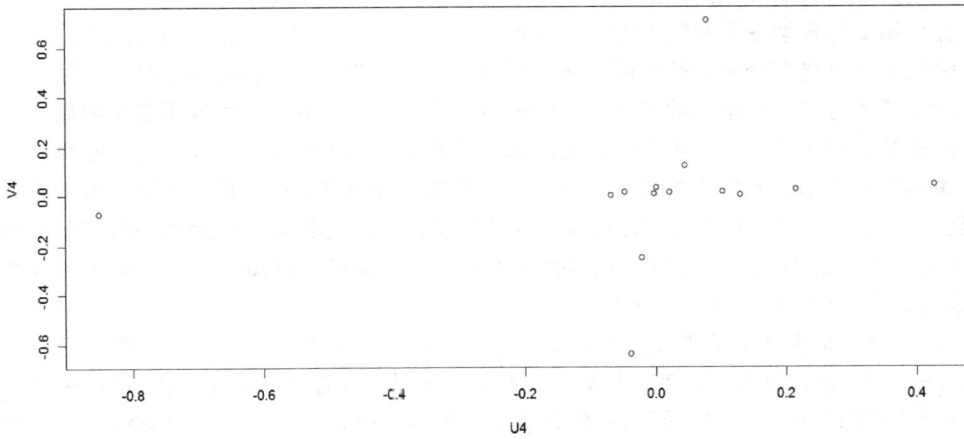

⑧

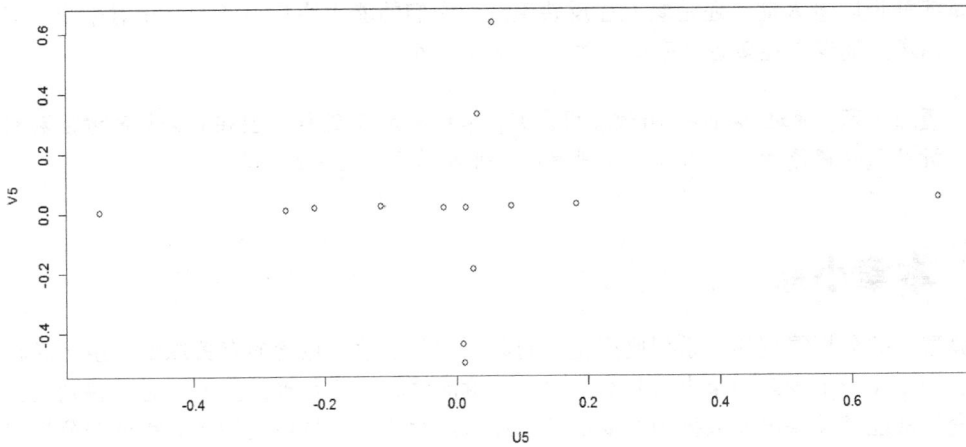

⑨
[1] 2

【结果解释】
① 显示原始相关系数矩阵。
② 原始数据集的基本描述。

③ 典型相关分析结果。从结果可以看出，第 1 对典型变量之间的相关系数为 $r_1=1.0000000$；第 2 对典型变量之间的相关系数为 $r_2=0.50124743$；第 3 对典型变量之间的相关系数为 $r_3=0.38304238$；第 4 对典型变量之间的相关系数为 $r_4=0.17775294$；第 5 对典型变量之间的相关系数为 $r_5=0.05997182$。

分别输出了 x 变量和 y 变量的两个典型变量的标准组合系数估计值。例如，第 1 对典型变量的标准线性组合表达式是：

$U_1 = 0.14443565x_1 + 0.19382597x_2 - 0.01403317x_3 + 0.17382761x_4 + 0.19051632x_5$
$\qquad + 0.16375407x_6 + 0.17490479x_7 + 0.12847859x_8 + 0.12961711x_9$

$V_1 = -0.1877476y_1 - 0.1486628\ y_2 - 0.1623192y_3 - 0.1816957y_4 - 0.2252436y_5$

第 2 对典型变量的标准线性组合表达式是：

$U_2 = 0.021324409x_1 - 0.006620131x_2 + 0.235653772x_3 + 0.033666160x_4 - 0.030960531x_5$
$\qquad + 0.030374079x_6 + 0.008848628x_7 - 0.093398783x_8 - 0.070042505x_9$

$V_2 = 0.19690609y_1 + 0.03490748y_2 - 0.01260308y_3 - 0.06938328y_4 - 0.08793998y_5$

④ 输出第 1 对典型变量的散点图，从图形可以看出，两个变量呈直线关系。

⑤ 输出第 2 对典型变量的散点图，从图形可以看出，两个变量呈线性相关关系。

⑥ 输出第 3 对典型变量的散点图，从图形可以看出，两个变量相关性不是很明显。

⑦ 输出第 4 对典型变量的散点图，从图形可以看出，两个变量相关性不是很明显。

⑧ 输出第 5 对典型变量的散点图，从图形可以看出，两个变量相关性不是很明显。

⑨ 说明第 1 和第 2 典型相关系数都具有统计学显著性意义。说明第 1 和第 2 典型相关系数有非常显著性的意义。第 3 典型相关系数没有显著性意义，说明第 3 以及更小的典型相关系数在统计意义上与 0 没有显著性差异。从多变量方差分析结果可以得知，不能接受 5 个典型变量相关系数同时等于 0 的假设（$P<0.0001$）。

从用标准化指标表达的典型变量的系数不难看出：第 1 对典型变量说明白斑多且不易脱齿者伴随有呼吸道疾病、胃病；第 2 对典型变量说明有老年环者有呼吸道疾病和高的舒张压；第 3 对典型变量说明闭目单腿直立时间长及伴有老年环者易患贫血和冠心病。且典型变量拟合老化症的能力远超过对疾病资料的拟合。这是因为疾病之间相关性很小，而老人症之间相关性较大。但不论是疾病反映老人症，还是老人症反映疾病，它们的能力均是很低的。相对来说，多病的人易患有白斑，而老人症多者易患有胃病和呼吸道疾病。

> **重点提示**：通过 cancor() 函数应用实例，掌握利用 R 进行典型相关分析的方法和对分析结果的解释方法，以做到合理解释，并能够灵活运用此函数。

20.3　本章小结

由典型相关分析得到的一系列典型变量的典型相关系数所包含的有关原变量组之间相关程度的信息一个比一个少。如果少数几对典型变量就能够解释原数据的主要信息，特别是如果一对典型变量就能够反映出原数据的主要信息，那么，对两个变量组之间相关程度的分析就可以转化为对少数几对或者是一对典型变量的简单相关分析，这就是典型相关分析的主要目的。

冗余分析是通过原始变量与典型变量间的相关性，分析引起原始变量变异的原因。以原始变量为因变量，以典型变量为自变量，建立线性回归模型，则相应的确定系数等于因变量与典型变量间的相关系数的平方，它描述了由于因变量与典型变量的线性关系引起的因变量变异在因变量的总变异中的比例。

第 21 章　诊断试验的 ROC 分析

学习目标

- 熟悉诊断试验的常用评价指标。
- 熟悉 ROC 曲线的含义以及构建。
- 通过 R 实例掌握进行 ROC 分析的 performance()函数。

内容概要

对于诊断试验的评价，首先应知道受试者（人、动物或影像等）的真实类别，即哪些属于对照组（或无病组、正常组、噪声组等），哪些属于病例组（或有病组、异常组、信号组等）。划分病例与对照这两个组的标准就是金标准。评价诊断试验的常用指标有一致百分率、灵敏度、特异度、Youden 指数、阳性似然比、阴性似然比、阳性预报值和阴性预报值等。

在同一试验中，如果取不同的临界值，则可得到不同的敏感度和特异度，将这些点在以敏感度为 Y 轴，以（1-特异度）为 X 轴的坐标上标出并连成线，就可以得到一条 ROC 曲线，曲线上最接近左上角的一点的坐标就表示这一试验的敏感度和特异度。

在 R 中，可以利用 performance()函数进行 ROC 分析。本章通过示例讲解如何利用performance()函数进行 ROC 分析。

诊断性试验是对疾病进行诊断的试验方法，它不仅包括实验室检查，还包括各种影像诊断，如 X-诊断、CT、核磁共振（MRI）、超声波诊断，以及同位素检查、纤维内诊镜、电镜等诊断方法。诊断性试验（diagnostic test）的质量通常用敏感度和特异度来衡量。在同一试验中，如果取不同的临界值，则可得到不同的敏感度和特异度，将这些点在以敏感度为 Y 轴，以（1-特异度）为 X 轴的坐标上标出并连成线，就可以得到一条 ROC 曲线，曲线上最接近左上角的一点的坐标就表示这一试验的敏感度和特异度。对同一检测指标的多个不同试验进行 Meta 分析，就可根据它们的比值比的权重，用一条 ROC 曲线表示出来，这条曲线称为 SROC 曲线。从这条 SROC 曲线可以得到该组研究的敏感度和特异度，这样的方法称为 SROC 法或集成 ROC 法。自 20 世纪80 年代起，该方法就广泛用于医学诊断性能的评价，如用于诊断放射学实验室医学癌症的筛选和精神病的诊断，尤其是对医学影像诊断准确性的评价。

21.1　诊断试验简介

21.1.1　诊断试验介绍

对于诊断试验的评价，首先应知道受试者（人、动物或影像等）的真实类别，即哪些属于对照组（或无病组、正常组、噪声组等），哪些属于病例组（或有病组、异常组、信号组等）。划分病例与对照这两个组的标准就是金标准。医学研究中常见的金标准有：活组织检查、尸体解剖、手术探查和跟踪随访结果等。尽管金标准不需要十全十美，但是它们应比评价的诊断试验更加可靠，且与评价的诊断试验无关。对于按金标准确定的二项分类总体，如病例与对照（分别记为 D_+ 与 D_-），采用诊断试验检测的结果可分别写成阳性与阴性（记为 T_+ 与 T_-），资料可列成表 21-1 的四格表形式。表中有 4 个可能的结果，其中两个是正确的，即病例被诊断为阳性（真阳性，TP）和对照被诊断为阴性（真阴性，TN）；两个是错误的，即病例被诊断为阴性（假阴性，FN）和对照被诊断为阳性（假阳性，FP）。

表 21-1　　　　　　　　　　　　诊断资料 2×2 四格表

诊断结果（T）	金标准（D）		合　　计
	病例（D_+）	对照（D_-）	
阳性（T_+）	TP（真阳性）	FP（假阳性）	TP+FP
阴性（T_-）	FN（假阴性）	TN（真阴性）	FN+TN
合　计	TP+FN	FP+TN	N

21.1.2　诊断试验评价指标

评价诊断试验的常用指标有一致百分率、灵敏度、特异度、Youden 指数、阳性似然比、阴性似然比、阳性预报值和阴性预报值等。

例 21-1　采用 ECG 对具有急性持久胸痛的 700 名患者进行诊断，经证实有 520 例出现了心肌梗塞，其余 180 例没有出现，见表 21-2，试计算 ECG 诊断试验的几个常用评价指标。

表 21-2　　　　　　　　　　　　ECG 诊断试验的结果

ECG 诊断结果	心 肌 梗 塞		合　　计
	出　　现	不　出　现	
阳性	416(TP)	9(FP)	425
阴性	104(FN)	171(TN)	275
合　计	520	180	700(N)

（1）一致百分率。

病例正确诊断为阳性与对照正确诊断为阴性的例数之和占总例数的百分率。计算公式为：

$$一致百分率 = \frac{TP+TN}{N} \times 100\%$$

其标准误为：

$$SE_{一致百分率} = \sqrt{(TP+TN)(FP+FN)/N^3}$$

本例一致百分率 $= \dfrac{416+171}{700} \times 100\% = 83.86\%$

$$SE_{一致百分率} = \sqrt{(416+171)(9+104)/700^3} = 1.39\%$$

一致百分率很大程度上依赖于患病率，如某病的患病率为 5%，即使不采用诊断试验，且将所有的研究个体划归为阴性，也可得到一致百分率为 95%；其次，它没有利用假阴性和假阳性的信息，相同的一致百分率可能有十分不同的假阴性和假阳性；此外，它还受诊断界点的限制。因此，诊断试验评价只用该指标粗略地表达诊断试验的一致性，更常用的诊断试验评价指标是灵敏度和特异度等。

（2）灵敏度。

实际患病且被诊断为阳性的概率就是灵敏度，也称为真阳性率，即：

$$Sen = \frac{TP}{TP + FN} = TPR$$

其标准误为：

$$SE_{Sen} = \sqrt{TP \times FN / (TP + FN)^3} = \sqrt{Sen(1 - Sen)/(TP + FN)}$$

本例 $Sen=416/520=0.8$，即真阳性率 TPR=0.8，80%出现心肌梗塞患者被 ECG 诊断为阳性。其标准误为：

$$SE_{Sen} = \sqrt{Sen(1 - Sen)/(TP + FN)} = \sqrt{0.8(1 - 0.8)/520} = 1.75\%$$

该指标只与病例组有关，反映了诊断试验检出病例的能力。

（3）特异度。

实际未患病且被诊断为阴性的概率就是特异度，即：

$$Spe = TN/(TN + FP)$$

其标准误为：

$$SE_{Spe} = \sqrt{FP \times TN / (FP + TN)^3} = \sqrt{Spe(1 - Spe)/(FP + TN)}$$

本例 $Spe=171/180=0.95$，即 95%未出现心肌梗塞患者诊断结果为阴性。其标准误为：

$$SE_{Spe} = \sqrt{0.95(1 - 0.95)/180} = 1.62\%$$

该指标只与对照组有关，反映了诊断试验排除非病例的能力。

由以上公式可以导出漏诊率 $\beta = 1 - Sen = FN(TP + FN)$，漏诊率也就是假阴性率，也可导出误诊率 $\alpha = 1 - Spe = FP/(FP + TN)$，误诊率也就是假阳性率。

本例漏诊率 $\beta = 1 - sen = 1 - 0.8 = 0.2$，误诊率 $\alpha = 1 - spe = 1 - 0.95 = 0.05$，即假阳性率 FPR=0.05。

灵敏度与特异度具有不受患病率影响的优点，其取值范围均在（0，1）之间，其值越接近于 1，说明其诊断试验的价值越好。

当比较两个诊断试验时，单独使用灵敏度或特异度，可能出现一个诊断试验的灵敏度高、特异度低，而另一个诊断试验的灵敏度低、特异度高的情况，无法判断哪一个诊断试验更好。由此，有人提出了将灵敏度和特异度结合的诊断试验评价指标，如 Youden 指数、阳性似然比、阴性似然比等。

（4）Youden 指数。

真阳性率与假阳性率之差就是 Youden 指数，即：

$$J = Sen + Spe - 1 = TPR - FPR$$

其标准误为：

$$SE_J = \sqrt{TP \times FN / (TP + FN)^3 + FP \times TN / (FP + TN)^3}$$
$$= \sqrt{Sen(1 - Sen)/(TP + FN) + Spe(1 - Spe)/(FP + TN)}$$

本例 $J = 0.8 - 0.05 = 0.75$，即 Youden 指数为 0.75。其标准误为：

$$SE_J = \sqrt{0.8(1 - 0.8)/520 + 0.95(1 - 0.95)/180} = 0.0239$$

Youden 指数的取值范围在$(-1, +1)$之间，其值越接近于$+1$，诊断准确性越好。

（5）阳性似然比。

真阳性率与假阳性率之比，即灵敏度与误诊率之比就是阳性似然比（LR_+）。

$$LR_+ = TPR / FPR = Sen / (1 - Spe)$$

本例 $LR_+ = 0.8 / 0.05 = 16$，即阳性似然比为 16。

LR_+ 的取值范围为$(0, \infty)$，其值越大，检测方法证实疾病的能力越强。

LR_+ 的标准误涉及到对数变换，这里不予给出。以下几个指标的标准误计算也较复杂，也不予给出。

（6）阴性似然比。

假阴性率与真阴性率之比，即漏诊率与特异度之比就是阴性似然比（LR_-）。

$$LR_- = (1 - TPR) / (1 - FPR) = (1 - Sen) / Spe$$

本例 $LR_- = (1 - 0.8) / 0.95 = 0.2105$，即阴性似然比为 0.2105。

LR_- 的取值范围为$(0, \infty)$，其值越小，检测方法排除疾病的能力越好。

（7）阳性预报值。

通常情况下，当要对某疾病作出诊断时，并不知道金标准的结果，只知道诊断试验是阳性或阴性。而临床医生更想知道的是：当诊断试验为阳性时，受试者真正有病的概率有多大，为阴性时又有多大把握能排除此病。这就需要引入阳性预报值（PV_+）与阴性预报值（PV_-）的概念。

诊断试验结果为阳性时，受试者实际为病例的概率就是阳性预报值，即

$$PV_+ = TP / (TP + FP) = \frac{SenP_0}{SenP_0 + (1 - Spe)(1 - P_0)}$$

由式中可以看出，当灵敏度与特异度为常数时，增加患病率，将降低$(1 - Spe)(1 - P_0)$，增加$SenP_0$的值，从而整个分母的值减少，阳性预报值增加。

（8）阴性预报值。

诊断试验结果为阴性时，受试者实际为非病例的概率就是阴性预报值（PV_-），即

$$PV_- = TN / (TN + FN) = \frac{SpeP_0}{SpeP_0 + (1 - Sen)(1 - P_0)}$$

式中符号的意义与前面相同。当灵敏度与特异度为常数时，增加患病率将降低阴性预报值。

PV_+ 和 PV_- 的取值范围均在$(0, 1)$之间。对于相同的患病率，其值越接近 1，检测方法的诊断价值越高。

正确百分率是病例正确诊断为阳性与对照正确诊断为阴性的例数和占总例数的百分比，它在很大程度上依赖于患病率，如患病率为 5%，完全无价值地诊断所有样本为阴性也可有 95% 的正确百分率。其次，它没有揭示假阴性和假阳性错误诊断的频率，相同的正确百分率可能有完全不同的假阴性和假阳性。再次，它也受诊断阈值的限制，更好的方法是计算灵敏度和特异度，它们的值越高，诊断性能越好。灵敏度和特异度等指标均可不同程度地反映诊断的准确性和特异性。应用这对指标最明显的问题是比较两个诊断系统时可能出现一个诊断系统的灵敏度高，而另一个特异度高的情况，致使无法判断哪一个诊断系统更好，此时可将灵敏度和特异度结合改变诊断阈值获得多对灵敏度和（1-特异度），即 TPR 和 FPR 值，然后绘制 ROC 曲线，作 ROC 分析来解决这一问题。

21.1.3　ROC 分析资料收集与整理

尽管前面所列的 Youden 指数、阳（阴）性似然比、阳（阴）性预报值等指标综合利用了真阳性率（TPR）与假阳性率（FPR）的信息，但这些指标都与诊断界点（或阈值）的选取有关。

例如，同一项检测方法，采用不同的诊断界点就有不同的 TPR 与 FPR。为了更全面地评价检测方法的诊断价值，必须考虑各种可能的诊断界点。

ROC 分析于 20 世纪 50 年代起源于统计决策理论，后来应用于雷达信号接收能力的评价；从 80 年代起，该方法广泛应用于医学诊断试验性能的评价。通过改变诊断界点，获得多对 TPR 与 FPR 值，以 FPR 为横坐标，TPR 为纵坐标，绘制 ROC 曲线，计算与比较 ROC 曲线下的面积，以此反映诊断试验的诊断价值。

一个诊断系统获得的原始资料可记录成连续性和离散性两种形式。

连续性资料常见于临床检验，它是利用仪器设备等测量的数据。为了叙述方便，假设某诊断系统的对照组有 4 个受试者，其检验结果为 8.29、6.24、4.61、1.77；病例组有 5 个受试者，其检验结果为 15.90、13.35、12.87、10.22、5.01。将这 9 个数据从大到小排列，以前 8 个数据的每一个作为诊断阈值（或截断点），大于等于该阈值为阳性，小于该阈值为阴性。则对于每一个诊断阈值都可整理成类似表 20-1 的四格表。由此可得出以下 8 个 ROC 工作点：（FPF,TPF）=（0/4,1/5）、（0/4,2/5）、（0/4,3/5）、（0/4,4/5）、（1/4,4/5）、（2/4,4/5）、（2/4,5/5）、（3/4,5/5）。在实际工作中，两个组的样本量往往很大，可将资料整理成频数表，以组中值为诊断阈值获得 ROC 工作点，也可根据临床需要取若干个诊断阈值。

离散性资料常见于医学影像诊断和心理学评价，常将诊断结果划分为多类，如将受试对象按肯定正常、可能正常、异常、可疑、可能异常、肯定异常等进行分类，分别记为 1、2、3、4、5 和 6。

假设正常组和异常组均服从正态分布，同时采用 4 个置信阈将实验结果分为 6 类，置信阈越严格，即分类越高，阳性决策的置信度越高；置信阈越宽松，即分类越低，阳性决策的置信度越低。连续性资料是采用诊断阈值进行判断的，也可类似理解。

21.1.4 ROC 曲线构建

以假阳性率 FPR 为横轴，真阳性率 TPR 为纵轴，横轴与纵轴长度相等形成正方形。在图中将 ROC 工作点标出，然后用直线连接各相邻两点构建非光滑 ROC 曲线。构建光滑曲线需要假设对照组和病例组服从某种分布，用一曲线拟合技术估计参数，直接用参数产生。也可采用肉眼目测构建光滑曲线。注意无论资料类型如何，曲线一定通过(0,0)和(1,1)这两点，这两点分别相当于灵敏度为 0 而特异度为 1，和灵敏度为 1 而特异度为 0。理论上，完善的诊断有 TPF=1，FPF=0，图中表现为 ROC 曲线从原点垂直上升到图的左上角，然后水平到达右上角；完全无价值的诊断有 TPF=FPF，是一条从原点到右上角的对角线；一般的 ROC 曲线位于正方形的上三角。图 21-1 就是 ROC 曲线的一个示例。

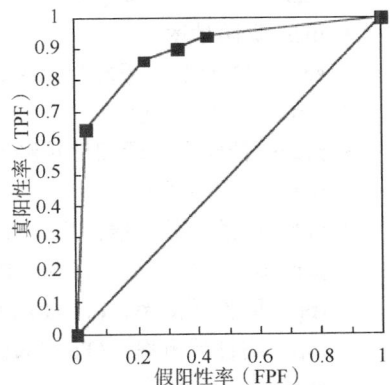

▲图 21-1 非光滑的 ROC 曲线示意图

ROC 曲线对诊断的准确性提供了直观的视觉印象，描述了相反两种状态间诊断系统的判别能力。曲线上的每一点代表了随着病例诊断阈值或置信阈变化的灵敏度与特异度的折中。严格的标准产生较低的灵敏度和较高的特异度，ROC 点位于曲线的左下方；宽松的标准产生较高的灵敏度和较低的特异度，ROC 点位于曲线的右上方。如果比较的诊断系统曲线不交叉，则较高的 ROC 曲线具有较好的诊断性能。如果曲线交叉，可在考虑费用与效益的前提下结合统计学检验判断其诊断性能。

一般可以用 ROC 曲线下的面积反映诊断系统的准确性。理论上这一指标的取值范围为 0.5～

1，完全无价值的诊断为 0.5，完善的诊断为 1。该指标及其标准误的计算目前有非参数、半参数和参数等方法，其中得到广泛应用的方法有 Wilcoxon 非参数法和最大似然估计双正态参数法。

> **重点提示**：熟悉诊断试验的常用评价指标以及这些指标的局限性，熟悉 ROC 曲线的特征以及构建方法。

21.2 ROC 分析及 R 分析实例

在 R 中，可以利用 performance() 函数进行 ROC 分析。

performance() 函数的语法格式如下：

```
performance(prediction.obj, measure, x.measure="cutoff", ...)
```

各语句选项的说明如下。

- prediction.obj，为预测模型生成的变量。
- measure，用来评价的诊断指标。
- x.measure，为第二个诊断指标，如果与默认值不同，则生成二维曲线，x.measure 在 x 轴上，measure 在 y 轴上。

各种诊断指标如下。

- acc：准确度。
- err：错误率。
- fpr：假阳性率。
- fall：误诊率，假阳性率。
- tpr：真阳性率。
- rec：真阳性率。
- sens：灵敏度，即真阳性率。
- fnr：假阴性率。
- miss：漏诊率，即假阴性率。
- tnr：真阴性率。
- spec：特异度，即真阴性率。
- ppv：阳性预测值。
- prec：精确率，即阳性预测值。
- npv：阴性预测值。
- pcfall：条件预测误诊率，FP/（TP+FP）。
- pcmiss：条件预测漏诊率，FN/（TN+FN）。
- rpp：阳性预测率，(TP+FP)/(TP+FP+TN+FN)。
- rnp：阴性预测率，(TN+FN)/(TP+FP+TN+FN)。
- chisq：卡方检验统计量。
- odds：比值比。
- auc：ROC 曲线小面积。

例 21-2　假设某诊断试验的病例组和对照组分别有 25 和 20 例受试者，其检测结果见表 21-3。试进行 ROC 分析，确定合适的临界点。

表 21-3		病例组与对照组的检测值
病例组 (n_1=25)	X_1	6.5 13.5 12.8 6.2 13.9 14.7 9.5 9.0 6.9 16.8 13.3 10.8 12.2 14.9 13.7
		12.8 5.3 11.8 12.4 7.6 13.3 11.9 11.2 12.3 12.7
对照组 (n_2=20)	X_2	8.5 6.4 4.6 1.7 9.7 5.3 4.9 5.7 3.8 6.5
		6.3 5.4 3.3 4.7 8.6 6.3 5.9 4.8 4.5 5.2

【R 程序】

```
> example21_2  <- read.table ("example21_2.csv", header=TRUE, sep=",")
> example21_2
> attach(example21_2)
> summary(example21_2)
> str(example21_2)
> install.packages("ROCR")
> library(ROCR)
> pred <- prediction(example21_2$value, example21_2$group)
> pred
> perf <- performance(pred,"tpr","fpr")
> plot(perf)
> perf1 <- performance(pred, "prec", "rec")
> plot(perf1)
> perf2 <- performance(pred, "sens", "spec")
> plot(perf2)
> auc <- performance(pred,"auc")
> auc
```

【R 输出结果】

①

```
   group value
1      1   6.5
2      1  13.5
3      1  12.8
4      1   6.2
5      1  13.9
6      1  14.7
7      1   9.5
8      1   9.0
9      1   6.9
10     1  16.8
11     1  13.3
12     1  10.8
13     1  12.2
14     1  14.9
15     1  13.7
16     1  12.8
17     1   5.3
18     1  11.8
19     1  12.4
20     1   7.6
21     1  13.3
22     1  11.9
23     1  11.2
24     1  12.3
25     1  12.7
26     0   8.5
27     0   6.4
28     0   4.6
29     0   1.7
30     0   9.7
31     0   5.3
32     0   4.9
33     0   5.7
34     0   3.8
35     0   6.5
36     0   6.3
```

```
    37      0    5.4
    38      0    3.3
    39      0    4.7
    40      0    8.6
    41      0    6.3
    42      0    5.9
    43      0    4.8
    44      0    4.5
    45      0    5.2
```
②
```
     group              value
 Min.   :0.0000    Min.   : 1.700
 1st Qu.:0.0000    1st Qu.: 5.400
 Median :1.0000    Median : 8.500
 Mean   :0.5556    Mean   : 8.847
 3rd Qu.:1.0000    3rd Qu.:12.400
 Max.   :1.0000    Max.   :16.800
```
③
```
'data.frame':   45 obs. of  2 variables:
 $ group: int  1 1 1 1 1 1 1 1 1 1 ...
 $ value: num  6.5 13.5 12.8 6.2 13.9 14.7 9.5 9 6.9 16.8 ...
```
④
```
An object of class "prediction"
Slot "predictions":
[[1]]
 [1]   6.5 13.5 12.8  6.2 13.9 14.7  9.5  9.0  6.9 16.8 13.3 10.8 12.2 14.9
[15]  13.7 12.8  5.3 11.8 12.4  7.6 13.3 11.9 11.2 12.3 12.7  8.5  6.4  4.6
[29]   1.7  9.7  5.3  4.9  5.7  3.8  6.5  6.3  5.4  3.3  4.7  8.6  6.3  5.9
[43]   4.8  4.5  5.2

Slot "labels":
[[1]]
 [1] 1 1 1 1 1 1 1 1 1 1 1 1 1 1 1 1 1 1 1 1 1 1 1 1 1 1 1 1 1 1 1 1 1 1 1 1 0 0 0 0 0 0 0 0 0 0
[37] 0 0 0 0 0 0 0 0 0
Levels: 0 < 1

Slot "cutoffs":
[[1]]
 [1]  Inf 16.8 14.9 14.7 13.9 13.7 13.5 13.3 12.8 12.7 12.4 12.3 12.2 11.9
[15] 11.8 11.2 10.8  9.7  9.5  9.0  8.6  8.5  7.6  6.9  6.5  6.4  6.3  6.2
[29]  5.9  5.7  5.4  5.3  5.2  4.9  4.8  4.7  4.6  4.5  3.8  3.3  1.7

Slot "fp":
[[1]]
 [1] 0 0 0 0 0 0 0 0 0 0 0 0 0 0 0 0 0 0 0 0 0 1 1 1 2 3 3 3
[25] 4 5 7 7 8 9 10 11 12 13 14 15 16 17 18 19 20

Slot "tp":
[[1]]
 [1]  0  1  2  3  4  5  6  8 10 11 12 13 14 15 16 17 18 18 19 20 20 20 21 22
[25] 23 23 23 24 24 24 24 25 25 25 25 25 25 25 25 25 25

Slot "tn":
[[1]]
 [1] 20 20 20 20 20 20 20 20 20 20 20 20 20 20 20 20 20 19 19 19 18 17 17 17
[25] 16 15 13 13 12 11 10  9  8  7  6  5  4  3  2  1  0

Slot "fn":
[[1]]
 [1] 25 24 23 22 21 20 19 17 15 14 13 12 11 10  9  8  7  7  6  5  5  5  4  3
[25]  2  2  2  1  1  1  1  0  0  0  0  0  0  0  0  0  0

Slot "n.pos":
[[1]]
[1] 25

Slot "n.neg":
[[1]]
```

```
[1] 20

Slot "n.pos.pred":
[[1]]
 [1]  0  1  2  3  4  5  6  8 10 11 12 13 14 15 16 17 18 19 20 21 22 23 24 25
[25] 27 28 30 31 32 33 34 36 37 38 39 40 41 42 43 44 45

Slot "n.neg.pred":
[[1]]
 [1] 45 44 43 42 41 40 39 37 35 34 33 32 31 30 29 28 27 26 25 24 23 22 21 20
[25] 18 17 15 14 13 12 11  9  8  7  6  5  4  3  2  1  0
```

⑤

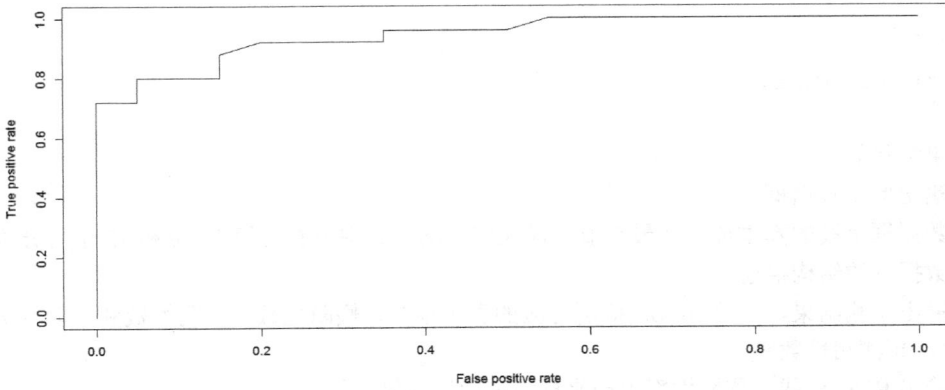

⑥

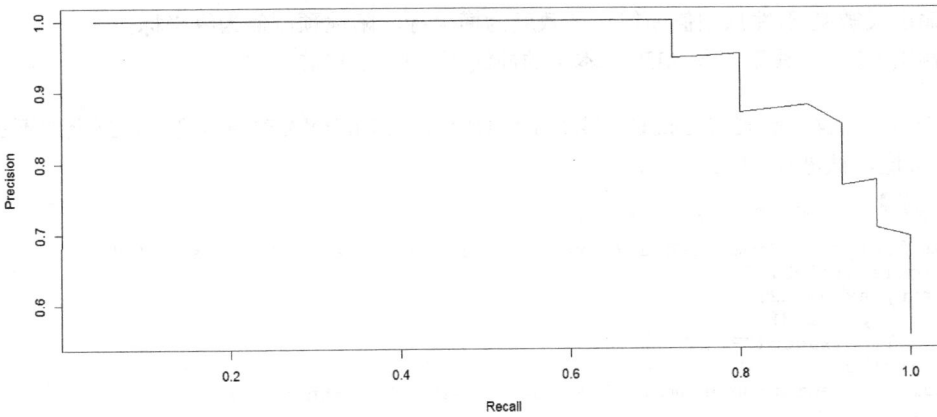

⑦

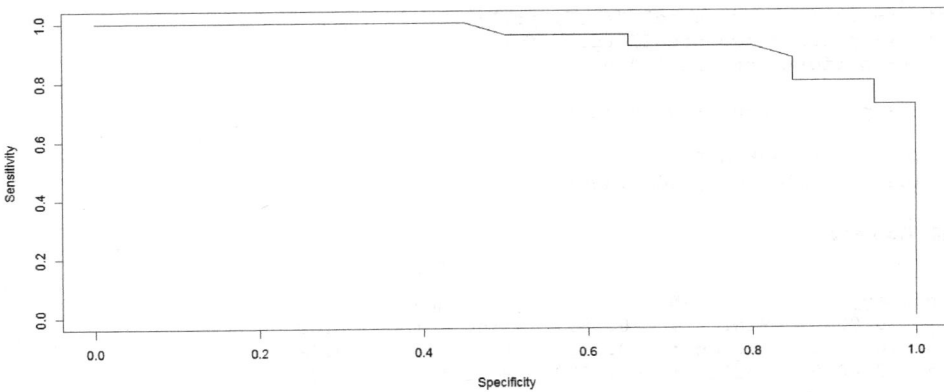

⑧
```
An object of class "performance"
Slot "x.name":
[1] "None"
Slot "y.name":
[1] "Area under the ROC curve"

Slot "alpha.name":
[1] "none"

Slot "x.values":
list()

Slot "y.values":
[[1]]
[1] 0.942

Slot "alpha.values":
list()
```

【结果解释】

① 输出原始数据框。

② 数据框字段的基本描述（最小值、最大值、均值、中位数、第 25 位和 75 位百分位数）。

③ 数据框的结构描述。

④ 输出预测结果，不同 cut-off 值所对应的真阳性数、假阳性数、真阴性数和假阴性数、预测阳性数和预测阴性数等。

⑤ 输出 ROC 曲线，假阳性率为横坐标，灵敏度为纵坐标。

⑥ 输出灵敏度/阳性预测值曲线，灵敏度为横坐标，阳性预测值为纵坐标。

⑦ 输出灵敏度/阳性预测值曲线，灵敏度为横坐标，阳性预测值为纵坐标。

⑧ 输出 ROC 曲线下面积 AUC，本例的曲线下面积为 0.942。

例 21-3　假设某研究欲比较 HPV DNA 和 HPV E6/E7 mRNA 对中重度子宫颈上皮不典型增生的诊断价值，试进行 ROC 分析。

【R 程序】

```
> example21_3  <- read.table ("example21_3.csv", header=TRUE, sep=",")
> attach(example21_3)
> summary(example21_3)
> str(example21_3)
> install.packages("ROCR")
> library(ROCR)
> pred1 <- prediction(example21_3$mRNA, example21_3$oncology)
> pred1
> pred2 <- prediction(example21_3$dna, example21_3$oncology)
> pred2
> perf1 <- performance(pred1,"tpr","fpr")
> perf2 <- performance(pred2,"tpr","fpr")
> auc1 <- performance(pred1,"auc")
> auc1
> auc2 <- performance(pred2,"auc")
> auc2
> plot(perf1, col="blue")
> plot(perf2, col="red", add=TRUE)
```

【R 输出结果】

①
```
    oncology            mRNA                dna
 Min.   :0.0000   Min.   :  0.0877   Min.   :   0.09
 1st Qu.:0.0000   1st Qu.:  0.7090   1st Qu.:   0.82
 Median :0.0000   Median :  1.4830   Median :  15.87
```

```
Mean    :0.3126    Mean    :  49.8652    Mean    :   470.19
3rd Qu.:1.0000    3rd Qu.:  12.9951    3rd Qu.:   200.21
Max.    :1.0000    Max.    :2128.6922    Max.    :118231.00
```

②
```
'data.frame':    563 obs. of  3 variables:
 $ oncology: int  1 1 1 1 1 1 1 1 1 ...
 $ mRNA    : num  1.72 3.24 8.21 16.6 125.79 ...
 $ dna     : num  0.23 1.25 2.53 2.62 4.29 4.4 4.71 4.77 5.21 5.48 ...
```
③
```
An object of class "prediction"
Slot "predictions":
[[1]]
  [1] 1.720000e+00 3.238792e+00 8.206722e+00 1.659609e+01 1.257907e+02 3.602917e+01
      2.933836e+02 4.827000e+02 1.394166e+01 1.058632e+01 6.117069e+00
 [12] 2.072543e+01 9.300000e-01 2.746617e+00 6.166514e+00 2.360693e+01 1.248715e+01
      1.190880e+01 1.200533e+01 1.741306e+01 4.256724e+00 5.795181e+01
 [23] 1.882372e+03 2.117815e+01 5.467752e+01 6.633550e+01 1.918710e+03 2.290000e+00
      5.710000e+00 1.656304e+02 4.425572e+01 2.799951e+02 1.063000e+01
 [34] 5.597971e+00 2.388216e+02 3.750412e+01 5.390100e+02 2.628535e+01 5.709956e+01
      1.346867e+03 2.024984e+01 2.021559e+02 2.033710e+02 4.907166e+02
 [45] 3.898605e+02 3.605086e+02 2.985610e+02 2.128692e+03 2.089943e+02 8.807276e+01
      6.209814e-01 6.531303e-01 7.328990e-01 7.800000e-01 3.599349e+00
 [56] 2.467005e+01 1.060000e+00 8.700000e-01 8.355049e-01 9.299674e-01 8.500000e-01
      8.435499e+00 6.900000e+00 7.700000e-01 1.804061e+01 1.348613e+02
 [67] 5.818274e-01 2.811889e+01 3.431472e+00 9.600000e-01 4.100000e-01 3.881557e+00
      2.026227e+01 3.918782e+01 5.859052e+01 1.483198e+02 1.389000e+01
 [78] 2.070897e+01 1.188325e+01 5.200000e-01 1.930000e+00 3.537394e+01 3.153063e+02
      7.330000e+00 5.353976e+01 2.410000e+00 3.519289e+01 1.012310e+03
 [89] 1.101861e+01 7.520000e+00 4.121387e+02 1.918000e+01 3.330000e+00 8.761591e+01
      1.296447e+01 4.153130e+01 1.850000e+01 1.417750e+02 9.132657e+01
[100] 3.670000e+00 2.214000e+01 1.467005e+02 1.873299e+02 6.600000e-01 1.118713e+02
      4.729442e+01 7.976311e+01 5.032149e+00 6.988832e+01 7.376311e+01
[111] 9.016413e+01 2.241000e+01 3.740000e+00 2.069287e+01 1.486971e+00 8.215919e-01
      1.308799e+01 1.307953e+00 6.675550e-01 1.183898e+00 2.427505e+00
[122] 2.390863e+00 6.465798e-01 4.035668e+01 2.796417e+00 7.099099e+00 5.457628e+00
      2.657526e+00 2.128664e+00 2.554297e+00 4.195995e+00 1.131303e+01
[133] 8.195869e+00 2.143824e+00 1.486002e+01 7.703583e-01 1.302574e+01 1.108222e+01
      1.264636e+01 2.692205e+01 5.432378e+00 1.813827e+00 6.656514e+00
[144] 9.520000e+00 1.201523e+01 1.634518e+00 2.048562e+01 1.240000e+00 8.446701e+00
      9.403198e+01 1.217597e+01 1.742809e+01 4.267174e+01 7.700000e-01
[155] 3.905245e+00 3.038917e+00 4.815567e+00 1.800277e+02 7.517766e+00 9.944162e+00
      1.720000e+00 4.771574e-01 2.673435e+00 4.707614e+01 8.280000e+00
[166] 1.572893e+02 5.309645e+00 8.558376e+00 1.693503e+02 3.599442e+02 1.398816e+01
      3.361252e+01 1.531404e+02 2.452000e+01 4.127750e+02 9.677970e+02
[177] 1.927368e+02 1.231560e-01 9.408394e+00 9.251718e-01 5.273304e+02 6.594800e-01
      9.200000e-01 2.599873e-01 1.005591e+00 1.076710e+01 7.900000e-01
[188] 1.300003e+00 7.736156e+00 1.493648e+01 6.425738e-01 3.556119e+00 7.735477e-01
      7.800000e+00 4.402536e+01 2.768527e+00 1.161238e+00 2.882736e+00
[199] 4.527584e-01 6.434060e+00 2.768527e+01 1.119095e+01 7.952341e+00 3.423422e+01
      3.703234e-01 2.560098e+01 1.919374e+01 5.355901e+01 2.080025e+01
[210] 1.343486e+00 2.561889e+01 4.599555e+01 1.543056e+01 2.820545e+01 1.106024e+01
      1.130000e+00 1.055168e+01 5.423831e+01 1.555485e+01 1.131810e+01
[221] 5.947118e+01 2.060899e+03 4.363982e+01 3.968697e+02 2.830000e+00 4.962587e+00
      2.350666e+01 2.538548e+02 5.785796e+01 7.833862e+00 5.669119e+01
[232] 2.538477e+02 2.733165e+02 6.930000e+00 2.917831e+02 2.079632e+02 1.294000e+01
      1.620000e+01 9.483069e+01 7.222575e+00 3.171115e-01 5.086342e-01
[243] 2.276295e-01 4.238619e-01 1.978022e-01 2.919937e-01 5.500000e-01 4.160126e-01
      5.196232e-01 5.900000e-01 8.007995e-01 5.164835e+00 4.218241e-01
[254] 4.270016e-01 8.407728e-01 3.657771e-01 4.270016e-01 1.483011e+00 2.150706e-01
      4.676882e-01 6.824104e-01 8.655078e-01 1.295133e+00 1.302641e+00
[265] 2.016356e-01 5.396402e-01 9.600000e-01 3.713355e-01 3.876221e-01 3.967082e-01
      4.703531e-01 5.982678e-01 6.621624e-01 7.981346e-01 2.285143e+00
[276] 5.423051e-01 7.501666e-01 1.675333e+00 5.982678e-01 6.995336e-01 7.128581e-01
      7.337603e-01 7.480200e-01 1.110471e+00 3.846154e-01 5.200000e-01
[287] 6.605672e-01 8.221186e-01 6.140065e-01 6.123779e-01 1.212525e+00 5.732899e-01
      7.849954e-01 8.207861e-01 1.059461e+00 7.980456e-01 6.569076e-01
[298] 7.328990e-01 9.183118e-01 4.397394e-01 6.489007e-01 9.500333e-01 7.674883e-01
      6.528981e-01 9.200000e-01 7.861426e-01 4.654112e-01 5.742838e-01
```

```
[309] 7.475017e-01 4.869707e-01 9.580280e-01 6.275816e-01 5.690759e-01 7.671010e-01
  5.916056e-01 6.433225e-01 7.319305e-01 8.631922e-01 6.693811e-01
[320] 5.973626e-01 7.648673e-01 4.071661e-01 1.911514e-01 6.009327e-01 6.275816e-01
  6.304315e-01 7.980456e-01 8.674217e-01 8.927382e-01 3.469920e-01
[331] 6.862092e-01 5.900000e-01 6.115923e-01 7.575480e-01 3.469388e-01 5.996003e-01
  7.612077e-01 5.000000e-01 8.094463e-01 8.664495e-01 8.664495e-01
[342] 6.530945e-01 7.980456e-01 6.009772e-01 6.467574e-01 7.980456e-01 2.500671e+00
  8.770446e-02 5.609594e-01 7.000000e-01 8.398902e-01 8.660893e-01
[353] 8.631922e-01 8.778502e-01 4.930047e-01 6.498371e-01 6.921824e-01 3.096091e+00
  4.357095e-01 4.703531e-01 5.582945e-01 6.482085e-01 7.980456e-01
[364] 8.306189e-01 6.880146e-01 7.337603e-01 1.578535e-01 7.172919e-01 7.328990e-01
  8.061889e-01 8.272216e-01 8.420195e-01 8.900733e-01 2.274484e+00
[375] 1.254935e-01 3.089845e-01 1.479014e+00 5.929380e-01 9.047302e-01 9.283388e-01
  7.475570e-01 5.316456e-01 8.127915e-01 7.282708e-01 7.475570e-01
[386] 5.463025e-01 6.148216e-01 8.631922e-01 7.282708e-01 3.420195e+00 5.800000e-01
  1.128728e+00 7.231270e-01 2.544970e+00 1.200000e+00 1.148208e+01
[397] 2.773616e+00 5.280394e-01 7.301006e-01 3.494968e+00 2.986009e+00 3.736489e-01
  5.719721e-01 3.296703e-01 1.644951e+00 5.289807e-01 6.514181e-01
[408] 3.600000e-01 6.022652e-01 2.070033e+00 1.898532e+00 7.501967e-01 5.542971e-01
  8.674217e+00 4.495114e-01 6.898445e-01 9.089482e-01 5.782251e-01
[419] 2.999950e+00 3.600074e-01 8.500999e-01 8.050633e+00 3.843648e-01 8.322476e-01
  2.811459e+00 8.094463e-01 5.902669e-01 7.687296e-01 5.814602e-01
[430] 2.871094e-01 7.312704e-01 2.370420e+00 3.359017e+00 3.745928e-01 2.157519e+01
  9.606929e-01 1.754830e+00 7.500000e-01 2.128664e+00 6.319218e-01
[441] 6.700000e-01 8.200000e-01 7.848101e-01 1.224517e+00 2.946020e+00 7.389981e+01
  2.434886e-01 1.635950e+01 7.864992e-01 1.772152e+00 8.600000e-01
[452] 1.900000e+00 4.397069e-01 1.754830e+01 9.381107e-01 9.560068e-02 2.660893e+00
  1.010000e+00 9.724691e-01 6.459286e-01 7.688208e-01 9.800000e-01
[463] 4.277149e-01 5.329780e-01 3.212525e+00 6.498371e-01 2.015989e+00 7.000000e-01
  7.996340e-01 6.166514e-01 1.390000e+00 1.304666e+00 8.179323e-01
[474] 4.853420e-01 8.750653e-01 1.708186e+01 1.219060e+01 7.246112e-01 9.875125e+00
  1.200533e+00 1.020946e+01 1.379381e+01 4.900000e-01 8.306189e-01
[485] 3.600000e-01 5.700000e-01 9.200000e-01 8.394404e-01 1.000424e+01 9.055375e-01
  2.271819e+00 6.612378e-01 8.973941e-01 1.043974e+00 4.063957e-01
[496] 7.280130e+00 4.300000e-01 8.700000e-01 2.639731e+00 1.741506e+00 1.670631e+00
  9.496798e-01 1.732099e+01 8.100000e-01 3.810047e+00 5.500000e-01
[507] 2.137975e+02 7.328990e-01 2.900000e-01 2.318960e+01 5.380000e+00 1.488341e+00
  6.237793e+01 1.620000e+00 1.217000e+01 4.900000e-01 9.400000e-01
[518] 7.600000e-01 1.199215e+01 5.009512e-01 1.450000e+00 7.052117e-01 6.000000e-01
  3.840000e+00 1.930000e+00 2.020000e+00 8.700000e-01 8.180089e-01
[529] 6.400000e-01 7.120000e+00 2.340000e+00 1.170000e+00 3.027002e+01 7.900000e-01
  8.600000e-01 1.256405e+02 8.100000e-01 2.393152e+00 9.891439e+01
[540] 1.900000e+00 7.400000e-01 5.368917e+00 5.859027e+01 1.559000e+01 6.289796e+01
  3.990000e+00 7.400000e-01 1.290000e+00 6.100000e-01 5.450549e+01
[551] 4.328472e+02 1.080000e+00 6.987159e+02 2.090000e+00 7.800000e-01 9.464364e+01
  2.543093e+02 2.142000e+01 1.960000e+00 4.046252e+02 4.790063e+02
[562] 6.744396e+02 6.900000e-01


Slot "labels":
[[1]]
  [1] 1 1 1 1 1 1 1 1 1 1 1 1 1 1 1 1 1 1 1 1 1 1 1 1 1 1 1 1 1 1 1 1 1 1 1 1 1 1
 1 1 1 1 1 1 1 1 1 1 1 0 0 0 0 0 0 0 0 0 0 0 0 0 0 0 0 0 0 0 0 0 0
 [72] 0 0 0 0 0 0 0 0 0 0 0 0 0 0 0 0 0 0 0 0 0 0 0 0 0 0 0 0 0 0 0 0 0 0 0 0 0 0
 0 0 0 1 1 1 1 1 1 1 1 1 1 1 1 1 1 1 1 1 1 1 1 1 1 1 1 1 1 1 1 1 1
[143] 1 1 1 1 1 1 1 1 1 1 1 1 1 1 1 1 1 1 1 1 1 1 1 1 1 1 1 1 1 1 1 1 1 1 1 1 1 1
 1 1 1 1 1 1 1 1 1 1 1 1 1 1 1 1 1 1 1 1 1 1 1 1 1 1 1 1 1 1 1 1 1
[214] 1 1 1 1 1 1 1 1 1 1 1 1 1 1 1 1 1 1 1 1 1 1 1 1 1 1 1 0 0 0 0 0 0 0 0 0 0 0
 0 0 0 0 0 0 0 0 0 0 0 0 0 0 0 0 0 0 0 0 0 0 0 0 0 0 0 0 0 0 0 0
[285] 0 0 0 0 0 0 0 0 0 0 0 0 0 0 0 0 0 0 0 0 0 0 0 0 0 0 0 0 0 0 0 0 0 0 0 0 0 0
 0 0 0 0 0 0 0 0 0 0 0 0 0 0 0 0 0 0 0 0 0 0 0 0 0 0 0 0 0 0 0 0
[356] 0 0 0 0 0 0 0 0 0 0 0 0 0 0 0 0 0 0 0 0 0 0 0 0 0 0 0 0 0 0 0 0 0 0 0 0 0 0
 0 0 0 0 0 0 0 0 0 0 0 0 0 0 0 0 0 0 0 0 0 0 0 0 0 0 0 0 0 0 0 0
[427] 0 0 0 0 0 0 0 0 0 0 0 0 0 0 0 0 0 0 0 0 0 0 0 0 0 0 0 0 0 0 0 0 0 0 0 0 0 0
 0 0 0 0 0 0 0 0 0 0 0 0 0 0 0 0 0 0 0 0 0 0 0 0 0 0 0 0 0 0 0 0
[498] 0 0 0 0 0 0 0 0 0 0 0 0 0 0 0 0 0 0 0 0 0 0 0 0 0 0 0 0 0 0 0 0 0 0 0 0 0 0
 0 0 0 0 0 0 0 0 0 0 0 0 0 0 0 0 0 0 0 0 0 0 0 0 0
Levels: 0 < 1
```

```
Slot "cutoffs":
[[1]]
   [1]             Inf 2.128692e+03 2.060899e+03 1.918710e+03 1.882372e+03 1.346867e+03
1.012310e+03 9.677970e+02 6.987159e+02 6.744396e+02 5.390100e+02
  [12] 4.907166e+02 4.827000e+02 4.790063e+02 4.328472e+02 4.127750e+02 4.121387e+02
4.046252e+02 3.898605e+02 3.605036e+02 3.599442e+02 3.153063e+02
  [23] 2.985610e+02 2.933836e+02 2.917831e+02 2.799951e+02 2.733165e+02 2.543093e+02
2.538548e+02 2.538477e+02 2.388216e+02 2.137975e+02 2.089943e+02
  [34] 2.079632e+02 2.033710e+02 2.021559e+02 1.927368e+02 1.873299e+02 1.813827e+02
1.800277e+02 1.693503e+02 1.656304e+02 1.572893e+02 1.531404e+02
  [45] 1.483198e+02 1.467005e+02 1.417750e+02 1.348613e+02 1.257907e+02 1.256405e+02
1.118713e+02 9.891439e+01 9.483069e+01 9.464364e+01 9.403198e+01
  [56] 9.132657e+01 9.016413e+01 8.807276e+01 8.761591e+01 7.976311e+01 7.389981e+01
7.376311e+01 6.988832e+01 6.633650e+01 6.467752e+01 6.289796e+01
  [67] 6.237793e+01 5.947118e+01 5.859052e+01 5.859027e+01 5.795181e+01 5.785796e+01
5.709956e+01 5.669119e+01 5.450549e+01 5.423831e+01 5.355901e+01
  [78] 5.353976e+01 4.729442e+01 4.707614e+01 4.599555e+01 4.425872e+01 4.402536e+01
4.267174e+01 4.153130e+01 4.035668e+01 3.968697e+01 3.918782e+01
  [89] 3.750412e+01 3.602917e+01 3.537394e+01 3.519289e+01 3.423422e+01 3.361252e+01
3.027002e+01 2.820545e+01 2.811889e+01 2.768527e+01 2.692205e+01
 [100] 2.639731e+01 2.628535e+01 2.561889e+01 2.560098e+01 2.467005e+01 2.452000e+01
2.360693e+01 2.350666e+01 2.318960e+01 2.241000e+01 2.214000e+01
 [111] 2.157519e+01 2.142000e+01 2.117815e+01 2.080025e+01 2.072543e+01 2.070897e+01
2.048562e+01 2.026227e+01 2.024984e+01 1.919374e+01 1.918000e+01
 [122] 1.850000e+01 1.804061e+01 1.754830e+01 1.742809e+01 1.741506e+01 1.732099e+01
1.708186e+01 1.659609e+01 1.635950e+01 1.620000e+01 1.559000e+01
 [133] 1.555485e+01 1.543056e+01 1.493648e+01 1.486002e+01 1.398816e+01 1.394166e+01
1.389000e+01 1.379381e+01 1.308799e+01 1.302574e+01 1.296447e+01
 [144] 1.294000e+01 1.264636e+01 1.248715e+01 1.219060e+01 1.217597e+01 1.217000e+01
1.201523e+01 1.200533e+01 1.199215e+01 1.190880e+01 1.188325e+01
 [155] 1.148208e+01 1.131810e+01 1.131303e+01 1.119095e+01 1.108222e+01 1.106024e+01
1.101861e+01 1.076710e+01 1.063000e+01 1.058632e+01 1.055168e+01
 [166] 1.020946e+01 1.000424e+01 9.944162e+00 9.875125e+00 9.520000e+00 9.408394e+00
8.740000e+00 8.674217e+00 8.558376e+00 8.446701e+00 8.435499e+00
 [177] 8.280000e+00 8.206722e+00 8.195869e+00 8.050633e+00 7.952341e+00 7.833862e+00
7.800000e+00 7.736156e+00 7.600000e+00 7.520000e+00 7.517766e+00
 [188] 7.330000e+00 7.280130e+00 7.222575e+00 7.120000e+00 7.099099e+00 6.930000e+00
6.900000e+00 6.656514e+00 6.434060e+00 6.166514e+00 6.117069e+00
 [199] 5.710000e+00 5.597971e+00 5.457628e+00 5.432378e+00 5.380000e+00 5.368917e+00
5.309645e+00 5.273304e+00 5.164835e+00 5.032149e+00 4.962587e+00
 [210] 4.815567e+00 4.363982e+00 4.256724e+00 4.195995e+00 3.990000e+00 3.905245e+00
3.881557e+00 3.840000e+00 3.810047e+00 3.670000e+00 3.599349e+00
 [221] 3.556119e+00 3.494968e+00 3.431472e+00 3.420195e+00 3.359017e+00 3.330000e+00
3.238792e+00 3.212525e+00 3.096091e+00 3.038917e+00 2.999950e+00
 [232] 2.986009e+00 2.946020e+00 2.882736e+00 2.830000e+00 2.811459e+00 2.796417e+00
2.773616e+00 2.768527e+00 2.746617e+00 2.673435e+00 2.660893e+00
 [243] 2.657526e+00 2.554297e+00 2.544970e+00 2.500671e+00 2.427505e+00 2.410000e+00
2.393152e+00 2.390863e+00 2.370420e+00 2.340000e+00 2.290000e+00
 [254] 2.285143e+00 2.274484e+00 2.271819e+00 2.143824e+00 2.128664e+00 2.090000e+00
2.070033e+00 2.069287e+00 2.020000e+00 2.015989e+00 1.960000e+00
 [265] 1.930000e+00 1.900000e+00 1.898532e+00 1.772152e+00 1.754830e+00 1.741506e+00
1.720000e+00 1.675333e+00 1.670631e+00 1.644951e+00 1.634518e+00
 [276] 1.620000e+00 1.488341e+00 1.486971e+00 1.483011e+00 1.479014e+00 1.450000e+00
1.390000e+00 1.343486e+00 1.307953e+00 1.304666e+00 1.302641e+00
 [287] 1.300003e+00 1.295133e+00 1.290000e+00 1.240000e+00 1.224517e+00 1.212525e+00
1.200533e+00 1.200000e+00 1.183898e+00 1.170000e+00 1.161238e+00
 [298] 1.130000e+00 1.128728e+00 1.100471e+00 1.099461e+00 1.080000e+00 1.060000e+00
1.043974e+00 1.010000e+00 1.005591e+00 9.800000e-01 9.724691e-01
 [309] 9.606929e-01 9.600000e-01 9.580280e-01 9.500333e-01 9.496798e-01 9.400000e-01
9.381107e-01 9.300000e-01 9.299674e-01 9.283388e-01 9.251718e-01
 [320] 9.200000e-01 9.183118e-01 9.089482e-01 9.055375e-01 9.047302e-01 8.973941e-01
8.927382e-01 8.900733e-01 8.778502e-01 8.750653e-01 8.700000e-01
 [331] 8.674217e-01 8.664495e-01 8.660893e-01 8.655078e-01 8.631922e-01 8.600000e-01
8.500999e-01 8.500000e-01 8.420195e-01 8.407728e-01 8.398902e-01
 [342] 8.394404e-01 8.355049e-01 8.322476e-01 8.306189e-01 8.272216e-01 8.221186e-01
8.215919e-01 8.207861e-01 8.200000e-01 8.180089e-01 8.179323e-01
 [353] 8.127915e-01 8.100000e-01 8.094463e-01 8.061889e-01 8.007995e-01 7.996340e-01
7.981346e-01 7.980456e-01 7.900000e-01 7.864992e-01 7.861426e-01
```

413

```
[364] 7.849954e-01 7.848101e-01 7.800000e-01 7.735477e-01 7.703583e-01 7.700000e-01
      7.688208e-01 7.687296e-01 7.674883e-01 7.671010e-01 7.648673e-01
[375] 7.612077e-01 7.575480e-01 7.501967e-01 7.501666e-01 7.500000e-01 7.480200e-01
      7.475570e-01 7.475017e-01 7.400000e-01 7.337603e-01 7.328990e-01
[386] 7.319305e-01 7.312704e-01 7.301006e-01 7.282708e-01 7.246112e-01 7.231270e-01
      7.172919e-01 7.128581e-01 7.052117e-01 7.000000e-01 6.995336e-01
[397] 6.921824e-01 6.900000e-01 6.898445e-01 6.880146e-01 6.862092e-01 6.824104e-01
      6.700000e-01 6.693811e-01 6.675550e-01 6.621624e-01 6.612378e-01
[408] 6.605672e-01 6.600000e-01 6.594800e-01 6.569076e-01 6.531303e-01 6.530945e-01
      6.528981e-01 6.514181e-01 6.498371e-01 6.489007e-01 6.482085e-01
[419] 6.467574e-01 6.465798e-01 6.459286e-01 6.433225e-01 6.425738e-01 6.400000e-01
      6.319218e-01 6.304315e-01 6.275816e-01 6.209814e-01 6.166514e-01
[430] 6.148216e-01 6.140065e-01 6.123779e-01 6.115923e-01 6.100000e-01 6.022652e-01
      6.009772e-01 6.009327e-01 6.000000e-01 5.996003e-01 5.982678e-01
[441] 5.973626e-01 5.929380e-01 5.916056e-01 5.902669e-01 5.900000e-01 5.818274e-01
      5.814602e-01 5.800000e-01 5.782251e-01 5.742838e-01 5.732899e-01
[452] 5.719721e-01 5.700000e-01 5.690759e-01 5.609594e-01 5.582945e-01 5.542971e-01
      5.500000e-01 5.463025e-01 5.423051e-01 5.396402e-01 5.329780e-01
[463] 5.316456e-01 5.289807e-01 5.280394e-01 5.200000e-01 5.196232e-01 5.086342e-01
      5.009512e-01 5.000000e-01 4.930047e-01 4.900000e-01 4.869707e-01
[474] 4.853420e-01 4.771574e-01 4.703531e-01 4.676882e-01 4.654112e-01 4.527584e-01
      4.495114e-01 4.397394e-01 4.397069e-01 4.357095e-01 4.300000e-01
[485] 4.277149e-01 4.270016e-01 4.238619e-01 4.218241e-01 4.160126e-01 4.100000e-01
      4.071661e-01 4.063957e-01 3.967082e-01 3.876221e-01 3.846154e-01
[496] 3.843648e-01 3.745928e-01 3.736489e-01 3.713355e-01 3.703234e-01 3.657771e-01
      3.600074e-01 3.600000e-01 3.469920e-01 3.469388e-01 3.296703e-01
[507] 3.171115e-01 3.089845e-01 2.919937e-01 2.900000e-01 2.871094e-01 2.599873e-01
      2.434886e-01 2.276295e-01 2.150706e-01 2.016356e-01 1.978022e-01
[518] 1.911514e-01 1.578535e-01 1.254935e-01 1.231560e-01 9.560068e-02 8.770446e-02

Slot "fp":
[[1]]
  [1]   0   0   0   0   0   0   1   1   2   3   3   3   3   4   5   5   6   7   7
  7   7   8   8   8   8   8   9   9   9   9  10  10  10  10
 [36]  10  10  11  11  11  11  11  11  11  12  13  14  15  15  16  17  18  18  19
 19  20  21  22  23  24  25  26  27  27  27  28  29  29  30  31
 [71]  31  31  31  31  32  32  32  33  34  34  34  34  34  34  35  35  35  36  36
 36  37  38  38  38  39  39  40  40  40  41  41  41  41  42  42
[106]  42  42  43  44  45  46  47  47  47  47  48  48  49  49  49  50  51  52  53
 53  53  54  55  55  56  56  57  57  57  57  57  57  58  59
[141]  59  59  60  60  60  60  61  61  62  62  62  63  63  64  65  65  65  65  65
 65  66  66  66  66  66  67  68  68  69  69  69  70  71  71  71
[176]  72  72  72  72  73  73  73  73  73  74  75  75  76  77  77  78  78  78  79
 79  79  79  79  79  79  79  79  80  81  81  81  82  83  83  83
[211]  83  83  83  84  84  85  86  87  88  89  89  90  91  92  93  94  94  95  96
 96  97  98  99  99  99 100 100 101 101 101 101 102 102 103
[246] 104 104 105 106 106 107 108 108 109 110 111 111 112 113 114 114 115 116 117
119 121 122 123 124 125 125 126 127 128 128 129 130 130 131 132
[281] 133 134 134 134 135 136 136 137 138 138 139 140 141 142 142 143 143 143 144
145 146 147 148 149 150 150 151 152 153 155 156 157 158 159 160
[316] 160 161 162 162 164 165 166 167 168 169 170 171 172 173 176 177 179 180 181
184 186 187 188 189 190 191 192 193 194 196 197 198 198 199 200
[351] 201 202 203 205 207 208 209 210 211 216 217 218 219 220 221 223 223 223 224
225 226 227 228 229 230 231 232 233 234 235 237 238 240 242 246
[386] 247 248 249 251 252 253 254 255 256 258 259 260 261 262 263 264 265 266 267
267 268 269 270 271 271 272 273 274 275 276 278 279 280 281 281
[421] 282 283 283 284 285 286 288 289 290 291 292 293 294 295 296 297 298 299 300
302 303 304 305 306 308 309 310 311 312 313 314 315 316 317 318
[456] 319 320 322 323 324 325 326 327 328 329 331 332 333 334 335 336 338 339 340
340 342 343 344 344 345 346 347 348 349 350 352 353 354 355 356
[491] 357 358 359 360 361 362 363 364 365 365 366 367 369 370 371 372 373 374 375
376 377 377 378 379 380 381 382 383 384 385 385 386 387

Slot "tp":
[[1]]
  [1]   0   1   2   3   4   5   5   6   6   6   7   8   9   9   9  10  10  10  11
 12  13  13  14  15  16  17  18  18  19  20  21  21  22  23  24
 [36]  25  26  26  27  28  29  30  31  32  32  32  32  32  33  33  33  33  34  34
 35  35  35  35  35  35  35  35  35  35  36  37  37  37  38  38  38
```

```
  [71]   39   40   41   42   42   43   44   44   44   45   46   47   48   49   49   50   51   51   52
  53   53   53   54   55   55   55   56   57   58   58   59   60   61   61   62
 [106]   63   64   64   64   64   64   64   64   65   66   67   67   68   68   69   70   70   70   70   70
  71   72   72   72   73   73   74   74   75   76   77   78   79   80   80   80
 [141]   81   82   82   83   84   85   85   86   86   87   88   88   89   89   89   90   91   92   93
  94   94   95   96   97   98   98   98   99   99  100  101  101  101  102  103
 [176]  103  104  105  106  106  107  108  109  110  110  110  111  111  111  112  112  113  114  114
 115  116  117  118  119  120  121  122  122  122  123  124  124  124  125  126
 [211]  127  128  129  129  129  130  130  130  130  130  130  130  131  131  131  131  131  132  132  132
 133  133  133  133  134  135  135  136  136  137  138  139  139  140  141  141
 [246]  141  142  142  142  143  143  143  144  144  144  144  145  146  146  146  147  147  147  147
 147  147  147  147  147  147  149  149  149  149  150  150  150  151  151  151
 [281]  151  151  152  153  153  153  154  154  154  155  155  155  155  155  156  156  157  158  158
 158  158  158  158  158  158  159  159  159  159  159  159  159  159  159  159
 [316]  160  160  160  160  161  162  162  162  162  162  162  162  162  162  162  162  162  162  162  162
 162  162  162  162  162  162  162  162  162  162  162  162  162  163  163  163
 [351]  163  163  163  163  163  163  163  163  163  163  164  164  164  164  164  164  165  166  167
 167  167  167  167  167  167  167  167  167  167  167  167  167  167  167  167
 [386]  167  167  167  167  167  167  167  167  167  167  167  167  167  167  167  167  167  167  167
 168  168  168  168  168  169  169  169  169  169  169  169  169  169  169  170
 [421]  170  170  171  171  171  171  171  171  171  171  171  171  171  171  171  171  171  171  171
 171  171  171  171  171  171  171  171  171  171  171  171  171  171  171  171
 [456]  171  171  171  171  171  171  171  171  171  171  171  171  171  171  171  171  171  171  171
 172  172  172  172  173  173  173  173  173  173  173  173  173  173  173  173
 [491]  173  173  173  173  173  173  173  173  173  174  174  174  174  174  174  174  174  174  174
 174  174  175  175  175  175  175  175  175  175  175  176  176  176
```

Slot "tn":
[[1]]
```
   [1] 387 387 387 387 387 387 386 386 385 384 384 384 384 383 382 382 381 380 380
 380 380 379 379 379 379 379 379 378 378 378 378 377 377 377 377
  [36] 377 377 376 376 376 376 376 376 376 375 374 373 372 372 371 370 369 369 368
 368 367 366 365 364 363 362 361 360 360 360 359 358 358 357 356
  [71] 356 356 356 356 356 355 355 355 354 353 353 353 353 353 353 353 352 352 352 351 351
 351 350 349 349 349 348 348 347 347 347 346 346 346 346 345 345
 [106] 345 345 344 343 342 341 340 340 340 340 339 339 338 338 338 337 336 335 334
 334 334 333 332 332 331 331 330 330 330 330 330 330 330 329 328
 [141] 328 328 327 327 327 327 326 326 325 325 325 324 324 323 322 322 322 322 322
 322 321 321 321 321 320 319 319 318 318 318 317 316 316 316
 [176] 315 315 315 315 314 314 314 314 314 313 312 312 311 310 310 309 309 309 308
 308 308 308 308 308 308 308 307 306 306 306 305 304 304 304
 [211] 304 304 304 303 303 302 301 300 299 298 298 297 296 295 294 293 293 292 291
 291 290 289 288 288 288 287 287 286 286 286 286 285 285 285 284
 [246] 283 283 282 281 281 280 279 279 278 277 276 276 275 274 273 273 272 271 270
 268 266 265 264 263 262 262 261 260 259 259 258 257 257 256 255
 [281] 254 253 253 253 252 251 251 250 249 249 248 247 246 245 245 244 244 244 243
 242 241 240 239 238 237 237 236 235 234 232 231 230 229 228 227
 [316] 227 226 225 225 223 222 221 220 219 218 217 216 215 214 211 210 208 207 206
 203 201 200 199 198 197 196 195 194 193 191 190 189 189 188 187
 [351] 186 185 184 182 180 179 178 177 176 171 170 169 168 167 166 164 164 164 163
 162 161 160 159 158 157 156 155 154 153 152 150 149 147 145 141
 [386] 140 139 138 136 135 134 133 132 131 129 128 127 126 125 124 123 122 121 120
 120 119 118 117 116 116 115 114 113 112 111 109 108 107 106 106
 [421] 105 104 104 103 102 101  99  98  97  96  95  94  93  92  91  90  89  88  87
  85  84  83  82  81  79  78  77  76  75  74  73  72  71  70  69
 [456]  68  67  65  64  63  62  61  60  59  58  56  55  54  53  52  51  49  48  47
  47  45  44  43  43  42  41  40  39  38  37  35  34  33  32  31
 [491]  30  29  28  27  26  25  24  23  22  22  21  20  18  17  16  15  14  13  12
  11  10  10   9   8   7   6   5   4   3   2   2   1   0
```

Slot "fn":
[[1]]
```
   [1] 176 175 174 173 172 171 171 170 170 170 169 168 167 167 167 166 166 166 165
 164 163 163 162 161 160 159 158 158 157 156 155 155 154 153 152
  [36] 151 150 150 149 148 147 146 145 144 144 144 144 144 143 143 143 143 142 142
 141 141 141 141 141 141 141 141 141 140 139 139 139 138 138 138
  [71] 137 136 135 134 134 133 132 132 132 131 130 129 128 127 127 126 125 125 124
 123 123 123 122 121 121 120 120 119 118 118 117 116 115 115 114
 [106] 113 112 112 112 112 112 112 111 110 109 109 108 108 107 106 106 106 106 106
 105 104 104 104 103 103 102 102 101 100  99  98  97  96  96  96
```

```
[141]  95  94  94  93  92  91  91  90  90  89  88  88  87  87  87  86  85  84  83
 82  82  81  80  79  78  78  78  77  77  76  75  75  75  74  73
[176]  73  72  71  70  70  69  68  67  66  66  66  66  65  65  65  64  64  63  62  62
 61  60  59  58  57  56  55  54  54  54  53  52  52  52  51  50
[211]  49  48  47  47  46  46  46  46  46  46  45  45  45  45  45  45  44  44  44
 43  43  43  43  42  41  41  40  40  39  38  37  37  36  35  35
[246]  35  34  34  34  33  33  33  32  32  32  32  31  30  30  30  29  29  29  29
 29  29  29  29  29  29  27  27  27  27  26  26  26  25  25  25
[281]  25  25  25  24  23  23  23  22  22  22  21  21  21  21  21  21  20  20  19  18  18
 18  18  18  18  18  18  17  17  17  17  17  17  17  17  17  17
[316]  16  16  16  15  14  14  14  14  14  14  14  14  14  14  14  14  14  14  14
 14  14  14  14  14  14  14  14  14  14  14  14  14  13  13  13
[351]  13  13  13  13  13  13  13  13  13  13  12  12  12  12  12  12  11  10   9
  9   9   9   9   9   9   9   9   9   9   9   9   9   9   9   9
[386]   9   9   9   9   9   9   9   9   9   9   9   9   9   9   9   9   9   9   9
  8   8   8   8   8   7   7   7   7   7   7   7   7   7   7   6
[421]   6   6   5   5   5   5   5   5   5   5   5   5   5   5   5   5   5   5   5
  5   5   5   5   5   5   5   5   5   5   5   5   5   5   5   5
[456]   5   5   5   5   5   5   5   5   5   5   5   5   5   5   5   5   5   5   5
  4   4   4   4   3   3   3   3   3   3   3   3   3   3   3   3
[491]   3   3   3   3   3   3   3   3   3   2   2   2   2   2   2   2   2   2   2
  2   2   1   1   1   1   1   1   1   1   1   1   0   0   0
```

Slot "n.pos":
[[1]]
[1] 176

Slot "n.neg":
[[1]]
[1] 387

Slot "n.pos.pred":
[[1]]
```
  [1]   0   1   2   3   4   5   6   7   8   9  10  11  12  13  14  15  16  17  18
 19  20  21  22  23  24  25  26  27  28  29  30  31  32  33  34
 [36]  35  36  37  38  39  40  41  42  43  44  45  46  47  48  49  50  51  52  53
 54  55  56  57  58  59  60  61  62  63  64  65  66  67  68  69
 [71]  70  71  72  73  74  75  76  77  78  79  80  81  82  83  84  85  86  87  88
 89  90  91  92  93  94  95  96  97  98  99 100 101 102 103 104
[106] 105 106 107 108 109 110 111 112 113 114 115 116 117 118 119 120 121 122 123
124 125 126 127 128 129 130 131 132 133 134 135 136 137 138 139
[141] 140 141 142 143 144 145 146 147 148 149 150 151 152 153 154 155 156 157 158
159 160 161 162 163 164 165 166 167 168 169 170 171 172 173 174
[176] 175 176 177 178 179 180 181 182 183 184 185 186 187 188 189 190 191 192 193
194 195 196 197 198 199 200 201 202 203 204 205 206 207 208 209
[211] 210 211 212 213 214 215 216 217 218 219 220 221 222 223 224 225 226 227 228
229 230 231 232 233 234 235 236 237 238 239 240 241 242 243 244
[246] 245 246 247 248 249 250 251 252 253 254 255 256 258 259 260 261 262 263 264
266 268 269 270 271 272 274 275 276 277 278 279 280 281 282 283
[281] 284 285 286 287 288 289 290 291 292 293 294 295 296 297 298 299 300 301 302
303 304 305 306 307 308 309 310 311 312 314 315 316 317 318 319
[316] 320 321 322 323 326 327 328 329 330 331 332 333 334 335 338 339 341 342 343
346 348 349 350 351 352 353 354 355 356 358 359 360 361 362 363
[351] 364 365 366 368 370 371 372 373 374 379 381 382 383 384 385 387 388 389 391
392 393 394 395 396 397 398 399 400 401 402 404 405 407 409 413
[386] 414 415 416 418 419 420 421 422 423 425 426 427 428 429 430 431 432 433 434
435 436 437 438 439 440 441 442 443 444 445 447 448 449 450 451
[421] 452 453 454 455 456 457 459 460 461 462 463 464 465 466 467 468 469 470 471
473 474 475 476 477 479 480 481 482 483 484 485 486 487 488 489
[456] 490 491 493 494 495 496 497 498 499 500 502 503 504 505 506 507 509 510 511
512 514 515 516 517 518 519 520 521 522 523 525 526 527 528 529
[491] 530 531 532 533 534 535 536 537 538 539 540 541 543 544 545 546 547 548 549
550 551 552 553 554 555 556 557 558 559 560 561 562 563
```

Slot "n.neg.pred":
[[1]]
```
  [1] 563 562 561 560 559 558 557 556 555 554 553 552 551 550 549 548 547 546 545
544 543 542 541 540 539 538 537 536 535 534 533 532 531 530 529
 [36] 528 527 526 525 524 523 522 521 520 519 518 517 516 515 514 513 512 511 510
509 508 507 506 505 504 503 502 501 500 499 498 497 496 495 494
```

```
 [71] 493 492 491 490 489 488 487 486 485 484 483 482 481 480 479 478 477 476 475
474 473 472 471 470 469 468 467 456 465 464 463 462 461 460 459
[106] 458 457 456 455 454 453 452 451 450 449 448 447 446 445 444 443 442 441 440
439 438 437 436 435 434 433 432 431 430 429 428 427 426 425 424
[141] 423 422 421 420 419 418 417 416 415 414 413 412 411 410 409 408 407 406 405
404 403 402 401 400 399 398 397 396 395 394 393 392 391 390 389
[176] 388 387 386 385 384 383 382 381 380 379 378 377 376 375 374 373 372 371 370
369 368 367 366 365 364 363 362 361 360 359 358 357 356 355 354
[211] 353 352 351 350 349 348 347 346 345 344 343 342 341 340 339 338 337 336 335
334 333 332 331 330 329 328 327 326 325 324 323 322 321 320 319
[246] 318 317 316 315 314 313 312 311 310 309 308 307 305 304 303 302 301 300 299
297 295 294 293 292 291 289 288 287 286 285 284 283 282 281 280
[281] 279 278 277 276 275 274 273 272 271 270 269 268 267 266 265 264 263 262 261
260 259 258 257 256 255 254 253 252 251 249 248 247 246 245 244
[316] 243 242 241 240 237 236 235 234 233 232 231 230 229 228 225 224 222 221 220
217 215 214 213 212 211 210 209 208 207 205 204 203 202 201 200
[351] 199 198 197 195 193 192 191 190 189 184 182 181 180 179 178 176 175 174 172
171 170 169 168 167 166 165 164 163 162 161 159 158 156 154 150
[386] 149 148 147 145 144 143 142 141 140 138 137 136 135 134 133 132 131 130 129
128 127 126 125 124 123 122 121 120 119 118 116 115 114 113 112
[421] 111 110 109 108 107 106 104 103 102 101 100  99  98  97  96  95  94  93  92
 90  89  88  87  86  84  83  82  81  80  79  78  77  76  75  74
[456]  73  72  70  69  68  67  66  65  64  63  61  60  59  58  57  56  54  53  52
 51  49  48  47  46  45  44  43  42  41  40  38  37  36  35  34
[491]  33  32  31  30  29  28  27  26  25  24  23  22  20  19  18  17  16  15  14
 13  12  11  10   9   8   7   6   5   4   3   2   1   0
```

④

```
An object of class "prediction"
Slot "predictions":
[[1]]
  [1]     0.23     1.25     2.53     2.62     4.29     4.40     4.71
   4.77     5.21     5.48     8.90    12.69    19.89    20.25
 [15]    20.36    23.51    30.28    30.85    55.24    55.32    55.35
  71.75    75.12   100.35   128.59   358.65   363.68   376.41
 [29]   405.50   455.65   523.49   550.26   853.10   854.06   856.24
 939.95  1084.25  1125.58  1132.64  1152.84  1209.08  1236.26
 [43]  1375.94  1550.25  1588.27  1682.52  2025.63  2035.62  2317.04
   0.23     0.24     0.26     0.34     0.36     0.65     1.61
 [57]     3.38     3.75     5.22     7.83     8.23    10.25    10.78
  11.68    21.17    22.47    23.85    30.22    40.36    49.70
 [71]    60.33    66.46    69.38    71.40    80.41    88.92   157.48
 163.02   175.87   182.28   232.17   251.88   265.82   266.00
 [85]   293.42   339.88   360.10   403.39   407.82   438.78   465.02
 471.82   479.63   606.69   667.24   739.04   788.44   806.10
 [99]   842.67   849.66   869.18   931.51   934.31   996.40  1181.30
1412.78  1471.05  1575.48  1647.45  1720.71  1805.29  2155.10
[113]  2526.15     0.15     0.23     0.54     0.60     1.40     2.23
   2.62     5.36     5.68     5.85     6.36     7.14     8.15
[127]     8.23     8.25     8.85    10.25    10.95    11.28    12.25
  19.04    20.35    22.32    25.53    33.25    38.19    50.62
[141]    55.23    60.06    60.45    65.38    83.81    87.27    97.07
 107.91   112.96   125.25   127.22   142.90   170.15   174.34
[155]   176.13   187.50   188.61   225.26   229.92   231.84   232.64
 237.01   410.91   551.26   656.84   714.60   742.52   785.12
[169]   800.34  1626.00  1795.30  2082.48  2321.26  2520.30  2815.51
2818.61     0.13     0.23     0.23     0.32     0.34     0.79
[183]     1.07     1.39     2.25     2.29     2.65     2.85     3.28
   5.65     6.23     6.60     8.58     9.72     9.94    10.26
[197]    10.45    12.26    12.60    15.25    15.52    20.25    22.26
  22.36    26.46    50.15    58.58    70.85    87.44    98.47
[211]   102.35   102.35   142.70   154.35   156.59   188.57   200.16
 200.25   228.70   245.08   252.36   278.85   280.96   309.16
[225]   319.27   459.54   502.73   525.65   549.99   626.71   680.64
 798.81  1028.43  1041.69  1094.92  1128.41  1308.32  1349.62
[239]  2042.90  2185.52     0.09     0.09     0.10     0.12     0.13
   0.14     0.15     0.16     0.16     0.17     0.17     0.17
[253]     0.18     0.20     0.20     0.21     0.21     0.21     0.22
   0.22     0.22     0.22     0.22     0.23     0.24     0.24
[267]     0.24     0.25     0.25     0.25     0.25     0.25     0.25
   0.25     0.25     0.26     0.26     0.27     0.28     0.28
```

```
[281]      0.28        0.28        0.28        0.28        0.29        0.29        0.29
0.29       0.30        0.32        0.32        0.33        0.33        0.33
[295]      0.33        0.34        0.35        0.36        0.36        0.38        0.38
0.38       0.39        0.40        0.40        0.41        0.42        0.42
[309]      0.43        0.44        0.44        0.45        0.46        0.47        0.48
0.48       0.48        0.50        0.51        0.53        0.53        0.54
[323]      0.55        0.55        0.55        0.55        0.55        0.55        0.55
0.56       0.56        0.60        0.61        0.61        0.62        0.62
[337]      0.62        0.63        0.63        0.63        0.63        0.64        0.64
0.65       0.65        0.65        0.65        0.66        0.67        0.67
[351]      0.71        0.71        0.72        0.72        0.73        0.73        0.73
0.73       0.75        0.75        0.75        0.78        0.81        0.81
[365]      0.82        0.82        0.83        0.84        0.84        0.84        0.84
0.84       0.84        0.84        0.85        0.85        0.85        0.88
[379]      0.88        0.88        0.90        0.91        0.91        0.92        0.92
0.93       0.93        0.95        1.18        1.52        1.55        1.57
[393]      1.58        1.68        1.72        1.86        2.15        2.25        2.25
2.25       2.45        2.52        2.58        2.80        2.94        3.32
[407]      3.32        3.34        3.36        3.36        3.53        3.56        3.63
3.65       3.96        4.25        4.61        5.25        5.25        5.26
[421]      5.58        5.61        5.68        5.75        5.87        6.36        6.79
7.61       7.84        7.86        8.25        8.54        8.58        8.95
[435]      9.68       10.20       10.23       10.25       10.25       10.55       10.86
11.64      11.65       12.64       12.84       13.17       14.23       14.35
[449]     15.41       15.87       17.15       17.62       18.25       19.26       20.02
20.36      20.36       20.41       20.66       20.95       21.26       21.74
[463]     22.25       22.39       22.83       22.84       22.85       24.95       25.25
26.65      28.61       30.05       30.25       30.35       30.55       30.78
[477]     32.25       33.35       33.35       33.62       33.62       36.65       39.87
42.28      44.05       44.13       54.87       55.25       55.26       55.50
[491]     55.84       60.06       60.82       68.68       70.59       70.72       72.57
74.21      78.25       78.26       85.65       86.65       88.59       93.37
[505]     94.80      102.13      103.86      110.95      115.57      115.85      120.96
121.45    121.60      121.94      122.01      126.12      127.96      131.17
[519]    172.52      183.27      198.29      202.32      235.83      252.73      284.29
298.00    307.35      332.07      349.17      368.39      372.49      374.71
[533]    382.41      417.49      465.48      469.21      623.16      633.95      742.40
787.38    870.23      888.38      901.86      908.48     1076.27     1109.18
[547]   1112.54     1171.23     1196.12     1238.02     1392.65     1420.10     1568.00
1612.48   1627.42     1934.01     1937.68     2013.30     2193.57     2213.26
[561]   2233.47     2467.77   118231.00

Slot "labels":
[[1]]
  [1] 1 1 1 1 1 1 1 1 1 1 1 1 1 1 1 1 1 1 1 1 1 1 1 1 1 1 1 1 1 1 1 1 1 1 1 1 1 1 1 1 1
 1 1 1 1 1 1 1 1 1 0 0 0 0 0 0 0 0 0 0 0 0 0 0 0 0 0 0 0 0
 [72] 0 0 0 0 0 0 0 0 0 0 0 0 0 0 0 0 0 0 0 0 0 0 0 0 0 0 0 0 0 0 0 0 0 0 0 0 0 0 0 0 0
 0 0 0 1 1 1 1 1 1 1 1 1 1 1 1 1 1 1 1 1 1 1 1 1 1 1 1 1 1 1 1
[143] 1 1 1 1 1 1 1 1 1 1 1 1 1 1 1 1 1 1 1 1 1 1 1 1 1 1 1 1 1 1 1 1 1 1 1 1 1 1 1 1 1
 1 1 1 1 1 1 1 1 1 1 1 1 1 1 1 1 1 1 1 1 1 1 1 1 1 1 1 1 1
[214] 1 1 1 1 1 1 1 1 1 1 1 1 1 1 1 1 1 1 1 1 1 1 1 1 1 1 1 1 1 0 0 0 0 0 0 0 0 0 0 0 0
 0 0 0 0 0 0 0 0 0 0 0 0 0 0 0 0 0 0 0 0 0 0 0 0 0 0 0 0 0
[285] 0 0 0 0 0 0 0 0 0 0 0 0 0 0 0 0 0 0 0 0 0 0 0 0 0 0 0 0 0 0 0 0 0 0 0 0 0 0 0 0 0
 0 0 0 0 0 0 0 0 0 0 0 0 0 0 0 0 0 0 0 0 0 0 0 0 0 0 0 0 0
[356] 0 0 0 0 0 0 0 0 0 0 0 0 0 0 0 0 0 0 0 0 0 0 0 0 0 0 0 0 0 0 0 0 0 0 0 0 0 0 0 0 0
 0 0 0 0 0 0 0 0 0 0 0 0 0 0 0 0 0 0 0 0 0 0 0 0 0 0 0 0 0
[427] 0 0 0 0 0 0 0 0 0 0 0 0 0 0 0 0 0 0 0 0 0 0 0 0 0 0 0 0 0 0 0 0 0 0 0 0 0 0 0 0 0
 0 0 0 0 0 0 0 0 0 0 0 0 0 0 0 0 0 0 0 0 0 0 0 0 0 0 0 0 0
[498] 0 0 0 0 0 0 0 0 0 0 0 0 0 0 0 0 0 0 0 0 0 0 0 0 0 0 0 0 0 0 0 0 0 0 0 0 0 0 0 0 0
 0 0 0 0 0 0 0 0 0 0 0 0 0 0 0 0 0 0 0 0 0 0 0 0
Levels: 0 < 1

Slot "cutoffs":
[[1]]
   [1]        Inf 118231.00     2818.61     2815.51     2526.15     2520.30     2467.77
2321.26   2317.04     2233.47     2213.26     2193.57     2185.52     2155.10
  [15]   2082.48     2042.90     2035.62     2025.63     2013.30     1937.68     1934.01
1805.29   1796.30     1720.71     1682.52     1647.45     1627.42     1626.00
  [29]   1612.48     1588.27     1575.48     1568.00     1550.25     1471.05     1420.10
1412.78   1392.65     1375.94     1349.62     1308.32     1238.02     1236.26
```

```
 [43]  1209.08   1196.12   1181.30   1171.23   1152.84   1132.64   1128.41
1125.58  1112.54   1109.18   1094.92   1084.25   1076.27   1041.69
 [57]  1028.43    996.40    939.95    934.31    931.51    908.48    901.86
 888.38   870.23    869.18    856.24    854.06    853.10    849.66
 [71]   842.67    806.10    800.34    798.81    788.44    787.38    785.12
 742.52   742.40    739.04    714.60    680.64    667.24    656.84
 [85]   633.95    626.71    623.16    606.69    551.26    550.26    549.99
 525.65   523.49    502.73    479.63    471.82    469.21    465.48
 [99]   465.02    459.54    455.65    438.78    417.49    410.91    407.82
 405.50   403.39    382.41    375.41    374.71    372.49    368.39
[113]   363.68    360.10    358.65    349.17    339.88    332.07    319.27
 309.16   307.35    298.00    293.42    284.29    280.96    278.85
[127]   266.00    265.82    252.73    252.36    251.88    245.08    237.01
 235.83   232.64    232.17    231.84    229.92    228.70    225.26
[141]   202.32    200.25    200.16    198.29    188.61    188.57    187.50
 183.27   182.28    176.13    175.87    174.34    172.52    170.15
[155]   163.02    157.48    156.59    154.35    142.90    142.70    131.17
 128.59   127.96    127.22    126.12    125.25    122.01    121.94
[169]   121.60    121.45    120.96    115.85    115.57    112.96    110.95
 107.91   103.86    102.35    102.13    100.35     98.47     97.07
[183]    94.80     93.37     88.92     88.59     87.44     87.27     86.65
  85.65    83.81     80.41     78.26     78.25     75.12     74.21
[197]    72.57     71.75     71.40     70.85     70.72     70.59     69.38
  68.68    66.46     65.38     60.82     60.45     60.33     60.06
[211]    58.58     55.84     55.50     55.35     55.32     55.26     55.25
  55.24    55.23     54.87     50.62     50.15     49.70     44.13
[225]    44.05     42.23     40.36     39.87     38.19     36.65     33.62
  33.35    33.25     32.25     30.85     30.78     30.55     30.35
[239]    30.28     30.25     30.22     30.05     29.85     28.61     26.65
  26.46    25.53     25.25     24.95     23.51     22.85     22.84
[253]    22.83     22.47     22.39     22.36     22.32     22.26     22.25
  21.74    21.26     21.17     20.95     20.66     20.41     20.36
[267]    20.35     20.25     20.02     19.89     19.26     19.04     18.25
  17.62    17.15     15.87     15.52     15.41     15.25     14.35
[281]    14.23     13.17     12.84     12.69     12.64     12.60     12.26
  12.25    11.68     11.65     11.64     11.28     10.95     10.86
[295]    10.78     10.55     10.45     10.26     10.25     10.23     10.20
   9.94     9.72      9.68      8.95      8.90      8.85      8.58
[309]     8.54      8.25      8.23      8.15      7.86      7.84      7.83
   7.61     7.14      6.79      6.60      6.36      6.23      5.87
[323]     5.85      5.75      5.68      5.65      5.61      5.58      5.48
   5.36     5.26      5.25      5.22      5.21      4.77      4.71
[337]     4.61      4.40      4.29      4.25      3.96      3.75      3.65
   3.63     3.56      3.53      3.38      3.36      3.34      3.32
[351]     3.28      2.94      2.85      2.80      2.65      2.62      2.58
   2.53     2.52      2.45      2.29      2.25      2.23      2.15
[365]     1.86      1.72      1.68      1.61      1.58      1.57      1.55
   1.52     1.40      1.39      1.25      1.18      1.07      0.95
[379]     0.93      0.92      0.91      0.90      0.88      0.85      0.84
   0.83     0.82      0.81      0.79      0.78      0.75      0.73
[393]     0.72      0.71      0.67      0.66      0.65      0.64      0.63
   0.62     0.61      0.60      0.56      0.55      0.54      0.53
[407]     0.51      0.50      0.48      0.47      0.46      0.45      0.44
   0.43     0.42      0.41      0.40      0.39      0.38      0.36
[421]     0.35      0.34      0.33      0.32      0.30      0.29      0.28
   0.27     0.26      0.25      0.24      0.23      0.22      0.21
[435]     0.20      0.18      0.17      0.16      0.15      0.14      0.13
   0.12     0.10      0.09

Slot "fp":
[[1]]
  [1]   0   1   1   1   2   2   3   3   3   4   5   6   6   7   7   7   7   7   8
  9  10  11  11  12  12  13  14  14  15  15  16  17  17  18  19
 [36]  20  21  21  21  21  22  22  22  23  24  25  25  25  25  25  26  27  27  27
 28  28  28  29  29  30  31  32  33  34  35  36  36  36  36  37
 [71]  38  39  39  39  40  41  41  41  42  43  43  43  44  44  45  45  46  47  47
 47  47  47  47  47  48  49  50  51  52  52  52  53  54  54  55
[106]  55  56  57  57  58  59  60  60  61  61  62  63  64  64  64  65  66  67  68
 68  68  69  70  71  71  72  72  72  73  73  74  74  74  74  74
```

```
[141]  75  75  75  76  76  76  76  77  78  78  79  79  80  80  81  82  82  82  82
 82  83  83  84  84  85  85  86  87  88  89  90  91  92  92  93
[176]  93  94  94  95  95  95  95  96  97  98  99  99  99 100 101 101 102 103 104
104 105 106 106 107 107 108 109 110 111 112 112 113 113 114 115
[211] 115 116 117 117 117 118 119 119 119 120 120 120 121 122 123 124 125 126 126
127 129 131 131 132 132 133 134 135 135 136 137 138 139 140 141
[246] 141 141 142 143 143 144 145 146 147 148 148 148 148 149 150 151 152 153 154
155 157 157 158 158 159 159 160 161 162 163 163 164 164 165
[281] 166 167 168 168 169 169 169 169 170 171 172 172 172 173 174 175 175 175 178
179 180 180 180 181 182 182 182 183 184 185 186 186 187 188 189
[316] 190 190 191 191 192 192 193 193 194 195 195 196 197 197 197 198 200 201 201
201 201 202 202 202 203 204 205 206 207 208 209 210 212 213 215
[351] 215 216 216 217 217 217 218 218 219 220 220 223 223 224 225 226 227 228 229
230 231 232 232 232 232 233 233 234 236 238 240 241 244 247 254
[386] 255 257 259 259 259 260 263 267 269 271 273 274 279 281 285 288 290 291 293 300
301 303 304 305 308 309 310 311 313 314 316 317 319 320 323 326
[421] 327 329 333 335 336 340 346 347 350 358 362 364 369 372 374 375 378 380 381
382 383 384 385 387
```

Slot "tp":
[[1]]
```
  [1]   0   0   1   2   2   3   3   4   5   5   5   5   6   6   7   8   9  10  10
 10  10  10  11  11  12  12  12  13  13  14  14  14  15  15  15
 [36]  15  15  16  17  18  18  19  20  20  20  20  21  22  23  24  24  24  25  26
 26  27  28  28  29  29  29  29  29  29  29  29  30  31  32  32
 [71]  32  32  33  34  34  34  35  36  36  36  37  38  38  39  39  40  40  40  41
 42  43  44  45  46  46  46  46  46  47  48  48  48  49  49
[106]  50  50  50  51  51  51  51  52  52  53  53  53  53  54  55  55  55  55  55
 56  57  57  57  57  58  58  59  60  60  61  61  62  63  64  65
[141]  65  66  67  67  68  69  70  70  70  71  71  72  72  73  73  73  74  75  76
 77  77  78  78  79  79  80  80  80  80  80  80  80  80  81  81
[176]  82  82  84  84  85  86  87  87  87  87  87  88  89  89  89  90  90  90  90
 91  91  92  92  93  93  93  93  93  94  94  95  95  96
[211]  97  97  97  98  99  99  99 100 101 101 102 103 103 103 103 103 103 103 104
104 104 104 105 105 106 106 106 106 107 107 107 107 107 107 107
[246] 108 109 109 109 110 110 110 110 110 110 111 112 113 113 113 113 113 113 113
113 114 115 117 117 118 118 119 119 119 119 119 120 120 121 121
[281] 121 121 121 122 122 123 124 125 125 125 125 126 127 127 127 127 128 129 130
130 130 131 132 132 132 133 134 135 135 136 137 138 138 138 138
[316] 138 139 139 140 141 142 142 143 143 144 145 145 146 147 147 147 147 148
149 150 150 151 152 152 152 152 152 152 152 152 152 152 152 152
[351] 153 153 154 154 155 157 157 158 158 158 159 160 161 161 161 161 161 161 161
161 161 161 162 163 164 164 165 165 165 165 165 165 165 165 165
[386] 165 165 165 166 166 166 166 166 166 166 166 166 166 166 166 166 167 167 167
168 168 168 168 168 168 168 168 168 168 168 168 168 168 168 168
[421] 168 169 169 170 170 170 170 170 170 170 170 174 174 174 174 174 174 174 175
175 176 176 176 176
```

Slot "tn":
[[1]]
```
  [1] 387 386 386 386 385 385 384 384 384 383 382 381 381 380 380 380 380 380 379
378 377 376 376 375 375 374 373 373 372 372 371 370 370 369 368
 [36] 367 366 366 366 366 365 365 365 364 363 362 362 362 362 362 361 360 360 360
359 359 359 358 358 357 356 355 354 353 352 351 351 351 351 350
 [71] 349 348 348 348 347 346 346 346 345 344 344 344 343 343 342 342 341 340 340
340 340 340 340 340 339 338 337 336 335 335 335 334 333 333 332
[106] 332 331 330 330 329 328 327 327 326 326 325 324 323 323 323 322 321 320 319
319 319 318 317 316 316 315 315 315 314 314 313 313 313 313
[141] 312 312 312 311 311 311 311 310 309 309 308 308 307 307 306 305 305 305 305
305 304 304 303 303 302 302 301 300 299 298 297 296 295 295 294
[176] 294 293 293 292 292 292 292 291 290 289 288 288 288 287 286 286 285 284 283
283 282 281 281 280 280 279 278 277 276 275 275 274 274 273 272
[211] 272 271 270 270 270 269 268 268 268 267 267 267 266 265 264 263 262 261 261
260 258 256 256 255 255 254 253 252 252 251 250 249 248 247 246
[246] 246 246 245 244 244 243 242 241 240 239 239 239 239 238 237 236 235 234 233
232 230 230 230 229 229 228 228 227 226 225 224 224 223 223 222
[281] 221 220 219 219 218 218 218 218 217 216 215 215 215 214 213 212 212 212 209
208 207 207 207 206 205 205 205 204 203 202 201 201 200 199 198
```

```
[316] 197 197 196 196 195 195 194 194 193 192 192 191 190 190 190 189 187 186 186
186 186 185 185 185 184 183 182 181 180 179 178 177 175 174 172
[351] 172 171 171 170 170 170 169 169 168 167 167 164 164 163 162 161 160 159 158
157 156 155 155 155 155 154 154 153 151 149 147 146 143 140 133
[385] 132 130 128 128 127 124 120 118 116 114 113 108 106 102  99  97  96  94  87
 86  84  83  82  79  78  77  76  74  73  71  70  68  67  64  61
[421]  60  58  54  52  51  47  41  40  37  29  25  23  18  15  13  12   9   7   6
  5   4   3   2   0


Slot "fn":
[[1]]
  [1] 176 176 175 174 174 173 173 172 171 171 171 171 170 170 169 168 167 166 166
166 166 166 165 165 164 164 164 163 163 162 162 162 161 161 161
 [36] 161 161 160 159 158 158 157 156 156 156 155 154 153 152 152 152 151 150
150 149 148 148 147 147 147 147 147 147 147 147 146 145 144 144
 [71] 144 144 143 142 142 142 141 140 140 140 139 138 138 137 137 136 136 136 135
134 133 132 131 130 130 130 130 130 130 129 128 128 128 127 127
[106] 126 126 126 125 125 125 125 124 124 123 123 123 123 122 121 121 121 121 121
120 119 119 119 119 118 118 117 116 116 115 115 114 113 112 111
[141] 110 110 109 109 108 107 106 106 106 105 105 104 104 103 103 103 102 101 100
 99  99  98  98  97  97  96  96  96  96  96  96  96  96  95  95
[176]  94  94  92  92  91  90  89  89  89  89  89  88  87  87  87  86  86  86  86
 85  85  85  84  84  83  83  83  83  83  83  82  82  81  81  80
[211]  79  79  79  78  77  77  77  76  75  75  74  73  73  73  73  73  73  73  72
 72  72  72  71  71  70  70  70  70  69  69  69  69  69  69  69
[246]  68  67  67  67  66  66  66  66  66  66  65  64  63  63  63  63  63  63  63
 63  62  61  59  59  58  58  57  57  57  57  57  56  56  55  55
[281]  55  55  55  54  54  53  52  51  51  51  51  50  49  49  49  49  48  47  46
 46  46  45  44  44  44  43  42  41  41  40  39  38  38  38  38
[316]  38  37  37  36  35  34  34  33  33  32  31  31  31  30  29  29  29  29  28
 27  26  26  25  24  24  24  24  24  24  24  24  24  24  24
[351]  23  23  22  22  21  19  19  18  18  18  17  16  15  15  15  15  15  15  15
 15  15  15  14  13  12  12  11  11  11  11  11  11  11  11  11
[386]  11  11  11  10  10  10  10  10  10  10  10  10  10  10  10  10   9   9   9
  8   8   8   8   8   8   8   8   8   8   8   8   8   8   8   8
[421]   8   7   7   6   6   6   6   6   6   6   6   2   2   2   2   2   2   2   1
  1   0   0   0   0


Slot "n.pos":
[[1]]
[1] 176

Slot "n.neg":
[[1]]
[1] 387

Slot "n.pos.pred":
[[1]]
  [1]   0   1   2   3   4   5   6   7   8   9  10  11  12  13  14  15  16  17  18
 19  20  21  22  23  24  25  26  27  28  29  30  31  32  33  34
 [36]  35  36  37  38  39  40  41  42  43  44  45  46  47  48  49  50  51  52  53
 54  55  56  57  58  59  60  61  62  63  64  65  66  67  68  69
 [71]  70  71  72  73  74  75  76  77  78  79  80  81  82  83  84  85  86  87  88
 89  90  91  92  93  94  95  96  97  98  99 100 101 102 103 104
[106] 105 106 107 108 109 110 111 112 113 114 115 116 117 118 119 120 121 122 123
124 125 126 127 128 129 130 131 132 133 134 135 136 137 138 139
[141] 140 141 142 143 144 145 146 147 148 149 150 151 152 153 154 155 156 157 158
159 160 161 162 163 164 165 166 167 168 169 170 171 172 173 174
[176] 175 176 178 179 180 181 182 183 184 185 186 187 188 189 190 191 192 193 194
195 196 197 198 199 200 201 202 203 204 205 206 207 208 209 211
[211] 212 213 214 215 216 217 218 219 220 221 222 223 224 225 226 227 228 229 230
231 233 235 236 237 238 239 240 241 242 243 244 245 246 247 248
[246] 249 250 251 252 253 254 255 256 257 258 259 260 261 262 263 264 265 266 267
268 271 272 274 275 276 277 278 279 280 281 282 283 284 285 286
[281] 287 288 289 290 291 292 293 294 295 296 297 298 299 300 301 302 303 304 308
309 310 311 312 313 314 315 316 318 319 321 323 324 325 326 327
[316] 328 329 330 331 333 334 335 336 337 339 340 341 342 343 344 345 347 348 349
350 351 352 353 354 355 356 357 358 359 360 361 362 364 365 367
```

```
 [351]  368  369  370  371  372  374  375  376  377  378  379  383  384  385  386  387  388  389  390
  391  392  393  394  395  396  397  398  399  401  403  405  406  409  412  419
 [386]  420  422  424  425  426  429  433  435  437  439  440  445  447  451  454  456  458  460  467
  469  471  472  473  476  477  478  479  481  482  484  485  487  488  491  494
 [421]  495  498  502  505  506  510  516  517  520  528  532  538  543  546  548  549  552  554  556
  557  559  560  561  563

Slot "n.neg.pred":
[[1]]
   [1]  563  562  561  560  559  558  557  556  555  554  553  552  551  550  549  548  547  546  545
  544  543  542  541  540  539  538  537  536  535  534  533  532  531  530  529
  [36]  528  527  526  525  524  523  522  521  520  519  518  517  516  515  514  513  512  511  510
  509  508  507  506  505  504  503  502  501  500  499  498  497  496  495  494
  [71]  493  492  491  490  489  488  487  486  485  484  483  482  481  480  479  478  477  476  475
  474  473  472  471  470  469  468  467  466  465  464  463  462  461  460  459
 [106]  458  457  456  455  454  453  452  451  450  449  448  447  446  445  444  443  442  441  440
  439  438  437  436  435  434  433  432  431  430  429  428  427  426  425  424
 [141]  423  422  421  420  419  418  417  416  415  414  413  412  411  410  409  408  407  406  405
  404  403  402  401  400  399  398  397  396  395  394  393  392  391  390  389
 [176]  388  387  385  384  383  382  381  380  379  378  377  376  375  374  373  372  371  370  369
  368  367  366  365  364  363  362  361  360  359  358  357  356  355  354  352
 [211]  351  350  349  348  347  346  345  344  343  342  341  340  339  338  337  336  335  334  333
  332  330  328  327  326  325  324  323  322  321  320  319  318  317  316  315
 [246]  314  313  312  311  310  309  308  307  306  305  304  303  302  301  300  299  298  297  296
  295  292  291  289  288  287  286  285  284  283  282  281  280  279  278  277
 [281]  276  275  274  273  272  271  270  269  268  267  266  265  264  263  262  261  260  259  255
  254  253  252  251  250  249  248  247  245  244  242  240  239  238  237  236
 [316]  235  234  233  232  230  229  228  227  226  224  223  222  221  220  219  218  216  215  214
  213  212  211  210  209  208  207  206  205  204  203  202  201  199  198  196
 [351]  195  194  193  192  191  189  188  187  186  185  184  180  179  178  177  176  175  174  173
  172  171  170  169  168  167  166  165  164  162  160  158  157  154  151  144
 [386]  143  141  139  138  137  134  130  128  126  124  123  118  116  112  109  107  105  103   96
   94   92   91   90   87   86   85   84   82   81   79   78   76   75   72   69
 [421]   68   65   61   58   57   53   47   46   43   35   31   25   20   17   15   14   11    9    7
    6    4    3    2    0
```
⑤
```
An object of class "performance"
Slot "x.name":
[1] "None"

Slot "y.name":
[1] "Area under the ROC curve"

Slot "alpha.name":
[1] "none"

Slot "x.values":
list()

Slot "y.values":
[[1]]
[1] 0.8005564

Slot "alpha.values":
list()
```
⑥
```
An object of class "performance"
Slot "x.name":
[1] "None"

Slot "y.name":
[1] "Area under the ROC curve"

Slot "alpha.name":
[1] "none"
```

```
Slot "x.values":
list()

Slot "y.values":
[[1]]
[1] 0.6902308

Slot "alpha.values":
list()
```
⑦

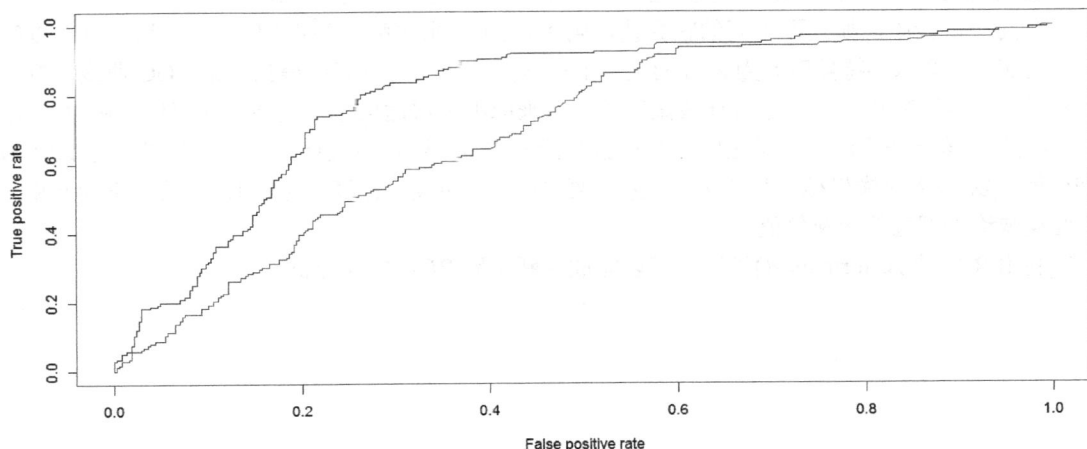

【结果解释】

① 数据框字段的基本描述（最小值、最大值、均值、中位数、第 25 位和 75 位百分位数）。

② 数据框的结构描述。

③ 输出 mRNA 预测结果，不同 cut-off 值所对应的真阳性数、假阳性数、真阴性数和假阴性数、预测阳性数和预测阴性数等。

④ 输出 DNA 预测结果，不同 cut-off 值所对应的真阳性数、假阳性数、真阴性数和假阴性数、预测阳性数和预测阴性数等。

⑤ 输出 mRNA 指标 ROC 曲线下面积 AUC，本例的曲线下面积为 0.8005564。

⑥ 输出 DNA 指标 ROC 曲线下面积 AUC，本例的曲线下面积为 0.6902308。

⑦ 输出 ROC 曲线，假阳性率为横坐标，灵敏度为纵坐标。

重点提示：通过实例应掌握利用 performance() 函数进行 ROC 曲线构建以及分析的方法。

21.3 本章小结

诊断性试验是对疾病进行诊断的试验方法，它不仅包括实验室检查，还包括各种影像诊断，如 X-诊断、CT、核磁共振（MRI）、超声波诊断，以及同位素检查、纤维内诊镜、电镜等诊断方法。评价诊断试验的常用指标有一致百分率、灵敏度、特异度、Youden 指数、阳性似然比、阴性似然比、阳性预报值和阴性预报值等。一致百分率是病例正确诊断为阳性与对照正确诊断为阴性的例数之和占总例数的百分率；实际患病且被诊断为阳性的概率就是灵敏度，也称为真阳性率；实际未患病且被诊断为阴性的概率就是特异度；真阳性率与假阳性率之差就是

Youden 指数；真阳性率与假阳性率之比，即灵敏度与误诊率之比就是阳性似然比；假阴性率与真阴性率之比，即漏诊率与特异度之比就是阴性似然比；诊断试验结果为阳性时，受试者实际为病例的概率就是阳性预报值；诊断试验结果为阴性时，受试者实际为非病例的概率就是阴性预报值。

　　尽管前面所列的 Youden 指数、阳（阴）性似然比、阳（阴）性预报值等指标综合利用了真阳性率（TPR）与假阳性率（FPR）的信息，但这些指标都与诊断界点（或阈值）的选取有关。为了更全面地评价检测方法的诊断价值，必须考虑各种可能的诊断界点。

　　在同一试验中，如果取不同的临界值，则可得到不同的敏感度和特异度，将这些点在以敏感度为 Y 轴，以（1-特异度）为 X 轴的坐标上标出并连成线，就可以得到一条 ROC 曲线。ROC 分析于 20 世纪 50 年代起源于统计决策理论，后来应用于雷达信号接收能力的评价；从 20 世纪 80 年代起，该方法广泛应用于医学诊断试验性能的评价。通过改变诊断界点，获得多对 TPR 与 FPR 值，以 FPR 为横坐标，TPR 为纵坐标，绘制 ROC 曲线，计算与比较 ROC 曲线下的面积，以此反映诊断试验的诊断价值。

　　利用 R 中的 performance()函数，可以完成诊断试验 ROC 曲线分析。

第22章 统 计 图

学习目标

- 了解统计图的特点。
- 熟悉统计图绘制的一般原则。
- 掌握根据数据特征选择统计图的方法。
- 掌握各种统计图的意义以及绘制统计图的 R 函数。

内容概要

统计图是用点、线、面、体等来形象地表达数量资料的一种方式，常用的统计图有直条图（棒图）、圆图（饼图）、线图、直方图和散点图等。

制作统计图的一般原则包括：根据资料性质和分析目的正确选用适当的统计图；统计图必须有标题、概括统计图资料的时间、地点和主要内容；统计图一般有横轴和纵轴，并分别用横标目和纵标目说明横轴和纵轴代表的指标和单位；统计图用不同的线条和颜色表达不同事物和对象的统计量，需要附图加以说明。

本章分别介绍直条图、百分条图和圆图、线图、半对数线图、箱线图、散点图和直方图等，以及绘制这些图形的 R 函数。

统计图的种类很多，应根据资料的类型和目的选用合适的统计图。定性资料可选用的统计图有直条图、圆图、统计地图等；定量资料可选用的统计图有直方图（或多边图）、普通线图、半对数线图、散点图等。不同的统计图，以不同的方式或姿态来形象化地表达资料。因此，掌握各种统计图的特征，有助于正确选用统计图。

制作统计图的一般原则如下。

（1）根据资料性质和分析目的正确选用适当的统计图。例如分析比较独立的、不连续的、无数量关系的多个组或多个类别的统计量宜选用直条图，分析某指标随时间或其他连续变量变化而变化的趋势宜选用线图，描述某变量的频数宜选用直方图，描述或比较不同事物内部构成时宜选用圆图或百分条图等。

（2）统计图必须有标题、概括统计图资料的时间、地点和主要内容。统计图的标题在图的下方。

（3）统计图一般有横轴和纵轴，并分别用横标目和纵标目说明横轴和纵轴代表的指标和单位。一般将两轴的相交点即原点处定为 0。

（4）统计图用不同的线条和颜色表达不同事物和对象的统计量，需要附图加以说明。

22.1 条形图

条形图用来表示各相互独立的统计指标的数量大小。通常，纵轴表达数量，横轴表达分组标志。用绝对数或相对数均可表达数量，其数量大小用图中各长条的高度来反映。条形图用相同宽度的直条长短表示相互独立的某统计指标值的大小。条形图按照是横放还是竖放分卧式和立式两种，按对象的分组是单层次和两层次分单式和复式两种。

条形图的直条尺度必须从 0 开始，各直条的宽度相等，间隔一般与直条等宽或为其一半。直条排列的顺序可按指标值大小排列，也可按分组的自然顺序排列。

在 R 中，可采用 barplot()函数绘制条形图。

barplot()函数的语法格式如下：

```
barplot(height, width = 1, space = NULL,
        names.arg = NULL, legend.text = NULL, beside = FALSE,
        horiz = FALSE, density = NULL, angle = 45,
        col = NULL, border = par("fg"),
        main = NULL, sub = NULL, xlab = NULL, ylab = NULL,
        xlim = NULL, ylim = NULL, xpd = TRUE, log = "",
        axes = TRUE, axisnames = TRUE,
        cex.axis = par("cex.axis"), cex.names = par("cex.axis"),
        inside = TRUE, plot = TRUE, axis.lty = 0, offset = 0,
        add = FALSE, args.legend = NULL, ...)
```

各主要语句选项的说明如下。

- height：条形图需要展示的一个向量或矩阵。
- width：直条的宽度。
- space：直条之间间隔的距离。
- names.arg：每个直条以下绘制的名字向量。
- legend.text：关于图形图例说明的文本向量。
- beside：逻辑向量，FALSE 时为累积条形图，TRUE 时为分组条形图。
- horiz：逻辑向量，FALSE 时为垂直条形图，TRUE 时为水平条形图。
- col：指定条形图颜色的向量。
- main 和 sub：图形的总标题和子标题。
- xlab：x 轴标签。
- ylab：y 轴标签。
- xlim：x 轴范围限制。
- ylim：y 轴范围限制。

例 22-1 考查参加某次学习班的人员情况。考查的指标有单位(是否本院)、性别、年龄等，绘制条形图。

【R 程序】

```
> example22_1 <- read.table ("example22_1.csv", header=TRUE, sep=",")
> example22_1
> attach(example22_1)
> count <- table(gender)
> count
> barplot (count,
main="simple bar plot", xlab="gender", ylab="frequency")
> barplot (count,
 main="simple bar plot", xlab="frequency ", ylab="gender ", horiz=TRUE)
> count2 <- table(gender, unit)
> count2
> barplot (count2,col=c("red", "green"),legend=rownames(count2),
 main="stacked bar plot", xlab="unit", ylab="frequency")
> barplot (count2,col=c("red", "green"),legend=rownames(count2),
 main="stacked bar plot", xlab="unit", ylab="frequency", beside=TRUE)
> means   <-aggregate(age,by=list(gender), FUN=mean)
```

```
> means
> barplot(means$x, names.arg=means$Group.1)
```

【R 输出结果】

①

```
   gender unit age
1       M   IN  27
2       M  OUT  30
3       F   IN  24
4       M   IN  36
5       F   IN  22
6       F  OUT  32
7       F  OUT  36
8       F   IN  28
9       M   IN  26
10      M  OUT  40
11      F  OUT  38
12      F   IN  31
13      F  OUT  21
14      F   IN  27
15      M   IN  34
16      M   IN  29
17      M  OUT  33
18      F  OUT  35
19      M   IN  24
20      F   IN  23
21      M   IN  37
22      F   IN  27
23      F   IN  34
24      M  OUT  41
25      F  OUT  30
26      M   IN  26
27      F   IN  29
28      F   IN  30
29      F  OUT  23
30      F   IN  36
```

②

```
gender
 F  M
18 12
```

③

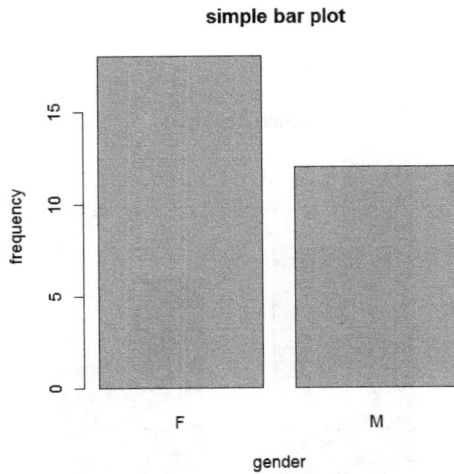

simple bar plot

④

simple bar plot

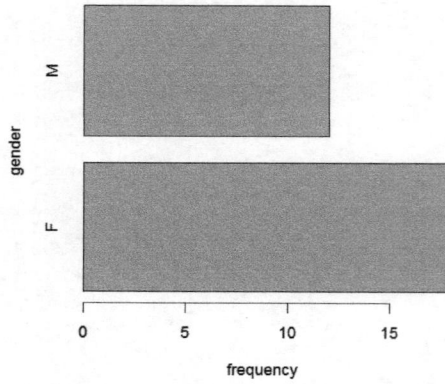

⑤

```
        unit
gender IN OUT
     F 11   7
     M  8   4
```

⑥

stacked bar plot

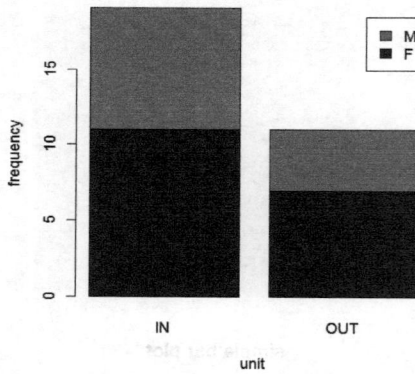

⑦

stacked bar plot

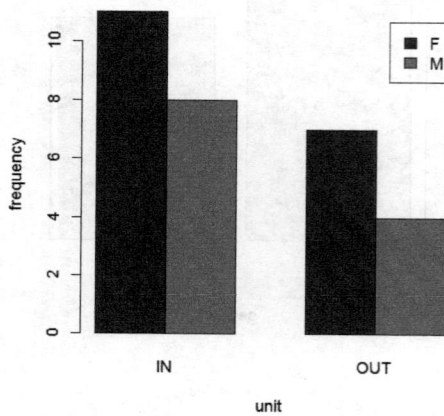

⑧

```
  Group.1         x
1        F 29.22222
2        M 31.91667
```
⑨

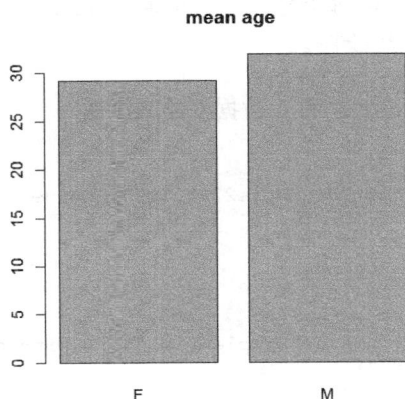

mean age

【结果解释】

① 显示原始数据框。

② 变量 gender 的频数描述。

③ 变量 gender 的简单垂直条形图。

④ 变量 gender 的简单水平条形图。

⑤ 变量 gender 和 unit 的列联表。

⑥ 变量 unit 的累积条形图。

⑦ 变量 unit 的分组条形图。

⑧ age 的分组（gender）均值。

⑨ age 的分组（gender）均值条形图。

22.2 饼图

饼图用来表示事物内部的构成情况。必须用相对数，且各项之和为 100%，图中各扇形的面积表示数量的大小，将 360°圆心角看成 100%，把每一部分所占的百分数折算成圆心角的度数，根据圆心角的度数就可以画出代表各部分数量大小的扇形。百分条图是以矩形总长度作为 100%，将其分割成不同长度的段来表示各构成的比例。饼图和百分条图适合描述分类变量的各类别所占的构成比。

在 R 中，可采用 pie() 函数绘制条形图。

pie() 函数的语法格式如下：

```
pie(x, labels = names(x), edges = 200, radius = 0.8,
    clockwise = FALSE, init.angle = if(clockwise) 90 else 0,
    density = NULL, angle = 45, col = NULL, border = NULL,
    lty = NULL, main = NULL, ...)
```

各主要语句选项的说明如下。

- x：非负数值向量，表示每个扇形的面积。

- labels：表示各扇形标签的字符型向量。

- edges：有很多边的多边形近似圆形轮廓的馅饼。

● radius：饼图绘制集中在一个方盒子，其两侧范围从−1 到 1。如果标记切片的字符串是长期的，它可能需要使用一个较小的半径。

● clockwise：逻辑向量，表示顺时针或逆时针绘制，默认为逆时针绘制。

● init.angle：指定起始角度，默认为 0 点。

● density：阴影线的密度，以每英寸线。默认值 NULL 意味着没有阴影线绘制。density 非正面的价值观也抑制了阴影线绘图。

例 22-2 利用上例数据和已建立的 R 数据框绘制饼图。

【R 程序】

```
> example22_2  <- read.table ("example22_1.csv", header=TRUE, sep=",")
> example22_2
> attach(example22_2)
> count <-table(example22_2$gender)
> count
> pie(count, main="Simple Pie Chart")
> pie(count,col=rainbow(2), main="Simple Pie Chart with different colour")
> install.packages("plotrix")
> library(plotrix)
> pie3D(count,col=rainbow(2), main="3D Chart with different colour")
```

【R 输出结果】

①

Simple Pie Chart

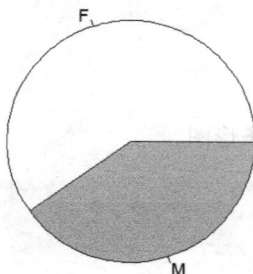

②

Simple Pie Chart with different colour

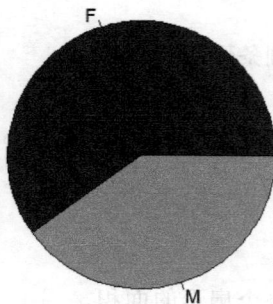

③

3D Chart with different colour

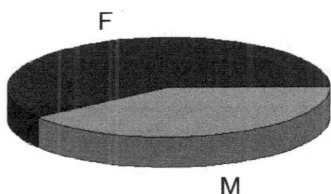

F

M

【结果解释】

① 简单饼图。

② 通过 rainbow()定义两种不同的颜色显示饼图。

③ pie3D()函数创建的三维饼图。

22.3 散点图

散点图表示两种事物变量的相关性和趋势。医学上常用于观察两种生理指标之间的动态变化关系，或临床上两项检测结果之间的量变关系。资料中包含着两个计量指标，如果两变量之间有自变量与因变量之分，通常把自变量放在横轴上，把因变量放在纵轴上。将成对的数据(X, Y)在直角坐标系中用圆点表示出来，就称为散点图。它可以形象地反映出在专业上有一定联系的两个连续变量之间的变化趋势，可借助它帮助判断是否值得进行直线相关和回归分析，或拟合何种类型的曲线方程。

在 R 中，可采用 plot()函数绘制散点图。

plot()函数的语法格式如下：

```
pie(x, y, type= ,...)
```

各主要语句选项的说明如下。

- x：数值型向量。
- y：数值型向量。
- type：指定所绘制图形的类型；p，只有点；l，只有线；o，实心点和线（即线覆盖在点上）；b、c，线连接点（c 时不绘制点）；s、S，阶梯线；h，直方图时的垂直线；n，不生成任何点和线。
- main 和 sub：图形的总标题和子标题。
- xlab：x 轴标签。
- ylab：y 轴标签。
- asp：y/x 长宽比。

例 22-3 某医生为了探讨缺碘地区母婴 TSH 水平的关系，应用免疫放射分析测定了 160 名孕妇（15～17 周）及分娩时脐带血 TSH 水平（mU/L）。现随机抽取 10 对数据，如表 22-1 所示，试对母血 TSH 水平与新生儿脐带血 TSH 水平进行相关分析。

表 22-1　　　　　　　　　　10 名孕妇及其分娩时脐带血 TSH 水平

母血 TSH	1.21	1.30	1.39	1.42	1.47	1.56	1.68	1.72	1.98	2.10
脐带血 TSH	3.90	4.50	4.20	4.83	4.16	4.93	4.32	4.99	4.70	5.20

【R 程序】

```
> example22_3  <- read.table ("example22_3.csv", header=TRUE, sep=",")
> example22_3
> summary(example22_3)
> attach(example22_3)
> plot(x, y)
> abline(lm(y~x), col="red", lwd=2, lty=1)
> lines (lowess(x,y), col="blue", lwd=2, lty=1)
```

【R 输出结果】

①
```
       x      y
1   1.21  3.90
2   1.30  4.50
3   1.39  4.20
4   1.42  4.83
5   1.47  4.16
6   1.56  4.93
7   1.68  4.32
8   1.72  4.99
9   1.98  4.70
10  2.10  5.20
```

②
```
      x                y
 Min.   :1.210   Min.   :3.900
 1st Qu.:1.397   1st Qu.:4.230
 Median :1.515   Median :4.600
 Mean   :1.583   Mean   :4.573
 3rd Qu.:1.710   3rd Qu.:4.905
 Max.   :2.100   Max.   :5.200
```

③

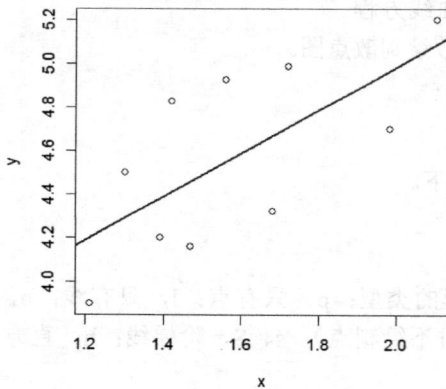

④

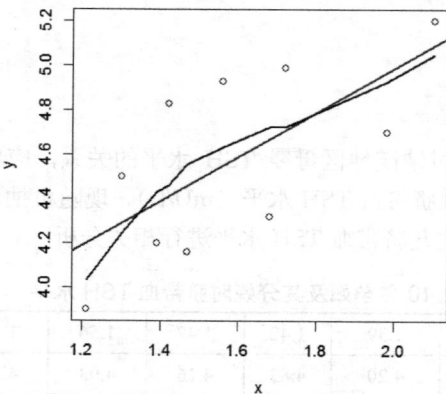

【结果解释】

① 显示原始数据框。

② 原始数据框字段的基本描述。

③ 创建了一幅基本的散点图，与预期的结果相同，随着母亲血 TSH 水平的增加，分娩时脐带血 TSH 水平增加，虽然它们不是完美的线性关系。abline()函数用来添加了最佳拟合的线性直线。

④ lowess()函数用来添加了一条平滑曲线。该平滑曲线拟合是一种基于局部加权多项式回归的非参数方法。

22.4 折线图

如果将散点图上的点从左往右连接起来，那么就会得到一个折线图。折线图，是用线段的升降来表示数值的变化，适合于描述某统计量随另一连续性数值变量变化而变化的趋势。它分为普通线图和半对数线图两种。普通折线图，资料中包含着两个计量指标，放在横轴上的计量指标通常是时间，放在纵轴上的计量指标通常是某种率。画图时，纵、横轴上的尺度一律用算术尺度。它适合于表达一个或者多个事物或现象随着时间的推移，数量的增减幅度。

在 R 中，可采用 plot()函数绘制折线图。与散点图的主要区别是 type 选项不同。

例 22-4　测得 12 名不同年龄妇女的收缩压数据，绘制回归直线。

【R 程序】

```
> example22_4  <- read.table ("example22_4.csv", header=TRUE, sep=",")
> example22_4
> attach(example22_4)
> plot(x, y, xlab="diastolic pressure",
 ylab="systolic pressure",
main="relationship between diastolic pressure and systolic pressure")
> plot(x, y, type="b", xlab="diastolic pressure",
 ylab="systolic pressure",
main="relationship between diastolic pressure and systolic pressure")
```

【R 输出结果】

①

```
    x   y
1  56 147
2  42 125
3  72 160
4  36 118
5  63 149
6  47 128
7  55 180
8  49 145
9  38 115
10 42 140
11 68 152
12 60 115
```

②

relationship between diastolic pressure and systolic pressure

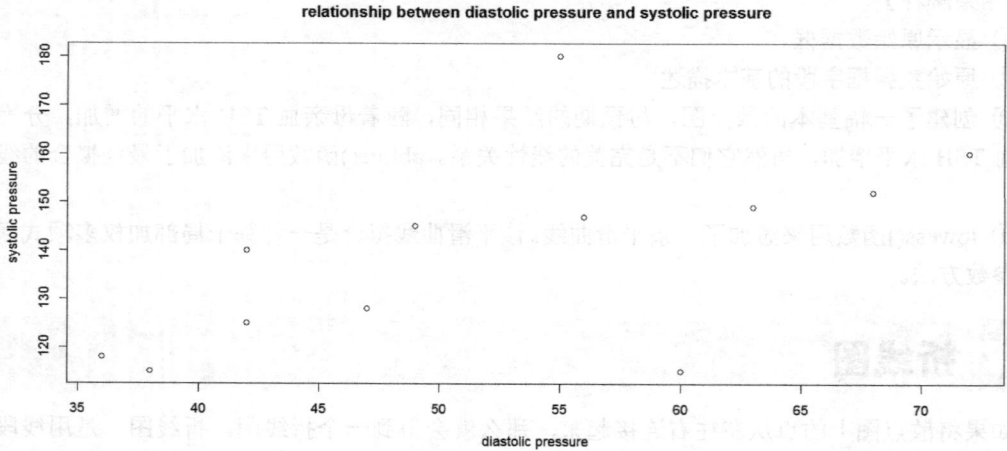

③

relationship between diastolic pressure and systolic pressure

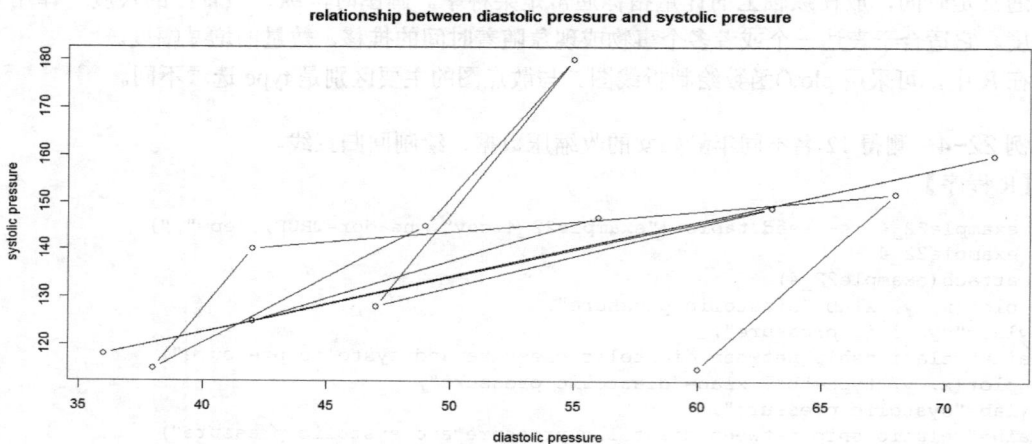

【结果解释】

① 显示原始数据框。

② 输出收缩压和舒张压的散点图。

③ 输出收缩压和舒张压的折线图。

22.5 箱线图

　　箱线图（又称盒须图）是由一组数据的 5 个特征值绘制而成的，它由一个箱子和两条线段组成。5 个特征值依次是最大值、上四分位数（第 75 百分位数）、中位数（第 50 百分位数）、下四分位数（第 25 百分位数）和最小值。通过箱线图，可以反映出数据分布的特征。箱线图能够显示出可能为离群点（范围±1.5*IQR 以外的值，IQR 表示四分位距，即上四分位数与下四分位数的差值）的观测。

　　箱线图一般有单批数据箱线图和多批数据箱线图两种。

　　在 R 中，可采用 boxplot()函数绘制散点图。

　　boxplot ()函数的语法格式如下：

```
boxplot(formula, data = NULL, ..., subset, na.action = NULL,
 width=, varwidth=, horizontal, add, )
```

各主要语句选项的说明如下。

- formula：是一个公式，例如 y ~ grp，其中 y 是一个数值向量，grp 为分组变量（通常是一个因素），表示类别型变量 grp 的每个值并列地生成数值型变量 y 的箱线图。公式 y ~ A*B 则将为类别型变量 A 和 B 所有水平的两两组合生成数值型变量 y 的箱线图。
- data：代表提供数据的数据框或列表。
- subset：指定一个可选的向量绘图观测的子集。
- na.action：表示数据包含 NA 时如何处置的一个函数，默认是忽略缺失值。
- width：指示箱线图向量盒的相对宽度。
- varwidth=TRUE：将使箱线图的宽度与其样本大小的平方根成正比。
- horizontal=TRUE：可以反转坐标轴的方向。
- add：逻辑向量，为真时表示在当前图形添加一个新的箱线图。

例 22-5　将 20 名钩端螺旋体病人的血清随机分为两组，分别用标准株和水生株做凝溶试验，测得稀释倍数如下。

标准株：100 200 400 400 400 400 800 1600 1600 1600 3200

水生株：100 100 100 200 200 200 200 400 400

试用箱线图初步考查标准株的分布。

【R 程序】

```
> example22_5  <- read.table ("example22_5.csv", header=TRUE, sep=",")
> example22_5
> attach(example22_5)
> boxplot(beishu)
> boxplot.stats(beishu)
```

【R 输出结果】

①

```
   beishu
1     100
2     200
3     400
4     400
5     400
6     400
7     800
8    1600
9    1600
10   1600
11   3200
```

②

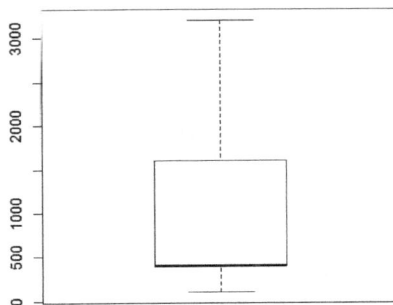

③
```
$stats
[1]  100   400    400  1600 3200

$n
[1] 11

$conf
[1] -171.6655  971.6655

$out
integer(0)
```

【结果解释】

① 原始数据框。

② 输出标准株血清钩端螺旋体滴度的箱线图。

③ 输出用于构建图形的统计量，在标准株样本中，钩端螺旋体血清滴度的中位数是 400，50%的值都落在了 400 和 1600 之间，最小值为 100，最大值为 3200。

对于多批数据，我们可以将各批数据的箱线图并列起来，从而进行分布特征的比较。在 R 中，可以通过 boxplot()函数完成此作图比较。

例 22-6　利用上例的数据，将 20 名钩端螺旋体病人的血清随机分为两组，分别用标准株和水生株做凝溶试验，测得稀释倍数如下。

标准株：100 200 400 400 400 400 800 1600 1600 1600 3200

水生株：100 100 100 200 200 200 200 400 400

试用多批数据箱线图初步比较标准株、水生株的分布。

【R 程序】

```
> example22_6  <- read.table ("example22_6.csv", header=TRUE, sep=",")
> example22_6
> attach(example22_6)
> boxplot(beishu~type, data= example22_6,)
> boxplot(beishu~type, data= example22_6, notch=TRUE)
```

【R 输出结果】

①

	type	beishu
1	A	100
2	A	200
3	A	400
4	A	400
5	A	400
6	A	400
7	A	800
8	A	1600
9	A	1600
10	A	1600
11	A	3200
12	B	100
13	B	100
14	B	100
15	B	200
16	B	200
17	B	200
18	B	200
19	B	400
20	B	400

②

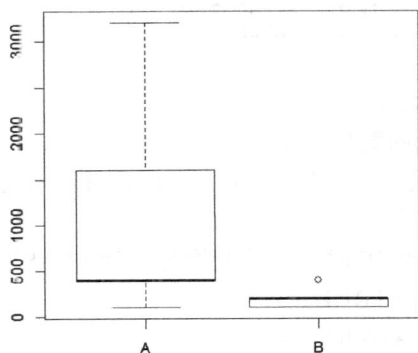

③

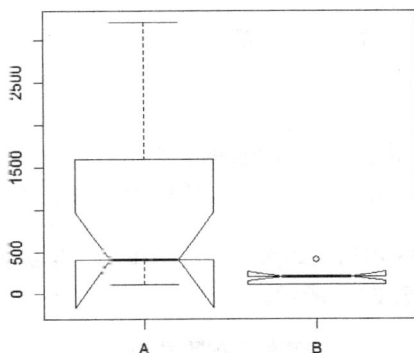

【结果解释】

① 原始数据框。

② 输出标准株和水生株血清钩端螺旋体滴度的箱线图。图形 boxplot 从直观上描述了标准株和水生株分布的集中、离散趋势。图形 boxplot 显示了 5 个特征值，依次是最大值、上四分位数、中位数、下四分位数和最小值。而且，可以判断标准株的稀释倍数明显大于水生株。

③ 通过添加 notch=TRUE，可以得到含凹槽的箱线图。若两个箱的凹槽互不重叠，则表明它们的中位数有显著差异。

22.6 直方图

数值型数据表现为数字，在整理时通常进行数据分组。分组是根据统计研究的需要，将数据按照某种标准分成不同的组别。直方图是用矩形的宽度和高度来表示频数分布的图形。用横轴表示数据分组，纵轴表示频数或频率。

直方图是以直方面积描述各组频数的多少，面积的总和相当于各组频数之和，适合表示数值变量的频数分布。直方图的横轴尺度是数值变量值，纵轴是频数。需注意如各组组距不等时，要折合成等距后再绘图，即将频数除以组距得到单位组距的频数作为直方的高度，组距为直方的宽度。

在 R 中，可通过 hist()函数绘制直方图。

hist()函数的语法格式如下：

```
hist(x, breaks = "Sturges",
     freq = NULL, probability = !freq,
     include.lowest = TRUE, right = TRUE,
     density = NULL, angle = 45, col = NULL, border = NULL,
```

```
     main = paste("Histogram of" , xname),
     xlim = range(breaks), ylim = NULL,
     xlab = xname, ylab, ...)
```

各主要语句选项的说明如下。

- x：由一个数据值组成的数值向量。
- breaks：指示直方图单元之间的断点向量、直方图单元的数量或用来计算直方图单元的数量的函数。
- freq：逻辑向量，为 TRUE 时频数绘制图形，为 FLASE 时概率密度绘制图形。当且仅当 breaks 是等距离时默认为 TRUE。
- probability：!freq 的兼容性的别名。
- right：逻辑向量，如果 TRUE，直方图单元是右闭（左开）区间。
- col：指定填充直条的颜色。
- main 和 sub：图形的总标题和子标题。
- xlab：x 轴标签。
- ylab：y 轴标签。
- xlim：ylim，合理的默认值 x 和 y 值的范围。
- plot：逻辑向量，如果 TRUE（默认），绘制直方图，否则返回中断和计数的列表。

例 22-7　某大学校医 1995 年随机调查了该校 101 名一年级男学生的身高（cm），现在关注的指标是身高的分布，结果如表 22-2 所示。

表 22-2　　　　　　　　　　身高的分布数据（cm）

170.7	174.1	166.7	179.7	171.0	168.0	177.3	174.5	174.1	173.3
169.0	173.5	173.1	177.5	180.0	173.2	173.1	172.4	173.6	175.3
181.5	170.8	176.4	171.0	171.8	180.7	170.7	173.8	164.9	170.0
177.7	171.4	163.5	178.8	174.9	178.3	174.1	174.3	171.4	173.2
173.7	173.4	174.2	172.9	176.9	168.3	175.1	172.1	166.8	172.8
168.8	172.5	172.8	175.2	170.9	168.6	168.6	169.1	168.8	172.0
168.2	172.8	169.1	173.6	169.6	172.8	175.7	178.8	170.1	175.5
171.7	168.6	171.2	170.1	170.7	173.6	167.2	170.8	174.8	171.8
174.9	168.5	178.7	177.3	165.9	174.2	170.2	169.5	172.1	178.1
171.2	176.0	169.8	177.9	171.6	179.4	183.8	168.3	175.6	175.9
182.2	—	—	—	—	—	—	—	—	—

【R 程序】

```
> example22_7 <- read.table ("example22_7.csv", header=TRUE, sep=",")
> example22_7
> summary(example22_7)
> attach(example22_7)
> hist(height)
> hist(height, breaks=12, col="red" )
> hist(height, breaks=14, col="red", freq=FALSE)
> rug(jitter(height))
> lines(density(height), col="blue", lwd=2)
> h <- hist(height, breaks=14, col="red")
> xfit <-seq(min(height), max(height), length=40)
> yfit <- dnorm(xfit, mean=mean(height), sd=sd(height))
> yfit <- yfit*diff(h$mids[1:2]*length(height))
> lines(xfit, yfit, col="blue", lwd=2)
```

【R 输出结果】

①

```
     height
1    170.7
2    174.1
3    166.7
4    179.7
5    171.0
6    168.0
7    177.3
8    174.5
9    174.1
10   173.3
11   169.0
12   173.5
13   173.1
14   177.5
15   180.0
16   173.2
17   173.1
18   172.4
19   173.6
20   175.3
21   181.5
22   170.8
23   176.4
24   171.0
25   171.8
26   180.7
27   170.7
28   173.8
29   164.9
30   170.0
31   177.7
32   171.4
33   163.5
34   178.8
35   174.9
36   178.3
37   174.1
38   174.3
39   171.4
40   173.2
41   173.7
42   173.4
43   174.2
44   172.9
45   176.9
46   168.3
47   175.1
48   172.1
49   166.8
50   172.8
51   168.8
52   172.5
53   172.8
54   175.2
55   170.9
56   168.6
57   168.6
58   169.1
59   168.8
60   172.0
61   168.2
62   172.8
63   169.1
64   173.6
65   169.6
```

```
 66    172.8
 67    175.7
 68    178.8
 69    170.1
 70    175.5
 71    171.7
 72    168.6
 73    171.2
 74    170.1
 75    170.7
 76    173.6
 77    167.2
 78    170.8
 79    174.8
 80    171.8
 81    174.9
 82    168.5
 83    178.7
 84    177.3
 85    165.9
 86    174.2
 87    170.2
 88    169.5
 89    172.1
 90    178.1
 91    171.2
 92    176.0
 93    169.8
 94    177.9
 95    171.6
 96    179.4
 97    183.8
 98    168.3
 99    175.6
100    175.9
101    182.2
```
②

```
    height
 Min.    :163.5
 1st Qu.:170.2
 Median :172.8
 Mean   :173.0
 3rd Qu.:175.2
 Max.    :183.8
```
③

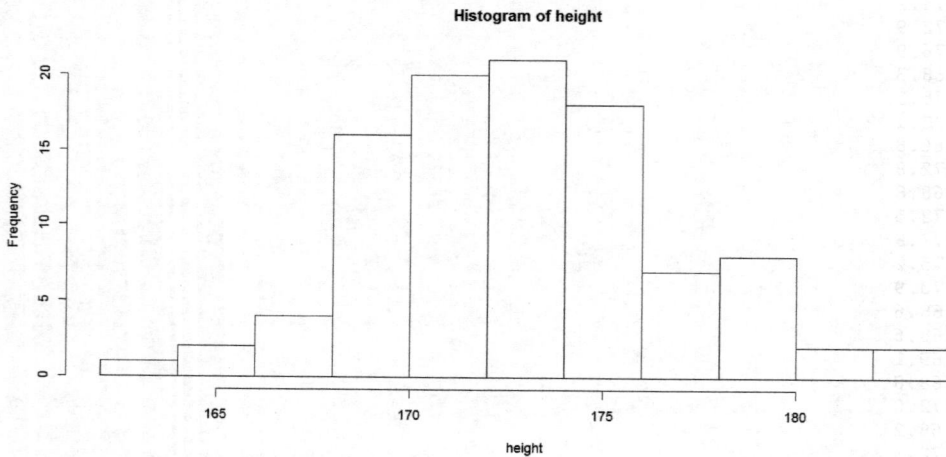

Histogram of height

④

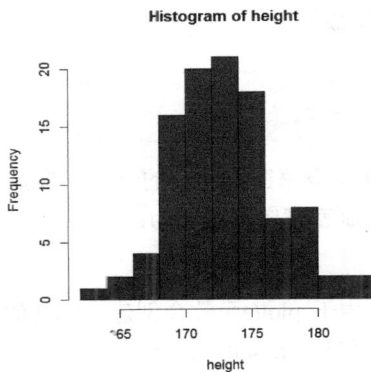

Histogram of height

⑤

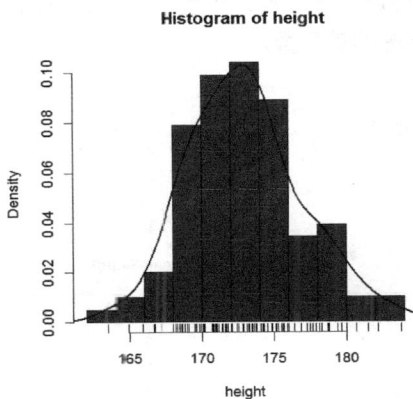

Histogram of height

⑥

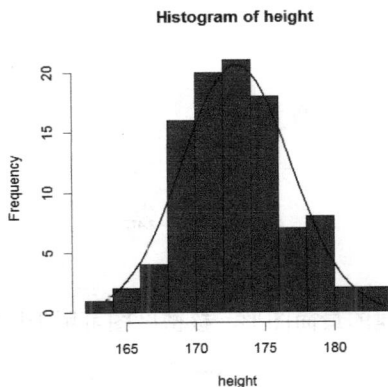

Histogram of height

【结果解释】

① 显示原始数据框。

② 变量的基本描述结果,最小值、第 25 百分位数、中位数、平均数、第 75 百分位数和最大值。

③ 输出简单直方图,即未指定任何选项时的默认图形。

④ 第 2 幅直方图,我们将组数指定为 12,使用红色填充图形。

⑤ 第 3 幅直方图保留了上一幅图中的颜色和组数,又叠加了一条密度曲线和轴须图。这条曲线是一个核密度估计,它为数据的分布提供了一种更加平滑的描述。使用 lines() 函数叠加了这条蓝色、双倍默认线条宽度的曲线。最后,轴须图是实际数据值的一种一维呈现方式。

⑥ 第 4 幅直方图与第二幅类似,只是拥有一条叠加在上面的正态曲线和一个将图形围绕起

来的盒型。盒型是使用 box()函数生成的。

22.7 核密度图

核密度估计是用于估计随机变量概率密度函数的一种非参数方法。核密度图是一种用来观察连续型变量分布的有效方法。绘制密度图的函数为：

```
plot(density(x))
```

其中，x 是一个数值型向量。由于 plot()函数会创建一幅新的图形，所以要向一幅已经存在的图形上叠加一条密度曲线，可以使用 lines()函数。

例 22-8 包含在 R 基本安装中的数据框 mtcars 是从 Motor Trend 杂志（1974）提取的，它描述了 34 种车型的设计和性能特点（汽缸数、排量、马力、每加仑汽油行驶的英里数，等等）。试用核密度图描述每加仑汽油行驶的英里数。

【R 程序】

```
>  dd  <- density(mtcars$mpg)
>  plot(dd)
```

【R 输出结果】

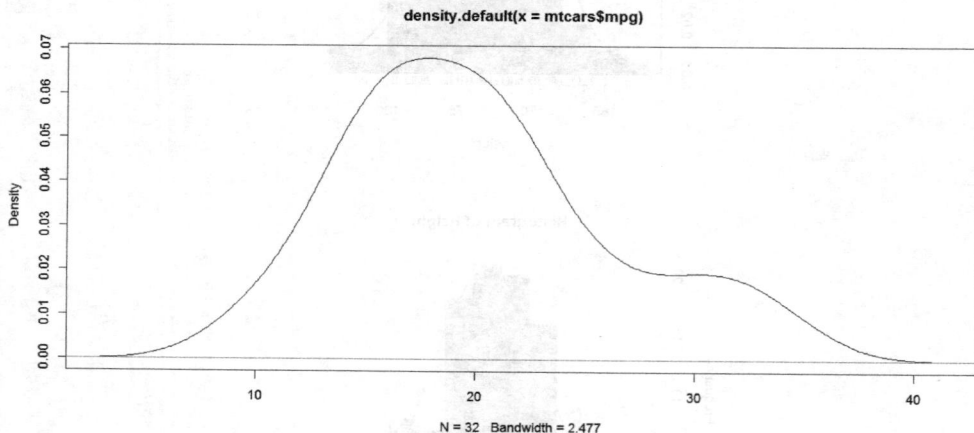

density.default(x = mtcars$mpg)

N = 32 Bandwidth = 2.477

【结果解释】

显示了完全使用默认设置创建的最简图形。核密度图可用于比较组间差异。

22.8 点图

点图提供了一种在简单水平刻度上绘制大量有标签值的方法。

在 R 中，可通过 dotchart()函数绘制点图。

dotchart ()函数的语法格式如下：

```
dotchart (x, labels = NULL, groups = NULL, gdata = NULL,
         cex = par("cex"), pch = 21, gpch = 21, bg = par("bg"),
         color = par("fg"), gcolor = par("fg"), lcolor = "gray",
         xlim = range(x[is.finite(x)]),
         main = NULL, xlab = NULL, ylab = NULL, ...)
```

各主要语句选项的说明如下。

- **x**：由一个数据值组成的数值向量或矩阵。
- **labels**：每个点的标签向量。
- **groups**：一个可选的因素，说明如何对 x 元素进行分组。
- **gdata**：各组的数据值。
- **cex**：要使用的字符大小。
- **pch**：所用的绘图字符或符号。
- **gpch**：用于组值的绘图字符或符号。
- **bg**：图要使用的字符或符号的背景颜色；使用 par(bg= *)设置整个图的背景颜色。
- **col**：用于点和标签的颜色。
- **gcolor**：用于组标签和值的单一颜色。
- **lcolor**：用于水平线的颜色。
- **xlim**：合理的默认值 x 值的范围。
- **main** 和 **sub**：图形的总标题和子标题。
- **xlab**：x 轴标签。
- **ylab**：y 轴标签。

　　例 22-9　包含在 R 基本安装中的数据框 mtcars 是从 Motor Trend 杂志（1974）提取的，它描述了 34 种车型的设计和性能特点（汽缸数、排量、马力、每加仑汽油行驶的英里数，等等）。试用点图描述各种汽车每加仑汽油行驶的英里数。

【R 程序】

```
> dotchart(mtcars$mpg, labels=row.names(mtcars), cex=0.7,
main="Gas Mileage for Car Models")
> x <- mtcars[order(mtcars$mpg),]
> x$cyl <- factor(x$cyl)
> x$color[x$cyl==4] <- "red"
> x$color[x$cyl==6] <- "blue"
> x$color[x$cyl==8] <- "darkgreen"
> dotchart(x$mpg, labels=row.names(x), cex=0.7, groups= x$cyl)
```

【R 输出结果】

①

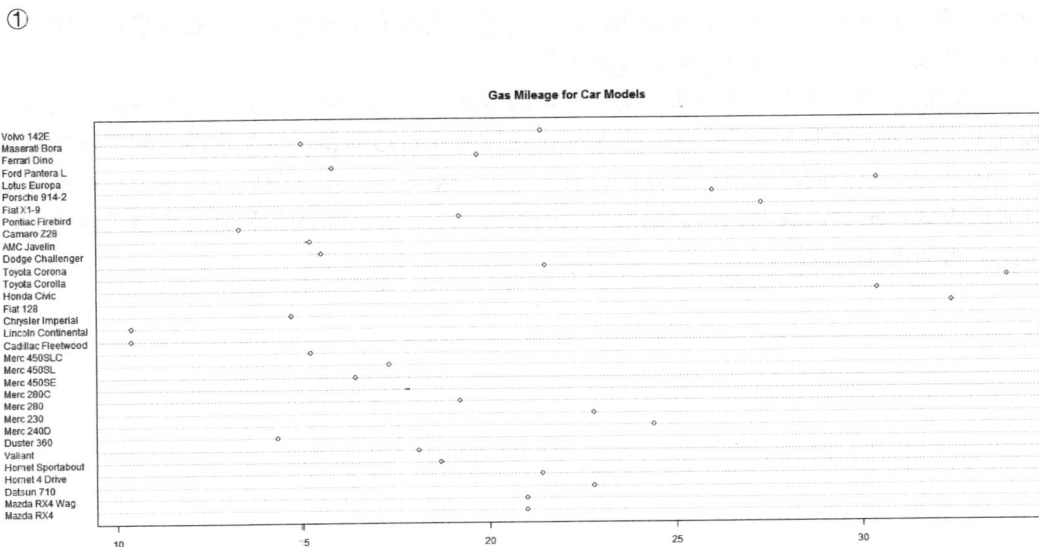

Gas Mileage for Car Models

②

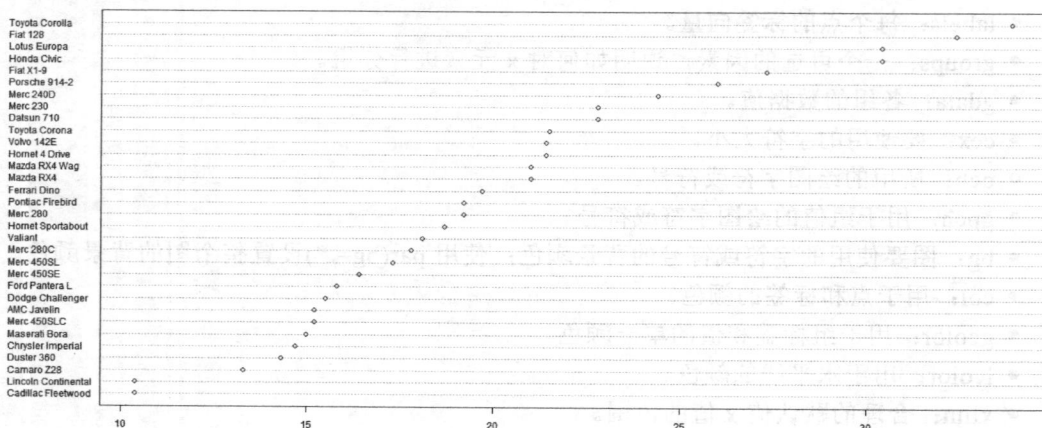

【结果解释】

① 该点图显示在同一个水平轴上每种车型的每加仑汽油行驶英里数。

② 通常来说，点图在经过排序并且分组变量被不同的符号区分开的时候最有用。该点图中根据每加仑汽油行驶英里数（从最低到最高）对数据框 mtcars 进行排序，结果保存为数据框 x。数值向量 cyl 被转换为一个因子。一个字符型向量（color）被添加到了数据框 x 中，根据 cyl 的值，它所含的值为 "red" "blue" 或 "darkgreen"。另外，各数据点的标签取自数据框的行名（车辆型号）。数据点根据汽缸数量分组。

可以从点图中获得显著的洞察力，因为每个点都有标签，每个点的值都有其内在含义，并且这些点是以一种能够促进比较的方式排布的。但是随着数据点的增多，点图的实用性随之下降。

22.9 本章小结

统计图的种类很多，应根据资料的类型和目的选用合适的统计图。定性资料可选用的统计图有直条图、圆图、统计地图等；定量资料可选用的统计图有直方图（或多边图）、普通线图、半对数线图、散点图等。不同的统计图，以不同的方式或姿态来形象化地表达资料。因此，掌握各种统计图的特征，有助于正确选用统计图。

本章我们学习了描述连续型和类别型变量的方法。我们看到了如何用条形图和饼图（在较小程度上）了解类别型变量的分布，以及如何通过累积条形图和分组条形图理解不同类别型输出的组间差异。我们同时探索了直方图、核密度图、箱线图、轴须图以及点图可视化连续型变量分布的方式。最后，我们探索了使用叠加的核密度图、并列箱线图和分组点图可视化连续型输出变量组间差异的方法。

参 考 文 献

[1] 何晓群. 应用回归分析[M]. 中国人民大学出版社，2007.

[2] 高惠璇. 多元统计分析[M]. 北京大学出版社，2004.

[3] 秦红兵. 多元回归分析中多重共线性的探讨与实证[J]. 科技信息（学术研究），2007（31）.

[4] 王玉梅. 多重共线性的消除：不相关法[J]. 统计教育，2006（07）.

[5] 高辉. 多重共线性的诊断方法[J]. 统计与信息论坛，2003（01）.

[6] 吴相波，叶阿忠. 局部线性估计中的多重共线性问题[J]. 统计与决策，2007（08）.

[7] 钱晓莉. 基于特征值的多重共线性处理方法[J]. 统计与决策，2004（10）.

[8] 赵松山，白雪梅. 关于多重共线性检验方法的研究[J]. 中国煤炭经济学院学报，2001（04）.

[9] 鲁茂，贺昌政. 对多重共线性问题的探讨[J]. 统计与决策，2007（08）.

[10] 钱晓莉. 基于特征值的多重共线性处理方法[J]. 统计与决策，2004（10）.

[11] 白雪梅，赵松山. 更深入地认识多重共线性[J]. 东北财经大学学报，2005（02）.

[12] 郑吉富. 关于矩阵（X~TX）的性质及应用[J]. 重庆工业高等专科学校学报，1994（Z1）.

[13] 刘国旗. 多重共线性的产生原因及其诊断处理[J]. 合肥工业大学学报（自然科学版），2001（04）.

[14] 赵松山，白雪梅. 关于多重共线性检验方法的研究[J]. 中国煤炭经济学院学报，2001（04）.

[15] 王惠文，朱韵华. PLS 回归在消除多重共线性中的作用[J]. 数理统计与管理，1996（06）.

[16] 张宏. 经济模型中多重共线性引发变量的判定[J]. 统计教育，1998（06）.

[17] 王斌会. 有偏回归分析方法及其在经济管理中的应用[J]. 统计与决策，2004（06）.

[18] 高涛，肖楠，陈刚. R 语言实战[M]. 人民邮电出版社，2013.

[19] 王斌会. R 语言统计分析软件教程. 北京：中国教育文化出版社，2007.

[20] Bretz, F., T. Hothorn and P. Westfall. Multiple comparisons using R. Boca Raton, FL: Chapman & Hall. 2010.

[21] Cook, D., and D. Swayne. Interactive and Dynamic Graphics for data analysis with R and GGobi. New York, Springer. 2008.

[22] Coxe, S., West and L. Aiken. The analysis of count data: a gentle introduction to poisson regression and its alternatives. Journal of personality assessment. 2009, 91: 121-136.

[23] Johnson, J., and J. Lebreton. History and use of relative importance indices in organization research. Organizational research methods. 2004, 7: 238-257.

[24] Shah, A. Getting started with the boot package. www.mayin.org/ajayshah/KB/R/documents/boot.html. 2005.

[25] Silva, R.B., F. Ferreirra and D. A. Nogueira. Robustness of Asymptotic and bootstrap tests for multivariate homogeneity of covariance matrics. Cienc Agrotc. 2008, 32: 157-166.

[26] Efron, B., and R. Tibshirani. An introduction to generalized linear models, 3rd ed. Boca Raton, FL: Chapman & Hall.

[27] Jacoby, W.G. The dot plot: A graphical display for labeled quantitative values. Political methodologist. 2006, 7: 283-299.

[28] Cohen, J. M. Software for data analysis: programming with R. New York: Springer. 2008.

欢迎来到异步社区！

异步社区的来历

异步社区（www.epubit.com.cn）是人民邮电出版社旗下 IT 专业图书旗舰社区，于 2015 年 8 月上线运营。

异步社区依托于人民邮电出版社 20 余年的 IT 专业优质出版资源和编辑策划团队，打造传统出版与电子出版和自出版结合、纸质书与电子书结合、传统印刷与 POD（按需印刷）结合的出版平台，提供最新技术资讯，为作者和读者打造交流互动的平台。

社区里都有什么？

购买图书

我们出版的图书涵盖主流 IT 技术，在编程语言、Web 技术、数据科学等领域有众多经典畅销图书。社区现已上线图书 1000 余种，电子书 400 多种，部分新书实现纸书、电子书同步出版。我们还会定期发布新书书讯。

下载资源

社区内提供随书附赠的资源，如书中的案例或程序源代码。

另外，社区还提供了大量的免费电子书，只要注册成为社区用户就可以免费下载。

与作译者互动

很多图书的作译者已经入驻社区，您可以关注他们，咨询技术问题；可以阅读不断更新的技术文章，听作译者和编辑畅聊好书背后有趣的故事；还可以参与社区的作者访谈栏目，向您关注的作者提出采访题目。

灵活优惠的购书

您可以方便地下单购买纸质图书或电子图书，纸质图书直接从人民邮电出版社书库发货，电子书提供多种阅读格式。

对于重磅新书，社区提供预售和新书首发服务，用户可以第一时间买到心仪的新书。

用户账户中的积分可以用于购书优惠。100 积分 =1 元，购买图书时，在 ⬚ 使用积分 里填入可使用的积分数值，即可扣减相应金额。

纸电图书组合购买

社区独家提供纸质图书和电子书组合购买方式，价格优惠，一次购买，多种阅读选择。

社区里还可以做什么？

提交勘误

您可以在图书页面下方提交勘误，每条勘误被确认后可以获得 100 积分。热心勘误的读者还有机会参与书稿的审校和翻译工作。

写作

社区提供基于 Markdown 的写作环境，喜欢写作的您可以在此一试身手，在社区里分享您的技术心得和读书体会，更可以体验自出版的乐趣，轻松实现出版的梦想。

如果成为社区认证作译者，还可以享受异步社区提供的作者专享特色服务。

会议活动早知道

您可以掌握 IT 圈的技术会议资讯，更有机会免费获赠大会门票。

加入异步

扫描任意二维码都能找到我们：

| 异步社区 | 微信服务号 | 微信订阅号 | 官方微博 | QQ 群：436746675 |

社区网址：www.epubit.com.cn

投稿 & 咨询：contact@epubit.com.cn